SCHÄFFER
POESCHEL

Fred G. Becker

Grundlagen betrieblicher Leistungsbeurteilungen

Leistungsverständnis und -prinzip,
Beurteilungsproblematik
und Verfahrensprobleme

4., aktualisierte Auflage

2003
Schäffer-Poeschel Verlag Stuttgart

Betriebswirtschaftliche Abhandlungen 88

Bibliografische Information Der Deutschen Bibliothek
Die Deutsche Bibliothek verzeichnet diese Publikation in der Deutschen
Nationalbibliografie; detaillierte bibliografische Daten sind im Internet
über <http://dnb.ddb.de> abrufbar

ISBN 3-7910-2172-9

Gedruckt auf säure- und chlorfreiem, alterungsbeständigem Papier.

Dieses Werk einschließlich aller seiner Teile ist urheberrechtlich
geschützt. Jede Verwertung außerhalb der engen Grenzen des
Urheberrechtsgesetzes ist ohne Zustimmung des Verlages unzulässig und
strafbar. Das gilt insbesondere für Vervielfältigungen, Übersetzungen,
Mikroverfilmungen und die Einspeicherung und Verarbeitung in elektronischen Systemen.

© 2003 Schäffer-Poeschel Verlag für Wirtschaft · Steuern · Recht
www.schaeffer-poeschel.de
info@schaeffer-poeschel.de
Einbandgestaltung: Willy Löffelhardt
Druck und Bindung: KÖSEL GmbH, Kempten
Printed in Germany
Mai / 2003

Schäffer-Poeschel Verlag Stuttgart
Ein Tochterunternehmen der Verlagsgruppe Handelsblatt

Inhaltsübersicht

Seite

1. Teil: Problemeinführung 1

    A *Inhalt der Problemstellung* 1

    B *Ziele und Aufbau der Arbeit* 5

2. Teil: Der „schillernde" Leistungsbegriff 11

    A *Leistungsverständnisse außerhalb der Betriebswirtschaftslehre* 11

    B *Leistungsverständnisse in der Betriebswirtschaftslehre* 41

    C *Skizzierung genereller Facetten menschlicher Leistungen* 77

3. Teil: Zum Leistungsprinzip in Betrieben 107

    A *Entstehung von Leistungsprinzip und -gesellschaft* 107

    B *Inhalt des Leistungsprinzips und der Leistungsgesellschaft* 109

    C *Funktionen des Leistungsprinzips* 113

    D *Leistungsgesellschaft - quo vadis?* 116

    E *Schlussfolgerungen für die Mikroleistungsgesellschaft „Betrieb"* 132

4. Teil: Möglichkeiten und Grenzen der Leistungsbeurteilung 141

    A *Begriffliche Grundlagen* 142

    B *Kriterienproblem* 165

    C *Objektivitätsproblem* 208

    D *Erfassungs- und Interpretationsprobleme kognitiver Art* 221

    E *Mikropolitische Verzerrungen* 244

    F *Schlussfolgerungen für betriebliche Leistungsbeurteilungen* 251

5. Teil: Kritische Diskussion von Leistungsbeurteilungsverfahren 257

    A *Forschung und Praxis der Leistungsbeurteilung* 257

    B *Funktionen betrieblicher Leistungsbeurteilungen* 264

    C *Anforderungen an Leistungsbeurteilungsverfahren* 268

    D *Darstellung von Leistungsbeurteilungsverfahren* 284

    E *Grenzen und Möglichkeiten betrieblicher Leistungsbeurteilungsverfahren* 334

    F *Schlussfolgerungen für die Verwendung betrieblicher Leistungsbeurteilungsverfahren* 377

6. Teil: Zusammenfassung und Ausblick 387

Inhaltsverzeichnis

Seite

Geleitwort zur 1. Auflage	XI
Vorwort zur 4. Auflage	XIII
Vorwort zur 3. Auflage	XIV
Vorwort zur 1. Auflage	XV

1. Teil: Problemeinführung   1

    A. Inhalt der Problemstellung   1
    B. Ziele und Aufbau der Arbeit   5

2. Teil: Der „schillernde" Leistungsbegriff   11

    A Leistungsverständnisse außerhalb der Betriebswirtschaftslehre   11
       I Leistung in der Umgangssprache   11
       II Etymologie des Leistungsbegriffs   13
       III Leistungsverständnisse in verschiedenen Wissenschaftsdisziplinen   16
          1 Einführung   16
          2 Physikalische Leistungsbegriffe   17
          3 Leistungsverständnisse in der Soziologie   19
          4 Leistungsverständnisse in der Psychologie   26
          5 Leistungsverständnisse in der Pädagogik   29
          6 Leistungsverständnisse in der Volkswirtschaftslehre   32
          7 Leistungsverständnisse in der Rechtswissenschaft   35
          8 Leistungsverständnisse in den Arbeitswissenschaften   36
    B Leistungsverständnisse in der Betriebswirtschaftslehre   41
       I Einführung   41
       II Diskussion vorliegender Begriffsanalysen und -modelle   43
       III Charakterisierung betriebswirtschaftlicher Leistungsverständnisse   47
          1 Technologisch-orientierte Leistungsverständnisse   48
          2 Tätigkeitsorientierte Leistungsverständnisse   51
          3 Ergebnisorientierte Leistungsverständnisse   53
          4 Leistung = Tätigkeit + Ergebnis   74
    C Skizzierung genereller Facetten menschlicher Leistungen   77
       I Problematik der Entwicklung eines Begriffsystems   77
       II Facetten der Leistung   79
       III Alternative Begriffssysteme   103

3. Teil: Zum Leistungsprinzip in Betrieben 107

A *Entstehung von Leistungsprinzip und -gesellschaft* 107
B *Inhalt des Leistungsprinzips und der Leistungsgesellschaft* 109
C *Funktionen des Leistungsprinzips* 113
D *Leistungsgesellschaft - quo vadis?* 116
    I „Ist eine Leistungsgesellschaft erstrebenswert?" 116
    II „Leben wir in einer Leistungsgesellschaft?" 120
    III „Ist eine Leistungsgesellschaft realisierbar?" 130
E *Schlussfolgerungen für die Mikroleistungsgesellschaft „Betrieb"* 132

4. Teil: Möglichkeiten und Grenzen der Leistungsbeurteilung 141

A *Begriffliche Grundlagen* 142
    I Allgemeines Begriffsverständnis 142
        1 Einführung 142
        2 Messung 142
        3 Wert und Bewertung 145
        4 Beurteilung 152
    II Leistungsbeurteilung 157
        1 Terminologie 157
        2 Einordnung der Leistungsbeurteilung in ein Begriffssystem 159
        3 Begriffssystem der Leistungsbeurteilung 161
B *Kriterienproblem* 165
    I Kriterien und Kriterienproblematik 165
    II Anforderungen an Beurteilungskriterien 169
    III Problem des Kriterienkonstrukts (Letztkriterium vs. aktuelles Kriterium) 179
    IV Dimensionalität von Beurteilungsobjekt und -kriterien 185
    V Problem der Verwendung von Subkriterien 189
        1 Einzelkriterium 189
        2 Gesamtkriterium 191
        3 Multiple Kriterien 196
    VI Problem der Zeitkomponente 199
    VII Schlussfolgerungen aus dem Kriterienproblem 201
C *Objektivitätsproblem* 208
    I Objektivitätsverständnis 209
    II Nutzung der Subjektivität 216

D	*Erfassungs- und Interpretationsprobleme kognitiver Art*	221
	I Kognitive Aspekte des Beurteilungsprozesses	222
	II Kognitive Beurteilungsaspekte bei den Beurteilern	223
	1 Erfassung von Stimuli	223
	2 Kategorisierung	226
	a) Erläuterung	226
	b) Automatischer Kategorisierungsprozess	228
	c) Kontrollierter Kategorisierungsprozess	231
	3 Erinnerung bis Urteilsfindung	236
	III Einfluss der Beurteilten auf die kognitiven Prozesse der Beurteiler	239
	IV Resümee	240
E	*Mikropolitische Verzerrungen*	244
F	*Schlussfolgerungen für betriebliche Leistungsbeurteilungen*	251

5. Teil: Kritische Diskussion von Leistungsbeurteilungsverfahren — 257

A	*Forschung und Praxis der Leistungsbeurteilung*	257
B	*Funktionen betrieblicher Leistungsbeurteilungen*	264
C	*Anforderungen an Leistungsbeurteilungsverfahren*	268
	I Zur Notwendigkeit von Anforderungen	268
	II Soll-Komponenten einer Leistungsbeurteilung	270
	1 Leistungsziele, Leistungsergebnisse und/oder Leistungsaufgaben	270
	2 Leistungsverhalten	273
	3 Leistungsbedingungen	274
	4 Leistungsvoraussetzungen	281
D	*Darstellung von Leistungsbeurteilungsverfahren*	284
	I Klassifikation	284
	II Freie Beurteilungen	287
	III Rangordnungsverfahren	288
	IV Kennzeichnungsverfahren	293
	1 Checklist-Verfahren	294
	2 Zwangswahlverfahren	299
	3 Verfahren der kritischen Ereignisse	302
	V Einstufungsverfahren	306
	1 Merkmalsorientierte Einstufungsverfahren	307
	2 Verhaltensorientierte Einstufungsverfahren	313
	a) Verhaltenserwartungsskalen	314
	b) Verhaltensbeobachtungsskalen	319
	VI Aufgabenorientierte Beurteilungsverfahren	323
	VII Zielorientierte Beurteilungsverfahren	327

E *Grenzen und Möglichkeiten betrieblicher Leistungsbeurteilungsverfahren* 334
   I Instrumentelle Grenzen 335
      1 Allgemeine Grenzen 335
      2 Grenzen und Möglichkeiten Freier Beurteilungsverfahren 337
      3 Grenzen und Möglichkeiten von Rangordnungsverfahren 339
      4 Grenzen und Möglichkeiten von Kennzeichnungsverfahren 343
      5 Grenzen und Möglichkeiten von Einstufungsverfahren 346
         a) Grenzen und Möglichkeiten merkmalsorientierter Einstufungsverfahren 346
         b) Grenzen und Möglichkeiten verhaltensorientierter Einstufungsverfahren 352
      6 Grenzen und Möglichkeiten aufgabenorientierter Beurteilungsverfahren 361
      7 Grenzen und Möglichkeiten zielorientierter Beurteilungsverfahren 363
   II Personelle Grenzen und Möglichkeiten 366
   III Organisatorisch-strukturelle Grenzen und Möglichkeiten 371
F *Schlussfolgerungen für die Verwendung betrieblicher Leistungsbeurteilungsverfahren* 377

6. Teil: Zusammenfassung und Ausblick 387

Literaturverzeichnis 393

Geleitwort zur 1. Auflage

Beurteilungen von Leistungen menschlicher Arbeitskräfte finden in Betrieben moderner Wirtschaftssysteme zu einer Vielzahl von Zwecken statt, sie stellen zudem wichtige Weichen im Berufsleben der betroffenen Individuen. Die betrieblicherseits verfolgten Zwecke reichen von „leistungsgerechter" Entgeltfindung über Begründungen für Maßnahmen der Mitarbeiter-Förderung (z. B. durch Fortbildung) bis hin zur Entscheidungsgrundlage für Einstellungen, Versetzungen („Karriere"), Kündigungen. Damit wird das Ausmaß der Konsequenzen solcher Beurteilungen für die Betroffenen und deren Berufsleben sichtbar: Sie reichen von der Entgelthöhe (und damit realisierbarem Lebensstandard) über Bildungs- und Qualifikations-Fortschritte bis hin zum Erreichen/Verfehlen von Positionen, Karrierestationen und Karrierewegen.

Die vorliegende Arbeit verbindet wissenschaftlich anspruchsvolle Erörterungen mit Aussagen, die für die betriebliche Praxis von Personal- und Leistungsbeurteilungen von außerordentlicher Bedeutung sind. Damit gelingt die inzwischen selten anzutreffende (zwar häufig anvisierte, aber oft verfehlte) Kombination von wissenschaftlichem Niveau und Praxisrelevanz.

Der Beweis, daß dies für dieses Buch zutrifft, ist erbracht, wenn man den Argumentationsfaden *Becker*s rückwärts aufrollt. Ausgangspunkt ist die soeben begründete Notwendigkeit, de facto praktizierte Verfahren der *Leistungsbeurteilung* auf ihre Funktionsweise, Möglichkeiten und Grenzen hin zu untersuchen. Um dies in abgesicherter Weise leisten zu können, ist eine grundsätzliche Diskussion von *Beurteilungen* überhaupt, deren Voraussetzungen (Anforderungen) und Konsequenzen erforderlich. Der Zuschnitt auf die Beurteilung von *Leistungen* begründet die weitere Notwendigkeit, das Leistungsprinzip in Betrieben (seine Entstehung, Inhalte, Funktionen und Geltung) näher zu untersuchen. Dies wiederum ist hinreichend präzise und fundiert erst möglich, wenn zuvor Klarheit über den Begriff der Leistung hergestellt ist.

Genau auf diese Weise ist *Becker* in der Tat in seiner Schrift systematisch vorgegangen. Ihr Leser erlebt Ausflüge auch in andere Wissenschaftsdisziplinen, in denen der Begriff der Leistung einen Platz hat und gedankenreiche, z. T. recht persönliche Erörterungen, die ein Ergebnis für überlegendes und nachdenkliches Beobachten der uns umgebenden Wirklichkeit sind.

Wie so oft zeigt sich, daß ein distanziertes Nachdenken und gründliches Nachforschen über längst allseits bekannte und - deswegen? - unreflektiert verwendete Begriffe wie den der Leistung Neues und Überraschendes hervorbringt.

Siegen, September 1991

Univ.-Prof. Dr. Jürgen Berthel

Vorwort zur 4. Auflage

Die Aktualität der Thematik, v. a. aber eine Unzufriedenheit mit den nach wie vor weit verbreiteten merkmalsorientierten Leistungsbeurteilungsverfahren, scheint auch heute noch – 12 Jahre nach der Erstauflage – gegeben zu sein. Die Vorwörter zur ersten und dritten Auflage sind daher aus meiner Sicht insofern noch immer treffend. Erfreulich ist für mich, das das Buch von KollegInnen wie PraktikerInnen – direkt und indirekt – in der Lehre, bei Publikationen und in Projekten offensichtlich Verwendung findet. Da sich an den Inhalten der in der dritten Auflage angesprochenen Themen nichts grundsätzlich geändert hat, habe ich bei dieser Auflage lediglich eine Aktualisierung der Literatur, eine Einarbeitung jüngerer Quellen und an einigen Stellen eine Präzisierung der Aussagen vorgenommen. Zudem habe ich versucht, die neue deutsche Rechtschreibung anzuwenden. Für die akkurate Unterstützung bei der Überarbeitung möchte ich zunächst Herrn Dipl.-Psych. Michael Ruppel danken. Dank gebührt auch Frau Erika Mohnhardt für die zeichengenaue Umsetzung der Änderungen in den Text.

Bielefeld, im März 2003

Vorwort zur 3. Auflage

Kein „moderner" Betrieb, der nicht eine Leistungsbeurteilung für seine Mitarbeiter durchführen will, kein „Personalforscher", der nicht irgendeine Form der Beurteilung der Mitarbeiterleistung empfiehlt, eine unüberschaubare „Vielfalt" an v. a. praktizierten Leistungsbeurteilungssystemen und trotzdem kommt man keinen Schritt voran. Traut man den empirischen Studien der Vergangenheit sowie den gut begründeten Urteilen kenntnisreicher Autoren, dann hat die Wirtschafts- und Verwaltungspraxis, die Beurteilungen systematisch durchführt, in weit über 90 % alles falsch gemacht, was man nur falsch machen kann: fremdentwickelte Standardverfahren, Verwendung von Eigenschaftskriterien, Entgeltbezug, Anwendung der Normalverteilung, Beurteiler- statt Beurteilungstraining u. v. a. m. In den letzten Jahren ist nun (endlich!?) ein Trend in der Wirtschaftspraxis und -verwaltung zu einem Aufbrechen verkrusteter Einstellungen zur Leistungsbeurteilung zu bemerken. Das „Bloß-weg-von-eigenschaftsorientierten-Verfahren" hin zu „einer-Art-zielorientierter-Leistungsbeurteilung" sowie die Akzeptanz genereller Beurteilungsprobleme ist deutlich zu verspüren.

Diese Tendenz kam auch dem Verkauf der beiden ersten Auflagen dieser doch eher theoretischen Schrift zu gute. Die weiter bestehende Nachfrage sowie die derzeitige Literaturlage sprachen für eine neue Auflage. Die nunmehr vorliegende dritte Auflage hat dabei in Teilbereichen eine Überarbeitung erfahren. Während die ersten drei Teile lediglich um Fehler korrigiert und zum Teil um aktuellere Literatur ergänzt wurden, sind die Teile 4 und 5 inhaltlich überarbeitet, anders strukturiert, gekürzt und/oder ergänzt worden. Ganz besonders trifft dies für die Darstellung der Leistungsbeurteilungsverfahren zu, die nunmehr etwas ausführlicher geraten ist. Beispiele für alle Verfahren illustrieren den abstrakten Text. Zudem wurde Wert darauf gelegt, den grundlegenden Problemen der Leistungsbeurteilung auch zwei Verfahren gegenüberzustellen, die am besten dazu geeignet sind, tatsächlich, nachvollziehbar und treffend die Mitarbeiterleistung zu beurteilen.

An der Überarbeitung haben eine ganze Reihe meiner MitarbeiterInnen an den Universitäten Jena und Bielefeld in unterschiedlichen Funktionen mitgewirkt. Ganz besonders herzlich danken möchte ich Dipl.-Kfm. Dr. *Michael J. Fallgatter*, Dipl.-Kfm. Dr. *Hilke Ganslmeier* und Dipl.-Kfm. *Sven Günther* sowie auch Dipl.-Kfm. *André Fleer*, Dipl.-Kfm. Dr. *Heiko N. Lorson*, Dr. *Simone D. Seitz*, M.A., und cand. rer. pol. *Katja Gierke* für ihre aktive und kompetente Hilfe.

Bielefeld, im August 1997

Vorwort zur 1. Auflage

Diesem Buch liegt eine am Fachbereich Wirtschaftswissenschaften der Universität - GH - Siegen angefertigte und im Sommersemester 1991 angenommene Habilitationsschrift mit dem gleichen Titel zugrunde. Die Thematik der Leistungsbeurteilung ist ein immer wieder in unterschiedlichen Kulturbereichen, in diversen Zeitperioden und von verschiedenen Personengruppen kontrovers diskutiertes Objekt der Auseinandersetzung. Die vorliegenden, weit über zweitausend Publikationen im deutsch- und im englischsprachigen Raum lassen zunächst den Eindruck entstehen, es lägen genügend sowie alle Inhalte und Probleme behandelnde Aussagen vor. Bei der Lektüre der Literatur fällt aber auf, daß sich bislang nur wenige Autoren - und wenn, dann nur teilweise und meist vor einigen Jahrzehnten - mit den der Leistungsbeurteilung zugrundeliegenden Annahmen beschäftigt haben. Ihre Ausführungen werden zudem kaum in der aktuellen Literatur zur betrieblichen Leistungsbeurteilung berücksichtigt; sie scheinen vergessen zu sein. Es bedarf also nach wie vor der umfassenden und auch zusammenfassenden Thematisierung der grundsätzlichen Problemaspekte. Die vorliegende Schrift thematisiert nun gerade diese Problemstellungen. Sie behandelt die wesentlichsten Bausteine solcher Beurteilungen, wie sie bereits im Untertitel des Buches angesprochen werden: Leistungsverständnis und -prinzip, Beurteilungsproblematik und prinzipielle Verfahrensprobleme. Die Bearbeitung der einzelnen Themenbestandteile setzt dabei inhaltlich umfassend an. Sie beschränkt sich nicht allein auf personalwirtschaftliche Aspekte, sondern bearbeitet die Problemstellung grundsätzlicher; insofern sind viele Aussagen in dieser Schrift auf jedwede Beurteilungsproblematik - speziell in Betrieben - gerichtet und anwendbar. Insgesamt werden die Bausteine für die theoretische Fundierung des speziellen Falls "betriebliche Leistungsbeurteilungen" gebildet. Darüber hinaus erhalten aber auch v. a. theoretisch interessierte Wirtschaftspraktiker Hinweise zu den prinzipiellen Problemen wie dem tatsächlich Machbaren bei der Beurteilung von betrieblichen Leistungen.

Ohne die Mithilfe anderer wäre dieses Buch nicht in der vorliegenden Form und nicht zum jetzigen Zeitpunkt fertiggestellt worden. Ganz herzlich danken möchte ich zunächst Herrn Univ.-Prof. Dr. *Jürgen Berthel*. Bereits während meiner Promotionszeit und der Tätigkeit als Wissenschaftlicher Mitarbeiter an seinem Lehrstuhl hat er mich stets aktiv bei meinen Forschungs- und Lehraktivitäten gefördert. Diese Förderung setzte sich während der Anfertigung der Habilitationsschrift weiter fort. Der mir zugestandene zeitliche und inhaltliche Freiraum, seine fast vorbehaltlose Unterstützung in vielen Fragen der Lehre und Forschung, seine Toleranz und die kritische Nähe zu meinen Qualifikationsbemühungen hat mir bei der Erarbeitung der Thematik sowie der Bearbeitung des Themas den notwendigen Rückhalt gegeben. In den Dank einschließen möchte ich an dieser Stelle auch die anderen Kollegen am Fachbereich Wirtschaftswissenschaften der Universität - GH - Siegen. Ihrer wohlwollenden Kritik und Unterstützung konnte ich stets gewiß sein. Dies war eine wertvolle, nicht zu unterschätzende Hilfe. Hervorheben möchte ich Herrn Univ.-Prof. Dr. *Hermann Freter*, der als Gutachter manchen Abschnitt der nun vorliegenden Arbeit mitbeeinflußt hat, sowie Herrn Univ.-Prof. Dr. *Norbert Krawitz*, der als Vorsitzender des Habilitationsausschusses in sehr angenehmer Weise die erforderlichen Schritte veranlaßte.

Für mich von großem Wert waren ferner die Kommentare meiner nun ehemaligen Kollegen: Dipl.-Kfm. *Jens Wallmann*, Dipl.-Psych. *Michael Touet*, Dipl.-Kffr. Dr. *Sabine Herzhoff*, Dipl.-Kfm. *Gereon Schmitz*, Dipl.-Kfm. Dr. *Klaus Watzka* und Dipl.-Kfm. Dr. *Albert de Grave* haben mir - trotz eigener Belastungen und zum Glück auch jede(r) auf seine bzw. ihre typische(n) Art - mit ihren zuweilen recht kritischen Anmerkungen zum ursprünglichen Manuskript sehr geholfen. Diese Hilfe möchte ich nicht missen. Hoffentlich nutzen sie die Gelegenheit, die nunmehr vorliegende Fassung zu lesen, um einen besseren Eindruck von meinen Ausführungen zu erhalten. In den Dank einschließen möchte ich weiter meine Lebensgefährtin Dipl.-Kffr. *Cornelia Meurer*. Sie hat nicht nur die Manuskripte(ntwicklung) mit ihren hilfreichen Fragen begleitet, sondern auch noch für die notwendige emotionale wie sachliche Betreuung stets Sorge getragen.

Gerade bei einer Thematik wie der vorliegenden, die das Studium vieler Quellen aus verschiedenen Wissenschaftsgebieten und aus verschiedenen Perioden des Jahrhunderts voraussetzt, ist auch die Unterstützung derjenigen nahezu unschätzbar, die dem Verfasser bei sog. Routinetätigkeiten wie der Suche und v. a. der Beschaffung der Literatur beiseite stehen. Dieser Aufgabe haben sich Dipl.-Kfm. *Bernd Kasper* und Dipl.-Kffr. *Maike Gattermann* mit viel Engagement und Erfolg angenommen. Unterstützt hat sie dabei, insbesondere bei der Anfertigung des Literaturverzeichnisses, Dipl.-Kfm. *Gunther Gelber*. Der mühevollen Korrekturarbeit hat sich wiederum meine Schwester, *Doris Becker*, mit großem Engagement und der notwendigen Genauigkeit gestellt. Ihnen allen sei an dieser Stelle ebenfalls sehr herzlich gedankt.

Gefreut hat mich auch die spontane Bereitschaft von Dr. *Manfred Antoni* zur Drucklegung und seine freundschaftliche Art der verlegerischen Betreuung.

Siegen, Neubiberg im Oktober 1991

1. Teil: Problemeinführung
A Inhalt der Problemstellung

Viele Betriebe führen aus verschiedenen Gründen Beurteilungen über die Leistungen ihrer Mitarbeiter durch. Solche Leistungsbeurteilungen sollen dabei Aufschluss über mögliche individuelle Stärken und Schwächen geben, personalpolitische Entscheidungen hinsichtlich Karriereplanung und Entgeltdifferenzierungen fundieren u. a. m. *Grundannahme* all dieser Funktionen ist einerseits, dass ein Leistungsprinzip im Betrieb gilt, es als Sanktionsmechanismus zum Tragen kommt und dadurch ein hoher Stellenwert der Leistung im betrieblichen Alltag zukommt. Andererseits wird grundsätzlich angenommen, dass die Beurteilung dieser Leistung im Bereich des Möglichen liegt. Beide Grundannahmen werden i. d. R. nicht weiter in Wissenschaft und Wirtschaftspraxis hinterfragt. Sie bedürfen allerdings wegen ihres grundsätzlichen Charakters einer Prüfung. Die diesbezügliche Diskussion muss sich mit verschiedenen Problemaspekten auseinander setzen: Das ist zum einen die Problematik des Verständnisses von Leistung sowie deren Forderung an die Mitarbeiter via Leistungsprinzip in Betrieben. Sofern in Betrieben angestrebt wird, ein treffendes Urteil über eine Leistung zu fällen, bedarf es einer klaren Vorstellung davon, was als eine gute und eine schlechte Leistung - oder Leistung schlechthin - gelten soll. Eine solche Analyse ist notwendig, um eine auf dem Leistungsprinzip basierende Leistungsbeurteilung in Betrieben näher diskutieren und bewerten zu können. Zum anderen betrifft es die Beurteilung der individuellen Leistung sowohl in ihren grundsätzlichen Problemen wie auch in den umsetzungsspezifischen Verfahrensproblemen. Diese einzelnen Problemstellungen werden nachfolgend skizziert und dann später ausführlich diskutiert.[1]

Der Begriff der „Leistung" nimmt einen zentralen Platz im Selbstverständnis unserer Gesellschaft ein. Diese versteht sich in weiten Teilen - im positiven wie auch im negativen Sinne - als *Leistungsgesellschaft*. Die Sozialwissenschaften haben die Vorstellung von einer Gesellschaft als Leistungssystem verfestigt. Es ist daher um so erstaunlicher, dass sich in der entsprechenden Literatur keine weitgehende oder auch nur angenäherte Übereinstimmung über den sachlichen Kern einer Leistung ergeben hat - und was in Folge Orientierungskriterium der Leistungsgesellschaft ist. Dies trifft auch für die Betriebswirtschaftslehre zu und zwar in zumindest zweierlei Hinsicht: Zum einen als Teil der sozialwissenschaftlichen Forschung und zum anderen, weil in ihr selbst dem Leistungsbegriff eine zentrale Rolle zukommt.

---

1   S. zu einer Kurzfassung auch Becker, F. G., 2000, S. 321 ff.

In vielen Zusammenhängen, in allen betriebswirtschaftlichen Spezialdisziplinen, in den für die Betriebswirtschaftslehre relevanten Nachbardisziplinen und in der Wirtschaftspraxis wird die Bedeutung der „Leistung" immer wieder durch die Verwendung dieses Terminus deutlich. Die *häufige Verwendung* steht dabei im umgekehrten Verhältnis zur inhaltlichen Durchdringung dessen, was jeweils unter Leistung verstanden wird und ist zudem sehr heterogen. Die unterschiedliche Verwendung des Terminus „Leistung" in der betriebswirtschaftlichen Fachliteratur ist unbefriedigend. Unbefriedigend v. a. deshalb, weil die Diskussion um „Leistung" durch die fehlende Präzision und Eindeutigkeit dieses Fachausdrucks erschwert wird. Es gibt zwar zahlreiche Definitionen, die, jede für sich, (vielleicht) bestrebt sind, den Inhalt des Leistungsbegriffs herauszustellen. Wie bei vielen anderen quasi-selbstverständlichen Begriffen erscheint es aber den meisten Autoren und Hochschullehrern nicht mehr notwendig, das jeweilig vertretene Leistungsverständnis begrifflich zu klären: „Leistung zählt und nichts als Leistung - am nachhaltigsten prägte sich uns dieser Spruch ... an der wirtschaftswissenschaftlichen Fakultät ein. Das Leistungsprinzip als Maxime im Wirtschaftsleben gehört zum Standardrepertoire der ersten Seiten in den Lehrbüchern und bildet den nicht zu hinterfragenden Grundstein jeglicher ökonomischer Theorie." [2] Wenn auch dieses Zitat die tatsächlichen Umstände überpointiert, so trifft doch zumindest das fehlende - publizierte - Hinterfragen des Begriffs weitgehend zu.

Das fehlende Hinterfragen und die *unbestimmte Verwendung* des Begriffs der Leistung lässt sich v. a. auf folgende Gründe zurückführen: Der Leistungsbegriff zählt heute zu jenen sprachlichen Formeln, die oft kaum Informationen aufweisen und von daher (fast) unangreifbar sind. Dadurch erwecken sie den Anschein einer Unwiderlegbarkeit: Sie können so nicht falsch sein; nicht, weil sie wahr sind, sondern weil sie nichts oder kaum etwas aussagen. Wie bei anderen Leerformeln auch, so appelliert die Verwendung des Leistungsausdrucks unbewusst an jene mit diesen Bezeichnungen verknüpfte Vorverständnisse, die fraglos sind, weil sie sich - angeblich - von selbst verstehen, und somit unproblematisiert und unreflektiert bleiben. [3] Von daher wird der Ausdruck „Leistung" als „tückische Vokabel" [4], als „verkümmerter Begriff" [5] und als „Schlagwort ohne Klarheit" [6] bezeichnet, der

---

2   Beck 1987, S. 57.
3   Die Quasi-Legitimität der *Leerformel „Leistung"* schützt daher die Verwender vor einer Präzisierungsnotwendigkeit: Wer danach fragt, was konkret unter Leistung zu verstehen ist, wird oft nicht verstanden oder setzt sich ins Zwielicht. Er stellt das „Selbstverständliche", das „Unbestreitbare" in Frage.
4   So Heid 1973, S. 890.
5   So Vonessen 1975, S. 59.

1. Teil: Problemeinführung

„... so häufig gebraucht, noch häufiger missverstanden und mit so verschiedenartigem Sinngehalt ..." [7] verwendet wird, wie kaum ein anderer. Die Diskussion um „Leistung" ist dabei eingebettet in gesellschaftliche Vorstellungen, Ängste und Widerstände. Von daher ergibt sich oft entweder eine vorsichtige Verwendung oder eine extreme Kritik bzw. Akzeptanz. [8]

Es ist prinzipiell nicht zu beklagen, dass gleiche Termini mit unterschiedlichen Begriffsinhalten verwendet werden. [9] Forschungstraditionen, Erkenntnisinteresse und pluralistisches Forschungsverständnis „fordern" geradezu einen solchen Zustand; dient doch auch die Begriffskonkurrenz der Annäherung an Probleme sowie der Auseinandersetzung um treffende theoretische Erklärungszusammenhänge. Beim Leistungsbegriff kann jedoch von einer eigentlichen Begriffskonkurrenz nicht gesprochen werden. Dazu wird viel zu selten „Leistung" explizit definiert.

Der Begriff „Leistung" erscheint vielleicht auf den ersten Blick als ein monolithisches Erkenntnisobjekt. Mit ihm werden jedoch - sprachlich durch einen Ausdruck vereinheitlicht - verschiedenartige, disparate Phänomene bezeichnet. Erst eine analytische Durchdringung dessen, was das Wesen „der" Leistung ausmacht, hilft die Problematik der undifferenzierten Verwendung zu erkennen. Bei näherer Betrachtung zerfällt dieses Erkenntnisobjekt in mehrere wesensverschiedene Elemente, die Mehrdimensionalität sowie die Mehrdeutigkeit dieses Objekts wird deutlich: Leistung ist *kein einheitliches Phänomen*.

Die Vorstellung einer Leistungsgesellschaft ist nun allerdings untrennbar verbunden mit der Vermutung, dass in einem solchen Sozialsystem eine weitgehend übereinstimmende Vorstellung darüber besteht, was Leistung ist, und dass diese objektiv erfassbar ist. Es gehört dann zur Leistungsideologie, dass solche Systeme vorgeben, eine sog. objektive Leistungsbeurteilung zu haben bzw. anstreben, sie zu

---

6 Schott 1951, S. 178.
7 So Becker, O., 1951, S. 9.
8 Allein semantisch besteht ein unmittelbarer Zusammenhang zu zwei Schlagworten der 68er-Unruhen: „Leistungsgesellschaft" und „Leistungsprinzip" sowie deren Ablehnung.
9 In Anbetracht des Alters des Terminus „Leistung" sowie der Einbeziehung des Begriffes in solche wesentlichen Elemente unserer Gesellschaft wie „Leistungsprinzip" und „Leistungsgesellschaft" ist es allerdings nicht zu erwarten, dass es einen einheitlichen Begriff geben kann. Auch das Streben nach einem zumindest gesamtgesellschaftlich gleichen Begriff ist wenig zweckmäßig: Es ist einerseits in einer pluralistischen Gesellschaft kaum möglich, eine Übereinstimmung zu erreichen. Andererseits stellt sich auch die Frage, ob es sinnvoll ist, einen einheitlichen Begriff zu finden. Die Pluralität gerade in der Begriffsfindung führt mit dazu, dass sich als Fortschritt gekennzeichnete Entwicklungen ergeben.

verbessern; denn ohne die Leistungserfassung ließe sich das Leistungsprinzip nicht als Strukturprinzip fordern. Es stellt sich von daher die zentrale Frage nach dem Kriterium bzw. den Kriterien für die Erfassung von Leistung sowie damit der Beurteilung. Dabei steht man vor einem ähnlich schwierig zu lösenden Problem wie bei der Definition von Leistung. Das betrifft weniger die Urteile, als die Grundlagen der Beurteilung. Über den Leistungsbegriff kann man schlussendlich nur diskutieren, wenn man sich gleichzeitig mit dem Beurteilungsverständnis [10] sowie den Möglichkeiten und Grenzen der Beurteilung auseinandersetzt.

Welche Möglichkeiten bestehen nun in Betrieben, Leistungen der Mitarbeiter festzustellen? Diese Fragestellung zielt in der vorliegenden Arbeit zunächst auf die prinzipielle Leistungsbeurteilungsmöglichkeit. Was kann theoretisch abstrakt überhaupt als Leistung bzw. als gute Leistung bezeichnet werden? Was ist bei der Bewertung von Leistungshandlungen unbedingt zu berücksichtigen? Inwieweit lässt sich Leistung durch eine Beurteilung erfassen? Lassen sich objektive Beurteilungen durchführen? Darüber hinaus ergeben sich im Anschluss noch zahlreiche Probleme bei der Anwendung von Leistungsbeurteilungsverfahren.

Die Zunahme der Publikationen und Tagungen zum Thema der Leistungsbeurteilung lässt keinen Zweifel daran, dass an dieser Thematik weit verbreitetes Interesse besteht. Sie ist (wieder einmal) *aktuell*. Die Literatur ist jedoch überwiegend weit davon entfernt, den Wirtschaftspraktikern befriedigende Antworten auf ihre berechtigten Fragen hinsichtlich realer Beurteilungsverfahren geben zu können. Zwar fehlt es nicht an Quellen, die sich mit den Beurteilungsproblemen auseinander setzen; eine die grundlegenden Probleme umfassend diskutierende Quelle fehlt jedoch bislang. In aller Regel werden zudem viel zu leichtfertig die Möglichkeiten der „objektiven" Leistungsbeurteilung angenommen sowie (altbekannte) Grenzen einfach ignoriert. Um den weitverbreiteten optimistischen Ansichten über die Aussagekraft von betrieblichen Leistungsbeurteilungen klarer entgegen treten zu können, wird in den beurteilungsrelevanten Abschnitten dieser Arbeit eine prinzipiell skeptische, manchmal vielleicht skeptizistische Grundhaltung ertreten. Ein solches Vorgehen dient aber dazu, nicht nur die Grenzen, sondern auch die Möglichkeiten i. S. des tatsächlich Machbaren zu verdeutlichen.

---

10   Die terminologische Differenzierung zwischen „Bewertung" und „Beurteilung" (bspw.: Bewertung als eine Teilphase der Beurteilung) soll zunächst zurückgestellt werden. Vorerst werden beide synonym verstanden. S. dazu näher Teil 4 A dieser Arbeit.

B Ziele und Aufbau der Arbeit

Das *grundsätzliche Erkenntnisziel* dieser Arbeit besteht darin, Aussagen zu den theoretisch gegebenen Möglichkeiten und Grenzen der betrieblichen Leistungsbeurteilung, insbesondere hinsichtlich individueller, d. h. menschlicher Leistungen zu formulieren und zu begründen. Der Umgang mit diesem Problem erfordert eine umfangreiche und gründliche Diskussion der beiden Komponenten des Terminus „Leistungsbeurteilung": Leistung und Beurteilung. „Das" Problem der Leistungsbeurteilung wird zunächst vereinfacht und zwar durch Reduktion und Zerlegung. Dies geschieht dadurch, dass zum einen Leistungsverständnisse sukzessive diskutiert und zum anderen Basisprobleme der Beurteilung differenziert und entsprechend ihrer Bedeutung thematisiert werden. Theoretisch-abstrakt soll analysiert werden, was unter Leistung verstanden wird und wie weit eine Beurteilung überhaupt den Wert eines Leistungssachverhalts erfassen kann. Wenn man verdeutlicht, was Leistung „ist", was unter Leistung verstanden wird, wie das Leistungsprinzip in Betrieben institutionalisiert ist bzw. sein kann, wenn man darüber hinaus die mögliche Aussagekraft einer Beurteilung von Leistungen - absolut wie auch über bestimmte Verfahren - diskutiert, dann spricht man zwar *nur* die Grundlagen einer betrieblichen Leistungsbeurteilung aus theoretischer Sicht an, gleichzeitig bietet man der Praxis aber die Möglichkeit, die eigene Beurteilungspraxis zu prüfen und ggf. zu modifizieren. Solche Aussagen sind praktisch relevant, wenn sie dem Wirtschaftspraktiker neue oder vertiefte Einblicke in Problemgebiete geben, Fragen aufwerfen sowie Problemhandhabungsskizzen anbieten. [11] Absicht dieser Arbeit ist es demnach auch, durch die Bearbeitung der Grundlagen, Hinweise zur Gestaltung und Umsetzung effizienter Leistungsbeurteilungssysteme zu bieten. Neben dem *theoretischen Erkenntnisziel* der Durchdringung des Objekts ist somit auch eine *praxeologische Zielsetzung* vorhanden.

Sachliche Ziele dieser Arbeit sind die folgenden:
1. systematische Diskussion der im allgemeinen Sprachgebrauch, in verschiedenen Wissenschaftsdisziplinen und speziell in der Betriebswirtschaftslehre verwendeten *Leistungsverständnisse* mit anschließender Systematisierung und Hervorhebung wesentlicher Begriffsfacetten für die Definition der menschlichen Leistung in Betrieben aus betriebswirtschaftlicher Sicht,

---

11 Das Verständnis praktisch relevanter Aussagen wird hier weiter gefasst, als dies bspw. bei *NIENHÜSER* (1989, S. 44ff.) der Fall ist. Es geht weniger um Rezepte, um praktische Gestaltungsempfehlungen und Instrumente, als um die Verdeutlichung der verschiedenen Problemaspekte, die mit Leistungsbeurteilungen verbunden sind.

2. Prüfung des Anspruchs, der Umsetzung und der Realisierbarkeit des der Leistungsbeurteilung zugrundeliegenden *Leistungsprinzips* in der Mikro-Leistungsgesellschaft „Betrieb",
3. systematisierende Diskussion der Grundlagen der (Leistungs-)*Beurteilung* sowie deren generelle Grenzen und Möglichkeiten sowie
4. kritische Diskussion (Darstellung und systematische Kritik) von *Verfahren* zur Leistungsbeurteilung von untergebenen Mitarbeitern hinsichtlich ihrer Aussagekraft.

Die vorliegende Arbeit ist in Teile gegliedert, um bereits durch den *Aufbau* den unterschiedlichen sachlichen Zielsetzungen gliederungsmäßig gerecht zu werden.

Eine tiefergehende Erörterung des Problems der Leistung wie auch des Problems der Leistungsbeurteilung wird erst möglich, wenn die begriffliche Seite geklärt ist. Die Auseinandersetzung mit verschiedenen Leistungsauffassungen erscheint sinnvoll, um den Begriff für die Betriebswirtschaftslehre und ihre verschiedenen Teildisziplinen sowie die verschiedenen Facetten des Leistungsbegriffs hinreichend erfassen bzw. ihn verstehen zu können. Der Problemeinführung in *Teil 1* schließt sich daher mit *Teil 2* („*Der ‚schillernde' Leistungsbegriff"*) eine ausführliche Diskussion der Leistungsbegriffe und -verständnisse außerhalb der Betriebswirtschaftslehre (A) an und zwar der im alltäglichen Sprachgebrauch (A I), im Rahmen der geschichtlichen Entwicklung (A II) sowie in verschiedenen Wissenschaftsdisziplinen (physikalischen, soziologischen, psychologischen, pädagogischen, volkswirtschaftlichen, rechtswissenschaftlichen und arbeitswissenschaftlichen Leistungsterminologie - A III) diskutierten. Es wird erwartet, dass diese Diskussion vielfältige Anregungen für den weiteren Verlauf der Arbeit ergibt.

Im Vordergrund der Diskussion im zweiten Teil stehen die Leistungsverständnisse in der Betriebswirtschaftslehre (B). Diskutierte Objekte sind v. a. Leistungsbegriffe jener Autoren, die sich explizit mit dem Leistungsbegriff seit Anfang des Jahrhunderts auseinandergesetzt haben. Nach einer Einführung (B I) werden vorliegende Begriffsanalysen ebenso thematisiert (B II) wie die konkreten Leistungsbegriffe (B III). Durch die sehr heterogenen und vielfältigen Auffassungen ergibt sich die Notwendigkeit einer eigenen Systematisierung: Technologisch-orientierte (B III 1), tätigkeitsorientierte (B III 2) und in verschiedenen Variationen auch ergebnisorientierte (B III 3) Leistungsverständnisse bedürfen ebenso einer jeweils gesonderten Darstellung wie die Leistungsauffassung, welche Leistungstätigkeit und -ergebnis als unmittelbar verbunden erfasst (B III 4).

1. Teil: Problemeinführung 7

Eine wesentliche Aufgabenstellung setzt am Ergebnis dieser Diskussion an. Um eine Grundlage für die Behandlung der betriebswirtschaftlichen Problematik der Leistungsbeurteilung zu gewinnen, genügt es nicht, von einer formalen Definition von Leistung auszugehen. Eine solche Definition kann immer nur einzelne Aspekte erfassen. Die Diskussion muss die wesentlichen der vorher skizzierten Aspekte herausheben, um ein verbessertes Verständnis über den Gebrauch wie auch über die tatsächlichen Elemente von betrieblichen Leistungen zu erhalten (C). In diesem Zusammenhang geht es um die Möglichkeit, Leistung - als mehr oder weniger abstrakten und schwierig zu quantifizierenden Begriff - überhaupt zu ermitteln (C I). Die systematisierende Diskussion verschiedener genereller Dimensionen des Leistungsbegriffs bzw. der Facetten, die für die jeweilige problembezogene Definition von Leistung in Betrieben (wie auch für Leistungsbeurteilungen) von Bedeutung sind, stellt dabei gewissermaßen auch ein Resümee der vorhergehenden Kapitel dar (C II). Skizzen alternativer Begriffssysteme schließen die Auseinandersetzung mit dem Begriff ab (C III). Es wird dabei kein normativer Leistungsbegriff gebildet: Dies bleibt (und muss) den Betrieben selbst überlassen (werden).

Im sich anschließenden *Teil 3 („Zum Leistungsprinzip in Betrieben")* gilt es, die Grundlagen für Leistungen in Betrieben (gewissermaßen als Mikroleistungsgesellschaften) näher zu betrachten. Dazu werden Entstehung (A), Inhalte (B) und Funktionen (C) von Leistungsprinzip bzw. Leistungsgesellschaft dargestellt sowie deren Geltung, ihre Wirkungen und ihre Möglichkeiten zur Geltung kritisch hinterfragt (D). Dies schafft ein Grundverständnis über das auch den betrieblichen Leistungsbeurteilungen unabdingbar zugrunde liegende Leistungsprinzip und es gibt erste Hinweise über dessen Sinn und Unsinn in Betrieben (E).

In *Teil 4 („Möglichkeiten und Grenzen der Leistungsbeurteilung")* erfolgt zunächst eine Diskussion darüber, was unter Leistungsbeurteilung verstanden wird bzw. verstanden werden kann (A). Dazu sind begriffliche Ausführungen zur Messung, Wert, Bewertung, Beurteilung sowie schließlich zur Leistungsbeurteilung selbst notwendig. Um die prinzipiellen Möglichkeiten bzw. die Aussagekraft von Beurteilungen erfahren zu können, erfolgt dann eine systematische Diskussion der Grenzen der Beurteilung. Hier steht zunächst das Kriterienproblem (Umsetzung des Leistungsverständnisses in Beurteilungskriterien) im Vordergrund der Diskussion (B). Es wird näher erläutert (B I) und hinsichtlich einzelner Problemkomponenten thematisiert: Kriterieneigenschaften (B II), Kriterienkonstrukt (B III), Kriteriendimensionalität (B IV), Verwendung von Subkriterien (B V) und Zeitkomponente (B VI). Ausführungen zum Objektivitätsproblem und -verständnis betrachten sowohl die menschliche Erkenntnisfähigkeit und die Quantifizierungsgrenzen (C I) als auch die Nutzung der im Zusammenhang mit Leistungsbeurteilungen oft verfemten Subjektivität (C II). Nachfolgend kommen die ebenso grundsätzlichen Erfassungs- und Interpretationsprobleme kognitiver Art zur Sprache (D). Nach einer Einführung (D I) wird v. a. auf die verzerrenden, beurteilerspezifischen kognitiven Einflüsse (D II) und die diesbezüglichen Aktivitäten der Beurteilten (D III) im Beurteilungsprozess eingegangen. Ein Resümee hinsichtlich der Auswirkungen für die Leistungsbeurteilung schließt das Kapitel ab (D IV). Den drei grundsätzlichen Problembereichen gewissermaßen übergeordnet ist der Komplex der mikropolitischen Handlungen im Betrieb durch die von der Leistungsbeurteilung betroffenen Personen (E). Den Abschluss des Teils bilden aus allen Problemkomplexen für die betrieblichen Leistungsbeurteilung (F).

Im *Teil 5* der Arbeit (*„Kritische Diskussion von Leistungsbeurteilungsverfahren"*) werden schließlich exemplarisch Leistungsbeurteilungsverfahren für nachgeordnete Mitarbeiter herausgegriffen, um die vorher herausgestellten allgemeinen Beurteilungsmöglichkeiten/-grenzen mit spezifischen, verfahrensbezogenen Beispielen pointiert und praxisbezogen darstellen zu können. Diese Diskussion erfolgt auf Basis folgender Darlegungen: zum Ersten der Bewertung von Forschung und Praxis zur Leistungsbeurteilung (A), zum Zweiten der Darstellung der Funktionen der Leistungsbeurteilung (B) sowie zum Dritten der Thematisierung der Anforderungen an Beurteilung(sverfahr)en zur Erfassung menschlicher Leistungen in Betrieben (C) - differenziert in die Diskussion der Notwendigkeit solcher Anforderungen (C I) sowie der Erläuterung verschiedener Soll-Komponenten (C II). Eine praxeologisch ausgerichtete Arbeit bedarf zudem der Darstellung möglicher Leistungsbeurteilungsverfahren (D), um eine verfahrensbezogene und damit auch praktische Kritik zu ermöglichen. Diese Verfahren werden nach einer vorher ausgewählten Klassifikation in ihren Hauptansätzen dargestellt sowie dann einer grundsätzlichen Prüfung hinsichtlich ihrer Möglichkeiten und Grenzen unterzogen (E). Diese kritische Diskussion differenziert in institutionelle (E I), personelle (E II), organisatorische (E III) und strukturelle (E IV) Mängel. Schlussfolgerungen um den Einsatz der Verfahren schließen sich an (F).

Den Abschluss der Arbeit bildet in *Teil 6* (*„Resümee"*) eine Zusammenfassung der wesentlichen Erkenntnisse der Arbeit (A) sowie ein Ausblick (B) für die weitere Forschung und Praxis.

Abbildung 1.1 auf der folgenden Seite veranschaulicht den Aufbau der Arbeit.

1. Teil: Problemeinführung

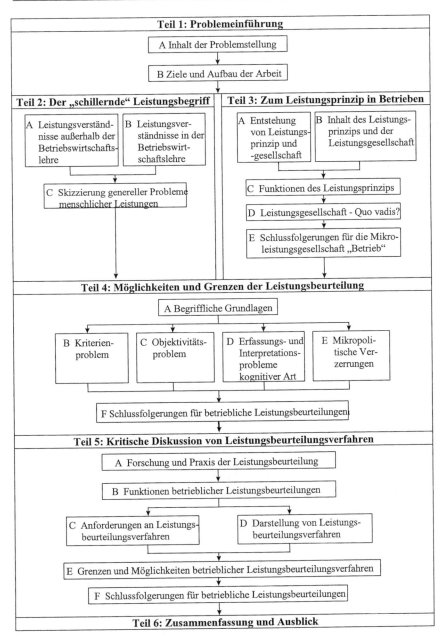

Abb. 1.1: Aufbau der Arbeit.

2. Teil: Der „schillernde" Leistungsbegriff

Der Leistungsbegriff erfreut sich in Wissenschaft und Wirtschaftspraxis einer großen Beliebtheit. Dabei werden sehr unterschiedliche Sachverhalte mit ihm in Verbindung gebracht, so dass ein schillernder Eindruck entsteht. Er ist „... mit so vielen Äquivokationen behaftet, dass sich seine wissenschaftliche Verwendung fast verbietet." [1] Im Folgenden wird zunächst auf die umgangssprachliche Verwendung und die etymologische Entwicklung sowie schließlich auf die Auffassungen zur Leistung in verschiedenen wissenschaftlichen Disziplinen eingegangen. Die unterschiedlichen Begriffsverständnisse sollen verdeutlicht werden, um schlussendlich zu einer Klärung eines betriebswirtschaftlichen Leistungsverständnisses beizutragen.

A Leistungsverständnisse außerhalb der Betriebswirtschaftslehre
I Leistung in der Umgangssprache

Leistung ist v. a. ein Wort, welches im Zeitablauf gewachsen ist und zwar mit verschiedenen Bedeutungen und Bedeutungsnuancen. Es wäre von daher realistisch davon auszugehen, dass zwischen dem wissenschaftlichen und dem umgangssprachlichen Begriff der Leistung eine Diskrepanz besteht. Die Vielfältigkeit des Leistungsbegriffs wie auch die sehr unterschiedlichen Verständnisse lassen sich durch die Diskussion der umgangssprachlichen Verwendungen verdeutlichen. Das könnte ein Ausgangspunkt für eine neue oder modifizierte Interpretation der „Leistung" auch in der Betriebswirtschaftslehre sein. Es ist allerdings - aufgrund vielfältiger Erfahrungen - zu erwarten, dass ein Versuch aus dem allgemeinen Sprachgebrauch heraus oder im Einklang mit ihm, den betriebswirtschaftlichen Leistungsbegriff zu bilden, fehlschlagen wird. Gerade wenn ein Erkenntnisobjekt der Forschung begrifflich gefasst werden soll, kann es berechtigt sein, unabhängig vom Sprachgebrauch die Definition vorzulegen.

Wie fast jeder Begriff der Umgangssprache zeichnen sich auch die Begriffe „Leistung" und „leisten" durch eine übergroße *Verwendungsbeliebigkeit*, Bedeutungsvielfalt und Unschärfe aus: So leistet man einer Einladung Folge, man leistet einen Eid, Gesellschaft, [2] Gefolgschaft, Rechenschaft, Hilfe, aber auch Abbitte, Sühne

---

1   Dreitzel 1975, S. 31.

2   Dieser Ausdruck stammt vermutlich noch aus dem Mittelalter, als für Kredite Bürgen zu den Kreditgebern zogen und ihnen solange Gesellschaft leisteten, bis der Kredit getilgt war. S. auch Weizsäcker 1942, S. 49.

u. a. m. Leistung wird mit Tüchtigkeit, Anstrengung und/oder bewusstem Streben nach einem nützlichen Ergebnis gleichgesetzt. [3] Das Erreichen von relativ guten Ergebnissen im Sport, beim Spiel, bei der Arbeit u. a. wird als Leistung bezeichnet. Macht man einen Fehler, vergisst man etwas oder arbeitet stümperhaft, kommt eine ironische Bedeutung zum Tragen: „Da hat man sich aber etwas geleistet." Leistung ist für viele das stärkste Auto, das schnellste Flugzeug, der größte Tanker, der höchste Fernsehturm usw. Das Wort „Leistung" riecht nach Schweiß, schwerer Muskelkraft, nach außergewöhnlichen Bemühungen - manchmal sogar unabhängig vom Ergebnis dieser Bemühungen. Geht es einem finanziell gut, dann kann man sich etwas leisten. [4] Durch die Verwendung des Wortes Leistung wird oft etwas scheinbar fraglos Positives, Legitimes und Wertvolles gemeint. Auch der Ausdruck der „Fehlleistung" sowie umgangssprachliche Aussagen wie z. B. „Der X hat sich vielleicht etwas geleistet!" täuschen darüber nicht hinweg.

Selbst im Sport, oft als Paradebeispiel für einen „Leistungswettbewerb" angeführt, wird im Grunde Unterschiedliches als Leistung bezeichnet, oft sogar Nicht-Vergleichbares. [5] In Berichten werden Welt-, Europa-, Deutsche Rekorde als individuelle Einzelleistungen (Rekordleistungen) und Siege von Mannschaften als Gruppenleistungen bezeichnet. „Es war trotz allem eine sehr gute Leistung!" [6] ist eine gebräuchliche Äußerung nach einer Niederlage, wie auch häufig nach einem Sieg zu lesen ist: „Das war aber keine Leistung!" [7] Gleiche Tatbestände werden einmal als Leistung und einmal nicht als Leistung bezeichnet. [8] Eine Begründung hierfür ist, sie wird im Übrigen im Verlauf der Arbeit noch an mehreren Stellen wiederkehren, dass einmal von der Leistungserbringung bzw. dem Leistungsprozess (dem Sport, der Ausdauer des Läufers, der Spielweise eines Teams) und einmal vom Leistungsergebnis (dem Sieg, der Zeit, dem Rangplatz) gesprochen wird. Es ist gerade auch die doppelte Bedeutung des Wortes „Leistung", die zur Verwirrung beiträgt: Leistung „ist nomen actionis und nomen acti zugleich, meint zuerst

---

3   Leistung wird heutzutage vielfach zur Effektivität „degradiert", sie wird als messbar angesehen und mit ihrem Ergebnis identifiziert.

4   Hiermit bezieht man sich auf die Konsumkraft einer Person, die vermutlich aufgrund bereits erbrachter „Leistungen" vorhanden ist.

5   S. auch Adam, K., 1978.

6   Ursache kann ein noch besserer, ein glücklicherer Gegner gewesen sein.

7   Hier kann die Aussage durch einen glücklichen Sieg trotz einer schwachen „Leistung", einen schwachen Gegner oder zulässige, aber nicht ganz faire Tricks begründet sein.

8   Auch gibt es sog. Leistungsabzeichen, die durch verschiedene Sportverbände für besondere (genauer: altersabhängig bestimmte) sportliche Leistungen vergeben werden.

das Geschehen selbst, den Vorgang, und dann erst das durch das Geschehen erreichte Ergebnis." [9]

Die Mehrdeutigkeit des Begriffs wird noch durch das Beifügen von *Adjektiven* („gute", „brauchbare", „hilfreiche", „ausreichende", „künstlerische", „wirtschaftliche" Leistung) oder durch Wortverbindungen (z. B. „Einzelleistung", „Gegenleistung", „Gruppenleistung", „Fehlleistung", „Garantieleistung") verstärkt.

Die festgestellte *Zweiteilung* des umgangssprachlichen Leistungsverständnisses (als Ergebnis und als Prozess) wird als vorläufiges Resultat der Diskussion in späteren Teilen der Arbeit aufgegriffen. Sie verdeutlicht verschiedene Auffassungen von Leistungen, die sich auch in wissenschaftlichen Diskussionen wiederfinden.

II Etymologie des Leistungsbegriffs

Es mag sich auch als sinnvoll erweisen, den Leistungsbegriff auf seinen ursprünglichen Sinn zurückzuführen und ihn so zu verwenden. Dies würde die Gelegenheit schaffen, die neuen Aspekte von den alten abzusondern (falls eine Veränderung konstatiert wurde) und damit überhaupt erst die Veränderung erfassen zu können. Zudem kann auch ein sich im Zeitablauf völlig gewandelter Begriff vorliegen, bei dem es sich nicht empfiehlt, auf den Ursprung zurückzugehen. Die Etymologie beschäftigt sich mit der Herkunft und Entwicklung der Wörter, d. h. sie ist eine rein sprachwissenschaftliche Untersuchung, die sich speziell mit der „Wortwurzel" beschäftigt. Wissenschaftliche Begriffe können zwar nicht von der Etymologie eines betreffenden Wortes her definiert werden, und sei dies „noch so interessant wie bei Leistung." [10] Es ist jedoch prinzipiell bei einer etymologischen Betrachtung möglich, dass dem Fachwissenschaftler ein Weg gewiesen, die Deutung erleichtert und die Erkenntnissuche in eine andere Richtung gelenkt wird. [11]

Die Etymologie des Wortes „Leistung" bzw. „leisten" weist auf eine ehemals weitgehend allgemeingültige Bedeutung des Begriffs hin. Im *Mittelhochdeutschen* bedeutet „leisten" „befolgen", „nachkommen", „erfüllen", „ausführen", „tun", aber auch „ein Gebot befolgen und ausführen", „ein Versprechen erfüllen", „eine Pflicht tun", im *Althochdeutschen* „ein Gebot befolgen und ausführen", „einer Pflicht

---

9   Vonessen 1975, S. 60. V. a. im Zusammenhang mit dem betriebswirtschaftlichen Leistungsbegriff wird hierauf näher einzugehen sein.
10   Lohmann 1943, S. 72.
11   Vgl. Glöckner 1963, S. 153 ff.

nachkommen", im *Angelsächsischen* (*"lestian"*) „befolgen", „erfüllen", „tun", im *Gotischen* (*"laistjan"*) „(nach-)folgen", „nachstreben", im *angloenglischen* (*"læstan"*) „befolgen", „Gefolgschaft leisten", „aushalten". Das Verb „leisten" beruht auf einer Ableitung aus dem Substantiv „Leisten". Letztendlich lassen sich die Verben auf den Begriff *"leist"*, *"laistian"*, *"laest"* bzw. *"leistr"* für „Fußspur", „Fußabdruck" zurückführen. Dem *"Leisten"* folgte man entweder auf einem Pfad bzw. bei der Herstellung einer Fußbekleidung. „Leistung" leitet sich aus „leisten" und „Leisten" ab. [12] Sie wird v. a. als „Akt des Leistens" bzw. als Prozess („einer Fußspur folgend") [13] verstanden. [14]

Das deutsche Wort „Leistung" hat im Englischen und Französischen keine direkte Entsprechung. Im *Englischen* gibt es verschiedene Leistungsbegriffe. Das englische Zeitwort „to last" (= „dauern", „währen", „bleiben", „sich erhalten") hat die gleiche Wurzel mit „Leisten" und entwickelte sich über die Sinnstufen: „nachfolgen - dabeibleiben - durchhalten - dauern". [15] Leistung im physikalischen Sinne heißt *"power"*. Im Hinblick auf die menschliche Muskelleistung wird von *"rate of working"* gesprochen, manchmal auch von *"output"*. Leistung im Sinne der Erbringung wird *"performance"* genannt. *"Achievement"* ist das in der *"performance"* Erreichte und das darauf gerichtete emotionale Engagement. [16] Das *Französische* kennt nur „performance" und bezeichnet damit das Ergebnis von Handlungen. Das Wort „Leistung" ist - so scheint es - ein spezieller sprachlicher Ausdruck typisch deutscher Prägung.

Semasiologische Untersuchungen beschäftigen sich mit dem *Bedeutungswandel* von Worten und den Bedeutungen der Worte in unterschiedlichen Sprachen. Im Folgenden wird auf den Bedeutungswandel in drei Aspekten eingegangen.

---

12 Die übertragende Bedeutung von Leistung entstand auch durch eine sehr frühe Wurzel lis (= gehen). Aus ihr ist dann „in Lehre gehen", „lernen" und der Begriff „List" (ohne üblen Nebenton) entstanden.

13 Altdeutsche Schuster fertigten die Schuhe noch ohne plastische Leisten und orientierten sich nur nach dem Fußabdruck. *WEIZSÄCKER* (1942, S. 50) bringt hiermit folgende alte Brautsitte in Verbindung. Es gab Volkssitten, bei denen nach der Hochzeit die Frau symbolisch in den Schuh des Gatten eintreten musste. Damit war das Versprechen verbunden „Wo du hingehst, da will ich auch hingehen". Ähnliche Scherzworte wie „Unter-den-Pantoffel-kommen" hängen damit zusammen.

14 S. Duden 1989, S. 415; Hirt 1968, S. 250; Kluge 1967, S. 435; Lexer 1964, S. 124; Mackensen 1985, S. 239.

15 S. Weizsäcker 1942, S. 49.

16 Vgl. Schäfer/Novak 1976, S. 67. Diese Ansicht ist nicht unumstritten in der Literatur.

2. Teil: Der „schillernde" Leistungsbegriff

- Bei allen etymologischen Analysen ergibt sich, dass nach dem Ursprung des Wortes „leisten", der Akt des Leistens bzw. der *Leistungsprozess* im Mittelpunkt steht und nicht das Ergebnis dieses Prozesses. [17] Im Zeitablauf hat sich im Leistungsverständnis ein Bedeutungswandel vollzogen. [18] Der ursprüngliche Begriff (i. S. „einer Fußspur folgend") wurde langsam mit dem Leistungsergebnis in Verbindung gebracht. [19]
- Im Mittelalter wurde der Ausdruck „Leistung" fast nur noch in der *Rechtssprache* gebraucht. Insbesondere bei spätmittelalterlichen Rechtsformeln hieß „Leisten" so viel wie „einem Vertrag, einem Eid, einer rechtlichen Verpflichtung durch genaue Erfüllung nachkommen". Bis in die heutige Zeit sind zahlreiche Redewendungen in diesem Zusammenhang übriggeblieben: „Eid leisten", „Bürgschaft leisten", „Gewähr leisten", „Gehorsam leisten", „Treue leisten", „Beistand leisten", „Verzicht leisten", „Widerstand leisten" u. a. Ähnliches trifft für die in der Betriebswirtschaftslehre verwendeten Begriffe „Sachleistungen" und „Dienstleistungen" zu. Bei diesen ursprünglich juristischen Formeln handelt es sich i. W. um einzelne, festgelegte Leistungen. [20]
- Diese eher juristische Grundlage wurde später durch eine Orientierung am *physikalisch-technischen Leistungsbegriff* abgelöst, die auch erstmals solche Ausdrücke wie Maschinenleistung einführt. Mit diesem Wandel ist eine gewisse Neigung zur Starrheit und Äußerlichkeit des Begriffsinhalts verbunden, weil es bei diesem Begriff bei der Leistung eines Menschen nicht mehr auf

---

17 LOHMANN (1943, S. 72) bezieht sich auf WEIZSÄCKERs Diskussion des ursprünglichen Sinns der „Leistung" als „Nachfolgen, hinter einem Führer", „Leisten ist Folgsamkeit, Dienst" u. Ä. wenn er sagt: „Dann wäre also Leistung im Ursinn gerade etwas Soziologisches, Politisches, oder um es modern auszudrücken, ein Begriff der praktischen sogenannten Menschenführung, und Leistungswirtschaft umschlösse dann gerade nicht in der Hauptsache den ... rechenhaften, wirtschaftlichkeitsmessenden Teil der Betriebswirtschaftslehre, sondern wäre identisch mit einer umfassenden Führungslehre, die den soziologischen und arbeitspolitischen Teil ... mit einbezöge?" Allerdings gesteht er, dass eine solche Argumentation, basierend auf der Etymologie des Begriffes nicht erlaubt sei.

18 VON HENTIG (1968, S. 93) sagt bspw. zu den Griechen: „Leistung war für sie entweder ein aller Nützlichkeit enthobendes Mittel im Agon, im freiwilligen Wettkampf um die Ehre des ersten Platzes, oder sie war Banausentum: die unfreie sachgebundene Arbeit."

19 In einem Wörterbuch aus dem Jahr 1809 wird bspw. das Wort „leisten" mit dem Verb „thun" in Zusammenhang gebracht. „Leisten" wird als „durch die That wirklichmachen" beschrieben. Bereits hier ist der Begriff auch auf das Handlungsergebnis ausgeweitet, wie auch am angeführten Verwendungsbeispiel deutlich wird: „Der Bürger soll leisten mit einem Pferde, d. h. er soll sich stellen, die Bürgschaft vollziehen". Campe 1809, S. 98; zitiert nach Rübling 1988, S. 32.

20 S. Weizsäcker 1942, S. 46 ff. zu einer vielfältigen und tiefgründigen Diskussion der Bedeutung(-sentwicklung) des Leistungsbegriffs.

die Qualität, sondern nur noch auf die Masse, die Quantität ankommt. [21] Wenn bspw. jemand äußert, dass er/sie etwas leisten will, dann ist damit mehr gemeint als der Wille, möglichst lange zu arbeiten oder ein möglichst großes Quantum zu erledigen.

Die etymologische Diskussion hat zum einen dazu beigetragen, verschiedene Facetten des Leistungsbegriffs aufzuzeigen, sowie zum anderen gezeigt, dass auch heutige Interpretationen auf althergebrachte Inhalte zurückzuführen sind. Trotzdem bleibt festzuhalten: Ursprüngliche Bedeutungen präjudizieren nicht bestimmte wissenschaftliche Begriffe. Sie geben allenfalls Hinweise zur Deutung und zur zweckmäßigen Begriffsbildung bzw. Auswahl der Termini.

III Leistungsverständnisse in verschiedenen Wissenschaftsdisziplinen
1 Einführung

Wenn wir in der wissenschaftlichen Auseinandersetzung von „Leistung" und „leisten" sprechen, so ist nur in Ausnahmefällen von der gewachsenen oder der umgangsprachlichen Bedeutung auszugehen. Die Lektüre einschlägiger Werke in verschiedenen Wissenschaftsdisziplinen zeigt beispielhaft die Vielzahl unterschiedlichster Verwendungsarten und Bedeutungen des Leistungsbegriffs in der Wissenschaft. Um den eventuellen Bedeutungsgehalt der Leistungsverständnisse in den Nachbardisziplinen der Betriebswirtschaftslehre sowie der Physik für die Betriebswirtschaftslehre zu erfassen, werden sie im Folgenden skizzenartig wiedergegeben. In jeder der angesprochenen Disziplinen gibt es nicht „den" Leistungsbegriff oder ein ganz bestimmtes Leistungsverständnis. Eine *Vielzahl von Nuancen* und gegensätzliche Begriffsverständnisse bestehen jeweils, nicht zuletzt, weil er Gegenstand intensiver Diskussionen in diesen Bereichen (gewesen) ist.

Bei allen Diskussionen und Definitionen in den verschiedenen Disziplinen wird immer ein Teil der im Alltag als „Leistung" erfahrenen Facetten pointiert, ein anderer bleibt ausgeklammert. Dies ist zwangsläufig Folge einer zweckbezogenen, aus einer bestimmten Erkenntnisperspektive heraus stattfindenden Auseinandersetzung mit Erkenntnisobjekten. Für die Erklärung des Gesamtphänomens „Leistung" ist ein solches Vorgehen i. d. R. untauglich. Er pointiert aber vielleicht - und dies wird sich in manchen Disziplinen tatsächlich erweisen - u. U. wesentliche Di-

---

21 Vgl. Weizsäcker 1942, S. 46.

mensionen oder Elemente eines betriebswirtschaftlich relevanten Leistungsbegriffs.

Bevor jedoch mit der eigentlichen Diskussion begonnen wird, noch drei Anmerkungen: In der *englischsprachigen wissenschaftlichen Literatur* wird zum Ersten der Leistungsbegriff - eigentlich überraschenderweise - selten thematisiert oder gar definiert; [22] obwohl er in vielen Bereichen als wichtiger Bezugspunkt erscheint, z. B. im Rahmen der theoretischen Modelle zur Leistungsmotivation, bei den vielfältigen Vorschlägen zur Leistungsbeurteilung und bei der Leistungsorientierung der Gesellschaft. Der Begriff der „Leistung" erfährt zum Zweiten aber auch in der *deutschsprachigen Wissenschaft* ein eigenartiges Schicksal: Viele Autoren verwenden ihn, ohne sich um definitorische Fragen zu kümmern und behandeln ihn als eine Selbstverständlichkeit. Es ist nicht zufriedenstellend, sich mit der sprachlichen Verwirrung abzufinden. Teilweise sind eigene Interpretationen des zugrunde liegenden Leistungsverständnisses notwendig. Im Folgenden wird zum Dritten nicht über „die Leistung" diskutiert, dies bleibt einer „Philosophie der Leistung" vorbehalten. Thematisiert werden verschiedene Aussagen und Auffassungen über jeweils so genannte Leistungen.

2 Physikalische Leistungsbegriffe

In der Physik wird Leistung - bei einem physikalischen Vorgang - als *„Arbeit (Kraft x Weg) pro Zeiteinheit"* definiert. Die Leistung einer Kraft ist eine skalare Größe. Sie charakterisiert die Schnelligkeit der Arbeit dieser Kraft. [23] Die Leistung wird auf genau festgelegte Messvorschriften zurückgeführt und bspw. in Kilowatt, Meterkilopond pro Sekunde oder in Pferdestärken gemessen. Prinzipiell wird

---

22　S. zu Ausnahmen bspw. Carroll/Schneier 1982, S. 2; Kane 1986, S. 237 f.; Campbell, J. P., u. a. 1970; Vroom 1964, S. 196 ff. *CAMPBELL U. A.* nehmen eine Differenzierung in die drei Ebenen „Verhalten", „Leistung" und „Effektivität/Ergebnisse" vor. Im Grunde wird Leistung als gutes Verhalten verstanden - im Vergleich zu anderen oder einem Standard -, welche infolge dann eine der Determinanten ist, die gut bewertete Ergebnisse hervorbringt. Diese werden auch durch ökonomische Bedingungen oder Rechnungslegungspraktiken in ihrer Höhe beeinflusst. Auch *VROOM* verwendet den Begriff der Leistung (performance) in seinem motivationstheoretischen Modell. Leistung wird von ihm definiert als multiplikative Funktion aus Motivation und der Fähigkeit einer Person (L = f (M x F)). Die Erklärung des Konstrukts der Leistung erfolgt mit Hilfe zweier anderer Konstrukte, die ebenso wenig der direkten Beobachtung zugänglich sind. Eine nähere Ausführung zur Leistung unterbleibt. Das Verständnis ist allenfalls zur Fundierung qualifikations- und eigenschaftsorientierter Leistungsbeurteilungen nützlich.

23　S. bspw. Jaworski/Detlaf 1972, S. 65.

vorausgesetzt, dass diese Arbeit im berücksichtigten Zeitintervall konstant bleibt. Sofern dies nicht der Fall ist, so lässt sich für jeden Zeitpunkt die Leistung als sog. Momentanleistung durch die zeitliche Ableitung der Arbeit angeben. Dies gelingt mit dem physikalischen Leistungsbegriff sehr gut, weil sowohl die Zeiteinheit als auch die Mengeneinheit eines Produktes objektiv, zuverlässig und gültig festgelegt werden können. [24]

Eine gewisse *Mehrdeutigkeit* besteht auch in der Physik, da Arbeit als mechanische, chemische, thermische, elektrische Arbeit auftreten und gemessen werden kann. Diese Mehrdeutigkeit stört insofern kaum, da die verschiedenen Arbeits- bzw. Leistungsmaße streng proportional betrachtet werden können. Im Vordergrund des physikalischen Leistungsbegriffs steht der Prozess, wenn auch gleichzeitig das mögliche Leistungsergebnis (bspw. Kilowatt bei Motoren) angegeben wird. Auch deshalb wird zwischen einem Leistungs- und einem Wirkungsgrad bzw. - anders ausgedrückt - zwischen aufgewandter und erzielter Leistung unterschieden.

Der physikalisch orientierte Leistungsbegriff ist wegen der Vernachlässigung der Sinnhaftigkeit des Leistungsprodukts und des Leistungsprozesses, auch wegen seiner Konzentration auf technische Verbrauchsvorgänge eines Betriebs, für die Analyse der menschlichen Leistungserbringung wenig geeignet. Trotzdem wird sich auch außerhalb dieser Wissenschaftsdisziplin, speziell in den Sozialwissenschaften, häufig auf das Begriffsverständnis der Physik bezogen. Dies betrifft in der Betriebswirtschaftslehre insbesondere solche Forschungsorientierungen, die sich gegenüber sozialpsychologischen und soziologischen Ansätzen abgegrenzt haben. [25] Auch die Arbeitswissenschaften beziehen sich - wie noch zu zeigen sein wird - zum überwiegenden Teil auf dieses Verständnis. Dabei ist er als Terminus wie als Begriff allenfalls in der technischen Sphäre eines Betriebes von Bedeutung.

---

24 Dieser physikalische Leistungsbegriff ist allerdings nur bei sehr einfachen menschlichen Tätigkeiten (z. B. Heben, Laufen, Springen) anwendbar.
25 Der von den Autoren verwendete Leistungsbegriff steht in keiner Beziehung zu den dem Produkt bzw. Arbeitsergebnis vorausgegangenen physischen, psychischen oder sozialen Prozessen. Sie konzentrieren sich v. a. auf die mit dem Ergebnis erbrachten Wertschöpfungsbeiträge und dem funktionalen Beitrag zu einem bestimmten Organisationsziel. Vgl. auch Hartfiel 1977, S. 8. Gerade die Vernachlässigung dieser Aspekte mag mit zu der Kontroverse für den Sinn und Unsinn des Leistungsprinzips geführt haben.

3 Leistungsverständnisse in der Soziologie

Das soziologische Verständnis des Leistungsbegriffs wiederzugeben, ist äußerst schwierig und bedarf etwas mehr Raum: Die methodologischen Verständnisse und Theorieperspektiven sind gerade in dieser Disziplin sehr unterschiedlich. In der soziologischen Terminologie werden die Begriffe „Leistung", „Leistungsprinzip" und „Leistungsgesellschaft" über ihren deskriptiven Gehalt hinaus zudem mit normativen Vorstellungen belastet. Hinzu kommt, dass Soziologen umfangreiche Arbeiten über das Leistungsprinzip und die Leistungsgesellschaft sowie damit auch indirekt zum Leistungsbegriff vorgelegt haben, die es jeweils zu analysieren gilt.

Die umfangreiche Diskussion steht allerdings im diametralen Gegensatz zur Häufigkeit der Definition des Leistungsbegriffs. Durch die gesamte soziologische Literatur zieht sich daher das *Problem der mangelnden Eindeutigkeit* des Leistungsbegriffs. [26] Entweder versuchen die verschiedenen Autoren, dieses Problem durch eine eigene Definition zu verkleinern, oder sie operieren unbefangen mit den verschiedenen Termini und stören sich nicht an der (eigenen) Verworrenheit der Begriffsinhalte. Überraschend ist auch, dass nicht einmal in allen Wörterbüchern der Soziologie der Begriff „Leistung" erscheint, [27] allenfalls im Wortzusammenhang mit anderen Termini wie „Leistungsgesellschaft", „Leistungsprinzip" oder „Leistungsmotivation". [28] *BRAUN* versucht diesen Umstand wie folgt zu erklären: „Die oft getroffene Feststellung der Unmöglichkeit, 'Leistung' zu definieren, die Widersprüchlichkeit in den entsprechenden Versuchen, die Erfahrung des Mangels an Eindeutigkeit, dies alles ist Ausdruck der Komplexität des Leistungsbegriffs und der von ihm beschriebenen Sachverhalte." [29] Für *DREITZEL* ist daher der Leistungsbegriff im Grunde kein soziologischer Begriff. Seine übergroße Beliebtheit in modernen Gesellschaftssystemen mache ihn allerdings für soziologische Betrachtungen interessant, da „... er zu einem gesellschaftlichen Ordnungsprinzip gerinnt, das gerade wegen seines ideologischen Charakters auch reale gesellschaftliche Folgen hat." [30]

---

26 Vgl. z. B. Seibel 1973, S. 11; Dreitzel 1975, S. 38; Assländer 1982, S. 11.
27 S. Bernsdorf 1969; Bahrt 1984.
28 S. Hartfiel 1982 sowie Endruweit/Trommsdorff 1989.
29 Braun 1977, S. 190.
30 Dreitzel 1975, S. 33.

Es erweist sich als sinnvoll, die soziologischen Definitionsversuche in statische und in dynamische Begriffsbestimmungen zu trennen. [31] Leistung wird in statischen Definitionsmodellen innerhalb eines gegebenen Werte- und Zielsystems definiert. In dynamischen Modellen versuchen die Autoren, auch gesellschaftlichen Wandel mit in die Definition einzubeziehen.

- *Statische Begriffsbestimmungen*

In der Soziologie wird Leistung vornehmlich statisch betrachtet. V. a. *SCHOECK* versteht Leistung als Anpassung an herrschende Werte-, Normen- und Zielsysteme der Gesellschaft bzw. der Unternehmung, wenn er sagt: „Leistung ist nur möglich, wenn eine Anpassung stattfindet ... Ein Verhalten und ein Ergebnis werden nur dadurch zur Leistung, daß sie sich an irgendetwas anpassen." [32] Ähnlich *SEIBEL*: „Leistung ist die Erfüllung der formalisierten Verhaltenserwartungen, die eine Rolle konstituieren," [33] je höher der Erfüllungsgrad der Verhaltenserwartungen, desto höher ist die Leistung. Leistung wird v. a. im Zusammenhang mit Berufsrollen (Komplex von Verhaltenserwartungen an einen Arbeitnehmer) betrachtet. Diese Erwartungen können in unterschiedlichem Maße erfüllt werden. Unterscheiden kann man in formalisierte und nichtformalisierte Rollenerwartungen. Zu ersteren zählt *SEIBEL* die für eine Rolle unbedingt erforderlichen Verhaltensweisen (z. B. Arbeitsverhalten). Letztere beziehen sich auf solche Dinge wie Kameradschaftlichkeit. Auf sie lässt sich bei der beruflichen Rollenerfüllung verzichten. In einer realen Situation stehen dabei Rollen immer in einem Spannungsfeld zwischen formalisierten Erwartungen und unvollkommener Erfüllung dieser Erwartungen. [34] Auch *SCHLAFFKE* bemerkt prinzipiell ähnlich: „Leistung ist formal jeder bewußte Beitrag zu einem Zielsystem, das von der Gesellschaft oder innerhalb einer Gruppe der Gesellschaft anerkannt wird." [35] Leistung lässt sich so als *Systembeitrag* bewerten.

Dieses Begriffsverständnis entspringt der etymologischen Betrachtung, Leistung als „eine Pflicht tun" bzw. „einer Fußspur folgend". In der Arbeitswelt meint der - soziologische - Leistungsbegriff die Erledigung von Arbeitsaufgaben, wie sie für

---

31 Vgl. Assländer 1982, S. 13 ff.; Braun 1977, S. 190 ff.
32 Schoeck 1977, S. 173.
33 Seibel 1973, S. 12; im Original kursiv.
34 Die von *SEIBEL* (1973, S. 12) angenommene Leistungsneutralität der nichtformalisierten Erwartungen kann man aber bezweifeln.
35 Schlaffke 1974, zitiert nach Braun 1977, S. 195.

die Berufs- und Positionsrolle vorgeschrieben wird. Nicht bestreiten kann man an solchen Auffassungen, dass der Mensch sich in einer technisierten Gesellschaft - auch - den Erfordernissen der Umwelt anpasst. Reparaturen an Motoren, chirurgische Operationen, Grundstudiumsveranstaltungen müssen in einem gewissen Rahmen „Anpassungsleistungen" darstellen. „Erfolg" und Ordnung ließen sich sonst kaum realisieren. Die damit zum Ausdruck kommenden formalisierten Verhaltenserwartungen können aber nur einen Teil der menschlichen Leistungen erfassen, wie noch zu sehen sein wird.

Zwei mögliche Komponenten des Leistungsbegriffs sind bzw. eine Differenzierung zwischen Leistung und Erfolg ist hier unter der statischen Begriffsauffassung näher zu skizzieren. *ICHHEISER* hat sie bereits früh im Rahmen einer ausgezeichneten Analyse eingebracht. [36] Er unterscheidet in *Leistungstüchtigkeit* und *Erfolgstüchtigkeit:* Unter Leistungstüchtigkeit ist das sachgemäße Erstellen von Sachleistungen zu verstehen. Die Erfolgstüchtigkeit bedeutet hingegen die Fähigkeit, die Sachleistungen so zu vermarkten, daß mit ihnen ein Markt- und Unternehmungserfolg erreicht werden kann: „Das faktische Niveau der Leistungen erhöhen sie in keiner Weise; sehr wohl aber den Schein der Leistung und ihres Niveaus und damit - die Erfolgschancen. Durch eine entsprechende *Reklame* z. B. können die faktisch *schlechteren* Schuhen [sic] zu den - erfolgssoziologisch betrachtet - *besseren* gemacht werden; der schlechtere Schuster (als Handwerker nämlich: schlechter) kann also seine Leistungsminderwertigkeit durch eine entsprechende (reklamegewandte) Erfolgstüchtigkeit völlig kompensieren." [37] *ICHHEISER* erkennt nur die Leistungstüchtigkeit als eigentliche Leistung an. [38]

---

36 S. Ichheiser 1930.

37 Ichheiser 1930, S. 9; kursiv im Original gesperrt; Unterstreichungen durch F. B. Auf diese Unterscheidung bezieht sich auch *DREITZEL* (1975, S. 41), wenn er - allerdings zu verallgemeinernd - sagt: „So sind es oft gerade die besonders Erfolgstüchtigen, die der Leistungsgesellschaft das Wort reden. Unternehmer, die ihren Erfolg ihren guten Beziehungen zu Geld- und Lizenzgebern einerseits, der Skrupellosigkeit ihrer Ausbeutungspraktiken und der Rücksichtslosigkeit im Gebrauch ihrer Ellenbogen im Konkurrenzkampf andererseits verdanken, halten sich zumeist besonders viel auf ihre Leistungstüchtigkeit zugute und gehören mit der Verbreitung ihres persönlichen Aufstiegsmythos durch von ihnen abhängige Publikationsorgane zu den besten Ideologen der offenen Leistungsgesellschaft."

38 S. zur Kritik u. a. Lamprecht 1964, S. 22 ff.; Bolte 1979, S. 96 f. *BOLTE* hält diese Unterscheidung für wenig ergiebig. Für ihn geht es nicht um Leistung (bei Leistungstüchtigkeit) und um NichtLeistung (bei Erfolgstüchtigkeit), sondern um verschiedene Leistungsarten und Leistungsmaßstäbe. Dass durch diese Unterscheidung die einen hoch- und die anderen abgewertet werden, hat für ihn nichts mit Leistung oder Leistungsprinzip zu tun. Vielmehr ist die Frage nach den Leistungszielen und den Mitteln zur Zielerreichung angesprochen. Mit Hilfe dieser Unterscheidung werden aber m. E. zwei

GEBAUER differenziert ähnlich in „*Aktionsleistung*" und „*Präsentationsleistung*". [39] Eine Handlung, welche als Leistung sowohl anerkannt werden als auch soziale Geltung erlangen soll, hat nicht nur die qualitativen Voraussetzungen zu erfüllen, den jeweils geltenden Gütemaßstäben gerecht zu werden (= Aktionsleistung). Sie ist darüber hinaus so zu präsentieren, dass ihre positive Bewertung und soziale Anerkennung garantiert ist (= Präsentationsleistung). Dieses Verständnis setzt Erfolg mit der sozialen Anerkennung gleich. Die sozial anerkannte Leistung beinhaltet immer beide Leistungsarten: Zum einen muss die Aktion bzw. Handlung bestimmte etablierte Leistungskriterien aufweisen. Zum anderen hat die Präsentation dieser Handlung den Leistungsnormen der Bezugsgruppe zu entsprechen. [40]

Bei allen statischen Begriffsmodellen ist Anpassung an das jeweils Vorherrschende das wesentliche Element. Die Auffassung von Leistung als *Anpassungsleistung* bleibt insofern inhaltsleer und zeitlos, als dass in jeder Gesellschaft die Anpassung an das jeweils geltende Normensystem als Leistung anerkannt und sanktioniert wird. Folgt man der Auffassung über den Zusammenhang von Leistung und Anpassung bedingungslos, dann wären keine Entwicklungen oder Fortschritte (seien es das Rad, die Motoren, die Computer u. a. m. oder die Arbeiten von Schriftstellern und Unternehmern) als „Leistungen" zu bezeichnen, da Innovation und Systemveränderung ausgeschlossen sind. Die geschichtliche Betrachtung ergibt, dass heutzutage manches als Leistung angesehen wird, was zu anderen Zeiten als Narretei, Aufsässigkeit oder Widerstand abgetan wurde. Die Erfahrung zeigt ebenfalls,

---

unterschiedliche Leistungsarten hervorgehoben und Probleme bei der Leistungsbeurteilung pointiert: Leistet der mehr, der die Güter sachgerecht herstellt und nicht vermarkten kann, oder der, der mehr schlecht als recht die Güterproduktion beherrscht, aber sie zu vermarkten weiß?

39 Vgl. Gebauer 1972, S. 189. *GEBAUER* bezieht sich bei der Diskussion dieser Unterscheidung zwar zu Recht auf *GOFFMAN* (1959), Bezüge zu *ICHHEISER* sind aber deutlich zu erkennen.

40 Ein gutes Beispiel für die angesprochene Differenzierung ist das der US-Präsidenten und insbesondere deren Wahl. Bedeutsam ist dort kaum, dass was der Präsident bzw. die Kandidaten tatsächlich im Rahmen der Amtserfüllung tut bzw. zu tun versprechen. Diese - mögliche - Aktionsleistung muss dramatisch in Szene gesetzt werden, um die Öffentlichkeit von der Fähigkeit zu solchen Handlungen zu überzeugen. *GEBAUER* (1972, S. 190) bezeichnet gerade dies, die eigene Person als vertrauenserweckenden Leistungsträger bei einer Bezugsgruppe durchzusetzen, als vielleicht eine größere Leistung, als die dabei „verkauften" Aktionsleistungen. Diese Ansicht lässt sich in viele Bereiche übertragen. Bspw. zeigt die Beobachtung der Rollen bedeutender Wirtschaftspolitiker und Spitzenmanager, dass deren psychologischer Einfluss (= *Präsentationsleistung*) den ökonomischen (= *Aktionsleistung*) übertrifft, es sei denn, ersterer gelte als letzterer.

dass auch „Leistungsverweigerung" oder „Nichtanpassung" wesentliche Leistungen in ihrer Zeit waren. [41] Durch eine Auffassung der Leistung als der Erfüllung formalisierter Verhaltenserwartungen oder dem Beitrag zu einem gegebenen Zielsystem wird die potenziell dynamische Funktion der Leistung ignoriert. Es ist so nur möglich festzustellen, was hier und heute als „Leistung" gilt.

- *Dynamische Begriffsbestimmungen*

Ein dynamisches Verständnis der Leistung wird nicht so häufig in der Soziologie vertreten. Durch die Einbeziehung des *gesellschaftlichen Wandels* wird damit versucht, Leistungen nicht nur in ihrem jeweiligen zeitbezogenen Gesellschaftskontext zu erfassen, sondern auch im Rahmen zukünftiger Wert- und Zielsysteme. Beispielhaft ist hier *BRAUN* zu nennen. Er erweitert das Bewertungskriterium der gesellschaftlichen Anerkennung von Leistungen gerade um diese historische Dimension und zwar, indem er Vergangenheitsleistungen im Hinblick auf heutige Wert- und Zielsysteme als solche benennt. Durch diese zeitliche Verschiebung von Handlungen bzw. Handlungsergebnissen und der Bewertung lassen sich auch im Nachhinein innovative (System-)Veränderungen als Leistung anerkennen. Niemand weiß daher im voraus, ob ein bestimmtes Handeln bzw. Handlungsergebnis nicht durch eine nachfolgende Generation als Leistung eingestuft wird. [42] Eine zeitpunktbezogene Beurteilung von Handlungen wird, sofern man eine solche Auffassung strikt verfolgt, utopisch. Ein solcher dynamischer Leistungsbegriff erscheint daher nicht in jedem Fall sinnvoll. [43] *BRAUN* entzieht den Begriff wohl auch daher einer genauen inhaltlichen Bestimmung. Unter Leistung fasst er v. a. eine *formale Kategorie*, die erst im jeweiligen Funktionszusammenhang eine bestimmte Bedeutung findet. Eine umfassende und endgültige Definition des Leistungsbegriffs ist für ihn unmöglich, allenfalls für hier und heute. [44]

---

41   Vgl. Braun 1977, S. 193.
42   Vgl. Braun 1977, S. 194 ff.
43   Hier hilft auch die Unterscheidung *BRAUN*s (1977, S. 199 f.) in objektiven Erfolg (Sichdurchsetzen im Zeitablauf) und in subjektiven Erfolg (Sichdurchsetzen des leistenden Individuums), die er in Anlehnung an *MANNHEIM* vornimmt, nicht viel weiter.
44   S. Braun 1977, S. 190, 194. Als Leistung gilt dann, was nach herrschenden Kriterien als Leistung in der Vergangenheit qualifiziert werden kann. Die Konsequenz dieser Auffassung ist, dass Diskussionen des Leistungsbegriffs im Grunde Diskussionen des Gesellschaftssystems bedeuten.

Ein anderes dynamisches Begriffsmodell vertritt *BOLTE*. Er betrachtet Leisten oder Leistung „... als mehr oder weniger großen Beitrag zur Annäherung an ein Ziel und/oder als eine dabei erbrachte mehr oder weniger große Anstrengung." [45] Der Zielerreichungsgrad und die Anstrengungshöhe (und damit sowohl Ergebnis wie auch Tätigkeit) sind die Leistungsmaßstäbe. Leistung ist auch für ihn nur relativ zu erfassen, da die kulturellen Wertvorstellungen von Gesellschaft zu Gesellschaft und von Generation zu Generation unterschiedlich sowie einem dauernden Wandel unterzogen sind. [46] Eine dauerhafte inhaltliche Begriffsbestimmung wird unmöglich. [47]

Eine andere Auffassung hat *BOHLE*, insofern, als dass für ihn nicht allein gesellschaftliche Maßstäbe, sondern auch individuelle zur Beurteilung einer Handlung als Leistung explizit herangezogen werden. [48] Leistung gilt als *kulturell akzeptierter Wert*, welcher über die Einordnung von Aktivitäten des für die Beurteilung wesentlichen (person-, situations-, und systemspezifischen) Gütemaßstabs entscheidet und durch seine moralische und belohnende Funktion die Handlungsinhalte und -motivationen mitbeeinflusst. [49] *BOHLEs* Definition von Leistung als „... das abschließende Urteil, dem die Auswahl der jeweils relevanten Leistungsdimensionen, ihre Gewichtung und Anwendung auf Leistungsthematische Handlungen vorausgeht" [50] hat eine dynamische Komponente. Das angesprochene Urteil wird unmittelbar und mittelbar durch die Gesellschaft getrof-

---

45 Bolte 1979, S. 20 f.

46 Einen interessanten Aspekt spricht *BOLTE* (1979, S. 21) in diesem Zusammenhang an: „Wenn jemand mehr oder weniger 'tugendhaft' lebt als ein anderer, erscheint sein Verhalten evtl. als gut oder böse, aber zunächst nicht als größere oder geringere Leistung. Wenn dieses Verhalten aber beurteilt wird im Hinblick auf die Anstrengung, die erforderlich ist, um in einer Zeit der Verlockungen tugendhaft zu leben, kommen sofort Leistungsvorstellungen zur Geltung."

47 S. Bolte 1979, S. 20 ff. Für ihn sollte die soziologische Analyse des Leistungsbegriffes sich zudem nicht darauf beschränken, Leistung inhaltlich durch eine Realdefinition als bekanntes Phänomen zu beschreiben (z. B. durch die exemplarische Aufzählung von Leistungen in verschiedenen Bereichen). Vielmehr ist die vielschichtige Bedeutung von Leistung mit Hilfe einer Nominaldefinition einzugrenzen; eine Definition, die die in der Realität erkennbaren Strukturen berücksichtigt und nicht willkürlich reduziert.

48 Die Beschränkung auf gesellschaftliche Bezugsgrößen kritisiert *ASSLÄNDER* (1982, S. 18 ff.).

49 Vgl. Bohle 1977, S. 18. Hier werden psychologische Erkenntnisse im Hinblick auf intrinsische Belohnungen (positive Sanktionen durch die Handlung selbst), aber indirekt auch auf selbstgesetzte Maßstäbe bez. des Handlungsergebnisses und des Handlungsvollzuges berücksichtigt.

50 Bohle 1977, S. 12.

fen, da die jeweiligen Bedingungen unter denen eine Handlung als Leistung bewertet wird von den raum-/zeitspezifischen Werten und Normen der Gesellschaft abhängen. Gesellschaftliche Werte und normative Verhaltenserwartungen schränken dann den individuellen Freiraum der Individuen bei der Beurteilung ein. [51] Konkrete Leistung wird so wieder zu Anpassungsleistung. Hiermit wird explizit darauf hingewiesen, dass es keinen Leistungsbegriff geben kann, der nicht auf einem Werturteil beruht. [52]

ASSLÄNDER formuliert: „Leistung ist Veränderung von Wirklichkeit durch den Menschen gemäß einem Plan oder einer Absicht." [53] Leistung muss in diesem Sinne zweckgerichtet sein. Sie kann sich als neue Veränderung, aber auch in der Veränderung bereits stattfindender Veränderung sowie der Verhinderung unerwünschter Veränderung vollziehen. Auch die Anpassung an neue Verhältnisse, bspw. an neue Arbeitsplatzanforderungen, sowie in Grenzfällen auch Nichthandeln und Unterlassen (sofern dies eine Veränderung bewirkt), wird als Leistung aufgefasst. [54] Mit der Formulierung „Veränderung vollzieht sich als verändern entsprechend dem Vorgang des Leistens und ist ausschließlich im Ergebnis, dem Veränderten sichtbar und vorhanden, wiederum in Analogie zum Geleisteten als Ergebnis eines Leistens" [55] bezieht er sich auf Leistungsverhalten und -ergebnis. Die Frage nach der Notwendigkeit von Leistungsmaßstäben ist nach diesem Begriffsverständnis sekundär, da eine allgemeingültige Wertung und Messbarkeit aufgrund der dynamischen Komponente ausgeklammert wird.

Für HONDRICH konstituiert sich ein soziales System im Austausch von Leistungen. [56] Prinzipiell ist für ihn jede Leistung in ihrer objektiven Wirkung sozial,

---

51 Auch folgendes Zitat von BOHLE (1977, S. 12) verdeutlicht seine spezifische Ansicht: „Die Bewertung einer Aktion als Leistung ist ... ein mehrstufiger Prozess, bei dem in der sozialen Realität diejenigen, die Leistung beurteilen, diese nicht als objektive und intersubjektiv unzweifelbare Tatsache vorfinden, sondern Leistung gleichsam in ihrer Beurteilung des Sachverhaltes 'erzeugen'."

52 Vgl. Bohle 1977, S. 7 ff. Eine Charakterisierung einer Handlung oder eines Handlungsergebnisses als Leistung ohne eine Vorstellung von einer „normalen" Handlungsweise bzw. eines „normalen" Handlungsergebnisses sowie eine dementsprechende Wertung kann so nicht zu einer Vorstellung von Leistung führen.

53 Assländer 1982, S. 62.

54 S. Assländer 1982, S. 62 ff. Er stellt sich insofern bei der Erfassung der gesellschaftlichen Dimension der Leistung, bspw. als Basis einer Rangordnung, die Frage, inwieweit die Leistung eine Anpassung an das gesellschaftliche Bezugssystem beinhaltet. S. Assländer 1982, S. 14.

55 Assländer 1982, S. 63.

56 Vgl. Hondrich 1972, S. 23.

d. h. auf die Bedürfnisse anderer bezogen. Er spricht von Leistung, wenn Mittel zur Befriedigung von Bedürfnissen (bzw. zur Erfüllung von Zielen) bereitgestellt werden. Eine ökonomische Leistung liegt in der Bereitstellung von materiellen Gütern i. w. S. Unterschieden wird in *originäre Leistungen* (Schaffung und Bereitstellung neuer Mittel zur Bedürfnisbefriedigung, z. B. Unternehmer, Arbeitnehmer) und in *derivative Leistungen* (zur Verfügungstellung von übernommenen, schon vorhandenen Mitteln, z. B. Kapitalist). Die dynamische Komponente wird in diesem Verständnis durch ein Einbeziehen von veränderten Leistungszielen bzw. anderen Mitteln zur Zielerreichung berücksichtigt.

Dynamische Begriffsmodelle haben - so zeigt die Diskussion - automatisch eine *inhaltsleere* Definition des Leistungsbegriffs zur Folge. Sie pointieren aber treffenderweise die Veränderungen im konkreten jeweiligen Begriffsinhalt im Zeitablauf sowie die unterschiedlichen zeitpunktbezogenen Verständnisse des Begriffsinhalts und ermöglichen es dadurch, zweckbezogene Definitionen zu wählen und zukünftige Veränderungen explizit mit einzubeziehen.

4 Leistungsverständnisse in der Psychologie

Symptomatisch für den Umgang der psychologischen Literatur mit dem Leistungsbegriff ist das Vorgehen im „Wörterbuch der Psychologie" von *HEHLMANN*. Zwar existiert ein Stichwort „Leistung"; die Ausführungen dazu beschäftigen sich aber ausschließlich mit Leistungsbereitschaft und -fähigkeit. [57] In der Sozial- und Wirtschaftspsychologie wird oft, sei es im Zusammenhang mit Arbeitszufriedenheit, des Zustandekommens einer „Leistung" und auch gerade beim Objekt der Leistungsbeurteilung, von Leistung gesprochen und über sie geforscht, ohne dass genauer das jeweilige Verständnis über die „Leistung" oder eine Definition des Leistungsbegriffs vorliegt. Allenfalls werden derartige Aussagen ad hoc formuliert, wobei dann v. a. auf jene Vorstellungen sich bezogen wird, die bestimmte Personengruppen (z. B. dem Management) darüber haben. [58] Der Leistungsbegriff selbst bleibt dadurch meist *inhaltsleer* und wird auch hier zur beliebig interpretierbaren Formel.

---

57 S. Hehlmann 1967, S. 340 f. S. zu ähnlicher Vorgehensweise auch Vontobel 1970.
58 S. auch Wiswede 1981, S. 238.

Vielthematisiert wird das „Phänomen" der Leistung im Rahmen der theoretischen Modelle zur sog. *Leistungsmotivation*. [59] Im deutschsprachigen Raum war es v. a. *HECKHAUSEN*, der in diesem Zusammenhang vielfältige theoretische wie empirische Studien zum „Leistungsmotiv" und zur „Leistungsmotivation" durchführte und anregte. Unter *Leistungsmotivation* versteht er „... das Bestreben, die eigene Tüchtigkeit in all jenen Tätigkeiten zu steigern oder möglichst hoch zu halten, zu denen man einen Gütemaßstab für verbindlich hält und deren Ausführung deshalb gelingen oder mißlingen kann." [60] Es besteht dabei - so die Annahme - die Tendenz, die eigene Leistungstüchtigkeit zu steigern, jedenfalls bezogen zu den Schwierigkeitsgraden der Aufgaben. Dies führte zumeist zu einem Verschieben bzw. zu einer Umdefinition des persönlichen Schwierigkeitsmaßstabes (als Gütemaßstab für die eigene Leistung) bezogen zum „objektiven" Schwierigkeitsgrad. [61] Mit diesem Begriffsverständnis werden auch prozessuale Phänomene des Erbringens der Leistung einbezogen. *HECKHAUSEN* definiert auch einen - vielzitierten - *Leistungsbegriff*: „... Leistungshandlungen zielen auf das Bewältigen von Aufgaben ab. Läßt die Aufgabenstellung kein objektivierbares Ergebnis erkennen, unter- oder überfordert sie das Vermögen des Handelnden. Hält dieser Maßstäbe und Normen der Bewertung der Aufgabentätigkeit nicht für sich verbindlich, ist ihm die Aufgabe aufgezwungen worden oder hat sich deren Lösung ohne sein Zutun ergeben, so kann von einem Leistungshandeln nicht oder allenfalls nur eingeschränkt die Rede sein." [62] Insgesamt fünf *Bedingungen* sind es insofern für ihn, die aus der Sicht eines Leistenden oder eines Beobachters vorliegen müssen, um von einer Leistungsthematischen Situation sprechen zu können:

(1) Eine Handlung muss prinzipiell durchführbar, ein Handlungsergebnis muss sowohl erzielbar oder erzielt als auch objektivierbar sein sowie Aufgabencharakter haben.

(2) Die Handlungen wie auch ihre Ergebnisse müssen sich auf einen (Tüchtigkeits-)Maßstab der Güte oder Menge beziehen und beurteilen lassen. Die Maßstäbe selbst können aufgabeninhärent (in der Sache selbst liegend), fremdgesetzt, sozial (Vergleich mit Ergebnissen anderer) oder individuell (Vergleich mit früheren Ergebnissen) entstanden sein.

---

59 S. bspw. McClelland 1966, S. 336 ff.
60 Heckhausen 1965, S. 604.
61 Vgl. Heckhausen 1965, S. 649. Moderne Industriegesellschaften tendieren zudem dazu, die Anspruchsniveau-Bestimmung vom Individuum weg auf externe soziale Einrichtungen zu übertragen. So wird aus dem Leistungsbedürfnis ein Leistungsdruck. Die Kritik an der Leistungsgesellschaft begründet sich zum großen Teil auf diesen Prozess. S. auch Széplábi 1974, S. 302.
62 Heckhausen 1989, S. 80.

(3) Handlungen dürfen weder zu leicht noch zu schwer sein. Sie müssen in ihren Ergebnissen prinzipiell gelingen bzw. misslingen können.

(4) Der Maßstab muss vom Individuum selbst als verbindliches Tüchtigkeitsmaß akzeptiert und anerkannt sein.

(5) Das Ergebnis der Handlungen muss vom Individuum sowohl beabsichtigt wie zustande gebracht werden. Zufällige, unbeabsichtigte, zwanghaft erbrachte, mit Hilfe oder Behinderung erreichte Handlungsergebnisse sind nicht leistungsthematisch, weil das Individuum sich selbst dafür nicht verantwortlich hält. [63]

Eine Leistungshandlung wird dabei nicht erst nach einer positiven Prüfung dieser Bedingungen wahrgenommen. Es reicht aus, wenn eine oder mehrere Bedingungen gegeben erscheinen und keine Hinweise auf das Nichtvorliegen anderer vorliegen.

Daneben führt *HECKHAUSEN* noch den *anstrengungszentrierten* und den *fähigkeitszentrierten Leistungsbegriff* in die Diskussion ein. Ersterer lässt sich dadurch charakterisieren, dass nur eine Anstrengungsbeurteilung möglich ist: Die Aufgabenbewältigung erscheint durch vorhandene Fähigkeiten nahezu gesichert. Fraglich ist nur, inwieweit diese Fähigkeiten eingesetzt werden bzw. ob die erforderlichen Kräfte aufgewendet werden. Letzterer bezieht sich auf die Unsicherheit bez. ausreichender Fähigkeiten und deren Ausnutzung. [64]

Das Begriffsverständnis von *HECKHAUSEN* selbst enthält eine Reihe von ungelösten Problemen. Woher kommen die Maßstäbe? Warum bedarf es eines Vergleiches? Warum muss Leistung mit Anstrengung verbunden sein? Warum sollte Leis-

---

63 Vgl. Heckhausen 1974, S. 13 ff., sowie kürzer: 1989, S. 80. Hier muss streng zwischen tatsächlichen und wahrgenommenen Bedingungen unterschieden werden. Nur letztere fallen unter die Definition von *HECKHAUSEN*.

64 Von den o. g. Bedingungen differenzieren nur die zweite, dritte und vierte Bedingung zwischen Fähigkeiten und Anstrengung. I. Allg. sind beide Elemente bei der Leistungserbringung notwendig. Vgl. Heckhausen 1965. Mit Hilfe einer Schwierigkeitsskala und eines verbindlichen Gütemaßstabs kann das Ergebnis einer Handlung als fähigkeitszentrierte Leistung festgestellt werden. Beim anstrengungszentrierten Begriff wird das durch die Kräfteaufwandsskala und den Anstrengungsmaßstab erfasst. *HECKHAUSEN* geht vorwiegend vom fähigkeitszentrierten Leistungsbegriff aus, weil es sich dann um Handlungsergebnisse handelt, die sowohl aufgrund von Fähigkeiten als auch von der Anstrengung her scheitern und gelingen können. Die Differenzierung in fähigkeits- und anstrengungsbezogene Aspekte greift u. a. *LENK* (1976) mit seiner sozialphilosophischen Arbeit auf, ergänzt sie jedoch noch um verschiedene andere Dimensionen in seinem Leistungsdifferential. Dadurch wird die Relativität des Begriffs deutlich.

tung nur mit absichtlichen, bewussten Handlungen verbunden sein? [65] Ist es sinnvoll bei einer betriebswirtschaftlichen Perspektive Routinetätigkeiten nicht zu berücksichtigen? Insgesamt ist es zu eng, um die verschiedenen Facetten des Leistungsbegriffs zu erfassen. Für spezifische empirische Studien zur „Leistungsmotivation" erscheint eine solche *enge Definition* allerdings aus administrativen Überlegungen heraus geeignet, weil man sie leichter operationalisieren kann als andere. Auch hilft die angeführte Differenzierung, unterschiedliche Ansätze zum Verständnis und damit auch zur Beurteilung von Leistungen (nämlich Fähigkeiten und/oder Anstrengungen) aufzuzeigen. Die allgemeine psychologische Literatur ist dagegen völlig ohne hilfreiche Hinweise für diese Diskussion. [66]

5 Leistungsverständnisse in der Pädagogik

Der Leistungsbegriff wird gerade in der Pädagogik schlagwortartig und oft in *bedenklicher Weise* verwendet. Was mit ihm jeweils gemeint ist, bleibt häufig im Dunkeln. Es wird zwar beklagt, dass der Ausdruck „Leistung" oder „Leisten" eine recht bedeutende Rolle, aber das Wort „Leistung" als erziehungswissenschaftlicher Terminus relativ wenig Bedeutung hat. [67] *FURCK* konstatiert bspw. in seiner ausführlichen Analyse des pädagogischen Leistungsbegriffs: „So kann mit dem Verb 'Leisten' gemeint sein: arbeiten, arbeitsam sein, fleißig sein, lernen, sich anstrengen, aktiv sein, tüchtig sein, einsatzbereit sein, als ein dynamisches Moment. Durch den Gebrauch des Substantivs Leistung kann etwas ausgesagt werden im Hinblick auf das Werk, als das Ergebnis der Aktivität, aber auch auf das Maß und den Umfang des Könnens, des Wissens, der Ausdauer und schließlich - noch allgemeiner - über das Niveau und endlich, das Individuelle betonend: die Reife. Bestimmend ist hier also fast immer ein statisches Moment. Jede menschliche Leistung gründet sich auf eine Vielzahl der genannten Momente, die denn auch bei dem Gebrauch des Wortes Leistung mitgemeint sind und in der Erziehung selbst-

---

65 Vgl. Hartfiel 1977, S. 10. *HECKHAUSEN* geht leider auf die Kritik an seinem Begriff in seinem Lehrbuch (Heckhausen 1989) nicht ein.

66 S. neuere Überlegungen in dem ausgezeichneten Buch von *SCHETTGEN* (1996).

67 Erstaunlich ist im Hinblick auf die häufige Verwendung des Leistungsbegriffs, dass bspw. im Handlexikon der Pädagogischen Psychologie (Schiefele/Krapp 1981) der Leistungsbegriff nicht erläutert wird. Lediglich auf die Leistungsmotivation wird eingegangen. Das trifft aber nicht auf alle einschlägigen Lexika zu, wenn auch bspw. im Lexikon von *HORNEY/RUPPERT/SCHULTZE* (1970) der Beitrag von *ENGELMAYER* einige wenige Spezifika eines pädagogischen Leistungsbegriffs thematisiert; ähnlich auch Böhm 1988. Die pädagogische Literatur, die sich mit dem Leistungsbegriff beschäftigt, ist dabei eher älteren Datums.

verständlich wirksam werden." [68]

Selbst die literarischen Versuche, inhaltliche Bestimmungen des pädagogischen Leistungsbegriffs gewissermaßen im Rahmen einer Begriffsexplikation zu machen, sind oft unzulänglich bzw. *fehlerhaft* durchgeführt. [69] Am weitesten vorangekommen erscheinen solche logischen Unterscheidungen der Leistungsverständnisse in der Schule wie sie *FURCK*s Analyse thematisiert hat. Es handelt sich dabei um die in enger Beziehung zueinander stehende:
- Leistung als schulische Forderung an den Schüler,
- Leistung als Tätigkeit des Schülers,
- Leistung als Ergebnis der Tätigkeit des Einzelnen und
- Leistung als besonderer Beitrag der Schule für Gesellschaft, Staat, Wirtschaft und Wissenschaft. [70]

In der Pädagogik bedeutet das Leistungsprinzip den Grundsatz, dass Lern- und Arbeitsleistung erzieherisch im Vordergrund stehen müssen. Die Notwendigkeit der Leistungsforderung in der Schule ist in der Literatur nahezu unbestritten. Konflikte gibt es aber was die inhaltliche Bestimmung der Leistungsziele und die Möglichkeiten der Bewertung von Leistungen angeht. *HARTMANN* dazu: „Eine pädagogische Diskussion ... wird gerade deshalb so dringlich, weil die Leistungsforderungen an die Schule häufig soziologisch, ökonomisch oder technologisch begründet werden." [71] Das Leistungsverständnis in der Pädagogik schwankt u. a. auch deshalb zwischen der reinen Wiedergabe des eingepaukten Lehrstoffes (der möglichst perfekten Erfüllung vorgegebener Normen) sowie der kritischen und weiterführenden Auseinandersetzung mit dem Lehrstoff.

INGENKAMP fordert, dass Schulleistung nicht nach den vorliegenden Erträgen schematisch - in Relation zum Durchschnitt - gemessen werden sollte, sondern nur unter Berücksichtigung der individuellen Entwicklung der Leistungsfähigkeit. [72] Individuelle Leistungsvoraussetzungen sind dabei zu berücksichtigen. *TESCHNER*

---

68 Furck 1972, S. 20. S. auch Ingenkamp 1964, S. 119; Teschner 1969, S. 427; Heipke 1975, 1974; Lichtenstein-Rother 1964, 1968; Lichtenstein-Rother/Denig 1970.
69 S. bspw. Neuhaus 1973. Wer sich dafür näher interessiert, sollte sich einmal die Originalquellen der von *NEUHAUS* angeführten Zitate beschaffen und die angegebenen Stellen mit den wörtlichen und sinngemäßen Zitaten vergleichen. Dabei wird gerade immer wieder auf die sorgfältige Analyse von *NEUHAUS* verwiesen.
70 S. Furck 1972, S. 21.
71 Hartmann 1968, S. 15.
72 S. Ingenkamp 1964, S. 120.

differenziert folgerichtig in „Leistungen in Relation zu Subjekt, Gruppe und Objekt", um einzelne Leistungen pointierter bewerten zu können. [73] Mit beiden Hervorhebungen kommen wichtige Bedeutungselemente für die spätere Diskussion zum Vorschein. Der pädagogische Sinn der Leistung liegt für *KLAFKI* darin, dass sie der Weg zum Können und gleichzeitig das Medium des Könnensbewusstseins ist. Die Leistungsfähigkeit eines Individuums ist inhaltlich und seinem Ausmaß nach durch Erwartungen und Möglichkeiten mitbestimmt, mit denen sich der Einzelne konfrontiert sieht, und dadurch immer ein gesellschaftliches Phänomen. [74]

Leistung hebt sich nach *VON HENTIG* von Bildung durch das Kriterium der unmittelbaren Brauchbarkeit und Nützlichkeit ab: Bildung ist ein Höchstmaß an Selbstverwirklichung und Leistung ein Höchstmaß an sachlicher Einordnung. „..., man muss bekennen, ob man die Berufsfertigkeit selbst und ein Höchstmaß an sachlicher Einordnung - an *Leistung* - erstrebt oder eine nicht festgelegte Vertrautheit mit der Arbeitswelt und ein Höchstmaß an Selbstverwirklichung in ihr - etwas, das den Widerspruch zwischen persönlicher und wirtschaftlicher Freiheit aufhebt, mit einem altmodischen Wort: *Glück*. Glück ohne Leistung erscheint den Menschen heute als Romantik." [75]

Eine andere Kritik führt *BOLLE* an. Bereits früh beklagt er die Verwendung des quantitativen Leistungsbegriffs in der Pädagogik, d. h. bei ihm reine Wissenserwerbung. Er habe nur einen Vorteil, er ist eher messbar. Zur Wiedereinführung eines qualitativen Leistungsbegriffs nennt er zwei Voraussetzungen: günstige Arbeitsbedingungen mit kleinen Klassen sowie die Befreiung von der Stofffülle. [76]

Insgesamt gesehen erbringt die Diskussion des pädagogischen Leistungsbegriffs - mit Ausnahme der Differenzierung in subjekt-, gruppen- und objektbezogene Leistungsvergleiche und der expliziten Konzentration auf individuelle Leistungsmöglichkeiten - keine neuen Erkenntnisse hinsichtlich der verschiedenen Facetten

---

73 S. Teschner 1969, S. 431 f.
74 Vgl. Klafki 1964, S. 834 ff.
75 Von Hentig 1968, S. 93. Für ihn kann es ein Glück sein, wenn man in der eigenen Leistung Befriedigung und für die Leistungen anderer Bewunderung finden kann: Leistung als Prinzip dagegen bezeichnet er als *Ersatz* für Glück. Vgl. von Hentig 1968, S. 103. Die Pädagogik hat für ihn „... keinen Grund, die gesellschaftlichen Herrschaftssysteme zu unterstützen: Herrschaftssysteme sind der Ersatz für sachlich begründeten Erfolg. Wenn die Wirtschaft die Sanktion durch höhere ... Prinzipien braucht, muß man mißtrauisch sein ... Der Terror, den *das Prinzip* der Leistung auf die Menschen ausübt, steht in genauer Proportion zum Mangeln an Überzeugungskraft dieses Prinzips." (S. 97)
76 S. Bolle 1930, S. 115 ff.

des Leistungsbegriffs. Sie spiegelt nur die Unbestimmtheit und die Heterogenität auch der heutigen gesellschaftlichen Auffassungen wider.

6 Leistungsverständnisse in der Volkswirtschaftslehre

Auch in der Volkswirtschaftslehre ist in den letzten Jahrzehnten wenig Anlass gesehen worden, den Begriff der Leistung zu definieren. I. Allg. wird Leistung als Wert eines ökonomischen Gutes in Form des erzielten oder zu erzielenden relativen Marktpreises aufgefasst und gemessen. Die Summe aller erzeugter Güter einer Periode bzw. deren Werte wird in der Volkswirtschaftslehre global als Leistung betrachtet und im Ergebnis als volkswirtschaftliche Wertschöpfung oder Bruttosozialprodukt bezeichnet. Es handelt sich dabei um die Schaffung von Gütern (Sach- und Dienstleistungen) für Konsum- und Investitionszwecke sowie speziell um deren realen Wert. Der Wert wird durch den erzielten Marktpreis versucht festzustellen. Letztlich bestimmt die Nachfrage die „Leistung" bzw. den Wert der produzierten Güter. [77] Leistungen, denen kein Marktwert beigelegt wird (z. B. Leistungen in Konsumentenhaushalten durch Hausfrauen/-männer), werden nicht erfasst. Insofern ist der volkswirtschaftliche Leistungsbegriff ein *ergebnisbezogener Begriff*, [78] der zudem eine *statische Größe* darstellt.

Aus der Perspektive der Marktwirtschaft erhält eine technische Leistung erst dann ihren ökonomischen Leistungswert, wenn sie den Nachfragewünschen entspricht. Dies hat zur Folge, dass die erwarteten Sanktionen sich nicht mehr gegenüber den erbrachten Leistungen zeigen, sondern nur gegenüber den jeweils momentanen Knappheiten. Doch auch der Marktpreis bei vollkommener Konkurrenz hat in der Wirklichkeit nicht mit einer „gerechten" Einschätzung einer Leistung zu tun. [79] Der Preis für die Leistungen entsteht auf den Märkten, wobei - wie *SCHWANTAG* betont - der Erfolg der ökonomischen Bemühungen und nicht Mühe und Opfer, den Wert der Leistung bestimmen. [80] Diese sind zwar nicht ohne Bedeutung,

---

77   Abgestellt wird lediglich auf Quantitäten. Qualitative Leistung(-smehrung) in einer Volkswirtschaft wird nicht miteinbezogen, genauso wenig wie der Nutzen volkswirtschaftlicher Leistungen für die Gesellschaft.
78   S. bspw. auch bei Carell 1951, S. 74.
79   Die Bewertung wird von einer unbeeinflussbaren Größe vorgenommen. Darin mag ein gewisser Vorteil gegenüber den mehr subjektiven Bewertungen einzelner Personen(-gruppen) liegen. S. zum Problem der Gerechtigkeit bei Leistungsfeststellungen z. B. Brinkmann 1984, S. 241 ff.
80   S. Schwantag 1942, S. 161.

letztendlich wird in einer Marktwirtschaft der Preis aber anders bestimmt. Hiermit ist das wesentlichste Verständnis in der Volkswirtschaftslehre angesprochen: *Leistung als Folge von Knappheiten.*

Die Leistungserstellung vollzieht sich durch die Kombination der drei Produktionsfaktoren. Arbeit, Boden und Kapital stellen Faktorleistungen dar, die für die Produktion zur Verfügung gestellt werden. Hinzu kommen noch zwei weitere Leistungen: die Bereitstellung von investierbaren Geldmitteln und die - dispositiven - Unternehmerleistungen. [81] All diese Faktoren können allerdings nur wiederum durch menschliche Leistungen eingesetzt werden.

In der deutschsprachigen Volkswirtschaftslehre lässt sich noch ein weiteres, insgesamt vielleicht weniger bedeutsames Leistungsverständnis feststellen. Die sog. *Leistungsbilanz* gilt als Teilbilanz der Zahlungsbilanz. [82] Damit wird ein System zur Aufzeichnung von angefallenen güterwirtschaftlichen Transaktionen zwischen aus- und inländischen Wirtschaftssubjekten innerhalb eines bestimmten Zeitraumes verstanden. Die „Leistungen" und „Gegenleistungen" werden, je nach ökonomischem Charakter, zuerst auf Teilbilanzen verbucht und dann zur Leistungs- bzw. Zahlungsbilanz zusammengefügt. [83] Alle Posten, die in die Dienstleistungsbilanz eingehen, gelten als Leistungen im volkswirtschaftlichen Sinne. Ein Überschuss in der Leistungsbilanz besagt, dass die jeweilige Volkswirtschaft aus den hier erfassten Transaktionen Forderungen gegenüber dem Ausland erworben hat. [84]

---

81   S. Hunt/Sherman 1974, S. 43, Paulsen 1969, S. 6.

82   Die Bezeichnung Zahlungsbilanz führt insofern in die Irre, als dass die Aufzeichnung sich weder auf „Zahlungen" beschränkt, noch dass sie eine Bilanz im betriebswirtschaftlichen Sinne darstellt, als Gegenüberstellung von Bestandsgrößen zu einem bestimmten Zeitpunkt. Hinzu kommt noch, dass die Bezeichnung „Leistungs"-Bilanz eine Besonderheit in der deutschen Sprache ist. Auf sie wird hier eingegangen, weil mit ihr ein etwas anderes Verständnis von Leistung zum Tragen kommt.

83   Die *Leistungsbilanz i. e. S.* ist die Zusammenfassung der Handels- und Dienstleistungsbilanz. Sie umfasst die wertmäßige Gegenüberstellung der Wareneinfuhr und -ausfuhr (Handelsbilanz) sowie die Einnahmen und Ausgaben des Inlandes für Dienstleistungen (Dienstleistungsbilanz). Die *Leistungsbilanz i. w. S.* (auch Bilanz der laufenden Posten genannt) bezieht zusätzlich noch die unentgeltlichen Übertragungszahlungen zwischen Aus- und Inländern mit ein.

84   Die *makroökonomischen Vorgänge* kann man sich dabei als einen Kreislauf von Einkommens- und Leistungsströmen vorstellen. Das Einbringen von produktiven Leistungen zur Schaffung produzierter Leistungen dient der Erreichung von Einkommen. Das jeweilige private Haushaltseinkommen wird für die sog. Sach- und Dienstleistungen ausgegeben. Es fließt in Form von Nachfrage nach diesen Gütern und Diensten (= produzierte Leistungen) an die Betriebe. Von diesen wiederum fließt Einkommen (als Nachfrage nach produktiven Leistungen) an die privaten Haushalte. S. bspw. Paulsen

Der Leistungsbegriff wird ausführlich von *WILLEKE* thematisiert. Er fasst ihn dabei als doppelsinnig auf: Die Lenkung des Produktionsprozesses (Leistung als Tätigkeit) und das hervorgebrachte Produkt (Leistung als Ergebnis) werden gleichermaßen als Leistung der Unternehmen angesehen. Im Rahmen seiner Arbeit zum Leistungswettbewerb [85] bezieht er sich nur auf den zweiten Aspekt Leistung als *Ergebnis einer wirtschaftlichen Tätigkeit*. [86] Eine Leistungssteigerung liegt für ihn dann vor, wenn ein Unternehmen alternativ den Preis senkt, die Qualität erhöht oder ein Produkt mit höherer Qualität neu anbietet, die Lieferzeit reduziert, das Zahlungsziel verlängert, die Verpackung verbessert, das Warensortiment erweitert u. Ä., oder wenn mehrere dieser Alternativen gleichzeitig verändert werden. [87]

Im Rahmen der *Finanzwissenschaft* spricht man von der Leistungsfähigkeit. Damit wird der Maßstab der Besteuerung angesprochen (*Leistungsfähigkeitsprinzip*). Dieser sollte sich nach dem Grundsatz der Gleichmäßigkeit oder Verhältnismäßigkeit der Abgabenbelastung für den Einzelnen, d. h. nach dessen Leistungsfähigkeit, richten. Wer eine größere ökonomische Leistungsfähigkeit hat (Ausstattung mit Kaufkraft; Indikatoren: Einkommen, Vermögen, Ausgaben), soll eine überproportional höhere Steuer tragen. [88]

1970, S. 70 f.; Hunt/Sherman 1974, S. 42 f.; Blecher 1988, S. 790; Glastetter 1978, Sp. 1723 ff. Ähnlich auch Woll 1987, S. 560 f. Rein ökonomisch betrachtet erscheint der ganze Prozess des Wirtschaftslebens „... als ein stetes Austauschen von produktiven Leistungen ..." Schumpeter 1952, S. 33.

85 *Leistungswettbewerb* wird als das Streben der Wirtschaftssubjekte verstanden, an Stelle von Mitwettbewerbern Produkte abzusetzen und zwar durch in Aussicht stellen von Leistungen, die geeignet sind, von den potenziellen Abnehmern als vorteilhaft angesehen zu werden. S. Willeke 1963, S. 166.

86 Eine solchermaßen aufgefasste Leistung unterscheidet er in vier verschiedene *Leistungsuntergruppen*: (1) innerbetriebliche Leistungen, (2) für Unternehmen allein bedeutsame Leistungen (Absatz, Umsatz, Gewinn), (3) auch für Abnehmer bedeutsame Leistungen (z. B. Preis, Qualität, Ort), (4) Beeinflussung eines bestimmten Verhaltens anderer Marktteilnehmer. Nur die unter (3) genannten Leistungen werden als für den Leistungswettbewerb relevant angesehen. S. Willeke 1963, S. 166.

87 Die Feststellung, ob tatsächlich eine Leistungsverbesserung vorliegt, fällt bei nicht quantitativ erfassbaren Veränderungen, bei mehreren sich evtl. entgegengesetzt vorgenommenen Veränderungen und durch die mangelnde Markttransparenz besonders schwer. Daher konstatiert *WILLEKE*, dass sich im Wettbewerb die jeweils relativ beste Leistung durchsetzen wird, nicht ausschließlich gültig sein kann. S. Willeke 1963, S. 162 f. In einem idealen Leistungswettbewerb beruht der wirtschaftliche Erfolg allein auf der Leistungsfähigkeit der Produzenten und nicht auf der Täuschung der Kunden oder der Behinderung der Konkurrenten.

88 S. Musgrave/Musgrave 1980, S. 242 ff.; Haller 1972/73, S. 461 ff.; Zimmermann/Henke 1987, S. 132 ff.

Die Beschäftigung mit dem volkswirtschaftlichen Leistungsbegriff lenkt das Augenmerk auf die Bewertung von Leistungstätigkeiten/-erzeugnissen durch den „anonymen Markt" als quasi objektive Bewertungsinstanz. Es ist v. a. ein ergebnisbezogenes und auf den Erfolg von Tätigkeiten gerichtetes Verständnis des Leistungsbegriffs, was hier zum Tragen kommt. Die Verpflichtung, die aus „höherer" Leistung(-sfähigkeit) entsteht, wird dagegen von der Finanzwissenschaft betont. Diese drei Aspekte (Bewertung durch den Markt, Erfolg, Leistungspotenzial) pointieren jeweils sinnvolle, wenn auch nur einzelne Komponenten des Leistungsbegriffs. Sie werden daher im weiteren Verlauf der Arbeit aufgegriffen.

7 Leistungsverständnisse in der Rechtswissenschaft

Der Terminus Leistung hat in rechtlichen Quellen zunächst im *Grundgesetz* seinen Niederschlag gefunden. In Artikel 33 heißt es: „Jeder Deutsche hat nach seiner Eignung, Befähigung und fachlichen Leistung gleichen Zugang zu jedem öffentlichen Amt."

In anderen Quellen wird der Terminus Leistung wie folgt verwendet: „Haupt- und Nebenleistung" werden nach dem Inhalt des zugrunde liegenden Schuldverhältnisses bestimmt. „Leistung an einen Nichtberechtigten" ist im bürgerlichen Recht die Leistung eines Schuldners an einen Dritten anstatt an den Gläubiger, wobei dieser nicht berechtigt oder ermächtigt ist, sie anzunehmen. „Leistung an Erfüllungs Statt" (im österreichischen Recht: „Leistung an Zahlungs Statt") stellt eine vom Gläubiger mit schuldbefreiender Wirkung angenommene Leistung einer anderen als der geschuldeten Sache dar (vgl. § 364 I BGB). „Leistung erfüllungshalber" liegt dann vor, wenn ein Schuldner anstelle der von ihm eigentlich geschuldeten eine andere Leistung, eine neue Verbindlichkeit (z. B. Wechselhingabe) mitbringt, aus der sich der Gläubiger ersatzweise befriedigen kann bzw. soll, dieser sie aber nicht annimmt. „Leistungsschutzrechte" sind solche, die im Urheberrecht als Leistungen geschätzt werden, welche zwar nicht als schöpferisch gelten, aber einer schöpferischen Leistung eines Urhebers ähnlich sind. Im Zivilrecht ist die Leistung Gegenstand eines Schuldverhältnisses. Die „Leistungspflicht" eines Schuldners folgt aus einem Schuldverhältnis. Gegenstand ist ein Tun oder Unterlassen, zu der ein Schuldner dem Gläubiger verpflichtet ist. Differenziert wird in Haupt- und in Nebenleistungspflichten (§§ 241, 242 BGB). [89]

---

89 Daneben wird noch von „Leistungsort und -zeit", von „Leistungsklage", von „Leistungsvorbehalt", von „Leistungsgefahr", von „Leistungssätzen", von „Leistungsmin-

Die Zweckmäßigkeit der Verwendung juristischer Begriffsverständnisse in betriebswirtschaftlichen Studien kann nach dieser Diskussion mit guten Gründen verneint werden. Lediglich dadurch, dass manche von ihnen in Betrieben im Außenverkehr aufgrund von Verträgen gültig sind, finden sie Eingang in die Betriebswirtschaftslehre - und in diese Arbeit. Im weiteren Verlauf ist das rechtswissenschaftliche Leistungsverständnis ohne weitere Bedeutung.

8 Leistungsverständnisse in den Arbeitswissenschaften

In den Arbeitswissenschaften wird der Leistungsbegriff recht *unterschiedlich* thematisiert. Während manche Autoren auf ihn überhaupt nicht eingehen und lediglich die Grundlagen des menschlichen Leistungsvermögens diskutieren, [90] bezeichnet *HILF* den Leistungsbegriff als einen Zentralbegriff der Arbeitswissenschaft. [91] Der Leistungsbegriff wird von ihm - basierend auf einem physikalischen Verständnis - definiert aus der Beziehung von Arbeitsertrag und Arbeitsaufwand. Mehr Aufschluss über sein, in der Begriffsfassung nicht umgesetztes Verständnis gibt folgendes Zitat: „Aus dem Begriff 'Arbeit' leiten wir den Begriff 'Leistung' dadurch ab, daß wir versuchen, das sachliche (in der Regel wirtschaftliche) Ergebnis der Arbeit und zugleich die humane Anspannung bei der Arbeit durch Messung zu quantifizieren. Eine Arbeit wird zur Leistung, wenn sie mit einem günstigen ... Verhältnis zwischen der objektiven, erfüllten Arbeitsaufgabe und der subjektiv nötigen Anspannung verrichtet und beendet wird." [92]

Ähnliches äußert *SCHMIDTKE*, wenn er die menschliche Leistung (in der Ergonomie) als variable Größe zwischen Aufgabenstellung und -erfüllung bezeichnet. Leistung ergibt sich danach aus dem Quotienten von Qualität und Zeit, wobei die Arbeitsqualität sich wiederum aus dem Quotienten von Aufgabenerfüllung und Aufgabengestaltung (bzw. dem Grad der Übereinstimmung beider) ergibt. Dieser Bezug zur Arbeitsqualität soll es ermöglichen, auch solche Aspekte zu erfassen, die

---

derung", vom „Leistungswucher", vom „Leistungsverweigerungsrecht" und von „Leistungsstörung" gesprochen. S. z. B. Avenarius 1985 und das BGB.

90 S. v. a. Schnauber 1979; Hackstein 1977; Bracht 1977 und Stirn 1980; ähnlich auch Schmale 1983; Mikl-Horke 1988; Hardenacke/Peetz/Wichardt 1985; Tschirner 1986; Georg/Kißler/Sattel 1985; Hacker 1986.

91 S. Hilf 1976, S. 18. Inhaltlich wie umfangmäßig wird die Aussage aber nicht von ihm umgesetzt. Er bleibt zu sehr im allgemeinen, unverbindlichen verhaftet und beschränkt sich auf einfache ArbeitsLeistungen.

92 Hilf 1976, S. 17 f. Die Leistung ergibt sich dabei aus dem Quotienten - der jeweils abgeleiteten Größen - Werkeinheiten und Zeiteinheiten.

der physikalische Leistungsbegriff nicht umfasst (z. B. geistige Tätigkeiten). Die Arbeitsqualität und damit die Leistung wird durch sachliche und menschliche Leistungsvoraussetzungen determiniert. [93]

Für *BÖHRS* stellt Leistung im betrieblichen Sinne die von einer Person, einer Gruppe oder einem Betrieb fertiggestellte Menge an Arbeitsgegenständen (Produkt, Transport etc.) in einer Zeiteinheit dar. Die sich ergebende Zahl sagt allerdings wenig darüber aus, ob es sich jeweils um eine geringe, mittlere oder hohe menschliche (Mengen-)Leistung handelt. Hierzu ist der jeweilige Einsatzgrad (Arbeitsintensität) der individuellen Fähigkeiten für die Zielerreichung heranzuziehen. Die eigentliche menschliche Leistung ergibt sich für den Betrieb durch den Zeitnutzungsgrad (= tatsächliche Arbeitszeit), die Arbeitswirksamkeit (Beherrschung der Arbeitsmethode) und die Arbeitsintensität. Der Leistungsgrad wird unter Zuhilfenahme einer Bezugsleistung (normale Leistung oder betriebsübliche Durchschnittsleistung) ermittelt. [94]

RUMMEL differenziert in seinen Ausführungen zur Zeitstudie zunächst in subjektive (menschliche) Leistung und in objektive (volkswirtschaftliche) Leistung. Erstere bezieht sich auf die persönliche bzw. körperliche Anstrengung, letztere gilt als Menge in der Zeiteinheit, also als physikalischer Leistungsbegriff. Dieser soll im Rahmen der Zeitstudie zur Feststellung der Soll-Leistung Anwendung finden. Die Soll-Leistung ist dabei „... als Höchstmaß der unter gesunder Anstrengung aller körperlichen und geistigen Kräfte der Belegschaft und unter günstigster Beanspruchung aller Betriebsgegebenheiten erzielbare volkswirtschaftliche Gütermenge bestimmter Eigenschaften" [95] aufzufassen.

ROHMERT schlägt vier Ebenen zu einer Beurteilung von Arbeit und Leistung vor: Ausführbarkeit, Erträglichkeit, Zumutbarkeit und Zufriedenheit. [96] Diese Kriterien ließen sich - ähnlich wie beim *HECKHAUSEN*schen Leistungsbegriff - als Minimalkriterien für Leistungen formulieren: Nur eine Arbeit, die vom speziellen Individuum ausführbar, von der Belastung her erträglich und zumutbar ist sowie Zufriedenheit begründen kann, erfüllt die Anforderungen, um als Leistung bewertet werden zu können.

---

93   Vgl. Schmidtke 1981, S. 105 ff.
94   Vgl. Böhrs 1976, S. 78 ff.; s. auch Böhrs 1961, S. 641 ff. Von *REFA* (1978) wird die Arbeitswirksamkeit und die Arbeitsintensität zusammen als Leistungsgrad bezeichnet.
95   Rummel 1941, S. 295 f.
96   Vgl. Rohmert 1973, zitiert nach Schmidtke 1981.

FÜRSTENBERG pointiert (aus arbeitssoziologischer Sicht) zwei Bedeutungselemente des Leistungsbegriffs: (1) Was soll als Leistung gelten? sowie (2) Wie soll Leistung ermittelt werden? Beides ist eng miteinander verbunden: Der Leistungsmaßstab kann nur gelten, wenn es eine Zurechnungsmethode zur tatsächlich erbrachten Leistung gibt. Das Ermittlungsschema für diese Leistungen muss sich dagegen aus Bedeutungselementen des Leistungsbegriffs ableiten. Er bezeichnet als eigentliche Problematik des Leistungsbegriffs seine normative Komponente, also: Was soll als Leistung gelten? Dieses Problem entsteht für ihn dadurch, dass es keinen gesamtgesellschaftlich gültigen generellen Leistungsbegriff gibt. [97] Er stellt fest: „Der Leistungsbegriff steht nicht unveränderlich fest. Er ist abhängig vom jeweiligen Charakter der Arbeit und ihrer Organisation sowie vom Ausmaß der Kenntnisse, die wir von diesen Zusammenhängen haben." [98] Er kritisiert die Auffassung, Arbeitsverhalten als fremdbestimmte Habitualisierung vorgesehener Handlungsvollzüge zu begreifen und infolge einen quantitativen, auf den Ausbringungsdurchschnitt in einer gegebenen Zeiteinheit bezogenen, wenn auch durch vorgegebene Normen qualitativ bestimmten Leistungsbegriff zu verwenden. Dieser im Grunde auf eine standardisierte Qualitäts- und Mengenleistung eng begrenzte Leistungsbegriff gelte allenfalls für die Serien- und Massenfertigung. Die menschliche Leistung sei aber keine einfache Resultante aus kontrollierbarem Arbeitsaufwand und Arbeitswiderstand. Sie ergibt sich selbst bei einfachsten Verrichtungen aus einer komplizierten Leistungsstruktur. Diese Einsicht führte zu einer Erweiterung des „quantitativ-mechanischen Leistungsbegriffs" durch psychologische und soziologische Komponenten. Die Arbeitsleistung wird dabei als Ergebnis eines sozialen Prozesses verstanden. [99]

Ähnlich äußert sich *LUTZ*: Die Technisierung der Arbeit drängt den arbeitenden Menschen auf die Vorbereitung, Überwachung und Kontrolle des Produktionsprozesses und entlastet ihn von gleichförmigen, immer wiederkehrenden Verrichtungen. Der arbeitswissenschaftliche Begriff der Leistung wird deshalb unbrauchbar, weil er davon ausgeht, dass sowohl in ihrem letzten Ergebnis als auch in ihrem

---

97 Vgl. Fürstenberg 1977, S. 76 f. Im Zusammenhang mit der „Leistungsgerechten Entlohnung" stellt er fest, dass die jeweiligen Leistungsbegriffe und Leistungsnormen nicht nur sachlich angemessen sein, sondern auch den Beteiligten als sinnvoll erscheinen sollten.

98 Fürstenberg 1974, S. 77, s. auch 1977, S. 74. *VILMAR/KIßLER* (1982) thematisieren in ihrer „Soziologie der Arbeit" ebenso wie *LITTEK/RAMMERT/WACHTLER* (1982) in ihrer „Einführung in die Arbeits- und Industriesoziologie" dagegen den Leistungsbegriff überhaupt nicht.

99 Vgl. Fürstenberg 1977, S. 74 ff.

2. Teil: Der „schillernde" Leistungsbegriff

Vollzug heutzutage v. a. leicht beobachtbare und messbare Verrichtungen den Kern der Arbeit ausmachen. [100]

Speziell in der *REFA-Terminologie* hat der Begriff der *Bezugsleistung* (je Arbeitsplatz) eine bedeutende Rolle. Sie bezeichnet die einer Soll-Zeit zugrunde liegende (Mengen-)Leistung. Diese Bezugsleistung entspricht einem *Leistungsgrad* von 100%. Dieser Leistungsgrad ermittelt sich wie folgt: Leistungsgrad = beobachtete Ist-Leistung : Bezugsleistung x 100 %.

REFA differenziert drei Alternativen, um die Bezugsleistung zu bestimmen: [101]
- Mit der *Durchschnittsleistung* versteht sie das arithmetische Mittel der Ist-Leistungen einer größeren Zahl von Arbeitnehmern am gleichen Arbeitsplatz. [102]
- Im Zusammenhang von Systemen vorbestimmter Zeiten arbeitet man mit Tabellenzeiten für bestimmte Bewegungen. Bei der Festlegung dieser Zeiten geht man zunächst von unbekannten Bezugsleistungen aus, welche nach längerer Verwendung aufgrund der Erfahrungen ggf. zu revidieren sind. Als *Standardleistung* wird dann der Kehrwert dieser Bezugszeiten bezeichnet.
- Unter der i. Allg. in der Praxis verwendeten *REFA-Normalleistung* wird eine solche Leistung verstanden, die von jedem geeigneten und geübten Mitarbeiter auf Dauer erbracht werden kann, also eine normale, ohne Überbelastung mögliche Dauer-Durchschnittsleistung. [103]

Als *Bestleistung* gilt, was geeignete und geübte Arbeitnehmer mit hoher Motivation ohne gesundheitliche Gefahr auf Dauer erbringen können. [104]

Mit Hilfe der (analytischen) Arbeitsbewertung wird die exakte Erfassung des Arbeitsinputs (notwendige Leistungsabgaben der Mitarbeiter) v. a. in quantitativer Hinsicht versucht. Die empirische Erfassung der Leistungsabgaben erfolgt nach dem Verständnis der Arbeitswissenschaftler „objektiv". Der Objektivitätsanspruch

---

100 Vgl. Lutz 1977, S. 228.
101 S. REFA 1978, S. 125 ff.
102 I. d. R. lässt sich ein solcher Mittelwert nicht ermitteln, da verschiedene Arbeitsplätze und -abläufe mit i. d. R. „zu wenigen" Stellenbesetzern zu erfassen wären, als dass statistisch aussagekräftige Ergebnisse zu erwarten sind. Man behilft sich dann mit Erwartungswerten.
103 S. REFA 1978, S. 135 f. Hier stellt sich die Frage, ob Durchschnittlichkeit mit Normalität in Verbindung gesetzt werden kann; und wenn, welcher Zeitraum und welche Mitarbeiter zur Feststellung der Bezugsnorm heranzuziehen sind. Der letztjährige, die Bestqualifiziertesten? Wie werden die neuen Arbeitsbedingungen einbezogen?
104 S. bspw. Kupke 1943, S. 19.

wird von ihnen als gegeben angesehen, wenn in der Praxis über die Anwendung der Ergebnisse Konsens erreicht wird, d. h., wenn die Einführung und Anwendung der analytischen Arbeitsbewertung von allen Beteiligten als richtig anerkannt wird. [105] Dabei erscheint allerdings klar, dass diese oberflächliche Betrachtung Machtstrukturen und auch die Fremdvertretung ignoriert. [106]

Der *naturwissenschaftliche Leistungsbegriff* ist in der gesamten Arbeits- und Zeitstudienliteratur dominierend. [107] Dadurch bleiben wesentliche Facetten der von Menschen erbrachten Leistungen unberücksichtigt. Der Begriff ist von daher in diesem Zusammenhang ungeeignet. Auch die Versuche innerhalb der Arbeitswissenschaften, die menschliche Leistung „objektiv" zu messen, sind u. a. daran gescheitert, dass es keinen Leistungsbegriff geben kann, der nicht auf einem relativen Werturteil beruht. [108] Doch diese, hier als Feststellung formulierte („normative") Aussage wird von den Arbeitswissenschaftlern, besonders von den REFA-Spezialisten, nicht getragen bzw. deren Begründung nicht eingesehen. Weitergehende Hinweise hat die Diskussion des Leistungsverständnisses in den Arbeitswissenschaften hinsichtlich folgender Aspekte ergeben: Zum Ersten ist noch einmal verstärkt der jeweilige Zeitbezug, d. h. die Dauer der Leistungsperiode, betont worden. Zum Zweiten wird die jeweilige individuelle Fähigkeit zur Leistungserbringung (bzw. -höhe) - wenn auch mehr allgemein als individualbezogen - sowie die menschliche Belastbarkeit als Begriffsmerkmal thematisiert. Zum Dritten schließlich haben sich insbesondere psychologische Prozesse als mitbeeinflussende Determinanten erwiesen.

Die Diskussion der Leistungsverständnisse in anderen Wissenschaftsdisziplinen hätte v. a. dann einen Sinn für die Themenbearbeitung gehabt, wenn sie das Augenmerk auf verschiedene, in der Betriebswirtschaftslehre nicht berücksichtigte, aber gleichsam bedeutsame Elemente lenken konnte. Dass dies der Fall ist, wird sich Im Folgenden Kapitel zum - eingeschränkteren - Verständnis des Leistungsbegriffs in der Betriebswirtschaftslehre zeigen. Zum Abschluss dieses Teils werden die wesentlichen, der hier diskutierten Aspekte (s. zum Überblick Abb. 2.1) hervorgehoben. Vorerst sei auf die disziplinspezifischen Ausführungen verwiesen.

---

105 S. bspw. Wibbe 1965, S. 226, 1966.
106 S. zur Problematik der „Objektivität" auch Teil 4 C dieser Arbeit.
107 *RUTENFRANZ* (1985, S. 43) bezeichnet bspw. solche physikalisch messbaren Leistungen im Rahmen einer Arbeit zur Arbeitsphysiologie als „definierte Leistungen." S. auch Kupke 1943, S. 16.
108 S. auch Teil 2 C II dieser Arbeit.

Physik	Soziologie	Psychologie	Pädagogik	VWL	Rechtswissenschaft	Arbeitswissenschaft
Leistung = Arbeit (Kraft x Weg) pro Zeiteinheit	• statischer Leistungsbegriff • dynamischer Leistungsbegriff	zu unbestimmt	Leistung als ... • Forderung an die Schüler • Tätigkeit der Schüler • das Ergebnis der Tätigkeit des Einzelnen • Beitrag der Schule für die Gesellschaft	• Summe aller erzeugten Güter und Dienstleistungen (einer Periode) • Marktpreis bezogen (Leistungsfähigkeit)	zu unbestimmt	• sehr am physikalischen Leistungsbegriff orientiert • REFA-dominiert

Abb. 2.1: *Überblick über Leistungsbegriffe in verschiedenen wissenschaftlichen Disziplinen.*

B Leistungsverständnisse in der Betriebswirtschaftslehre
I Einführung

BESTE bemerkt bereits 1944 treffend: „Die Feststellung Schmalenbachs, dass das Wort Leistung 'die Sprache beschwert', trifft für die Sprache keiner Disziplin sicherlich mehr zu als für die der Betriebswirtschaftler. Leistung gehört zwar zu den am häufigsten gebrauchten Begriffen unseres Faches - kaum ein Schriftwerk, in welchem nicht von Leistung gehandelt [sic!] wird -, aber was mit Leistung eigentlich gemeint sein soll, das bleibt oft genug unklar." [109] Der Leistungsbegriff ist tatsächlich in der allgemeinen Betriebswirtschaftslehre zumeist „... verdrängt und verdeckt worden .." [110]

Diesen beiden exemplarisch ausgewählten Aussagen ist zuzustimmen. Es gibt tatsächlich kaum einen anderen betriebswirtschaftlichen Begriff, der ähnlich viele Interpretationen erfahren hat und auf so viele Tatbestände angewendet wird. Abgesehen davon, dass auch in der betriebswirtschaftlichen Literatur häufig Leistung in einem technischen Sinne angeführt ist, wird unter Leistung teilweise die betriebliche Tätigkeit, teilweise das Ergebnis betrieblicher Tätigkeit und teilweise beides gleichzeitig verstanden. Man spricht auch von Leistung als dem Gegenstück zu

---

109 Beste 1944, S. 3 f. Er verweist kurz danach auf einen Artikel von *SCHMALENBACH*, in dem s. E. erstmals der Ausdruck „Leistung" in der Zeitschrift für handelswirtschaftliche Forschung (7. Jg., 1912/13) auftaucht. Einmal ist darin die (Betriebs-)Leistung als Erfolg und ein anderes Mal als Umsatz angeführt. Zur angesprochenen Aussage s. auch Schmalenbach 1925, S. 92.

110 Engelhardt 1966, S. 158.

Kosten und versteht darunter die bewertete Güterentstehung (rechnerischer Ausdruck des Ergebnisses) oder z. B. im Industriebereich das technisch Entstandene u. a. m. Zudem erfolgt eine Auseinandersetzung mit dem Leistungsbegriff im Zusammenhang mit der Gliederung verschiedener Betriebe nach der Art der Leistung (z. B. Sach- und Dienstleistungsbetriebe). *HENZLER* fasst den Leistungsbegriff sogar als Ausgangspunkt der Betriebswirtschaftslehre auf: „Diesem Begriff kommt m. E. so zentrale und systembildende Bedeutung für die Betriebswirtschaftslehre zu, daß es mir begründbar erschiene, die Betriebswirtschaftslehre als die Lehre von der wirtschaftlichen Seite der Leistungserstellung zu charakterisieren." [111]

Trotz dieser - hier vereinfacht pointierten - *Begriffsvielfalt* wird der Leistungsbegriff in vielen betriebswirtschaftlichen Veröffentlichungen *nur selten erörtert*. Es ist relativ wenig Mühe darauf verwendet worden, den zentralen Begriff Leistung zu definieren bzw. zu sagen, was jeweils unter Leistung zu verstehen ist. [112] Die derzeitige wissenschaftliche Diskussion reflektiert den Leistungsbegriff nicht oder kaum, eher verwendet sie ihn unkritisch. Das war nicht immer so - zumindest nicht in der Betriebswirtschaftslehre. In den 30er und 40er Jahren und wiederum in den 50er Jahren haben sich einige Fachvertreter näher mit der Bestimmung des Leistungsbegriffs - durchaus kontrovers - beschäftigt. [113] Dabei ging es sowohl um eine Kritik anderer Begriffsfassungen, als auch um die Stellung des Begriffs in den jeweiligen Lehren. Die älteren Versuche zur Bestimmung des Leistungsbegriffs führten weder zu eindeutigen noch zu untereinander einheitlichen Ergebnissen. Das hat sich bis heute nicht geändert. [114]

---

111 Henzler 1959a, S. 538. Bereits früher hat er sich einmal intensiv mit dem Leistungsbegriff beschäftigt (Henzler 1942). In dieser Publikation wird der Leistungsbegriff - wie *BECKER, O.*, (1951, S. 67 ff.) zeigt - vielschichtiger verwendet: mal als Leistungsmenge, mal als Leistungsgüte, mal als sparsame Tätigkeit.

112 Dies kommt auch in *SCHNEIDER*s „(Geschichte der) Allgemeinen Betriebswirtschaftslehre" (1987) zum Ausdruck. Er thematisiert den Leistungsbegriff nicht. Im Handwörterbuch der Betriebswirtschaft ist in der 1. bis 3. Auflage jedoch noch ein Stichwort für den Leistungsbegriff behandelt, in der 4. jedoch nicht mehr. Auch die Ausführungen im *GABLER* Wirtschaftslexikon geben nur einen Teil der Auffassungen „in der Betriebswirtschaftslehre" wieder. S. Gabler 1988, S. 98.

113 S. Schmaltz 1927; Becker, H., 1930; Ruberg 1939; Lorentz 1932; Hatheyer 1933; Nicklisch 1939; Momburg 1939; Thoms 1940; Bouffier 1950; Beste 1944; Henzler 1959, 1959a; Mellerowicz 1960.

114 Eine gewisse Ausnahme bildet die Kosten- und Leistungsrechnung. Doch dort kommt dem Leistungsbegriff bzw. dem Begriffsmerkmal „Leistungsbezogen" im Hinblick auf die Kostendefinition eine besondere Bedeutung zu, die weder inhaltlich noch formal übertragbar ist.

Im Folgenden wird - in Anlehnung an eine Aussage von *BESTE* - demonstriert, „... was alles unter Leistung in der Betriebswirtschaftslehre verstanden wird. Das Bewußtsein davon, daß das Wort Leistung eine kaum noch zu überblickende und zu überbietende Zahl von Bedeutungen hat, bewirkt vielleicht, daß es in unserer Disziplin mit Vorsicht angewendet wird." [115] Zunächst werden die Ergebnisse der Quellen skizziert, die sich mit einer Bestimmung des Leistungsbegriffs umfassend beschäftigt haben. Danach erfolgt eine Diskussion verschiedener Leistungsverständnisse. Ziel ist es nicht, „den" Leistungsbegriff für die Betriebswirtschaftslehre zu definieren. Ziel ist es in diesem Zusammenhang vielmehr, unterschiedliche Verständnisse des Leistungsbegriffs systematisch zu diskutieren. Die später verwendete Klassifizierung hilft dabei, die Vielfältigkeit der Leistungsverständnisse systematisch einordnen und darstellen zu können.

II Diskussion vorliegender Begriffsanalysen und -modelle

LORENTZ versucht als erster eine Explikation des Leistungsbegriffs in der Betriebswirtschaftslehre. [116] Er geht zunächst allgemein auf den Leistungsbegriff ein und führt dann die Verständnisse verschiedener Autoren zum Begriff an, wobei zwischen technisch und soziologisch orientierten Begriffsverständnissen unterschieden wird. In einer eigenen Begriffsfassung bezieht er sich auf den ergebnisbezogenen Begriff und differenziert dabei in einen sachlichen und einen wertbetonten Charakter des Leistungsbegriffs. Im allgemeinen Sprachgebrauch hat der Begriff für ihn einen wertbetonten Charakter, z. B. wenn ein Wissenschaftler ein Erkenntnisergebnis erzielt hat, was über dem bis dahin Erreichten liegt. In der Fachsprache werde er jedoch - so seine Aussage - meist rein sachlich verwendet. Die Ablehnung des tätigkeitsorientierten Begriffs begründet er damit, dass „... ja das Geschehen einer Leistung stets nur an ihrer Wirkung (an ihrem Ergebnis) konstatiert werden kann." [117]

Zeitlich wenig später diskutiert *HATHEYER* verschiedene Facetten des Leistungsbegriffs und differenziert dabei den Begriff letztendlich in die „wirtschaftliche Leistung i. e. S." (Ergebnis der wirtschaftlichen Tätigkeit schlechthin; Grundlage des Ertrags) und in die „betriebswirtschaftliche Leistung" (Differenz der Auf-

---

115 Beste 1944, S. 1.
116 Vgl. Lorentz 1932, S. 372 ff. Er übernahm im Rahmen seiner Mitgliedschaft in einem Technologieausschuss des Verbandes der Hochschuldozenten für Betriebswirtschaft die Aufgabe, *Material zur Vereinheitlichung des Leistungsbegriffs* zu sammeln.
117 Lorentz 1932, S. 378.

wands- und Leistungsgrößen; Ergebnis der betriebswirtschaftlichen Tätigkeit; Zielorientierung). [118]

In *NICKLISCH*s klassischem, immer wieder zitiertem Artikel über den Leistungsbegriff erfolgt keine explizite Auseinandersetzung mit dem, was i. allg. unter dem betriebswirtschaftlichen Leistungsbegriff verstanden wird. Er verwendet in seiner Diskussion den Terminus Leistung ausschließlich für das Ergebnis eines Leistungsprozesses, also für das Geleistete. Die bewusste, zielgerichtete Tätigkeit selbst, also der Vorgang, wird mit Leisten benannt. [119] Leisten geschieht aufgrund menschlicher Bedürfnisse und zu deren Befriedigung. Leistungen stellen demnach Befriedigungswerte dar. [120]

BESTE differenziert zunächst in volkswirtschaftliche und betriebswirtschaftliche Leistung. Letztere ist für ihn zugleich auch erstere, wenn bspw. die Produktion oder der Verkauf im Interesse der staatlichen Gemeinschaft ist. Er führt eine Vielzahl von Beispielen aus der betriebswirtschaftlichen Fachliteratur an, die die Vieldeutigkeit des Leistungsbegriffs belegen. Die inhaltliche Bestimmung durch Hinzufügung eines Substantivs (z. B. Mengen-, Betriebs-, Minutenleistung) kritisiert er, weil sie keine inhaltliche Bestimmung gewährleisten. Seine Schlussfolgerungen sind eher pessimistisch: Für ihn kann der Ausdruck „Leistung" allein nichts aussagen über die Tätigkeit oder das Tätigkeitsergebnis: „Ebenso wenig wie das Wort Leistung allein hierüber genaue Auskunft geben kann, ebenso wenig ist es allein zur Wertung einer Tätigkeit oder des Ergebnisses einer Tätigkeit fähig." [121] In

---

118 Vgl. Hatheyer 1933, S. 281 ff.

119 S. Nicklisch 1939, Sp. 867. S. auch Henzel 1967, S. 43 ff. *NICKLISCH* machte damals damit auf eine terminologische Unsauberkeit aufmerksam, die darin besteht, „Leistung" entweder als Ergebnis und Tätigkeit oder eines von beiden zu verstehen. Diese Differenzierung hat jedoch in der Literatur keinen Anklang gefunden. *BECKER, O.*, (1951, S. 51) kritisiert zudem zu Recht, dass an einer anderen Stelle des Artikels zusätzlich zum Ergebnis und dem Vorgang noch von „Einsatz" gesprochen wird, ohne das genauer abzuklären. Insgesamt ist diese Kritik aber etwas überzogen.

120 Leistungen werden von *NICKLISCH* differenziert ferner in Arbeits-, Hilfs- und in Selbstversorgungsleistungen. Die Hilfsleistungen ermöglichen mit die Arbeitsleistungen, bspw. dadurch, dass die Betriebsmittel und Werkstoffe durch sie finanziert werden. Hier bezieht sich der Begriff eindeutig auf das Sachziel des Betriebes, die Produktherstellung. Zur Abgrenzung gegenüber Sport, Spiel und Erholung führt er den Ausdruck Selbstversorgungsleistung ein. Den Begriff Maschinenleistung lehnt er für die Betriebswirtschaftslehre ab. Er sei zugleich zu eng und zu weit, vernachlässige den Zweck und würde nur als Mittel zum Zweck der menschlichen Arbeit eingesetzt.

121 Beste 1944, S. 18.

jedem Einzelfall ist hinzuzufügen, mit welchen Sinn Leistung verstanden werden soll. [122]

BECKER, O., setzt sich relativ ausführlich mit den Leistungsverständnissen in einzelnen Schriften einer Vielzahl betriebswirtschaftlicher Autoren auseinander und versucht, die tatsächlichen sowie die proklamierten Begriffsinhalte interpretierend festzustellen. [123] Nicht allen seinen Schlussfolgerungen kann zugestimmt werden. V. a. erscheint seine überaus kritische Auseinandersetzung mit unterschiedlichen Begriffsverwendungen (oft in einem Kapitel) einzelner Autoren zumindest in der historischen Perspektive übertrieben. Es bedarf einer Zeit, bis sich auch im Verständnis der Fachautoren eine klare Einsicht ergeben kann.

MELLEROWICZ hat - in dem am meisten zitierten Artikel zum betriebswirtschaftlichen Leistungsbegriff - wesentliche Begriffsaspekte pointierend dargelegt. Ausgehend von einer allgemeinen Begriffsdiskussion („Leistung ... ist als ein Funktionsbegriff anzusehen, der nur in Verbindung mit einer bestimmten Aufgabenstellung zu kennzeichnen ist, so daß jeweils durch die Art der Leistung die Zielsetzung angedeutet werden muß." [124]) konstatiert er die doppeldeutige Begriffsverwendung einmal als Ergebnis (sowohl - in einem absoluten Sinne - als einfacher Beitrag zur Bedarfsdeckung, als auch - in einem relativen Sinne - als möglichst ökonomischer Beitrag), einmal als Tätigkeit. Er bevorzugt in seinen Ausführungen - dies zeigt sich v. a. an der relativen Breite seiner Diskussion - die Leistung als Ausdruck für ein Tätigkeitsergebnis und spricht ihm auch für die Betriebswirtschaftslehre die größere praktische Bedeutung zu. Leistung als Ausdruck betrieblicher Tätigkeit sei nur zur Messung technischer Größen geeignet. [125] Gerade hier bediene sich die Betriebswirtschaftslehre des mechanischen Leistungsbegriffs und zwar ohne eigene Prägung. In seiner Diskussion differenziert er ferner den - absoluten - Leistungsbegriff in einen Mengen- und einen Wertbegriff: Einmal soll die betriebliche Leistung nach der Ausbringungsmenge und einmal nach dem - in der Betriebswirtschaftslehre v. a. verwendeten - Ausbringungswert gemessen werden. [126]

---

122 S. Beste 1944, S. 1 ff.
123 S. Becker, O., 1951.
124 Mellerowicz 1960, Sp. 3774.
125 In der 4. Auflage seiner „Allgemeinen Betriebswirtschaftslehre" (1944) hat sich *MELLEROWICZ* noch weit unklarer geäußert. Insgesamt gesehen zeigt sich im Zeitablauf auch bei ihm der Leistungsbegriff in seiner schillernden Vieldeutigkeit.
126 S. Mellerowicz 1960, Sp. 3774 ff. Das Betriebsprodukt und somit die Betriebsleistung setzt sich für ihn zusammen aus Kundenleistungen (Leistung = Umsatz), Lagerleistun-

BRATSCHITSCH stellt einen strukturierenden Beitrag der unterschiedlichen Verständnisse des Leistungsbegriffs vor. Er differenziert dabei in vier verschiedene Richtungen: (1) Leistung als Ergebnis betrieblicher Tätigkeit (entweder als erzielter Überschuss in Form von Gewinn bzw. Wertschöpfung oder als Gesamtergebnis betrieblicher Tätigkeiten), (2) Leistung als betriebliche Tätigkeit, (3) Leistung als Synthese von (1) und (2) sowie (4) Leistung als Erfüllung von Aufgaben im Rahmen des sog. Wirtschaftsgesamts. [127] Eine Auswahl der betriebswirtschaftlichen Leistungsbegriffe wird entsprechend dieser Strukturierung wiedergegeben.

HÄNDEL macht einen Parforce-Ritt über die Auffassungen verschiedener Autoren zum Begriff der wirtschaftlichen Leistung (unter besonderer Berücksichtigung österreichischer Autoren und handelswirtschaftlicher Aspekte). [128] Er bezeichnet es für die Wirtschaftswissenschaften als besonders problematisch, dass mit dem Leistungsbegriff oft eine normierte Vorstellung verbunden ist, die besagt, dass es sich bei einer Leistung um ein Tätigkeitsergebnis handelt, das über das übliche Maß hinausgeht. [129] Eine eigene Begriffserklärung legt er nicht vor. Als Merkmale des wirtschaftlichen Leistungsbegriffs nennt er nur Zielbezogenheit, die Polarität zwischen ökonomischer und technischer sowie zwischen absoluter und relativer Leistung.

In jüngerer Zeit waren es v. a. zwei Autoren, die sich den Leistungsbegriff als Erkenntnisobjekt wählten. *BEUCK* beschäftigt sich in seiner Dissertation mit dem Begriff und den Arten betrieblicher Leistung. Die Reflexion der in der Literatur von betriebswirtschaftlichen Autoren verwendeten Begriffsverständnisse kommt jedoch in seinen Ausführungen nur knapp vor. Er hat sich bereits frühzeitig auf eine von ihm als zweckmäßig angesehene Interpretation eingestellt. [130] Absicht von *ASSLÄNDER*s Dissertation ist es, ausgehend von einer wirtschaftswissenschaftlichen und soziologischen Diskussion des Leistungsphänomens, schließlich einen anthropologischen Leistungsbegriff zu definieren, der für die Einzelwissenschaften überschreitend und allgemein verwendbar ist. Der Leistungsbegriff im

---

gen (für den Absatz bestimmte Leistungen) und Innenleistungen (gehen indirekt in Kunden- und Lagerleistungen ein).
127 Vgl. Bratschitsch 1965, S. 47 ff.
128 S. Händel 1969, S. 4 ff.
129 S. Händel 1969, S. 4, teilweise mit Bezug auf Bratschitsch 1965, S. 47. Dieser spricht aber in diesem Zusammenhang v. a. vom allgemeinen Sprachgebrauch.
130 S. Beuck 1976.

Rahmen der Betriebswirtschaftslehre wird allerdings nur ansatzweise erfasst und diskutiert. [131]

Diese Skizzierung dieser als klassisch geltenden bzw. zusammenfassenden Quellen hat inhaltlich die Diskussion nicht weitergeführt. Der Leistungsbegriff in seiner Vielfältigkeit ging unter, was allein schon durch die verschiedenen, vorher in den anderen Wissenschaftsdisziplinen herausgearbeiteten Aspekte verdeutlicht wird. Zudem sind die jeweiligen Zusammenfassungen - auch schon zur ihrer Zeit - unvollständig. Von daher erscheinen weitere Ausführungen zu dieser Thematik notwendig.

III Charakterisierung betriebswirtschaftlicher Leistungsverständnisse

Die nachfolgende Charakterisierung der in der Betriebswirtschaftslehre explizit wie implizit vertretenen Verständnisse der „Leistung" erfolgt differenziert in vier verschiedenen Abschnitten, die sich sachlogisch ergeben: Zunächst wird in technologisch-orientierte, tätigkeitsorientierte und ergebnisorientierte Leistungsbegriffe unterschieden; danach ein Leistungsverständnis thematisiert, welches Ergebnis und Tätigkeit gleichzeitig umfasst. Das am häufigsten vorzufindende Verständnis der Leistung, kurz formuliert als Ergebnis betrieblicher Tätigkeit, bedarf wegen der Vielfältigkeit seiner Verwendung einer tieferen Strukturierung.

Eine zweifelsfreie Einordnung der Leistungsverständnisse in die vorher gestalteten Klassen ist hier nicht möglich. Die *Einordnung* erfolgt zweckmäßigerweise nach dem charakteristischen Begriffsmerkmal, welches auf die Klasse hinweist. Darüber hinaus sind Autoren in Einzelfällen auch noch in anderen Klassen des Leistungsverständnisses aufgeführt. Dies hängt zum Ersten mit dem Charakter eines Terminus technicus zusammen, also der unterschiedlichen Interpretation der Leistung in verschiedenen Sachzusammenhängen, zum Zweiten mit der Vielschichtigkeit der „Leistung" und zum Dritten mit mangelnder Begriffssorgfalt der Autoren. Insgesamt stellt diese Klassifizierung einen Versuch dar, erstmals die Breite des Erkenntnisobjekts „betriebswirtschaftlicher Leistungsbegriff" zu erfassen.

---

131 Vgl. Assländer 1982. Es handelt sich bei der Arbeit von *ASSLÄNDER* um eine Dissertation mit interdisziplinärem Charakter. Philosophische, anthropologische, psychologische und wirtschaftswissenschaftliche Gedanken werden verbunden. S. daher auch bereits die Ausführungen in Teil 2 A III 3 dieser Arbeit.

1 Technologisch-orientierte Leistungsverständnisse

Eine Anzahl von Autoren orientiert sich bei der Definition des von ihnen verwendeten Leistungsbegriffs sehr eng an der *physikalischen Definition*. Dies trifft v. a. für solche Autoren zu, die im Rahmen der Produktionswirtschaft ein solches Leistungsverständnis einführen.

In der Diskussion um das Ertragsgesetz betrachtet *GUTENBERG* als Maßgröße für Potenzialfaktoreinsätze deren Leistungsabgaben pro Zeiteinheit, was auf ein physikalisches Leistungsverständnis hinweist. [132] Als Leistungsbegriff in Betriebswirtschaften gilt dabei allgemein die „Arbeit pro Zeiteinheit": Je mehr Arbeit in einem gegebenen Zeitraum erbracht wird, desto höher ist die Leistung. Ein solcher Begriff bezieht sich auf einen Tätigkeitskomplex und umfasst, ausgehend von der Mitteleinsatzseite, kombinatorische Akte, die im betrieblichen Kombinationsprozess erfolgen können. [133]

STEINTHAL bezieht seinen technologisch-orientierten Leistungsbegriff letztlich auf die Produktionsmenge, wenn er sinngemäß sagt: Leistung ist der Quotient aus Produktionsmenge und Zeitverbrauch. Er versteht darunter die auf eine Zeiteinheit bezogene Arbeit. Zur Leistungsfeststellung muss zuvor der Umfang der Arbeit erfasst werden. [134] Ähnlich auch *SCHNEIDER, E.*, der als Leistung die Menge pro Zeiteinheit bezeichnet. Sie besitzt zwei Komponenten, die Produktionsstärke und das Arbeitstempo ./. Arbeitstakt. (Die Zahl der pro Einheit der Einsatzzeit erstellten Sätze bezeichnet er als Leistung i. e. S.) Beide bestimmen die Höhe der Produktion eines bestimmten Produktes während einer Kalenderperiode und - m. a. W. - die Leistung. [135]

Manchmal erfolgt - wie nachfolgend demonstriert - eine Differenzierung in technische und ökonomische Leistung.

Zunächst war es *SCHMIDT*, der in drei Leistungsbegriffe differenzierte: persönliche, technische und wirtschaftliche Leistung. Letztere ergibt sich für ihn aus dem Wert, den die Konsumenten Produkten oder Diensten beilegen. Die individuelle

---

132 S. Gutenberg 1983 und 1926. Im Sinne *GUTENBERGs* kann man die Produktion als Leistungserstellung, den Absatz dagegen als wichtigste Art der Leistungsverwertung bezeichnen.
133 Vgl. Heinen 1970, S. 67.
134 S. Steinthal 1924, S. 6 ff.
135 Vgl. Schneider, E., 1969, S. 26 f.

Anstrengung (persönliche Leistung), wie auch die technische Herstellung (technische Leistung) hat für ihn mit dem wirtschaftlichen Wert der Produktion nichts zu tun. [136] Für *RUBERG* sollen dagegen die technischen Leistungen wirtschaftliche Leistungen auslösen. [137]

Für *BEREKOVEN* sind Leistungen „... am einfachsten vorstellbar als technische Leistung, während die Frage, was eine wirtschaftliche Leistung darstellt, eben nur aus der Zweck-Mittel-Beziehung abzuleiten ist. Die Herstellung eines Gegenstandes ist zunächst einmal eine technische Leistung, ökonomisch sinnvoll wird sie erst als Objekt der Bedarfsdeckung und für den nach Gewinn strebenden Anbieter erst dann, wenn der erzielte Ertrag höher als der verursachte Aufwand ist." [138] In diesem Sinne lässt sich die von *HEINEN* im Rahmen einer produktionstheoretischen Diskussion angeführte Definition des Leistungsbegriffs als „Ergebnis der Kombination von Produktionsfaktoren" [139] als technische Leistung bezeichnen. Etwas anders differenziert *KERN* die beiden Begriffe technische und ökonomische Leistungen nach den ihnen jeweils zugrunde liegenden Zielen, zum einen technische Güterproduktion und zum anderen Bedürfnisbefriedigung. Er fragt in diesem Zusammenhang, ob man als Leistungsziel die Bedürfnisbefriedigung (ökonomische Leistung) oder nur die fertigungstechnische Leistungserstellung (technische Leistung) betrachten solle. [140] Für ihn ist insbesondere die technische *„Leistung als betriebswirtschaftlich-kinetischer Funktionsbegriff .. eine zielgerichtete Tätigkeit von bestimmter Intensität in einem Zeitabschnitt.* Sie wird gemessen am Ergebnis des Leistungsprozesses, der Leistung als statischem Begriff." [141]

Auch *KILGER*, *LÜCKE* und *REICHWALD* sprechen von einer ökonomischen Leistung (z. B. Output pro Zeiteinheit) und einer technischen Leistung (z. B. Um-

---

136 Vgl. Schmidt 1935, S. 15 f. Prinzipiell gelten nur abgesetzte Güter als Leistungen in diesem Sinne.

137 S. bspw. Ruberg 1939, S. 466. *SCHÄFER* betont: „Produktion im ökonomischen Sinn ist nicht nur Kombination von Produktionsfaktoren - das ist nur die technische Seite -, sondern Planen und Steuern auf eine marktlich sinnvolle Leistung." Schäfer 1963, S. 548; s. auch Händel 1969, S. 8.

138 Berekoven 1966, S. 315.

139 Heinen 1965, S. 224.

140 Vgl. Kern 1962, S. 37. S. auch Henzler 1959, S. 143, 1959a, S. 539. Für ihn entsteht die wirtschaftliche Leistung erst im Zeitpunkt des Absatzes.

141 Kern 1962, S. 37. Die Kapazitätsmessungen im Fertigungsbereich sind vorwiegend technisch bzw. naturwissenschaftlich orientiert, folglich muss für ihn in diesem Zusammenhang der naturwissenschaftliche Leistungsbegriff (Leistung = Arbeit pro Zeiteinheit) angewendet werden.

drehungen pro Minute; kgm/Stunde), zwischen denen i. d. R. allerdings keine lineare Beziehung besteht. [142] Der technische Leistungsbegriff wird letztlich in seiner reinen Prägung abgelehnt, „[d]a in der Betriebswirtschaftslehre nur Dimensionen interessieren, die ökonomisch interpretiert werden können, muß die Leistung durch weitere Maßzahlen [als die in der Physik verwendeten] gemessen werden." [143] Dies führt zu eine Substitution des oben ausgedrückten Begriffsinhalts der technischen Leistung: Bei homogenen Produktionsbeiträgen wird bspw. die „kgm/Stunde" durch die Anzahl „Mengeneinheiten der Produktivitätseinheits-Ausbringung je Zeiteinheit" ersetzt. Bei der Herstellung heterogener Produkte bestehen dann entweder so viele Leistungsausdrücke wie es Produktarten gibt oder es wird die Unterschiedlichkeit - mittels Äquivalenzziffern oder der Planarbeitszeit pro Kalenderzeiteinheit - in einen homogenen Ausdruck überführt.

Das technologisch-orientierte Leistungsverständnis wird in der Betriebswirtschaftslehre insbesondere von solchen Forschungsorientierungen vertreten, die sich gegenüber sozialpsychologischen und soziologischen Ansätzen abgegrenzt haben. Der von ihnen jeweils verwendete Leistungsbegriff steht in keiner Beziehung zu den dem Produkt bzw. Arbeitsergebnis vorausgegangenen physischen, psychischen oder sozialen Prozessen. Im Grunde handelt es sich bei diesen Leistungsbegriffen um die Tätigkeit und - nur indirekt - um das Ergebnis. Der Leistungsprozess wie auch die Sinnhaftigkeit des Leistungsproduktes wird nicht thematisiert. [144] Dieses Leistungsverständnis ist aus diesen Gründen sowie der Konzentration auf technische Verbrauchsvorgänge eines Betriebes für die Analyse der menschlichen Leistungserbringung wie auch ökonomischer Fragestellungen wenig geeignet. Die Gesamtleistung eines Arbeiters oder eines Managers kann weder in Meterkilopond pro Sekunde, noch in Watt „gemessen" werden. [145] Allenfalls für den technischen Kombinationsprozess ist es von Bedeutung sowie zur Differenzierung technischer, ökonomischer und sozialer Sphären im Betrieb.

---

142 S. Lücke 1965, S. 355 ff.; Kilger 1958, S. 54; Reichwald 1977, S. 49. Letzterer führt als Beispiel die Beziehungen dieser beiden Leistungsarten beim Verbrennungsmotor an.

143 Lücke 1973, S. 62.

144 Vgl. auch Hartfiel 1977, S. 8. HARTFIEL weist daraufhin, dass gerade die Vernachlässigung dieser Aspekte mit zu der Kontroverse für den Sinn und Unsinn des Leistungsprinzips geführt haben.

145 *ADAM* (1972, S. 65) stellt treffenderweise die Frage, ob nicht gerade das Fehlen eines konkreten Leistungsmaßstabs mit dazu beigetragen hat, dass sich wirtschaftliche und künstlerische Leistungen nicht so schnell wie technische Leistungen entwickelt haben.

2 Tätigkeitsorientierte Leistungsverständnisse

Die im Folgenden skizzierten tätigkeitsorientierten Leistungsverständnisse lassen sich in zwei voneinander unterscheidbare *Richtungen* differenzieren: Zum einen geht es (a) um die Tätigkeit im Sinne des menschlichen (Leistungs-)Verhaltens, zum anderen (b) um Tätigkeit im Sinne von Aufgabe bzw. betrieblicher Funktion.

Ad (a): *Tätigkeit als Verhalten*

Manchmal wird (v. a. von *NICKLISCH* und *HENZEL*) in der Literatur statt dem tätigkeitsorientierten Leistungsbegriff der Begriff des Leistens - in Abgrenzung zum ergebnisorientierten Leistungsbegriff - angeführt. [146] Mit diesem Verständnis begreift man im Grunde die Tätigkeit an sich als Leistungsverhalten, welches im betrieblichen Kombinationsprozess die Mitarbeiter zeigen. Der Zusammenhang zum jeweiligen (Leistungs-)Ergebnis wird zwar gesehen, die eigenständige Tätigkeitskomponente aber betont.

Das tätigkeitsorientierte Leistungsverständnis umfasst sowohl im allgemeinen Sprachgebrauch als auch in der betriebswirtschaftlichen Terminologie oft nicht lediglich das Tätigsein bzw. Verhalten an sich. Hinzu kommt noch eine bestimmte Zielsetzung. Für *OETTING* ist es aber „... nicht diese Zielsetzung, auch nicht das Streben nach dem gesteckten Ziel allein, was den Leistungsbegriff ausmacht, sondern es ist erforderlich, daß dieses Ziel auch erreicht wird. ... So soll hier unter Leistung ein 'Tätigsein mit Zielerreichung' verstanden werden." [147] Damit fügt er auch die Ergebnisorientierung hinzu.

Ad (b): *Tätigkeit als betriebliche Funktion*

In einer anderen Sichtweise werden die betrieblichen Tätigkeiten als Funktionen des Betriebes aufgefasst und hierfür wird der Terminus Leistung verwendet. Prinzipiell differenzieren die Autoren im Rahmen dieses Verständnisses nicht zwischen Funktion bzw. Aufgabe und Leistung im Sinne der Erfüllung dieser Aufgabe. *PRION* argumentiert in diesem Zusammenhang von der letzten Zielsetzung der Betriebe aus. Diese bestehe in der Hervorbringung von Gütern zur Befriedigung des

---

146 S. Nicklisch 1939, Sp. 867; Henzel 1967, S. 41 ff.
147 Oetting 1951, S. 7.

menschlichen Bedarfs, wobei allerdings eine Vielzahl von Möglichkeiten gegeben ist. Die Art und Weise, wie eine solche Aufgabe erfüllt wird, also die konkreten Tätigkeiten, fasst er als die Leistungen der Betriebe auf. Diese verschiedenen Tätigkeiten bilden für ihn dann die Basis für eine Typologie der Betriebe sowie der jeweiligen Leistungsbegriffe. [148] Dem eben skizzierten abstrakten Leistungsverständnis folgen - bspw. für verschiedene Arten von Handelsbetrieben - konkrete Verständnisse der Leistung, wie sie auch *BRATSCHITSCH* anspricht. [149]

BOUFFIER und *OBERPARLEITNER* haben eine ähnliche Auffassung. Sie bezeichnen bspw. die Erfüllung der betrieblichen Funktion bzw. Aufgabe (der Ausgleich von Spannungen zwischen den Bedürfnissen von Menschen und ihrer Befriedigung) als betriebliche Leistung. Eine Leistung liegt erst dann vor, wenn die Funktionen erfüllt bzw. diese Spannungen ausgeglichen sind. Jeder Schritt dahin wird als - wirtschaftliche - Leistung aufgefasst, „... also jede Tätigkeit, deren Ergebnis eine Konsumnäherung darstellt." [150] Der Leistungsbegriff selber umfasst dabei zwei Aspekte, „... die Tätigkeit und das Ergebnis der Tätigkeit. Tätigkeit ohne Ergebnis stellt ebenso wenig Leistung dar wie ein Zufallsergebnis (Naturereignis) ohne Tätigsein. Das Ergebnis muss in einem Ausgleich der Spannungen oder zumindest in einer Verringerung des Spannungsfeldes bestehen ..." [151] *BOUFFIER* trennt - wie vorher bereits *RUBERG* - im Hinblick auf eine absolute und eine relative Leistung den Leistungs- vom Wirtschaftlichkeitsbegriff. Das hat zur Folge, dass es für ihn unwirtschaftliche und wirtschaftliche Leistungen gibt: „Die Wirtschaftlichkeit oder Unwirtschaftlichkeit der Leistungserstellung ändert an dem Wesen der Leistung nichts ..." [152] Unwirtschaftlich erstellte Leistungen können also auch „Leistungen" sein.

---

148 Er unterscheidet dabei Leistungen in zweifacher Weise: den Gegenstand der Betriebe (als Ordnungskriterium zur Unterscheidung von Handels-, Industrie-, Verkehrs- und Bankbetrieben) sowie die Einzelaufgaben eines Betriebes (Betriebsleistungen zur Verwirklichung des jeweiligen Betriebszwecks). Vgl. Prion 1936, S. 3 f. Als Gemeinsamkeiten bspw. der Leistungen von Handelsbetrieben bezeichnet er die Zuführung der Güter vom Hersteller zum Verbraucher (in der Überwindung der persönlichen, räumlichen und zeitlichen Trennung zwischen beiden).

149 Vgl. hierzu auch Bratschitsch 1965, S. 52 f. Auch *HÄNDEL* (1969, S. 4 ff.) fasst Leistungen als Funktionsleistungen auf und differenziert - für den Handel - in die Leistungsarten: Information, Quantitätsausgleich, Qualitätsausgleich, Raumüberbrückung, Zeitüberbrückung.

150 Bouffier 1950, S. 23. S. ähnlich Oberparleitner 1955, S. 5 ff.; aber auch Loitlsberger 1956, S. 170 ff.

151 Bouffier 1950, S. 23, auch 1956 S. 22 ff. Eine exakte Zuordnung wird hier unmöglich.

152 Bouffier 1950, S. 24; ähnlich bereits Ruberg 1939, S. 5; s. auch Händel 1969, S. 9. S. zu den Differenzierungsmöglichkeiten von absoluter zur relativer Leistung auch Teil 2 C II.

Die Auffassung von Leistung als Äquivalent des betrieblichen Funktionsbegriffs hat sich nicht behauptet. [153] Der dabei angeführte Begriffszusammenhang ist zwar möglich, in Anbetracht des schillernden Charakters des Leistungsbegriffs sowie der zur Verfügung stehenden alternativen Termini erscheint dies verständlich. Die an sich sinnvolle Abgrenzung zwischen Leisten (als Tätigkeit bzw. Verhalten) und Leistung (als Ergebnis) setzte sich in der Terminologie ebenfalls nicht durch. Sie führt wohl deshalb nicht weiter, weil die Termini zum einen zu ähnlich und zum anderen einmal Verb und einmal Substantiv sind. Von daher ergibt sich hier hinsichtlich der Terminologie auch keine weitere Anregung. „Rein" tätigkeitsorientierte Leistungsbegriffe i. S. der eigenständigen Betonung des Verhaltens als Leistung liegen der betriebswirtschaftlichen Literatur nicht vor, obwohl immer wieder auf sie im Zusammenhang mit dem Leistungsergebnis hingewiesen wird. Das ist in Anbetracht des vorherrschenden ergebnisorientierten Verständnisses nicht überraschend, enttäuscht aber insofern, als dass keine Anregungen für die weitere Diskussion geboten werden. Weiterführen könnte bspw. die Differenzierung in ein absolutes (Jegliches Leistungsverhalten im Betrieb ist Leistungstätigkeit!) und ein relatives Verständnis (nur im Vergleich zu einem Standard, zur Vergangenheit, zu anderen besseres Verhalten ist Leistungstätigkeit) des tätigkeitsorientierten Begriffs. Auf solche Aspekte wird - wie noch zu sehen sein wird - bei manchen Leistungsbeurteilungsverfahren sogar Bezug genommen. Die Diskussion von „Tätigkeit in Verbindung mit der Zielerreichung" im Rahmen dieses Abschnittes gibt noch weiterführende Hinweise.

3 Ergebnisorientierte Leistungsverständnisse

Im Rahmen der Betriebswirtschaftslehre ist es üblich, ein ergebnisorientiertes Leistungsverständnis zu vertreten, d. h. i. Allg. nur das Ergebnis der menschlichen bzw. betrieblichen Tätigkeit als (mögliche) Leistung aufzufassen. Dieses Verständnis liegt in verschiedenen Ausprägungen vor. Im Folgenden wird in fünf *Richtungen* differenziert: [154]

(a) Leistung = Ergebnis eines Kombinationsprozesses (Sach- und Dienstleistungen; absoluter Mengenbegriff),

---

153 Im tätigkeitsorientierten Sinne lassen sich auch diejenigen Versuche interpretieren, Betriebe nach der Art ihrer Leistungserbringung zu gliedern (z. B. Sach- und Dienstleistungsbetriebe). S. bspw. Wöhe 1975, S. 10 f.

154 S. zu Folgendem ansatzweise auch Mellerowicz 1973, S. 189 f., 193; Bratschitsch 1965, S. 47 ff.

(b) Leistung = effizienter Kombinationsprozess (Ausdruck der Wirtschaftlichkeit; relativer Begriff),
(c) Leistung = abgesetzte Güter und Dienste (absoluter Mengen- und/oder Wertbegriff),
(d) Leistung = erzielter Wertschöpfungsbeitrag (absoluter Wertbegriff),
(e) Leistung = Gegenbegriff der Kosten (absoluter Mengen- oder Wertbegriff).

Manche Auffassungen beziehen sich auf mehrere der o. g. Richtungsinhalte. Nachfolgend sind sie entsprechend ihrem Schwerpunkt den einzelnen Aspekten zugeordnet.

Ad (a): *Leistung = Ergebnis eines Kombinationsprozesses*

Der Leistungsbegriff wird in einem Zusammenhang innerhalb der Betriebswirtschaftslehre weitgehend einheitlich verwendet: Betriebe erstellen so bezeichnete Leistungen in Form von Produkten und Diensten, m. a. W.: *Sach- und Dienstleistungen*. STÜDEMANN bspw. versteht explizit „Leistungen" als Güter und unterscheidet materielle Güter (= Sachleistungen) und immaterielle Güter (konstitutionelle Leistungen wie Dienst- und Nutzleistungen; konjunktionelle Leistungen wie Potenzialleistungen). [155] In diesem weitverbreiteten Verständnis gilt Leistung als das Ergebnis der betrieblichen Tätigkeit. [156] Von daher ist in der Betriebswirtschaftslehre auch vom *„Leistungserstellungsprozess"* (synonym: Produktions- bzw. Kombinationsprozess) die Rede. [157] Erstellt werden sollen Sach- und/oder

---

155 S. Stüdemann 1988, S. 318 ff. Er kritisiert die weitverbreitete Ansicht, dass Dienstleistungen keine Güter seien, wie dies sehr häufig in der Formulierung „Güter und Dienste" zum Ausdruck kommt. Unter Dienstleistung versteht er besondere und verselbstständigte Wirkungen von durch Kapital unterstützter Arbeit. Nutzleistungen gelten als Vorteile, die bspw. die Überlassung des Gebrauchs einer Sache aufgrund eines Mietvertrages umfassen. Potenzialleistungen sind die ökonomischen Potentiale eines Betriebes, wie sie bspw. im Firmenwert zum Ausdruck kommen.

156 Sie wird dabei einmal periodenbezogen, einmal stückbezogen verstanden. Vgl. auch Mellerowicz 1973, S. 189 ff. Selbst an diesem einfachen Beispiel wird das Problem der Einordnung deutlich. Eben noch wurde diese Differenzierung anhand eines speziellen tätigkeitsorientierten Begriffs erläutert. Jetzt führt ein spezieller ergebnisorientierter Begriff zur gleichen Schlussfolgerung und Einordnung. Erklärbar ist dies durch die Konzentration einmal auf die Branche und einmal auf das Produkt.

157 Wegen des weiten Verständnisses des Leistungsbegriffs erscheint der Ausdruck „*Leistungserstellungsprozess*" ungeeignet. Stattdessen vom Produktionsprozess zu sprechen ist aus einem anderen Grund unzweckmäßig: Mit ihm wird zu sehr auf materiell fassba-

Dienstleistungen. Der Ausdruck impliziert einen ergebnisbezogenen Leistungsbegriff (sei es als Zwischen- oder Endleistung). Er nimmt keine Rücksicht darauf, ob der Prozess selbst effizient abläuft. [158]

Es liegt eine *Vielzahl von Definitionsversuchen* im ergebnisorientierten Sinne vor, die prinzipiell das Resultat des Kombinationsprozesses herausstellen: *BECKER, H.*, konstatiert: „Vom Betriebe aus gesehen ... besteht die betriebliche Leistung in dem *Ergebnis der betrieblichen Tätigkeit* (die Tätigkeit selbst ist zwar eine Leistung, aber nicht in der hier zu wahrenden Einstellung)." [159] Für *SCHMALTZ* ist Leistung „etwas Vollbrachtes, Abgeschlossenes bzw. Erledigtes". [160] Für *LOHMANN* führt „[d]ie Tätigkeit des Betriebes, das Produzieren, .. zur *Leistung* in dem Sinn, daß sich die Produktionskraft von Menschen und Produktionsmitteln in der *'Produktion'*, dem 'Ausbringen' materieller und immaterieller Wirtschaftsgüter, niederschlägt. Wir wollen gegenüber dieser Leistung als mengenmäßigem Ergebnis der Aktivität vom Leistungs*wert* sprechen, wenn wir damit die Summe der Kostenwerte ... meinen, die die heterogenen Bestandteile der Produktion auf einen einheitlichen rechnerischen Nenner ... bringen." [161] Für *DIEDERICH* besteht die Leistung der Verkehrsbetriebe in der Ortsveränderung von Personen oder Gütern. Gerade hier ist es für ihn notwendig, trennscharf zwischen Leistung als Prozeß oder Tätigkeit einerseits und Leistung als Ergebnisses eines Prozesses andererseits zu unterscheiden: Wenn Betriebe Leistungen für Dritte erstellen sollen, „... so kann unter Leistung nicht der Prozeß, sondern nur das Ergebnis des Prozesses gemeint sein, denn nur dieses ist am Markte verwertbar." [162] *BEUCK* sieht Leistung als einen Begriff an, „... der nur in Verbindung mit einer Aufgabe zu kennzeichnen ist,

---

re Leistungen, auf Sachleistungen abgestellt. Dienstleistungen innerhalb eines Betriebes wie auch für Externe werden sprachlich vernachlässigt. Der Terminus „Kombinationsprozess" ist zweckmäßiger. Zum einen lässt er alle geeigneten und nichtgeeigneten Faktoreinsätze und -kombinationen rein sprachlich zu. Zum anderen gilt er sowohl für Sach- als auch für Dienstleistungen. Vgl. Beuck 1976, S. 50 f.

158 Die erfolgreiche bzw. nicht-erfolgreiche Durchführung des Prozesses geht darin unter. Das Nichtbeherrschen von Prozessen sowie fehlerhafte Arbeit können hier eine „Leistung" verhindern.
159 Becker, H., 1930, S. 5; kursiv im Original gesperrt.
160 Schmaltz 1927, Sp. 1156.
161 Lohmann 1964, S. 73. Das Ertragsgesetz müsste für ihn eigentlich Leistungsgesetz heißen.
162 Diederich 1966, S. 38. Unter Verweis auf die übliche Verwendung des Leistungsbegriffs in der Betriebswirtschaftslehre wird konstatiert: „Schon der Wunsch nach einer einheitlichen Terminologie innerhalb der Betriebswirtschaftslehre spricht also dagegen, in der Verkehrsbetriebslehre unter dem Terminus Leistung den betrieblichen Prozess zu verstehen." (S. 39)

so daß jeweils durch die Angabe der Aufgabenstellung oder -erreichung die zu erstellende oder erstellte Leistung bestimmt wird." [163] Er definiert schließlich Leistung als eine aufgrund einer Faktorkombination bewirkten Veränderung, die einen ökonomisch bedeutsamen Tatbestand betrifft und den Betriebszweck erfüllt. Nicht die Tätigkeit als solche, sondern nur das Ergebnis des Kombinationsprozesses wird von ihm schließlich als Leistung bezeichnet. [164]

*GELDMACHER*s Verständnis über den Leistungsbegriff ist - insgesamt gesehen - nicht eindeutig. [165] Zunächst versteht er „[u]nter einem Betriebe ... *eine planmäßige Veranstaltung zu fortgesetzter Leistungserstellung.*" [166] Jeder Betrieb erhält seine Eigenart durch die Leistung (= Zweck), die er vollbringen soll. Leistung wird so in einem allgemeinen Sinne von Aufgabenerfüllung verwendet. Er sagt aber auch: „Im Warenhandel besteht die Leistung in der Beschaffung, Bereitstellung und im Umsatz von Handelsgut; ... die gewerblichen Unternehmungen erzeugen und verarbeiten Wirtschaftsgüter mannigfaltiger Art." [167] Er verwendet hier einen absoluten Leistungsbegriff völlig unberührt vom ökonomischen Prinzip. Insgesamt schwankt die Verwendung des Leistungsbegriffs bei ihm zwischen Leistung als Tätigkeit wie als Tätigkeitsergebnis. Erst später versucht er das zu ändern und fasst dann Leistung explizit als Ergebnis der betrieblichen Tätigkeit (Erzeugnisse und Dienstleistungen) auf. [168]

LORENTZ definiert den Leistungsbegriff auf Basis der Unterscheidung zwischen Betrieb und Unternehmung: Leistung im Sinne des Betriebs ist für ihn die Leistung

---

163 Beuck 1976, S. 44.

164 Vgl. Beuck 1976, S. 53 passim. Nachfolgend diskutiert er *spezielle Leistungsbegriffe*: Zustandsänderungs-, Ortsveränderungs-, Zeitüberbrückungs-, Rechtsänderungsleistung u. a. Das gemeinsame Vorliegen der genannten Merkmale begründet für ihn allgemein das Vorhandensein von Leistungen. Die Merkmale „Faktorkombination" und „Zweckerfüllung" werden als den Begriffsumfang eingrenzende, nicht dagegen den sachlichen Inhalt der Leistung bestimmende Merkmale aufgefasst. Sie gelten als Zuordnungsmerkmale. Inhaltlich kennzeichnend für den Leistungsbegriff sind die beiden anderen Merkmale. Speziellere Begriffe haben einen geringeren Umfang. Sie ergeben sich durch eine Einengung der vier Merkmale des allgemeinen Leistungsbegriffs auf speziellere Klassen oder durch konkrete Merkmalsausprägungen und kennzeichnen bestimmte Arten der betrieblichen Leistung. Unterschiedliche Ausprägungen der Merkmale „bewirkte Veränderung" und „ökonomisch bedeutsamer Tatbestand" führen zu unterschiedlichen Leistungsarten.

165 S. Geldmacher 1927 sowie Becker, O., 1951, S. 32 ff.

166 Geldmacher 1927, S. 2; kursiv im Original gesperrt.

167 Geldmacher 1927, S. 4; kursiv im Original gesperrt.

168 Vgl. Geldmacher 1929, S. 6. S. auch Becker, O., 1951, S. 34.

im technisch-wirtschaftlichen Sinne (= die auf die Zeiteinheit bezogene Produktmenge). Leistung im Sinne der Unternehmung ist die vollzogene Befriedigung eines Marktbedürfnisses. Um schließlich einen einheitlichen Leistungsbegriff für die Betriebswirtschaftslehre bilden zu können, konzentriert er sich auf das Ergebnis: „Leistung im Sinne der Betriebswirtschaftslehre ist das Ergebnis jedes letzten Endes auf Befriedigung von Marktbedürfnissen eingestellten Zusammenwirkens von Kräften und Gütern, wobei dieses Ergebnis vom Standpunkt des Absatzmarktes aus gesehen einen 'Wert' darstellten, d. h. Tauschkraft besitzen muß." [169]

MELLEROWICZ, HÄNDEL und *KOLBINGER* haben in diesem thematischen Zusammenhang noch *absolute* und *relative Leistung* gegenübergestellt. Absolute Leistung wird verwendet, „... wenn der Beitrag zur Bedarfsdeckung gekennzeichnet werden soll. Man spricht aber auch von Leistung, um auszudrücken, dass dieser Beitrag so wirtschaftlich wie möglich ist, meint also eine nach dem ökonomischen Prinzip erreichte 'Leistung', sie hat demnach hier ... einen relativen Sinn." [170] Ähnlich definiert *GOLD* betriebliche Leistung als „die Arbeitsleistung der in den Fertigungswerkstätten tätigen Belegschaft in einem bestimmten Abrechnungszeitraum." [171] Sie drückt sich „objektiv" in der Erzeugungsmenge aus, „subjektiv" dagegen in der Effizienz der Produktion. [172]

WAGNER bezeichnet Leistung im wirtschaftlichen Bereich als „... das *in einer Zeiteinheit* oder *Zeitperiode* erzielte *Ergebnis wirtschaftlicher Aktivitäten*." [173] Er fasst ihn sowohl als *Mengenbegriff* (Menge der produzierten bzw. abgesetzten

---

169 Lorentz 1932, S. 378; im Original gesperrt. Auch mit diesem Begriff wird letztlich nur das abgesetzte Gut als Leistung verstanden, wenn auch der Absatz nicht als konstitutives Begriffsmerkmal formuliert ist.

170 Mellerowicz 1960, Sp. 3774 f.; s. auch Kolbinger 1960, Sp. 3781; Händel 1969, S. 8 f. Gerade unter Bezug auf diese Trennung sind auch die Ausführungen von *BOUFFIER* (1950, S. 24) und *RUBERG* (1939, S. 5) zu verstehen, dass eine bestimmte wirtschaftliche Leistung im Sinne der Bedarfsdeckung auch gegeben ist, wenn sie unter dem Aspekt des ökonomischen Prinzips unwirtschaftlich erbracht wurde. Beide Leistungsbegriffe stehen in enger Verbindung und sind in Betrieben relevant. Im Rahmen der Leistungsbewertung von Personen ist der zweite, der relative, praktisch relevanter. An ihm lässt sich der Beitrag des Einzelnen besser bewerten, zudem der „absolute" Nutzen sich einer Messung entzieht.

171 Gold 1950, S. 583. Hier ist ein gewisser Bezug zum technologisch-orientierten Verständnis erkennbar.

172 Mit der „subjektiven Leistung" ist die Wirtschaftlichkeit des Kombinationsprozesses angesprochen. Sein Verständnis bez. dieser Begriffe ist im Übrigen ein anderes als bei *RUMMEL* (1941, S. 295 ff.).

173 Wagner 1975, Sp. 1181. Sehr ähnlich bereits vorher auch Bendixen 1966, S. 10.

Güter und Dienste je Zeiteinheit) als auch als *Wertbegriff* (bewertete Güter und Dienste einer Zeitperiode). Für *OETTING* kann das Ergebnis der Tätigkeit zwar Maßstab und Ausdruck der betrieblichen Leistung sein, nicht aber die Leistung selbst darstellen. [174] Auf die angesprochenen relativen und wertbezogenen Verständnisse wird Im Folgenden Abschnitt näher eingegangen.

Nicht ganz eindeutig lässt sich - das weiter oben bereits skizzierte - Verständnis von *NICKLISCH* einordnen. Kriterien seines ergebnisbezogenen Leistungsbegriffs waren v. a. die Zweckbezogenheit sowie die Erfüllung des Zwecks. Eine reine Mengen- oder Effizienzbezogenheit wurde nicht angegeben. Die Zweckerfüllung macht erst die Güte, d. h. eine Leistung aus. Dabei ist es für ihn unerheblich, zu welchem Zeitpunkt der Werterzeugung der Wert hineingeleistet wird. Vorgänge, die ohne Zwecksetzung erfolgen, können nach seinem Verständnis ebenso wenig zu Leistungen führen, wie „Fehl-Leistungen", die ihren gesetzten Zweck nicht erfüllen. [175]

Die Verwendung des Leistungsbegriffs als reiner Mengenbegriff bzw. als absoluter Begriff kann irreführend sein. Sie kennzeichnet auch etwas „Normales", „Ineffizientes" u. Ä. als Leistung, wobei sie übersieht, dass dieser Terminus im Verständnis der Individuen prinzipiell etwas Positives bedeutet. Eine solche Vorgehensweise ist insofern strikt abzulehnen. Treffender erweist sich die relative Verwendung hinsichtlich der Ergebnisse eines Kombinationsprozesses. Aufgrund der vielfach nicht näher erfassbaren Tätigkeiten ist dieses Vorgehen verständlich. Es pointiert aber zu sehr rein quantitative Aspekte und den Erfolg, als dass man sich damit zufrieden stellen sollte.

Ad (b): *Leistung = effizienter Kombinationsprozess*

Im Anschluss an das eher mengenbezogene, absolute Verständnis der Leistung als Ergebnis eines Kombinationsprozesses wird von verschiedenen Autoren - wie bereits angesprochen - der Kombinationsprozess unter Wirtschaftlichkeitsaspekten betrachtet und ein relatives Leistungsverständnis betont.

---

174 S. Oetting 1951, S. 8. Die häufige Verwendung des ergebnisorientierten Leistungsbegriffs führt er auf den starken Einfluss von *SCHMALENBACH* auf die betriebswirtschaftliche Terminologie sowie dessen Definition der Leistung als Gegenstück zu den Kosten zurück.

175 S. Nicklisch 1939, Sp. 871.

2. Teil: Der „schillernde" Leistungsbegriff

MOMBURG unterscheidet in einen quantitativen und einen qualitativen Leistungsbegriff. Ersterer bezieht sich auf den mechanischen ergebnisbezogenen Leistungsbegriff. „Im zweiten Fall ist 'Leistung' nur im Rahmen einer bestimmten Aufgabenstellung oder Beurteilungsgrundlage zu verstehen." [176] Sie verwendet den zuletzt genannten, funktionellen Sinn: *„Leistung = Wirkungsgrad aufgabenbezogener Tätigkeit"*. Die wirtschaftliche Aufgabenerfüllung steht im Mittelpunkt.

GOLD spricht die Wirtschaftlichkeit damit an, dass die betriebliche Leistung sich „subjektiv" in der Effizienz der Produktion zeigt. [177] *MELLEROWICZ, HÄNDEL, BOUFFIER* und *KOLBINGER* sprechen dagegen in diesem Zusammenhang vom relativen Leistungsbegriff. [178]

Möglicherweise lässt sich das Leistungsverständnis der Privatwirtschaftslehre in diesem Abschnitt aufzeigen. *RIEGER* - ohne direkt auf den Terminus Leistung zurückzugreifen - versteht die Aufgabe des Betriebes in der Erzielung von Geldeinkommen. Dieses Geldeinkommen wurde Gewinn genannt. Insofern kann man schlussfolgern, dass Leistung in seinem Sinne der im Betrieb erzielte Gewinn ist. [179] Wird kein Gewinn erzielt, liegt dementsprechend auch keine Leistung vor.

Es ist überraschend, dass diese relative Begriffsfassung im Hinblick auf einen effizienten Kombinationsprozess manchmal explizit aus der Definition ausgeschlossen [180] und auch insgesamt nicht häufiger angesprochen wird, drückt doch gerade dieser Bezug in der Umgangssprache eher das Besondere einer „Leistung" aus. In manchen, bereits skizzierten Leistungsbegriffen wird zwar durch den jeweils angegebenen Zielbezug und die notwendige Erreichung des Ziels ein erster Schritt zur Effizienz des Tätigseins getan, ein weiterer Ausbau der Gedanken unterbleibt jedoch. Die stärkere Einbeziehung der Effizienz würde auch bei einem ergebnisbezogenen Leistungsbegriff stehen bleiben können. Die prozessuale Komponente der Effizienz kann im Endeffekt nicht vernachlässigt werden, da selbst ein herausragendes, abgesetztes, wertvolles Leistungsergebnis in seiner Bedeutung noch erhöht wird, wenn es effizient erarbeitet wurde. Die weitgehende Abstinenz könnte

---

176 Momburg 1939, S. 3.
177 S. Gold 1950, S. 583.
178 S. Mellerowicz 1960, Sp. 3774 f.; Händel 1969, S. 8 f.; Bouffier 1950, S. 24; Kolbinger 1960, Sp. 3781.
179 S. Rieger 1964, 44 f.; s. hierzu auch Bratschitsch 1965, S. 49. Im Zusammenhang mit der Erfolgsrechnung fordert *RIEGER* selbst später die Ablehnung des Leistungsbegriffs, weil immer undeutlich ist, was mit ihm gemeint ist. Vgl. Rieger 1964, S. 189 f.
180 S. bspw. Ruberg 1939, S. 5.

auch damit zusammenhängen, dass oft der Erfolg (i. S. des Erreichens eines positiven Ergebnisses) mehr zählt, als die Zweckmäßigkeit des jeweiligen „Leistens". Vielleicht hängt die Zurückhaltung auch mit eigenständigen Überlegungen zum Effizienz- und/oder auch zum Wirtschaftlichkeitsbegriff zusammen. Zu diesen Problemstellungen liegt eine Fülle feinsinniger Analysen vor. [181]

Ad (c): *Leistung = abgesetzte Güter und Dienste*

Im Zusammenhang mit dem betriebswirtschaftlichen Leistungsverständnis wird von manchen Autoren die folgende Frage kontrovers diskutiert: Entsteht die „Leistung" während des Kombinationsprozesses oder erst bei Abnahme durch den Markt? Es handelt sich hierbei auch um das Problem, ob ein absoluter Mengen- und/oder ein Wertbegriff angewendet werden soll.

Für *HATHEYER* liegt eine (Betriebs-)Leistung im betriebswirtschaftlichen Sinne erst dann vor, wenn die Produkte zum Zwecke der Bedürfnisbefriedigung abgesetzt worden sind, d. h. erst zum Zeitpunkt des Absatzes der Produkte. [182] Hinzu kommt noch, dass es sich um eine wirtschaftliche Tätigkeit gehandelt haben muss, d. h. der Aufwand niedriger als die Umsatzerlöse ist. Diese Auffassung ist weit verbreitet. I. d. R. bezieht sie sich jedoch nicht nur auf den Absatz an Externe, sondern auch auf die Erbringung innerbetrieblich verwerteter Leistungen.

In einem ähnlichen ergebnisorientierten Sinne diskutiert *HENZLER* eine Unterscheidung zwischen technischen und wirtschaftlichen (handelsbetrieblichen) Leistungen: „Ob es sich dabei bei einer technischen Leistung (im weitesten Sinn) auch um eine wirtschaftliche handelt, hängt davon ab, ob ihr ein *Wert* zuzuerkennen ist, ob für sie ein Gegenwert erzielt oder ob sie im eigenen Betrieb 'verwertet' ... werden kann." [183] Später ergänzt er: „Nur was absetzbar ist, was also vom [inner- wie außerbetrieblichen] Markt aufgenommen und honoriert wird, ist eine wirtschaftliche Leistung. Alles, was vorher, vor Überschreiten der Schwelle zum Markt, geschieht, ist ... technische Leistung; es ... dient dazu, die Absatzreife des erstellten Faktorkombinats zu erhöhen und es in eine wirtschaftliche Leistung zu

---

181 S. bspw. Gzuk 1975; Grabatin 1981; Redel 1982. Auf sie wird in verschiedenen Abschnitten (v. a. Facetten des Leistungsbegriffs und Anforderungen an Beurteilungsverfahren) dieser Arbeit noch zurückgegriffen.
182 Vgl. Hatheyer 1933, S. 281 f.
183 Henzler 1959a, S. 539.

transformieren." [184] Eine handelsbetriebliche Leistung (Komplex aus abzusetzender Ware und eingesetzten absatzpolitischen Mitteln) [185] gilt dann bspw. so lange als eine technische Leistung i. w. S., bis sie „... in einer jeweils bestehenden Wirtschaftsordnung den ihr gesetzten außerbetrieblichen Zweck erfüllt ..." [186] Erst dann bekommt sie einen Wert. [187] Auch nach *NIESCHLAG/DICHTL/HÖRSCHGEN* sollte „... von Leistung erst dann gesprochen werden .., wenn das physische oder immaterielle Produkt einem *nützlichen Zweck* zugeführt und als solches begehrt ist." [188] Ein Produkt muss abgesetzt sein oder innerbetrieblich weiter verwendet werden. [189]

Zu dieser Problematik äußert sich auch *BESTE*: „Die betriebswirtschaftliche Leistung kann eine volkswirtschaftliche Leistung sein. Jedoch ist es auch möglich, daß die betriebswirtschaftliche Leistung eine volkswirtschaftliche Leistung nicht ist. Zum Beispiel ist die Herstellung von Gütern nach allgemeiner Auffassung eine betriebswirtschaftliche Leistung. Sie ist aber keine volkswirtschaftliche Leistung, wenn die Güter keine Abnehmer finden, oder wenn sie zwar abgesetzt werden, ihre Produktion und ihr Verkauf aber gegen das Interesse der Gesamtheit verstoßen." [190]

---

184 Henzler 1965, S. 37.
185 Unter einer handelsbetrieblichen Gesamtleistung versteht *HENZLER* (1959, S. 144): „... qualitative Veränderungen der Ware in Einzelhandels-, Großhandels- und Außenhandelsbetrieben zum Zwecke der Erlangung von Wettbewerbsvorteilen. Zur Variation der Qualität der Handelsware kommt hinzu die Zusammenfügung von Waren zu dem ... Warensortiment und die ständige marktgerechte Abstimmung dieses Sortiments ..."
186 Henzler 1959, S. 143; s. auch Henzler 1959a, S. 539.
187 Wenn in einer Unternehmung Waren über den Jahresabschluss hinaus bleiben, dann kann ihnen allerdings ein wirtschaftlicher Wert zuerkannt werden, insofern diese technischen Leistungen wahrscheinlich unmittelbar am Jahresanfang am Markt unterzubringen sein werden.
188 Nieschlag/Dichtl/Hörschgen 1971, S. 5.
189 *MELLEROWICZ* (1960, Sp. 3776) spricht im Falle der abgesetzten Produkte von Kundenleistung.
190 Beste 1944, S. 1. *BESTE* kritisiert an gleicher Stelle auch die Aussage von *SCHWANTAG* (1942, S. 160), dass „... die wirtschaftliche Leistung der Volkswirtschaft in einem bestimmten Zeitraum ... in den der Bedarfsdeckung neu zugeführten Gütern" besteht. Damit wird seiner Ansicht nach einerseits die volkswirtschaftliche Leistung zu weit (im Hinblick auf die von ihm genannten Voraussetzungen) und andererseits zu eng (Die betriebswirtschaftlichen Leistungen gehen über diejenigen Güter, die der Bedarfsdeckung zugeführt werden hinaus.) gefasst.

Ob es wirklich sinnvoll ist, dem Leistungsbegriff konstituierend das Merkmal „abgesetzt" beizufügen, erscheint fraglich. Der „Wert", den Außenstehende dem Produkt zuordnen, mag ein anderer sein, als den der Betrieb ihm zuspricht, es sei denn, man setzt letzteres mit ersterem gleich. Auch für manche „Leistungen", die zwar generell die Merkmale des Leistungsbegriffs enthalten, die aber nicht abgesetzt bzw. verkauft werden können, trifft diese Kritik nicht zu. Zu denken ist hier bspw. an Werbeinformationen, Warenproben, Beratungen, sofern sie nicht vertraglich vereinbart sind. Es handelt sich hierbei um produzierte, aber nicht eigentlich abgesetzte Leistungen eines Betriebes bzw. bestimmter seiner Mitarbeiter. Es ist i. Allg. - und speziell im Hinblick auf die Anwendung von Leistungsbeurteilungsverfahren - unzweckmäßig immer nur auf die gesamte Betriebsleistung mit dem Leistungsbegriff abzuheben. Man müsste sonst dann, wenn ein Betrieb seine Endprodukte nicht absetzen konnte, feststellen, dass er und seine Mitarbeiter überhaupt keine Leistung vollbracht hätte(n). [191] Mit dieser Interpretation wird allenfalls eine Sichtweise mancher Autoren hervorgehoben. Sie hilft der Analyse vorhandener Leistungsverständnisse, ohne an sich bedeutsam zu sein.

Ad (d): *Leistung = erzielter Wertschöpfungsbeitrag*

Andere betriebswirtschaftliche Autoren verstehen unter Leistung die durch das Ergebnis der betrieblichen Tätigkeit entstandene bzw. produzierte Wertschöpfung.

Eine gesamtwirtschaftliche Komponente bringt v. a. *LEHMANN* ein. (Er vertritt im Übrigen am vehementesten die hier wiedergegebene Richtung.) Betriebe haben neben der Aufgabe der Gewinnerzielung zur Schöpfung von Werten in der Gesamtwirtschaft beizutragen, indem sie solchen Produkten, die aus betrieblichen Vorstufen in die Betriebe gelangen, weitere Werte hinzufügen: Betriebe sind insofern um der Wertschöpfung willen da, das ist ihre Aufgabe und ihre Leistung. Wertschöpfung ist Erzeugung eines Wertüberschusses, Leistung daher Erzielung eines Wertüberschusses. [192] Er verwendet dadurch den Begriff der Wertschöpfung als Ausdruck für diese betriebliche Leistung bzw. eine „bestimmt geartete Leistung" auf deren Hervorbringung es im betrieblichen Kombinationsprozess gerade aus volkswirtschaftlichen Aspekten ankommt. Je weniger dabei die Ressourcen (Erzeugniskräfte, Kapital) eingesetzt werden, d. h. auch, je wirtschaftlicher bei der Leistungs-

---

191 Vgl. auch Oetting 1951, S. 9; Beuck 1976, S. 72.
192 Er betrachtet als volkswirtschaftlich entscheidende (Haupt-)Leistung eines Betriebes die Beteiligung an der Bedarfsdeckung und somit an der Einkommenserzeugung. Sie drückt sich in den vom Betrieb hervorgebrachten Güter- und Geldeinkommen aus.

erbringung vorgegangen wird, desto bedeutsamer wird die volkswirtschaftliche Leistung der Unternehmen und desto größer ist die Leistung. [193] *LEHMANN* unterscheidet später in individuelle Leistungen und generelle Leistungen. Gegenstand des Betriebes sind dabei die generellen Leistungen. [194] Und gerade für diese generellen Leistungen verwendet er als Maßgröße die Wertschöpfung (als Beitrag des einzelnen Betriebs zum Gesamteinkommen der Volkswirtschaft). [195]

Auch *RUBERG* fordert bereits früh: „Unter Leistung des Betriebes soll ... jede Schaffung von Werten im weitesten Sinn innerhalb des Wirtschaftsbetriebs verstanden werden" [196] und dies gleichgültig, ob ein Betriebsertrag erzielt wird oder nicht. *HENZEL* spricht in diesem Zusammenhang von „Eigenleistung als Wertschöpfung". [197] Für ihn ist „der Wirtschaftsbetrieb .. eine Institution zur Erstellung von Leistungen. Damit tritt die Leistung in das Blickfeld der Betrachtung." [198] Für *FISCHER* ist die Voraussetzung einer Leistung ein planvoller und effizienter Ressourceneinsatz, der eine möglichst große Wertneuschöpfung erreicht. [199] Auch *ENGELHARDT* fasst „nicht das erstellte Produkt in seiner Ganzheit", sondern lediglich die durch die Betriebstätigkeit bewirkte Veränderung der „Vorleistung" als Leistung auf: „Die Wertdifferenz, die bei Verkäufen mit Gewinn entsteht, muß auf den gesamten Leistungserstellungsprozeß zurückgeführt werden. Sie wird zwar erst durch den Absatz realisiert ... Dies aber ist ein von der Leistungserstellung zu lösender Gesichtspunkt ..." [200] Ähnlich *NICKLISCH*: „Es ist

---

193   S. Lehmann 1937, S. 5, ferner 1939, S. 57 ff., 1942, S. 7 ff.

194   S. Lehmann 1954, S. 9 f.

195   Zur Kritik s. bspw. Loitlsberger 1956, S. 169 f.

196   Ruberg 1939, S. 5; im Original hervorgehoben.

197   S. Henzel 1967, S. 53; ferner 1942, S. 133 f., zur Leistungsmessung in der Produktion, sowie 1942a.

198   Henzel 1967, S. 43. Er unterscheidet auch nach Leistung als Tätigsein und Leistung als Ergebnis. Wirtschaftliche Leistungen unterscheidet er nach dem Zweck (zum Verkauf, zum Eigenbedarf, zur Sicherheit), der Art (Dienst-, Sach-, Geldleistungen), dem Ersteller (Leistung eines Menschen, einer Maschine, einer Abteilung, einer Unternehmung im ganzen, einer Branche), der Zeit (Tages-, Nacht-, Schicht-, Stundenleistung) und der Qualität als Eignung (gute u. schlechte Leistung). Weiter differenziert er in statische (Bereithalten einer Leistung, z. B. die Lagerhaltung, erfordert keine Tätigkeit, höchstens die des Sich-Bereithaltens) und dynamische (Leistungen aufgrund einer Tätigkeit) Leistungen. (S. 43 f.)

199   1944 verwendete *FISCHER* dagegen noch diffus die Begriffe Arbeitsleistung und Leistung eines Betriebes. Vgl. Fischer, G., 1944, S. 68 f., 117 f., 270 ff.

200   Engelhardt 1966, S. 160 f. Er ergänzt: „Der Begriff der Leistung ist ... aus Vorstellungen des Industriebetriebes und hierbei wieder seiner produktionswirtschaftlichen Tätigkeit im engeren Sinne entwickelt worden. So verstanden umfasst er entweder als Begriff des

.. alles Leistung, was ... in einen Wert hineingeleistet worden ist, sei es am Anfang oder am Ende oder in irgendeinem Zeitpunkt zwischen beiden." [201] Damit zielt auch er auf die Wertschöpfung ab. Leistung i. S. des Tätigseins geht mit ihrer Erbringung unter, das Ergebnis ist jedoch in vielen Fällen speicherbar.

Das hier wiedergegebene Verständnis ist in gewissem Sinne umfassender als die bislang diskutierten Auffassungen. Zum einen zielt es exakt auf den in einem Betrieb erarbeiteten Beitrag. (Im übertragenen Sinne ließe sich das auf jeden einzelnen Mitarbeiter und dessen jeweiligen Beitrag zurückführen.) Zum anderen pointiert es - wiederholt - die Effizienz der Tätigkeit. Eine streng genommene Beschränkung auf das Ergebnis findet insofern ebenso wenig statt, wie die Ausgrenzung durch externe mitverwendete Begriffsmerkmale (wie z. B. der Absatz). Der Wertschöpfungsgedanke bietet aus den gerade skizzierten Gründen interessante Anhaltspunkte bei der jeweiligen Definition eines spezifischen betrieblichen Leistungsbegriffs und taucht daher immer wieder auch im Rahmen der Diskussion von Leistungsbeurteilungsverfahren auf. Als nachteilig erweist sich allerdings die weitläufige Begrenzung auf einen absoluten Begriff. Sie ist jedoch nicht für das Gesamtverständnis an sich notwendig, da die Erweiterung um relative Bezüge, bspw. hinsichtlich von Vergleichen der jeweiligen Wertschöpfungsbeiträge, sich als problemlos erweist.

Ad (e): *Leistung = Gegenbegriff der Kosten*

In der Kosten- und Leistungsrechnung (bzw. Betriebsergebnisrechnung oder kurzfristigen Erfolgsrechnung) versteht man i. allg. unter Leistung ebenfalls das Ergebnis betrieblicher Tätigkeit und zwar als absoluten Wertbegriff. [202] Bevor auf das heutige Verständnis der Leistung als Gegenbegriff der Kosten eingegangen wird,

---

Handelns die produzierende Tätigkeit oder aber als ein Begriff des Seins das Ergebnis dieser Tätigkeit, das erstellte Produkt. ... In der Regel wird einer der beiden Begriffe als ausreichend zur Beschreibung des Tatbestandes angesehen." (S. 160) Die Bevorzugung des ergebnisbezogenen Leistungsbegriffs wird teilweise erfassungstechnisch erklärt.

201 Nicklisch 1939, Sp. 868. Auf die Mehrdeutigkeit seines Verständnisses wurde schon hingewiesen.

202 Leistung i. S. von Tätigkeit hat eine geringe Bedeutung, nur unter zwei Aspekten wird sie relevant: erstens als Verursachung und Begründung funktioneller Kosten (funktionelle Betriebsleistung = Beschaffung, Erzeugung, Verkauf, Verwaltung, Leitung) und zweitens als Ausgangspunkt für die organisatorische Bestgestaltung der Arbeit (technische Sphäre der Betriebe, Leistung als Arbeit in der Zeiteinheit). Vgl. Mellerowicz 1973, S. 187 f.

2. Teil: Der „schillernde" Leistungsbegriff

erfolgt vorab die Referierung der Ansichten klassischer Vertreter der Betriebswirtschaftslehre zum Leistungsbegriff im betrieblichen Rechnungswesen. Sie soll den Unterschied zur heute vorherrschenden weitgehenden Eindeutigkeit der Begriffsauffassung in diesem Zusammenhang verdeutlichen.

*SCHMALENBACH*s Umgang mit dem Leistungsbegriff ist nicht immer einheitlich. [203] Im Rahmen seiner „*Dynamischen Bilanz*" sind - für die Finanzbuchhaltung als externes Rechnungswesen - verschiedene Begriffsverständnisse vorzufinden, die zudem von der Definition im Rahmen der Kosten- (und Leistungs-)rechnung - als internes Rechnungswesen - abweichen. Zum einen gilt jede „gute wirtschaftliche Tat" als Leistung, der ein Wert zukommt. Nur lässt sich dieser Wert nicht immer feststellen (z. B. Schaffung neuer Geschäftsbeziehungen, Erfindungen). Er kann somit in der Gewinnberechnung nicht berücksichtigt werden. *SCHMALENBACH* formuliert aber auch anders: Alles was in einer Unternehmung an Werten - gemessen an den Einnahmen - geschafft wird, gilt als Leistung. Hiermit bezeichnet er also nicht nur Endprodukte als Leistungen. Solche sog. „unvollendeten Leistungen" werden allerdings nicht in der Gewinnberechnung berücksichtigt. [204] In den ersten Buchauflagen bezeichnet er Leistung aber v. a. als die positive Komponente des Gewinns, deren Gegensatz der Aufwand ist. [205] Erst ab der 11. Auflage geht er auf die Bezeichnung Ertrag über. Der Begriff der Leistung wird dann nicht weiter thematisiert. Im Rahmen der *SCHMALENBACH*schen *(Selbst-) Kostenrechnung* wird dem Leistungsbegriff ein anderer Inhalt beigelegt: Dort ist die Leistung die den Kosten gegenüberstehende Rechengröße, und sie betrifft das aus dem eigentlichen Betriebszweck resultierende Werteschaffen. [206] Kosten

---

203 Es ist nicht ganz klar, ob *SCHMALENBACH* stets nur das Ergebnis oder auch einmal die Tätigkeit als Leistung versteht. Das wird an folgendem Zitat deutlich, wenn er von Fällen spricht „..., in denen die Verkaufsleistung die Leistung des Bezuges und der Herstellung (die Beschaffungsleistung) überwiegt ..." Schmalenbach 1925, S. 99 f. Zumindest in diesem Zusammenhang scheint mehr an die Tätigkeit gedacht zu sein.

204 S. Schmalenbach 1925, S. 98 f.

205 So ganz zufrieden scheint *SCHMALENBACH* (1925, S. 98) selbst nicht mit dieser Definition zu sein, wenn er im Anschluss bemerkt: „Das Wort Leistung deckt den Begriff keineswegs immer gut; es erweckt zu sehr die Vorstellung eines Erfolges von Anstrengungen ..." Dies sei nicht notwendigerweise so. S. auch Schmalenbach 1926, S. 99 f., 1948, S. 28 ff.

206 S. Schmalenbach 1934, S. 116, 1963, S. 10. Kritisch fügt er hinzu: „Dem Wortsinn hätte es vielleicht besser entsprochen, dem Worte Aufwand das Wort Leistung und dem Worte Kosten das Wort Ertrag gegenüberzustellen. Aber da der praktische Sprachgebrauch den ursprünglichen Wortsinn bereits gänzlich verlassen hatte, wäre es falsch gewesen ... dieser Rücksicht Raum zu geben." (S. 116)

und Leistung [207] sind als das Begriffspaar in der Selbstkostenrechnung zu verstehen. [208] Insgesamt wird der Leistungsbegriff von ihm als reiner Zweckbegriff aufgefasst, der vom allgemeinen Sprachgebrauch losgelöst ist: „Je nach dem verfolgten Rechnungszweck ist die Umgrenzung und Bewertung der Leistungen verschieden. Genauso wie der Kostenbegriff ist auch der Leistungsbegriff zweckorientiert. Die als Leistung bezeichnete Rechengröße schließt bereits einen bestimmten Rechnungszweck in sich ein. Somit hat der Leistungsbegriff nur eine relative, nicht eine absolute Geltung." [209]

WALB legt in seiner „*Erfolgsrechnung*" - von der Vorstellung einer Tauschwirtschaft ausgehend - dem Leistungsbegriff einen volkswirtschaftlichen Charakter bei. Die Erfolgsrechnung erwächst in diesem Sinne aus dem tauschwirtschaftlichen Leistungsverkehr der Betriebe. Der wirtschaftliche Erfolg lässt sich dann mittels einer Gegenüberstellung aktiver und passiver (Betriebs-)Leistungen ermitteln: „Alle Leistungen aber, die der Betrieb sich bewirken lässt (passive Leistungsvorgänge) geschehen nur zu dem Zweck, dass er seinerseits Leistungen (aktive Leistungsvorgänge) hervorbringen kann. Sie sind im Grundsatz die Aufwendungen oder Kosten zur eigenen Leistungserzeugung." [210] Die Leistungen bestehen in beiden Fällen in der Hingabe von Gütern, Vornahme von Dienstleistungen und Überlassung von Rechten. [211] Hier ist ein ergebnisorientierter Begriff angesprochen. Der Aufwand steht für von Dritten bewirkte, im Kombinationsprozess verbrauchte

---

207 Differenziert wird zum einen in „Absatzleistungen", als für den Markt bestimmte (nicht unbedingt schon abgesetzte) Werterzeugungen, die zu Einnahmen und Ertrag führen. Zum anderen sind es „Einsatzleistungen", also innerbetriebliche Wertentstehungen, die als solche nicht zu Einnahmen, sondern als Aufwand in der Unternehmung verbraucht werden. S. Schmalenbach 1963, S. 10.

208 S. zur Kritik hieran Becker, O., 1951, S. 65 f. *SCHMALENBACH* (1934, S. 117, 1963, S. 12) wendet sich explizit gegen die von ihm in den dreißiger Jahren festgestellte Tendenz, Leistung und Ertrag gegenüberzustellen und zwar in dem Sinne, dass Leistung als Mengenleistung und Ertrag als Wertleistung (in Werten ausgedrückte Mengenleistung) aufgefasst wird: „Es entsteht dann zu leicht der Gedanke, zuerst sei die Menge da, und dann, infolge der Bewertung, der Ertrag, während wir Betriebswirtschaftler mit dem größten Nachdruck betonen müssen, daß im Anfang nicht die konkrete Maße, sondern der Wert ist, selbst bei dem noch nicht erzeugten, nur gedachten Produkt." Die Ausdrücke Mengen- und Wertleistungen seien treffender.

209 Schmalenbach 1963, S. 11.

210 Walb 1923, S. 417. *WALB* verwendet dabei für die positiven Erfolgselemente den Begriff Ertrag (alle Werteentstehungen einer Erfolgsperiode) und für die negativen den Begriff Aufwand.

211 Walb 1923, S. 416 ff.; s. auch 1926, S. 28 f.

2. Teil: Der „schillernde" Leistungsbegriff

passive Leistungen. [212] Auch die aktiven Leistungen eines Betriebes könne ohne eigenes Zutun erhöht werden, bspw. durch Wertsteigerungen. [213] *WALB* spricht aber auch von „Leistung" als einem terminus technicus ohne wertende Bedeutung für den Güterstrom. [214]

Für *KOSIOL* stellen Leistungen „... das erstrebte Resultat der produktiven Gestaltungsprozesse, die das geplante Programm der Unternehmung bilden" dar. [215] Der Leistungsbegriff sollte so weit gefasst sein „..., daß er zwar nicht die Produktionsfaktoren selbst, wohl aber jedes Kombinationsergebnis dieser Faktoren bis zu den Absatzleistungen hin umschließt." [216] Es handelt sich im Endeffekt um ein Verständnis, welches nur die extern oder intern abgesetzten Güter als Leistungen erfasst. Wertentstehungen, die vom Markt her und nicht als Ergebnis der planmäßigen betrieblichen Arbeitstätigkeit zustande kommen, schließt er ferner aus. Zum Verhältnis Ertrag und Leistung erscheint es ihm aus Gründen einer eindeutigen Terminologie [217] zweckmäßig, den Terminus „Ertrag" auf die pagatorischen

---

212 Rechnungsmäßig gelten als passive Leistungen auch ungewollter zusätzlicher Aufwand, Zwangsabgaben und neutraler Aufwand.

213 Vgl. Walb 1926, S. 39, ähnlich Walb 1923, S. 421. Damit wendet sich *WALB* in diesem Zusammenhang gegen den Leistungsbegriff, wie *SCHMALENBACH* ihn einführte.

214 Den Gesamtbegriff *tauschwirtschaftlicher Leistungen* gliedert er wie folgt: Leistungen einmal als erfolgswirksame oder eigentliche (alle auf Preiszahlungen irgendwelcher Art beruhenden Fälle die die Erfolgsrechnung berühren) sowie einmal als erfolgsunwirksame oder uneigentliche, wobei diese wiederum untergliedert werden in aus dem Leihverkehr bzw. aus dem Kaufverkehr sowie in dauernd bzw. zeitweilig erfolgsunwirksame. Die erfolgswirksamen Leistungsvorgänge (Verbrauch und Hervorbringung) gliedert er weiter in vier Gruppen. Vgl. Walb 1926, S. 29 ff., 1923, S. 417 ff. *BECKER*, O., (1951, S. 57) ist - m. E. nicht ganz zutreffend - der Ansicht, dass die Auffassung bei *WALB* nicht durchgängig vertreten wird. Recht hat er allerdings, wenn er einen veränderten Leistungsbegriff bei ihm feststellt, sobald es sich um die Verwendung des juristischen Begriffs der Leistung handelt.

215 Kosiol 1958, S. 23.

216 Kosiol 1958, S. 24, s. auch 1964, S. 28.

217 Die wenig eindeutige Verwendung des Leistungsbegriff bei *KOSIOL* selbst (und damit die Schwierigkeit, sein Verständnis wiederzugeben) lässt sich anhand folgender Zitate im Rahmen der Diskussion um die Sachzielbezogenheit belegen: „... Leistung einer Unternehmung [ist] das bewertete Ergebnis ihrer planmäßigen Arbeitstätigkeit ..", „Leistungen sind das erstrebte Resultat der produktiven Gestaltungsprozesse ...", „jedes Ergebnis, das bei der Kombination von Produktionsfaktoren als Produkt dieser Transformation hervorgebracht wird, ist als Leistung (Erzeugnis) anzusehen. Im Endeffekt handelt es sich dabei um die abgesetzten oder externen Leistungen ...", „... daß von den verschiedenen Möglichkeiten, den Leistungsbegriff definitorisch festzulegen, ... nur diejenige Auslegung sinnvoll .. [erscheint], die die Wertentstehung im Gegensatz zum Wert-

Wertentstehungen zu begrenzen und ihn als kalkulatorische Wertgröße zu vermeiden. Die Leistung stellt neben ihrem Gegenstück, den Kosten, eine Erfolgskomponente dar und ist ein kalkulatorischer Begriff. [218] Als Leistung bezeichnet *KOSIOL* schließlich die kalkulatorische Wertentstehung. Sie ist die positive Komponente des kalkulatorischen Erfolgs, das in einem Geldbetrag ausgedrückte Ergebnis des Produktionsprozesses (kalkulatorische Erfolgsrechnung = Kosten- und Leistungsrechnung), während der Ertrag die positive Komponente des pagatorischen Erfolges darstellt (pagatorische Erfolgsrechnung = Aufwands- und Ertragsrechnung). [219] Die ökonomische Interpretation des Leistungsbegriffs ist - wie *KOSIOL* und später *HEINEN* betonen - aus der Mittel-Zweck-Beziehung betriebswirtschaftlicher Betätigung abzuleiten. [220] Dieser Leistungsbegriff ist *teleologischer Natur*. Dadurch werden alle bzw. mehrere Mittelverzehre, die zur Realisierung des Betriebszwecks, des Sachziels in Kauf genommen werden müssen, erfasst. [221] „Aus der Tatsache ... folgt, daß nicht nur derjenige Güterverzehr in die Kosten eingeht, der in unmittelbarem Widmungszusammenhang mit der produktiven Faktorkombination und damit dem Leistungsergebnis einer Betriebswirtschaft steht. Vielmehr genügt es, wenn ein nur mittelbarer Zusammenhang zwischen dem Verzehr an Produktionsfaktoren und dem Leistungsergebnis vorliegt." [222]

Mit diesem wichtigen Aspekt schließt die kurze historische Analyse ab. Im Folgenden erfolgt die Diskussion des heutigen, weit verbreiteten Leistungsverständnisses im Rahmen der Kosten- und Leistungsrechnung.

Die *Leistungsrechnung* ist - neben der Kostenrechnung - Teil des internen Rechnungswesens (bzw. der kalkulatorischen Erfolgsrechnung) und hat die Aufgabe,

---

verzehr zum Begriffsinhalt erhebt.", „Soweit diese mengenmäßige Güterentstehung ... bewertet wird, wird von Leistung gesprochen." Vgl. Kosiol 1958, S. 11, 23, 1964, S. 28.

218 Vgl. Kosiol 1958, S. 11. Die Vielschichtigkeit des Kostenbegriffs ergibt sich nach *KOSIOL* aus der Breite des Leistungsbegriffes. Daher führt auch eine wegen der Eindeutigkeit notwendige Einengung des Leistungsbegriffs zwangsläufig zur entsprechenden Einengung des Kostenumfanges.

219 S. Kosiol 1976, S. 908 ff.

220 Sie ergibt sich aus der positiven Seite des Kostengüterverzehrs, d. h. der Mittelwidmung im Hinblick auf die Realisierung des Sachziels einer Unternehmung.

221 Vgl. Kosiol 1964, S. 29 f.; Heinen 1970, S. 73. S. hierzu auch Ehrt 1967.

222 Heinen 1970, S. 73. Diese Begriffsverwendung wird von fast allen Vertretern des wertmäßigen Kostenbegriffs herangezogen. Sie steht in Zusammenhang zum Leistungsergebnis! Von Leistungsbilanz spricht *HEINEN* (1969, S. 21) bei der Gegenüberstellung von Aufwendungen und Erträgen.

zahlenmäßige Angaben über den stattgefundenen, teilweise auch den geplanten betrieblichen Kombinationsprozess bereitzustellen. Ausgangspunkt sind abgelaufene oder künftige Produktions- und Absatzprozesse. [223] Sie befasst sich dabei mit der Erfassung der Entstehung und Verwertung von Gütern und Diensten als Erlösträger und ist outputorientiert. Sie erfasst Leistungsarten nach verschiedenen Kriterien (meist identisch mit Kostenträgern; z. B. Produktarten, Abnehmergruppen, Vertriebswegen) und stellt sie den bei ihrer Herstellung entstandenen bzw. prognostizierten Kosten gegenüber. So lassen sich Leistungsartenbezogene Erfolge ermitteln. Die Leistungsrechnung i. S. einer Erlösrechnung erfasst dabei die endgültig realisierten Leistungen (und das sog. Leistungseinkommen). Ihr liegen erstellte und abgesetzte Güter zu Grunde. Die innerbetriebliche Leistungsrechnung dagegen erfasst die erstellten, vom Betrieb selbst verbrauchten Güter und die noch nicht endgültig realisierten Leistungen (bewertete unfertige Erzeugnisse und auf Lager liegende fertige Erzeugnisse).

Die Autoren gehen nur selten auf eine *Leistungsrechnung* ein. [224] Sie wird mehr als impliziter Bestandteil der Kosten- und Leistungsrechnung aufgefasst und thematisch insofern vernachlässigt, als in derem Rahmen fast ausschließlich die Kostenrechnung (i. e. S.) behandelt wird. Das macht sich prinzipiell auch beim Leistungsbegriff bemerkbar. Er wird zwar fast überall kurz definiert und von anderen Fachbegriffen abgegrenzt (z. B. Einnahmen und Erträgen), eine nähere Auseinandersetzung über seinen Inhalt ist aber allenfalls vereinzelt anzutreffen.

Im innerbetrieblichen Rechnungswesen stellt der Leistungsbegriff i. allg. den Gegenbegriff zu dem der Kosten dar. [225] Leistungen werden analog als „bewertete, sachzielbezogene Gütererstellungen" verstanden. [226] Es handelt sich stets um

---

223 Vgl. hierzu auch Kloock 1989, S. 692 ff.; Wöhe 1987, S. 23.

224 *RIEBEL* (1979, S. 793 f.) hält sogar einen Verzicht auf die Leistungsrechnung für sinnvoll. Im Zusammenhang mit der Definition des entscheidungsorientierten Kostenbegriffs gibt er auch lediglich an, dass der Leistungsbegriff ebenso zu bilden ist, ohne ihn allerdings selbst einzuführen. Insgesamt - so scheint es - hat der Leistungsbegriff bei *RIEBEL* keine bemerkenswerte Bedeutung.

225 Dies ist aber nicht überall der Fall. *HABERSTOCK* (1975, S. 16) und *HUMMEL/MÄNNEL* (1978, S. 60) verwenden bspw. den Betriebsertrag (als Wert aller erbrachten Leistungen pro Periode im Rahmen der sachzielbezogenen Tätigkeit) als Gegenbegriff zu den Kosten.

226 S. Kloock/Sieben/Schildbach 1976, S. 33 f.; Moews 1981, Sp. 1115; Kosiol 1979, S. 12 f.; Schweitzer/Küpper 1986, S. 47; Menrad 1975, Sp. 2282; Kloock 1989; Wöhe 1987, S. 23; Preißler 1988, S. 574; Mellerowicz 1960, Sp. 3775; Schmalenbach 1963, S. 10.

bewertete Mengengrößen, seien es Einzelprodukte oder Periodenausbringungen. Leistung ist dadurch der rechnerische Ausdruck der sachzielbezogenen Entstehung von Wirtschaftsgütern. Drei Begriffsmerkmale sind beim *allgemeinen Leistungsbegriff* angesprochen: die Güterentstehung (von Sach- wie Dienstleistungen), die Zweckbestimmung bzw. Sachzielbezogenheit und die Bewertung: [227]

- Die *Güterentstehung* (abgesetzte bzw. nicht abgesetzte, reale und nominale, innerbetriebliche Güter) führt zu Leistungen (bzw. Leistungsmengen). Dabei ist es i. d. R. unerheblich, ob es sich bereits um fertiggestellte Güter, noch nicht fertiggestellte Güter oder um Vorprodukte für Güter handelt. [228]

- Das betriebliche *Sachziel* gibt Art und Zeitpunkt von zu produzierenden und - auf dem Markt - abzusetzenden Gütern eines Betriebes an. Die Güterentstehung ist Zweck (i. d. R. aber nicht oberstes Ziel) des betrieblichen Wirtschaftens. Nur solche angestrebten, sachzielbezogenen Ergebnisse planmäßiger Arbeitstätigkeit gelten als Leistung. Eine solche Formulierung lässt offen, inwieweit dieser Zweck des Kombinationsprozesses erreicht wird oder wie er sich ökonomisch auswirkt.

- Die *Bewertung* (in der Literatur oft auch: Leistungsbewertung) umfasst die Zuordnung eines Wertes bzw. eines Preises zur sachzielbezogenen Güterentstehung: Leistung = Gütermenge x Güterpreis. [229] Damit wird die „Leistung" rechenbar, womit eine Voraussetzung zu ihrer Erfassung im betrieblichen Rechnungswesens gegeben ist. Bei der Bewertung lassen sich zwei verschiedenen Wertansätze unterscheiden, die auch jeweils zu unterschiedlichen Leistungsbegriffen führen:

    * *Pagatorischer Leistungsbegriff*
    Als pagatorische Leistungen gelten die bewerteten sachzielbezogenen Gütererstellungen einer Periode. Den Gütern wird ein Absatzpreis als Leistungswert (rein absatzmarktorientierte Bewertung durch den Ansatz erzielter Erlöse für fertige Güter) zugeordnet. Bei pagatorischen Preisansätzen zielt die Bestimmung der Leistungswerte daher auf die Abbildung empirischer Gegebenheiten ab. Dies könnte als pagatorischer Leistungsbegriff i. e. S. bezeichnet werden. Darüber hinaus lässt sich - im Rahmen

---

227 S. z. B. Kloock/Sieben/Schildbach 1976, S. 32 f.; Schweitzer/Küpper 1986, S. 46 ff.; Preißler 1988, S. 574.

228 Leistungen können nach *KLOOCK/SIEBEN/SCHILDBACH* (1976, S.132 f.) auf zwei Wegen erbracht werden, erstens wenn ein Mehr an (bewerteten) Gütern entsteht (sachzielbezogen) und zweitens durch eine Güterwertsteigerung bei gleichbleibender Gütermenge. Für *MENRAD* (1975, Sp. 2288) „... umfaßt der Begriff *Leistung* z. B. auch das Ergebnis einer Spekulation als eines Handelns, das primär auf die Ausnutzung erwarteter Preissteigerungen abzielt."

229 Vgl. Schweitzer/Küpper 1986, S. 50.

einer Modifikation - ein pagatorischer Leistungsbegriff i. w. S. definieren, welcher teilweise auch erzielbare Erträge für fertige Güter erfasst. Hier sind dann andere als faktisch erhaltene Zahlungen (wie bspw. vereinbarte Preise bei Zielverkäufen, zukünftig gegebene Verkaufspreise bei geplanter Güterentstehung sowie bei Wiedereinsatzgütern angefallene Kostenwerte) zusätzlich zu berücksichtigen.

* *Kostenorientierter Leistungsbegriff*

Kostenorientierte Leistungen sind bewertete sachzielbezogene Gütererstellungen einer Periode, wobei der Wertansatz auf die für erstellte unfertige, fertige oder innerbetriebliche Güter erforderlichen Produktionsfaktoren bzw. den dafür angefallenen (wertmäßigen oder pagatorischen) Kosten basiert. [230] Sie werden dementsprechend in zwei Unterfälle differenziert. Zum einen basieren sie im Wertansatz auf den pagatorischen Kosten, nämlich dann, wenn die für den Kombinationsprozess erforderlichen Produktionsfaktoren mit deren jeweiligen Preisen auf den Beschaffungsmärkten bewertet werden (reine beschaffungsmarktorientierte Bewertung). [231] Zum anderen stützen sie sich auf die Summe der monetären Grenznutzen (Beschaffungspreise plus anteilige Wertdifferenz) derjenigen Faktoren, welche zur Erstellung des der Leistung zugrunde liegenden Gutes notwendig sind. Der Wertansatz beruht auf den wertmäßigen Kosten der verbrauchten Produktionsfaktoren. [232]

In dem hier behandelten Zusammenhang ist noch der *wertmäßige Leistungsbegriff* anzusprechen. Er beruht auf dem Wert, den Gütermengen bzw. Dienste erhalten, wenn sie entweder eine optimale volkswirtschaftliche Verwendung sicherstellen oder auf den optimalen betriebswirtschaftlichen Nutzen abzielen. In beiden Fällen steht die Nutzenerfüllung im Vordergrund der Betrachtung. Rein betriebswirtschaftlich betrachtet gehen in den wertmäßigen Leistungsbegriff entweder
- die erzielten (pagatorischen) oder die möglichen, erzielbaren Absatzpreise - ohne Berücksichtigung der Kosten der Güterentstehung - [233] oder

---

230 S. Kloock/Sieben/Schildbach 1976, S. 33 f. S. dort auch zur möglichen Übereinstimmung beider Begriffe. Die kostenorientierte Bewertung ist im Rahmen der innerbetrieblichen Leistungsrechnung und der Bestandsbewertung üblich.

231 Hierbei sind Leistungen immer gleich Kosten.

232 Die Summe der aus den mit Absatzpreisen bewerteten, abgesetzten Gütern (Umsatzerlöse) und aus dem mit Herstellkosten (Selbstkosten) bewerteten Bestandsveränderungen wird als Betriebsertrag (i. S. der kurzfristigen Erfolgsrechnung - nicht i. S. des Steuer- und Handelsrechts) bezeichnet.

233 Insofern ist der weite Leistungsbegriff von Nachfrage/Angebots-Beziehungen sowie vom Erfolg der Marketingaktivitäten abhängig.

- die im Kombinationsprozess entstehenden Werte (i. S. der Wertschöpfung), die nicht nur pagatorisch als Kosten erfasst werden (also pagatorische plus kalkulatorische Kosten wie z. B. kalkulatorischer Unternehmerlohn)

ein. Der wertmäßige Leistungsbegriff kann eine Lenkungsfunktion insofern ausüben, als dass er die betriebliche Güterentstehung hin auf die größte Nutzenstiftung - bzw. auf die optimale volkswirtschaftliche Nutzenerbringung - lenkt. Die wertmäßigen Leistungen sind allerdings - wie die wertmäßigen Kosten - „objektiv" nicht zu ermitteln. Insofern wird auch der betriebswirtschaftliche Nutzen dieses Begriffes bestritten. [234]

Neben dem allgemeinen Leistungsbegriff gelten noch *spezielle Leistungsbegriffe* (z. B.: je nach Güterarten, Gütermengen, Weise der Güterentstehung, Bewertungsgrundlage, Verbundenheit mit dem Betriebsziel). Mit diesen Leistungsunterbegriffen sind Präzisierungen des allgemeinen Leistungsbegriffs in seinen drei Merkmalen angesprochen. [235]

Der Leistungsbegriff der Kosten- und Leistungsrechnung wird häufig noch im Zusammenhang mit Einnahmen und Erträgen angeführt. Während die Erfolgsbegriffe der Finanzbuchhaltung (Aufwand und Ertrag) mit Zahlungsvorgängen unmittelbar verbunden und Teil der pagatorischen Rechnung sind, bezieht sich die Kosten- und Leistungsrechnung auf Realgüterbewegungen. Die - kalkulatorischen - Erfolgsbegriffe (Kosten und Leistungen) können hier unabhängig von Zahlungsvorgängen bewertet werden.

Leistungen und *Erträge* sowie Leistungen und *Einnahmen* unterscheiden sich sachlich und zeitlich. *Sachlich* stellen manche Einnahmen (z. B. staatliche Subventionen) bzw. Erträge (z. B. aus nicht sachzielbezogenen Verkäufen aus Grund und Boden) definitionsgemäß keine betriebliche Leistung dar. *Zeitlich* sind es zwei Differenzierungen, die möglich erscheinen. Zum einen kann eine nicht aktivierungsfähige innerbetriebliche Leistung erbracht werden, die erst allmählich dadurch, dass sie in Endprodukte (bzw. abgesetzte Leistungen) eingeht, zu Erträgen bzw. Einnahmen wird. Zum anderen ist die umgekehrte Beziehung möglich, bspw. dann, wenn ein Kunde ein Produkt (eine „Leistung") vorausbezahlt, bevor es hergestellt ist. Für die Erfolgsrechnung ist der Zeitpunkt der Leistung(-serstellung) und nicht der der Einnahme stets maßgebend. [236]

---

234 S. hierzu auch Schweitzer/Küpper 1986, S. 51. Sie bezeichnen den wertmäßigen Leistungsbegriff als eine Fragestellung der Volkswirtschaftslehre.
235 Vgl. Schweitzer/Hettich/Küpper 1979, S. 52.
236 S. bspw. Mellerowicz 1960, Sp. 3775 f.

2. Teil: Der „schillernde" Leistungsbegriff

Im Vergleich mit dem Ertragsbegriff zeigen sich neben den Unterschieden auch übereinstimmende Wesensmerkmale. [237] Der übereinstimmende Teil von Ertrag und Leistung wird als *Grundleistung* bzw. als Zweckertrag bezeichnet. Grundleistung entsteht, wenn Güter in der gleichen Periode hergestellt und abgesetzt worden sind. Der Wert solcher Grundleistungen ergibt sich auf der Basis des pagatorischen Leistungsbegriffs. „Bei Anwendung des kostenorientierten Leistungsbegriffs können Grundleistungen für fertige und unfertige, noch nicht abgesetzte Erzeugnisse oder auch für innerbetriebliche Güter dann anfallen, wenn der kostenorientierte Wertansatz für die erstellten Güter nur auf dem pagatorischen Kostenbegriff oder auf dem wertmäßigen mit Opportunitätskosten in Höhe von Null basiert." [238]

Eine Leistung, die höher als der Ertrag ist, kann als *kalkulatorische Leistung* bezeichnet werden und in Zusatzleistung und in Andersleistung differenziert werden. *Zusatzleistungen* stehen keine Erträge gegenüber. Teilweise wird daher auch von ertraglosen Leistungen gesprochen, die die Grundleistungen ergänzen. Beispiele sind selbsterstellte Patente, welche nur im Betrieb verwendet, nicht jedoch in der pagatorischen Rechnung angesetzt werden (dürfen), oder wenn den Kosten nicht die erzielten, sondern stattdessen höhere Preise gegenübergestellt werden, bspw. normale Preise statt Kampfpreise. *Andersleistungen* sind solche Leistungen, die zwar der Sache nach, nicht aber in ihrer Höhe mit entsprechenden Erträgen übereinstimmen (abweichende Mengenansätze oder unterschiedliche Wertansätze). Es werden diejenigen bewerteten Gütererstellungen erfasst, denen zwar Erträge gegenüberstehen, welche allerdings entweder auf einer anderen Mengenstruktur basieren oder deren Mengenkomponenten anders bewertet werden. Hierzu zählen bspw. selbsterstellte und veräußerte Patente, deren Erstellung nicht periodisch anfällt, bzw. auf Lager liegende fertige und unfertige Produkte. [239]

Die Autoren konzentrieren sich v. a. auf die mit dem Ergebnis erbrachten Wertschöpfungsbeiträge und dem funktionalen Beitrag zu einem bestimmten Organisationsziel. Die Sinnhaftigkeit wird vernachlässigt. Der Zweck-Mittel-Bezug steht im Vordergrund der hier thematisierten Leistungsverständnisse. Für die weitere zweckbezogene Diskussion haben die Ausführungen wenig beigetragen. Leistung

---

237 Die Unterschiede können entsprechend der drei Begriffsmerkmale in mengenmäßige (unterschiedlich große Gütermengen), sachzielbezogene (Erträge bzw. Leistungen sind nicht alle und immer oder übereinstimmend sachzielbezogen) und wertmäßige (unterschiedliche Wertansätze) Unterschiede klassifiziert werden. Vgl. Schweitzer/Küpper 1986, S. 54.

238 Kloock/Sieben/Schildbach 1976, S. 37.

239 Vgl. Schweitzer/Küpper 1986, S. 54; Kloock/Sieben/Schildbach 1976, S. 34 ff.

ist in diesen Zusammenhängen zwar der am häufigsten in der Betriebswirtschaftslehre verwendete Terminus, er wird aber zu sehr als Terminus technicus mit ganz bestimmtem Begriffsinhalt und eng begrenztem Begriffsumfang verstanden. Hervorzuheben sind allerdings solche Aspekte wie sie über die kalkulatorische Leistung in die Diskussion eingeführt wurden. Die Beschränkung auf sachzielbezogene Leistung ist dagegen für die Beurteilung der Leistung von Mitarbeitern insbesondere dann konterkarierend, wenn Mitarbeiter mit sachzielfremden Aufgaben beschäftigt sind (z. B. mittelfristige Finanzanlagen bei einem Maschinenbauer).

4 Leistung = Tätigkeit + Ergebnis

Vehementester Vertreter eines Leistungsverständnisses, welches sowohl die Tätigkeit als auch das Ergebnis gleichzeitig einbezieht ist *THOMS*. Für ihn sind Tätigkeit und Ergebnis zwei Seiten einer Einheit: „Es liegt daher sehr nahe, diese Einheit mit Leistung zu bezeichnen und unter Leistung *beides gleichzeitig* zu verstehen: den Leistungs*prozeß* und das Leistungs*produkt* ..." [240] Die Leistung besteht dabei in der Synthese von Arbeitseinsatz und Arbeitsergebnis, wobei der Arbeitseinsatz am Arbeitsergebnis gemessen wird oder umgekehrt. Weitergehende systematische Überlegungen liegen nicht vor. [241] Bei anderen Autoren ist dieses Verständnis nicht so weit ausgeprägt, auch wenn sie es tendenziell gleichartig formulieren.

SEYFFERT versteht bspw. unter Leistung die Tätigkeit des Betriebes, also den - geglückten oder nichtgeglückten - Versuch seine Aufgaben zu erfüllen, als auch das Ergebnis dieser Tätigkeit. [242] Ein Betrieb „leistet" - nach seiner Interpretation - auf die Erfüllung von Zielen und Aufgaben hin Arbeit. Damit diese Arbeit erfolgen kann, werden die Betriebsfaktoren genutzt. Von Leistungssteigerung

---

240 Thoms 1940, S. 12 f.

241 Neben einer Unterteilung in psychische, technische, wirtschaftliche und rechtliche Teile der Leistung differenziert er wie folgt: Primäre unmittelbare Hauptleistungen sind in seinem Verständnis Beschaffungs-, Produktions- und Vertriebs-Leistungen. Primäre Zwischenleistungen sind diejenigen, die die drei Hauptleistungen miteinander verbinden, z. B. Lagerung und Transport. Mittelbare primäre Hauptleistungen sind Betriebsgründung, Betriebsumwandlung und Betriebsliquidation. Die mittelbaren primären Zwischenleistungen sind solche an Personen und Mitteln, die sich auf Aufbewahrung und Pflege richten. Als sekundäre Betriebsleistungen kennzeichnet er die Organisierung, Leitung und Verwaltung. S. Thoms 1934, S. 29 ff., 34 ff.

242 Seyffert 1922, S. 172 ff.

spricht er, wenn mit gegebenen Mitteln ein Mehr erreicht wird. [243] *BIEDING* definiert ähnlich: „Leistung impliziert Leistungsverhalten und Arbeitsergebnis. Sie verdeutlicht sich darin, wie eine Arbeit verrichtet wird und mit welchem Ergebnis." [244] Auch *FISCHER* formuliert: Leistung umfasst „... sowohl die Tätigkeit des Betriebes, bis das fertige Erzeugnis hergestellt und abgesetzt ist, als auch den Wert dieses Erzeugnisses selbst." [245]

Etwas anders interpretiert *HENTZE*. Er legt zunächst ein - nach eigenen Aussagen - in Anlehnung an die Physik aufgefasstes Leistungsverständnis zugrunde: Arbeitsleistung als Quotient von Arbeitsergebnis und Zeit. Der Leistungsbegriff „... bezieht sich auf objektbezogene und dispositive menschliche Leistungen in Organisationen" [246] und steht in direktem Zusammenhang zum Sachziel der Organisation. Er umfasst - mehr oder weniger als Oberbegriff - das Leistungsergebnis und das Leistungsverhalten. [247] Als Leistungsergebnisse sind die von einer einzelnen Person zur Erreichung der Organisationsziele erbrachten, zeitbezogenen Arbeitsergebnisse (durch individuelle Arbeitsleistung erstellte Mengen materieller und/oder immaterieller Güter bestimmter Art und Qualität) zu verstehen. Leistungsverhalten beruht auf individueller Leistungsfähigkeit und -bereitschaft und ist zur Leistungserbringung, d. h. zur Erfüllung der Organisationsziele, erforderlich. [248]

Es ist unzweckmäßig, Ergebnis und Tätigkeit als eine Einheit zu bezeichnen, zumindest dann, wenn eine Wertung eingebracht wird. Auch wenn man bedenkt, dass

---

243 Er grenzt dies gegenüber der „Aufwandssparung" ab, mit der ein Gleiches mit weniger Mitteln (Aufwand) erreicht wird.
244 Bieding 1979, S. 157.
245 Fischer, G., 1964, S. 465.
246 Hentze 1980, S. 10; im Original kursiv.
247 Dies ist das wesentliche Begriffsmerkmal. Daher erfolgt eine Darstellung in diesem Abschnitt.
248 S. hierzu Hentze 1980, S. 10 ff. Etwas unverständlich ist die Differenzierung, dass der Begriff des Leistungsergebnisses sich stets auf eine Person bezieht, der der Leistung jedoch nicht dieser Einschränkung unterliegt. Terminologisch unklar bleiben auch die Differenzierungen in Leistungs- und Arbeitsergebnis sowie in Arbeit und Leistungsverhalten. Einmal wird „Arbeit" in Organisationen als „Inputgröße" eingesetzt, „Leistung" dabei als „Outputgröße" angesehen, welche sich auf das Arbeitsergebnis und nicht auf die Arbeitstätigkeit bezieht. Ein anderes Mal ist das „Leistungsergebnis" die „Outputgröße", das „Leistungsverhalten" dagegen die „Inputgröße". Beides ist für sich genommen verständlich, im Zusammenhang gesehen kommt jedoch die Frage auf, wie Leistung, Arbeit, Leistungsverhalten, Leistungsergebnis, Arbeitsergebnis und Arbeitsleistung zueinander stehen.

die Tätigkeit erst mittelbar über herrschende Leistungsbedingungen wirkt und das Ergebnis produziert, ergeben sich Zweifel an diesem Einheitsgedanken. Hinzu kommt etwas, was *BEREKOVEN* treffend konstatiert: „Zwar erscheinen die beiden Auffassungen durchaus einleuchtend und wie zwei Seiten einer Einheit, jedoch gilt es zu erkennen, daß es auch ein Tätigwerden mit negativem Ergebnis geben kann, und zwar negativ sowohl auf der technischen wie der ökonomischen Ebene." [249] Auch *BEUCK* kritisiert treffend: „Die Verwendung eines Ausdruckes für mehrere unterschiedliche Tatbestände ist nur dann zulässig, wenn diese untrennbar miteinander verbunden sind und er als Terminus für diese Gesamtsicht auftritt. Dies ist jedoch hier nicht gegeben, sind doch auf Erstellung von Leistungen ausgerichtete Tätigkeiten denkbar, denen der Erfolg versagt bleibt." [250] Gegen eine begriffliche Substituierbarkeit von Tätigkeit und Ergebnis spricht ferner, dass das Endprodukt in den seltensten Fällen vollkommen in einem Betrieb hergestellt wird: „Die betriebliche Tätigkeit ... bewirkt bei Sachleistungsbetrieben technische und ökonomische Veränerungen verschiedenster Art an Gütern. Nur diese Veränderungen sind als Leistung anzusehen. Ihr Ergebnis, die bewirkte Veränderung, verbindet sich unlösbar mit dem eingesetzten Gut (z. B. mit dem in die Fertigung eingehenden Halbfabrikat). Man kann deshalb nicht das erstellte Produkt in seiner Ganzheit als Leistung ansprechen. Genau genommen geht die Leistung, als Tätigkeit verstanden, mit ihrer Erstellung unter." [251]

Der Definitionsversuch „Leistung = Ergebnis + Tätigkeit" erscheint sympathisch, weil er versucht den „*gordischen Knoten*" zu lösen und die Begriffsvielfalt auf einen gemeinsamen Nenner zu bringen. In der vorliegenden Fassung ist er jedoch zu wenig ausgereift, um diese „Leistung" erbringen zu können. Die prinzipiell gleichgewichtige Bedeutung von Leistungstätigkeit und Leistungsergebnis sowie deren unabdingbarer Zusammenhang sind hier allerdings als Besonderheit festzuhalten.

Dieser Überblick (s. auch Abb. 2.2) über die Verwendung des Terminus „Leistung" macht deutlich, wie viele verschiedene Tatbestände mit diesem inhaltlich in Verbindung gebracht werden.

---

249 Berekoven 1966, S. 316.
250 Beuck 1976, S. 47. In beiden Kritiken kommt aber ein relatives Leistungsverständnis zum Ausdruck.
251 Engelhardt 1966, S. 160.

Technologisch-orientiertes Verständnis	Tätigkeitsorientiertes Verständnis			Ergebnisorientiertes Verständnis					Umfassendes Verständnis
Leistung = Arbeit pro Zeiteinheit	Leistung = Tätigkeit als Verhalten	Leistung = Tätigkeit als betriebliche Funktion	Leistung = Ergebnis eines Kombinationsprozesses	Leistung = effizienter Kombinationsprozess	Leistung = abgesetzte Güter und Dienste	Leistung = erzielter Wertschöpfungsbeitrag	Leistung = Gegenbegriff zu den Kosten	Leistung = Tätigkeit + Ergebnis

Abb. 2.2: Leistungsbegriffe in der Betriebswirtschaftslehre.

Der Leistungsbegriff erweist sich nicht als einheitliches Phänomen oder als eine Reihe von wenigen strukturähnlichen Phänomenen, die je nach Bereich unterschiedlich differenziert sind, aber sich in ihren Grundzügen soweit ähnlich sind, dass sie als einheitlich gelten können. Die jeweiligen Akzente sind unterschiedlich bedeutsam. Die wichtigsten werden - zusammen mit denen aus anderen Wissenschaftsdisziplinen - im nachfolgenden Kapitel in ihrem Zusammenwirken hinsichtlich der hier im Vordergrund stehenden menschlichen Leistungen in Betrieben hervorgehoben.

C Skizzierung genereller Facetten menschlicher Leistungen
I Problematik der Entwicklung eines Begriffssystems

Welche Termini bzw. Begriffe in einer Fachsprache angewendet werden sollen, gilt v. a. als eine Frage der Zweckmäßigkeit. Im Zusammenhang mit der Leistungsthematik entstehen einige Probleme bei der Entwicklung eines Vorschlags zur terminologischen und begrifflichen Eindeutigkeit. In Betrieben erscheint der Leistungsbegriff zu sehr durch Tradition, vielfältige Verzerrungen und situative Bedingungen geprägt, als dass eine Begriffsbildung in Zukunft zu einer fortwährenden Klarheit oder gar einer einheitlichen Verwendung beitragen könnte. [252] Die Widersprüchlichkeit in den Versuchen, den Leistungsbegriff zu definieren, der Mangel an Eindeutigkeit, das alles ist Ausdruck seiner *Komplexität*. Er ist wegen der Besonderheit seiner Merkmale mit einer gewissen Vorsicht im Rahmen der Be-

---

252 Vgl. in dem hier betrachteten Zusammenhang Schmalenbach 1963, S. 119; Walb 1926, S. 29 ff.

triebswirtschaftslehre zu verwenden. Zu beachten ist jeweils der Kontext, in dem „Leistung" thematisiert wird, weil nur dann eine eindeutige Bezeichnung sinnvoll sein kann.

Um das Phänomen der Leistung zu erfassen, eine Basis für die Behandlung der betriebswirtschaftlichen Problematik zu gewinnen und zur Klärung des hier zu untersuchenden Problems der individuellen Leistungsbeurteilung beizutragen, genügt es nicht, von einer formalen Definition auszugehen. Es erscheint auch wenig sinnvoll, eine Begriffsexplikation mit einem umfassenden allgemeinen Leistungsbegriff als Resultat durchzuführen. Dieser würde entweder allumfassend („Regenschirmdefinition") - und damit inhaltsleer - oder spezifisch auf wenige Aspekte begrenzt - und damit wählerisch, unzutreffend - sein. [253] Er könnte zwar zur wissenschaftlichen Diskussion in Zukunft beitragen, insbesondere dann, wenn er weitreichend akzeptiert würde und spezielle Leistungsbegriffe aus ihm abgeleitet werden könnten. Völlig konsistente Begriffssysteme ließen sich idealerweise aber nur mit einer gleichzeitigen Änderung in den Nachbardisziplinen erreichen. [254] Sein Erkenntniswert wäre dann jedoch begrenzt.

Der Versuch einer Änderung der Alltagsauffassungen von Leistung in Betrieben - so sachlich begründet er auch sein mag - wird allein aus diesem Grunde äußerst schwierig. Statt idealtypische Vorschläge zu machen, empfiehlt sich ein nicht ganz so reformerisches, aktuelle Gegebenheiten berücksichtigendes Verständnis von Leistung, welches lediglich Modifizierungen und Pointierungen dieser Auffassungen beinhaltet. Auf eine Definition und eine Begriffsexplikation i. e. S. wird daher verzichtet. Stattdessen wird im Folgenden die etwas schwächere Form der Definition, die *Begriffserklärung* als angenäherte Diskussion an den Begriff, gewählt. [255] Sie versucht, die Vielzahl der in anderen Zusammenhängen (Kapitel A und B) bereits angesprochenen Facetten bzw. Dimensionen systematisierend zu diskutieren und sie in einen Gesamtzusammenhang einzuordnen. Dies scheint in Anbe-

---

253 Ersteres zeigt sich an der dynamischen Interpretation des Leistungsbegriffs in der Soziologie. Letzteres ist bei empirischen Studien zur Operationalisierung notwendig oder trifft zur Pointierung einzelner Aspekte eines weiten Leistungsverständnisses zu.

254 Eingebürgerte Begriffe wie „Leistungsmotivation", „Leistungsthematische Situation", „Sach- und Dienstleistungen", „Zusatzleistungen", „Leistungsbilanz", „Leistung erfüllungshalber" geben eigentlich Determinanten für jeweils andere Begriffsfassungen vor. Noch schwerwiegender wirkt die umgangssprachliche Verwendung des Leistungsbegriffs sowohl außerhalb wie innerhalb von Betrieben.

255 S. hierzu Glöckner 1963, S. 36 ff., Anhang S. 6; DIN 2330 (1979).

tracht der skizzierten Probleme das zweckmäßigste Vorgehen zu sein. [256] Für die Diskussion der Leistungsbeurteilung ist ein bestimmtes, vorgegebenes Leistungsverständnis auch nicht notwendig. Sie bezieht sich auf jedwede Auffassung von menschlichen Leistungen in Betrieben sofern bestimmte Dimensionen solcher Leistungen berücksichtigt sind. Die nun folgende Diskussion ist deshalb notwendig, um solche Leistungsfacetten zu benennen, die, jeweils im Sinne der Systembetreiber, durch die später zu thematisierenden Leistungsbeurteilungsverfahren zu erfassen sind.

II Facetten der Leistung

Bei näherer Analyse der unterschiedlichen Leistungsverständnisse fällt (fiel) auf, dass häufig unterschiedliche Ebenen einer Leistung angesprochen sind. Unterschiede in der Auseinandersetzung um „die" Leistung bestehen dadurch häufig nicht durch kontroverse Ansichten der Autoren hinsichtlich des Gesamtobjekts Leistung oder einzelner gleicher Teilobjekte der Leistung. Sic sind vielmehr durch die unterschiedliche Orientierung der Aussagen auf jeweils anderen Ebenen begründet. Leistung ist kein monolithisches Erkenntnisobjekt. Es lässt sich in viele *verschiedene Teilerkenntnisobjekte* aufgliedern, welche jede für sich eine andere Leistungsdimension ansprechen. Zusammen konstituieren sie in unterschiedlichen Ausprägungen das jeweilige Leistungsverständnis. Eine nähere Analyse dieser Dimensionen erfolgt nun in diesem Kapitel. [257] Da jedoch nicht immer exakt unterschiedliche Dimensionen differenziert werden können, wird im Folgenden von Facetten des Leistungsbegriffs gesprochen. Diese werden zum besseren Verständnis aus drei unterschiedlichen *Perspektiven* beleuchtet: Zum Ersten stehen die theoretischen Aspekte einer Leistung im Vordergrund, zum Zweiten die Bestandteile einer Leistung und zum Dritten die Bezugsgrößen einer Leistung (s. Abb. 2.3).

---

256 In langfristiger wissenschaftlicher Perspektive ist die Definition eines eindeutigen Begriffs vorzuziehen.
257 Prinzipiell ähnlich bspw. Lenk 1976, S. 61.

Perspektiven	Facetten
Theoretische Aspekte einer Leistung	(1) Leistung als hypothetisches Konstrukt
Bestandteile einer Leistung	(2) Leistungsverhalten und -ergebnis
	(3) Aktions- und Präsentationsleistung
	(4) Leistung und Erfolg
Bezugsgrößen einer Leistung	(5) statische vs. dynamische Leistung
	(6) individuelle vs. kollektive Leistung
	(7) absolute vs. relative Leistung
	(8) aufwands- und ertrags- vs. wettbewerbsbezogene Leistung
	(9) Leistung als Norm und Moral

Abb. 2.3: Perspektiven und Facetten einer Leistung.

Die Diskussion geht von einem prinzipiell weiten Verständnis der individuellen Leistung in Betrieben aus. Einengungen werden jeweils angesprochen und begründet. Hervorgehoben werden soll an dieser Stelle nochmals, dass es *nicht* Ziel dieses Kapitels ist, einen bestimmten Leistungsbegriff zu definieren. [258] Die nachfolgende Diskussion um die Facetten der menschlichen Leistungen in Betrieben hebt *Fragen* hervor, die jeder, der einen spezifischen Leistungsbegriff bilden will, vorab und eindeutig beantworten sollte. Nur dann lässt sich das jeweilige Verständnis nachvollziehen und einer Leistungsbeurteilung zugrunde legen. Die genannten Perspektiven sollen zudem auf qualitative Unterschiede der Diskussion wie der Facetten hinweisen und quasi eine genauere Klassifizierung der Diskussion darstellen. Die Ausführungen zur Beurteilung selbst beziehen sich später auf alle möglichen Leistungsverständnisse in dem hier skizzierten Rahmen. Insofern ist eine quasi normative Definition nicht erforderlich. Außerdem wird dadurch noch stärker verdeutlicht, dass die späteren Teile dieser Arbeit auf viele Auffassungen menschlicher Leistungen zutreffen.

Ad (1): <u>*Leistung als hypothetisches Konstrukt*</u>

Leistung ist ein hypothetisches Konstrukt, d. h. ein letztlich nicht selbst beobachtbares Phänomen mit daher nur indirektem empirischen Bezug. [259] Dies wird

---

258 Eine solche Normierung würde die weitere Themenbearbeitung inhaltlich einengen. Das ist aber weder beabsichtigt noch notwendig.

259 Der Begriff des *Konstrukts* steht für ein Begriffssystem, welches der Erfahrung vorangestellt ist, um konkrete Einzelerscheinungen ableiten, ordnen oder erklären zu können. Es dient insbesondere zur Beschreibung und Erklärung komplexer, nicht direkt erfassbarer

deutlich, da sich Leistung nicht unmittelbar zeigt, sondern allenfalls mittels Kriterien resp. Indikatoren erfasst werden kann. Um ein bestimmtes Leistungsverständnis zu verdeutlichen und zu artikulieren, bedarf es der Operationalisierung mittels solcher Hilfsgrößen. Die jeweils verwendeten Indikatoren beruhen nun auf selektiven Entscheidungen bzw. auf vorab erarbeiteten Hypothesen darüber, wie sich für Beurteiler die Leistung in der Realität inhaltlich wiedergibt bzw. wiedergeben sollte. Nur wenn man sich über diese Aspekte im Klaren ist, besteht überhaupt eine Chance für eine treffende Beurteilung von Leistungen. Nutzt man die Chance der Operationalisierung nicht, so ist der u. U. gewollte unbegrenzte Spielraum zur nachträglichen Bestimmung „der Leistung" gegeben.

Ad (2): *Leistungsergebnis und -verhalten*

Der Leistungsbegriff umfasst bei einer Konkretisierung sehr verschiedenes Handeln bzw. sehr unterschiedliche Ergebnisse dieses Handelns. Ob ein Unternehmer sein Betriebsziel (Gewinn, Existenzsicherung o. a.) durch cinen 16-Stundentag mit vielen Kundenbesuchen, Kontrollgängen, durch Inspirationen bei langen Segeltörns oder durch Gespräche beim Golf erreicht, interessiert vielfach nicht. Bewertet wird der Markterfolg als Leistung. [260] Ob ein angestellter Manager seine Positionsziele durch einen 16-Stundentag oder durch Zeit zur Muße und nachfolgenden guten Ideen erreicht, interessiert schon eher. Letzteres wird nicht akzeptiert bzw. zumindest nicht gerne gesehen. Ein Fließbandarbeiter, der keine Möglichkeiten hat, den Arbeitsprozess zu verändern, erbringt eine „Leistung" in der Genauigkeit, Schnelligkeit und/oder Qualität der Ausführung der einzelnen Arbeitsschritte. Akkordarbeiter zeigen „Leistungen" dadurch, dass sie eine größere Menge an Produkten, als eine Normleistung vorgibt, herstellen. [261] Die Beispiele verweisen be-

---

Phänomene. I. d. R. fasst ein Konstrukt Annahmen über die Zusammenhänge nicht direkt beobachtbarer Erscheinungen und verbindet sie mit möglichen Indikatoren, die es indirekt erfassen lassen bzw. repräsentieren sollen. Die Repräsentativität der Indikatoren zur Wiedergabe des Konstrukts basiert dabei auf Hypothesen, so dass auch von einem hypothetischen Konstrukt gesprochen werden kann.

260 Differenzieren könnte man allerdings noch bezüglich der jeweiligen Höhe des Erfolgs. Reicht ein Gewinn von 12 Mio. € aus, um als Leistung zu gelten, oder müssten es 14 Mio. € sein?

261 Die Frage, welche Hierarchiepositionen höhere Leistungen abverlangen, ist damit nicht angesprochen. Akzeptiert ist tendenziell, was *GEHLEN* (1975, S. 18f.) wie folgt ausdrückt: Arbeiter unterstehen „nicht den Belastungen, die nach oben hin zunehmen, und zu denen keineswegs nur die Arbeitsleistung gehört. Verantwortung zehrt auch, Mißerfolge zehren ... Das ewige Telefonklingeln, das freundliche Gespenst mit dem Terminkalender, die Konferenzen .. Reisen, nicht zuletzt die ... mühsame und heute unent-

reits auf die möglichen und u. U. wesentlichen Leistungsbestandteile „Leistungsergebnis" und „Leistungsverhalten".

Hinsichtlich des Begriffes „*Leistungsergebnis*" besteht bei den betriebswirtschaftlichen Autoren zunächst ein weites, wenn auch meist nicht thematisiertes Verständnis. Die Diskussion um den ergebnisorientierten Leistungsbegriff in der Betriebswirtschaftslehre hat bereits ein breites Spektrum möglicher - engerer - Verständnisse zu diesem Begriff verdeutlicht: Leistungsergebnis i. S. von Wertschöpfungsbeitrag, von abgesetzten Gütern und Diensten, Produktion von Gütern und Diensten, wirtschaftlicher Produktion und bewerteter Güterentstehung. Erweitert man dieses Verständnis von Leistung als - absolute - Ergebnisse des Kombinationsprozesses, dann fällt jede Folgewirkung eines Verhaltens unter den Begriff „Leistungsergebnis", sei es der Gewinn (oder der Verlust), die Rentabilität (ob hoch oder niedrig), die zeitgemäße (oder verspätete) Inbetriebnahme einer neuen Anlage, der Marktanteil (ob gestiegen oder gehalten), die Fluktuationsrate (ob relativ niedriger als X oder durchschnittlich), abgesetzte wie hergestellte Produkte, sofern sie (sach-)zielgemäß geschaffen werden u. v. a. m. [262] Der Terminus „Leistung" erscheint hier prinzipiell zu allgemein und wenig geeignet. [263]

In einem weiten, prinzipiell auch bei der Leistungsbeurteilung anzuwendenden Verständnis der Leistung ist die bereits angesprochene inhaltliche Differenzierung in Leistungsergebnis und Leistungsverhalten notwendig. Der Leistungsbegriff ist ja - so hat sich in der Diskussion gezeigt - v. a. deshalb mehrdeutig, weil mit ihm einmal ein Leistungsergebnis (v. a. vergleichbarer, bewertbarer Erfolg) und einmal ein - zielorientiertes - Tätigwerden [264] im Zeitablauf (Arbeits-/Leistungsverhalten bzw. Arbeitstätigkeit eines Menschen) verstanden wird. [265] Diese Mehrdeutig-

---

behrliche Kontaktleistung mit dem erschöpfenden Nettigkeits-Aufwand .. gar nicht gerechnet die Überfalls-Situationen mit ihren schnellen Entscheidungen - das sind Dauerleistungen ... die nach oben hin sich verdichten."

262 Das Leistungsergebnis ist zudem immer wieder sachliche Voraussetzung für weitere Handlungen. Insofern sind Leistungsbedingungen und auch -voraussetzungen z. T. immer Resultat früherer „Leistungen".

263 Nicht jede der hier genannten und weiter oben näher diskutierten Begriffsverständnisse sollten nach meiner Ansicht dem Terminus Leistung zugeordnet werden. Es sind entsprechende Untertermini/-begriffe zu bilden, die genauer sprachlich aussagen, was gemeint ist. Auf jeden Fall ist im jeweiligem Zusammenhang deutlich auszusprechen, was jeweils unter Leistung verstanden werden soll.

264 Hier wird also lediglich zielorientiertes Verhalten berücksichtigt. Dies kann sich allerdings auch auf unbewusste Beweggründe zurückführen lassen.

265 Diese Differenzierung deutet im Übrigen auf eine bereits angesprochene Schwäche des Leistungsbegriffs hin. Ein Schwäche, die sich in der mangelnden Eindeutigkeit der Beg-

keit macht es notwendig, eindeutig zu differenzieren, damit klarer wird, was jeweils gemeint ist. Für die wissenschaftliche Diskussion wie auch die praktische Arbeit in Betrieben ist jeweils explizit auf das eine, das andere oder beides Bezug zu nehmen.

Jedoch ist nicht jedes (Leistungs-)*Verhalten* von Individuen in Betrieben - unter betriebswirtschaftlicher Perspektive - unter Leistungsthematischen Aspekten zu betrachten. Es sind nur solche Verhaltensweisen einzubeziehen, die zur Annäherung an die betrieblichen Ziele einen mehr oder weniger großen Beitrag leisten (sollen) - zunächst einmal unabhängig davon wie gut oder schlecht dieser Beitrag ist bzw. bewertet wird. [266]

Eine formale Beschreibung der Leistung bzw. ihrer Bestandteile wie bspw. Leistungsergebnis und -verhalten sagt über den besonderen Charakter der Leistungsforderung oder der Leistung und ihrer Bedeutung noch nichts aus. Darüber entscheidet erst ihre *inhaltliche Bestimmung*. Der Leistungsinhalt ist gegeben durch die Art der Aufgabe, der spezifische Leistungsbegriff (gleich ob als Ergebnis oder als Tätigkeit) ist daher ein funktionsabhängiger Begriff. „Leistungen" (auch ihre Bestandteile) sind je nach Arbeitsplatz anders. Sie ergeben sich v. a. aus den besonderen Aufgaben einzelner Positionsinhaber - und eventuell aus deren Qualifikationen, auf jeden Fall aber aus der Sicht des Beurteilers. [267] Nur eine solche differenzierte, konkrete Bestimmung sagt tatsächlich etwas über die Leistung aus: Zum einen stellt sie eine Grundlage für die Anforderungen an die Aufgabenträger dar und zum anderen ergibt sich daraus die Beurteilung über ihre Güte.

Ad (3): *Aktions- und Präsentationsleistung*

Die Unterscheidung in Aktions- und Präsentationsleistung ist gerade im Rahmen der Leistungsbeurteilung von grundlegender Bedeutung. Fasst man Präsentationsleistungen innerbetrieblich als Leistungen auf, werden Intrige, Ausnützung von

---

riffsverwendung ausdrückt. Die Unterscheidung *NICKLISCH*s (1939, Sp. 867) in den Terminus „Leisten" für die Tätigkeit und den Ausdruck „Leistung" für das Ergebnis des Leistungsprozesses hat sich nicht durchgesetzt.

266 Im Grunde ist damit das gesamte Verhalten am Arbeitsplatz angesprochen, mit Ausnahme der zwischenzeitlich rein privaten Zwecken gewidmeten Zeit.

267 Jede Leistungsforderung setzt eine Festlegung voraus. Diese geschieht oft unbewusst und unreflektiert, was die Beurteilung noch problematischer erscheinen lässt.

Beziehungen u. Ä. - als faktisch anerkannte Leistungen - honoriert. [268] Im Gegensatz zur eher sachbezogenen (Aktions-)Leistung fordern Erfolgsnormen ein soziales Verhalten. Wenn es gilt, selbst gefertigte Produkte, die eigene Leistung oder eigene Ideen durchzusetzen, müssen bestimmte soziale Regeln beachtet werden. Die Leistung liegt in diesem Fall in der Qualität der Präsentation, der Beachtung der Regeln bzw. der Entsprechung der Rollenerwartungen. [269] Bei der Unterscheidung geht es im Grunde um verschiedene Leistungsarten und -maßstäbe. Die *„Überbewertung"* der Leistung hat v. a. etwas mit den positionsspezifischen Leistungszielen bzw. den zur Erreichung dieser Ziele zugelassenen Mitteln zu tun: Was bei der einen Positionsrolle nur als Aktionsleistung definiert ist, kann sich bei einer anderen als Präsentationsleistung herausstellen. Was bei einer Positionsrolle lediglich als Präsentationsleistung bezeichnet wird, konstituiert bei einer anderen wiederum die Aktionsleistung. Die Lösung dieses nicht nur sprachlichen Verwirrspiels liegt in der inhaltlichen Bestimmung der jeweiligen Leistungsziele sowie in den spezifischen Rollen.

Eine „Präsentation" ist nicht prinzipiell irrelevant oder zweitrangig. Gerade im Rahmen der betrieblichen Rollenerfüllung gewinnt diese „zweite Leistung" [270], bspw. das Verkaufen eines Produktes, eine zumindest ebenso gewichtige Rolle, wie die Aktionsleistung bspw. der Produktherstellung. Die wirkungsvolle Präsentation entsprechend der geltenden Leistungsnormen konstituiert schließlich selbst eine spezifische „Leistung", je nach Rollendefinition sogar eine Aktionsleistung. [271] Im Extremfall kommt - zumindest kurzfristig - der erfolgreichen Präsentation eines „schlechten" Produkts in der Erfolgsrechnung eine größere Bedeutung zu; sie führt zur Anerkennung des vorgeführten „Images" (eines Produkts, einer Person). [272] Mit dieser Differenzierung ist betriebsexternes Verhalten gegenüber Kunden,

---

268 S. ähnlich auch *SCHETTGEN* (1996, S. 181) in Anlehnung an *NEUBERGER* mit den Bezeichnungen *ertragsorientiertes* und *aufwandsorientiertes Leistungsprinzip.*
269 Die Differenzierung in Aktions- und Präsentationsleistung suggeriert als Ideal die Vorstellung von Leistungstüchtigkeit, welche unberührt wäre von allen nicht in ihr selbst angelegten Momenten. Das ist hier nicht gemeint. Selbst die Aktionsleistung im strengen Sinne beinhaltet immer auch Präsentationselemente.
270 Gebauer 1972, S. 189.
271 Je nach der Weite der jeweiligen Definition kann man das hier angesprochene Problem umgehen. S. auch Wayne/Kacmar 1991, S. 70 ff.
272 Die Adressaten, die dies anerkennen, schließen dabei vom dargestellten Image auf die Identität der Produkte bzw. Darsteller zurück. Die Darstellung selbst (als Quasi-Produkt) gilt als Kriterium der Leistung, d. h. als Indikator für die zugrundeliegende Aktionsleistung. Ähnliches ließe sich aus einer individuellen Perspektive aussagen: Die gute Präsentation einer schlechten Aktionsleistung als etwas „Gutes" ist für die Erreichung positiver Sanktionen meist erfolgsträchtiger als umgekehrt. S. hierzu bspw. auch Gebauer/Braun 2000.

Lieferanten, staatlichen Stellen etc. angesprochen. In diesem Falle zählt die Präsentation zum Rollenelement, die Differenzierung in Leistungs- und Erfolgstüchtigkeit verschwindet. Gerade im betrieblichen Bereich gehört es zu den konstitutiven Rollenmerkmalen, die Produkte eines Betriebs nach außen hin gut zu präsentieren. Es genügt in den seltensten Fällen, lediglich ein gutes Produkt (als Aktionsleistung) anzubieten. Zusätzlich bedarf es als Teilaspekt dieser Aktionsleistung bspw. einer geschickten Marketingstrategie, um das Produkt auch zu verkaufen.

Im individuellen Bereich zählt diese Präsentation bei manchen Positionsrollen also zu den Elementen der Rolle bzw. zu den Bestandteilen der Aktionsleistung (bspw. des Marketingleiters). Die Aussage, dass Mitarbeiter keine Anerkennung verdienen, weil sie keine Aktionsleistung i. e. S. vollbracht haben, wird ziemlich schnell obsolet. Öffentlichkeitsarbeit (Meinungsbeeinflussung, Imagebildung) ist eine ganz bestimmte Leistung, zu der andere Personen nicht unbedingt fähig [273] sind. Insgesamt gesehen verschwindet die Grenze zwischen Aktions- und Präsentationsleistung im nebulösen, zumindest, wenn sie nicht positionsspezifisch betrachtet wird.

Im innerbetrieblichen Kombinations- und Kommunikationsprozess stellt sich die Frage, ob dort eine Präsentation auch, nicht oder nur abgeschwächt als Leistung gelten soll. Präsentationen sind bei den meisten betrieblichen Aufgaben zu erbringen. Sie zählen aber - in betrieblicher Sichtweise - im Regelfall nicht zu den zentralen Elementen der Rollenerwartung wie die Erfüllung von Arbeitsaufgaben. [274] Sie sind in diesem Sinne eher peripheres Element des beruflichen Verhaltens. [275] Eine Präsentationsleistung (= Erfolgstüchtigkeit i. S. ICHHEISERs) verdient von daher nur dann - als Rollenelement - eine positive Sanktion, wenn sie auf einer Aktionsleistung (= Leistungstüchtigkeit) basiert. Sie sollte dabei aber nur durch sozial akzeptierte Handlungen (z. B. Vermarktung) und nicht durch - zumindest offiziell - geächtete Handlungen (Intrigen, Lügen) zu Stande kommen. Ansonsten verliert das postulierte Leistungsprinzip seinen Wert und seine Anerkennung.

---

273 Vgl. Gebauer 1972, S. 188. Fähigkeiten beziehen sich generell auf raum-zeitliche Situationen. Zu einer anderen Zeit, an einem anderen Ort und/oder unter anderen Umständen mag die Qualifikation vorhanden sein.

274 Vgl. auch Gebauer 1972, S. 191; Bohle 1977, S. 20 f.; Offe 1977, S. 94.

275 Aus individueller Sicht mag eine andere Argumentation geführt werden: Manchen Mitarbeitern liegt mehr am Erfolg, d. h. auch an Karriere und Entgelthöhe, als an „tatsächlich guten" Handlung(sergebniss)en.

Es hängt letztlich von den Entscheidungsinstanzen ab, was innerbetrieblich als Leistung gefordert und anerkannt wird. Diese Entscheidung ist nicht unabhängig von ihren Wirkungen zu treffen. Die faktische Bevorzugung des Erfolgs bspw. „um jeden Preis" (Der Zweck heiligt die Mittel!) führt allerdings schließlich zu einer Unterhöhlung bzw. Auflösung des Leistungsprinzips mit möglicherweise fatalen Folgen für den Umgang miteinander. Wenn v. a. die Präsentationsleistung honoriert wird, steht nicht - mehr - das Leistungs-, sondern das Erfolgsprinzip im Vordergrund. Im Rahmen einer sich so konstituierenden Erfolgsgesellschaft erhält die Aktionsleistung eine untergeordnete Rolle zum Nachteil all derjenigen, denen die Möglichkeit fehlt, ihre Persönlichkeit erfolgreich zu präsentieren. Im Außenverhältnis eines Betriebes bzw. „einer" Leistung relativiert sich deren Aussage je nach betrieblicher Zielvorgabe.

Ad (4): *Leistung und Erfolg*

Eine analytische Trennung des Leistungs- und Erfolgsbegriffs empfiehlt sich zumindest dort, wo Leistungsanstrengung bzw. gutes Leistungsverhalten aufgrund anderer Leistungsdeterminanten nicht zu einem angestrebten Leistungsergebnis bzw. Erfolg führen muss *und* nicht die Zielsetzung „Erfolg und sonst zählt nichts" verfolgt wird. Eine solche Trennung erscheint auch aufgrund der etwas weiter unten geführten Diskussion um Leistungs- vs. Erfolgsgesellschaft sowie des Postulats „Leistungsprinzip" zweckmäßig. Die oft in Wissenschaft, Praxis und Sport betonte Gleichsetzung von Leistung und Erfolg begrenzt zudem in vielen Fällen den Leistungsbegriff von vornherein auf das Ergebnis. [276] Eine analytische, umfassende Auseinandersetzung darf sich nicht vorschnell auf dieses - einseitige - komplementäre bzw. substitutionale Verhältnis festlegen. Sie muss vielmehr den vorzufindenden Zusammenhang aufdecken.

Erfolg ist - ebenso wie Leistung - immer etwas Relatives und nie etwas Absolutes. Der *Erfolgsbegriff* bezieht sich auf das erreichte Ergebnis betrieblicher Tätigkeit bzw. des Leistungsverhaltens. Dieses Ergebnis an sich wird noch nicht mit Erfolg gleichgesetzt. Erst die Bewertung dieses Ergebnisses als etwas relativ Zufriedenstellendes, Gutes oder Herausragendes führt zur Bezeichnung des Ergebnisses

---

276 Vielfach wird jedoch die Tätigkeit mit dem Ergebnis untrennbar verbunden, vielleicht nicht im bewussten Umgang, aber zumindest im Gefühl. Die „eigentliche" Leistung ist oft mit dem Erfolgsgefühl verbunden.

als Erfolg. [277] Erfolg bezieht sich - um die Relativität dieses Begriffs noch weiter zu verdeutlichen - nur auf einen konkreten Maßstab. Er ist dabei nicht absolut, auch als nie zu Übertreffendes aufzufassen. [278]

Es ist daher nicht damit getan, nur den Zusammenhang „Erfolg - Leistung" aufzudecken. Sehr eng mit der Konzentration auf den Erfolg bzw. das - gute - Leistungsergebnis verbunden, erscheint die Betonung der Quantitäten dieser Ergebnisse. Nur das, was quantitativ wirklich fassbar ist (unabhängig von deren tatsächlichen Deutungsmöglichkeiten) zählt als akzeptabler Erfolgsindikator bzw. als Erfolg [279] und führt automatisch zur Gleichsetzung von quantitativ erfassbarem Erfolg mit Leistung: „Wegen des Absolutsetzens der *quantitativen* Leistung kann die Befriedigung nur noch pars pro toto erfolgen. Die Leistung wird zum Fetisch." [280] Die herkömmlichen Beurteilungsmethoden sind ein Ausweichen; ein Ausweichen vor dem Sinn der Leistung ins quantitativ Messbare. [281]

Von Bedeutung in der betrieblichen Praxis ist bez. der angesprochenen Termini bzw. Begriffe auch, wie das postulierte und praktizierte Leistungsprinzip real von den eigenen Mitarbeitern empfunden wird. Leistungskonflikte treten nämlich dann auf, wenn die Beteiligten eine Diskrepanz zwischen Anspruch (*Leistung!*) und Realität (*Erfolg!*) wahrnehmen, und zwar unabhängig davon, ob die jeweilige

---

277 Infolgedessen ist in einem *relativen Verständnis* der Begriff Leistungsergebnis nur für den Erfolg angemessen. In einem *absoluten Sinne* ist das Leistungsergebnis ein Mengenbegriff ohne wertende Komponente. (Die notwendige Bewertung zur Ermittlung eines Unternehmungsgewinns ist hier vernachlässigt, weil sie auf einer anderen Ebene stattfindet. Wird sie einbezogen, ist im Grunde überhaupt kein Mengenbegriff, zumindest nicht in finanziellen Größen für das Leistungsergebnis möglich.) Der Ausdruck „erfolgreiches Leistungsverhalten" bezieht sich nur auf die nachfolgenden Ergebnisse, nicht auf sich selbst.

278 Erläutern lässt sich das an zwei Beispielen aus Betrieben: Zum einen gibt es so gut wie keine Position, von der zugegeben wird, dass die Inhaber einen nicht mehr zu überbietenden „Erfolg" erreicht haben und sich folglich keine Mühe mehr zu geben brauchen. Es gibt in jedem Fall noch eine Stufe darüber hinaus. Zum anderen wird bspw. auf jeder Hierarchieebene häufig das, was unter Erfolg oder Misserfolg zu verstehen ist, ganz anders gesehen (und zugeordnet).

279 *MITSCHERLICH* (1973, S. 369 f.) spricht sogar von einem „Kult der quantifizierbaren Leistung", einem Kult der der Ersatzbefriedigung für fehlende Selbstverwirklichung und Sinngebung dient.

280 Mitscherlich 1973, S. 368.

281 *AMERY* (1978, S. 125) gibt ein Beispiel eines Verkaufsleiters wieder, der die Wünsche von Konstrukteuren und Designern bezüglich Haltbarkeit und zeitlosem Design bekämpft, um einen stetig hohen Umsatz zu erzielen. Seine „Leistung" geht dabei auf Kosten der möglichen „Leistung" der anderen. Was ist dabei eigentlich noch Leistung?

Wahrnehmung der realen Situation entspricht oder nicht. Solche Konflikte, die aufgrund des eventuell zwar postulierten, tatsächlich - wegen der strikten Erfolgsorientierung - aber kaum praktizierten Leistungsprinzips bei den Mitarbeitern entstehen, gilt es zu verhindern; nicht nur allein wegen der dahinterstehenden sozialen Zielsetzung, sondern auch weil die Motivation der gesamten Belegschaft wahrscheinlich negativ beeinflusst wird: Wenn schon Leistungsprinzip, dann muss es auch praktiziert werden, dann muss auch klar sein, was darunter zu verstehen ist (eventuell auch ein Erfolgsprinzip). Was heimtückisch, letztendlich für die Energie eines Betriebes unterminierend wirkt, ist die Überbesetzung mit *Leistungssymbolen* bis zu einem Punkt, an dem Personen ihre Empfindung für intrinsische Belohnungen verlieren. [282] Ein Ausweg wäre schon mit der klaren Konzentration der Sprache auf „Erfolg" und „Erfolgsprinzip" eingeschlagen.

Ad (5): <u>Statische vs. dynamische Leistung</u>

In Betrieben wird i. Allg. faktisch von einer statischen Auffassung des Leistungsbegriffs ausgegangen. Positionsziele werden zu Beginn einer Periode explizit oder implizit gesetzt. Sie gilt es zu erfüllen. Darüber hinaus bestehen bestimmte Normen bezüglich des akzeptablen Verhaltens sowohl im unmittelbar aufgabenbezogenen als auch im mehr zwischenmenschlichen Bereich. Sofern jemand die Positionsziele nicht erreicht bzw. sich entgegen akzeptierter Verhaltensnormen verhält, wird das Ergebnis bzw. das Verhalten nicht als Leistung beurteilt. Die Anpassung an Ziele und Normen fehlt. Je höher die Anpassung bzw. die Erfüllung der Rollenerwartungen („einer Spur folgen") ist, desto höher wird die Leistung eingeschätzt.

Mit einer solchen statischen Auffassung kommen jedoch - wie weiter vorne dargelegt wurde [283] - dynamische Aspekte zu kurz. Im statischen Verständnis ist der *innovationsfeindliche Gedanke* implizit. Neue Gedanken und Verhaltensweisen, initiiert durch neuartige Problemstellungen oder unkonventionelle Mitarbeiter, werden, unabhängig von ihrer Güte, in diesem Sinne nicht honoriert. Sie setzen sich

---

282 Eltern, die ihre Kinder für gute Schulnoten bezahlen, betonen das Endresultat. Sie lehren ihrem Kind, dass Befriedigung nicht allein durch die Nutzung eigener Fähigkeiten entsteht und dass die Leistungs-Belohnung wichtiger als die Leistung selbst ist. Keiner von uns kann sich dem Einfluss und der Wirkung extrinsischer Belohnungen entziehen: Wir erwarten die Billigung und den Beifall anderer für unser gutes Verhalten, wie erwarten Gehaltssteigerungen für gute Arbeitsleistungen. Der erfolgreiche Verkäufer wird Gebietsleiter, der erfolgreiche Forscher Professor und ein erfolgreicher Manager wird Geschäftsführer usw.

283 S. Teil 2 A III 3 dieser Arbeit.

allenfalls erst im Zeitablauf, quasi über die Erfolge als neue Rolleninhalte durch. Ausgehend von einem statischen Verständnis mit definierten Zielen und Rollen kann (sofern man will) Schlussfolgerung in diesem Zusammenhang nur sein, auch dynamische Aspekte zuzulassen bzw. sie zumindest gründlich im Rahmen der Beurteilung zu hinterfragen. Nur so ist problemadäquates Verhalten, Innovation und eventuell notwendige Systemveränderung zu erfassen. Dies im Leistungsverständnis nicht zu berücksichtigen, heißt fehlende Förderung der Innovation und teilweise negatives Sanktionieren hoher Leistungen (i. S. von Input).

Ad (6): *Individuelle vs. kollektive Leistung*

Eine weitere Facette betont die Differenzierung in „kollektive Leistung" und „individuelle Leistung". Dem Leistungsprinzip zugrunde liegt vornehmlich die individuelle Leistung. In den heutigen komplexen Arbeitswelten fällt es aber zunehmend schwerer, den individuellen Beitrag zur Zielerreichung zu erfassen. Zu viele Determinanten und deren Wirkungen wären zu berücksichtigen, als dass hinreichend sichere Angaben darüber möglich wären. Hinzu kommt, dass viele Arbeitstätigkeiten im Verbund, d. h. mit anderen zusammen, erbracht werden. Oft lassen sich nur für solche Kollektivleistungen nachfolgend auch Ergebnisse feststellen, die den individuellen Leistungen via Gruppe - wenn auch mangelhaft - zugeordnet werden können. Die „Leistung" eines Mitarbeiters ist auch entscheidend von den jeweiligen Vorgesetzten determiniert; diese bestimmen vielfach Aufgabenzuteilung sowie die Verteilung von Zeit-, Geld-, Personal- und Sachressourcen. Der Einzelne ist damit automatisch auch von den Leistungen und den folgenden Sanktionen Anderer abhängig. Seine eigene Leistung wird dadurch relativiert. [284] Allein von daher bedarf das Leistungsprinzip in Betrieben einer inhaltlichen Veränderung. Es müsste individuelle und kollektive Aspekte mit berücksichtigen.

RÜBLING spricht Ähnliches an: „Innerhalb der neuen Produktions- und Betriebsformen hatte für die Lohnabhängigen der dem Leistungsprinzip zugrunde liegende individuelle Leistungsbegriff keine Gültigkeit. Die Leistung, die .. als 'kollektive

---

284 *AMERY* (1978, S. 125) führt das Beispiel eines Ski-Rennläufers an. Ist sein Sieg nicht eigentlich eine Kollektivleistung von Konstrukteuren, Ärzten, Trainern u. a., bei der alles auf ein isoliertes Ergebnis (die möglichst hohe Geschwindigkeit eines Ensembles aus Skiern, Textilien, Kunststoff und organisiertem Eiweiß) ausgerichtet ist? Er schlussfolgert daraus, dass die Art wie Leistung gemessen wird das Gesamtbild ihres Entstehens verfälscht. Werden Individuen durch den Druck jeweils geltender Normen auf eine isolierte Leistung hin gedrängt, so werden zudem ihre tatsächlichen Möglichkeiten und Motive geprägt.

Leistung' bezeichnet wurde, war ausschließlich am Ertrag, d. h. an der Arbeitsmenge orientiert. Die erforderlichen Leistungsvoraussetzungen waren nicht Risikobereitschaft, Kreativität und Selbstbestimmung, sondern Gehorsam, Disziplin und Fleiß." [285] Die individuelle Leistung zählt nur im Hinblick auf die Unternehmer. Insofern hat der dem Leistungsprinzip zugrunde liegende Leistungsbegriff einen ambivalenten Charakter.

Ad (7): *Absolute vs. relative Leistung*

Ist Leistung etwas Absolutes oder etwas Relatives? Muss etwas besser oder zumindest von gleicher Qualität sein und einem Vergleichsmaßstab genügen, um als Leistung zu gelten? [286] Um die Antworten vorwegzunehmen: Leistung ist in den meisten Zusammenhängen nur eine relative Größe. [287] Dabei sind es verschiedene Komponenten und/oder Ebenen der Relativität, die in verschiedenen Zusammenhängen zum Tragen kommen. (Betriebliche) Leistungen sind relativ, weil

- *Individuen bestimmen, was Leistung ist* (Die Verwendung des Leistungsterminus basiert immer auf selektiven Entscheidungen. Was als Leistung gilt, hängt davon ab, was die maßgeblichen Entscheidungsträger des Bezugssystems als Leistung bezeichnen und anerkennen.),
- *jeweils spezifische Bedingungen für den Kombinationsprozess gelten* (Die Leistungen hängen direkt von einer Vielzahl von „objektiven" Bedingungen ab, also von den sie determinierenden Umwelt-/Leistungsbedingungen. Ergebnisse betrieblicher Tätigkeiten wie auch Verhaltensweisen sind immer in Bezug zu diesen Determinanten zu sehen: Einmal ist es aufgrund externer Bedingungen „einfacher" bestimmte „Leistungen" zu erbringen, ein anderes Mal schwieriger.),
- *individuell unterschiedliche, auch raum-/zeitbedingte Leistungsvoraussetzungen vorhanden sind* (Auch die individuellen Leistungsvoraussetzungen [= zeit- und arbeitsplatzbezogene Qualifikationen] können eine relative Bezugsgröße für Leistungen sein. Was für die Einen eine leicht durchzuführende Tä-

---

285 Rübling 1988, S. 17.
286 Die hier zu Tage kommende „Wettbewerbsperspektive" ist spezifischer zu verstehen, als die weiter unten diskutierte. Der hier angesprochene Vergleich bezieht sich u. a. auch auf eigene, vergangene Leistungen als Bezugsgröße.
287 Damit ist zunächst nichts gegen die Möglichkeit gesagt, unter Leistung einen absoluten Mengenbegriff zu verstehen. Ob in diesem Zusammenhang der Terminus aber sinnvoll ist, wird bezweifelt. Zudem wird sich Im Folgenden zeigen, dass selbst vorgeblich absolute Begriffe relativen Charakter haben.

2. Teil: Der „schillernde" Leistungsbegriff

tigkeit bzw. ein leicht zu erreichendes Ergebnis darstellt, ist für Andere gar nicht oder nur mit großer Anstrengung erreichbar. [288]),
- *sie in Beziehung zu anderen Leistungen gesehen werden* (Das Problem wird bspw. in den folgenden Fragen zur Bedeutung des Leistungsprinzips pointiert: Bedeutet das Leistungsprinzip nun: „Wer mehr leistet, bekommt mehr!" oder: „Wer mehr leistet als andere, bekommt mehr als andere!"? [289]),
- *sie zu unterschiedlichen Zeiten anders gesehen werden* (Erschwert wird „das" Verständnis von Leistung auch durch die jeweilige Zeitperspektive. Was kurzfristig erfolgreich ist bzw. als erfolgreich angesehen wird, braucht dies auf lange Sicht keineswegs zu sein. [290]),
- *sie je nach Dauer ihrer Erbringung unterschiedlich ausfallen* (Bei jeder Kritik des Leistungsprinzips müssen auch kurz- und langfristige Zeiträume beachtet werden, über die hinweg Leistung erbracht wird. Dauerleistungen sind ungleich kurzer Anstrengungen.),
- *sie nicht immer komplementären Charakter haben* (Eine „Leistung", die in einem Betrieb als ein besonderer Erfolg bezeichnet wird, gilt in einem anderen als Durchschnitt. Was für eine Position oder für eine Division als Leistung gilt, ist möglicherweise gesamtbetrieblich eher ein Leistungshemmnis. Ebenso summieren sich einzelne Leistungen innerhalb eines Betriebs nicht problemlos zu einer Gesamtleistung eines Betriebs. Das hängt bspw. davon

---

288 Gerade in der *Pädagogik* sind die Schüler entsprechend ihren Fähigkeiten zu entwickeln und zu loben (positiv zu sanktionieren). Hochqualifizierte Schüler werden vor anspruchsvolle Aufgaben gestellt und für ihre „Leistung", d. h. die Lösung dieser Aufgaben, positiv sanktioniert. Weniger qualifizierte Schüler sind mit Aufgaben zu konfrontieren, die ihrer „Leistungsfähigkeit" entsprechen. Deren Lösung stellt für diese Schüler individuell eine auch positiv zu sanktionierende „Leistung" dar. Für andere Schüler mag es eine leicht zu lösende gewesen sein. Für das individuelle Leistungserleben sind es „wirkliche" Leistungen. Diese Gedanken sind leicht für Betriebe umsetzbar, wahrscheinlich ebenso, wie die Unmöglichkeit der praktischen Umsetzung solcher Anforderungen in Schule wie Betrieb.

289 Konstruiert sei ein Beispiel, wo in einem Betrieb alle Arbeitnehmer ihre Leistungen im gleichen Maße erhöht haben. Erhalten sie nun eine adäquate Sanktion? Im ersten Fall wäre es wohl ein Anteil an der erhöhten Produktivität, im zweiten Fall dagegen gleich Null! Man wird auch beobachten können, dass personalwirtschaftliche Tätigkeiten bspw. zur Humanisierung der Arbeitswelt oft zunächst kurzfristige „Hawthorne-Effekte" erbringen, mittelfristig Rückschläge zur Folge haben, langfristig jedoch zur motivationalen Entfaltung der Individuen beitragen können.

290 Innovative Unternehmer und Forscher nehmen an und hoffen, dass früher oder später ihre Produkte als wertvoll anerkannt werden. Bis dahin ist ihr Schaffen „Arbeit" und - wenn sich ihre Innovation tatsächlich als wertvoll für andere erweist - auch eine Leistung!? Oder ist die „Arbeit" bereits gleich eine Leistung? Diese Argumente ließen sich auch umdrehen: Was zu früheren Zeiten als besondere Leistung galt, ist heute bereits einfach zu erreichender Standard.

ab, ob man den Vollzug der Arbeitsleistung aus technischer, wirtschaftlicher oder sozialer bzw. globaler oder spezieller Sicht betrachtet. [291]),

- *sie unterschiedlich wichtig zur betrieblichen Zielerreichung sind* (In Betrieben sind einzelne Teilleistungen für das Erreichen des Gesamtziels ungleich wichtiger als andere. Unter gewissen Bedingungen könnte auf - hervorragende Leistungen der - Marktforschung, Werbung, Personalentwicklung, Produktionskontrolle u. Ä. nicht aber auf die - mäßigen - Koordinations- und Produktionsleistungen verzichtet werden. Dies begründet u. a. die Machtstellung einzelner Unternehmungsteile.),
- *sie nicht objektiv erfassbar sind* (Alle Versuche menschliche Leistung objektiv zu messen, sind daran gescheitert, dass es keinen Leistungsbegriff geben kann, der nicht auf einem - notgedrungen subjektiven - Werturteil beruht. Allein von daher ist auch ein absoluter Leistungsbegriff sprachlich irreführend.) und
- *sie wirtschaftlich erbracht werden* (Die Relativität kommt besonders dann zum Ausdruck, wenn eine ökonomische Leistung erbracht wird bzw. werden soll; ökonomischer im Vergleich zum Vorjahr, zu anderen, zum Standard.).

Aus diesen Fragen und der vorhergehenden Diskussion wird Folgendes deutlich: „Leistung" (sowohl als Ergebnis als auch als Verhalten) ist tatsächlich in vielen Zusammenhängen *etwas Relatives*. Aber stimmt dies generell im Hinblick auf die Verwendung des Begriffs in der wissenschaftlichen Diskussion wirklich? Ist eine Sach- oder Dienstleistung etwas Relatives, oder sind es die Leistungen, die in die volkswirtschaftliche Leistungsbilanz oder die betriebliche Erfolgsrechnung eingehen, oder ist es die Leistung, die ein Schuldner zur Tilgung einer Schuld erbringt? Wohl kaum! Dies sind in ihrer Bedeutung absolute Begriffe: Ein Produkt, sei es auch noch so unwirtschaftlich, unzweckmäßig und schließlich in schlechter Qualität hergestellt, gilt sprachlich als Sachleistung, es erhöht - zumindest sofern abgesetzt - die Leistungsbilanz und die Einnahmen, oder es gilt - sofern die Vertragsbedingungen erfüllt werden - als Tilgungs-„Leistung"! Nur bei der relativen Verwendung wird Leistung in dem Sinne verwendet, dass etwas Besonderes vollbracht wurde. Der absolute Leistungsbegriff sagt rein gar nichts darüber aus, er ist - zumindest in diesem Sinne - zweckfrei.

Wer - außerhalb des Rechnungswesens - den Fachausdruck „Leistung" verwendet, will damit klarstellen, dass eine Tätigkeit (evtl. unter Berücksichtigung aller Um-

---

291 Der einzelne betriebliche Leistungsbeitrag kann zudem unter gesamtgesellschaftlicher Betrachtung negative externe Effekte (z. B. Umweltverschmutzungen) zur Folge haben, so dass von daher nicht von einer Leistung gesprochen würde.

stände) relativ angemessen durchgeführt oder wie verlangt ausgeführt wurde bzw. dass das Ergebnis die Beurteilenden zufrieden stellt. Oft wird darüber hinaus versucht auszudrücken, dass mit Leistung eine Tätigkeit bzw. ein Ergebnis gemeint ist, das relativ als etwas Hervorragendes bezeichnet werden kann. In allen Fällen ist eine Wertung mit der Verwendung des Begriffs verbunden. [292]

Um ein zweifelsfreies Begriffssystem zu entwickeln, bedarf es entweder der Grundsatzentscheidung, für welche begriffliche Richtung man sich entscheidet, für die absolute oder die relative, oder man definiert einen allgemeinen Leistungsbegriff, dessen spezielle Begriffe der relativen und absoluten Leistung daraus abgeleitet sind. Von der sprachlichen Logik her sind die Inhalte des relativen und des absoluten Leistungsbegriffs allerdings insofern zu unterschiedlich, als dass sie sich unter einem unmittelbar übergeordneten allgemeineren Begriff (= „Leistung") subsumieren ließen. Sie drücken - zumindest in ihren Extremen (ökonomische Leistungserbringung vs. durchgeführter Veränderungsschritt im Kombinationsprozess bzw. Leistung als sachgemäße Aufgabenerfüllung vs. Leistung als Erstellung von Produkten) - zu Unterschiedliches aus, als dass eine so nahe Verbindung gerechtfertigt wäre. [293] Im Grunde müsste die Relativität konstituierendes Merkmal des Leistungsbegriffs sein, so dass zum einen das Adjektiv „relativ" überflüssig wäre und zum anderen ein anderer Terminus für die absolute Leistung notwendig würde. [294] Um zweifelsfreie Aussagen in der wissenschaftlichen Terminologie zu ermöglichen, wäre der absolute Begriff der Leistung in der Diskussion zu meiden.

---

292 Dass die betriebswirtschaftliche Literatur „Leistung" vorzugsweise als das Ergebnis betrieblicher Tätigkeit auffasst, ist für den Bereich des Rechnungswesens vom Sinn (nicht jedoch von den Termini) her gerechtfertigt. Für diejenigen, die die Leistung an sich in ihrem Zustandekommen und ihrer Bedeutung erkennen wollen, greift diese Beschränkung zu kurz. Leistung ist dann sogar in erster Linie als Tätigkeit zu betrachten. S. auch Beste 1944, S. 16 f.

293 Auch das Ergebnis einer Arbeit, bei der bewusst oder unbewusst, gewollt oder ungewollt Ressourcen vergeudet werden, ist, wenn man ein absolutes Verständnis vertritt, prinzipiell eine - unbewertete - Leistung, wenn auch - im relativen Sinne - eine geringe, unwirtschaftliche oder unrationelle. Die bestmögliche Realisierung des ökonomischen Prinzips gehört - normativ betrachtet - also zu dem Begriff der Leistung: Je wirtschaftlicher bzw. rationeller gearbeitet wird, desto höher ist die Leistung.

294 Hier ist automatisch auch das Problem angesprochen, ob der Terminus Leistungsergebnis so „leichtsinnig" angewendet werden dürfte, wie es selbst in dieser Arbeit sich manchmal nicht vermeiden lässt. Kann man von Leistungsergebnis sprechen, wenn Mitarbeiter trotz hervorragender Bedingungen aufgrund eigener Unlust oder Unvermögens bei weitem die realistischen Ziele nicht erreicht haben?

Die Diskussion um den relativen und den absoluten Leistungsbegriff hängt eng mit der v. a. in der Kosten- und Leistungsrechnung vorgenommenen Differenzierung in *Wert-/Mengenbegriff* zusammen. Leistungen - quasi unbewertet - als Mengengrößen auszudrücken, erscheint hinsichtlich der geführten Diskussion um die Relativität des Leistungsbegriffs unzweckmäßig. Absolute Mengenangaben als inhaltlicher Ausdruck für Leistungen sind so entfernt vom Sprachgefühl, dass sich ihre Verwendung eigentlich verbietet. In konsistenten spezifischen Begriffssystemen mag ein solcher Mengenbegriff passen, im hier diskutierten Gesamtzusammenhang empfiehlt sich aber ein anderer, oder ein spezifischerer Ausdruck (z. B. quantitatives Leistungsergebnis oder Handlungsergebnis). Ähnliches lässt sich von Leistung als Wertbegriff konstatieren. Die Bewertung wird in diesem Verständnis zumeist mit Geldwerten vorgenommen. Damit findet nur eine Transformation der Menge in rechenbare und vergleichbare Größen statt. Auch hier wäre ein anderer Terminus zweckmäßig (z. B. bewertetes Leistungsergebnis oder Wertzuwachs). [295] In einem weiteren Sinne ließe sich ein Wertbegriff auch als allgemein bewertete Leistung verstehen, damit würde der relative Sinn wieder betont. I. Allg. erfolgt eine solche Deutung jedoch nicht.

Beim Verständnis dessen, was unter Leistung als relativer Begriff gemeint wird, bedarf es implizit oder explizit *Bezugsgrößen*, um anhand dieser Vergleichsmaßstäbe „Leistungen" beurteilen zu können. Diese Bezugsgrößen können Leistungen derselben Person, Unternehmung, Volkswirtschaft in der Vergangenheit, Leistungen von anderen Individuen und Bezugsgruppen in der Vergangenheit und Gegenwart sowie Leistungsziele, -standards und -vorgaben für einen bestimmten Zeitraum sein. Leistung gilt in diesem Sinne immer nur in einer Beziehung zu anderem. Zu dem Problem was Leistung eigentlich ist, kommt also noch die Frage, welche Bezugsgröße bzw. Relation eigentlich die treffende ist. Da sich auch hier keine eindeutige Antwort ergeben kann, wird das nächste Problem sichtbar: Wer bestimmt, welche Relation und welcher Inhalt maßgebend sein sollte? Hier wird der politische Prozess der Bestimmung dessen, was als Leistung gilt, deutlich - und somit eine weitere relative Komponente.

---

295 Dieses Problem sah schon früh *SCHMALENBACH*, als er lange zögerte den Leistungsbegriff in seine Terminologie einzubauen. Selbst unabhängig vom üblichen Begriffssystem der Kosten- und Leistungsrechnung fällt es schwer, einen anderen, angemesseneren Terminus für „Leistung" zu finden. Da zur Erreichung des Haupterkenntniszieles dieser Arbeit dieses „Leistungsverständnis" aber nicht weiter von Belang ist, sondern individuelle Leistungen im Vordergrund stehen, wird auf diese Problematik nicht weiter eingegangen.

Ad (8): *Aufwands- und ertrags- vs. wettbewerbsbezogene Leistung*

Der jeweilige Ausgangspunkt des Leistungsverständnisses ist ebenfalls von Bedeutung. Als Leistung wird einmal - bspw. bei Arbeitern - der Arbeitseinsatz (eingesetzte körperliche und geistige Fähigkeiten sowie faktische Anforderungen und Belastungen durch die Arbeitsbedingungen und -aufgaben) bezeichnet. Ein anderes Mal ist das Ergebnis - bspw. für Unternehmer der Gewinn - des Einsatzes entweder absolut oder relativ das definitorische Merkmal des Leistungsbegriffs. Es existieren somit zumindest drei voneinander unterschiedliche *Sichtweisen*, die aber meist undifferenziert und v. a. gleichwertig nebeneinander Verwendung finden.

Jede Leistung kann - in einem weiten, offenen Verständnis - unter einer Aufwandsperspektive (Leistung als individuelle Anstrengung, als individueller Einsatz oder als individuelle Nutzung von Befähigungen), einer Ertragsperspektive (Leistung als Markterfolg, als Erstellung von Produkten oder als Aufgabenbewältigung) und einer Wettbewerbsperspektive (Leistung als Markterfolg oder als Überbietung anderer) oder gar unter allen drei Perspektiven mehr oder weniger gleichzeitig betrachtet bzw. definiert werden (s. auch Abb. 2.4): [296]

- In ersterem Falle gilt v. a. ein anstrengungszentrierter Leistungsbegriff. [297] Die *Aufwandsperspektive* pointiert die Anstrengung, die jemand bei seinem Verhalten aufbringt, den individuellen Aufwand (hinsichtlich Anstrengung und Tätigkeitseinsatz). Das jeweilige Leistungsverhalten und der dafür notwendige individuelle Input unter Berücksichtigung der jeweiligen zeitbedingten Qualifikation und nicht das Ergebnis des Verhaltens stehen dabei im Vordergrund.

- Im zweiten Fall ist ein ziel-/ergebnisorientierter Leistungsbegriff und damit das Leistungsergebnis von Leistungsverhalten angesprochen. Unter einer *Ertragsperspektive* interessiert, was ein Verhalten zur Annäherung an ein Ziel erbringt, welcher Ertrag erzielt wird. Hier zählt im Endeffekt lediglich der Erfolg des Verhaltens. [298]

---

296 In Anlehnung an Bolte 1979, S. 24 ff.; Offe 1977, S. 47 f.

297 *HECKHAUSENs* Leistungsbegriff ist ein Beispiel hierfür. Die aufgabenbezogenen Handlungen müssen prinzipiell für ein Individuum durchführbar sein. Sie müssen sich beurteilen lassen, einen gewissen individuellen Schwierigkeitsgrad haben, beabsichtigt sein und im Einflussbereich des Individuums liegen. Die Unterscheidung in fähigkeits- und anstrengungszentrierte Leistung drückt unterschiedliche Aspekte der Leistungserbringung aus. S. auch Teil 2 A III 4 dieser Arbeit.

298 ... ein Erfolg, der sich bspw. im Absatz der Produkte zeigt. Dieser Leistungsbegriff ist *teleologischer Natur*. Dadurch werden alle Mittelverzehre, die zur Realisierung des Betriebszwecks in Kauf genommen werden müssen, erfasst - und nichts anderes!

- Auch im dritten Fall zählt vornehmlich der Erfolg, den man unter Berücksichtigung bestimmter Regeln am Markt bzw. gegenüber Konkurrenten erzielt, quasi als siegzentrierter Leistungsbegriff. Der Vergleich zum Verhalten und den Ergebnissen anderer wird bei der *Wettbewerbsperspektive* vorgenommen. Mehr oder weniger tun und erreichen bedeutet hierbei mehr oder weniger leisten. Leistung wird in diesem Fall weder an der individuellen Anstrengung noch am individuellen Beitrag zur Zielerreichung bemessen.

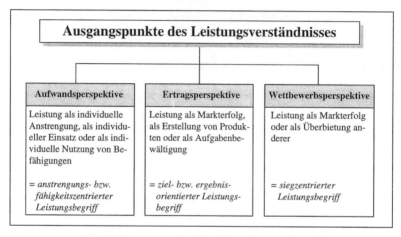

Abb. 2.4: Ausgangspunkte des Leistungsverständnisses.

Der Betrachter und Beurteiler hat, um Leistungen feststellen zu können, nun diese drei Perspektiven zur Auswahl, die jede für sich, zu unterschiedlichen Ergebnissen führen kann. [299] Eine ausschließliche Verwendung des einen oder des anderen Verständnisses hat u. U. schwerwiegende Konsequenzen im Betrieb zur Folge.

Der *anstrengungs- und der fähigkeitszentrierte Leistungsbegriff* (Aufwandsperspektive) ist zu sehr auf die Qualifikation (also auf die Ausprägungen von Fähigkeits- und Motivationspotenzialen) eines einzelnen Mitarbeiters bezogen: Zum einen wäre der Erfassungsaufwand sehr groß. Zum anderen würden schwer zu verstehende Entscheidungen getroffen und leicht als Ungleichbehandlungen empfun-

---

299 Ihre Auswahl liegt im Einflussbereich der Entscheidungsträger und sollte sich an den beurteilbaren Kriterien orientieren. Je nach dem, was feststellbar ist und zur Unterscheidung dient, ist/sind die mögliche(n) Perspektive(n) auszuwählen. Es ist bspw. gerade in einem hoch arbeitsteiligen Betrieb nicht möglich, die Arbeitsergebnisse einzelner Arbeitnehmer eindeutig zuzurechnen. Daher begnügt man sich mit dem Arbeitsaufwand als Leistungsbestimmung.

den. Höher qualifizierte Mitarbeiter erhielten hohe Leistungsergebnisse weniger hoch angerechnet, als geringer qualifizierte Mitarbeiter ihre im Vergleich niedrigeren Leistungsergebnisse, die sie aber unter besserer Ausnutzung ihrer individuellen Leistungskapazität erreicht haben (Leistung als Nutzung von Befähigung). [300] Leistungsbezogene Entgelte auf dieser Basis wären nicht durchführbar und ungerecht - sofern man unterschiedliche Leistungsvoraussetzungen bzw. Qualifikationen der Mitarbeiter als unvermeidbare Determinanten akzeptiert. Karriereentscheidungen ließen sich keineswegs auf dieser Basis treffen. Zum Dritten hat die Anstrengung bzw. der Aufwand oft nicht unmittelbar etwas mit Leistung zu tun. [301]

Da eine vollkommen gleiche Leistungsfähigkeit, selbst bei der Verwirklichung einer Startgerechtigkeit, aufgrund biologischer Unterschiede und ungleicher Zufälligkeiten im Lebenslauf nicht erreicht werden kann, wird bei der Anwendung von Erfolgsmaßstäben derjenige schlechter behandelt, der die gleiche Leistung nur mit größerer Mühe erbringt bzw. mit gleicher Anstrengung nur einen geringeren Erfolg bewirkt. [302] Für Betriebe stellen sich die Fragen: Sind die individuellen Leistungsvoraussetzungen - explizit wie implizit - jeweils bei Leistungsbeurteilungen

---

300 Ein Individuum, welches sich hinsichtlich der Erreichung bestimmter Ziele und des von ihm gezeigten Verhaltens Leistungsfähiger zeigt als andere, muss nämlich keineswegs dasjenige sein, das dabei die größte individuelle Anstrengung erbracht hat. Geht man vom Leistungsfähigkeitsprinzip der Finanzwirtschaft aus, so müsste allerdings der höherqualifizierte überproportional „leisten". Individuen mit hoher Leistungsdisposition sind bei alledem keineswegs schlicht als „fleißig" zu charakterisieren. Sie arbeiten nur dann hart, wenn persönliche Leistung im Spiel ist, oder - genauer - wenn die Möglichkeit besteht, dass durch persönliche Anstrengung das Ergebnis beeinflusst werden kann. S. McClelland 1966, S. 217 ff.

301 Die in Betrieben vielfach zu beobachtende lange Arbeitszeit ist, sofern allein das als Leistung zählt, in Frage zu stellen. Hiermit sind bspw. das lange Anwesendsein im Büro gemeint, die 10-/12-stündigen Arbeitstage, um Aktivität und Einsatz zu zeigen. Diese „Tätigkeiten" lassen keine Zeit zum Nachdenken, keine Zeit zu strategischen Überlegungen. Hektik und kurzfristiges Handeln bleiben so vorherrschend: „Mische Tun mit Nicht-Tun ..., lautet eine zuverlässige Faustregel. Das gilt auch im Umkehrschluß - der Versuch, Muße aus dem Berufsleben zu eliminieren ..., ist eine wirksame Maßnahme zur Förderung des alltäglichen Irrsinns ... Was heute aus der wilden Entschlossenheit, sich nicht unterkriegen zu lassen, an Leistungsdruck akzeptiert wird, produziert Karikaturen von Leistungen, durch welche die Gefahren ... nicht bewältigt, sondern potenziert werden." Jaeger-Weise 1987, S. 66 f.

302 Eine solche Aussage gilt nur bei der Verwendung eines anstrengungszentrierten Leistungsbegriffs. Sie hätte zur Folge, dass derjenige, der sich mehr anstrengt auch bei gleichem Leistungsergebnis eine höhere Belohnung erhalten müsste, als derjenige, der sich geringer angestrengt hat.

(bspw. als „Handicaps") miteinzubeziehen? Und gilt „Leistung" nur relativ zu individuellen Leistungsvoraussetzungen? [303]

Die Aufwandsperspektive hat jedoch einen potenziell höheren Motivationseffekt für jeden Mitarbeiter zur Folge. Mit ihr wird ein ganz persönlicher, auf das zweifellos individuell verschiedene Leistungspotenzial [304] bezogener Leistungsmaßstab angelegt, der ein besseres individuelles Feedback auch für zukünftige Förderung gewährleistet. Als weiteres Argument kommt noch hinzu, dass - selbst hochqualifizierte - Mitarbeiter bei bestmöglichem Leistungsverhalten nicht gut bewertete Ergebnisse erzielen (können), weil die geltenden Leistungsbedingungen einen Erfolg des Verhaltens partout nicht zuließen. Diese Anstrengung bzw. der Einsatz der gesamten Qualifikation wird bei der Ertragsperspektive nicht honoriert. Die „Anstrengung" im letzten Fall ist jedoch etwas anders gemeint. Sie bezieht sich nicht nur auf die Relation zur individuellen Qualifikationsnutzung, sondern auch auf das absolut gezeigte Leistungsverhalten - wenn überhaupt, relativ zum erwarteten Leistungsgrad. [305]

Mit dem *ziel- und ergebnisorientierten Begriff* (Ertragsperspektive) steht man vor dem endgültig nicht lösbaren Problem der individuellen Zurechenbarkeit von Leistungsergebnissen zu bestimmtem individuellem Verhalten. Sie stellt insbesondere die Ergebnisse ins Zentrum. Wegen der vielfältigen Determinanten ist jedoch der Beitrag des Einzelnen nicht eindeutig feststellbar.

Der *siegzentrierte Begriff* (Wettbewerbsperspektive) lässt sich heranziehen, wenn der jeweilige „Aufwand" relativ zu anderen Gruppenmitgliedern oder Standards er-

---

303 Reicht es z. B. aus, wenn ein neu eingestellter Mitarbeiter gleich zu Beginn 80 % der Quote eines eingearbeiteten, „normalleistenden" Mitarbeiters erreicht, um eine „gute Leistung" erbracht zu haben?

304 Leistungen werden ermöglicht durch die den Menschen gegebenen anlagebedingten, entwicklungsfähigen und motivationsabhängigen Dispositionen. Diese Dispositionen stehen jeweils in einem Zusammenhang, aus dem sie nur gedanklich abstrakt herausgelöst werden können. Wann immer der Einzelne eine Disposition einsetzt und entwickelt, dann leistet er, zumindest - aus individueller Sicht - immer dann, wenn eine persönliche Inanspruchnahme, die Überwindung äußerer und innerer Widerstände gegeben ist.

305 In diesem Zusammenhang ist auf den anstrengungs- und den fähigkeitszentrierten Leistungsbegriff zurückzukommen. Letzterer bezieht sich v. a. auf die Schwierigkeit und den Gütemaßstab, die beide durch die Fähigkeit - bei minimaler Anstrengung - erfüllt werden können. Erstere ist dagegen mehr auf die notwendige, überdurchschnittliche Anstrengung hin zu verstehen. Auch könnte man vom subjektiv empfundenen Aufwand der Leistung sprechen, ein Aspekt der im betrieblichen Alltag immer dann Konflikte hervorruft, wenn dieses subjektive Empfinden unzutreffend ist.

fasst wird (Leistung als Überbietung anderer). Leistung ist lediglich das, was der Markt durch einen Preis honoriert. [306] Kann der Marktgewinn ein Kriterium der „Leistung" sein? Es ist zu fragen, ob der durch die Bewertung des Marktes erkennbare betriebswirtschaftliche Erfolg überhaupt oder allein als Leistungskriterium angesehen werden kann. Bei der Gleichsetzung von Marktleistung bzw. Wettbewerbserfolg mit „Leistung" wird zumindest bei einer kurzfristigen Betrachtung vernachlässigt, ob diese Leistung auf (eigene) Tüchtigkeit und Anstrengung oder auf anderen Leistungsbedingungen beruht.

Ad (9): *Leistung als Norm und Moral*

Was Leistung „ist", hängt zum Teil von der definitorischen Willkür ab oder ergibt sich als Ergebnis sozialer Übereinkünfte und ist damit im Grunde das Ergebnis sukzessiver sozial vermittelter Wertungen und Entscheidungen von Entscheidungsträgern. [307] Erst deren Übereinkünfte gestatten es, Handlungsergebnisse als Leistung zu bezeichnen. So wird es möglich, dass unterschiedliche Dinge im gleichen oder in einem anderen Kontext, einmal als „Leistung" und einmal nicht als „Leistung" bezeichnet werden. Die betreffenden Personen beziehen sich dann auf jeweils andere Leistungskriterien. [308] Beurteilt wird damit aber nicht die Leistung selbst, sondern lediglich die gesetzten Kriterien der Leistung (das Leistungskonstrukt). Dieser Gedankensprung wird oft übersehen.

Ein weiteres, bereits angesprochenes Problem des Leistungsbegriffs liegt also in seiner *normativen Komponente*. Was soll als Leistung gelten?, und wer bestimmt die erforderlichen Leistungsnormen? Sofern ein Leistungsbegriff in Betrieben kon-

---

306 Damit gelten „wirtschaftsimmanente Knappheitsrelationen .. als Leistungsmaßstab." Nawroth 1968, S. 346; zitiert nach Assländer 1982, S. 38.

307 In der betriebswirtschaftlichen Literatur sind dies häufig die Vorstellungen einer bestimmten Personengruppe, die des Managements. WISWEDE (1981, S. 238) konstatiert gleiches für den Bereich der *Organisationspsychologie* sowie speziell für die Literatur zur Leistungsbeurteilung und zur Eignungsdiagnostik.

308 Leistung kann individuell selbst erfahren werden, insbesondere wenn die Art des Handelns, das Leistungsverhalten bewertet wird. Hier handelt es sich eher um ein empfindungsmäßiges Auffassen. Leistung kann ferner durch andere festgestellt werden, durch intersubjektiv aufweisbare Kriterien bzw. erkennbare Leistungsergebnisse und erkennbares Leistungsverhalten. Es handelt sich hierbei um objektive Kriterien. Diese würden ein Urteil darüber erlauben, ob eine „wirkliche" Leistung vorliegt. Es sind aber nur subjektive bzw. objektivierte Kriterien angesprochen, die sich allerdings im Urteil der sie verwendenden Personen aus den „wahren" Kriterien ableiten lassen. Diese Kriterien sollen eine Leistungsmessung/-beurteilung ermöglichen. S. Teil 4 B dieser Arbeit.

kret anwendbar sein soll, muss er zwei Bedeutungselemente verbinden: Zum einen betrifft er die Festlegung eines Maßstabes bzw. der Leistungskriterien („objektivierende" Bewertungsnorm) für die Zurechnungsmethode, was jeweils als Leistung gelten soll. Zum anderen muss das Leistungsverständnis bzw. dieser Maßstab operational sein. Eine Tätigkeit bzw. ein Ergebnis wird erst dadurch zur Leistung, dass man dem Ergebnis einen Wert beimisst. [309]

Betriebswirtschaftliche Leistung ist als Mittel zur Erreichung von Zielen zu verstehen. Sie ist daher prinzipiell immer *zielorientiert*. [310] Der Zielaspekt repräsentiert die herrschende Meinung in dem betreffenden Betrieb. Der Mittelaspekt (des Leistungsprinzips) umfasst den wirtschaftlichen Einsatz der Ressourcen. Eine in der Realität durchgeführte inhaltliche Begriffsbestimmung der Leistung wird fast immer auf Vorstellungen über normalerweise zu erwartende quantitative bzw. qualitative Ergebnisse von betrieblicher Tätigkeit und/oder der Art und Weise ihrer Durchführung zurückgreifen (sofern man konkret Leistungsforderungen spezifizieren möchte). Faktisch stehen fast hinter jedem Leistungsbegriff spezifische, bewusste oder unbewusste Leistungsmaßstäbe, anhand derer das Ergebnis von Tätigkeiten beurteilt wird. Im Grunde ist daher keine - relative - Leistungsbestimmung ohne Normierung und damit gleichzeitig Bewertung möglich. [311] Diese Auffassungen können je nach Leistungsbedingungen völlig unterschiedlich sein. [312]

---

309 Leistung wird gemessen entweder am Ergebnis oder auch an den aufgewandten Ressourcen. Entscheidend ist aber das Ergebnis des Einsatzes im Hinblick auf das vorgegebene bzw. definierte Ziel sowie die geltenden Leistungsbedingungen. Bei der Beurteilung dessen, was eine Leistung ist, fragt man gleichzeitig nach dem Sinnzusammenhang der Leistung.

310 Das muss sich nicht nur auf das Sachziel des Betriebs richten. Auch außerhalb dieses Bereichs sind betriebswirtschaftliche Leistungen möglich. Lediglich in der Kosten- und Leistungsrechnung ist die Beibehaltung dieser Einengung wegen ihres Zweckes treffend.

311 Dies betrifft bereits das vorherige Bestimmen eines Verhaltens oder Ergebnisses als Leistung(-sziel). Auch hierbei sind Bewertungen („Unter den geltenden Leistungsbedingungen und mit entsprechendem Einsatz ist 'das und das' zu erreichen!") das zentrale Merkmal der konkreten inhaltlichen Bestimmung. Ein weiterer Bewertungsakt schließt sich dann ex post an, also nach gezeigtem Leistungsverhalten und dem Eintreten der Leistungsergebnisse.

312 Man bedenke nur, dass manche Mitarbeiter unter schlechten individuellen bzw. äußeren Leistungsvoraussetzungen und/oder -bedingungen tätig sein müssen, andere aber nicht. Das Ergebnis einer Handlung - weniger dagegen die Art und Weise der Tätigkeitsdurchführung - dürfte den einzelnen „Verantwortlichen" eigentlich nicht bedingungslos als „Leistung" zugeschrieben werden. Dies wäre nur möglich vor dem Hintergrund von Informationen über den jeweiligen individuellen Beitrag, über das tatsächlich erreichbare Ergebnis. Diese Beziehung geht manchmal in der Praxis verloren, indem auf solche Bedingungen keine Rücksicht genommen wird, und nur auf das (erstrebte) Leistungsergebnis bzw. den Erfolg abgestellt wird.

In einem engen Zusammenhang zu Normen steht der übergeordnete Begriff der *Moral*. Auch unter diesem Blickwinkel gilt es, die Leistung zu betrachten. Eine Erfolgsfixierung begünstigt den Standpunkt, dass der Erfolg bzw. der Zweck die Mittel heilige. Es kann daher leicht passieren, dass bei einer Akzeptanz des Erfolgsprinzips moralische Fragen hinten anstehen. [313] Doch nicht jeder „Erfolg" ist - in individueller Perspektive - notwendigerweise mit Hilfe von Mitteln erreicht worden, die als „Leistung" zu bewerten sind - sofern man moralische Maßstäbe zur Bewertung anlegt. Im - negativen - Extremfall wird die Mittelwahl nur durch Fragen der technischen Leistungsfähigkeit bestimmt. Ist der erfolgreiche Abschluss einer Intrige oder eines Täuschungsmanövers innerhalb oder außerhalb des Betriebs vom betrieblichen Standpunkt aus als Leistung aufzufassen? Es wird die jeweilige Perspektive sein, die hier aufgrund von unterschiedlichen Moralvorstellungen Leistungsfeststellungen trifft. Die Intrige oder auch die Täuschung kann individuell als Leistung aufgefasst werden, möglicherweise auch von all denen, die von ihr profitieren. Selbst die „Hereingelegten" könnten von einer abstrakten Ebene die „Leistung" der anderen anerkennen. Sobald aber moralische Maßstäbe zum Tragen kommen, bleibt ein ungutes Gefühl. Bei der Bevorzugung des Erfolges ist in Betrieben dann meist völlig gleichgültig, ob ein gezeigtes Handeln an sich wertvoll (moralisch!) oder dringlich war. Die Mittel-Zweck-Relation wird nicht mehr zur Kenntnis genommen; insbesondere die Mittel sind unwichtig. [314]

Die Folge eines derartigen Denkens ist eine extreme Vernachlässigung menschlicher Werte im Rahmen des Kombinationsprozesses wie bei den Leistungsergebnissen zugunsten eines rein technisch-wirtschaftlichen Erfolges. [315] Hinzu kommt, dass diejenigen, die von betrieblichen Tätigkeiten lediglich Erfolg verlangen und nur ihn berücksichtigen, ohne Rücksicht auf die Art, wie die Mitarbeiter ihn erreicht haben, oder Rücksicht auf die psychologischen Wirkungen von Verhaltensweisen, dadurch mittelbar auch deren nachfolgenden ökonomischen Wirkungen missachten. [316] Solange Intrigantentum, Täuschungen (oder auch Kriecher-

---

313 Hiermit ist durchaus eine wichtige Frage für Unternehmungen verbunden: Wie ist der für die Firma überaus wichtige Geschäftsabschluss mit Kunden X durch den Mitarbeiter Y in dessen Leistungsbeurteilung zu bewerten, wenn Bestechungen zu dieser Zielerreichung geführt haben? S. auch Neckel 1987, S. 81 ff.

314 Damit schützt man sich auch vor einer moralischen Wertung der eingesetzten Mittel, obwohl diese implizit natürlich vorhanden ist.

315 Diese Loslösung der Erfolgsziele von den Grundwerten eines Betriebs bahnt mit den Weg für die Zerstörung des postulierten Normen- und Leistungssystems. Vgl. Williams 1953, S. 387.

316 Hier ist nochmals die oben skizzierte Problematik angesprochen. Sanktionsinteressierte Mitarbeiter werden Präsentations- oder Aktionsleistung zeigen bzw. die Handlungen

tum) u. Ä. als „Leistungen" gelten, die erbracht werden müssen, um betrieblichen Aufstieg bzw. Belohnungen zu erhalten, so lange bleibt ein real geltendes „Leistungs"-Prinzip fraglich. Wenn der Erfolg an sich zum übergeordneten Interesse wird, dann ergibt sich leicht als Folge, dass er zum Selbstzweck wird, ohne positive Beziehung zwischen Moral und Leistungstätigkeit auf der einen und Leistungsergebnis auf der anderen Seite. Für die Beurteiler stellt sich die Frage: Was macht man, wenn eigentlich bei einem „Erfolg" das Handeln unethisch ist und man ein solches „Leistungsverhalten" selbst nicht als Begründung für eine Belohnung anführen darf? oder der Erfolg wichtiger wird (als Tüchtigkeit und Anstrengung), oft unabhängig davon, wie der Erfolg zustande gekommen ist? Die Kunst des Bluffens, des Manipulierens, des Verkaufens von „faulen Tomaten" wird im Betrieb wie am Markt zur - akzeptierten, oft geforderten - Leistung bzw. zum Bestandteil der Leistung. [317] Oft sind auch besonders kreative Anstrengungen Grundlagen eines Bluffes, einer Manipulation. Warum sollten sie nicht als Leistung anerkannt werden, sofern sie den Zielsetzungen des Betriebs entsprechen? [318]

Eine weitere Frage kompliziert die hier angesprochene Thematik weiter: Kann man das Leistungsergebnis unabhängig von den *Motiven*, die individuell zur Erbringung dieser Leistung beigetragen haben, sehen? Ist eine Leistung weniger „wert", wenn sie unter Zwang, aus reinen Machtgelüsten, aus materiellen Motiven, aus Ehrgeiz heraus erbracht wurde (Für manche sind dies sog. fehlmotivierte Leistungen.)? Dies ist ein nicht einfach zu lösender Problemkomplex. Das Kriterium der Freiwilligkeit und der Moral beim Leistungsbegriff erweist sich als diffus. Wie soll man bspw. feststellen, ob eine Leistung freiwillig oder unfreiwillig erbracht worden ist? Selbst die Aussagen der „Leistenden" geben hierüber keine Gewissheit.

Bei der Diskussion dessen, was - wo und von wem auch immer - unter Leistung verstanden werden soll, ist - so ein *Resümee* der gerade geführten Diskussion - explizit anzugeben,
- was inhaltlich eine Leistung ausmacht bzw. operationalisiert (Leistungsspezifikation),

---

oder Handlungsergebnisse anstreben, die positiv sanktioniert werden. Wird die eigene Präsentation unter Vernachlässigung der Aktionsleistung gefördert, verliert das „gute Produkt" an Wert. Führen moralisch geächtete Handlungen trotzdem zu positiven Sanktionen, so sind sie legitimiert und werden häufiger durchgeführt.

317 S. bspw. Gorer 1964, S. 119.
318 Hiermit ist ein Problem der Unternehmungskultur und der Unternehmungsethik angesprochen.

- ob Leistungsergebnisse und/oder Leistungsverhalten als Bestandteile der Verständnisse gewählt werden,
- was als geforderte Aktions- und/oder Präsentationsleistung gilt und was nicht,
- ob Leistung und/oder Erfolg bedeutsam(er) ist,
- inwieweit neben den statischen, die dynamischen Aspekte akzeptiert werden,
- inwieweit individuelle im Verhältnis zu kollektiven Leistungsbeiträgen gewichtet werden,
- welche relativen Aspekte einfließen,
- ob und ggf. in welchem Verhältnis die Aufwands-, die Ertrags- und die Wettbewerbsperspektive berücksichtigt wird,
- welche Bezugssysteme als Norm gelten und wer sie bestimmt sowie inwieweit moralische Aspekte bei einer Leistung gelten und welchen Inhalt diese haben.

Wenn dies nicht oder mangelhaft geschieht, bestehen die jeweils skizzierten Gefahren unbeabsichtigter Wirkungen einer unzureichenden Begriffsbestimmung.

III Alternative Begriffssysteme

Die Diskussion im vorhergehenden Kapital ergab, dass unter „Leistung" unterschiedliche Sachverhalte verstanden werden und prinzipiell verstanden werden können. Manche der damit verbundenen Probleme ließen sich verhindern, wenn das jeweilige Begriffssystem geändert würde. Im Folgenden werden zwei alternative Begriffssysteme skizziert. Keines von beiden liegt jedoch der nachfolgenden Diskussion zugrunde. Dies ist nicht notwendig! Die Ausführungen in diesem Kapitel beziehen sich lediglich auf die Verwendung der Termini und Begriffe zur Leistung in der betriebswirtschaftlichen Diskussion. Sie sind gewissermaßen für die Gesamtthemenstellung als Exkurs aufzufassen. Dieser skizziert Möglichkeiten, zukünftig in der einschlägigen Diskussion gemeinsame Verständnisse zu entwickeln.

1. Alternative: *Leistung als Oberbegriff*

In einem ersten Begriffsystem wäre der Terminus „Leistung" der Oberbegriff. Er ließe sich differenzieren in „Leistungsverhalten" und „Leistungsergebnis", die - jeweils als Unterbegriffe - Teilaspekte einer Leistung widerspiegeln. Beide speziellen Begriffe lassen sich dabei sowohl als absolute als auch als relative Begriffe auffassen. Im erstgenannten Sinne bezeichnet „Leistung" damit einerseits die *Tä-*

tigkeit, die jemand ausübt, unabhängig davon, ob sie erfolgreich ist bzw. sein wird oder effizient durchgeführt wird bzw. wurde, andererseits, was das Individuum bei seiner auf ein Ziel gerichteten Tätigkeit als *Ergebnis* hervorbringt, ebenfalls unabhängig davon, wie dieses Ergebnis bewertet wird. Der Terminus „Leistung" wäre in diesen einzelnen Zusammenhängen allerdings zu vermeiden. Die Güte des jeweiligen Leistungsverhaltens bzw. -ergebnisses ließe sich dann auf einem ein- oder auch mehrdimensionalen Kontinuum darstellen. Im zweiten Sinne wird nur ein - ex post feststellbares - effizientes Verhalten als Leistungsverhalten bzw. nur ein als Erfolg bewertetes Ergebnis als Leistungsergebnis bezeichnet.

Damit ein solches Begriffsystem treffend zwischen den angesprochenen Elementen differenzieren kann, sind jeweils die spezielleren Termini anzugeben. Problematisch an ihm ist jedoch der immer wieder verwendete Terminus „Leistung". Mit ihm wird eigentlich immer wieder Unterschiedliches ausgedrückt. Möchte man jedoch die Terminologie nicht erheblich ändern, scheint das hier skizzierte Begriffsystem eine zweckdienliche Alternative zu sein.

2. Alternative: *Handlungs- vs. Leistungsbegriff*

Eine zweifelsfreie Terminologie wird in der nun skizzierten Alternative deutlich. Mit der Bezeichnung „Leistung" ist im Sprachgebrauch eine positive Wertung verbunden: Selbst in der Fachsprache kann sie kaum ohne diesen Bezug verwendet werden. Diese Auffassung hat bspw. zur Folge, dass anstatt Leistungsergebnis der neutralere Ausdruck Arbeits- bzw. Handlungsergebnis benutzt wird. Anstatt Leistungsverhalten würden die Ausdrücke Arbeitsverhalten/Handlung verwendet. Statt von Leistungsvoraussetzungen und -bedingungen könnte von Arbeits- oder Handlungsvoraussetzungen bzw. -bedingungen die Rede sein. Arbeitsergebnisse und Arbeitsverhalten bzw. Handlungsergebnisse und Handlung wären jeweils absolut. Erst durch einen zusätzlichen Bewertungsvorgang würde das Arbeits-/Handlungsergebnis bzw. das Arbeitsverhalten/die Handlung in Relation zu einer Maßgröße gebracht. Nachfolgend könnte dann von einer/m guten oder schlechten Leistung, Leistungsergebnis oder Leistungsverhalten gesprochen werden. [319] Hier würde dann die Bewertung bzw. die Relativität zum Ausdruck kommen.

Der Handlungsbegriff erscheint unbelasteter als der Arbeitsbegriff. Das Handeln bzw. die Handlungstätigkeit ersetzt das Leistungsverhalten bzw. die Leistungstätig-

---

319 Der Bezug zu den geltenden Leistungs-/Arbeits-/Handlungsbedingungen müsste allerdings gewahrt bleiben. Leistung kann immer nur raum-zeitlich festgestellt werden.

keit und das Handlungsergebnis das Leistungsergebnis, jeweils in einem unbewerteten Sinne. Diese „neuen" Termini und Begriffe gelten als absolut insofern, als dass sie keinen unbewussten Gütemaßstab implizieren. Erst bei der Beurteilung von Handlungstätigkeit und -ergebnis kann die Einführung von Leistung als wertbezogener, relativer Begriff erfolgen. [320] Als Handlung ist der Prozess des Mitteleinsatzes zur Realisierung der gesetzten Ziele zu verstehen. Sie ist die bewusste Tätigkeit, die sinnhaft, gewollt und zielgerichtet auf die Umwelt einwirkt. Handeln kann sich dabei sowohl im Tun als auch im Unterlassen ausdrücken. [321] Eine Differenzierung von Verhalten und Handeln kann eingefügt werden, da ersteres auch unbewusste, nicht reflexionsmögliche Bestimmungsgründe haben kann und letzteres zielbezogen ist. [322] Wenn man schließlich von einer Handlung als Leistung spricht, dann kann man dies als Urteil über die Güte der Handlung oder des Handlungsergebnisses bezeichnen. [323]

Wenn auch die Verwendung des Handlungs- *und* Leistungsbegriffs zusammen von der Terminologie her eindeutiger wäre, wird diese Differenzierung nicht der weiteren Arbeit durchgängig zugrunde gelegt. Prinzipiell spricht man von Leistung. Lediglich bei differenzierbaren Tatbeständen wird das jeweils Gemeinte auch sprachlich spezifisch ausgedrückt. Die exaktere Terminologie würde durch ihre Abstraktheit das Verständnis der weiteren Diskussion erschweren.

Der „schillernde" Leistungsbegriff ist in diesem Teil in all seinen für die Betriebswirtschaftslehre wichtigen Deutungsmöglichkeiten besprochen worden. Der „gordische Knoten" seiner Bestimmung konnte (und sollte) jedoch nicht gelöst werden. Es wurden aber Wege zur Analyse des Knotens und damit zu einer expliziten Benennung des jeweiligen Leistungsverständnisses aufgezeigt. Wenn „Leistungen" nun so vielschichtig betrachtet werden können, wie wird dann eine Beurteilung

---

320 Ist es nicht Unsinn von „Leistungsverhalten" zu sprechen, wenn sich im Nachhinein herausstellt, dass die Bewertung dieses Verhaltens ergibt, dass es unzureichend war oder viel besser hätte sein können? Wäre Arbeitshandlung kein besserer Terminus? Warum sollte man von Leistungsergebnis sprechen, wenn das Ergebnis der betrieblichen Tätigkeiten unzureichend war oder leicht hätte besser sein können? Wäre Handlungsergebnis hier nicht auch der zutreffendere, zweckmäßigere Terminus?

321 S. hierzu Koch 1975, S. 50; Hartfiel 1976, S. 258; Wohlrapp 1979, S. 133.

322 Auch hier mögen unbewusste Intentionen verfolgt werden, die dann allerdings reflexionsfähig sind. Psychologisch und psychoanalytisch betrachtet verschwindet diese Unterscheidung zunehmend. Es kann aber nicht Aufgabe eines Betriebs sein, die letztendlichen Bestimmungsgründe herauszufinden.

323 Fast jedwede betriebliche Handlung wird, selbst wenn sie nicht „erfolgreich" abgeschlossen wird, ökonomische Wirkungen - unterschiedlicher Art - haben.

möglich? Diese Frage lässt sich insofern einfach beantworten, als dass keine normative Vorstellung zu spezifischen Begriffsinhalten vorgegeben ist und infolge je nach Leistungszielen, d. h. nach der inhaltlichen Bestimmung dessen, was als Leistung im Einzelfall im Betrieb verstanden werden soll, die Beurteilung erfolgt. Doch auch die „Beurteilung" ist - ähnlich wie der Leistungsbegriff - mit vielfältigen Problemen verbunden. Was für Probleme das generell sind, soll in Teil 4 thematisiert werden. Vorher bedarf es noch Ausführungen dazu, warum und wieweit Leistung und betrieblichen Leistungsbeurteilungen eine besondere Bedeutung zukommt: Das Leistungsprinzip in der Mikroleistungsgesellschaft Betrieb sollte diskutiert werden.

3. Teil: Zum Leistungsprinzip in Betrieben

Nachfolgend werden „Leistungsprinzip" und „Leistungsgesellschaft" näher diskutiert. Dies geschieht v. a. aus zwei Gründen: Zunächst sind prinzipiell alle Betriebe in sog. Leistungsgesellschaften auch durch das Leistungsprinzip mitbeeinflusst (*äußerer Aspekt*). Des Weiteren ist in der überwiegenden Anzahl der Betriebe in den westlichen Industriegesellschaften das Leistungsprinzip selbst postuliert worden. Solche Betriebe sind somit als Mikrogesellschaften zu verstehen (*innerer Aspekt*). [1] Die Durchführung von Leistungsbeurteilungen in Betrieben setzt das Postulat des Leistungsprinzips voraus. Die Auseinandersetzung mit dem allgemeinen Leistungsprinzip und mit Leistungsgesellschaften ist insofern immer auch eine Diskussion um das betriebliche Leistungsprinzip und um Leistungsorganisationen. Prinzipiell ist im Nachfolgenden daher für den Begriff der Gesellschaft der des Betriebes einsetzbar.

A Entstehung von Leistungsprinzip und -gesellschaft

Das Leistungsprinzip gilt als *das* konstituierende Gestaltungsprinzip unserer Gesellschaft. Das war nicht immer so. In der vorindustriellen Gesellschaft war der Rang des Einzelnen bereits mit der Geburt festgelegt, „... eine Konstante, die das Dasein des Einzelnen für das ganze Leben unumstößlich fixierte." [2] Das postulierte Leistungsprinzip löste historisch das feudale, ständische Ordnungsprinzip ab. Nicht mehr das Geburtsrecht bzw. die Gruppenzugehörigkeit, bspw. Familie, Rasse, Religion, Reichtum, Mitgliedschaft in einer politischen Partei (Ämterpatronage) und Stand, sollte über die Stellung, die berufliche Tätigkeit oder die soziale Bewertung eines Menschen in einer Gesellschaft entscheiden, sondern dessen Leistungsfähigkeit und -beitrag. [3] Mit Beginn der Industrialisierung wendete man sich

---

1 Wie noch zu sehen sein wird, werden auch (manchmal sogar in besonderem Maße) in Alternativbetrieben Leistungen erbracht, ohne dass ein Leistungsprinzip innerhalb dieser Organisationen gilt. Der wesentliche Unterschied liegt im jeweiligen Verständnis und der subjektiven Bedeutung der Leistung.

2 Barley 1970, S. 18. Auch in Vorzeiten, in der aus heutiger Sicht primitivsten Form der Gesellschaft der Jäger und bei manchen Naturvölkern zählt(e) die „Leistung" (i. S. der/ die Stärkste, der/die Geschickteste u. Ä.) als herausragendes Verteilungskriterium der Sanktionen. Zwischenzeitlich verlor das Leistungsprinzip jedoch seine dominierende Wirkung.

3 Die Entwicklung hin zur Postulierung und Akzeptanz des Leistungsprinzips verlief nicht direkt und vollständig. Erst im Zeitablauf trat die individuelle Leistung (bzw. der mit ihr aufgefasste Begriff) tendenziell kontinuierlich an die Stelle des Standes. Noch

mehr der Idee einer Gleichheit der Individuen zu, einer Gleichheit, die sich aber v. a. auf gleiche Startchancen bezog. Die Statusbestimmung durch Geburt war damit - im Ansatz - aufgehoben.

Mehrere Gründe führten zur *Entwicklung* einer „Leistungsgesellschaft", v. a.: [4]
- Die Einführung des Leistungsprinzips diente zunächst sowohl der *Selbstlegitimation* bürgerlichen Wohlstands, als auch dem Abbau von Standesprivilegien und Zunftabhängigkeiten. Gerade am Leistungsprinzip zeigte sich das damalige emanzipatorische Potential des Bürgertums: „Jeder nach seiner Leistung!" Dies war eine revolutionäre Forderung. [5]
- Ein weiterer Grund lag in der *Lenkung* der menschlichen Arbeitskräfte auf die sich erhöhende Produktion. Die Talente der einzelnen Individuen sollten zum Nutzen der Gesamtgesellschaft eingebracht werden. Dieser gesamtgesellschaftliche Nutzen kann nur dann erreicht werden, wenn ein Wissen bzw. eine Wahrnehmung um gleiche Startchancen besteht. [6]
- Das Leistungsprinzip fungiert nicht nur als Norm, die Gleichheit gewährt, es *legitimiert* auch die - nach wie vor - vorhandene(n) gesellschaftliche Ungleichheit, Unterschiede des Status, des Einkommens und des Vermögens. Es gestattet und fordert solche Formen der Ungleichheit, die durch individuelle Leistungen zu Stande gekommen sind. [7]
- *Lerntheoretisch* lässt sich das Entstehen einer Leistungsgesellschaft wie auch deren kultur- bzw. betriebsspezifischen Unterschiede wie folgt begründen: Eine Gesellschaftskultur, in welcher beständig positive Sanktionen (bzw. Belohnungen) für erfolgreiche und abgeschlossene Leistungen, dagegen negative Sanktionen (bzw. Bestrafungen oder ausbleibende Belohnungen) für nicht abgeschlossene und erfolglose Handlungen zu erwarten sind, wird be-

---

bis weit in die Zeit der industriellen Revolution hinein blieben ständische Aspekte bei der Verteilungsfrage bedeutsamer.

4 S. auch Sontheimer 1976, S. 15; Offe 1977, S. 42 f.; Wiswede 1981, S. 237; McClelland 1966, S. 303 ff.

5 Das Akzeptieren des Leistungsprinzips war allerdings insofern eine zwangsläufige Entwicklung, als dass die angestrebte demokratische, offene Gesellschaft nicht existieren konnte, wenn Sanktionen sich weiter auf erbliche Prinzipien beziehen würden.

6 Hinzu kam, dass der rationelle Einsatz der menschlichen Arbeitskraft bei der industriellen Produktion, die Nutzung von Naturkräften, die parallel dazu sich entwickelnde Einrichtung von Organisationen, eine aktivere, selbstbewusstere Rolleninterpretation der Menschen zuließ.

7 Im idealen „Leistungswettbewerb" um Sanktionen ist die entstehende soziale Differenzierung und Ungleichheit funktional, d. h. durch einen realen Sachzusammenhang begründet und gerecht, da nicht fremde, leistungsunabhängige Faktoren zählen.

sonders solche Einstellungen und Motivationen fördern, welche Leistung an sich als Wert und Norm ansehen. In westlichen Industrieländern ist daher das Leistungsprinzip in hohem Maße institutionalisiert und daher menschliches Verhalten auch weitgehend durch Leistungsbedürfnisse motiviert - trotz gewisser Eintrübungen durch das Sozialprinzip und den Bürokratismus. [8]

B Inhalt des Leistungsprinzips und der Leistungsgesellschaft

Das *Leistungsprinzip* ist ein mögliches Ordnungsprinzip in Gesellschaften. Daneben existieren zumindest in den westlichen Industrieländern - teilweise in Konkurrenz - v. a. noch das Pluralismusprinzip, das Demokratieprinzip, das Solidaritätsprinzip und das Rechtsstaatsprinzip. Jedes für sich steht für allgemeine Vorstellungen darüber, wie bestimmte Aspekte des gesellschaftlichen Lebens geregelt werden sollen. [9]

Eine allgemein anerkannte *Definition* des Leistungsprinzips gibt es nicht. Weitgehendes Einverständnis besteht in der Literatur jedoch über Folgendes: Inhalt des Leistungsprinzips bzw. Grundvoraussetzung einer idealen „gerechten" Leistungsgesellschaft (oder Betriebs) ist die (Start-)Chancengleichheit. Im idealtypischen Modell einer Leistungsgesellschaft werden gemäß des postulierten Leistungsprinzips - als Forderung - Sanktionen der verschiedensten Art [10] nach dem Grad der Erfüllung der funktionalen Erfordernisse bzw. der Erwartungen an die jeweils eingenommene Position bewertet, verteilt bzw. nicht verteilt.

Das Leistungsprinzip betrifft insofern den Aspekt der *Verteilungsproblematik*, indem es etwas darüber aussagt, wie Sanktionen in der Gesellschaft verteilt werden sollen. Mit dem Leistungsprinzip wird die individuelle, selbst erbrachte Leistung [11] zum Zuteilungskriterium für materielle und immaterielle Sanktionen. Unter

---

8 Zu dieser Entwicklung hat nicht allein die Industrialisierung beigetragen. Zeitströmungen (bspw. die Reformationszeit sowie die Verbreitung sozialistischen Gedankenguts), zeitgenössische Philosophen und Literaten (z. B. *ROUSSEAU* und *SMITH*) und politische Entwicklungen (wie die Französische und die Liberale Revolution) haben dazu ebenso, vielleicht noch stärker initiierend beigetragen. S. Wiswede 1985, S. 271 ff.; Jenkis 1980, S. 23 ff.; Hartfiel 1977, S. 11 ff., sowie z. T. Weber 1934, S. 17 ff.

9 S. bspw. zusammenfassend Hartfiel 1977, S. 21 ff.

10 Hier wird die soziologische Begriffsvariante gewählt. Sie ist offen sowohl für Belohnungen (= positive Sanktionen) als auch für Bestrafungen bzw. Nicht-Belohnungen (= negative Sanktionen).

11 Prinzipiell bedeutet der Begriff „Leistung" als Bestandteil des Begriffs „Leistungsprinzip" eine zunächst in ihrer Güte bzw. Wünschbarkeit unbewertete Handlung bzw. ein

gesellschaftlichen Sanktionen sind dabei ganz allgemein gesellschaftliche Reaktionen auf individuelle Leistungen zu verstehen, z. B. Zulassung zu einer Berufsposition (Rekrutierung), Verteilung von Arbeitseinkommen, sozialer Aufstieg in einer Organisation (Beförderung) und Ausstattung mit Anordnungsbefugnis (formale Autorität). [12] Mit ihnen kommt die positive oder negative Bewertung einer Leistung durch die Gesellschaft zum Ausdruck. [13] Angestrebt wird eine ausgesprochen individualistische Weise der gesellschaftlichen Chancen- und Sanktionsverteilung, da das Individuum (bzw. dessen Leistung) ausschließlicher Bezugspunkt von Verteilungsprozessen sein soll. [14] Es stellt dabei - in seiner Idealform - ein „genial einfaches" Prinzip der Verteilung dar. [15]

Die allgemeine Anerkennung des Leistungsprinzips trägt zum Funktionieren, wie auch zur ständigen Reproduktion dieser Leistungsgesellschaft bei. Das Gelten des Leistungsprinzips impliziert, dass „Leisten" mehr Wert zukommt als bspw. Muße und Nichtstun: „Leistung" erhält einen *gesellschaftlichen Wert*. Sie wird erstrebens- und schätzenswert.

Ebenfalls ungeklärt ist das, was eine *Leistungsgesellschaft* eigentlich ausmacht, obwohl der Terminus der Leistungsgesellschaft mittlerweile ein etablierter Begriff mit einem relativ hohen Bekanntheitsgrad ist. [16] Diese Popularität steht aber im Gegensatz zu den doch sehr heterogenen Begriffsverständnissen und Wertungen.

---

unbewertetes Handlungsergebnis. „Gute" und „schlechte" Leistungen drücken dann die Bewertung und die Sanktionsrichtung aus.

12   S. Offe 1977, S. 45. Diese vier Dimensionen sind nicht unabhängig voneinander. Oft variieren sie zusammen. Bspw. hat eine Beförderung zumeist ein höheres Arbeitseinkommen und eine erhöhte formale Autorität zur Folge. Aus sozialpsychologischer Sicht, die gerade für betriebliche Aspekte von großer Bedeutung ist, ist dieser Katalog zu ergänzen: Zum einen sind die intrinsischen Sanktionen, d. h. v. a. individuelle Zufriedenheit/Unzufriedenheit im Leistungsprozess sowie zum anderen, außer den genannten Sanktionen, noch Anerkennung durch Vorgesetzte, Kollegen, Mitarbeiter, Bekannte, Familie, und Status zu nennen. S. bspw. v. Rosenstiel 1975, S. 231.

13   Lediglich für solche Aktivitäten, die keine gesellschaftlichen Reaktionen nach sich ziehen, gibt es keine Sanktionen. Sie sind sanktionsneutral.

14   Vgl. bspw. Offe 1977, S. 43; Bolte 1979, S. 14.

15   S. Széplábi 1974, S. 305. Das Leistungsprinzip bezieht sich dabei nur auf die Ziele, nicht auf die Mittel zur Zielerreichung. Zur Bewertung der Adäquatheit der Mittel müssen andere Prinzipien herangezogen werden. S. auch Teil 2 C II dieser Arbeit.

16   *McCLELLAND* (1966) hat den Begriff der Leistungsgesellschaft in die wissenschaftliche Diskussion eingeführt. Er versucht dabei einen Zusammenhang zwischen wirtschaftlichen Blütezeiten und der Betonung der Leistungsthematik in der jeweiligen zeitgenössischen Literatur aufzuweisen.

Zeichnet sie sich durch eine besonders hohe Wertschätzung des Leistungsprinzips aus oder durch eine besonders hoch ausgeprägte Leistungsmotivation ihrer Mitglieder oder ist nicht mehr das Gelten des Leistungsprinzips bei der Vergabe von Rollen unterstellt, wenn man von einer Leistungsgesellschaft spricht? Es gibt insofern auch sehr unterschiedliche Auffassungen über die Leistungsgesellschaft. Je nach Standpunkt wird das Modell der Leistungsgesellschaft als rein ideologische Täuschungsformel, [17] als Zustandsbeschreibung von modernen Industriegesellschaften [18] oder als Entwurf für eine erstrebenswerte Gesellschaftsordnung verstanden. [19] Übereinstimmung besteht darin, dass die „Leistungsgesellschaft" sowohl als deskriptives als auch als normatives Modell aufzufassen ist. [20]

Die Formulierung von *GÄFGEN*, dass „in einem sehr formalen Sinne .. jede denkbare Gesellschaft eine Leistungsgesellschaft [ist], insofern nämlich, als sie vom Einzelnen die Erfüllung bestimmter Normen, also je nach Rolle ein Verhalten innerhalb einer bestimmten Bandbreite von Verhaltensmustern, verlangt" [21], ist zwar treffend, letztlich aber zu unbestimmt. Auch mit der Auffassung, alle Ergebnisse des menschlichen Verhaltens als Leistungsprodukte zu definieren, um somit jede Gesellschaft, die insbesondere ein hohes Niveau in der Erbringung wirtschaftlicher Leistungen erreicht, als Leistungsgesellschaft zu bezeichnen, hilft kaum weiter. Diese Bezeichnungen decken sich nicht mit dem modernen Sprachgebrauch.

Der Begriff der Leistungsgesellschaft umfasst drei *Bedeutungsebenen*: [22]
- Mit Hilfe des *makroökonomischen* Leistungsprinzips wird die Gesellschaft vom wirtschaftlichen Gesamtergebnis bzw. vom Output her definiert. Numerischer Maßstab ist bspw. das Bruttosozialprodukt.
- Durch das *sozialpsychologische* Leistungsprinzip wird die Leistungsgesellschaft - basierend auf motivationalen Aspekten - definiert als Energiequelle

---

17 S. Offe 1977, S. 3 ff.
18 S. Vontobel 1970, S. 131.
19 S. McClelland 1966, S. 336 ff.
20 Der Ausdruck „Leistungsgesellschaft" hat zumindest zu Beginn der 70er Jahre einen Reklamewert besessen. Beiträge wie bspw. die von *JOUVENEL* (1972) „Jenseits der Leistungsgesellschaft", von *KALBFUSS* (1973) „Lebenskonflikte in der Leistungsgesellschaft", von *GUNNEWEG/SCHMITHALS* (1978) „Leistung" aus biblischer Sicht und von *STOTZKA* (1972) „Psychische Gesundheit in der Leistungsgesellschaft" verwenden den Ausdruck lediglich als Aufhänger.
21 Gäfgen 1972, S. 9 f.
22 Vgl. Széplábi 1974, S. 298 ff.

wirtschaftlicher Entwicklung. Dazu sind keine Ergebnisziffern, sondern anerkannte soziale Normen entscheidend.
- Beim *mikrosoziologischen* Leistungsprinzip gilt die Leistungsgesellschaft als System sozialer Steuerung. Es bedarf einer verbindlichen Skala sanktionsfähiger Leistungen (mit Sanktionsgarantie), um diese Steuerungsfunktion ausfüllen zu können.

Leistungsgesellschaften weisen dabei - folgt man der Literatur - i. d. R. folgende *Merkmale* auf:
- Die Gesellschaft akzeptiert prinzipiell das Leistungsprinzip.
- Leistungssteigerung ist zum Wert aller Dinge geworden. Es besteht - zumindest tendenziell - ein Wertmonismus. [23]
- Die Gesellschaft hat historisch wie regional eine relativ hohe Produktivität. [24]
- Die Gesellschaftsmitglieder zeichnen sich durch Leistungsorientierung aus.
- Leistung wird als herausragendes Kriterium der Sanktionszumessung verwendet.
- Es besteht ein funktionierendes Leistungs-/Sanktionsschema.
- Insbesondere Individualleistungen werden positiv sanktioniert.

Ohne diese Merkmale ließe sich das Leistungsprinzip nicht realisieren. Im *idealtypischen Extrem* einer absoluten Leistungsgesellschaft würden alle möglichen Aktivitäten (Leistungen) im gesellschaftlichen Sanktionssystem erfasst, das Leistungsprinzip allgemein anerkannt und die Gesellschaftsmitglieder durch hohe Leistungsmotivation und -orientierung ausgeprägt sein, vergleichsweise und absolut hohe Produktivitäten erzielt sowie andere Werte eine weniger hohe Bedeutung haben. Das Gegenteil wäre eine Gesellschaft, in der keinerlei normierte Sanktionen für individuelle Aktivitäten gesetzt sind, andere Strukturprinzipien und Werte eine mindestens ebenso starke Bedeutung hätten, Leistungsmotive und -orientierungen weniger stark ausgeprägt sind sowie wirtschaftliche Produktivität weder hoch noch

---

23 Wenn von einer Leistungsgesellschaft gesprochen wird, so ist fast immer der *Bezug zur ökonomischen Leistung* implizit; prinzipiell auch in solchen Bereichen, bei denen es primär nicht um wirtschaftliche Aspekte geht, wie etwa im Bildungssystem und im Sport. In dem Modell einer Leistungsgesellschaft sind auch die jeweiligen Subsysteme (bspw. die Marktordnung und die in ihr tätigen Betriebe) nach dem Prinzip ausgerichtet bzw. organisiert. Leistung hat insofern auch in ihnen eine übergeordnete Bedeutung.

24 *McCLELLAND* (1966, S. 109) hat gerade solche Gesellschaften als Leistungsgesellschaften („achieving societies") bezeichnet, die sich ökonomisch rascher als andere entwickelt haben.

bedeutend eingeschätzt wird. Zwischen diesen beiden Extremen wird sich i. d. R. eine Gesellschaft befinden.

Eine Leistungsgesellschaft betrachtet Leistung selbst als Grundvoraussetzung für wirtschaftliches Wachstum und hohen Lebensstandard, die Legitimation von Macht, als tatsächliche Basis für die Verteilung von Sanktionen sowie als effizientes System der Ressourcenverwendung. [25] Die Steigerung der individuellen Leistung liegt allen am Herzen, da die Erhöhung der gesamtgesellschaftlichen Leistung (des Sozialprodukts) dem Einzelnen nützt. [26]

C Funktionen des Leistungsprinzips

Die Funktionen, die dem Leistungsprinzip in einer Leistungsgesellschaft zugesprochen werden, lassen sich in manifeste sowie latente unterscheiden.

Folgende *manifeste Funktionen* werden i. Allg. genannt: [27]
- Die *Allokationsfunktion* dient der Verteilung von Positionen. [28]
- Die *Statuszuteilungsfunktion* begründet die Zuordnung von Sanktionen (z. B. Einkommen, Positionen, Privilegien). [29]
- Die *Entschädigungsfunktion* dient der Entschädigung von Vorleistungen wie Ausbildung, belastenden Arbeitsbedingungen, Arbeitsmühen u. Ä.

---

25 S. auch Bolte 1979, S. 11 f.
26 Folgendes Zitat von *MITSCHERLICH* (1973, S. 367) pointiert einen oft impliziten, wenn auch meist nicht genannten Begriffsinhalt: „Leistung als Parole ist überhaupt nicht mehr aus einem assoziativen Zusammenhang mit Fortschritt und Wachstum herauszulösen. Leistung dient dem Fortschritt - Fortschritt ist Wachstum - Wachstum ist Leistung - Leistung dient dem Fortschritt." *JENKIS* (1980, S. 19) bezeichnet diesen „Teufelskreis" als „... sinnfreien Zirkel, in dem das Zwangsmoment - die äußeren Sachzwänge und die innerseelischen Zwänge - nicht zu übersehen .." sind.
27 Angelehnt an Bolte 1979, S. 33; Hartfiel 1977, S. 18 f.; Offe 1977a, S. 105 f.; Heckhausen 1974, S. 60 f.
28 Bei der Besetzung von Positionen werden bestimmte Leistungsvoraussetzungen von Bewerbern verlangt, die i. d. R. bei einer Mehrzahl von Personen vorliegen. Das Leistungsprinzip soll nun dazu anreizen, die individuellen Leistungen zu verbessern, die wiederum durch eine Position entlohnt werden können. Angestrebt wird eine ökonomisch rationelle Zuordnung von Positionen und Mitarbeitern.
29 Es handelt sich hierbei auch um diejenigen Statusdimensionen, mit denen die Betriebe selbst den Standort der Mitarbeiter in ihrem hierarchischen System bestimmen.

- Mit der *Äquivalenzfunktion* wird versucht, anders als durch Leistung begründete Ungleichheit (bspw. Diskriminierung aufgrund von Geschlecht) zu verhindern.
- Die *Befriedigungsfunktion* dient der gerechten Verteilung nach geltenden Werten und der Minderung von Konflikten.
- Die *Produktivitätsfunktion* dient der Verteilung der geschaffenen Werte proportional zum individuellen Beitrag. [30]
- Mit der *Leistungsmobilisierungsfunktion* soll ein Anreiz zur Erbringung von Leistungen geboten werden. [31]
- Die *Orientierungsfunktion* dient als Leitwert für menschliches Verhalten zur individuellen Zielerreichung.
- Die *Funktionalitätsfunktion* besagt, dass Chancen nur dann sinnvoll zugewiesen werden können, wenn die Individuen aufgrund ihrer Qualifikation auch die Gewähr dafür bieten, die damit verbundenen Leistungsanforderungen zu erfüllen (optimale Ressourcenallokation). [32]

Die genannten Funktionen sind untereinander nicht völlig unabhängig und konkurrieren auch teilweise miteinander. [33] In Betrieben werden die genannten Funktionen von der Arbeitgeber- und der Arbeitnehmerseite in unterschiedlicher Weise herangezogen. Ihren ökonomischen Interessen folgend werden die Arbeitgeber eher die Leistungsmobilisierungs-, Orientierungs-, Funktionalitäts- und Allokationsfunktion bevorzugen. Die Arbeitnehmer stellen dagegen mehr auf die Entschädigungs-, Befriedigungs- und Äquivalenzfunktion ab. [34] Oft werden die Funktionen allerdings nicht primär verfolgt.

Im Rahmen einer *latenten Funktion* kann das Leistungsprinzip als Zwangs- und Disziplinierungsmechanismus eingesetzt werden, während nach außen weiterhin die skizzierten manifesten Funktionen (angeblich) gelten. Deren Erfüllung ist je-

---

30 Wirkt das Leistungsprinzip in diesem Sinne, so sagt es aus, dass die Entschädigung für geleistete Arbeit genau der Dauer, Mühe und Qualifikation der Tätigkeit entsprechen sollte.

31 Fortschritt und innere Dynamik unserer Gesellschaft wird gerade dadurch erklärt, dass das Leistungsprinzip es in den westlichen Gesellschaften vermocht hat, Menschen anzureizen.

32 Hiermit wird ein antizipatives Element in die Verteilungsproblematik mit einbezogen.

33 Die Vielzahl der manifesten Funktionen weist auf ein Problem hin. Im konkreten Fall besteht bez. des Leistungsschemas ein erheblicher Grad an Unbestimmtheit und Widersprüchlichkeit.

34 Vgl. Bohle 1977, S. 28.

doch nicht primäres Ziel bzw. wird nicht als erreichbar angesehen, stellt jedoch eine akzeptierte Vorstellung dar. In der Öffentlichkeit nicht akzeptabel erscheinen dagegen andere, bspw. die o. g. mit dem Leistungsprinzip erreichbaren Wirkungen. Das Leistungsprinzip verschleiert und zementiert durch seine angebliche Präsenz auch bestimmte Ungleichheiten in Gesellschaft wie Betrieben und erfüllt eine Ideologiefunktion. Diese latente Funktion ist in ihrer Bedeutung nicht zu unterschätzen. Das Leistungsprinzip bezieht seine Legitimation aus dem Anspruch, diese Funktionen tatsächlich erfüllen zu können. Damit es die ihm zugesprochenen Funktionen prinzipiell erfüllen kann, müssen verschiedene *Voraussetzungen* vorliegen: [35]

(1) *Sanktionsmöglichkeiten.* Die Gesellschaft - bzw. ein Betrieb - muss Sanktionsmöglichkeiten haben, um die Anwendung des Leistungsprinzips garantieren zu können.

(2) *Vergleichbarkeit.* Leistungen müssen vergleichbar, d. h. messbar, bewertbar und zueinander in Beziehung zu bringen sein. Es bedarf - in einem System - eines einheitlichen und objektivierbaren Leistungsbegriffs, mit dem sich das (Arbeits-)Verhalten aller Individuen auf allen Positionen messen lässt.

(3) *Transparenz.* Es ist eine Transparenz der Entscheidungsprozesse über Leistungsbeurteilungen und deren Konsequenzen notwendig. Dazu zählt auch die Kenntnis der Maßstäbe der Beurteilung, also der eindeutig definierten Leistungskriterien.

(4) *Chancengleichheit.* Es müssen prinzipiell gleiche Startchancen für alle angeboten werden. Weder dürfen externe Faktoren die Leistungserbringung behindern, noch Personen Vorteile aufgrund Leistungsfremder Faktoren erhalten.

(5) *Zurechenbarkeit.* Individuelle Beiträge zur Zielrealisierung müssen individuell zurechenbar sein (individuelle Zuordnung von Leistungsergebnissen).

(6) *Akzeptanz.* Die betroffenen Individuen müssen die Rechtmäßigkeit und Logik des Leistungsprinzips akzeptieren, um seine Wirksamkeit garantieren zu können.

(7) *Beurteilerkompetenz.* Es bedarf einer kompetenten Instanz, die in der Lage ist, den Leistungswert festzustellen sowie andere Kriterien der Sanktionsvergabe auszuschalten.

(8) *Beeinflussbarkeit.* Die Individuen müssen in der Lage sein, ihre eigene Leistung bzw. die Realisierung der Zielvorstellung durch eigene Handlungen beeinflussen zu können.

---

35 In Anlehnung an Hartfiel 1977, S. 19 f.; Offe 1977, 1977a, S. 106 ff.; Helfert 1974, S. 7. Die Voraussetzungen stehen in engem Zusammenhang und überschneiden sich daher auch teilweise.

Das Leistungsprinzip erfüllt faktisch in unserer Gesellschaft die möglichen Funktionen nicht bzw. nur teilweise, da - wie auch die nachfolgenden Ausführungen noch zeigen werden - die Voraussetzungen nicht erfüllt sind und die Vielzahl der Funktionen das *Prinzip überfordern*. Das liegt auch daran, dass es bewusst in seiner Wirkung begrenzt wurde, damit andere, konkurrierende Prinzipien (z. B. das Sozialprinzip) besser zur Geltung kommen.

D Leistungsgesellschaft - quo vadis?

Die Wünschbarkeit, die Geltung und die Realisierbarkeit des Leistungsprinzips bzw. der Leistungsgesellschaft war und ist nicht unbestritten, sondern jeweils Gegenstand von heftigen Auseinandersetzungen. Die Diskussion orientiert sich dabei v. a. daran, dass das Leistungsprinzip (und abgeleitet die Leistungsgesellschaft) zum einen zur Beschreibung einer gewünschten Verteilungsnorm (*normativ*) und zum anderen zur Charakterisierung der gegebenen Verteilung der Sanktionen (*deskriptiv*) verwendet wird. Die weitere Auseinandersetzung muss sich daher insbesondere mit zwei Fragen beschäftigen: ob und gegebenenfalls mit welchen Einschränkungen eine am Leistungsprinzip orientierte Verteilung in der Gesellschaft sowie v. a. in Betrieben erstrebenswert ist und vorliegt. Ergänzend ist zu diskutieren, inwieweit überhaupt die Möglichkeit besteht, das Leistungsprinzip letztendlich in betrieblichen Organisationen funktionsfähig umzusetzen. Die etwas allgemeiner formulierten Ausführungen in diesem Kapitel basieren zum einen auf der Einbettung der Betriebe in die Gesellschaftsform und zum anderen auf ihrer unmittelbaren Übertragbarkeit auf die Mikroleistungsgesellschaften „Betriebe". Die nachfolgende Diskussion beginnt zunächst mit der Darstellung extremer Positionen, bevor ein abgewogenes Urteil zu den drei Fragen erfolgt.

I „Ist eine Leistungsgesellschaft erstrebenswert?"

Fast kritiklose Verabsolutierung kommt den Begriffen „Leistung" und „Leistungsprinzip" in Aussagen von manchen Vertretern der Gesellschaft zu. *SCHMÖLDERS* stellt fest: „In der marktwirtschaftlichen Ordnung der westlichen Welt umfasst das Leistungsprinzip ein doppeltes: Einmal gewährleistet das organisierte Leistungsstreben ihrer Wirtschaftssubjekte ... der Volkswirtschaft ein Höchstmaß an Produktivität ...; zum anderen gilt die individuelle Leistung wenigstens im Prinzip zugleich auch als Maßstab für ihre Entlohnung ..." [36] *FRIEDRICH* bemerkt: „Leis-

---

36   Schmölders 1975, S. 20.

tung und Wettbewerb in Freiheit sind wesentliche Elemente unseres demokratischen Staates und unserer Gesellschaft. Jede grundsätzliche Kritik am Leistungsprinzip in unserer Zeit greift zugleich auch die Grundlegung unserer sozialen Marktwirtschaft an, die am Ende hierdurch in Frage gestellt wird, obgleich ihre Erfolge unleugbar sind." [37] Ähnlich äußert sich *FRIDERICHS*: „Wirtschaftliche Leistungen und der Wille, sie stets aufs Neue zu erbringen, sind existenzerhaltende Notwendigkeiten. Wer sich dem entgegenstellt, gefährdet alles, was die Menschen vor uns und was wir selbst geschaffen haben." [38] *SCHOECK* fragt - trotz der teilweise fraglos treffenden Kritik am Leistungsprinzip - fast naiv: „Ist Leistung unanständig?" [39]

Es ist verwunderlich, wie solch herausragende Vertreter gesellschaftlicher Organisationen die Kritik an Leistungsprinzip und Leistungsgesellschaft von vornherein abtun, die Kritiker als Gesellschaftsgegner darstellen und treffende Kritik verkennen. [40] Dabei geht es auch anders. *SONTHEIMER* versteht sich z. B. als ein offener, kritischer Anwalt von Leistungsgesellschaft und Leistungsprinzip, auch wenn er sagt: „Vergessen wir nicht, daß jener bürgerliche Geist, der die Leistung und nichts als die Leistung gelten ließ, unerbittlich und hochfahrend sein konnte ... wer wollte leugnen, daß das Leistungsprinzip sich auch als erbarmungslos und grausam erweisen kann?" [41]

Ein Bild einer ultrarationalen, eindimensionalen Leistungsgesellschaft hat der Soziologe *YOUNG* in der satirischen Science-Fiction-Fabel „*The Rise of Meritocracy*" („Es lebe die Ungleichheit") auf eine absurde Pointe gebracht. [42] In seiner Fiktion über eine reine Leistungsgesellschaft gab es für die reformerische Kraft des Leistungsprinzips keine Grenzen. Ungefähr um die Wende zum 21. Jahrhundert - so seine Erzählung - sei es mit Hilfe moderner Methoden der Leistungsmessung

---

37   Friedrich 1974, S. 9; damals Ehrenpräsident der Bundesvereinigung der Deutschen Arbeitgeberverbände.

38   Friderichs 1974, S. 31; zu dieser Zeit Bundeswirtschaftsminister.

39   So der Titel von manchen seiner Publikationen wie z. B. Schoeck 1971, 1977, 1988.

40   *HELFERT* (1974, S. 5) bemerkt treffend: „Seine Vieldeutigkeit erlaubt es z. B., die unbestreitbare Notwendigkeit der effektiven Arbeit mit den gegebenen Privilegierungen in einer spezifischen Weise zu verknüpfen und diese Privilegierungen als vernünftig, funktional und unvermeidlich hinzustellen ... Der Kritik, die sich gegen das Leistungsprinzip und die angebliche funktionale Gerechtigkeit der bestehenden sozialen und ökonomischen Privilegierungen richtet, kann dadurch unterschoben werden, sie stelle mit dem Leistungsprinzip die Notwendigkeit der Arbeit ... und das nackte Überleben in Frage."

41   Sontheimer 1976, S. 15.

42   S. Young 1961.

gelungen, die Idee einer Leistungsgerechten Statuszuweisung zu verwirklichen. Die Status- und Berufsposition ließ sich nach Maßgabe des Intelligenzquotienten eindeutig bestimmen. So hatte kein Individuum eine Möglichkeit, für seine sozialen und ökonomischen Verhältnisse jemand anders verantwortlich zu machen. Doch diese Epoche der rein rationalen Leistungsgesellschaft dauerte nicht lange - so die Botschaft der Fabel.

Zu beklagen ist - aus einer wertenden Perspektive - die Verabsolutierung von Leistung als Norm, d. h. die Anwendung des Leistungsprinzips auf nahezu alle Lebensbereiche. [43] Durch das *Primat des Leistungsprinzips* bzw. durch die Überbetonung des Leistungsprinzips als Verteilungsmechanismus werden sehr schnell humane, kulturelle und soziale Anliegen gefährdet und in den Hintergrund gedrängt. Leistung erscheint dadurch als Selbstzweck, die Ziele sind der Diskussion entzogen. Und der wirtschaftliche Erfolg erscheint bei dieser impliziten Definition der „Leistung" oft überbetont. Die Interpretation des Leistungsprinzips wird reduziert auf Leistungen mit einer ökonomischen Erfolgsdimension. [44] Sieht man die *Eindimensionalität* des Leistungsbegriffs, so erscheint es sehr fragwürdig, dass allein nach Maßgabe des individuellen Beitrages der Personen zum Sozialprodukt, deren Stellung in der Gesellschaft definiert wird. [45] Der Leistungsbegriff ist in seiner einseitigen Ausrichtung auf Produktivitätssteigerung und wegen der Vielfalt der individuellen Bedürfnisse und Begabungen fast - wie *HACK* ausdrückt - eine „Zwangsjacke", deren Notwendigkeit nicht einzusehen ist. [46] Nicht die Leistung an sich, sondern die zu einem umfassenden Prinzip erhobene Leistung wird kontrovers. Das trifft dann zu, wenn das Leistungsprinzip zu schwer zu rechtfertigenden

---

43 Vgl. zur Entwicklung hin zu einem Wertmonoismus auch Kluth 1965, S. 11, sowie Sontheimer 1978, S. 83 ff., zu - nicht zutreffenden - Gegenargumenten.

44 Oft wird der ökonomische Erfolg eines Einzelnen zum äußeren Symbol für eine „Leistung", sowohl in der individuellen Motivation als auch in der Meinung anderer. Betont wird dabei der kurzfristige Erfolg unter Vernachlässigung langfristiger, eventuell negativer Wirkungen und externer negativer Effekte.

45 Es ist auch nicht allein die Positionsbezeichnung, es ist auch das Einkommen, das man erhält und für das man sich Statussymbole entweder mehr oder weniger kaufen kann.

46 Vgl. Hack 1966, S. 30.

sozialen Härten führt [47] und nur die „Leistungsgerechtigkeit" über die Zuteilung von Sanktionen entscheidet. [48]

SCHOECK bezeichnet es als irreführende These, dass der Leistungsdruck der Leistungsgesellschaft die Menschen aufreibe. Es gibt für ihn keinen einheitlichen Leistungsdruck, keine Leistungserwartung für alle, sondern sehr verschieden ansetzende und sich auswirkende Leistungsnormen, denen jeder sich ganz oder teilweise entziehen kann. [49] Trifft diese Behauptung zu? Mehrere Gegenargumente lassen sich anführen, die *negative individuelle Auswirkungen* des Leistungsprinzips zeigen und damit kritische Aspekte seiner Anwendung pointieren:

- Das Modell „Leistungsgesellschaft" geht von gleichen individuellen Startchancen sowie davon aus, dass jeder Einzelne durch seine Teilnahme am Leistungswettbewerb seinen Rang bestimmen kann. Die vorhandene - und noch zu begründende - Diskrepanz zwischen Postulat und sozialer Realität spricht gegen diese Annahme. Gerade diese Diskrepanz ergibt einen Leistungskonflikt: Die Menschen glauben an Leistung als Wert. Sie leben aber in einer sozialen Umwelt, die sich kaum nach diesem Wert richtet. [50]
- Das Leistungsprinzip führt mit dazu, dass Erfolg meist als individuell verursacht verstanden wird. Bei Versagen wird dies - zumindest unbewusst - v. a. der eigenen Unfähigkeit zugeschrieben. Durch diesen Prozess sowie die Konzentration auf materielle Maßstäbe und die Nichtberücksichtigung ungleicher Lebenschancen bürdet die Leistungsgesellschaft den Individuen einen psychologischen Druck auf. [51]

---

47 Daraus würden sich zudem Nachteile für diejenigen ergeben, die unverschuldet nicht in der Lage sind, solche Leistungen zu erbringen. Dies betrifft bspw. auch solche Mitarbeiter, die durch unverschuldete Betriebsunfälle oder durch Berufskrankheiten in ihrer Leistungsfähigkeit eingeschränkt sind - alles Aspekte, die zumindest im Resultat oft eher vom Betrieb zu verantworten sind.

48 Vgl. Bohle 1977, S. 27.

49 S. Schoeck 1977, S. 170.

50 Vgl. Seibel 1973, S. 9.

51 Wenn zudem erfolgreich vermittelt wird, dass jeder seines Glückes eigener Schmied ist, dann wird die Verantwortung für die Stellung eines Menschen im Produktionsbetrieb individualisiert. *HACK* (1966, S. 30) meint dazu sehr treffend: „Indem die Schwarzen Peter so an die Individuen vergeben sind, nimmt es nicht wunder, daß sie schweigen, wenn sie auf ihnen sitzen bleiben - denn sie haben ja keine Ahnung (um im Bild zu bleiben), daß bei der Distribution der Karten gemogelt wurde." Gerade aus der Distanz zwischen Anspruch und Realität resultiert eine Inhumanität. Die „Leistungsgesellschaft" fördert insofern sowohl aufgrund ihrer faktischen Nichterreichung, als auch idealiter inhumane Strukturen und Verhaltensweisen.

- Die mit dem Leistungsprinzip definitorisch notwendige offene Gesellschaft hat einige Konsequenzen. Sie stellt höhere psychische und vielleicht auch ethische Anforderungen an jeden Einzelnen. Da es an eindeutigen Vorgaben, an Orientierungshilfen für die Menschen fehlt, sind Statusunsicherheit und -angst, Rollenkonflikte und Leistungsdruck sowie daraus resultierende Frustrationen und Aggressionen die Folge. [52]
- Würde bspw. das Senioritätsprinzip bei Beförderungen angewendet, so ergeben sich für „ältere" Arbeitnehmer am Ende ihres Berufslebens noch Aufstiegschancen. Es gibt ihnen die Möglichkeit, ihr Leben bis ins späte Alter hinein als sinnvoll wahrzunehmen. Eine solche Schonung gibt es unter nach dem Leistungsprinzip formierten Arbeitsbedingungen nicht. Es hat insofern negative psychologische Auswirkungen. [53]

Die Ausführungen haben beispielhaft gezeigt, dass eine vorbehaltlose Begrüßung des Leistungsprinzips - auch in Betrieben als Mikroleistungsgesellschaften - nicht möglich ist. Dazu sind zu viele negative Begleiterscheinungen mit ihm automatisch verbunden. Es ist jeweils eine Frage der Abwägung der Vor- und Nachteile für jedes einzelne Individuum, um den Grad der Erstrebenswertigkeit festzustellen.

II „Leben wir in einer Leistungsgesellschaft?"

Wenn man die Kritik an einer Leistungsgesellschaft abwägt, so ist weiter zu prüfen, wie die Gesellschaft tatsächlich ausgeprägt ist, ob das Leistungsprinzip wirklich eine dominante Strukturierungskomponente darstellt bzw. wie konsequent das Leistungsprinzip realisiert wurde und was unter Leistung verstanden wird. [54]

Während noch v. a. in den 70er Jahren die Überbetonung des Leistungsprinzips sehr heftig kritisiert wurde, ist heute eher die Rede von einem *Leistungsverfall*. Das, was manche Kritiker der Leistungskritiker beklagen, stellt keineswegs eine

---

52 S. z. B. Seibel 1973, S. 66 f.
53 S. zu *negativen Konsequenzen* auch Heinemann 1972, S. 63 ff.; Young 1961; Schettgen 1996, S. 184 ff.
54 Neben der Diskussion um die tatsächliche Gültigkeit des Leistungsprinzips in unserer Gesellschaft bzw. in Arbeitsorganisationen gibt es auch eine Diskussion um seine subjektive Anerkennung oder Ablehnung. Der Glaube an die Realisierung des Modells der Leistungsgesellschaft ist in industriellen Gesellschaften dominierend und nicht nur auf die oberen Schichten begrenzt. S. Seibel 1973, S. 58 f.

Abkehr von der Leistungsethik als solcher dar. [55] Es ist eher als eine Abkehr von ihrer tayloristischen Gestalt und ihrer ideologischen Funktion zu verstehen.

Betrachtet man die sog. Leistungsgesellschaft, so wird man manches feststellen, was zwar mit Leistung bzw. Leistungsprinzip in Zusammenhang gebracht werden kann, in weiten Teilen der Gesellschaft aber nicht zum Tragen kommt: Arbeitsunwillige Arbeitslose erhalten Arbeitslosengeld, einflussreiche Wirtschaftsmanager/-unternehmungen unterdrücken kleinere, innovative Initiativen, weil sie ihr Erfolgspotenzial möglicherweise beeinträchtigen, im Leistungssport werden Titel und Rekorde mit Dopingmitteln errungen, Positionen in Unternehmungen, Kredite ohne Sicherheiten sowie Lieferaufträge werden aufgrund von Beziehungen vergeben. Oft wird durch den Wohlfahrtsstaat bzw. den Leistungsstaat die „Untüchtigkeit" belohnt, wie z. B. Subventionen und „übertriebene" sozialfürsorgerische Maßnahmen zeigen. Besondere Tüchtigkeit wird etwa durch die progressive Besteuerung „bestraft". All dies sind Beispiele, die das „Leistungsprinzip" als tatsächliches oder gar einziges dominantes Strukturierungsprinzip der Gesellschaft bezweifeln lassen.

Anhand von drei besonders *wesentlichen Aspekten* von Leistungsgesellschaften soll diese Kritik im Folgenden näher ausgeführt werden:
(a) Erfolgs- vs. Leistungsgesellschaft,
(b) Vorhandensein einer Chancengleichheit und
(c) gültige Leistungsmaßstäbe.

Ad (a): *Erfolgs- vs. Leistungsgesellschaft*

Der Leistungsbegriff wird im allgemeinen Sprachgebrauch wie auch in der wissenschaftlichen Terminologie sehr häufig mit Erfolg gleichgesetzt. [56] Es stellt sich daher die Frage, ob die Leistungsgesellschaft faktisch nicht als Erfolgsgesellschaft verstanden wird.[57]

---

55 Wenn auch immer wieder in der Gesamtgesellschaft wie an den Hochschulen der Leistungsschwund, die Abnahme von Leistungsbemühungen und -ergebnissen beklagt wird, so ist doch eine Aussage über das Ausmaß unbekannt. Es fehlt auch an „objektiven" Studienergebnissen, die die These bestätigen könnten und das Ausmaß wiedergeben.

56 S. hierzu die Diskussion in Teil 2 A u. B dieser Arbeit.

57 S. hierzu auch Neckel 2001.

Die *historische Analyse* der Beziehungen zwischen Leistung und Erfolg zeigt die - fast untrennbare - Verbundenheit der beiden Begriffe. [58] Zunächst wurde die Leistung als identisch mit Erfolg angesehen. Der Inhalt des Leistungsbegriffs bestimmte den Inhalt des Erfolgsbegriffs. Kein Erfolg war ohne Leistung möglich und umgekehrt. Im Laufe des 20. Jahrhunderts hat sich eine Bedeutungsänderung vollzogen. Es ergab sich allmählich eine inhaltliche Überlagerung der Bedeutung des Erfolgs- über den Leistungsbegriff. Nun ist dem Verständnis von Leistung der Erfolg implizit; d. h. der Inhalt des Erfolgsbegriffs bestimmt den Inhalt des Leistungsbegriffs und somit: Es gibt keine Leistung ohne Erfolg. Was zählt ist letztendlich der Erfolg. Nur was Erfolg hat, gilt als eine Leistung. [59] Diese funktionale Verknüpfung führt zur ideologischen Legitimierung von Erfolg und zwar durch seine Identifizierung mit Leistung, welche nicht mehr faktische, sondern nur noch ideologische Vorbedingung ist. [60]

Zur Aufschlüsselung des Verhältnisses der Begriffe „Leistung" und „Erfolg" hilft die bereits angesprochene Differenzierung in Leistungs- und Erfolgstüchtigkeit. [61] Unter Leistungstüchtigkeit wird dabei das sachgerechte Erstellen von Gütern, unter Erfolgstüchtigkeit die Fähigkeit zur Vermarktung dieser Güter - oder auch sich selbst - mit nachfolgendem Markt- bzw. Unternehmungserfolg verstanden. Für *GEBAUER* sind „'Leistung' und 'Erfolg' .. unlöslich miteinander verbunden, sie sind zwei Aspekte des selben Vorganges: Erst *im 'Erfolg'* wird eine 'Leistung' konstituiert, und nur *durch eine 'Leistung'* ist ein 'Erfolg' möglich. Aus diesem Grunde ist eine 'Leistungsgesellschaft' notwendig eine 'Erfolgsgesellschaft'." [62]

---

58 RISCHIN (1965) dokumentiert die Entwicklung an den USA; zitiert nach Seibel 1973.
59 S. auch Seibel 1973, S. 63; Lamprecht 1964.
60 Auf diesen ideologischen Charakter der Bedeutungsverbindung weist die historische Entwicklungsanalyse der Begriffe Leistung und Erfolg deutlich hin. S. auch Seibel 1973, S. 63 f. *WILLIAMS* (1953, S. 85 f.) spricht von der „zentralen Ausrichtung" der amerikanischen Gesellschaftskultur auf die persönliche Leistung und da insbesondere auf die „profane Berufsleistung". Für ihn ist das relativ auffallendste Merkmal der amerikanischen Kultur die Tendenz, die persönliche Qualität mit der beruflichen Leistung zu identifizieren. Nicht die gesamte Persönlichkeit, sondern speziell die „objektiven" Ergebnisse der wirtschaftlichen Tätigkeit gelten als beherrschendes Merkmal der Statusverteilung. Nach einer Thematisierung der Frage von Moral und Erfolg, also der Zweck/ Mittel-Relation, kommt er zu dem - durchaus zu bezweifelnden - Schluss „..., daß das Erfolgsschema noch immer mit der Leistung verbunden ist, dass die Leistung in Beziehung zur Arbeit steht und daß im Begriff der Arbeit ein fast organischer Komplex ethischer Werte verankert ist." (S. 387)
61 Vgl. Ichheiser 1930; Gebauer 1972, S. 188 f.; sowie Teil 2 A III 3 dieser Arbeit.
62 Gebauer 1972, S. 188 f. S. zur Kritik auch Bohle 1977, S. 21.

3. Teil: Zum Leistungsprinzip in Betrieben

In den westlichen Gesellschaften reicht es nicht aus, eine „gute" Leistung zu erbringen. Sie muss auch den für die Honorierung des Verhaltens und der Verhaltensergebnisse relevanten Instanzen verdeutlicht werden. Erfolg bedeutet i. Allg., dass ein Handeln sich im Ergebnis durchsetzt. [63] Keine Handlungsweise ist dabei von vornherein und an sich erfolgsrelevant. Über Erfolg oder Misserfolg entscheidet letztendlich die Beurteilungsinstanz bzw. das geltende Normensystem. [64]

Der - analytische, nicht unbedingt wahrgenommene - Unterschied zwischen „Leistung" und „Erfolg" lässt sich am Beispiel der *Marktwirtschaft* nachweisen. [65] Im Konkurrenzmodell der Marktwirtschaft geht man davon aus, dass das beste Ergebnis am höchsten bewertet und belohnt wird. Damit wird von vornherein faktisch nur das Erfolgsprinzip verfolgt. In den realexistierenden Marktwirtschaften besteht zudem weder vollständige Konkurrenz noch vollkommene Konsumentensouveränität: Die Sanktionen werden durch den Marktmechanismus unter den Bedingungen unvollständiger Konkurrenz von einigen Zufälligkeiten und gelungenen Präsentationen abhängig. [66] Da gerade in Volkswirtschaften der ökonomische Erfolg von der jeweiligen Knappheit eines Produktes bzw. einer Arbeitskraft abhängt, kann er nicht direkt zur „Leistungs"-Erbringung in Bezug gebracht werden. [67]

Man kann die Ansicht vertreten, dass sich der *soziale Status* zumindest in den westlichen Ländern nach dem Erfolg einer Handlung richtet. Nicht die Qualität der

---

63   Statt des hier verwendeten Terminus „Handlung" könnte man den der „Leistung" verwenden. In dem gerade diskutierten Zusammenhang erscheint es jedoch aufgrund des konstatierten begrifflichen Zusammenhalts von „Leistung" und „Erfolg" sinnvoll, einen neutraleren Begriff zu wählen.

64   Vgl. Braun 1977, S. 197. Dies lässt sich auch auf Betriebe übertragen. Über den Erfolg entscheiden in letzter Konsequenz die Kunden als Beurteilungsinstanz. Voraussetzung für diesen Erfolg ist die Gestaltung der Sach- und Dienstleistungen im Hinblick auf die Kundenbedürfnisse als bestehende Zielvorstellungen.

65   Vgl. hierzu auch Bohle 1977, S. 22 f.; Seibel 1973, S. 63 f.

66   Dadurch wird nicht die ursprüngliche „Aktionsleistung", sondern die am Markt durchgesetzte bevorzugt. Ähnliches trifft auf einen dynamischen Karrieretyp zu, welcher, mit Hilfe von Ellenbogen und geschickter Präsentation seiner - guten oder auch weniger guten - Aktionsleistungen, Gratifikationen erhält.

67   Hiermit sind nicht solche Handlungen angesprochen, die beruhend auf dem Erkennen von Knappheit Ressourcen umleiten und dadurch diese nutzen. Es soll nur gesagt werden, dass nicht jeder durch einen Nachfragemarkt erreichte Erfolg auf besondere Leistungen der Anbieter zurückzuführen ist.

Leistung an sich zählt, sondern ob sie erfolgreich war. [68] Die starke Ausrichtung auf eine am bloßen Wachstum orientierte Leistungssteigerung, also auf v. a. quantitativ erfassbare, materielle Ziele und die damit verbundene Vernachlässigung qualitativer Aspekte forciert Einseitigkeiten des Leistungsprinzips. [69] Es zählt nur der quantitativ messbare und erreichte Erfolg. In einer Gesellschaft, wo nicht mehr die Leistung an sich, sondern nur noch der Erfolg der Leistung gilt bzw. anerkannt wird, kann man nicht mehr von einer Leistungsgesellschaft, sondern allenfalls noch von einer Erfolgsgesellschaft sprechen. In ihr werden auch „Präsentationsleistungen", die u. U. nicht auf wirklichen „Aktionsleistungen" beruhen (= Scheinleistungen), sowie erschlichene Leistungen, die auf den Aktionsleistungen anderer Personen beruhen, [70] gratifiziert. Nicht die aktiv vollbrachten Leistungen (= Tätigsein) entscheiden über die Sanktionen, sondern nur die anerkannte Präsentation von Ergebnissen bzw. die innerhalb einer Leistungsnorm fallenden Leistungsergebnisse, also Erfolge. Dies stellt auch *LENK* kritisch fest: „Die persönlich wirklich vollbrachte Leistung ist weniger der Maßstab für die Einordnung in soziale Ränge als eher die *soziale* Wirklichkeit von Leistungen, der Erfolg oder gar der Schein der Leistung, die Publizität vermeintlicher Leistungen. Erfolg wird (manchmal nachträglich) als Leistung ausgegeben. Erfolg zu haben - selbst schon Leistung?" [71] *BOHLE* fügt hinzu: „Wo einem Erfolgsstreben um jeden Preis keine moralischen Schranken gesetzt sind, dort erscheint es nicht gerechtfertigt, von einer reinen Leistungsgesellschaft zu sprechen. Ausführungsbezogene Leistung tritt dort zu Gunsten anderer Erfolgsstrategien zurück, und der Einzelne wird nicht allein nach seiner Leistung honoriert." [72] Die Bezeichnung „Leistungsgesell-

---

68 Zu dieser Entwicklung meint *WURM* (1978, S. 7), dass es die wissenschaftliche Betriebsführung war, die zu der Verengung des Leistungsbegriffs auf das zähl- und messbare Ergebnis und damit zu entpersönlichten Anstrengungen des einzelnen Arbeitnehmers entscheidend beitrug. *LAMPRECHT* (1964) führt an, dass der Ideologie der Erfolgsgesellschaft die Faszination des Quantitativen zugrunde liegt. Er baut u. a. darauf seine vehemente Kritik an der Erfolgsgesellschaft auf.

69 Hier ließe sich insbesondere die Unmenschlichkeit eines vollkommenen Leistungsprinzips als Verteilungskriterium in einer Gesellschaft anführen, wie sie sehr deutlich in dem utopischen Roman von *YOUNG* (1961) zum Ausdruck kommt.

70 Hier sind bspw. solche Leistungen der Untergebenen angesprochen, die die Vorgesetzten als ihre eigenen Leistungen nach „oben" weitergeben, ohne auf den Anteil ihrer Mitarbeiter hinzuweisen.

71 Lenk 1971, S. 83.

72 Bohle 1977, S. 23. Vgl. auch Vonessen 1975, S. 72. Der fast ausschließliche Ziel- bzw. Erfolgsbezug vernachlässigt die Beurteilung der Mittel im Leistungsprozess. Dies führt mit dazu, dass vielfach der „Zweck die Mittel heiligt" und unethische Handlungsweisen nicht weiter thematisiert werden, so lange der Erfolg erreicht wird. Dadurch werden den Handelnden Möglichkeiten offen gelassen, durch Betrügereien, Intrigen u. a. m. die ak-

schaft" ist - so belegen die Ausführungen - daher weitgehend unangemessen. Wenn überhaupt, so ließe sich von einer Erfolgsgesellschaft sprechen. [73]

Ad (b): <u>Vorhandensein von Chancengleichheit</u>

Zur These des Vorhandenseins der Chancengleichheit in den westlichen Industrieländern lassen sich zumindest drei *Gegenargumente* aufführen:

Die Annahme des Vorhandenseins einer Leistungsgesellschaft unterstellt *zum Ersten* implizit, dass die objektiven Verhältnisse gerecht sind, weil jeder nur nach seiner Leistung Chancen und Sanktionen erhalten hat bzw. erhält. Es wird zwar die Verteilung von Sanktionen nach dem Leistungsprinzip behauptet, traditionelle Allokationsmuster, insbesondere der vererbte Besitz an Produktionsmitteln, der schichtenspezifische Zugang zu Bildungsinstitutionen sowie der starke Bezug formaler Qualifikationen zu bestimmten Positionsebenen in Wirtschaft und Verwaltung und dadurch zu bestimmten Berufsrollen sind erhalten geblieben. [74] Gleiche Lebenschancen, als eine Voraussetzung zur Realisierung des Leistungsprinzips, erscheinen insofern nicht gegeben. Viele Individuen sind gerade deswegen dem Leistungsprinzip gegenüber misstrauisch geworden. „Es" hat es nicht geschafft, gleiche Startbedingungen anzubieten. Auch wenn nach den Gleichheits- und Freiheitsrechten gesellschaftliche Chancen niemandem formal verwehrt sind, so ist ihre Verwirklichung faktisch aber an Voraussetzungen gebunden.

Leistung beinhaltet *zum Zweiten* immer Sozialisations- und Begabungskomponenten. Konkrete individuelle Handlungs- und Entfaltungschancen hängen daher weitgehend von den schichtenspezifischen und familiären wirtschaftlichen und kulturellen Bedingungen ab. Eine vollkommen gleiche Leistungsfähigkeit, selbst bei Verwirklichung einer Startgerechtigkeit aufgrund biologischer Unterschiede und

---

zeptierten und positiv bewerteten Leistungen zu erreichen. Das Risiko, im Falle des Misserfolges wegen der angewendeten Praktiken negativ sanktioniert zu werden, ist oft gering, in seinen Wirkungen selten nachhaltig und nach außen notwendige Spielregel. S. auch Teil 2 C II dieser Arbeit.

73 Das Leistungsprinzip hat in Gesellschaften, die sich als Leistungsgesellschaft verstehen, eine Alibifunktion: „Man gibt vor alles leisten zu wollen, und wünscht in Wahrheit, sich alles leisten zu können." Vonessen 1975, S. 72, Anm. 16.

74 Vgl. Offe 1977, S. 89 ff.

wegen ungleicher Zufälligkeiten im Lebenslauf, kann nicht erreicht werden, ganz abgesehen davon, ob es erstrebenswert wäre, dies zu erreichen. [75]

Zum Dritten führt auch die Nichtberücksichtigung von externen, faktisch geltenden einschränkenden bzw. fördernden Leistungsbedingungen (in Betrieben z. B. Ressourcenknappheit, wenig konkurrenzfähige Produkte; in Volkswirtschaften z. B. geltende Wettbewerbsbedingungen/-beschränkungen, Macht alteingesessener Unternehmen) dazu, dass das Leistungsprinzip nicht in einer reinen Form angewendet wird bzw. werden kann. Es bestehen dadurch jeweils unterschiedliche Chancen zur Leistungserbringung.

Ad (c): *Gültige Leistungsmaßstäbe*

Das Prinzip einer Leistungsgesellschaft („Jedem nach seiner Leistung!") lässt sich nur dann vollständig verwirklichen, wenn
- der zentrale Orientierungspunkt, der Leistungsbegriff, einheitlich definiert sowie überall anwendbar wäre,
- das Maß der Leistung sich einheitlich ermitteln ließe,
- festgelegt ist, was als positive und negative Sanktion gilt und
- bekannt ist, welche Beziehung zwischen Sanktionen und den Leistungen, also welches Leistungsbezogene Sanktionsschema, gelten soll. [76]

Einige Kritikpunkte an der tatsächlichen Realisierung dieser Aspekte sind im Folgenden skizziert, die jeder für sich einer *Realisierungsmöglichkeit* des Leistungsprinzips entgegenstehen:
(1) In einer Gesellschaft, in der das Leistungsprinzip gelten soll, um gesellschaftliche Ungleichheiten (Sanktionen) legitimieren und Chancengleichheit gewährleisten zu können, bedarf es eines weitgehenden Einverständnisses darüber, was unter Leistung verstanden wird. Ansonsten ergeben sich Inkonsistenzen bei der Sanktionierung. Es gibt aber keinen einheitlichen *Leistungsbe-*

---

75 Daher wird bei der Anwendung von Erfolgsmaßstäben derjenige „schlechter" behandelt, der die gleiche Leistung nur mit größerer Mühe oder mit geringerer Arbeitsfreude erbringt bzw. mit gleicher Anstrengung nur einen geringeren Erfolg bewirkt. Würde man sich allein auf einen solchen anstrengungszentrierten Leistungsbegriff stützen, so hätte es zur Folge, dass derjenige, der sich mehr anstrengt auch bei gleichem Leistungsergebnis höhere positive Sanktionen erhalten müsste, als derjenige, der sich geringer angestrengt hat. Dies wäre paradox!

76 S. hierzu auch Helfert 1974, S. 10 f.

griff. Was jeweils als Leistung gilt bzw. was Leistung „ist", ist davon abhängig, was die maßgeblichen Personen der jeweiligen eigenen Bezugsgruppe als Leistung bezeichnen, anerkennen und durchsetzen. [77]

(2) Es liegt kein überall anwendbarer *Leistungsmaßstab* vor, der die soziale Differenzierung glaubwürdig weder in der Vergangenheit und Gegenwart noch für die Zukunft begründen kann. [78] Die verwendeten Leistungskriterien müssen unterschiedlich sein, um adäquat die unterschiedlichen, möglichen Leistungsziele bzw. die Art der abverlangten Leistungen angemessen erfassen zu können. Vergangene Leistungen sagen zudem prinzipiell nichts über die - möglichen - Leistungen auf einer anderen Position, in der Zukunft, mit anderen Personen und damit anderen Bedingungen aus. [79] Einheitliche Maßstäbe verfälschen eher die Beurteilung von Leistungen. Sie sind daher nicht geeignet, das Leistungsprinzip durchzusetzen. Es bedürfte einer Beurteilungsinstanz, die in der Lage ist, „objektiv" die erbrachten individuellen Leistungen anhand eines konsistenten Systems von Leistungsmaßstäben wahrzunehmen, zu bewerten und äquivalente Sanktionen dafür bereitzustellen. Diese liegt in der Realität nicht vor. [80]

---

77 S. auch Heid 1973, S. 897 sowie die Diskussion in Teil 2 der Arbeit. Die - betrieblichen - Mechanismen zur Definition desjenigen, was jeweils als Leistungsziel gilt (und infolge, welche Kriterien zur Beurteilung verwendet sowie wann Entgelte für „Leistungen" gewährt werden) schließen eine große Anzahl der Betroffenen von der Entscheidung aus. S. auch Vetter 1974, S. 20. Es kann allerdings auch sein, dass die gleiche „Leistung" von den Mitgliedern verschiedener Bezugsgruppen (Vorgesetzte, Kollegen, Familie, Gewerkschaft) unterschiedlich bewertet wird.

78 Warum liegen bspw. die Einkommen von angestellten Managern sowie von „guten" Bundesligafußballspielern über denen bspw. des Bundeskanzlers? Zur „Leistungsgerechtigkeit" der Verteilung des Einkommens zwischen Kapitaleigner und Arbeitnehmern lassen sich v. a. zwei weitere kritische Einwände formulieren: (1) Dividenden und Wertzuwächse der Anteile stehen in keiner Beziehung zu einer Leistung der Kapitaleigner. Es bedarf eines sehr weiten Verständnisses des Leistungsbegriffs, um die „Investition an erfolgsträchtiger Stelle" oder das „Tragen von Kapitalrisiko" als Leistung im Sinne des Leistungsprinzips bezeichnen zu können. (2) Der Markterfolg kann durchaus ein sinnvolles Kriterium der Leistung (bspw. für Unternehmer) sein. Zu beachten bleibt aber, dass viele Märkte durch staatliche und unternehmensspezifische Eingriffe ihre Fähigkeit zum Erfolgsbarometer eingebüßt haben. Die liberale Marktvorstellung ist eine Fiktion. Angebot und Nachfrage sind keine tatsächlichen Leistungsparameter. S. ähnlich Bolte 1979, S. 38.

79 Das „*Peter-Prinzip*" pointiert deutlich diesen Sachverhalt.

80 Selbst wenn ein objektives Beurteilungssystem (wie auch die menschliche Kompetenz dafür) möglich wäre, dann besteht noch das Problem, ob sich auch tatsächlich an Leistungskriterien gehalten wird.

(3) Was als positive oder negative *Sanktion* zu verstehen ist, ist kulturell und individuell unterschiedlich. Diese Unterschiedlichkeit führt in Gesellschaften dazu, dass die Verteilung von bestimmten Sanktionen jeweils unterschiedliche Bedeutungen für die Individuen und Bezugssysteme hat und insofern unterschiedliche Wirkungen zeigt.

(4) Eine verwendungsfähige *Leistungsskala* liegt weder für die Gesellschaft noch für Betriebe vor und kann auch nicht vorliegen. [81] Die Berufssphäre mag zwar am meisten vom Leistungsprinzip betroffen sein, schließlich gilt berufliche(r) Leistung bzw. Erfolg als Schlüssel für den gesellschaftlichen Erfolg. [82] Zu berücksichtigen bleibt aber, dass gerade die hochkomplexen und entpersonalisierten Arbeitsprozesse eine Demonstration von „Leistung" verwehren. In den heutzutage oft sehr komplexen, arbeitsteiligen und kaum überschaubaren Arbeitsprozessen und/oder in Großbetrieben ist die Verteilung von Sanktionen nach Maßgabe der individuellen Leistung eine Fiktion. Die Arbeitsergebnisse sind in den meisten Bereichen durch kollektive Anstrengungen und kooperative Arbeitsweisen entstanden. Damit entfällt prinzipiell die Grundlage einer individuellen Zurechnung von Leistung und Sanktion. Das Leistungsprinzip in seiner Urform verliert von seinem Charakter, wenn Gruppen-/Teamarbeit gefordert wird. [83] Die Bürokratisierung und Formalisierung in Großbetrieben tut ein übriges, um mit Hilfe des „Gießkannenprinzips" Sanktionen „Leistungsgerecht" zu verteilen. [84]

Als vorläufige *Schlussfolgerung* aus der obigen Diskussion lässt sich folgendes festhalten:

---

81   S. Offe 1977, 1977a, S. 111 f.

82   In solchen Fällen kann z. B. ein demonstrativer Konsum quasi kompensativ diese Funktion übernehmen - sofern weiter gilt, dass die Konsumkraft direkt an die Leistungsfähigkeit in der Berufssphäre gebunden ist. In Anlehnung an Bamberg 1979, S. 29.

83   Nicht die individuelle Leistung zählt bei der Verteilung, sondern das Zusammenwirken der individuellen Leistungen. (Das wiederum kann an sich eine andere Leistung darstellen!) Mit fortschreitender Industrialisierung wurde die funktionale Manager-Leistung von der Kapital-Leistung getrennt. Hinzu kam, dass die fortschreitende Arbeitszerlegung und die komplexen Prozesse die Leistung des Einzelnen undurchsichtig machte. Produktive Leistung wurde meist erst im Endergebnis eines langen und sehr komplizierten Prozesses sichtbar.

84   Ein gutes Beispiel sind auch die Praktiken der Leistungszulagen auf Basis einer Leistungsbeurteilung. Politische Entscheidungsprozesse (Wie reagieren die Mitarbeiter?, Zuteilung einer Höchstsumme, Vorgabe einer Normalverteilung u. a. m.) und nicht die individuelle Leistung geben jeweils den Ausschlag bei der Beurteilung.

Das Kriterium „Leistung" ist die Legitimationsbasis für die unterschiedliche Ausstattung der gesellschaftlichen Positionen mit Macht, Einkommen und Status. Die Kritik an diesem Verteilungskriterium stellt insofern die Grundlage der Leistungsgesellschaft in Frage, nämlich die Funktionalität wie auch die Gerechtigkeit des Leistungsprinzips. [85] Insofern hat auch die Diskussion diese Grundlage in verschiedener Hinsicht in Frage gestellt: Wenn überhaupt, dann kann man von einer Leistungsgesellschaft nur im Sinne einer Erfolgsgesellschaft sprechen, da der Erfolg konstitutives Element im Leistungsverständnis ist. Eine reale Leistungsgesellschaft liegt auch allein wegen unterschiedlicher Chancen sowie wegen dem Nichtvorliegen eines funktionierenden Leistungs-/Sanktionssystems nicht vor. [86]

Wenn das Leistungsprinzip faktisch nicht gilt, wird es - idealiter - als Norm sinnlos. Da es aber noch immer propagiert <u>und</u> als existent angesehen wird, ergibt sich ein Funktionswandel, [87] der von *OFFE* sehr scharf kommentiert wird: „[A]us einem Verfahren zur Allokation unterschiedlicher individueller Arbeitskraft, das unter frühindustriellen Bedingungen ... Rationalität beanspruchen konnte, entsteht eine Disziplinierungstechnik, welche die Loyalität mit herrschenden Interessen und Lebensformen prämiert ... und den Schein einer objektiven oder 'technischen' Begründbarkeit organisatorischer Hierarchien hervorbringt und stabilisiert." [88] Durch die Aufrechterhaltung des Postulats „Leistungsprinzip" wird die *Fiktion* erzeugt, dass alle Personen ihren möglichen Aufstieg letztlich in der eigenen Hand haben. Der Begriff der Leistungsgesellschaft repräsentiert insofern tatsächlich eher eine Ideologie, als dass er unterstellt, dass Personen ihre sozialen Positionen bzw. ihre erhaltenen Sanktionen, allein ihren eigenen Leistungen zu verdanken haben. Die individuelle Leistung wird zum einzigen öffentlich anerkannten Einstufungs- und Sanktionskriterium erklärt. Das Prinzip der Leistungsgerechtigkeit stellt daher eine regulative Idee bzw. eine Art normative Orientierungsmarke dar. [89] Normativ ist es insofern, als dass es einen Idealzustand einer Gesellschaft beschreibt, in der größtmögliche Verteilungsgerechtigkeit herrscht. Dieser „Idealzustand" ist jedoch nicht erreicht. [90]

---

85 Vgl. Helfert 1974, S. 3.
86 S. zu einer ähnlichen Diskussion auch Schettgen 1996, S. 188 ff.
87 Als Idealziel kann es selbstverständlich nach wie vor einen Sinn haben.
88 Offe 1977, S. 166.
89 Vgl. Bonß/Dubiel 1987, S. 47.
90 Unterschiedliche Sanktionen für „gleichartige" Leistungen können auch darin begründet sein, dass mit ihnen Signale dafür, in welchen Richtungen und wo Leistungen besonders erwünscht oder benötigt sind, verbunden seien (Quasi-Ungerechtigkeit im betriebswirtschaftlich zielgerichteten Sinne).

Es kommt vielfach auch nicht auf die tatsächliche Geltung des Leistungsprinzips an, sondern darauf, dass in der Gesellschaft die Meinung vorherrscht, das Leistungsprinzip sei das dominierende Ordnungsprinzip. [91] Die reale „Leistungsgesellschaft" fußt insgesamt gesehen daher weniger auf den tatsächlichen Verhältnissen der Leistungs-/Belohnungs-Beziehungen, sondern vielmehr auf einer Idealvorstellung, die als Ideologie auf die soziale Realität einwirkt und „normativen, verhaltensregulativen Charakter" [92] hat.

III „Ist eine Leistungsgesellschaft realisierbar?"

Die strikte Anwendung des Leistungsprinzips als dominierendes Strukturierungsprinzip einer Leistungsgesellschaft erscheint aus verschiedenen Blickwinkeln nicht realisierbar zu sein. Aus einigen Argumenten des vorhergehenden Abschnitts sind bereits Hinweise für diese These ersichtlich: Manche Voraussetzungen sind nicht hinreichend gegeben. Einige *wesentliche Probleme* um diese Voraussetzungen werden daher - ergänzend zu den Argumenten um die tatsächliche Geltung des Leistungsprinzips - nachfolgend skizziert: [93]

- Die Anwendbarkeit eines weitgehend einheitlichen Leistungsbegriffs setzt ein Mindestmaß von tatsächlicher und wahrgenommener Ähnlichkeit der jeweiligen Elemente voraus, so dass es möglich wäre, die Leistung auf einem hierarchischen Kontinuum abzubilden. [94] Die überaus zentrale Frage nach einem (vergleichbaren) Kriterium der Leistung, nach einem Leistungsmaßstab ist - wie bereits angesprochen - ungeklärt. Erschwert wird dies ferner durch die in den skizzierten Funktionen des Leistungsprinzips implizit unterschiedlichen Leistungsbegriffe. In der Entschädigungs- und der Äquivalenzfunktion wird Leistung unter dem Aspekt des individuellen Aufwandes bzw. der subjektiven Kosten betrachtet. Bei der Produktivitäts-, der Funktionalitäts- und der Allokationsfunktion handelt es sich beim Leistungsverständnis dagegen um den wirtschaftlichen Ertrag der Arbeit. [95] Selbst wenn es möglich wäre, eine Skala zu bilden, auf welcher der Leistungswert jedes einzelnen Positionsinhabers abgebildet werden kann, so würde sich die Reihenfolge wesentlich än-

---

91 S. Assländer 1982, S. 30 f.
92 S. Seibel 1973, S. 15.
93 Gewisse Überschneidungen zwischen diesen beiden Abschnitten sind aus Gründen der differenzierenden Analyse in Kauf genommen worden. Dieses Manko wird durch die Pointierung der beiden unterschiedlichen Fragestellungen mehr als ausgeglichen.
94 Vgl. Offe 1977, S. 48.
95 Andere Funktionen sind weder dem einen noch dem anderen Verständnis zuzuordnen.

dern, je nachdem ob man sie mehr unter dem Aufwands- oder dem Ertragsaspekt gestaltet. Das Leistungsprinzip selbst beinhaltet also einen Konflikt bzw. einen „*unausgetragenen Dualismus von Leistungskriterien*". [96]

- Das jeweils „geltende" Leistungsschema ist nicht kodifiziert, sondern jeweils Ergebnis eines dynamischen, weitgehend ungelenkten Prozesses mit zeitlichen und regionalen Unterschieden. Das gleiche *Leistungsschema* kann daher als einheitliche Grundlage für eine Gesamtgesellschaft zu allen Zeiten nicht gültig sein. Und nur in diesem Falle könnte man ex definitione von einer reinen Leistungsgesellschaft sprechen.

- Ein *Beurteilungsverfahren* zur Leistungserfassung müsste Aussagen über die qualitativen und quantitativen Arbeitsergebnisse der Personen (= Leistungsbeurteilung) sowie über deren Eignung für die zukünftig in Betracht kommenden Positionen (= Potenzial-, Karriere- oder Verwendungsbeurteilung) machen können. Dabei sind v. a. Leistungskriterien und nicht Eigenschaftsmerkmale, Gruppenanpassung u. Ä. zu berücksichtigen. Bislang ist ein solches umfassendes Beurteilungsverfahren nicht bekannt. [97]

Die bestehenden Gesellschaftsstrukturen drängen die Frage auf, ob die Gesellschaft in der Lage sein kann, eine Verteilungsgerechtigkeit nach dem Leistungsprinzip zu gewährleisten. Eine *perfekte Leistungsgesellschaft* wäre zudem eine „unmenschliche Gesellschaft". Sie müsste bislang noch nicht vorhandene Mechanismen erfinden, die zu jeder Zeit, intra- wie intergenerationell, jedem Individuum gleiche Chancen bieten. Nur die kompetenteste Person würde für eine Position ausgewählt, und man würde diese Position nur so lange ausüben, wie man tatsächlich das kompetenteste Individuum wäre: „Der totale Wettbewerb, der Berufskampf aller gegen

---

96 Es besteht folgendes Dilemma: Bevorzugt man das Ertragskriterium, so gerät man in die logischen und empirischen Probleme, die das Versagen des Grenzproduktivitätstheorems zum Ergebnis gehabt haben. Es ist ein unlösbares Problem der individuellen Zurechenbarkeit von Leistung in einem komplexen System. (S. auch Széplábi 1974, S. 305.) Bevorzugt man demgegenüber das Aufwandskriterium, so werden diejenigen Positionen unvergleichbar, welche eher auf Konformität mit normativen Orientierungen als auf die individuelle Aufwendung materieller oder immaterieller Kosten beruhen.

97 S. hierzu die Diskussion in Teil 5 dieser Arbeit. Geistige Tätigkeit ist nicht leicht beobachtbar. Liegt hier generell nicht das Leistungsprinzip zugrunde? Leisten nur die Mitarbeiter, die von 9-20 Uhr im Betrieb sind, oder können nicht auch die leisten, die ihre Beine auf dem Tisch liegen haben? In Anlehnung an Hoefert 1979, S. 16. Am letztgenannten Beispiel wird deutlich, dass die zur Beurteilung einer Leistung hilfsweise herangezogenen Kriterien sich zumeist auf beobachtbare Tatbestände beziehen. Erholungshaltungen zählen i. Allg. nicht als Leistungskriterien, im Gegenteil, sie stehen für Faulheit und Nicht-Leisten. Selbst gut bewertete Leistungsergebnisse im Anschluss können nicht die Signalwirkung nicht endgültig korrigieren.

alle wäre institutionalisiert." [98] Mit diesen Aussagen ist die normative Forderung nach der absoluten Geltung des Leistungsprinzips entwertet, weil es ein unbrauchbares Ziel darstellen würde. Lediglich Relativierungen hinsichtlich des Geltungsgrads des Leistungsprinzips bzw. der Leistungsgesellschaft sind dadurch noch möglich.

E Schlussfolgerungen für die Mikroleistungsgesellschaft „Betrieb"

Die Prüfung des Modells „Leistungsgesellschaft" sowie des „Leistungsprinzips" hat bez. seiner Konsistenz, Funktionsfähigkeit und Realisierung zu einem *negativen Ergebnis* geführt. In weiten Bereichen der Gesellschaft, volkswirtschaftlich wie betriebswirtschaftlich, hat das Leistungsprinzip gar keine oder nur eine eingeschränkte Gültigkeit. Die Selbstdarstellung als Leistungsgesellschaft entspricht zumindest nicht vollends der Wirklichkeit. Für die Bestimmung der materiellen, sozialen und gesellschaftlichen Statusbedingungen der arbeitenden Menschen werden vielfach andere, Leistungsfremde Kriterien verwendet. Das ist hinsichtlich mancher skizzierter Wirkungen einer reinen Leistungsgesellschaft verständlich. Sowohl aus dieser Argumentation, als auch aus den angeführten ideologiebezogenen Gründen, ist die Kritik am Leistungsprinzip und an der Leistungsgesellschaft nachvollziehbar.

Die bisherigen Ausführungen haben - hinsichtlich der gesamten Themenstellung dieser Arbeit - gezeigt, dass es prinzipiell schwierig sein wird, Leistungsbeurteilungsverfahren hinsichtlich ihrer Angemessenheit zu bewerten, wenn bereits das ihnen zugrunde liegende Postulat der Leistungsorientierung in sehr vielen Fällen weder realisiert ist, noch idealiter realisiert werden kann. Sofern als Idealziel in der Gesellschaft im Allgemeinen und in Betrieben im Speziellen weiterhin ein Leistungsprinzip postuliert und umgesetzt wird, sind weitergehende Ausführungen auch praktisch sinnvoll. [99]

---

98 Seibel 1973, S. 142. Auch die entgegengesetzte Alternative einer perfekten Leistungsgesellschaft, also die Organisation gesellschaftlicher und sozialer Beziehungen ohne jegliches Leistungsprinzip, fasst er - zu Recht - als ebenso unmenschlich auf. Vgl. auch Hartfiel 1977, S. 42.

99 Die spätere Diskussion um Beurteilungsprobleme und Leistungsbeurteilungsverfahren würde sich zudem selbst dann nicht erübrigen, wenn die bisherigen Ausführungen eine Absurdität oder die völlige Nichtexistenz des Leistungsprinzips aufgedeckt hätten. Sie würden dann jeweils „nur" Argumente für oder gegen diese Elemente diskutieren.

Eine begründete punktuelle Argumentation gegen das Leistungsprinzip bedeutet keineswegs gleichzeitig, dass das Prinzip - zumindest als Ziel - vollkommen abgelehnt wird oder abgelehnt werden müsste. Notwendige Arbeit und Leistungen wird es in jeder Gesellschaft geben müssen. Es kann daher nicht als Ziel verfolgt werden, Leistung als solche abzuschaffen. [100] Von daher ist es bei Befürwortern wie Gegnern eigentlich unbestritten „..., daß unsere Gesellschaft eine Leistungsgesellschaft ist, einerlei ob dies bedauert oder begrüßt wird." [101] Diese Annahme begründet sich auf folgenden *Argumenten*:

- Selbst wenn man sich der Kritik an der durchgängigen Gültigkeit des Leistungsprinzips in unserer Gesellschaft anschließt, so kommt man nicht umhin festzustellen, dass ein relativ hoher bzw. ein höherer Geltungsgrad des Leistungsprinzips als vor der Jahrhundertwende vorherrscht.

- Für die westlichen Industrieländer lässt sich ohne weiteres feststellen, dass das Leistungsprinzip in hohem Maße institutionalisiert und prinzipiell akzeptiert ist sowie damit auch das menschliche Verhalten weitgehend durch Leistungsbedürfnisse motiviert wird. Trotz „vorhandener traditioneller Mobilitätsbarrieren" [102] besteht die Möglichkeit zum sozialen Aufstieg und Abstieg durch persönliche Leistung. Hieran ändert grundsätzlich auch die Berücksichtigung des Sozialprinzips oder die Bürokratisierung in vielen Teilen der öffentlichen Verwaltung wie der privaten Wirtschaft nichts. [103] Nur die postulierte Dominanz des Leistungsprinzips ist nicht zu erkennen. Seine tatsächliche Umsetzung hängt im Einzelfall von Zweckmäßigkeitsüberlegungen der jeweils einflussreichen Individuen und Institutionen ab.

- Es erscheint nicht vorstellbar, dass eine Gesellschaft (oder gar ein Betrieb) ohne Leistungserbringung existieren könnte. [104] Es besteht ein weit-

---

100 Der Kritik (bzw. den Kritikern) geht es v. a. darum, die Ideologie der Leistungsgesellschaft und ihre Begleiterscheinungen aufzudecken. S. auch Moser 1972, S. 211.
101 Wurm 1978, S. 8.
102 So umschreibt *REIMANN* (1974, S. 93) die Auswirkungen der bestehenden Machtverhältnisse.
103 Oft werden gerade die USA als eine Gesellschaft angesehen, in der Leistung als Wert, Norm und Glaubensvorstellung einen zentralen Platz einnimmt. Diese Einschätzung gilt trotz unseres Wissens, dass zumindest durch ethnische Zugehörigkeit gute Aufstiegs- und Leistungschancen in diesem Land nicht gegeben sind. Wie dennoch diese Einschätzung zum Tragen kam, ist daher schwer verständlich.
104 In der Frühform des Kapitalismus ist die Beurteilung individueller Arbeit von Warenproduzenten zu jeder Zeit durch die unmittelbare Preisbewertung auf Märkten gewährleistet. Das Aufkommen großorganisatorischer Arbeitsformen lässt die Bewertungsmechanismen des Marktes weitläufig nicht mehr zu. Vgl. Offe 1977, S. 44. Dem Leistungsprinzip kommt schon allein daher prinzipiell eine hohe funktionale Bedeutung zu,

gehendes Einverständnis darüber, dass „Leistung" in irgendeiner Form als Anspruch und als Realität in unserer Gesellschaft gilt, wenn sie auch in ihrem Ausmaß und ihrer Bedeutung nicht genau fassbar ist. [105]

- Im Grunde genommen kann keine hierarchisch strukturierte Gruppe ohne ein Ausleseprinzip zur Rangbestimmung des Einzelnen funktionieren und Leistung kann hierzu als prinzipiell transparentes und geeignetes Prinzip dienen.
- Eigentliche Repräsentanten eines Leistungsprinzips sind oft eher die Kritiker des bloß deklarierten, aber nicht praktizierten Leistungsprinzips. Als faktische Gegner des Leistungsprinzips erweisen sich dagegen jene, die bei der Verteidigung und Anpreisung des Leistungsprinzips in Wirklichkeit ihre Interessen an der Konservierung bestehender Bedingungen für das Zustandekommen von „Leistungen" verbergen. [106] Daher ist es auch nicht das Leistungsprinzip selbst, sondern seine - v. a. verbale - Überbeanspruchung, die zu seiner eigenen Diskriminierung führt. Die Überbeanspruchung betrifft bspw. die Statusverteilung, die das faktisch nicht ausreichend realisierte Leistungsprinzip nicht im Kern verändert lässt.
- Wenn man sich mit dem Leistungsbegriff und dem Leistungsprinzip auseinandersetzt, so muss man feststellen, dass die allgemeine Geltung des Leistungsprinzips in den einzelnen Gesellschaft(steil)en zu unterscheiden ist. Die jeweilige Auffassung von „Leistung" und „Leistungsprinzip" wird geprägt durch die jeweils vorherrschende Kultur. Auch von daher lässt sich feststellen, dass innerhalb einer Gesellschaft das Leistungsprinzip nicht durchgängig die gleiche Geltung hat. [107]
- Der Begriff der Leistungsgesellschaft bleibt auch allein deshalb brauchbar, wenn er als Charakteristikum für eine Gesellschaft aufgefasst wird, in welcher das Leistungsprinzip in Relation zu anderen Gesellschaften wenigstens stärkere Verwendung findet. [108]

---

da in den heutigen Industriegesellschaften sich ein Großteil der Arbeitsprozesse nur in mittelbarem Kontakt zu den Märkten vollzieht.

105 S. auch Seyfarth 1969, S. 12.
106 Vgl. Heid 1973, S. 891. Die fast bedingungslosen Befürworter von Leistungsgesellschaft und -prinzip sollten sich nicht ausschließlich mit den positiven Aspekten und den Kritikern sowie die Fundamentalkritiker nicht allein mit der absoluten Diskreditierung des Prinzips, beide sollten sich vielmehr mit deren Auswucherungen beschäftigen.
107 Es gibt bspw. Betriebe, wie Verwaltungen und Unternehmen, die durch ihre Regeln ihm eine unterschiedliche Bedeutung beilegen. Der intendierte Wirkungsgrad ist ein anderer.
108 Vgl. Széplábi 1974, S. 308. In westlichen Industriegesellschaften sind weniger das rationale Leistungsprinzip und der ökonomische Einsatz knapper Mittel umstritten. Strittiger sind Inhalt und Rangfolge, Art der Festlegung der verfolgten gesellschaftlichen bzw. or-

Die Diskussion um Leistungsprinzip und Leistungsgesellschaft hat eine große Bedeutung für diese betriebswirtschaftliche Arbeit: Zum einen agieren Betriebe in einer Umwelt, die als Leistungsgesellschaft bezeichnet wird, also einer Gesellschaft, in der das Leistungsprinzip gilt - zumindest für Mitwettbewerber und Lieferanten. Zum anderen konstituieren sich Betriebe offiziell nach diesem Prinzip und sind insofern als Leistungsgesellschaften auf Mikroebene (= Mikroleistungsgesellschaften) zu begreifen. Zunächst bedeutet das Leistungsprinzip auch in Betrieben, dass die „Leistung" als Verteilungskriterium für Sanktionen (insbesondere Einkommen, hierarchische Position und Anerkennung) dienen soll. Was dabei als Leistung gilt, wird durch das Wertsystem des Betriebes, v. a. aber durch dessen Entscheidungsträger festgelegt.

Um *idealiter* in Betrieben *anwendbar* zu sein, bedarf es der generellen Gültigkeit des Leistungsprinzips sowie der Objektivität der Leistungsbeurteilung, der tatsächlichen Zuteilung der Sanktionen nach der Leistung, der vertikalen wie horizontalen Vergleichbarkeit von Leistungen im Zeitablauf, gleicher Startchancen, der individuellen Zurechnung von Verantwortung, der Akzeptanz des Leistungsprinzips durch die Mitarbeiter, der tatsächlichen individuellen Beeinflussbarkeit relevanter Leistungsfaktoren sowie „objektiver" und kompetenter Beurteiler. [109] Kann man in Anbetracht dieser Vorstellungen daher überhaupt von einem Leistungssystem bei Betrieben sprechen? Folgende Fragen skizzieren unterschiedliche Facetten dieses Problems: [110] Gelten die Voraussetzungen jeweils nur für den einzelnen Arbeitsbereich oder den Gesamtbetrieb? Wer stellt fest, ob das Leistungsprinzip gilt bzw. „Leistungen" als Verteilungskriterium verwendet werden, die Betroffenen, die Vorgesetzten, eine „objektive" Methode u. a.? Rechtfertigt die dominante Geltung des Leistungsprinzips, d. h. auch das Nicht-Gelten in einigen Fällen oder Bereichen, die Benennung als Leistungsgesellschaft? Gilt ein Betrieb als Mikroleistungsgesellschaft, wenn einzelne Ungleichheiten anderweitig legitimiert sind, z. B. durch Eigentümerstellung oder formale Qualifikation? Reicht es aus, wenn das Leistungsprinzip eine ideologisch-legitimierte Funktion übernimmt (auch wenn es zur Verschleierung der tatsächlichen Kriterien dient)? Gilt es nur, wenn der Erfolg (Präsentationsleistung) und nicht die (Aktions-)Leistung belohnt wird? Gilt es, wenn der überwiegende Teil der Mitarbeiter das Leistungsprinzip akzeptiert? Solche Fragen lassen sich in der Realität nicht eindeutig beantworten.

---

ganisatorischen Ziele, die konkreten Leistungskriterien, die Bedingungen und Wirkungen von Leistungsanforderungen und -ergebnissen. Vgl. Reimann 1974, S. 94.
109 S. hierzu Teil 4 D u. E dieser Arbeit.
110 S. u. a. Bohle 1977, S. 29 f.

che Fragen lassen sich in der Realität nicht eindeutig beantworten. Von daher ist es müßig, hier konsistente Antwortskizzen zu formulieren.

Ob Betriebe tatsächlich als *Mikroleistungsgesellschaften* bezeichnet werden dürfen, hängt davon ab, in welchem Ausmaß die vorne genannten Voraussetzungen erfüllt sind. Das fängt damit an, dass genügend wirksame materielle wie immaterielle Sanktionen zur Garantie des Leistungsprinzips vorhanden sind, sowie ein weitgehend einheitlicher Leistungsbegriff, vergleichbare Leistungsmaßstäbe und die Möglichkeit zur Erfassung individueller Leistungen vorliegt bzw. vorliegen. Ein ernstgenommenes Leistungsprinzip basiert zudem auf gleichen Startchancen oder - davon abgeleitet - auf der Berücksichtigung ungleicher Startbedingungen im Rahmen der Sanktionszuteilung bzw. der Leistungsbeurteilung. Die Leistungskriterien müssen ferner durch individuelle Handlungen beeinflussbar und durch kompetente Personen bewertbar sein. Der jeweilige Grad der Ausprägung dieser Aspekte bestimmt das Ausmaß der Leistungsgesellschaft in Betrieben. Hinzu kommen allerdings noch die prinzipiellen Schwierigkeiten, Leistungskriterien zu erhalten sowie Beurteilungen durchzuführen. [111]

Wer daran interessiert ist, den Grad der Leistungsbereitschaft und die Qualität des Leistungsverhaltens in Betrieben zu erhalten oder zu erhöhen, der sollte seine Aufmerksamkeit zu allererst auf die genannten Aspekte richten. [112] Gerade die nüchterne Auseinandersetzung mit der Leistungsgesellschaft kann diese selbst von vielen Vorwürfen entlasten. Ihre wie auch immer geartete faktische Realisierung diskreditiert zunächst die Verantwortlichen. Nur z. T. entstehen systemimmanente negative Wirkungen.

Die Status-, Berufs- und Machtpositionen werden auch in Betrieben nicht - zumindest nicht ausschließlich - nach der Leistungsfähigkeit bzw. der gezeigten Leistungen der Personen vergeben. Man kann von der *Unterhöhlung des Leistungsprinzips* [113] sprechen, wenn es zwar offiziell als der wichtigste „Mobilisierungsfaktor für Leistung" postuliert wird, es in der Realität aber nicht durchgängig gilt:
- In Betrieben wird v. a. ein *ökonomisches Leistungsprinzip* propagiert. Soziale Leistungen der Mitarbeiter untereinander sind damit nicht angesprochen. Sie haben allenfalls eine zweitrangige Stellung in dem Sinne, dass sie ökonomisch nicht belastend, sondern allenfalls neutral sein dürfen.

---

111 Hiermit sind die beiden anderen Hauptfragen dieser Arbeit angesprochen.
112 In Anlehnung an Bolte 1979, S. 65.
113 Vgl. ähnlich Bolte 1979, S. 64 f.

- Im Hinblick auf die weiter vorne angesprochene Differenzierung in Aktions- und Präsentationsleistung verliert in vielen Bereichen die sachgerechte Erstellung von Produkten (als Aktionsleistung) an Wert, wenn die gute Präsentation der Produkte zunächst im Betrieb, dann am Markt mehr zählt, gleichgültig wie gut oder schlecht die Aktionsleistung war. [114] I. Allg. gewinnt im Rahmen dieser Festlegung der Erfolg, also das positiv bewertete, v. a. quantitativ messbare Ergebnis der Handlungen der Mitarbeiter, die einzige, zumindest aber die vorherrschende Bedeutung. Im Grunde zählt - gerade in auf ökonomisches Überleben und Wachstum ausgerichteten Betrieben - nur der Erfolg. Da Erfolg und Leistung vom Ursprung her aber begrifflich nicht deckungsgleich sind und nur ein Teil des *Leistungs- zum Erfolgsbegriff* gehört, ist auch in vielen Bereichen von einem Erfolgsprinzip statt von einem Leistungsprinzip zu sprechen. Wenn man trotz aller Kritik am reinen Leistungsprinzip in Betrieben offiziell festhält, dann soll es eine ideologische Funktion erfüllen, indem - krass formuliert - die Hoffnung auf Aufstieg mancher Mitarbeiter zu höheren Leistungserbringung aller Mitarbeiter genutzt wird, die Leistung selbst aber nicht adäquat sanktioniert wird.
- In Betrieben sind andere, *„extrafunktionale"* Bestandteile der Arbeitsrolle von größerer Bedeutung als die „Leistung". U. a. im Hinblick auf die Probleme, die mit der Quantifizierung der jeweils erbrachten Anstrengung, der Qualifikation und dem Ergebnis verbunden sind, verschieben sich die Beurteilungskriterien auf solche Bestandteile der Arbeitsrolle, die von den jeweiligen Vorgesetzten als wünschenswert betrachtet werden, ohne unbedingt zur aufgabenbezogenen Rollenerfüllung notwendig zu sein. [115]
- Die abnehmende Bedeutung des Leistungsprinzips hängt auch mit der Veränderung der betrieblichen *Qualifikationsstruktur* in Richtung auf eine diskontinuierliche Statusorganisation hin zusammen. Die Über- und Unterordnung in einem Betrieb basiert immer weniger auf denselben Qualifikationsmerkmalen, die von Untergeordneten in einem geringeren Maße erfüllt werden als von Übergeordneten. Heterogene Qualifikationen sind immer stärker

---

114 Diese Tatsache ist an sich nicht zu beklagen. Eine solche Bewertung kann nur von bestimmten Zielvorstellungen bzw. Kriterien aus vorgenommen werden. Insofern ist die Anwendung eines Erfolgsprinzips im Gegensatz zum Leistungsprinzip an sich nicht zu bedauern oder zu begrüßen. Dazu wären zielbezogene Bewertungen notwendig.

115 Aufstieg - angeblich Ergebnis einer „Leistung" - wird nach dieser Interpretation zur positiven Sanktion für die aktive Anpassung an die Machtverhältnisse in den Betrieben. Die Anpassung wird zum „Leistungsmaßstab", dass Leistungsprinzip hingegen aufgehoben. Ähnliches trifft auf die Übereinstimmung mit den Standesnormen eines Berufes, die Unterordnung unter ein vorgegebenes Interesse des Betriebs, Loyalität mit den Ansichten und Interessen von Vorgesetzten usw. zu. Vgl. Offe 1977, S. 29.

über- und untergeordnet. Dies bedingt eine größere sachliche Autonomie hierarchisch untergeordneter Personen, die Abnahme von Kontrollmöglichkeiten und eine Begrenzung von Leistungsbeurteilungsmöglichkeiten. [116]
- Die *Bedingungen* heutiger Arbeitsorganisationen lassen die Realisierung des Leistungsprinzips generell nicht mehr zu. Der Anteil regulativer Normen an der Arbeitsrolle (z. B. Konformität, Genauigkeit) hat zugenommen, Unterschiede individueller Produktivität sind immer schwieriger feststellbar. Großorganisatorische, gemeinschaftliche Leistungserbringung erschwert dies.
- Die Überbetonung von „Vorbildung" bzw. *„formaler Qualifikation"* gegenüber dem tatsächlichen Leistungsbeitrag bei der Positionsvergabe und der Entgeltbestimmung relativiert das Leistungsprinzip.
- Es ist in Betrieben möglich, auch ohne „Leistung" materielle und immaterielle Sanktionen zu erhalten. Die offensichtliche Nichtanwendung des Leistungsprinzips bei Beförderungen, Entgelten und anderen Sanktionen (also die *Anwendung anderer Verteilungsmechanismen*) führt zur Kritik. [117]
- Es ist zwar *Chancengleichheit* gefordert, aber traditionelle Allokationsmuster bspw. entlang der mehr formal begründeten Hierarchie und den vorgegebenen Eigentumsverhältnissen sowie auch extrafunktionale Bestandteile der Arbeitsrollen haben häufig stärkeres Gewicht als das Leistungs- oder auch das Erfolgsprinzip. Die Nichtberücksichtigung ungleicher Startbedingungen in Leistungsbewertungen trägt zudem weiter zur Aufweichung bei - sowohl des Leistungs- als auch des Erfolgsprinzips.
- Mit deutlichen Mehr- oder Minderleistungen sind bspw. i. d. R. keine als ausreichend empfundenen *Entgeltdifferenzierungen* verbunden, sei es durch innerbetrieblich fehlende Differenzierungsformen oder durch hohe Grenzsteuersätze.
- Leistungsziele wie Beurteilungsmaßstäbe verlieren ihre beeinflussende Wirkung, wenn sie den Werten der Mitarbeiter nicht entsprechen. Es reicht bei weitem nicht aus, von jemandem Leistung zu verlangen, wenn die Leistungen selbst oder auf einen Leistungserfolg basierende positive Sanktionen nicht von Interesse sind.

Zu welchen *Fehlleitungen* die Orientierung am Leistungsprinzip auch führt bzw. führen kann, pointieren die nachfolgenden Ausführungen:

---

116 Vgl. Offe 1977, S. 95 ff.
117 Diese Kritik fußt auf dem Argument, dass in weiten Bereichen unserer Gesellschaft wie auch in Betrieben das Leistungsprinzip keine Gültigkeit hat. Materielle, soziale und gesellschaftliche Statusbedingungen sind nicht als Folge von Leistung aufzufassen, sondern als Leistungsfremde Kriterien für die Verteilung von Chancen verantwortlich.

- Das Leistungsprinzip kann als „Quelle von Fehlleistungen" bezeichnet werden. Gilt es, so verhält sich derjenige konsequent, der nur das tut, was belohnt wird. Im Betrieb würde das bspw. bedeuten, dass nur das getan wird, was in der Leistungsbeurteilung berücksichtigt wird. Wenn sich darin die Leistungsinhalte (und diese sind zwangsläufig immer nur auf einige herausragende Aspekte hin formuliert) sowie die Maßstäbe nicht mit dem Leistungsziel decken, ergeben sich häufig problematische Auswirkungen. [118]
- Von „fehlmotivierten Leistungen" kann gesprochen werden, wenn zwar begrüßenswerte Leistungen erbracht werden, die Motivation dazu aber im Machtstreben, in der Habgier o. ä. liegt. Dieser Aspekt ist im Hinblick auf die Kritik am Leistungsprinzip und an der Leistungsgesellschaft hervorzuheben, weil diese oft an der Hervorbringung und Ausnutzung der genannten, moralisch missbilligten Leistungsmotive ansetzt. [119]
- Die ausschließliche Orientierung am Leistungsprinzip führt bspw. bei Karriereentscheidungen und Entgeltregelungen zu vielen, zunächst individuellen Härten. Andere Aspekte, wie sie v. a. mit dem Sozialprinzip verfolgt werden (z. B. höhere Gehälter bei längerer Betriebszugehörigkeit und höherem Alter, höhere Zulagen je nach Familienstand), würden sonst vernachlässigt. Im Endeffekt entsteht ein permanenter innerbetrieblicher Konkurrenzkampf.

---

118 Dies sei an einem *Beispiel* verdeutlicht: Ein Abteilungsleiter schildert, dass seine Beförderung davon abhängt, die Kosten seiner Abteilung zu senken. Deshalb streitet er sich mit anderen nun v. a. um die Zurechnung der Gemeinkosten. Man könnte solche Aktivitäten, erst recht wenn sie von „Erfolg gekrönt" würden, sicherlich auch als „Leistung" bezeichnen. Mit dem Ziel der gesamtbetrieblichen Kostensenkung hätte dies allerdings nichts mehr zu tun. Vgl. Beck 1987, S. 57. Es bedarf von daher einer kontinuierlichen Prüfung, ob und inwieweit die in der Leistungsbeurteilung berücksichtigten Leistungsaspekte, -kriterien und -maßstäbe dem Leistungsziel entsprechen. Dies ist allerdings im Zeitablauf auch deshalb notwendig, um eine Statik des Systems zu verhindern und Anpassungen an sich verändernde Leistungsziele, Mess-/Beurteilungsmöglichkeiten zu gewährleisten.

119 Vgl. Gäfgen 1972, S. 11. Eine Möglichkeit, der „Unmoral" der reinen Erfolgsorientierung zu begegnen, ist die Vermittlung einer spezifischen Arbeitsethik, welche das individuelle Verhalten auf das „nachgefragte Leistungsziel" lenkt. S. Bolte 1979, S. 41 f. Ein arbeitsethisch treffendes Leistungsverhalten wäre ein solches, was darauf gerichtet ist, nach bestem Wissen und Gewissen nur dasjenige zu tun, was, nach eigener Einschätzung, am besten zur Erreichung des Leistungszieles führt (Auch hier kann es berechtigterweise zu unterschiedlichen Einschätzungen bez. der „richtigen" Verhaltensweisen und deren Umfang kommen.) - unter Hintanstellung dessen, was eine Leistungsbeurteilung als Kriterien und Maßstäben berücksichtigt. Und dies betrifft nicht nur solche Fälle, wo nur einzelne Aspekte des Leistungsziels dort berücksichtigt sind, sondern auch solche, wo sie - teilweise - dem Leistungsziel widersprechen.

Obwohl der allumfassende Geltungsanspruch des Leistungsprinzips - wie gezeigt wurde - obsolet geworden ist, kann man noch fragen: Inwieweit kann nun das Leistungsprinzip ein effektives Instrument der Sanktionsverteilung in Betrieben sein? Manche der bislang skizzierten Argumente haben bereits verdeutlicht, dass von einer reinen Leistungsgesellschaft in Betrieben nicht gesprochen werden kann. Es sind zu viele Determinanten gegeben, die der Realisierung entgegenstehen, insbesondere dann, wenn man die Vielfältigkeit der Funktionen des Leistungsprinzips mit in die Betrachtung einbezieht. Hervorzuheben ist hier insbesondere die Mikropolitik der jeweils betroffenen, einflussreichen Mitarbeiter. Je nach eigenen Vor- und Nachteilen werden die Mechanismen des postulierten Leistungsprinzips außer Kraft gesetzt. [120] In vielen Bereichen oder zu vielen Zeitpunkten wird es tatsächlich praktiziert, wobei in solchen Fällen die Frage, ob die angenommene Leistung auch eine reale ist, noch ungeklärt ist. Welche Stellung der angenommenen Leistung im Verhältnis zu den anderen Aspekten der Sanktionsverteilung (z. B. Sympathie, Mikropolitik) zukommt, lässt sich allenfalls im Einzelfall feststellen.

Das *Leistungs-/Erfolgsprinzip* dient in Betrieben zum einen zur Mobilisierung der Leistungsanstrengungen der Mitarbeiter und als Orientierungsmarke der gewünschten Verhaltensweisen. Zum Zweiten begründet es die jeweils zugeteilten Sanktionen und damit die (bestehenden und entstehenden) Ungleichheiten sowie die Produktivität. Zum Dritten soll es den ökonomischen Ressourceneinsatz forcieren, indem es eine rationellere, Leistungs-/erfolgsbezogene Zuteilung an Mitteln an die „qualifizierteren" Mitarbeiter prinzipiell und auch häufig tatsächlich ermöglicht. Zusätzlich dient es als Disziplinierungsinstrument für die an positiven Sanktionen interessierten Mitarbeiter. All diese Funktionen dienen aber allenfalls als Leitlinie in Betrieben. Ihre Vielfältigkeit - trotz mancher Überschneidungen - ist nicht stets und überall zu verwirklichen. Reale Wirkungen werden trotz kritischer Aspekte allein durch das - vorhandene - Postulat des Leistungsprinzips erreicht.

Die Diskussion in den nachfolgenden Teilen der Arbeit setzt an diesen Voraussetzungen an und zwar unter dem Blickwinkel, ob und wieweit Beurteilungen von Leistungen treffend durchgeführt werden können. Diese Bearbeitung - so ergibt sich aus obigem Absatz - wird sich zunächst rein logisch-abstrakt mit dem Leistungsinhalt, mit Leistungskriterien und der Möglichkeit der Leistungserfassung beschäftigen. Die Diskussion bezieht sich auf solche Betriebe, die zumindest ansatzweise das Leistungsprinzip realisiert haben oder es in Zukunft in größerem Ausmaß realisieren möchten.

---

120 S. hierzu auch Teil 4 E dieser Arbeit.

4. Teil: Möglichkeiten und Grenzen der Leistungsbeurteilung

Eine Schlussfolgerung des vorangegangenen Kapitel ist es, dass sich eine wie auch immer verstandene „Leistung" ohne eine Beurteilung nicht konstatieren lässt. Insofern bedarf es zum Leistungsverständnis noch genauerer Ausführungen zu der Beurteilungsproblematik. Letztendlich geht es in Teil 4 der Arbeit um die *prinzipiellen Möglichkeiten und Grenzen der Beurteilung* von menschlichen Leistungen in Betrieben. Die Ausführungen werden zeigen, dass prinzipiell Beurteilungen durch die ihnen notwendigerweise immanenten Elemente allenfalls die Vorstellungen der Beurteiler von Leistungen wiedergeben können. Diese Vorstellungen basieren aber auf Vereinfachungen und Verzerrungen, dass im Endeffekt niemand sich über das Ausmaß der Übereinstimmung zwischen einer eigenen Auffassung einer bestimmten Leistung und dem durch die Leistungsbeurteilung tatsächlich erfassten Leistungsverständnis sicher sein kann. [1] Die Diskussion erfolgt an vier generellen Problemkomplexen: dem Kriterienproblem und seinen verschiedenen Facetten, dem Objektivitätsproblem, den Erfassungs- und Interpretationsproblemen aufgrund kognitiver Strukturen bei Mitarbeitern sowie den mikropolitischen Aspekten. [2] Sie alle begründen auf unterschiedliche Art und Weise, was mit Leistungsbeurteilungen erfassbar und was nicht erfassbar ist. Vorab werden noch die begrifflichen Grundlagen bis hin zu einer Definition der Leistungsbeurteilung thematisiert.

---

1 Um die grundsätzlichen Probleme der Leistungsbeurteilung thematisieren zu können, bieten sich verschiedene alternative Vorgehensweisen an. Zum einen könnte entlang der Phasen des Beurteilungsprozesses (z. B. Zielsetzung, Festlegung der Beurteilungskriterien, -indikatoren, Auswahl der Beurteilungsmethode, Anwendung der Methode und Analyse der Ergebnisse) diskutiert werden, indem jeweils die wesentlichen Probleme skizziert werden. Zum anderen lassen sich solche Probleme herausfiltern, die Auswirkungen auf verschiedene Phasen haben. Im Folgenden wird die letztere Alternative gewählt. Die in diesem Teil thematisierten Inhalte betreffen alle Phasen der (Leistungs-)Beurteilung, wenn auch in unterschiedlichem Maße. Um Überschneidungen so gering als möglich zu halten, erfolgt daher eine inhaltliche und keine prozessphasenbezogene Diskussion. Bezüge zu den Phasen sind jeweils angegeben.

2 Die nachfolgende Argumentation trifft überwiegend auf jedes Beurteilungsproblem zu. Hier ist sie jedoch speziell auf die Leistungsbeurteilung hin spezifiziert.

A Begriffliche Grundlagen
I Allgemeines Begriffsverständnis
1 Einführung

Terminologische Diskussionen um die Begriffe Messung, Bewertung und Beurteilung werden oft unter dem Begriff der „*Messtheorie*" geführt, wenn auch dieser Terminus missverständlich ist: Messen vermittelt den Eindruck der Exaktheit, einer Exaktheit, die aber gerade im sozialwissenschaftlichen Bereich nur in Grenzen erreichbar ist. Im Rahmen der Messtheorie werden die genannten Begriffe immer wieder in unterschiedlichen Zusammenhängen angeführt. Aufgrund deren Tradition und Forschungsmethoden ist damit tendenziell eine quantitative Orientierung verbunden, eine Orientierung, die in dieser Arbeit nicht geteilt wird. Insofern wird es zu abweichenden Festlegungen kommen. [3] Deshalb und aufgrund eines anderen als des üblichen terminologischen Systems, erscheint es sinnvoll, die Ergebnisse dieser Diskussion kurz vorwegzunehmen. Im Folgenden soll unter Beurteilung ein Oberbegriff verstanden werden, der u. a. die Unterbegriffe Bewertung und Messung beinhaltet.

2 Messung

Unter Messung [4] wird i. Allg. eine Zuordnung von Zahlen zu Eigenschaften von Objekten oder Ereignissen (= quantitative bzw. zahlenmäßige Zuordnung) nach bestimmten Regeln verstanden, [5] mit dem Ziel, Relationen zwischen den resultie-

---

3   Die meisten grundlegenden Gedanken zur sozialwissenschaftlichen Messtheorie entstammen der psychologischen Grundlagenforschung. Wirtschaftswissenschaftliche Arbeiten sind rar. Lediglich *ADAM* (1959) mit einer informationswissenschaftlichen Ausrichtung, *MATTESSICH* (1959, 1962) mit Bezug auf das Rechnungswesen, *SZYPERSKI* (1962) mit einer terminologischen Abhandlung, *SCHULZE* (1966) im Hinblick auf die Bilanz als Messinstrument, *KALLMANN* (1979) mit der Dokumentation von verwendeten Skalen bzw. Skalierungsmethoden und *JÄCKEL* (1986) mit prinzipiellen Überlegungen eindimensionaler Messungen sind in diesem Zusammenhang zu nennen.

4   Im Englischen wird „*measurement*" sowohl für den Vorgang als auch für das Ergebnis des Vorgangs verwendet. Im Deutschen bietet sich an, „messen" für den Vorgang und „Messung" für das Ergebnis zu verwenden, was jedoch nicht eindeutig in dieser Weise geschieht. Vgl. Schulze 1966, S. 31. Zu einer Differenzierung zwischen „measurement", „evaluation" und „assessment" s. Brown 1983, S. 14 f.

5   S. Stevens 1951, S. 22; Campbell, N.R., u. a. 1940, S. 331 ff., 1962, S. 56; Mattessich 1970, Sp. 1106; Szyperski/Richter 1981, Sp. 1207 und Schulze 1966, S. 31. S. zur Problematik der Messungen insgesamt Churchman/Ratoosh 1959; Churchman/Ackoff 1954, S. 172 ff.; Pfanzagl 1959, 1971.

renden Messausdrücken so darzustellen, dass möglichst weitgehende Rückschlüsse auf die Relationen zwischen den Messobjekten bzw. den Merkmalen der Messobjekte möglich werden. [6] Voraussetzung des Messprozesses ist, dass die zu messende Dimension des Messobjekts in definierbare, unter sich gleichartige Komponenten differenziert werden kann, die der Vergleichsgröße qualitativ entsprechen. [7] Dazu ist die Festlegung der Regeln und der Dokumentation des vollzogenen Messprogramms notwendig. Nur so lassen sich nachvollziehbare, d. h. vergleichbare Ergebnisse erzielen. Dabei kommt es zunächst weniger darauf an, welche Regeln benutzt werden, als dass es vergleichbare Regeln sind. [8]

Mit Skalierungsverfahren werden im Rahmen der Messung die qualitativen Dimensionen eines Objekts erfasst und mit Hilfe von Skalen schließlich quantitativ dargestellt. [9] Diese Skalen dienen insofern sowohl der Wiedergabe quantitativer Messungen als auch der Umsetzung von qualitativen Beobachtungen der Beurteiler in eindeutige Aussagen. [10] Sie sind Messinstrumente, mit denen die relative Stellung, das Vorhanden- oder Nichtvorhandensein eines Leistungsrelevanten Aspekts auf einem Kontinuum numerisch bestimmt werden kann. Gemessen wird dabei bspw. nicht das Phänomen „Leistung", sondern die Einschätzung der Beurteiler dazu. Differenziert wird v. a. in Nominal-, Ordinal-, Intervall- und Verhältnisskalen. [11]

---

6 S. Szyperski/Richter 1981, Sp. 1207; Seil 1967, S. 21.

7 Der Messprozess besteht nun darin, dass, auf Basis der Vergleichsgröße, die Komponente im Messobjekt aufgefunden und ins Verhältnis zur Vergleichsgröße gebracht wird. Vgl. Kloidt 1964, S. 294 ff.

8 Vgl. Schulze 1966, S. 32 f. Im *physikalischen Verständnis* wird Messung allerdings enger gefasst. Dort werden exakt definierte Maßeinheiten vorausgesetzt. S. z. B. Caws 1959, S. 3 ff.; s. auch Carnap 1926, S. 14 ff. In der *Psychologie* wird unter Messung nicht nur das Feststellen sehr genauer Werte verstanden, sondern auch das Erfassen solcher Daten, welche auf groben Schätzungen und auf Bewertungen beruhen. Vgl. Schuler 1982, S. 85 f. Einen interessanten Gedankengang verfolgt *GREIF* (1973, S. 63 ff.): Er versteht die Messung als Interaktion zwischen Person und Messinstrument und diskutiert in diesem Zusammenhang die Erfassung der kognitiven Strukturiertheit mit einem Testinstrument. Hier sind - wenn auch auf ein anderes Objekt bezogen - Bezüge zu der Diskussion kognitiver Vorgänge bei den Beurteilern (s. Teil 4 D dieser Arbeit) zu sehen.

9 Vereinfacht gesagt, besteht jede dieser Skalen aus einem System von Klassen, welche durch Zahlen unterschieden sind. Dem zu messenden Gegenstand wird eine einzige dieser Zahlen zugeordnet. Sie sind an sich wertlos, sie gewinnen erst in Verbindung mit einem Merkmal und einer Meßmethode an Bedeutung.

10 Letzterer Aspekt könnte dabei schon als Bewertung verstanden werden.

11 S. bspw. Walter 1983, S. 54 ff.

Das im vorhergehenden Absatz skizzierte Verständnis der „Messung" erweist sich, zumindest dann, wenn die Messung Oberbegriff ist, lediglich als erste Einführung in den Begriff. Um ein umfassenderes Verständnis verdeutlichen zu können, sollten inhaltlich zusätzliche Angaben erfolgen. Es reicht nicht aus, lediglich das Ergebnis oder die Anwendung eines Messverfahrens als Messung zu bezeichnen. [12] Ein solches Verständnis ist zu eingeengt, da die wesentlichen Grundlagen wie z. B. die Auswahl der Messobjekte, die Bestimmung der Regeln und die Skalenart vorab festgelegt werden und so bereits das Ergebnis in Grenzen determinieren. [13] Solche Begriffsinhalte wären für die Messung unabdingbar, wenn sie in dem hier vertretenen Verständnis nicht im Oberbegriff enthalten wären. [14]

Im Rahmen der *Betriebswirtschaftslehre* dienen Messungen „... dazu, betriebliche Sachverhalte zu erfassen, abzubilden und vergleichbar zu machen. Sie dienen der Erkenntnisgewinnung durch das Sichtbarmachen von Strukturen und Zusammenhängen zwischen betriebswirtschaftlich relevanten Tatbeständen." [15] Diejenigen Objekte, die im Kombinationsprozess auftreten, werden mengenmäßig erfasst. Die sich ergebenden Ziffern können als Teilbasis einer Beurteilung genutzt werden, legen aber weder die Realisierung eines Ziels, noch die Verwendung eines Mittels, noch das Ergebnis einer Beurteilung selbst nahe. [16]

Die Versuche, die traditionellen Bereiche der Messung auszudehnen und auch betriebswirtschaftlich relevante, als nicht quantifizierbare Sachverhalte gekennzeichnete Größen zu messen, [17] sind gescheitert. Messung dient nur der quantitativen Erfassung von Beurteilungskriterien (und zwar solcher, die sich tatsächlich quantifizieren lassen). Sie ist insofern nur ein Aspekt der Beurteilung und zwar einer,

---

12 Man könnte allenfalls von Messung i. e. S. sprechen.

13 Vgl. ähnlich Szyperski/Richter 1981, Sp. 1210.

14 In der Literatur, die sich ausschließlich mit dem Messbegriff auseinandersetzt bzw. ihn als Oberbegriff versteht, wird auf die genannten Aspekte allerdings nur selten eingegangen. Damit verbunden ist dann häufig die Überschätzung der Ergebnisse als „objektive" Größen. S. dazu Teil 4 C dieser Arbeit.

15 Szyperski/Richter 1981, Sp. 1206. Generell ist die gesamte Beurteilung angesprochen.

16 S. auch bereits Bechtoldt 1947, S. 357 hierzu. Der Auffassung *SZYPERSKI*s (1962, S. 70), dass es sich bei der Messung immer um die Bestimmung eines Geldausdrucks handelt, ist im Hinblick auf die Leistungsbeurteilung zu widersprechen. In deren Rahmen ist die Messung allenfalls ein Teilbereich.

17 Vgl. Szyperski/Richter 1981, Sp. 1206, unter Verweis auf Gzuk 1975; Grochla/Welge 1978.

der schwerpunktmäßig im Rahmen der Erfassungsphase von Kriterien zum Tragen kommt, aber bereits teilweise auf die Kriterienfestlegung Einfluss ausübt. [18]

Kritisch anzumerken ist noch Folgendes: Die Bemühungen, die in Betrieben (und damit im Rahmen der Leistungsbeurteilung) sich vollziehenden sozialen und psychologischen Prozesse zu messen, lassen sich einerseits mit dem Bestreben erklären, ein einheitliches (natur-)wissenschaftliches Erklärungsmodell zu verwenden, sowie andererseits mit pragmatischen Überlegungen, die auf eine „offensichtliche" Vergleichbarkeit von Ergebnissen ausgerichtet sind. Damit verbunden ist folgende, vielfach zu beobachtende Annahme: Je genauer und eindeutiger die Messung, desto größer erscheint der Erkenntnisgehalt - so die Annahme. Die Probleme werden bei solchen unzulässigen Schlussfolgerungen entweder als gelöst vorausgesetzt, heruntergespielt oder ignoriert. [19]

3 Wert und Bewertung

Bewerten, als das Zusprechen eines zweckbezogenen, relativen Wertes, ist v. a in solchen Bereichen notwendig, wo Messungen nicht möglich oder zu aufwendig sind, oder Messergebnisse zu interpretieren sind. [20] Damit sollen im Grunde auch heterogene Aspekte eines Objekts vergleichbar gemacht werden. Messung und Bewertung unterscheiden sich nicht nur hinsichtlich der durch sie erfassbaren Objekte, es ergibt sich auch zum Teil eine zeitliche Folge. Quantitativ erfasste Größen repräsentieren nicht unmittelbar einen Wert: Dieser muss noch durch einen zusätzlichen Interpretations- bzw. Bewertungsakt festgestellt werden. Jeder zielbezogenen Messung folgt insofern eine Bewertung. Um ein besseres Verständnis des Bewertungsbegriffs (und damit indirekt auch des Beurteilungsbegriffs) zu erhalten, sind vorab Ausführungen zum Wertbegriff sinnvoll. [21]

---

18   Das kommt dann zum Ausdruck, wenn nur das beurteilt werden soll, was auch quantitativ erfassbar, also messbar ist. Zum Problem der Quantifizierung siehe Teil 4 C I.
19   Vgl. Walter 1983, S. 61 f. sowie Teil 4 C I dieser Arbeit.
20   Vgl. ähnlich Kloidt 1964, S. 300; Syzperski/Richter 1981, Sp. 1208 ff. (Diese bezeichnen die Bewertung dort als „indirekte Messung". Messen ist stets auf die Vergangenheit und die Gegenwart beschränkt, Bewerten ist dagegen auch auf die Zukunft hin möglich. Vgl. Kloidt 1964, S. 299.
21   Es wäre allerdings verfehlt, die begriffliche Zusammengehörigkeit von „Wert" und „Bewertung" direkt aus ihrer sprachlichen Verwandtschaft abzuleiten. Nicht durch die Bezeichnungen selbst, erst durch die Ideen über die Begriffsinhalte ergibt sich eine Beziehung. Vgl. Ruf 1955, S. 35.

Der Begriff „*Wert*" wird in der Literatur uneinheitlich verwendet. [22] Die ihr zugrunde liegende philosophische Diskussion unterscheidet dabei zunächst prinzipiell grundsätzlich zwischen Wertabsolutismus und Wertrelativismus.

- Dem *Wertabsolutismus* zufolge gibt es Werte, die „objektiv", völlig unabhängig von menschlicher Anerkennung vorhanden sind und gelten. Sie stellen absolut existierende, vorgegebene Eigenschaften eines Objektes oder Sachverhaltes dar. [23] Verschiedene Ansichten über diese Eigenschaften lassen sich in diesem Sinne lediglich auf sprachliche und kulturelle Gründe (verschiedene Definitionen oder Bezeichnungen), auf Unvermögen (fehlende Fähigkeit oder Erfassungsmöglichkeiten) und auf spezifische Betrachtungsumstände zurückführen.

- Beim *Wertrelativismus* (Wertempirismus) wird dagegen eine Auffassung vertreten, der zufolge alle Werte (und Wertungen) nur relativ (d. h. bedingt, bezogen auf den Wertenden) gelten. [24] Objekte sind in diesem Sinne an und für sich wertfrei. Der Wert entsteht erst durch ein subjektives Werterleben und wird Objekten erst von Individuen zugeschrieben, die zu ihnen Stellung beziehen, sie bspw. anderen Objekten vorziehen. Die Beziehung zu wertenden Individuen ist wesentlich. [25]

Ausgehend von diesen beiden philosophischen Richtungen wird in objektive und in subjektive Werte unterschieden. Bei den *objektiven Werten* handelt es sich um allgemein anerkannte oder auch ohne explizite Anerkennung bestehende sog. höhere Werte. Sie sind von Individuen unabhängig sowie demzufolge - so die Annahme - allgemeingültig und einem Objekt gegeben. Die Individuen müssen sie nur noch erkennen. Dieses Verständnis geht vom Wert als absolutem Begriff aus.

---

22 S. zur geschichtlichen Analyse im Zusammenhang mit den Wirtschaftswissenschaften Löffelholz 1955, S. 25 ff.; Böhm-Bawerk 1928; Nell-Breuning 1932, Sp. 1214 ff.; Wittmann 1956, S. 9 ff.; Ammon 1911, S. 315 ff.

23 Die Termini „Objekt" und „Sachverhalt" werden synonym verwendet. Sie dienen als Sammelbegriff für diejenigen Dinge, die es zu beurteilen gilt, und umfassen damit bspw. Eigenschaften, Verhaltensweisen, Ergebnisse, Leistungsbedingungen.

24 *ENGELS* (1962, S. 7) exemplifiziert dies daran, dass die Sonne am Mittagshimmel gelb, am Abendhimmel dagegen rot erscheint. Ähnliches ließe sich für Unternehmen feststellen: Ein seit Jahren prosperierender Betrieb mit durchschnittlicher Rendite von 20 % wird bspw. eine Rendite von 15 % anders bewerten, als ein Betrieb, der gerade aus der Verlustzone gekommen ist.

25 In der Unwägbarkeit des subjektiven Wertes liegt die kritische Distanz vieler zu dieser Konzeption begründet. Die Relativität der Werte sollte aber nicht als grenzenlose Subjektivität fehlgedeutet werden, insofern als es gemeinsame Spielregeln und Basen geben kann. Vgl. Austeda 1979, S. 331 ff.

Subjektiver Wert ist jene Eigenschaft eines Objekts, die ihm dadurch zukommt, dass es von einem Individuum tatsächlich geschätzt wird und/oder ihm Nutzen bringt, sofern es also als geeignetes Mittel oder Ziel eigenen oder fremden Willens anerkannt wird. Er ist insofern ein relativer Begriff, indem er die Beziehung der Objekte zu individuellen, menschlichen Zwecksetzungen darstellt. [26]

Für die Betriebswirtschaftslehre ist die gerade skizzierte philosophische Streitfrage insofern ohne Bedeutung, da wirtschaftliche Werte stets *relative*, d. h. in diesem Fall dann auch subjektive *Werte* sind. [27] Wert erscheint in diesem Sinne keine einem Objekt (bspw. einer Handlung, einem Ergebnis) anhaftende Eigenschaft, welche „objektiv" und von vornherein gegeben ist. Jedes Objekt ist zunächst an sich wertneutral. Ein für die Betriebswirtschaftslehre bedeutsamer Wert erwächst aus einer Beziehung eines Subjektes (oder von Subjekten) zu einem Objekt. Diese Beziehung besteht darin, dass ein Individuum annimmt, dass ein Objekt ihm (bspw. für den verfolgten Zweck) nützlich erscheint und es ihm daher einen Wert beimisst. [28] Insofern ist er relativ. [29] Verschiedene subjektive Werte ergeben

---

26 Pragmatischer sieht dagegen *BÖHM-BAWERK* (1928, S. 989) die Begriffe. Für ihn ist „Wert im objektiven Sinne ... die anerkannte Tüchtigkeit eines Gutes zur Herbeiführung irgendeines einzelnen äußeren Erfolges." Ein subjektiver Wert dagegen gibt für ihn die praktische Bedeutung wieder, die eine Person einem Gut zuspricht. Eine andere Auffassung von „objektiven" Werten vertritt *ENGELS* (1962, S. 12): Ein Wert gilt dann als objektiv, wenn er intersubjektiv überprüfbar ist. Auch im Rahmen der Volkswirtschaftslehre wird oft von einem „objektiven" Wert gesprochen. Dann handelt es sich i. d. R. um einen am Markt realisierten Wert bzw. dem Marktpreis. *AUSTEDA* (1979, S. 333) spricht von überindividuellen *Werten*, wenn die Angehörigen eines Kulturkreises, einer Generation und - abgeleitet - auch eines Systems wie der Betrieb im Allgemeinen gleichartig zu werten pflegen. Als „objektiv gültiges Werturteil" bezeichnet er eines, welches „... entweder auf Grund einer naturgesetzlichen Beziehung .. [gilt] oder durch logische Ableitung aus allgemeinen Wertungsgrundsätzen begründet .." wird.

27 *WITTMANN* (1956, S. 105 f.) bestreitet die Anwendbarkeit des allgemeinen Wertbegriffs für den Bereich des betrieblichen Rechnungswesens. Er fordert sogar, den Wertbegriff aufzugeben: Zum einen sei der Begriff überflüssig, weil fast alle mit Geld benannten Zahlen in der betriebswirtschaftlichen Literatur als Werte erscheinen. Treffender sei es, diese Ziffern genau zu kennzeichnen, als Preise, Richtzahlen, Schätzungsgrößen usw. und nicht das unbestimmte Wort Wert zu verwenden. Zum anderen ließen sich Werte nicht quantifizieren. S. Wittmann 1956, S. 84 ff.; zur Kritik Engels 1962, S. 41; Ruf 1955, S. 80.

28 *GUTENBERG* (1926, S. 607 und S. 501 f.) bemerkt treffend: „Die Relation, die dem .. Wertbegriff zugrunde liegt, lässt sich als vom Subjekt .. ausgehender Wertbestimmungsakt des Objekts .. darstellen ..." Der Wert eines Objektes ist nicht als eine substanzielle Eigenschaft aufzufassen.

29 Etwas anders sieht es *RUF* (1955, S. 102), wenn er von betriebswirtschaftlichen Werten als *absoluten* Größen spricht, wobei mit „absolut" die Möglichkeit seiner quantitativen

sich daraus, dass verschiedene Individuen unterschiedliche Nutzen von einem Objekt erwarten bzw. verschiedene Zwecksetzungen mit ihm verbinden. Die Wertschätzungen können sich im Übrigen im Zeitablauf verändern. Verschiedene Werturteile müssen sich nicht unbedingt widersprechen. Sie können auch unterschiedliche Aspekte hervorheben, aus unterschiedlicher Perspektive formuliert [30] oder lediglich sprachlich unterschiedlich sein. [31]

Eine große Anzahl der in der Literatur wiedergegebenen Definitionen zum Begriff „Bewertung" ist eng und damit zu restriktiv. [32] Viele betriebswirtschaftliche Autoren gehen mit einem eingeschränkten, wenn auch möglicherweise für ihre Forschungen berechtigten Erkenntnisinteresse an die Frage der Bewertung heran. Sie fassen die Bewertung direkt - ohne darauf näher hinzuweisen - als ein Erkenntnisobjekt, das v. a. die Bilanzierung, die Kostenrechnung und die Unternehmungsbewertung betrifft. [33] Insofern ist es nicht überraschend, dass diese Autoren als ein Begriffsmerkmal der Bewertung, die „rechenmäßige" Erfassung des Wertes in Geldeinheiten verstehen. [34] Die Bewertung ist dann - in einer solchen engen Be-

---

Bestimmung zum Ausdruck gebracht werden soll. Für den Bereich der Kosten- und Leistungsrechnung mag dies zwar rein von der Abgrenzung her verständlich sein, die Wortwahl ist aber irreführend.

30 Ein PC hat bspw. für einen Geübten einen größeren Nutzen als für einen Ungeübten.

31 Die verschiedenen Zwecksetzungen führen zu den in der Betriebswirtschaftslehre diskutierten Wertbegriffen. Sie gehen jeweils von einem unterschiedlichen Bewertungszweck aus, z. B.: (1) *Tauschwert* (Ergebnis von Angebot und Nachfrage bzw. von Verhandlungsprozessen zwischen mehreren Partnern bez. eines Austauschverhältnisses von Gütern, z. B. Marktpreise), (2) *Normwert* (Resultat einer auf Normen basierenden Bewertung, z. B. Bewertungen gemäß steuerrechtlichen Vorschriften), (3) *Nutzwert* (Ausdruck des Nutzens, der einem Sachverhalt bez. einer Zielsetzung beigelegt wird, z. B. Rendite, dient zur Ordnung von Alternativen) und (4) *Entscheidungswert* (gibt die Konzessionsbereitschaft eines Entscheidungssubjekts wieder). Vgl. Sieben/Löcherbach/Matschke 1974, Sp. 840 ff.

32 S. bspw. Adam, A., 1959; Kloidt 1964; Schulze 1966; Seil 1967; Orth 1974.

33 Das *Rechnungswesen* bildet den traditionellen Lieferanten betrieblicher Mess- und Bewertungsaktivitäten. Die überwiegende Anzahl an Aktivitäten sind als Bewertungen anzusehen. Zu einer Bewertung bei der Bilanzierung kommt es nach *BOUFFIER* (1967, Sp. 1069) „[n]ur dort, wo betriebliche Besonderheiten die Nutzenstiftung, insbesondere der Gebrauchs- und Nutzungsgüter, höher oder niedriger erscheinen lassen als dem Marktpreis dieser Güter entspricht, und sowie die Höhe einer zu erwartenden Leistung oder Wertminderung noch nicht feststeht, schließlich dort, wo die Quantifizierung der Güter oder teilweisen Verbrauchs nur schätzungsweise möglich ist (Restwert der Anlagegüter, Abschreibungen) ..."

34 *PAUSENBERGER* (1962) und *ENGELS* (1962) beschäftigen sich bspw. fast ausschließlich mit Bewertungen in Jahresbilanz und Kostenrechnung, wobei *ENGELS* die Problematik zumindest noch grundlegend diskutiert. *MELLEROWICZ* (1952) nimmt ähnliches

griffsfassung - nur auf das Zuweisen von Geldeinheiten zu Objekten beschränkt. [35] Wenn eine solche Bewertung in Geldeinheiten überhaupt umsetzbar ist, so erweist sie sich nicht unbedingt als treffend hinsichtlich einer Allgemeingültigkeit. Für das betriebliche Rechnungswesen erscheint eine solche Vorgehensweise allerdings unabdingbar. Vermögenswerte, Abschreibungen, Rückstellungen u. a. bedürfen bei ihrer Bewertung der Zuordnung von Geldeinheiten, um überhaupt in der Kalkulation und in der Bilanz erfasst werden zu können. Doch mit dieser Zuordnung von Geldeinheiten wird nicht automatisch das jeweilige Bewertungsergebnis wertvoller. Es ist genauso relativ, genauso abhängig von Bewertungsregeln und Bewertern, wie andere, nicht monetär erfasste Ergebnisse des betrieblichen Kombinationsprozesses. [36]

Für *ENGELS* ist - allgemeiner betrachtet - die Bewertung der Vorgang der Wertermittlung, und der Wert wird als eine ganz bestimmt definierte Subjekt-Objekt-Beziehung bei Rationalverhalten bezeichnet. [37] Störend ist der Terminus „Wertermittlung". Er lässt sich, wie auch die diesbezüglichen Ausführungen zeigen, nicht mit dem relativen, individuell bestimmbaren Wert vereinbaren. Zweckmäßiger erscheint daher hier die Definition von *SZYPERSKI/RICHTER*: „Bewerten soll ... als die Zuweisung eines Wertes zu einem Bewertungsobjekt verstanden werden. Die Bewertung spiegelt die *Präferenzordnung* des Bewerters bzw. eine von ihm als gültig erkannte Präferenzordnung wider." [38]

---

      als Ausgangspunkt, schließt aber zusätzlich einige Bewertungsprobleme der Unternehmensführung (Planung, Bestimmung optimaler Größen) in die Diskussion ein.

35 S. bspw. Engels 1962, S. 23; Kloidt 1964, S. 299; Bouffier 1967, Sp. 1069; Langen 1954, S. 539; Ruf 1955, S. 91. So auch *WITTMANN* (1956, S. 18; fett im Original gesperrt): Er gruppiert und spezifiziert die Bewertung als „... die zahlenmäßige Feststellung des Wertes eines Gutes" wie folgt: „1. Bewertung im *engeren* Sinne: a) **Bewertung** als Übertragung des bekannten Marktzeitwertes auf das zu bewertende Gut; b) eine **Schätzung** - im Sinne einer exakten Taxation, einer Errechnung des Marktzeitwertes eines Gutes anhand der konstitutiven Werteelemente, also einer Wertkalkulation. 2. Bewertung im *weiteren* Sinne - eine **Bezifferung**, d. i. eine Kennzeichnung von Gütern mit Größenbezeichnungen, die dem wirtschaftlichen Wert nicht entsprechen, nach den angewandten Bezifferungsgrundsätzen keine wirtschaftlichen Werte ergeben können und unter Umständen nicht einmal ergeben sollen, z. B. 1-DM-Posten in der Bilanz."

36 Vgl. Szyperski/Richter 1981, Sp. 1207. Darüber hinaus gibt es Objekte, die sich überhaupt nicht - oder nur mit Hilfe sehr subjektiver Einschätzungen (z. B. Firmenwert) - fassen lassen. Sie sollten durch den Bewertungsbegriff nicht ausgeschlossen werden.

37 S. Engels 1962, S. 23.

38 Szyperski/Richter 1981, Sp. 1207; s. auch Sieben/Löcherbach/Matschke 1974, Sp. 840; Mattessich 1970, Sp. 1106.

RUF pointiert hinsichtlich dieser beiden Verständnisse zwei verschiedene Ansichten über die Bewertung: Einerseits wird die Bewertung als die Erfassung festliegender, vorhandener Werte in einem Sachverhalt verstanden (*Bewerten als „Werteerfassung"*). Andererseits existiert die Ansicht, dass erst durch eine Bewertung einem Objekt ein Wert zugesprochen wird. Diese Ansicht ist mit dem oben angesprochenen, für die Betriebswirtschaftslehre notwendigerweise relativen bzw. subjektiven Wertbegriff kompatibel. Der Wert wird hierbei also als das Resultat der Bewertung aufgefasst und ergibt sich zielspezifisch (*Bewertung als „Wertgebung"*). [39]

Der Wertansatz ist in betriebswirtschaftlichen Zusammenhängen vom Ziel der Bewertung abhängig. [40] Eine betriebswirtschaftliche Bewertung ist daher *teleologisch*. Erst ein Ziel konstituiert einen Wertansatz. Bewertungen in Betrieben sind immer auf eine vorgegebene Zielfunktion zu beziehen. Da es unterschiedliche Zielsetzungen gibt, kann jedes Objekt von jedem dieser Ziele aus beurteilt werden. Es ist demzufolge eine Eigenart der Bewertung, dass demselben Objekt verschiedene Wertmaßstäbe und schließlich Werte beigelegt werden können. Aus diesem Grund sind auch unterschiedliche Bewertungen des gleichen Sachverhaltes möglich. [41] Die Bewertungsergebnisse sind insofern relativ. [42]

Bewertungsergebnisse weisen ferner eine starke *Orts-, Zeit- sowie Subjektabhängigkeit*, d. h. wiederum Relativität auf. [43] Die Urteile, die Individuen fällen, stehen zusätzlich noch in unterschiedlichem Zusammenhang. Sie haben unterschied-

---

39 Vgl. Ruf 1955, S. 36 f. Aus dieser Unterscheidung ergibt sich zwangsläufig ein Unterschied in der Begriffsauffassung des „Wertes" und zwar zwischen absoluten vorgegebenen Werten sowie relativen zugesprochenen Werten. *RUF* selbst entscheidet sich für die „Wertgebung".

40 Die Ausführungen in diesem Absatz der Arbeit beziehen sich ebenso auf die Beurteilung allgemein.

41 Vgl. ähnlich Ruf 1955, S. 47; Engels 1962, S. 12; Szyperski/Richter 1981, Sp. 1211.

42 Je spezieller ein Bewertungssystem, desto inflexibler, aber auch desto praktikabler, d. h. rascher umsetzbar ist es. Es ist wohl aufgaben- bzw. objektspezifisch zu lösen, inwieweit allgemeine oder spezielle Wertansätze(/-systeme) zu wählen sind. Vgl. Engels 1962, S. 13. Je repetitiver die zu bewertende Aufgabe sowie je eingegrenzter und sicherer die relevanten Umweltfaktoren, desto eher sind spezielle Ansätze angemessen. Bei unsicheren Leistungsbedingungen (ver-)führt ein spezieller Wertansatz zu den Tatsachen unangemessenen Schlussfolgerungen, weil das Instrument die Vorgehensweise vorschreibt.

43 Diese Relativität pointiert andere Aspekte als diejenige, die bei betriebswirtschaftlichen Werten immanent ist. Außer dem jeweiligen Zielbezug tragen auch noch die Bedingungen bei der Bewertung zu einer Ergebnisbeeinflussung bei. Sie sind hier angesprochen.

4. Teil: Möglichkeiten und Grenzen der Leistungsbeurteilung 151

liches Gewicht, ihnen liegen durch die Individuen verschieden interpretierte Maßstäbe zugrunde, sie basieren auf jeweils ganz bestimmten, örtlich und zeitlich unterschiedlichen Ausschnitten und keines erfasst das gesamte Wesen des Objekts. [44] Der gleiche Sachverhalt kann in unterschiedlichen Situationen und/oder aufgrund verschiedener Kriterien von den gleichen oder anderen Bewertern ganz unterschiedlich beurteilt werden. Die Einsicht in diese Relativität von Urteilen ist sehr bedeutsam für den betrieblichen Bewertungsprozess. [45]

Die *Bewertung* betrifft die subjektive Zuweisung eines Wertes zu einem Objekt. Diese Zuweisung erfolgt, weil eine immanente Eigenschaft des Objekts nicht direkt erfasst werden kann bzw. nicht gegeben ist. Sie wird mit Hilfe von subjektiv, d. h. von Individuen zweckbezogen definierten Wertkriterien vollzogen. Aufgrund eines wiederum subjektiven Urteils wird ausgedrückt, inwieweit das zu bewertende Objekt diesen Kriterien entspricht. [46]

Eine Bewertung ist im Sinne einer angemessenen Wiedergabe des zu beurteilenden Sachverhalts nur möglich, wenn ein adäquates Bewertungsverfahren (= Regeln) verfügbar ist bzw. angewendet wird, mit welchem jeweils auch die Relativität berücksichtigt werden kann. [47] Eine treffende Bewertung setzt voraus, dass die Beurteiler aufgrund ihrer Kenntnisse der Situation den Sachverhalt unter Berücksichtigung aller relevanten Aspekte mit Hilfe eines spezifischen Verfahrens bewerten können. Eine Bewertung ist ohne tatsächliche oder ideale Vergleichsobjekte nicht möglich. Selbst wenn offen keine solchen Objekte genannt werden und/oder die Beurteiler sich ihrer nicht bewusst sind, wirken sie im Bewertungsprozess automatisch. Ihre Nichtkenntnis bzw. das bewusste Nichtvorhandensein erschwert aber

---

44   Auch von daher ist die Auffassung *ENGELS'* (1962, S. 20), dass „... zur Bewertung keine Psychologie mehr benötigt" wird, unzutreffend bzw. zumindest irreführend. Er negiert von vornherein die subjektiven Einflüsse bzw. möglichen Verzerrungen, die dem Beurteilungsprozess anhängen.

45   *BLUMENFELD* (1931) führt v. a. auf Basis philosophischer und psychologischer Überlegungen sowie empirischer Studien bereits früh eine scharfsinnige Analyse zum Begriff des Urteilens und der Beurteilung durch. Für ihn enthält jede kontrollierbare wie nicht kontrollierbare Aussage eine Beurteilung bzw. sie stellt eine Beurteilung dar. Deren Inhalt ergibt sich aus den von den Beurteilern akzeptierten Werten und Normen.

46   Die Betonung des Adjektivs „subjektiv" erfolgt hier, um den jeweiligen individuellen bzw. menschlichen Beitrag zur Erfassung und Bewertung zu verdeutlichen.

47   Von einer freien, willkürlichen Bewertung kann man sprechen, wenn die Bewerter sich nicht an vorgeschriebene Regeln halten, halten müssen und/oder sich selbst keine solche Regeln setzen. Die Wahl des Wertsystems selbst erfolgt willkürlich, d. h. sie kann letztendlich nicht begründet werden.

das Nachvollziehen, die Begründung, die Systematik der Bewertung. Durch eine Offenlegung der Vergleichsobjekte und der Bewertungsregeln wird eine Bewertung erst intersubjektiv nachvollziehbar und überprüfbar. [48]

Bewertung ist in dem hier verwendeten Begriffssystem lediglich eine *Phase der Beurteilung*. Es handelt sich um diejenige, die nach der Erfassung der Ausprägung von Beurteilungskriterien durch Messung bzw. - bei qualitativen Kriterien - mit der Erfassung ansetzt sowie die Analyse der Beurteilungssituation, die Interpretation der Ausprägungsgrade im Hinblick auf die Soll-Ausprägung und die Umstände sowie das letztendliche Urteil umfasst.

4 Beurteilung

Beurteilung wird hier als übergeordneter Begriff verstanden. Um Messungen und Bewertungen durchführen zu können, bedarf es deshalb noch zusätzlicher Überlegungen und Festlegungen, die hier zur Beurteilung subsumiert werden. [49] Beurteilung umfasst in einem solchen weiten Verständnis:

(1) die *Auswahl der Objekte* der Beurteilung, d. h. zunächst die Festlegung, dass der Unternehmungswert, die Effizienz, die Leistung, das Potenzial, die Eignung eines Mitarbeiters o. a. beurteilt werden soll (Was?), sowie anschließend, welche Funktion(en) diese Beurteilung erfüllen soll (Warum?);
(2) die *Auswahl des* zu verwendenden *Verfahrens*;
(3) die Auswahl der zu spezifizierenden Beurteilungsobjekte wie v. a. bestimmte Größen des Jahresabschlusses oder der Kostenrechnung, Eigenschaften, Potenziale, Verhalten, Aufgaben, Ziele o. ä. (*Objektspezifikation*);
(4) die Auswahl der die Beurteilungsobjekte repräsentierenden Kriterien bzw. Indikatoren und Prädiktoren (*Objektrepräsentation*);
(5) die Auswahl der objektadäquaten Methodik, d. h. auch, ob die Kriterienausprägungen qualitativ oder quantitativ erhoben werden (*Methodenauswahl*);
(6) die *Anwendung der Beurteilungsmethode* (Bewertung I: Erhebungsphase, Beobachtung, Ergebnisfeststellung, Dokumentation);
(7) die *Analyse der erhobenen vorläufigen Beurteilungsergebnisse* (Bewertung II: Analyse der Informationen, Beurteilungsgespräch, Urteilsfindung, Konsequenzenvorschlag).

---

48 Vgl. Szyperski/Richter 1981, Sp. 1207 f.
49 Ähnliche Begriffssysteme sind auch in der Literatur vorzufinden. Jedoch ist dort von Messung bzw. Bewertung als Oberbegriff die Rede. Deren jeweilige Definition ist dann aber weiter gefasst als hier.

Abbildung 4.1 gibt einen Überblick über dieses prozessbezogene Verständnis:

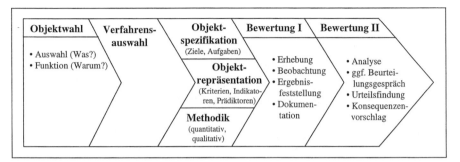

Abb. 4.1: Prozessphasen der Beurteilung.

Ad (1): <u>Auswahl der Objekte.</u> Zunächst bedarf es in einem ersten Schritt einer Entscheidung, was prinzipiell überhaupt beurteilt werden, was also *Objekt* der Beurteilung sein soll. Hier fällt eine Vorentscheidung, ob bspw. die Leistungen und/oder die Potenziale der Mitarbeiter zu erheben sind, die aktuelle Eignung von Bewerbern zu ermitteln ist oder gar ein Unternehmungswert, ein Immobilienwert u. Ä. zu schätzen ist. In einem zweiten Schritt, unmittelbar damit verbunden, ist bzw. sind die *Funktion(en),* die mit der Objektbewertung erfüllt werden sollen, festzulegen. Beurteilungen haben Mitteilungscharakter. Sie sagen etwas über bestimmte Objekte wie z. B. Leistungen aus, und zwar so, dass auch andere Personen einen Eindruck von dem Objekt erhalten. Damit tritt die Funktion der Beurteilung in den Vordergrund. Diese objektverbundene Funktionalisierung ist zugleich Ausgangspunkt und Grundlage für die Beurteilung. Durch die Fixierung der Funktion werden prinzipiell alle weiteren Schritte des Beurteilungsprozesses und im Endeffekt auch das Beurteilungsergebnis determiniert. Bewertet wird immer auf die zu erfüllende Funktion hin. [50] Dieses ist das Sachziel der Beurteilung. Als Formalziel ließe sich formulieren, dass die Beurteilung immer den Grad der Erfüllung einer Funktion anstrebt. [51] Das Resultat der Beurteilung hat im Übrigen immer nur eine Bedeutung im Hinblick auf die spezifische Zielsetzung. Sofern Mängel hinsichtlich einer

---

50 Prinzipiell infrage stellen muss man allerdings auch die jeweiligen Handlungsziele. Sofern sie untreffend gestellt sind, üben sie einen negativen/positiven Einfluss auf das prinzipiell erreichbare Beurteilungsergebnis aus. Infrage stellen kann man es in zweierlei Hinsicht: Inwieweit ist es mit dem übergeordneten Ziel kompatibel und inwieweit ist es realisierbar formuliert?

51 Vgl. ähnlich Schulze 1966, S. 34.

eindeutig definierten Funktionsfestlegung bestehen, werden letztendlich Bewertungsprobleme unlösbar. [52]

Ad (2): <u>Auswahl des Verfahrens</u>. Nachfolgend bedarf es bereits frühzeitig der Festlegung des Verfahrens, mit dem das Objekt - funktionsbezogen - beurteilt werden soll. Prinzipiell steht eine Vielzahl an - möglicherweise zu modifizierenden - Verfahrensarten zur Verfügung. Die objekt- und funktionsspezifische Auswahl gewährleistet eine größtmögliche Erfassungsgenauigkeit.

Ad (3): <u>Objektspezifikation</u>. Oft unmittelbar mit der Verfahrensauswahl verbunden ist die Wahl bzw. Spezifizierung der besonders im Vordergrund stehenden Beurteilungsobjekte, seien es bspw. Leistungsziele und -ergebnisse bei der Leistungsbeurteilung, Fähigkeiten und Fertigkeiten bei der Personalauswahl, Cash flow-Prognosen für die Unternehmungsbewertung u. a. m. Das Verständnis der Systembetreiber über das Objekt wird so deutlicher.

Ad (4): <u>Objektrepräsentation</u>. Das Objekt einer Beurteilung ist nur auf den ersten Blick eine einfach zu definierende, eindimensionale Variable. Es gilt vielmehr für den Beurteilungsprozess angemessene Objektvorstellungen zu spezifizieren. Hinzu kommt die Vielzahl an Elementen, die ein gewähltes Objekt repräsentieren, sowie die Anzahl der zu berücksichtigenden alternativen Umweltzustände. Da das umschriebene Beurteilungsobjekt zumeist einen Komplex verschiedener Variablen repräsentiert, ist dieser Komplex in erfassbare Einzeltatbestände, die *Beurteilungskriterien*, zu differenzieren. Dabei ergibt sich, dass nie die Objekte selbst, sondern ihre von den Beurteilern angenommenen Charakteristika erfasst werden.

Viele betriebswirtschaftlich relevante Sachverhalte sind also einer direkten Erfassung nicht zugänglich. Sie erweisen sich als mehrdimensional und als zu vage. Bei solchen mehrdimensionalen Beurteilungen treten v. a. zwei *Probleme* auf:
- Zum einen werden diese Vergleiche verschiedener Sachverhalte unter Zugrundelegung mehrerer Kriteriendimensionen (bspw. das Objekt „Leistung" repräsentiert durch die generellen Kriterien „Leistungsergebnis" und „Leistungsverhalten") erheblich erschwert.
- Zum anderen besteht das Problem darin, dass nicht alle Kriterien (bspw. das erwartete Leistungsergebnis „Verbesserung des Betriebsklimas bis

---

52 Vgl. Engels 1962, S. 25; S. auch Zalesny/Highhouse 1992, S. 22 ff.

t_X") direkt erfassbar sind. Man behilft sich bei beiden Problemen dann mit einer indirekten Beurteilung, d. h. Ersatzsachverhalte bzw. *Indikatoren* (z. B. Fluktuationsquote, Fehlzeitenrate, Beschwerdeanzahl) werden anstatt des Kriteriums verwendet. Voraussetzung einer solchen indirekten Beurteilung ist das Vorhandensein eines direkt beobachtbaren und/oder messbaren Indikators sowie einer Hypothese über die Kenntnis einer Relation zwischen dem Indikator und dem eigentlich zu erfassenden Objekt. Solche indirekten Erfassungen können sich auch dann als sinnvoll erweisen, wenn die direkte Beurteilung des eigentlichen Objektes zu aufwendig ist. [53]

Welche Beurteilungskriterien zur Repräsentation des Objekts ausgewählt werden, bestimmt sich also zunächst von der Objektvorstellung her, dann von der Funktion (bzw. den Funktionen) der Beurteilung sowie schließlich von den Hypothesen über die Zusammenhänge von Kriterien, Indikatoren und Objekten. [54] Im Rahmen der Leistungsbeurteilung kann es dabei bspw. um die konkret aus Betriebszielen abgeleiteten, zeitbezogenen Positionsziele und dem Verständnis der Entwicklung des Objekts (bspw. des Zustandekommens von Leistungsergebnissen) handeln. [55] Die Auswahl der Kriterien (bzw. der Indikatoren) ist wegen ihres grundsätzlichen Charakters wesentliches Element jeglicher Beurteilung.

---

53   Unterschieden wird noch zwischen wahlweisen und zwangsweisen indirektem sowie zwischen einfachem und mehrfachem, d. h. gestuftem Beurteilen. S. Szyperski/Richter 1981, Sp. 1209; Seil 1967, S. 56 ff. Generell sind die Kriterien in Indikatoren und Prädiktoren zu differenzieren: Während *Prädiktoren* der Prognose bzw. der Angabe eines prognostizierten Wertes dienen, repräsentieren *Indikatoren* ausgewählte, als besonders aussagekräftig geltende Einzelaspekte des Beurteilungsobjekts. S. auch Teil 4 B I.

54   Die Problematik der Beurteilung ergibt sich allein schon deshalb, weil Handlung und Ergebnis nicht durch Invarianzen verbunden sind. Eine eigene Wertungslehre wird gerade dort, wo solche Gesetzmäßigkeiten nicht vorliegen, notwendig. Sie muss dort um so differenzierter sein, wo sich Objekte nicht unmittelbar vergleichen lassen, eine Vielzahl von Determinanten Einfluss ausüben, verschiedene Arbeitsplätze zu bewerten sowie dynamische Umweltentwicklungen und damit auch veränderte Determinanten eher die Regel sind, unterschiedliche Handlungsalternativen zu gewünschten Ergebnissen führen und/oder mehrere Ziele angestrebt werden.

55   In einem Fall, der den Beurteilern kaum die Möglichkeit zur Beobachtung gibt, wird man z. B. darauf verzichten, das Verhalten des Mitarbeiters einzubeziehen und sich ausschließlich am Ergebnis orientieren. In einem anderen Fall sind die Ergebnisse sehr von äußeren Gegebenheiten abhängig und nur Verhaltensbeurteilungen geben Aufschluss über den Einsatz und die Leistung der Mitarbeiter.

Ad (5): Methodenauswahl. Nachfolgend bedarf es der Bestimmung ggf. objekt-, funktions- und kriterienspezifischer Beurteilungsmethoden, um eine größtmögliche Erfassungsgenauigkeit zu gewährleisten. Im Rahmen einer Beurteilungsmethode findet zunächst die Erfassung der Kriterien (bspw. der Leistungsindikatoren) statt und eventuell auch noch ein Vergleich einer erwarteten, definierten Kriterienausprägung (Soll-Leistung) und der Kriterienausprägung selbst (absolute Ist-Leistung). Diese Erfassung und das in Beziehung setzen der (Leistungs-)Kriterien erfolgt auf zwei prinzipiell verschiedenen Arten: durch die *quantitative* Kennzeichnung mittels nummerischer Werte oder durch die *qualitative* Kennzeichnung mittels beschreibender Worte. [56] Der erste Aspekt betrifft die Auswahl der Messmethodik zur Messung tatsächlich messfähiger Kriterien. Hier sind die Regeln zur Messung festzulegen sowie die adäquaten Skalenarten zu bestimmen. Bei dem zweiten Aspekt handelt es sich um Bewertungsmethoden. [57] Je genauer eine Beurteilung sein soll, desto aufwendiger wird die Technik der Ermittlung der Beurteilungsergebnisse sein. Dieser Zusammenhang zwischen Genauigkeit der Ergebnisse und Schwierigkeitsgrad ihrer Realisation ist eine weit verbreitete Erscheinung. [58] Die Auswahl der Methodik determiniert entscheidend die Beurteilungsergebnisse. Wegen dieses grundsätzlichen Charakters ist sie zur Bestimmung des Beurteilungsbegriffs notwendig.

Ad (6): Anwendung der Beurteilungsmethode. Im Rahmen der Anwendung der Beurteilungsmethode erfolgt die *erste Phase der Bewertung* (Erhebung, Beobachtung, Dokumentation, Ergebnisfeststellung), d. h. die zu beurteilenden Kriterien werden nummerisch oder verbal in ihrer Ausprägung ggf. schon in einem Beurteilungsformular erfasst. Ebenso zu erfassen sind die während der Beurteilungsperiode geltenden wesentlichen Situationsbedingungen. Von der nachfolgenden Phase ist diese Aktivität oft nur analytisch zu trennen, da häufig eine Analyse und Interpretation der erfassten Informationen (auch zueinander) zeitlich parallel erfolgt.

Ad (7): Analyse der Beurteilungsergebnisse. Die *Analyse* der erhobenen Objektinformationen als *zweite Bewertungsphase* schließt die Beurteilung ab. Sie hat sich auf alle Facetten des Beurteilungsobjekts und die erhobenen Aus-

---

56 Vgl. hierzu Lattmann 1975, S. 40 ff.
57 Die Bewertung selbst umfasst allerdings nur die Komponenten (5) und (6).
58 Zu den methodischen Möglichkeiten der Leistungsbeurteilung s. Teil 5.

prägungen der Beurteilungskriterien und der erfassten Bedingungen zu beziehen, um schließlich eine treffende Aussage über das Objekt hinsichtlich der Funktion zu formulieren. [59] Solche Bewertungen sind dabei als ein in Grenzen schöpferischer Akt zu verstehen, der sich innerhalb des individuellen Bewusstseins vollzieht und nach individuellen bzw. gemeinsam getragenen Zielvorstellungen ausgerichtet ist. [60] Am Ende der Inbeziehungsetzung von Soll- und Ist-Kriteriumsausprägungen (Soll- und Ist-Leistung) sowie der Berücksichtigung der in der Periode geltenden Randbedingungen (Leistungsbedingungen) wird dann ein alle Aspekte abwägendes Beurteilungsergebnis formuliert. Das Ergebnis, das man zum Ausdruck bringt, nennt man *Urteil*. [61] Ein *Beurteilungsgespräch* mit den i. d. R. betroffenen Personen bzw. der unmittelbar Betroffenen - vor der Urteilsfindung - kann durch zusätzliche Informationsgewinnung und -interpretation die Schlussfolgerung fundieren helfen.

Alle skizzierten Komponenten üben in unterschiedlichem, aber entscheidendem Maße Einfluss auf die Beurteilung und die Ergebnisse dieser Beurteilung aus. Insofern sind sie alle unter den Beurteilungsbegriff zu fassen. Die bisherigen Ergebnisse werden nun auf die Leistungsbeurteilung übertragen.

II Leistungsbeurteilung
1 Terminologie

In der Literatur findet man eine Vielzahl unterschiedlicher Termini für den gleichen, gleichartigen oder zumindest verwandten Sachverhalt der Leistungsbeurteilung. Termini wie Qualifikation, Mitarbeiterbeurteilung, persönliche Beurteilung,

---

59   In diesem Zusammenhang könnte man noch differenzieren in *normorientierte* und *kriterienorientierte* Beurteilung: Erstere basiert auf der Zugrundelegung bspw. der Normalverteilung bei einer Beurteiltengruppe sowie der folgenden Einordnung der erfassten „Leistung" in diese Verteilung. Bei letzterer dagegen wird die erfasste „Leistung" einem definierten Standard eines Kriteriums gegenübergestellt. Die normorientierte Beurteilung ist - wie noch gezeigt wird - für die betriebliche Leistungsbeurteilung nicht anwendbar und wird daher hier nicht weiter thematisiert. S. dazu Teil 5 E I dieser Arbeit.

60   So bereits Gutenberg 1926, S. 606 f. Man kann von einer *Subjektivität aller Werte* sprechen, auch gerade im Hinblick darauf, dass sie für die gleiche Person nach Raum und/oder Zeit schwanken. Daher ist auch der Prozess und das Ergebnis der Beurteilung keineswegs einheitlich.

61   Urteile können absolut und relativ sein. Letztere stehen im Verhältnis zu vergleichbaren Objekten, erstere stehen allein: „Die Leistung ist gut!" vs. „Das Leistungsziel wurde erreicht."

persönliche Leistungsbewertung, Persönlichkeitsbeurteilung, Verhaltensbewertung, Personalbeurteilung u. a. werden dabei oft nicht nur autorenspezifisch differenziert, sondern auch innerhalb einer Arbeit synonym verwendet. [62] Von den angesprochenen Termini sind solche abzugrenzen, die sich mit der Zukunft eines Mitarbeiters beschäftigen, wie z. B.: Potenzial-, Laufbahn-, Förderungs-, Karriere-, Eignungs- und Personalverwendungsbeurteilung/-bewertung. [63]

Für die Beurteilung von Leistungen sind diese Termini aus Gründen der sprachlichen Eindeutigkeit ebenso abzulehnen wie bspw. die Ausdrücke „Persönlichkeitsbeurteilung" und „Persönliche Bewertung" [64] oder der v. a. in der Schweiz übliche Ausdruck der „Qualifikation". [65] Sie pointieren sprachlich etwas anderes als Leistung und sind daher zu deren Beurteilung unzweckmäßig. Entweder rücken sie tatsächlich die Persönlichkeit, die Eigenschaften bzw. die Qualifikationen von Mitarbeitern in den Vordergrund der Beurteilung und nicht deren Leistung, oder sie erwecken zumindest den Anschein, dass sie es tun.

Das begriffliche Verständnis der Leistungsbeurteilung ist gerade im Hinblick auf die hoch ausgeprägte Heterogenität der verwendeten Termini und Begriffe in den vielen Arbeiten zur Leistungsbeurteilung bedeutsam, trotzdem bleibt in diesen Arbeiten oft genug der Begriff unthematisiert, [66] so dass nicht klar wird, was genau der jeweilige Beitrag behandelt. Zunächst ist daher auch hier zu klären, was unter Leistungsbeurteilung in Betrieben zu verstehen ist. Im Rahmen der nun folgenden begrifflichen Diskussion geht es v. a. um zwei Themenschwerpunkte. Zunächst wird der Begriff der Leistungsbeurteilung in ein allgemeines Begriffssystem einzuordnen sein. Das Verhältnis zur Personal-, Potenzial-, Bewerber-, Eignungsbeurteilung u. Ä. ist zu klären, Unter- und Oberbegriffe festzulegen. Danach bedarf es der Definition dessen, was genau unter Leistungsbeurteilung zu verstehen ist.

---

62 Im *englischsprachigen Bereich* spricht man von: performance evaluation, performance rating, performance review, performance assessment, performance appraisal, personal evaluation, personal rating, efficiency rating, merit rating, employ rating, employ evaluation. Vgl. hierzu Pillhofer 1982, S. 10, sowie die amerikanische Literatur zu diesem Themenbereich.

63 Manche Autoren differenzieren zwischen diesen Termini bzw. den damit verbundenen Begriffen sowie den o. g. Begriffen, oder sie verwenden denselben Begriff mit verschiedenen Inhalten.

64 S. Seeli 1961, S. 20.; Hundt 1965, S. 30 ff.

65 S. v. a. Capol 1965, S. 23 ff.; Hauser 1967, S. 183 ff.

66 S. bspw. Dirks 1975; Bierfelder 1975, 1976; Heinrich/Erndt 1980; Kressler 1989.

2 Einordnung der Leistungsbeurteilung in ein Begriffssystem

Als Oberbegriff für alle Beurteilungen von Personen in Betrieben dient die *personale Eignungsprüfung*. [67] Diese lässt sich zunächst differenzieren in Eignungsdiagnostik und Eignungsbeurteilung. Die *Eignungsdiagnostik* wird von Fachleuten (i. d. R. Psychologen) mittels sog. eignungsdiagnostischer Verfahren (z. B. Leistungs-, Persönlichkeitstests) durchgeführt. [68] Die *Eignungsbeurteilung* ist dagegen eine „Laienbeurteilung", [69] die von „normalen" Organisationsmitgliedern durchgeführt wird. Sie lässt sich differenzieren in die Bewerberbeurteilung und die Personalbeurteilung. Die *Bewerberbeurteilung* betrifft die Feststellung der voraussichtlichen Eignung von externen wie internen Bewerbern für vakante Stellen hinsichtlich der jeweiligen Stellenanforderungen (= Personalauswahl). Die *Personalbeurteilung* bezieht sich dagegen ausschließlich auf bereits im Betrieb beschäftigte Organisationsmitglieder. [70] Untergliedern lässt sie sich in zwei Formen: Während sich die *Leistungsbeurteilung* auf die durch die Mitarbeiter in der Vergangenheit erbrachten Leistungen als Objekt bezieht, versucht man mit der *Potenzialbeurteilung* zu erfassen, welches Qualifikationspotenzial bzw. welche Qualifikationen

---

67 Allen hier behandelten Beurteilungsformen ist gemein, dass sie sich auf einzelne Mitarbeiter bzw. allenfalls auf einzelne Gruppen der Belegschaft beziehen. Es wird nicht die Leistung *des* Personals oder *das* Potenzial der Organisationsmitglieder gesamt erhoben, sondern die Leistung oder das Potenzial von Einzelnen.

68 Von *psychologischen Leistungstests* ist die Leistungsbeurteilung insofern abzugrenzen, als dass Tests nicht zur Erfassung gezeigter Arbeitsleistung eingesetzt werden können bzw. sich vornehmlich auf vorhandene Dispositionen von Personen beziehen und von daher Rückschlüsse über die Leistung ziehen. Letzteres beruht auch bei *Persönlichkeitstests* auf der Annahme, dass zwischen Persönlichkeitsmerkmalen und Leistungen eine kausale Beziehung besteht. (S. zu Tests z. B. Müller, S., 1981, S. 350 ff.) Beide Testarten lassen jedoch keine Rückschlüsse über die vergangene konkrete Leistung zu.

69 S. Bierfelder 1976, Sp. 1000. Der Zusammenhang zwischen Laien- und Eignungsbeurteilung ist insofern nicht ganz treffend, als dass auch Spezialisten zur Bewerberbeurteilung eingesetzt werden.

70 Der Oberbegriff „Personalbeurteilung" (manchmal auch Mitarbeiterbeurteilung) wird von vielen Autoren in diesem Sinne, wie auch in der nachfolgend angeführten Differenzierung verwendet. S. bspw. Fischer, R., 1975, S. 8; Lattmann 1975, S. 27; Marr/Schultes-Jaskolla 1984, S. 922; Arbeitskreis 1973, S. 252 ff.; Wunderer/Boerger/Löffler 1979, S. 93 ff.; Reichard 1979, S. 182 ff.; auch Oechsler 1987, S. 11 ff.; Breisig 1989, S. 20. Allerdings differenzieren nicht alle Autoren gleichermaßen: *HARITZ* (1974, S. 204) untergliedert bspw. die Personalbeurteilung in Persönlichkeits-, Eignungs-, Verhaltens- und Leistungsbeurteilung; ähnlich Lessmann 1980, S. 27 f.; Liebel/Walter 1978, S. 157 (zur Mitarbeiterbeurteilung) und Hentze 1980, S. 5 f. Diese Definitionen orientieren sich sehr eng am Status quo der praktizierten Leistungsbeurteilungssysteme in der BR Deutschland, wo v. a. gerade Persönlichkeitselemente, Sozial- und Führungsverhalten besonders erfasst werden.

diese Mitarbeiter zukünftig haben werden. Die Leistungsbeurteilung kann selbst in Form einer *Ergebnis-* und/oder einer *Verhaltensbeurteilung* erfolgen, [71] während sich die Potenzialbeurteilung vornehmlich auf Qualifikationsprognosen bezieht. [72] Siehe zur Veranschaulichung Abbildung 4.2. [73]

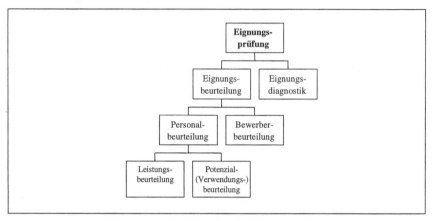

Abb. 4.2: Das Begriffssystem der Eignungsprüfung.
Quelle: In Anlehnung an Wunderer 1978, S. 193.

Der *Begriff der Personalbeurteilung* lässt sich dabei wie folgt fassen: Allgemein ist unter Personalbeurteilung ein institutionalisierter Prozess zu verstehen, in dem planmäßig und formalisiert Informationen über die Leistungen und/oder die Potenziale von Organisationsmitgliedern durch dazu beauftragte Organisationsmitglieder hinsichtlich arbeitsplatzbezogener entweder vergangenheits- oder gegenwarts- und zukunftsorientierter Kriterien gewonnen, verarbeitet und ausgewertet werden. [74] Sie bezieht sich auf unterschiedliche Objekte (Leistungsergebnis-, Leistungsver-

---

71 Die Verhaltensbeurteilung bezieht sich in diesem Fall aber nicht auf zukünftig erwartetes Verhalten (wie z. B. bei Bloch 1975, Sp. 1164 f.). Dies lässt sich nicht mit diesem Terminus der Leistungsbeurteilung vereinbaren. Nur das in der Vergangenheit gezeigte Leistungsverhalten wird hier angesprochen.

72 BERTHEL (2000, S. 135 f.) spricht anstatt von Leistungs- und Potenzialbeurteilung von Qualifikations-Diagnose und -Prognose. Diese Terminologie ist für den letztgenannten Aspekt der Prognose durchaus zweckmäßig. Im Hinblick auf die Leistungsbeurteilung wird durch den Terminus Qualifikations-Diagnose aber sprachlich das Erkenntnisobjekt nicht genau wiedergegeben, weil ja die Qualifikation und nicht die erbrachte Leistung betont wird.

73 Vgl. zu diesem Begriffssystem v. a. Wunderer 1978, S. 193; Boerger 1982, S. 275 f.

74 Vgl. Domsch/Gerpott 1987, Sp. 1647; Wunderer 1978, S. 192, 1975, S. 2594; Lattmann 1975, S. 23 ff.

haltens- und/oder Potenzialkriterien), kann zur Verfolgung unterschiedlicher Funktionen eingesetzt werden und sich durch verschiedene Organisationsmitglieder durchführen. [75] Nach dem letztgenannten Untergliederungskriterium ist die Personalbeurteilung noch zu unterteilen in eine Untergebenen- bzw. Nachgeordnetenbeurteilung (= Beurteilung durch Vorgesetzte), eine Kollegen- bzw. Gleichgestellten-Beurteilung (= Beurteilung durch Kollegen gleicher Hierarchiestufen), eine Vorgesetztenbeurteilung (= Beurteilung durch Untergebene) und eine Selbstbeurteilung (= Beurteilung durch die Mitarbeiter selbst) sowie auch eine sog. 360°-Beurteilung [76]. So interessant eine Beschäftigung mit den verschiedenen Beurteilungsrichtungen auch wäre, sie wird hier zu Gunsten der Fokussierung der Leistungsbeurteilung der untergebenen Mitarbeiter nicht weiter verfolgt.

In vielen Quellen wird der Fehler gemacht, verbal und/oder gedanklich Leistungs- und Potenzialbeurteilung nicht zu trennen. Die unterschiedlichen Funktionen, die verschiedenen Verfahren und Problemstellungen bleiben so verborgen. Meist implizieren solche Quellen die Annahme, dass man mit der Beurteilung der Leistung die besten Informationen darüber erhält, wie sich jemand zukünftig verhalten wird. Solche diagnoseorientierten Potenzialbeurteilungen [77] sind zwar - vorsichtig durchgeführt - hilfreich, aber trotzdem sehr problembehaftet, v. a. wenn man sich nicht explizit über die Möglichkeiten und Grenzen der Methoden im Klaren ist.

3 Begriffssystem der Leistungsbeurteilung

Die weiter vorne geführte Diskussion um einen weiten Beurteilungsbegriff findet hier Anwendung auf die Definition der Leistungsbeurteilung. Die objektbezogene, auf die Inhalte konzentrierte Begriffsbildung weicht dabei aus Zweckmäßigkeitserwägungen sprachlich und umfangmäßig etwas vom Beurteilungsbegriff ab.

Als Terminus wird der der „Leistungsbeurteilung" verwendet. Die eine Hälfte des Terminus ist bereits durch das Objekt „Leistung" hinreichend begründet. [78] Die andere Hälfte fußt auf dem hier vertretenen sprachlichen Verständnis, welches

---

75 Vgl. Domsch/Gerpott 1987, Sp. 1647.
76 S. Domsch/Gerpott 1985a, S. 26 f.; Domsch/Gerpott/Jochum 1983; Jochum 1987; Reinecke 1983; Donat 1991; Ebner/Krell 1991; Hilb 1992; London/Beatty 1993; Gerpott 2000; Neuberger 2000, Nerdinger 2001, S. 23 ff.; Klimecki/Gmür 2001, S. 261 ff.
77 S. hierzu Becker, F. G., 1992.
78 Unterstützend kommt noch hinzu, dass weder ein alternativer Terminus sich rein sprachlich anbietet, noch andere Deutungen sich offen aus diesem Ausdruck ergeben.

„Beurteilung" als einen weiteren Begriff als den der „Bewertung" ansieht. Inhaltlich lässt sich die Leistung an dieser Stelle nicht weiter bezeichnen. Hierzu wäre eine ethisch-normative Wertung bez. des Inhalts erforderlich. [79]

Unter *Leistungsbeurteilung* wird - analog zur obigen Definition der Personalbeurteilung - ein institutionalisierter Prozess zur planmäßigen und formalisierten Gewinnung, Verarbeitung und Auswertung von Informationen über die in einer bestimmten Periode erbrachte Leistung eines Organisationsmitgliedes durch dazu beauftragte Organisationsmitglieder hinsichtlich vorab vereinbarter (Leistungs-)Kriterien verstanden. [80] Diese weite Definition wird v. a. *in der Praxis so nicht geteilt*. Dies soll nun kurz thematisiert werden.

Im Rahmen der allgemeinen Begriffsfassung der Leistungsbeurteilung wird v. a. der *Begriffsumfang* angesprochen, also all die Sachverhalte, die von der Beurteilung angesprochen werden sollen. Streng genommen kann man hier nur indirekt von einer weitgehend akzeptierten, allgemeinen Fassung des Begriffs „Leistungsbeurteilung" sprechen, da manche Autoren hierunter Aspekte fassen, die kaum etwas mit - der vergangenen - Leistung zu tun haben. Bedeutsam ist zunächst die Verwendung des Ausdruckes „Leistung". Sie verdeutlicht, dass die „Leistung" eines Mitarbeiters und nicht seine Persönlichkeit, seine Eigenschaften o. ä. *Objekt* der Beurteilung ist. Von daher sind auch alle anderen Termini wie bspw. Mitarbeiter- und Personalbeurteilung unzweckmäßig, wenn es allein um die Feststellung und Beurteilung der Leistung geht.

Einen wichtigen Aspekt bez. des Begriffsumfanges betrifft die Unterscheidung in Leistungsbewertung und Leistungsbeurteilung. [81] Analog der bereits geführten Diskussion ist hier Leistungsbeurteilung als weiterer Begriff zu verstehen, der u. a. die Leistungsbewertung mit einschließt. Der Ausdruck Bewertung als Zusatz zum

---

79 Trotzdem ist eine pessimistische Definition derart, dass „Leistungsbeurteilungen das beurteilen, was mit ihnen unter Leistungen verstanden wird", nicht notwendig. Unter Berücksichtigung der weiter vorne genannten Einschränkungen versuchen Betriebe jeweils das inhaltlich zu erfassen, was sie unter arbeitsplatzbezogener bzw. betrieblicher Leistung verstehen. Gewisse, eher formale Einschränkungen hinsichtlich dessen, was unter Leistung zu beurteilen ist, sind weiter vorne bei der Diskussion der Leistungsverständnisse festgelegt worden. S. Teil 2 dieser Arbeit.

80 Auch *GAUGLER U. A.* (1978, S. 25) verzichten auf eine im engeren Sinne formale Definition und grenzen stattdessen anhand von ihnen als geeignet eingeschätzten Kriterien den Leistungsbeurteilungsbegriff ab.

81 S. hierzu allgemein das vorhergehende Kapitel dieser Arbeit sowie im Hinblick auf die speziellere Thematik v. a. Müller, M. M.1974, S. 20 und Lattmann 1975, S. 23 ff.

4. Teil: Möglichkeiten und Grenzen der Leistungsbeurteilung 163

Terminus „Leistungsbewertung" ist zu eng, weil „... die Beurteilung in ihrem deskriptiven wie normativen Inhalt über eine bloße Bewertung hinausgeht." [82] Der Begriff der Leistungsbewertung wird dabei hier auf die Bewertungsakte, d. h. die Erfassung bzw. Feststellung der Leistungsergebnisse und -bedingungen, die Auswertung des/r Leistungsverhaltens und -bedingungen, das Beurteilungsgespräch sowie die Urteilsentscheidung, eingeengt. [83]

Der Begriff der Leistungsbeurteilung umfasst mehr, insgesamt die
- Auswahl der *Funktion*(en),
- Bestimmung des *Beurteilungsverfahrens*,
- *Objektspezifikation* (v. a. Eigenschaften, Verhalten, Aufgaben und/oder Ziele),
- *Objektrepräsentation*, die Auswahl der Methodik, [84] dann
- Leistungsbewertung in zwei Phasen (*Bewertung I*: Erhebung der Leistungsergebnisse, Beobachtung des Leistungsverhaltens, Dokumentation der Leistungsbedingungen, Ausfüllen des Beurteilungsformulars; *Bewertung II*: Analyse der positions-, zeit-, situations-, funktionsspezifischen Leistungskomponenten, Beurteilungsgespräch, Urteilsfindung, Konsequenzvorschlag) sowie
- ergänzend noch Schlussfolgerungen für die nachfolgende Beurteilungsperiode.

---

82 Lattmann 1975, S. 27; s. prinzipiell auch *RÜBLING* (1988, S. 47), wenngleich er eine andere, wenig einleuchtende Einengung auf den Angestelltenbereich vornimmt. Auch *MÜLLER* (1974, S. 20, 1974a, S. 227) selbst plädiert für die Verwendung des weiten Begriffs, benutzt aber der Terminus „Leistungsbewertung". *HENTZE* (1980, S. 6) differenziert unverständlicherweise den Begriff der Leistungsbeurteilung in drei zweckbezogen unterschiedliche Systeme: die Leistungsbewertung, die Potenzialbeurteilung und die Entwicklungsbeurteilung. Die Leistungsbewertung dient dabei für ihn nur entlohnungsbezogenen Zwecken.

83 In einem engeren Sinne zählt zum Begriff der Leistungsbewertung nur die tatsächliche Bewertung des Erfüllungsgrades der ergebnis- und/oder verhaltensbezogenen Leistungsnormen (also den Vergleich Soll-Leistung - Ist-Leistung). Hier wird er in dem weiteren Sinn verstanden. S. ähnlich auch Gaugler u. a. 1978, S. 25; Hentze 1980, S. 5 f.; Lattmann 1975, S. 24 f.; Domsch/Gerpott 1992.

84 Diese vier erstgenannten Begriffskomponenten werden in der Wirtschaftspraxis allerdings zumeist vorab von den Systembetreibern inhaltlich bestimmt: Sie geben an, wozu die Leistungsbeurteilung dienen soll, welche Variablen im Beurteilungsprozess zu beachten sind und in welcher Weise zu bewerten ist. Diese Vorgehensweise ist - so wird die Diskussion in Teil 5 zeigen - jedoch nicht dazu geeignet, relevante und valide Urteile über die menschlichen Leistungen an unterschiedlichen Arbeitsplätzen zu ermöglichen. Die Systembetreiber sollten allenfalls im Rahmen der Zielbestimmung entscheidend und im Rahmen der Auswahl der Methodik mitentscheidend beteiligt werden.

Der Begriff bezieht sich damit prinzipiell sowohl auf Leistungsergebnisse wie Leistungsverhalten. Darüber hinaus werden gleichzeitig die in der zu bewertenden Leistungsperiode geltenden Leistungsbedingungen erfasst. Die Feststellung der drei Elemente ist Voraussetzung des nachfolgenden Bewertungsakts. Alle genannten Bestandteile bzw. Begriffsinhalte betreffen wesentliche Komponenten eines Beurteilungsprozesses. Sie bestimmen das Ergebnis mit und sollten von daher auch zum Begriff gehören. Die Abbildung 4.3 umfasst abschließend die angeführten wesentlichen Aspekte und verdeutlicht zudem deren periodische Zusammenhänge.

| Unter „Leistungsbeurteilung" wird ein *institutionalisierter Prozess* zur planmäßigen und *formalisierten* Gewinnung, Verarbeitung und Auswertung von Informationen über die in einer bestimmten Periode erbrachte *Leistung* (= Objekt) eines Mitarbeiters durch dazu beauftragte *andere Organisationsmitglieder* verstanden. | • Auswahl der Objekte (= *Leistungsbeurteilung, Funktionsbestimmung*)
• Auswahl des Verfahrens (= *spezifisches Instrument*)
• Objektspezifikation (= *Festlegung der Ziele, Aufgaben, Eigenschaften bzw. Verhalten als Beurteilungsobjekte*)
• Objektrepräsentation (= *Festlegung der Kriterien bzw. Indikatoren*)
• Auswahl der Methodik (*quantitative und/oder qualitative Erhebung*)
• Bewertung 1 (*Erhebung, Beobachtung und Dokumentation der Leistungsergebnisse und -bedingungen*)
• Bewertung 2 (*Analyse der Fakten, Urteilsfindung und -diskussion im Gespräch, Konsequenzenfestlegung*)
• Input für nächsten Zyklus (*verwertbare Ergebnisse für die Zukunft*) |

Abb. 4.3: Phasen der Leistungsbeurteilung.

Neben den diskutierten Begriffsauffassungen kann man noch zwei andere anführen: Zum einen grenzen manche Autoren die Beurteilung in der Definition auf bestimmte Verfahrensarten ein. [85] Zum anderen werden die Funktionen der Beurteilung explizit im Begriff wiedergegeben. [86] Eine solche Einschränkung der Leistungsbeurteilung erfolgt hier nicht - es sei denn, man würde den Verzicht, auf-

---

85 WIBBE (1974, S. 13) bspw. spricht mit dem Begriff implizit nur analytische Verfahren zur Entgeltdifferenzierung an. Ähnlich Gaugler u. a. 1978, S. 25. (Dies hängt möglicherweise damit zusammen, dass sich in der Wirtschaftspraxis schon seit den 70er Jahren eine Entwicklung von der summarischen zu den analytischen Verfahren der Leistungsbeurteilung gezeigt hat.) *HAASE* (1965, S. 251) wählt bspw. den Terminus „persönliche Leistungsbewertung", um zum Ausdruck zu bringen, dass die Vorgesetzten „persönlich" die individuelle bzw. „persönliche" Leistung eines Mitarbeiters bewerten.

86 *GAUGLER U. A.* (1978, S. 22 ff.) bezeichnen dies als zweckspezifische Begriffsauffassungen. Manche Autoren vertreten eine solche Auffassung, indem sie die Leistungsbeurteilung nur auf Methoden beziehen, die zur Feststellung eines Leistungsabhängigen Entgeltanteils dienen. S. Bieding 1979, S. 151 f.; Hentze 1980, S. 6; Bieding u. a. 1971, S. 15; Wibbe 1974, S. 13, 1966, S. 101 ff.; Seeli 1961, S. 20 und Knebel 1974, S. 243.

grund der erfassten vergangenen Leistungen Prognoseurteile abzugeben, bereits als zweckspezifische Eingrenzung verstehen.

Die *Grundidee* der Leistungsbeurteilung besteht also darin, ein tatsächlich beobacht- und beschreibbares Ist-Leistungsergebnis mit einem Soll-Leistungsergebnis (*outputorientiert*) zu vergleichen. Der Übereinstimmungsgrad von Ist- und Soll-Ergebnis wird dann als Indikator für die Leistung bzw. den Erfolg von Mitarbeitern gewertet. Sind Soll- oder Ist-Ergebnisse nicht bestimmbar oder erfassbar, so basiert eine Leistungsbeurteilung auf der (*inputorientierten*) Hypothese, dass Leistungsergebnisse durch Leistungsverhalten zustande kommen. Ist dieses tatsächlich beobachtbar und auch als Soll-Verhalten beschreibbar, so gründet die Leistungsbeurteilung auf den Vergleich von Soll- und Ist-Verhalten. [87] Sie hat Modellcharakter in dem Sinne, dass nur ein Ausschnitt aus der Realität betrachtet wird. Zum einen liegt das an der vorab getroffenen Auswahl der Beurteilungskriterien und zum anderen an der begrenzten Wahrnehmungsfähigkeit von Menschen. Letzteres soll aber durch den vorgenannten Schritt in ihrer Problematik eingegrenzt werden.

Nachdem in Kapitel A die Beurteilungsaspekte und das Verständnis der Leistungsbeurteilung näher erläutert wurden, folgt nun in den nachfolgenden Kapiteln die detaillierte Betrachtung der wichtigsten Problemkomplexe im Zusammenhang mit der Leistungsbeurteilung.

B Kriterienproblem
I Kriterien und Kriterienproblematik

Das Kriterienproblem ist eines der *Schlüsselprobleme* im Zusammenhang mit der Beurteilung und seit langem Thema der sozialwissenschaftlichen, v. a. nordamerikanischen Forschung („The criterion problem has been with us for ever ..." [88]). Bereits frühzeitig wurden in der einschlägigen Literatur die relevanten Aussagen bez. der Beurteilungsmöglichkeit von Objekten, wie z. B. Leistungen, getroffen.

---

87 Vgl. Drumm 1989, S. 48, ähnlich 2000, S. 111. Nicht allen seinen dortigen Ausführungen ist aber zu folgen: „Der Rückgriff auf *Kenntnisse und Fähigkeiten* eines Mitarbeiters als Voraussetzungen seines Arbeitsverhaltens ist als Ansatz der Leistungsbeurteilung denkbar. Man würde dann das individuelle Fähigkeitspotential mit der *Nutzung* dieses Fähigkeitspotentials vergleichen." Mit einem solchen Verständnis wird leicht fälschlicherweise Fähigkeitspotential mit Leistung gleichgesetzt. Der in der Neuauflage des Lehrbuches veränderten Charakterisierung wird hier nicht gefolgt.

88 Dunnette/Borman 1979, S. 486.

Heutzutage beziehen sich allerdings nur wenige Autoren auf diese Erkenntnisse. [89] Auch fehlt noch eine systematische und umfassende Diskussion im Hinblick auf Leistungsbeurteilungen. Es ist kaum diskutiert worden, inwieweit sich prinzipiell ein Beurteilungsobjekt wie die Leistung durch Kriterien erfassen lässt. [90]

Unter dem *Kriterienproblem* wird im Folgenden die generell bestehende Schwierigkeit verstanden, mit Beurteilungskriterien ein intendiertes Beurteilungsobjekt prinzipiell repräsentieren zu können. Lässt sich bspw. im Rahmen der Leistungsbeurteilung die, wie auch immer verstandene Leistung, überhaupt gänzlich durch Kriterien wiedergeben oder gar erfassen? Und wenn ja, zu welchem Teil? Hervorzuheben ist noch, dass das Kriterienproblem *nicht* mit der Schwierigkeit der Erfassung einer tatsächlich vorliegenden Kriterienausprägung (z. B. Skalierung qualitativer Leistungsinformationen o. Ä.) verwechselt werden sollte. Es besteht bereits vorher bei den Überlegungen zur möglichen Repräsentation des Beurteilungsobjekts durch Beurteilungskriterien. Die Erfassungsproblematik ist lediglich eine abgeleitete Schwierigkeit.

Eine Analyse des so verstandenen Kriterienproblems zeigt mehrere prinzipielle und vielschichtige Problembereiche. Die Vielschichtigkeit wird im Folgenden dadurch verdeutlicht, dass zu den oft nicht hinreichend erfüllbaren Anforderungen an Kriterien, dem Kriterienkonstrukt (insbesondere des Verhältnisses von Letztkriterium zu aktuellem Kriterium), der Dimensionalität von (Leistungen und demzufolge auch der) Kriterien, der Verwendung von substituierenden Kriterien sowie der Zeitkomponente Stellung bezogen wird. Die Diskussion zeigt - zunächst mehr abstrakt, anschließend objektbezogen - die mögliche Aussagekraft von Beurteilungen allgemein wie Leistungsbeurteilungen bzw. deren tatsächlich immer eingeschränkte Aussagekraft auf. Vorab ist zu klären, was unter einem Kriterium zu verstehen ist bzw. darunter verstanden werden kann.

Beurteilungskriterien sind solche Variablen, anhand derer die Beurteiler ein Objekt (bspw. die Leistungsergebnisse und -verhalten der Mitarbeiter) erfassen und später

---

89 Seit langem dürfte kein Zweifel darüber bestehen, was prinzipiell beurteilbar ist und wie Beurteilungsresultate generell einzuschätzen sind. Auf diese Erkenntnisse wird jedoch kaum Bezug genommen, vielleicht weil es sich bei den Forschungsergebnissen mehr um als „negativ" empfundene Aussagen handelt. Negative Aussagen sind sie insofern, als dass aufgezeigt wird, dass objektive Beurteilungen nicht möglich sind und vielfältige Probleme den Beurteilungsprozess begleiten. Dies entspricht weder der postulierten Leistungsideologie, noch dem Bestreben von Betrieben, Leistungen zu vergleichen.

90 Umfassend und grundsätzlich hat dies *NEUBERGER* (1976, S. 181 ff.) durchgeführt.

bewerten sollen. [91] Es handelt sich dabei um normativ gesetzte Variablen. [92] Sie unterliegen einer Beurteilung und dienen als *Beurteilungsmaß* zum mittelbaren Vergleich bspw. der Leistungen verschiedener Individuen und Gruppen zueinander, zur Vergangenheit oder zu einem unabhängigen Standard. Mit ihnen ist die Annahme verbunden, dass sie geeignet sind, das Objekt strukturgenau und inhaltlich treffend (bspw. den Grad einer Leistung) zu erfassen. Neben dieser Operationalisierung des Leistungsverständnisses durch die Systembetreiber und/oder Beurteiler wirken die Kriterien darüber hinaus als *Aufmerksamkeitsregeln*, um die Wahrnehmungsprozesse der Beurteiler während der Leistungs-/Beurteilungsperiode selektiv zu strukturieren und eine Informationsüberlastung zu vermeiden.

Ohne Kriterien ist eine (nachvollziehbare) Beurteilung nicht durchführbar! [93] Ihre Festlegung als Kriterien wie auch die Definition der erwarteten Ausprägungen (Leistungsnormen) - als Referenzrahmen für Beurteiler wie Beurteilte - ist für jede Beurteilung unumgänglich, um rational und nachprüfbar beurteilen zu können. Sie sind daher von entscheidender Bedeutung für die Leistungsbeurteilung und auf dieser basierenden Entscheidungen. [94]

Im Zusammenhang mit Beurteilungskriterien stehen als mögliche Subkriterien „Indikatoren" und „Prädiktoren":

- *Indikatoren* sind solche Variablen, durch die letztendlich Informationen über das zu beurteilende Objekt (bzw. über die Leistung einer bestimmten Person) vermittelt werden. Sie beziehen sich auf die Vergangenheit und Gegenwart und gelten als repräsentativer (Teil-)Ausdruck von übergeordneten allgemeineren Kriterien. Sie sind entweder direkt oder indirekt erfassbare Variablen,

---

91 Vgl. dazu bspw. auch Lattmann 1975, S. 55. Daher werden Beurteilungskriterien mitunter auch als das „Herz der Leistungsbeurteilungsproblematik" bezeichnet. S. Lopez 1968, S. 179 sowie Pillhofer 1982, S. 162; s. generell auch Gaugler u. a. 1978, S. 41 ff.

92 Z. B. für die Erfassung der „erfolgreichen" Ausführung der Arbeit durch die Mitarbeiter oder des individuellen Anteils zur Erfüllung der Organisationsziele.

93 Selbst wenn es sich dabei nicht um explizit formulierte Kriterien handelt, so liegen den Beurteilungen doch zumindest immer implizite Leistungsmaßstäbe zugrunde.

94 Vgl. Hentze 1980, S. 168; Weinert 1981, S. 306; Schuler 1978, S. 142, 1989, S. 404; Ghiselli/Brown 1955, S. 62; Nagle 1953, S. 272. Idealerweise werden sie vor Beginn einer Beurteilungs-/Leistungsperiode definiert, damit die Beurteiler wie die zu beurteilenden Personen Kenntnis über die relevanten Erfolgs- und Beobachtungsfaktoren erlangen. Es entsteht hierdurch allerdings eine weitere Problematik. Beurteiler sind quasi gezwungen, mit Kriterien von gestern, eine Beurteilung über die Leistung von heute durchzuführen, die u. a. die Führungskräfte von Morgen eruieren soll.

deren Ausprägungen in angegebener Weise mit einem direkt nicht erfassbaren Beurteilungsobjekt bzw. -kriterium zusammenhängen. [95]
- *Prädiktoren* sind dagegen solche Variablen, die für die Vorhersage von Kriterien bzw. deren Ausprägungen eingesetzt werden. In den Fällen, in denen eine unmittelbare Feststellung eines Objekts (bspw. des Erfolges eines Leistungsverhaltens oder der Qualifikationsentwicklung im Rahmen einer Potenzialbeurteilung) zum aktuellem Zeitpunkt nicht möglich ist, bedient man sich solcher Maße, die die zukünftige Entwicklung - so die Annahme - bereits vorzeitig anzeigen. [96]

Eine Vereinheitlichung der Beurteilungskriterien (bzw. -indikatoren und -prädiktoren) für Objekte wird den unterschiedlichen Positionszielen und Bedingungen im betrieblichen Kombinationsprozess nicht gerecht. Nur eine *kontext-, ziel- und beurteilerorientierte Spezifizierung* der Kriterien(-ausprägungen) kann das Objekt (bzw. „die" Leistung) erfassen. [97] Dies kann wie folgt exemplifiziert werden: Alle Arbeitsplatzinhaber haben bestimmte Funktionen zu erfüllen, die ihren individuellen Beitrag zur Erfüllung der Sach- und Formalziele der Organisation darstellen. Ihre Leistungen müssen daher danach bewertet werden, wie gut sie ihre jeweilige Funktion erfüllen. Dazu ist es erforderlich, die spezielle Funktion (bzw. den Arbeitsplatz) zu analysieren. Die Informationen, die dabei gewonnen werden, erlauben es, diejenigen Leistungskonstrukte zu definieren, aus denen sich Beurteilungskriterien ableiten lassen. Der Bestimmung der Kriterien liegen verschiedene individuelle Hypothesen über die Zusammenhänge von Leistungsverhalten und Leistungsergebnissen zugrunde. [98]

---

95 Zur angemessenen Erfassung des Kriteriums müssen die Indikatoren zum einen alle wesentlichen Merkmale dieses Kriteriums umfassen und zum anderen eindeutig definiert sein, um weder von Beurteilern noch von zu beurteilenden Personen vorab oder später missverstanden zu werden.

96 Solche Prädiktoren sind allerdings mit einer prognostischen Unsicherheit verbunden. Sichere Angaben können mit ihnen nicht erfolgen.

97 Vgl. Brandstätter 1970, S. 716 ff.; Jochum 1987, S. 54. Jeder Versuch der Konkretisierung eines positions- oder tätigkeitsbezogenen individuellen Leistungsverständnisses wird zum Resultat haben, dass sich seine besondere Bedeutung jeweils erst durch die Formulierung einer Beurteilungsvorschrift ergibt, d. h. erst durch die Festlegung von Leistungskriterien und eines Skalierungsverfahrens. Vgl. Schuler 1989, S. 403.

98 Man kann hier von *individuellen Konstrukten* sprechen. Diese Konstrukte führen dann, nachdem sie auf eine interindividuelle Ebene übertragen werden, zu Beurteilungskriterien. Z. B. beurteilen verschiedene Gruppen von „Stakeholdern" mit unterschiedlichen Maßstäben „die Leistung" des Managements. Dies ist nicht weiter verwunderlich, stehen doch jeweils andere Funktionen, andere Interessenlagen (der Beurteiler) und andere Beurteilungszeitausschnitte zur Entscheidung vor. Allein von daher ist nicht anzu-

II Anforderungen an Beurteilungskriterien

Kriterien sind nicht Selbstzweck. Es ist daher zu klären, welchen Anforderungen Beurteilungskriterien genügen müssen. Letztere repräsentieren die abhängige Variable (abhängig von der Leistung der zu Beurteilenden) der Beurteilung. Von daher ergibt sich zudem die Frage, ob und inwieweit die Wahl und v. a. die Anwendung der Anforderungskriterien sich auf die Ergebnisse der Beurteilung möglicherweise auswirkt. [99] Die Anforderungskriterien beziehen sich strenggenommen nicht nur auf die Definition sog. reliabler, valider und relevanter Beurteilungskriterien. Sie betreffen vielfach auch deren Anwendung im Beurteilungsprozess durch die Beurteiler. Insofern ist die Thematisierung hier als ein Kriterienproblem nicht ganz eindeutig. Sie erfolgt an dieser Stelle aufgrund der herausragenden Bedeutung der Anforderungen für die Beurteilungskriterien. [100]

In der Literatur werden die *testtheoretischen Gütekriterien* als Anforderungen an die Beurteilung genannt und teilweise auch objektspezifisch diskutiert. [101] Zum Teil werden mit den dort genannten „Kriterien für Kriterien" (= Anforderungen) eigenständige Beurteilungsaspekte angeführt, zum Teil kommt ihnen allerdings Surrogatcharakter zu. Alle sollen dazu dienen, die Qualität von Urteilsdaten - spe-

---

nehmen, dass es ein einfaches, eindimensionales Urteil über das Management (sowie dessen Leistung) geben kann. Dieses Vorgehen sagt nichts über die „objektive" Wahrheit aus. Es handelt sich um weitgehend akzeptierte Alltagshypothesen. Damit soll dieses Verfahren nicht abgewertet werden. Es sprechen durchaus viele Argumente für ein solches Vorgehen. Nur dem „Vorurteil", dass es sich hier um wissenschaftlich exakt gewonnene Wahrheiten handelt, ist mit dieser Feststellung vorzubeugen.

99   S. auch Weinert 1987, S. 210.

100   In der Literatur sind die Anforderungskriterien ausschließlich hierunter abgehandelt. Auf die anderen, im Folgenden anzuführenden Bezüge wird im weiteren Verlauf der Arbeit zurückgegriffen.

101   *LIENERT* (1969, S. 12) fordert bspw. allgemein v. a. Objektivität, Validität, Reliabilität, aber auch Normierbarkeit, Vergleichbarkeit, Ökonomie und Nützlichkeit. *NEUBERGER* (1976, S. 182) benennt: Objektivität und Reliabilität, Differenzierungsmöglichkeit, Messbarkeit, Gültigkeit und Relevanz, Repräsentativität, Unkontaminiertheit und Unverzerrtheit sowie Bekanntheit, Offenheit und Transparenz. Er vertritt die Ansicht, dass, wenn ein „... Kriterium dazu benutzt wird, verschiedene ... Personen im Hinblick auf bestimmte Ergebnisse zu vergleichen, .. es ganz allgemein die Anforderungen erfüllen [muss], die an ein *Maß* gestellt werden." Sofern es wirklich zum Personenvergleich benutzt wird, mag seine Auffassung zutreffen. Wenn es aber darum geht, bspw. die „absolute" Leistung eines Einzelnen (oder auch seiner Entwicklungsfähigkeit) zu erfassen, trifft diese Forderung nicht mehr zu. S. ferner im Hinblick auf Leistungsbeurteilungen Kane/Lawler 1979; Muckler 1982; Weitz 1961; Bernardin/Beatty 1984, S. 130 ff.

ziell im Rahmen von Leistungsbeurteilungen - zu sichern. [102] Die nachfolgende Diskussion, d. h. die Beschreibung der Anforderungskriterien sowie deren Bewertung hinsichtlich ihrer Anwendbarkeit im betrieblichen Alltag, orientiert sich an einer Differenzierung von *SCHULER*: Die normalerweise allgemein gestellten Gütekriterien werden auch von ihm einer objektspezifischen Modifikation unterzogen, d. h. sie sind im Hinblick auf Beurteilungsprozesse ausgewählt und formuliert. Es handelt sich um folgende: [103]

(1) Intraindividuelle Urteilskonkordanz. Die intraindividuelle Urteilskonkordanz (bzw. Selbstkonkordanz) betrifft die Frage, inwieweit sich *ein* Beurteiler im Rahmen der Bewertung maßstabsgetreu verhält, seine Semantik konstant ist sowie seine Urteile über konstante Sachverhalte schwankungsanfällig sind. Sie spricht damit den Grad der Übereinstimmung an, den zwei oder mehrere Urteile eines Beurteilers über einen Sachverhalt (bspw. einen Leistungsindikator) zu verschiedenen Zeitpunkten, bei wiederkehrender Beurteilung und/ oder mit verschiedenen Beurteilungsinstrumenten aufweisen würden. Sie ist gegeben, wenn der einzelne Beurteiler Beurteilungskriterien stabil (schwankungsfrei und maßstabsgetreu) verwendet und die jeweiligen Beobachtungen sprachlich konstant bis zum Urteil beschreibt. Ursächlich hängt dieses Verhalten auch von der Qualität der Beurteilungskriterien ab, d. h. inwieweit sie ein solches Verhalten der Beurteiler ermöglichen. In diesem Verständnis sind die beiden Reliabilitätszugänge Zeitkonstanz (Stabilität des Verhaltens der Beurteilten) und Methodenkonstanz (Äquivalenz der Situations- bzw. Anregungsbedingungen) zu erkennen.

(2) Interindividuelle Urteilskonkordanz. Interindividuelle Urteilskonkordanz (bzw. Fremdkonkordanz) betrifft die Frage, inwieweit *verschiedene* Beurteiler hinsichtlich ihrer Urteile bei einer Leistungsbeurteilung übereinstimmen. Sie ist dann in hohem Maße gegeben, wenn die Beurteiler bei einem Objekt (bspw. der Leistung eines Mitarbeiters) sich über die Beurteilungskriterien und die Sollausprägungen dieser Kriterien einig sind (bzw. durch deren Eindeutigkeit einig sein können) sowie tatsächlich auch die gleichen Kriterien anlegen und den gleichen Urteilsmaßstab haben, d. h. die jeweiligen Merk-

---

102 Vgl. Schuler 1989, S. 419; Markus/Schuler 2001, S. 416 ff.
103 S. Schuler 1978, S. 155 ff., 1982, S. 88 f. Die Bedeutung der im Folgenden genannten Anforderungen wächst, (4) ist bedeutsamer als (1). Mit der Bedeutung steigt die Erfassungsproblematik. Hierarchisch niedere Anforderungen sind notwendige, wenn auch jeweils nicht hinreichende Voraussetzungen für die höheren Anforderungen.

malsausprägungen bzw. Skalenstufen mit den gleichen Werten belegen. [104] Bedeutsam als Anforderung ist die Fremdkonkordanz dann, wenn mehrere Beurteiler über die gleiche Leistung zu urteilen haben. Dies ist im üblichen Ablauf von Leistungsbeurteilungen eher selten der Fall. Indirekt erhält sie dadurch noch eine weitere Bedeutung, wenn die individuellen Beurteilungen verschiedener Leistungen (bzw. über die sie erbringenden Personen) miteinander verglichen werden.

Die Fremdkonkordanz entspricht dem v. a. von *LIENERT* in die Diskussion eingebrachten testtheoretischen Begriff der Objektivität: [105]

- Die *Durchführungsobjektivität* betrifft den Grad der Unabhängigkeit der Beurteilungsergebnisse hinsichtlich zufälliger und systematischer Variationen im Verhalten der Beurteiler während des Beurteilungszeitraums, die letztendlich zu Beeinflussungen der Beurteilten führen können (z. B. Bevorzugung oder Benachteiligung der Mitarbeiter bei der Aufgabenerfüllung, Provokation von Reaktionen).

- Die *Auswertungsobjektivität* bezieht sich insbesondere auf die nummerische und/oder kategoriale Auswertung der Objekt-/Leistungsinformationen (z. B. Beurteiltenverhalten/-ergebnisse) nach vorgegebenen Regeln. Die Beurteiler haben dann einen großen Spielraum bei der Einordnung, wenn keine fixierten Beziehungen zwischen bestimmten Informationen und Beurteilungsziffern bekannt sind. Je mehr dies der Fall ist, desto weniger wird dieser Objektivitätsaspekt angenommen.

- Die *Interpretationsobjektivität* schließlich spricht den Grad der Unabhängigkeit bei der Interpretation der Objekte (bspw. Leistungsergebnisse/-verhalten) bzw. deren Kriterien von den Beurteilern und/oder andere mit der Beurteilung befassten Personen an. Sie ist prinzipiell dann gegeben, wenn alle Beurteiler zu den gleichen Schlussfolgerungen bzw. Beurteilungen gelangen. [106]

(3) Validität. Die Validität stellt ein Maß dar, welches Aufschluss darüber geben soll, in welchem Maße das Beurteilungsverfahren bzw. das -kriterium erfasst,

---

104 Sie ist nicht gegeben, wenn z. B. ein Beurteiler nach Umsatzzahlen und ein anderer nach Public Relations-Aktivitäten beurteilt.

105 S. Lienert 1969, S. 13 f. Zum Problem der „Objektivität" bzw. der Verwendung dieses Ausdrucks in einem etwas anderen Zusammenhang s. Teil 4 C dieser Arbeit.

106 Es ist so, als ob Fotos zur gleichen Zeit von verschiedenen Leuten aufgenommen werden. (S. hierzu Lazer/Wikstrom 1977, S. 84 ff.) Voraussetzung zum Testen der Beurteilerzuverlässigkeit ist das in etwa gleiche Verhältnis der Beurteiler zu den zu Beurteilenden (z. B. Kollegen, Vorgesetzte).

was es erfassen soll. Validität liegt vor, wenn die Beurteilungsergebnisse das theoretisch definierte Merkmal tatsächlich repräsentieren. Validität ist daher unabdingbare Voraussetzung für die Angemessenheit der Schlussfolgerungen und gilt als „sine qua non" jeglicher Beurteilung. Sie ist prinzipiell abhängig von verschiedenen Determinanten und v. a. dem Zweck der Beurteilung. Validität sollte somit also immer zweckbezogen getestet bzw. ausgedrückt werden. [107] Es ist bspw. unzulässig, ein Beurteilungsinstrument als (in-)valide zu charakterisieren, wenn nicht gleichzeitig der jeweilige Zweck der Beurteilung angegeben wird. Ein Subkriterium mag z. B. valide sein, aber meist immer nur für einen Zweck, für ein übergeordnetes Kriterium. Man spricht in diesem Zusammenhang von differentieller Validität. [108]

Differenziert wird in mehrere Aspekte der Validität:

- Die *Inhaltsvalidität* bezieht sich darauf, inwieweit bspw. eine in die Beurteilung eingehende Beobachtung repräsentativ für das Leistungsverhalten bzw. für die Gesamtleistung eines zu Beurteilenden ist. [109] Angesprochen wird das Problem, ob sichere Schlussfolgerungen aus den erhobenen Werten gezogen werden können. Inhaltsvalidität ist gewährleistet, wenn die Beurteilung eine repräsentative Stichprobe der zu beurteilenden Leistung darstellt. [110]

- Mit der *Konstruktvalidität* wird die hinreichende Übereinstimmung der durch eine Beurteilung erfassten Kriterien mit dem theoretischen Konstrukt des zu beurteilenden Objekts zu erfassen versucht. Sie spricht die

---

107 Vgl. bspw. Latham/Wexley 1981, S. 67 f.; Landy/Farr 1983, S. 16 ff. Geht es im Rahmen der Leistungsbeurteilung darum, Informationen über die vergangene Leistung, Karrierepotenzial oder Personalentwicklungsbedarf zu erhalten, so müsste die Validität des Beurteilungsverfahrens für jeden Zweck gesondert erhoben werden. Für *DUNNETTE* (1963, S. 252) sollte zudem die Validität nicht zu hoch angesetzt werden, sondern stattdessen das Verstehen der Beurteilungsobjekte und -kriterien in den Vordergrund treten.

108 Vgl. Cronbach 1971, S. 445 f.

109 Mit ihr ist damit der Aspekt angesprochen, für die der Inhalt einer Beurteilung selbst das bestmögliche Kriterium darstellt (z. B. die Aufgabe eines Rechentests für das Persönlichkeitsmerkmal „Rechenfähigkeit").

110 Da (Leistungs-)Beurteilungsinformationen - und erst recht ausgewählte quantitative Daten - i. d. R. nur einen Ausschnitt eines größeren Objekts (z. B. Leistungsfeldes) betreffen, ist die Schätzung der Inhaltsvalidität notwendig, um zu prüfen, inwieweit die gewählten Kriterien repräsentativ sind. Geprüft wird systematisch der Inhalt eines Kriteriums, inwieweit es adäquat die Leistungsdimensionen erfasst, welche wesentlich für eine effektive Arbeitsleistung sind. Die Inhaltsvalidität wird vermehrt nicht als gesonderter Aspekt der Validität aufgefasst, da ihre empirische Erfassung nur eingegrenzt möglich ist und sie sich logisch der Konstruktvalidität unterordnen lässt. Vgl. Schuler 1989, S. 425.

Frage an, inwieweit hinter den beobachteten Leistungsindikatoren nicht direkt beobachtbare generelle Aspekte, Eigenschaften oder Fähigkeiten stecken. Ihr kommt dann eine besondere Bedeutung zu, wenn Eigenschaften erfasst und Verhaltensprognosen erfolgen sollen. [111] Sie ist gegeben, wenn die das Konstrukt kennzeichnenden Beobachtungen genau identifiziert sind und sodann aufgezeigt wird, dass diese Beobachtungen eine funktionale Einheit bilden. [112]

- Die *Prognosevalidität* geht als Anforderung über die Leistungsbeurteilung hinaus. Sie hat mit der Frage zu tun, inwieweit sich die erschlossenen Merkmale auf zukünftiges Verhalten in ähnlichen oder ganz anderen Situationen auswirken (z. B. im Rahmen einer Potenzialbeurteilung). [113]
- Bei der *Übereinstimmungsvalidität* wird von einem Indikator auf die Ausprägung der Zielvariablen (des Beurteilungskriteriums bzw. -objekts) zum Beurteilungszeitpunkt geschlossen. Mit ihr wird die Übereinstimmung eines Maßes der Leistung (Indikator) mit einem anderen Maß (Indikator) gesehen, dessen Validität bereits überprüft worden ist und von dem man annimmt, dass er mit dem Sachverhalt (bzw. der Leistung) in einem sehr engen Zusammenhang steht. [114]

---

111 Die Variabilität in den Beurteilungen von individuellen Leistungen sollte die Folge der Variabilität der tatsächlichen individuellen Leistungen sein. Sie repräsentiert am besten, was mit der Frage nach der Gültigkeit einer Leistungsbeurteilung sinngemäß gemeint ist: Inwieweit sind die Beurteilungsaussagen Indikatoren der „eigentlichen" Leistung, entweder bezogen auf eine einzelne Leistungsdimension oder auf den gesamten individuellen Beitrag zu Unternehmenszielen? Vgl. Schuler 1989, S. 423.

112 Eine Beurteilung, die die individuelle Leistung erfassen soll, hätte dann eine hinreichende Konstruktvalidität, wenn nachgewiesen wurde, dass die mit der Beurteilung erfassten Merkmale in genügender Übereinstimmung mit dem theoretischen Konstrukt „Leistung" stehen.

113 Sie ist der Maßstab für die Möglichkeit, von einem aktuellen Beurteilungsergebnis (Prädiktor) ausgehend ein zukünftiges Ereignis vorherzusagen. Sie unterstellt keinerlei ursächliche, sondern nur zeitliche Kontinuität der Zusammenhänge. Die Vorhersagevalidität ist wichtig, wenn die Beurteilungskriterien als Prädiktoren für zukünftige Leistungen im Rahmen von Karriereentscheidungen betrachtet werden. Man könnte hier bspw. das Vorgesetztenurteil mit einem zeitlich späteren Urteil des gleichen oder eines anderen Vorgesetzten - unter Verwendung des gleichen oder eines anderen Beurteilungsinstruments - vergleichen. Im Rahmen der Leistungsbeurteilung ist die prognostische Validität zu vernachlässigen.

114 Prognose- und Übereinstimmungsvalidität stellen die zwei Varianten der kriteriumsorientierten Validität dar.

(4) Relevanz. Die Relevanz spricht an, welche Bedeutung die erfasste und/oder bewertete Leistung für die organisatorische Einheit und den Gesamtbetrieb hat. Auch wenn es gelingt, die Leistung eines Mitarbeiters festzustellen, so ist damit noch nicht geklärt, welche Bedeutung diese Leistung für die gesamte Organisation hat. Die Beurteilungskriterien an sich und ihre erwarteten Ausprägungen stellen zwar eine Annahme über dieses Verhältnis dar. Inwieweit diese Annahme aber zutreffend ist, muss geprüft werden. [115]

Die diskutierten, immer wieder angeführten Anforderungen an Beurteilungskriterien sind in der Wirtschaftspraxis zumindest im Ausmaß der jeweiligen Anforderung *nicht anwendbar* und/oder überprüfbar. (Diese These wird nachfolgend noch beispielhaft bei der Anwendung von Leistungsbeurteilungen im Betrieb begründet.) [116] Es lassen sich nur *praxeologische Regeln* zur Definition der Beurteilungskriterien (bzw. hinsichtlich des gesamten Beurteilungsprozesses) fordern, um zumindest vom Prinzip her den verständlichen Anforderungen annähernd zu entsprechen. Im Einzelnen lässt sich Folgendes festhalten:

---

115 Als wesentlichen Orientierungspunkt der Definition der Subkriterien bspw. bei der Leistungsbeurteilung gilt die „Beziehung zu den Zielen". S. Smith 1976, S. 749 f. Damit sind die abhängigen Variablen des Arbeitsverhaltens angesprochen. Doch je weiter entfernt diese Ziele bzw. abhängigen Variablen vom Arbeitsverhalten sind, desto schwieriger wird es, die Beziehung eindeutig festzustellen. Dies hängt zum Teil auch mit der Dauer der Wirkungen zusammen, d. h. je länger es dauert bis die Wirkungen eintreten (können), desto schwieriger wird es, den Beziehungszusammenhang festzustellen. Die angesprochene Dimension beinhaltet dann einerseits die Kombination bestimmter Verhaltensweisen zu Generalisierungen über die Ergebnisse und andererseits die Kombination von diesen Generalisierungen, um v. a. ihre Wirkung auf die Organisation zu bewerten. Ersteres wird durch individuelle Dimensionalität, d. h. unterschiedliche Verhaltensmuster, die zum gleichen oder gleichartigen Ergebnis führen, kompliziert. Letzteres ist keine einfache Aufgabe. Einzelne Ergebnisse stehen nicht in einer bekannten invarianten Beziehung zum gesamten Unternehmungserfolg. Hier treten vermutlich die Probleme der Kriterienunzulänglichkeit und -verschmutzung auf.

116 Ohne auf die jeweiligen Übereinstimmungen, Überschneidungen und Ergänzungen einzugehen, sei zunächst Folgendes kritisch festgehalten: Diese jeweiligen Kriterienanforderungen können nicht einfach für jede Beurteilung übernommen werden. Bspw. ist die von *NEUBERGER* genannte „Messbarkeit" kein Kriterium, welches unbedingt angewendet werden kann bzw. sollte. Zu sehr würden qualitative Aspekte ausgeklammert, es sei denn, man verwendet einen sehr weiten Begriff der Messung, der auch die Skalierung rein qualitativer Aspekte mittels subjektiver Bewertung einbezieht. Hinzu kommt, dass die Benennung der Kriterienanforderungen an sich nicht ausreicht. Die jeweiligen Ausprägungsmöglichkeiten bzw. der als notwendig erachtete Standard je Anforderung ist zu benennen, um Urteile über die Anforderungsentsprechung fällen und kritisch diskutieren zu können.

Ad (1): Intraindividuelle Urteilskonkordanz. Inwieweit die intraindividuelle Urteilskonkordanz Anforderungskriterium der betrieblichen Leistungsbeurteilung sein kann, hängt v. a. von der möglichen Stabilität des Beurteiltenverhaltens, der möglichen Äquivalenz der Anregungs- und Beobachtungsbedingungen und der Stabilität der Informationssammlung der Beurteiler sowie den angewendeten, impliziten Übersetzungsregeln ab.

- Im betrieblichen Alltag lassen sich wegen der Vielfältigkeit und Dynamik des Aufgabenumfelds solche normierten Vorgehensweisen i. d. R. nicht erreichen, so dass prinzipiell weder ein Zuverlässigkeitsmaß tatsächlich ermittelt werden kann, noch die Höhe einer Korrelation direkt aussagekräftig wäre.
- Bei zeitpunktidentischen Beurteilungen sind selbst hohe Korrelationen zwischen den verschiedenen Beurteilungen nicht unbedingt ein Indiz für hohe Reliabilität: Die jeweiligen Beurteiler können für sich selbst bspw. durch ihre sozialen Kontakte bereits vorab Vorurteile entwickelt haben und diese im Zeitablauf in ihre eigenen Beurteilungen integrieren ebenso wie sie dies mit Lernerfahrungen tun. Bei Beurteilungen zu verschiedenen Zeitpunkten kann eine niedrige Korrelation zwar in der geringen Reliabilität begründet sein, aber auch in der fehlenden Stabilität des Leistungsverhaltens der Beurteilten, in der Übereinstimmung bez. der Kriterien, in unterschiedlichen Situationen oder in der mangelnden Qualifikation der Beurteiler. [117]
- Hohe Stabilität ist auch nicht unbedingt ein erfreuliches Ergebnis. Sie kann auch ein Anzeichen dafür sein, dass das Beurteilungsinstrument eine mangelnde Sensitivität für Objekt-/Leistungsveränderungen hat. Zu kurze Zeiträume zwischen den beiden Beurteilungszeitpunkten können zu Verfälschungen führen, da die Bewerter sich möglicherweise noch an die vorherige Beurteilung erinnern und ihr nacheifern. Zu lange Zeiträume bergen die „Gefahr", dass sich signifikante Veränderungen des Objekts ergeben haben und insofern die Reliabilität des Beurteilungsinstruments zu diesem Zeitpunkt gar nicht mehr festgestellt werden kann. Bei der Wahl des Zeitraums sind auch bspw. saisonale Leistungsbedingungen, der Einarbeitungsstand der Mitarbeiter, quantitative oder qualitative Beurteilungen zu berücksichtigen. [118]
- Zu bedenken ist ferner, dass sich gerade im sozialwissenschaftlichen Bereich das zu bewertende Phänomen selbst in kurzer Zeit wandeln kann - nicht zuletzt auch dadurch, dass bei dien Beurteilten Lernprozesse stattgefunden haben.

---

117 Vgl. auch Bartölke 1972, S. 631 f.
118 Vgl. Landy/Farr 1983, S. 11.

Insgesamt gesehen lässt sich die Selbstkonkordanz der Beurteiler nur durch systematisch erarbeitete Regeln steuern, die insbesondere die Definition verständlicher und eindeutiger Beurteilungskriterien fördern. Eine Überprüfung im betrieblichen Alltag ist aufgrund steter Veränderungen und der daher fehlenden tatsächlichen Vergleichsmöglichkeiten nicht durchführbar.

Ad (2): Interindividuelle Urteilskonkordanz. Eine vollkommene Übereinstimmung der Urteile der Beurteiler (falls mehrere beabsichtigt sind und vorliegen) kann normalerweise nicht erwartet werden. Zunächst ist dies durch die mögliche fehlende Selbstkonkordanz der Beurteiler begründet, auf die teilweise auch die gleichen Ursachen wirken. Andere Gründe sind gerade im betrieblichen Alltag allerdings noch deutlichere Ursache fehlender Fremdkonkordanz: [119]

- Insbesondere die *Durchführungsobjektivität* ist für betriebliche Leistungsbeurteilungen eine weitgehend unhaltbare Voraussetzung. Zu nennen sind als Gründe bspw.: individuelle Charakteristika von Beurteiler und zu Beurteilenden, Aufgabencharakter, Beobachtungs-/Kontrollmöglichkeiten, Zeitperiode, Beurteilungsprozeduren/-verfahren. Hinzuzufügen ist noch, dass unterschiedliche Beurteiler unterschiedliche Stimuli für Beurteilte schaffen, die wiederum zu unterschiedlichen Situationen und Sachverhalten führen. Abweichungen der Urteile sind verständlich, haben Beurteiler doch wohl selten die Gelegenheit zur gleichen Zeit, in der gleichen Situation oder gar bei der gleichen Aufgabenerfüllung die zu Beurteilenden zu beobachten (fehlende Äquivalenz der Wahl der Situationen). Da die jeweiligen Situationen im Alltag nicht genormt sind bzw. werden können, ist es nicht möglich zu entscheiden, ob anscheinende Widersprüche in den Verhaltensweisen der zu Beurteilenden auf die Instabilität der Verbindung von Anregungsbedingungen und Reaktion oder auf nichtäquivalente Stimuli oder gar auf beides zurückzuführen sind. [120] Es bleibt daher unbestimmbar, welchen Anteil an den Urteilsdifferenzen diese unterschiedlichen Beobachtungsgelegenheiten haben. [121]

---

119 Die Fremdkonkordanz kann nur dann hoch ausgeprägt sein, wenn auch die Selbstkonkordanz hoch ist. Hohe Selbstkonkordanz führt aber nicht automatisch zu hoher Fremdkonkordanz; dann nämlich nicht, wenn der einzelne zu beurteilende Sachverhalt stabil unter einem bestimmten Gesichtspunkt betrachtet wird, der allerdings von Beurteiler zu Beurteiler schwankt. Vgl. Brandstätter 1970, S. 703 f.

120 Vgl. Brandstätter 1970, S. 703 f.; Schuler 1978, S. 155 f.

121 Um den Aspekt der Durchführungsobjektivität weitgehend sicherzustellen, müssten die Interaktionen zwischen Beurteiler und Beurteilten weitgehend reduziert und der verbliebene Rest einheitlich standardisiert werden. Dies ist in der Praxis wohl selten möglich.

- Die *Interpretationsobjektivität* wird bei Leistungsbeurteilungen insbesondere bei Personen-/Leistungsvergleichen kaum verfolgt werden können. Zunächst beurteilt i. d. R. immer nur jeweils ein Beurteiler. Sollten verschiedene Beurteiler herangezogen werden, so werden sie jeweils ihre Interpretationen auf andere Personen bzw. Leistungen, einen anderen Verhaltensausschnitt oder andere Annahmen beziehen müssen, da sie unterschiedliche Beobachtungsgelegenheiten und Aufgaben hatten. Auch liegt eine fehlende Stabilität der Verbindung von beobachteten Stimuli und Reaktion vor - mit der Folge, dass die verschiedenen Beurteiler unterschiedliche Reaktionen wahrnehmen, obwohl sie die Mitarbeiter in gleichartigen Situationen beobachten. [122]
- Auch die *Auswertungsobjektivität* lässt sich in dem hier behandelten Rahmen einer betrieblichen Leistungsbeurteilung nur eingeschränkt verfolgen. Die möglicherweise fehlende Objektivität bezieht sich auch auf die Beschreibung des gleichen Sachverhalts. [123] Wenn die Urteile verschiedener Beurteiler sehr stark voneinander divergieren, ist nicht sicher, was überhaupt beurteilt wurde. [124] Allerdings hängt der mögliche Übereinstimmungsgrad vom Standardisierungsgrad der Beurteilungsformulare ab.

Auch die Fremdkonkordanz lässt sich im betrieblichen Alltag weder tatsächlich erheben, noch weitgehend sicherstellen. Wiederum kann lediglich durch vorgegebene Regeln ein Steuerungsversuch unternommen werden.

Ad (3): Validität. Validität ist als Forderung an Leistungsbeurteilungskriterien unverzichtbar. Sie lässt sich allerdings kaum hinreichend erreichen oder gar überprüfen. Im Hinblick auf die Wahl der Beurteilungskriterien sowie der Interpretation ihrer inhaltlichen Ausprägungen lassen sich im Betrieb nur in wenigen Fällen empirische Überprüfungen durchführen, die einen Validitätsgrad angeben. [125]

---

122 Eine unterschiedliche Beschreibung und Interpretation des gleichen Sachverhaltes kann zudem aufgrund der - auch unbewussten - Interessenlagen der Beurteiler entstehen. Wenn bspw. die Leistung von Untergebenen beurteilt werden soll, die Beurteiler aber implizit mehr Wert auf Freundlichkeit oder Verhalten gegenüber den Vorgesetzten legen, entstehen Fehlerquellen.

123 Bei Beurteilungen ist die Beschreibung des beobachteten Verhaltens und dessen Interpretation zu unterscheiden, selbst wenn im Alltag diese Differenzierung in der Wahrnehmung verschwindet.

124 Das ist im Übrigen auch bei gleichen Urteilen kaum endgültig zu klären.

125 Werden allgemein formulierte Kriterien verwendet, mit denen großzahlige Studien durchgeführt werden könnten, sind die Ergebnisse nichtssagend, weil keine spezifischen Zusammenhänge untersucht wurden. Bei arbeitsplatzspezifischen Kriterien liegen nur

Sie kann insofern nicht exakt überprüft werden. Die Inhaltsvalidität kann nur von Fachleuten letztendlich im Rahmen einer logischen Analyse beurteilt werden und eröffnet dadurch wiederum Fehlermöglichkeiten hinsichtlich der subjektiven Feststellung. Hinzu kommt, dass gerade arbeitsplatz- und zweckbezogene Beurteilungskriterien/-verfahren einen großen administrativen Aufwand bei der Validierung verursachen. Lediglich zur Überprüfung von Konstrukt- und Prognosevalidität geben empirische Verfahren Anhaltspunkte. Hinzu kommt, dass, gäbe es ein Kriterium der Beurteilung der Angemessenheit, welches selbst über alle Zweifel erhaben wäre, es auch vernünftig wäre, dieses als Beurteilungskriterium zu verwenden. Gewöhnlich liegt es nicht vor. Im Grunde ist man als Systembetreiber darauf angewiesen, dass die zuständigen Personen bei der Formulierung von Beurteilungskriterien und deren Soll-Ausprägungen kompetent sind und sorgfältig vorgehen. Auch hierauf können einheitliche und systematische Verhaltensregeln Einfluss haben.

Ad (4): Relevanz. Ähnliches betrifft die Problematik des Relevanzgrades. Man könnte zwar davon ausgehen, dass in der Aufgaben- und/oder Zielbeschreibung einer Position bereits die Relevanz enthalten ist, doch dies wäre eine zu große Vereinfachung; erst recht dann, wenn die Beurteilten an der Aufgaben- und Zielformulierung beteiligt sind. Letztendlich werden sich auch hier durch Dritte keine sicheren Relevanzangaben ergeben. Die Überprüfung sichert den Betrieb jedoch gegen die Auswahl zu einfach erreichbarer „Leistungen" ab.

Eine Schwierigkeit der Überprüfung von realen Beurteilungskriterien von Leistungsbeurteilungen in der *Wirtschaftspraxis* liegt darin, dass wohl selten die personellen und zeitlichen Ressourcen zu einer solchen Prüfung vorhanden sind. [126] Sie im Zeitablauf durchzuführen, ignoriert zudem, dass es Veränderungen der Beurteilungsobjekte (bspw. der Qualifikationen und Leistungen) sowie bei den (Leistungs-)Bedingungen geben kann. Die Stabilität eines Beurteilungskriteriums/-instruments über die Zeit (und über verschiedene Beurteiler) kann somit nicht bzw. kaum geprüft werden.

Es wird hier nicht die These des Verzichts auf testtheoretische Gütekriterien vertreten; deren *strenge Überprüfung* soll nur aus theoretischen wie praktischen Erwä-

---

zufällige Stichproben mit kaum genau wiederkehrenden Situationsmerkmalen zur Ermittlung vor, die ebenfalls keine angemessenen Aussagen ermöglichen.

126 S. zu den Problemen der Reliabilitätsprüfung sowie dem Zusammenhang zwischen Validität und Reliabilität gerade bei Leistungsbeurteilungen Schuler 1989, S. 425 f.

gungen als Forderung aufgegeben werden. [127] Ihr Stellenwert ist bei dem hier im Erkenntnisinteresse stehenden Objekt der Leistungsbeurteilung zu relativieren und auf ihre tatsächlich mögliche Bedeutung zu reduzieren. Die Pointierung gerade dieser Kriterienkriterien in der Literatur ist ineffektiv, ineffektiv in dem Sinne, dass über das falsche Problem diskutiert wird. [128] Fast alle genannten generellen Probleme der Definition von reliablen, validen und relevanten Beurteilungskriterien lassen sich nicht verhindern sowie im betrieblichen Alltag kaum in ihrem Ausmaß ermitteln. Die Erarbeitung von Durchführungsregeln und deren Berücksichtigung und Kontrolle im Beurteilungsprozess kann allerdings dazu beitragen, angemessene Beurteilungskriterien zu formulieren und im Bewertungsprozess anzuwenden. Über die Problematik sollten sich die Beurteiler aber im Klaren sein.

III Problem des Kriterienkonstrukts (Letztkriterium vs. aktuelles Kriterium)

Die Beurteilung eines Objekts - wie der Leistung - müsste alle Facetten dieses Objekts, die im Beurteilungszeitraum relevant sind - und darüber hinaus noch später Wirkungen zeigen -, erfassen, um tatsächlich vollständig die Güteaussagen hinsichtlich des Objekts treffen zu können. Diese lückenlose Aussage ließe sich - abstrakt formuliert - durch das sog. *Letztkriterium* („ultimate criterion", ultimatives Kriterium, eigentliches Kriterium) bilden. [129] Im übertragenen Sinne wird damit letztendlich die Gesamtleistung eines Individuums oder auch eines Unternehmens während seiner Existenz abstrakt ausgedrückt. Es ist ein theoretisches Kriterienkonstrukt bzw. - in der hier zu behandelnden Themenstellung - eine idealtypische Version der Arbeitsplatzleistung. [130] Wegen ihres Konstruktcharakters, also als nicht selbst erfassbares Phänomen, liegt ein solches ideales Kriterium mit eindeutig definierten und validen Operationalisierungsvorgaben in keinem realen Zusammenhang für die Beurteilung vor. Eine solche Erfassung wäre auch - selbst bei Vorlage dieser Hilfen - allenfalls rückblickend, nach dem Ende des Wirkungs-

---

127 Praktisch umgesetzt wird die Forderung längst nicht, was angesichts der desolaten Lage der Leistungsbeurteilung in der Wirtschaftspraxis mit ihren undefinierbaren, wenig aussagenden eigenschaftsorientierten Kriterien auch nicht verwunderlich ist. S. dazu Teil 5 D II 4 a dieser Arbeit.

128 Die Ansicht, dass eine solche Vernachlässigung testtheoretischer Gütekriterien bzw. ein solches unwissenschaftliches Vorgehen die Gültigkeit der Beurteilungsergebnisse von vorne herein infrage stellt, ist zum Teil richtig, zum Teil aber auch irreführend. Richtig ist die aufgestellte Behauptung; irreführend dagegen, dass die Anwendung der Gütekriterien die Gültigkeit sicherstellen kann.

129 S. Thorndike 1949, S. 121.

130 Vgl. auch Landy/Trumbo 1976, S. 92.

horizonts aller Handlungen möglich: [131] Eine Beurteilung der Leistung eines Mitarbeiters müsste hiernach den gesamten Beitrag eines Mitarbeiters im Beurteilungszeitraum - oder besser noch während der gesamten Beschäftigungszeit - plus des Wirkungshorizonts der Tätigkeiten berücksichtigen. In den meisten Situationen ist es offensichtlich unmöglich, diesen Gesamtbeitrag lückenlos zu erfassen. [132]

Der Vorschlag des Letztkriteriums stellt insofern nur ein *Orientierungsmuster* für die Operationalisierung von Ersatzkriterien dar. Es sollte nach solchen Ersatzkriterien gesucht werden, die die Aspekte erfassen, die das Objekt (z. B. die Leistung) im Verständnis der Beurteiler bzw. Systembetreiber determinieren und charakterisieren. [133] Wenn es prinzipiell nicht möglich ist, direkt das Objekt (bzw. die „Leistung" eines Mitarbeiters) zu erfassen, sind solche substituierende Kriterien zur Beurteilung nötig. [134] Jegliches substituierende Kriterium stellt dann aber lediglich eine angestrebte (Teil-)*Repräsentation* an das Letztkriterium bzw. eine Approximation an das dadurch ausgedrückte Leistungsverständnis dar. [135]

Diese Ersatzkriterien werden in der Literatur vereinfachend zunächst als *aktuelles Kriterium* bezeichnet. [136] Die aus dem theoretischen Konstrukt abgeleiteten Subkriterien konstituieren dann das tatsächlich zur Beurteilung verwendete aktuelle Kriterium (bspw. Gewinn als Substitut für die Leistung eines Profit-Center-Leiters). [137] Angestrebt wird die weitreichende Übereinstimmung mit dem Letztkriterium. Bei der Auswahl, Gewichtung und inhaltlichen Normierung der Ersatzkriterien im Rahmen des aktuellen Kriteriums kann man sich nie sicher sein, wie viel man vom Letztkriterium bzw. wie genau man bspw. die Leistung oder auch das eigene Leistungsverständnis mit ihnen überhaupt erfassen kann sowie, ob der gewählte Standard treffend hinsichtlich der gewünschten Ausprägung ist. Von Be-

---

131 Vgl. Thorndike 1949, S. 121 f., 125; Guion 1961, S. 141; Bass 1952.

132 Es ist praktisch nicht zu definieren, weil es alle Leistungsdeterminanten und -wirkungen über die gesamte Zeitdauer, die ein Arbeitsplatz von einem Mitarbeiter besetzt war, und darüber hinaus auch noch deren Wirkungshorizont, erfassen müsste. Und dies betrifft darüber hinaus noch jeden einzelnen, spezifischen, unterschiedlichen Arbeitsplatz.

133 Vgl. Thorndike 1949, S. 122.

134 Vgl. z. B. Guion 1965, S. 118.

135 Die Approximation bzw. die *Qualität des Substituts* bestimmt dabei den theoretisch erreichbaren Validitätsgrad. Gerade diese Tatsache wird in der überwiegenden Anzahl an praktischen Beurteilungssystemen sehr vernachlässigt. Die verwendeten Kriterien basieren mehr auf Intuition und Usancen, als auf einer Beziehung zum Arbeitsplatzerfolg.

136 S. Thorndike 1949, S. 1223. Das aktuelle Kriterium kann - trotz seines singulären Wortcharakters - aus mehreren Subkriterien bestehen.

137 Vgl. Thorndike 1949, S. 123 f.; sowie später und ausführlicher Nagle 1953.

deutung ist in diesem Zusammenhang die Frage, wie dieser Teil mit dem unbekannten Letztkriterium zusammenhängt. Die Beziehungen zwischen aktuellem Kriterium und Letztkriterium lassen sich in drei Kategorien diskutieren (S. Abb. 4.4.):
(1) Kriteriumsrelevanz,
(2) Kriteriendefizienz und
(3) Kriterienkontamination.

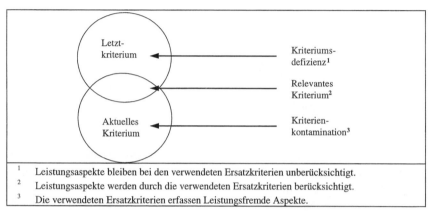

[1] Leistungsaspekte bleiben bei den verwendeten Ersatzkriterien unberücksichtigt.
[2] Leistungsaspekte werden durch die verwendeten Ersatzkriterien berücksichtigt.
[3] Die verwendeten Ersatzkriterien erfassen Leistungsfremde Aspekte.

Abb. 4.4: Beziehungen zwischen Letztkriterium und aktuellem Kriterium.

Ad (1): *Kriterienrelevanz*

Kriterienrelevanz ergibt sich (steigend) in dem Ausmaß, inwieweit das aktuelle Kriterium das Letztkriterium (immer mehr) erfasst. Decken sich beide, so spricht man vom relevanten Kriterium. Ein aktuelles Kriterium wäre dann vollkommen relevant, wenn alle Faktoren, die ein Objekt determinieren, in ihm enthalten sind. Da das Konstrukt des Letztkriteriums rational gewonnen und verbal dargestellt wird, kann auch die Relevanz nur rational bewertet werden. Sie ist letztendlich eine geschätzte hypothetische Beziehung zwischen dem aktuellen Kriterium und dem Letztkriterium. [138] In jedem Fall, in dem ein Beurteilungskriterium akzeptiert wird, liegt durch die Beurteiler ein subjektives bzw. ein intersubjektives Urteil darüber vor, dass dieses Kriterium in einem bestimmten Verhältnis zum Letztkriterium steht. In der Bestimmung und Beurteilung der Subkriterien zum aktuellen

---

138 Vgl. Thorndike 1949, S. 125 f.; Nagle 1953, S. 274; Astin 1964; Neuberger 1976, S. 185; Brodgen/Taylor 1950, S. 160.

Kriterium ist lediglich ein Abkommen zu sehen. [139] Eine empirische Überprüfung dient der ökonomischen Erfassung (oft nur Quantifizierung) der ausgewählten Kriterien. [140] Vollständige Kriterienrelevanz ist letztlich eine in ihrem Ausmaß nicht ermittelbare und wahrscheinlich auch unerreichbare Forderung. Die einzelnen Subkriterien konstituieren nicht vollständig das Letztkriterium. Sie sind vielmehr aus ihm abgeleitet, ohne es aber lückenlos abbilden zu können. [141]

Ad (2): *Kriteriendefizienz*

Wird ein Teil des Letztkriteriums durch das aktuelle Kriterium nicht erfasst, bezeichnet man dies als Kriteriendefizienz (bzw. Kriterienunzulänglichkeit). [142] Sie entsteht, wenn man aufgrund mangelnder Objektkenntnisse, sprachlicher Umsetzungsschwierigkeiten, nicht zur Verfügung stehender Indikatoren, Fehleinschätzungen u. Ä. für verschiedene Elemente des Beurteilungsobjekts keine Subkriterien definiert hat bzw. definieren kann. Mit Defizienz werden somit die Elemente des Objekts (der Leistung) angesprochen, die zwar eigentlich zu erfassen und zu beurteilen wären (und somit bspw. Leistungsbezogen sind), aber nicht mit den diversen Subkriterien erfasst werden. [143] Das Ausmaß der in irgendeiner

---

139 Dieses Abkommen sollte durch und mit den Personen, die durch ihre Objektkenntnisse am besten dazu qualifiziert sind, das Objekt (z. B. die Leistungsziele, deren Bedeutung und das notwendige Zielerreichungsverhalten) zu benennen, getroffen werden.

140 Beide Vorgehensweisen können sich allenfalls ergänzen, um eine situationsspezifisch treffendere Auswahl und Gewichtung des aktuellen Kriteriums zu erreichen. Vgl. Neuberger 1976, S. 185; Astin 1964, S. 809 ff.

141 Vgl. Neuberger 1976, S. 185. Begründen lässt sich das v. a. wie folgt: Das *Kausalitätsprinzip* besagt, dass jedes Geschehen aufgrund einer oder mehrerer Ursachen bewirkt wird und seinerseits wiederum Ursache späteren Geschehens ist. Damit ist sämtliches Geschehen immer unmittelbar oder mittelbar - im Rahmen einer Kausalkette - miteinander verbunden. Die Kausalität ist schlechterdings unentwirrbar. Sie besteht aus so vielen Elementen, dass sie dadurch für den menschlichen Beobachter den Charakter der Kausalität verliert. Zudem ist es berechtigt anzunehmen, dass es keine gesetzlich bestimmten Zusammenhänge und Abläufe in einem sozialwissenschaftlichen Raum gibt. Die Bedingungen und Einflüsse der historischen Ereignisse (und dazu zählen z. B. Leistungsperioden) sind daher nur mit Phantasie zu wiederholen. Individuen können tiefe Zusammenhänge vielleicht ahnen, aber wohl selten lückenlos beschreiben.

142 Als *Beispiel* kann man die variable Vergütung für einen Verkäufer anführen, die ausschließlich nach Umsatzvolumen berechnet wird - unter Vernachlässigung bspw. der Pflege von Kundenbeziehungen.

143 Hier ließen sich solche Situationsfaktoren, wie in der Leistungsbeurteilung nicht berücksichtigte konjunkturelle Entwicklungen anführen, die die Leistungsergebnisse wie auch

4. Teil: Möglichkeiten und Grenzen der Leistungsbeurteilung 183

Form zu meist vorliegenden Kriteriendefizienz ist nur schätzbar. Im Endeffekt ist es genauso wenig erfassbar wie das der Kriterienkontamination.

Ad (3): *Kriterienkontamination*

Man spricht von Kriterienkontamination (bzw. Kriterienverunreinigung), wenn das aktuelle Kriterium Elemente enthält, die nichts über das Letztkriterium bzw. das Beurteilungsobjekt „Leistung" aussagen. [144] Ein aktuelles Kriterium erfasst dann „mehr", als es vorgibt zu erfassen. Diese „Verunreinigung" des Kriteriums kann zufällig, d. h. unsystematisch, aber auch ständig, d. h. systematisch, entstehen. Im letzteren Falle werden Individuen im Rahmen der Leistungsbeurteilung systematisch durch die aktuellen Kriterien benachteiligt oder begünstigt. [145] Verschiedene Varianten solcher *systematischen Verzerrungen* führen zur Kriterienkontamination. Sie sind im Nachfolgenden an der Leistungsbeurteilung exemplifiziert: [146]

- Chancenungleichheit. Chancenungleichheit liegt vor, wenn bspw. die Leistung(-sergebnisse) von Faktoren beeinflusst werden, die die zu Beurteilenden weder zu verantworten haben, noch kontrollieren können. [147]
- Gruppeneigenarten. Mit Verzerrungen aufgrund von besonderen Eigenarten der Gruppe sind Aspekte gemeint wie Leistungseinschränkungen aufgrund von Gruppendruck, wenig bewussten Selektionskriterien wie „Beziehungen", die das postulierte Leistungsprinzip zumindest relativieren, und die Qualität der Vergleichsgruppe.
- Beurteilungsfehler. Im Zusammenhang mit der subjektiven Einschätzung von Beurteilern im Rahmen der Leistungsbeurteilung wird immer wieder auf die verzerrenden systematischen Fehler (z. B. Halo-Effekt, Nikolaus-Effekt und

---

  das Leistungsverhalten berücksichtigen, bei zielorientierten Verfahren aber nicht weiter wertend einbezogen werden.
144 S. hierzu v. a. Brodgen/Taylor 1950, S. 161 ff. Hiermit sind sowohl anscheinend erkennbare wie auch tatsächliche Differenzen angesprochen.
145 S. Nagle 1953, S. 275 f.
146 Vgl. Brodgen/Taylor 1950, S. 168 ff.; Blum/Naylor 1968, S. 179 ff.; Neuberger 1976, S. 192 f.
147 Sofern die Leistung von Managern wesentlich von der Qualität der von „oben" zur Verfügung gestellten Ressourcen, die Umsatzzahlen von Verkäufern von der spezifischen Struktur der Verkaufsregionen abhängen u. Ä., liegt ein systematischer Fehler vor, wenn die jeweiligen Miss-/Erfolge allein den jeweiligen Managern, Verkäufern etc. zugerechnet werden. S. zu den Leistungsbedingungen Teil 5 C II 3 dieser Arbeit.

Hierarchie-Effekt [148]) hingewiesen. Sie erweisen sich als permanente, systematische Beurteilungsverzerrungen.
- Kenntnis „alter" Daten. Sind den Beurteilern bereits früher erhobene Daten über die - vermeintliche - Leistungsfähigkeit von Personen bzw. deren vergangene Miss-/Erfolge bekannt, so besteht die Gefahr, dass die aktuelle Beurteilung nicht unabhängig von den alten Daten getroffen wird. [149]
- Verzerrung der Skaleneinheit. In den meisten Fällen erstrecken sich die möglichen Kriterieneinschätzungen über ein Kontinuum mit prinzipiell gleichbleibenden bzw. gleichgewichtigen Abständen von Skaleneinheiten. Oft wird dies unbewusst wie bewusst von den Beurteilern nicht beachtet, so dass implizite Gewichtungen - oft unterschiedlich je nach Skalenbereich - erfolgen. Beispielhaft für die Verzerrungen sind hier die Beurteilungstendenzen „zur Mitte", „zur Strenge", „zur Milde", „zu Extremen" zu nennen. [150]

Die Klage, dass gerne auf Kriterien zurückgegriffen wird, die leicht verfügbar und messbar sind, aber nicht unbedingt in einer gewichtigen Beziehung zur Leistung stehen, ist alt. [151] Trotzdem erscheint es im Hinblick auf die übliche Vorgehensweise in der Wirtschaftspraxis nach wie vor wichtig festzustellen, dass ein Kriterium nicht allein deshalb verwendet werden soll, bloß weil es verfügbar ist. [152] Etwas überpointiert drücken dies *BRODGEN/TAYLOR* aus: „Criteria construction based on arm-chair considerations or factors of availability, rather than on an analysis of the job situation, faces not only the danger of omitting important factors but also that of incorporating variables that are not measures of on-the-job-suc-

---

148 Beim *Halo-Effekt* strahlt ein beurteilerabhängiges bestimmtes thematisiertes oder nichtthematisiertes Beurteilungsmerkmal, z. B. Sympathie, auf die anderen Merkmale positiv oder negativ ab. Beim *Nikolaus-Effekt* werden kürzlich stattgefundene Ereignisse überbewertet. Beim *Hierarchieeffekt* fällt eine Beurteilung um so besser aus, je höher der zu beurteilende Mitarbeiter in der Hierarchie eingeordnet ist.

149 Gut eingeschätzte Personen (vielleicht von einem selbst oder einflussreichen anderen Unternehmensmitgliedern) werden mit anderen, positiveren Einstellungen bewertet als weniger gut eingeschätzte. Diese Personen erhalten evtl. auch bessere Bedingungen zur Leistungserbringung, was die Chancen auf bessere Leistungsbeurteilungen noch erhöht.

150 S. zur Beschreibung bspw. Lattmann 1975, S. 163 ff.; Latham/Wexley 1981, S. 100 ff. Auch müsste man von einer Ungleichmäßigkeit der Skaleneinheiten im Kriterium ausgehen. Selbst wenn man von einer Normalverteilung ausginge, so dürfte man nicht vergessen, dass das tatsächliche Vorliegen dieser Normalverteilung auf einer Annahme beruhte. S. dazu Teil 5.

151 S. bspw. Bechtoldt 1947, S. 359; s. auch Guion 1965, S. 112.

152 Ebenso falsch ist es, von der Möglichkeit, die Reliabilität eines Subkriteriums zu erfassen, auf seine Bedeutung für den Arbeitserfolg zu schließen. Vgl. Nagle 1953, S. 276 f.

cess." [153] Kriterienunzulänglichkeiten und -verunreinigungen sind letztendlich in Anbetracht der skizzierten Probleme wohl unvermeidbar, aber zumindest durch eine sorgfältige Auswahl reduzierbar. [154] Die sorgfältige Isolierung aller Subkriterien minimiert die Möglichkeit, Wichtiges zu übersehen, Falsches zu verwenden und liefert erste Anhaltspunkte zur Bewertung der Bedeutung der möglicherweise in Frage kommenden Subkriterien. Bedeutsam ist, dass sich die Beurteiler des immer ungewissen Relevanzgrades, d. h. also der Unzulänglichkeit und der Unreinheit des aktuellen Kriteriums bewusst sind. Nur so können sie sachlich-rational versuchen, voreilige und endgültige Urteile im Rahmen der Leistungsbeurteilung zu verhindern [155] und damit die durch die Problematik gesetzten Grenzen beachten.

Bevor auf die Möglichkeiten der Definition des jeweils aktuellen Kriteriums eingegangen wird, bedarf es noch der Diskussion unterschiedlicher Dimensionen von Beurteilungsobjekten.

IV Dimensionalität von Beurteilungsobjekt und -kriterien

Zu beurteilende Sachverhalte sind i. d. R. nicht eindimensional, sondern weisen verschiedene, oft relativ unabhängige Dimensionen auf. Die Diskussion um das Leistungsverständnis hat das bez. eines mehr oder weniger bestimmten Objekts „der Leistung" verdeutlicht. Die Arbeitsplatzleistung bspw. lässt sich in der überwiegenden Anzahl von Fällen nur dann hinreichend erfassen, wenn ihre vorhandene Dimensionalität (verdeutlicht an den Facetten) auch in der Beurteilung, bei den verwendeten Kriterien beachtet wird. Will man solche Sachverhalte erfassen und beurteilen, so sind auch die jeweiligen Beurteilungskriterien selbst dynamisch aufzufassen. Sie sind folglich *Variablen mit Dimensionalität*. Damit sollen nicht nur die interaktionsbedingten Wandlungen eines Objekts (z. B. Lernprozesse bei Personen), sondern auch die Veränderungen der Situation und der Aufgabenstellungen im Zeitablauf berücksichtigt werden.

---

153 Brodgen/Taylor 1950, S. 168.
154 S. auch Brodgen/Taylor 1950, S. 164; Markus/Schuler 2001, S. 399 ff.
155 S. zu verschiedenen Vorgehensweisen die Diskussion der Leistungsbeurteilungsverfahren in Teil 5.

GHISELLI führt drei *generelle Dimensionen* von Sachverhalten in die Diskussion ein. [156] Sie werden im Hinblick auf das Beurteilungsobjekt „Leistung" näher erläutert:
1. Statische Dimensionalität. Die statische Dimensionalität weist darauf hin, dass die Arbeitsleistung eines Mitarbeiters zu jedem gegebenen Zeitpunkt bzw. Zeitintervall an mehreren voneinander unterscheidbaren Dimensionen beurteilt werden kann. [157] Selbst wenn lediglich ein Kriterium (in gut und schlecht) dichotomisiert ist, zeigt sich bereits die Dimensionalität. [158] Bei den meisten Arbeitsplätzen gibt es demzufolge verschiedene alternative, meist sich jedoch ergänzende Wege, Arbeitsplatzerfolg zu definieren. Die individuelle Arbeit kann über mehrere Dimensionen hin nur mit mehreren Kriterien bewertet werden; die relevantesten und aussagekräftigsten sind zu ermitteln.
2. Dynamische Dimensionalität. Die dynamische Dimensionalität weist darauf hin, dass sich zum einen die Leistung(-sfähigkeit)en der Mitarbeiter und zum anderen die in einer Beurteilungsperiode angenommenen und geltenden Leistungsbedingungen im Zeitablauf verändern - und zwar nicht unbedingt kontinuierlich, oft in einem zum Teil unvorhergesehenen Maße. Die Folge sind andere Einflussgrößen auf die Leistung und somit prinzipiell andere für das Objekt relevante Beurteilungskriterien bzw. Kriterienstandards. [159] Im Hinblick auf die individuelle Lernfähigkeit, die Dynamik der Aufgabensituation und auch der Aufgaben selbst sind auch die Kriterien in praktisch allen Fällen dynamisch zu verstehen: Sie verändern sich - mit der Leistung - andauernd. Was als ein gutes Beurteilungskriterium für die Leistung eines Mitarbeiters zum jeweils aktuellen Zeitpunkt gilt, muss dies in Zukunft nicht unbedingt sein. [160] Akzeptiert man diese Tatsache und versucht ihr im Rahmen der Beurteilung gerecht zu werden, dann werden nicht nur Überlegungen darüber

---

156 S. Ghiselli 1956, S. 1 ff. S. zu diesen drei Dimensionen auch Inn/Hulin/Tucker 1972, S. 58 ff. *SMITH* (1976, S. 748) führt eine Reihe von Studien an, die die Multidimensionalität - v. a. empirisch - festgestellt haben.

157 Die überwiegende Anzahl von Kriterien, zumindest die, die in Betrieben verwendet werden, ist mehrdimensional in dem Sinne, dass sie gleichzeitig eine psychologische (z. B. Stärke im Umgang mit Arbeitsplatzaufgaben) und eine ökonomische Variable (z. B. Kostenhöhe) darstellen. Sind diese Dimensionen weitgehend unabhängig voneinander, so können sie nicht addiert werden. S. auch Teil 4 B V 2 dieser Arbeit.

158 Vgl. Guion 1965, S. 90.

159 Gerade wenn man davon ausgeht, dass Betriebe auf Umweltänderungen reagieren sowie durch eigene Maßnahmen die Umwelt beeinflussen, wäre es unbefriedigend, sich mit einer statischen Kriteriumsauffassung zufrieden zu geben. S. Neuberger 1976, S. 198.

160 S. auch hierzu Ghiselli 1956, S. 2 ff.; MacKinney 1967, S. 62 ff.; Ghiselli/Haire 1960; Bass 1962.

notwendig, welche Kriterien etwas über Leistungen oder auch Erfolge aussagen. Es sind auch Mutmaßungen notwendig über die Zeitpunkte der Veränderungen, der Ablösung dieser Kriterien durch (welche?) anderen Kriterien bzw. über die Zeitpunkte, an dem sich die jeweiligen Standards (wie?) verändern. [161]

3. Individuelle Dimensionalität. Die individuelle Dimensionalität besagt, dass es durchaus möglich ist, auf verschiedenen Wegen (d. h. auch durch inhaltlich verschiedenes Leistungsverhalten) das gleiche (gleich gute) Leistungsergebnis zu erzielen. Selbst Personen, die die gleichen Aufgaben haben, differieren in den individuellen Leistungsdimensionen, die sie für die Aufgabenbewältigung benötigen. [162] Man kann von einem individuell streuenden Leistungsverhalten bei gleichen Aufgaben sprechen. Gleiche Bewertungen können durch unterschiedliche individuelle Verhaltensweisen/-strategien (die evtl. in Abhängigkeit von verschiedenen individuellen Qualifikationen gewählt werden) zustande kommen. [163] Wegen der unterschiedlichen Arten von individuellen Leistungsbeiträgen für den gleichen Erfolg werden letztendlich individuelle Kriterien notwendig, [164] d. h., es bedarf verschiedener Beurteilungsmodelle bzw. alternativer Kriterien(-sets).

In Verbindung mit der Dimensionalität steht Folgendes: Weniger komplex strukturierte und sich kaum entwickelnde Personen sind relativ einfacher zu beurteilen als hoch komplexe und sich entwickelnde Individuen. Ihre Wahrnehmung von der Umwelt ist differenzierter, ebenso wie ihre Reaktion darauf. Nicht alle Beurteiler sind gleichermaßen in der Lage, das Umfeld und die Reaktion ähnlich differenziert wahrzunehmen und zu beurteilen. Hinzu kommen die Lernprozesse der Beurteil-

---

161 S. zu einer Kontroverse pro (Austin/Humphreys/Hulin 1989) und kontra (Barrett/Caldwell/Alexander 1985) dynamischer Kriterien.

162 *GHISELLI* führt a. a. O. ein Beispiel mit zwei Verkäufern an: Einer verkauft eine Menge, der andere erhöht den Good Will für das Geschäft. Beide leisten viel hinsichtlich der Umsatzsteigerung, obwohl sie unterschiedliche Wege gewählt haben. S. ein ähnliches Beispiel bei Toops 1944, S. 273.

163 Je mehr man bei der Beurteilung auf Leistungsergebnisse bzw. „Erfolge" abzielt, desto unbedeutender wird dieses Problem. Werden jedoch „Zwischenergebnisse" oder „Hilfsindikatoren" verwendet, die je nach Verhaltensweise zwangsläufig im Zeitablauf unterschiedlich ausfallen, so steht man auch bei dieser Vorgehensweise vor dem gleichen Problem.

164 Bspw. tragen zum Erfolg eines Managementteams die Managementqualifikationen des einen und das technologische Know-how des anderen bei.

ten, die zu verändertem Verhalten im Zeitablauf führen. Welches gezeigte Verhalten zu welchem Zeitpunkt bzw. welcher Periode soll nun bewertet werden? [165]

GUION führt in Erweiterung des Vorschlages von *GHISELLI* bezüglich der individuellen Dimensionalität die sog. „*primären*" und „*sekundären*" *Kriterien* an. Sie stellen eine grundsätzliche Vorgehensweise im Umgang mit der Dimensionalität bei der Erarbeitung von Beurteilungsformularen dar. Basis für den Vorschlag ist ebenfalls die These, dass zum gleichen erwünschten Ergebnis unterschiedliche Verhaltensweisen führen können. Das Ergebnis nennt er dabei das sekundäre Kriterium, die Verhaltensweisen repräsentieren für ihn die primären Kriterien. [166] Versucht man nun, im Rahmen der Erarbeitung eines Leistungsbeurteilungsverfahrens vorherzusagen, welches Verhalten wahrscheinlich das erwünschte Ergebnis erbringt, so müsste man konsequenterweise mehrere Wege bzw. mehrere Verhaltensweisen als primäre Kriterien zulassen. Für jedes dieser Kriterien sind dann unterschiedliche sog. Testbatterien (= Vorstellungen über mögliche Verhaltensweisen, Erfolg zu erzielen) mit von ihm so benannten Prädiktoren zu erarbeiten. Zuerst werden die primären bzw. verhaltensorientierten Kriterien identifiziert, die mit dem sekundären verbunden sind, dann die Testbatterien mit den Prädiktoren. Für praktische Zwecke ist es nicht unbedingt notwendig, dass die Prädiktoren unabhängig voneinander sind, sie müssen sich nur signifikant unterscheiden.

In Ergänzung zu dem Vorschlag von *GUION* ist noch Folgendes anzuführen: (1) Es sind durchaus auch mehrere, alternative sekundäre Kriterien denkbar - zumindest für Teilaufgaben in der gesamten Organisation. Dies impliziert, dass noch mehr mögliche, effektive Verhaltensweisen akzeptabel sind. (2) Die Einführung der beiden Kriterienformen und mehrerer Testbatterien ist mit sehr viel Aufwand verbunden. Für kritische Positionen ist es jedoch sinnvoll, sich Gedanken über unterschiedliche Verhaltensweisen zu machen. Ansonsten verfällt man leicht der Gefahr, Innovationen zu verhindern und zu vermeiden.

Teilweise auf der Dimensionalität aufbauend ist die Problematik, die bei der Operationalisierung des aktuellen Kriteriums, d. h. bspw. der Bildung der die Leistung repräsentierenden Subkriterien, entsteht. Auf sie wird im Folgenden eingegangen.

---

165 Vgl. Bartölke 1972, S. 642.
166 S. Guion 1965, S. 115 ff.

V Problem der Verwendung von Subkriterien

Bei der Definition des aktuellen Kriteriums in erfassbare Variablen, also bei der Operationalisierung des Leistungsverständnisses, steht zunächst jeweils eine Entscheidung an, wie viele Subkriterien im Hinblick auf die Beurteilung berücksichtigt werden sollen. [167] Prinzipiell sind drei Alternativen gegeben:
- Auswahl eines *Einzelkriteriums*,
- Definition eines *Gesamtkriteriums* (additive Verknüpfung von Subkriterien) und
- Auswahl *multipler Kriterien* (unabhängige Facetten des Objekts).

1 Einzelkriterium

Die erste grundsätzliche Alternative eines aktuellen Kriteriums basiert auf der Wahl eines Einzelkriteriums („single criterion"). [168] In diesem Falle wird ein, das Beurteilungsobjekt (wie das der Leistung) so weit als möglich repräsentierendes, einzelnes Beurteilungskriterium gesucht und im Rahmen der Beurteilung angewendet. Im Rahmen bspw. von - operativen - Erfolgsbeteiligungssystemen werden dann solche Variablen wie Umsatz, Return on Investment o. Ä. als einzelne Leistungskriterien ausgewählt. Es soll dann jeweils die ganz spezifische Leistung eines Einzelnen oder einer Organisationseinheit wiedergeben, so die Annahme.

Die Verwendung eines Einzelkriteriums (entweder spezifisch je Arbeitsplatz oder allgemein für alle Arbeitsplätze) vereinfacht vom *administrativen Standpunkt* aus die Beurteilung von (Leistungs-)Objekten. Die Bewertung ist wenig zeitaufwendig und besteht im Endeffekt meistens aus einem quantitativen Ergebnis. Hinzu kommt, dass sich kein Halo-Effekt ergibt, wie er bspw. bei der Verwendung mehreren Kriterien möglich und wahrscheinlich ist. Man bezieht sich i. d. R. auf ein traditionell verwendetes Kriterium. Die Wahl des jeweiligen Einzelkriteriums richtet sich daher häufig zunächst nicht nach dem vermuteten Validitätsgrad, sondern

---

167 *SMITH* spricht in diesem Zusammenhang vom Spezifizierungsgrad der Kriterien: Je mehr Subkriterien definiert sind, desto spezifischer ist das aktuelle Kriterium et vice versa. S. Smith 1976, S. 748 ff.

168 Diese Auffassung wird unausgesprochen von Autoren vertreten, die ein Vorgesetztenurteil zur Gesamtbeurteilung von Leistungen oder Entwicklungspotenzialen akzeptieren und in diesem Sammelurteil alle möglichen Kriterienaspekte berücksichtigt sehen. Ähnliches trifft auf jene zu, die über die Kriterien Umsatz oder Gewinn die tatsächliche Leistung erfasst sehen. Vgl. Neuberger 1976, S. 184.

aus praktischen Gründen primär nach dem Grad der Verfügbarkeit - quantifizierbarer - Variablen sowie nach den jeweils geltenden Usancen. Aus dem Pool solcher Variablen fällt dann die Wahl auf die Variable, die vermutlich für die Entscheidungsträger die höchste Validität beansprucht oder die höchste Akzeptanz erreicht.

Die Verwendung nur eines einzelnen Kriteriums als Ausdruck für ein Letztkriterium wird aller Wahrscheinlichkeit nach sehr schnell zu den angesprochenen *Relevanzproblemen* der Kontamination und Defizienz führen. [169] Auch führt dazu bereits die o. a. Auswahlmethode: Die erste Orientierung an vorhandenen, quantifizierbaren statt an validen Variablen, grenzt die in die engere Wahl kommenden Kriterien bereits so weit ein, dass sich prinzipiell bereits Relevanzprobleme ergeben. Ein einzelnes Kriterium wird - in Anbetracht der Multidimensionalität selbst einer einzelnen Leistung - keine oder nur selten Auskunft über die „bessere" oder „gute" Leistung geben (können); es kann erst recht nicht vollständig die Leistung darstellen.

Die Suche nach einem Einzelkriterium ist daher *hoffnungslos*. [170] Es bleibt immer ein „Bedeutungsmehrwert" [171] des Letztkriteriums, welcher nicht durch einzelne Subkriterien erfasst wird und Spielraum für willkürliche Interpretationen lässt. Ohne ein Verständnis für die Erfassung der vielfältigen Faktoren, die ein Objekt konstituieren (bzw. die zu einem Erfolg beitragen), kann man kaum eine einigermaßen zutreffende Beurteilung durchführen. Es mag zwar angenehmer sein, von Erfolg als einem eindimensionalen Sachverhalt auszugehen, damit verkennt man aber dessen multidimensionalen Charakter. Von daher kann allenfalls die Verwendung verschiedener Kriterien angemessen sein. [172]

Die meisten Forscher sind sich insofern einig, dass Beurteilungsobjekte generell (und auch Leistungen speziell) von Natur aus multidimensional sind und daher eine angemessene Beurteilung auch multidimensionaler Kriterien erfordert. Differenzen kommen aber dann zum Tragen, wenn es darum geht, die Art und Weise der

---

169 Die Suche nach *dem* Kriterium ist dabei genau so sinnvoll, wie die Suche nach dem „Stein der Weisen". S. Neuberger 1976, S. 218. Auch *DUNNETTE* (1963, S. 252) wendet sich gegen die fruchtlose Suche und die Verwendung *des* Kriteriums: „Thus, I say: junk **the** criterion!"
170 S. Smith 1976, S. 747.
171 S. Neuberger 1976, S. 185 f.
172 Im Nachfolgenden wird auf das Einzelkriterium als aktuelles Kriterium wegen seiner Unzulänglichkeit nur dann zurückgekommen, wenn es in der Praxis verwendet wird.

Stellung dieser Kriterien zueinander zu sehen. In der psychologischen Forschung wurden zwei unterschiedliche Wege beschritten, um den eben genannten Problemen der Einzelkriterien zu begegnen. Manche Forscher wählen die Verwendung eines Gesamtkriteriums, manche die Entwicklung von multiplen Kriterien. [173]

2 Gesamtkriterium

Historisch gesehen ist von Wissenschaftlern viel Wert auf die Entwicklung eines Gesamtkriteriums (kombiniertes Kriterium, kompositives Kriterium, „composite criterion") gelegt worden. [174] Im Rahmen dieses Konzepts wird im Endeffekt von einem einzigen, sich aus verschiedenen Facetten bzw. Indikatoren zusammengesetzten Kriterium der Leistung - im Extremfall für jede Tätigkeit und Situation - ausgegangen. Ein Gesamtkriterium besteht in der Kombination der Subkriterien zu einem einzelnen, die Einzelkomponenten zusammenfassenden Gesamtkriterium bzw. einen Index (bspw.: Gesamtleistung = ROI + Personalentwicklung von Mitarbeitern + Budgeteinhaltung + Zielerreichung der Arbeitserfüllung + Qualität des Produkts). Bei der Bildung des Gesamtkriteriums geht man wie folgt vor: Die verschiedenen Facetten des Objekts werden jeweils separat mittels Subkriterien erfasst und dann schließlich zu einem einzelnen Gesamtwert kombiniert. Dieses Vorgehen basiert auf zwei *Annahmen*: Zum einen wird die Quantifizierungsmöglichkeit der Subkriterien, zum anderen die Möglichkeit der Addition (d. h. auch Zusammenfassbarkeit verschiedener Objektdimensionen) der ermittelten Werte vorausgesetzt. Die formale Gewichtung der einzelner Subkriterien lässt deren absolute und relative Werte bekannt sein. [175] Die Kombination zu einem Gesamtkriterium unterstellt, dass es eine zugrunde liegende Dimension des zu beurteilenden Objekts (bspw. der Arbeitsplatzleistung) gibt, ohne im Einzelfall zu wissen, ob diese psychologischer oder ökonomischer Natur ist. Der ökonomische Aspekt ist zumeist verborgen hinter den verwendeten Termini „overall success", „performance of the ultimate task", „overall efficiency" und „overall value of the individual in the job". [176] Ein solches Gesamtkriterium wird insbesondere als notwendig angesehen,

---

173 Zur Kontroverse der beiden Richtungen s. auch Schmidt/Kaplan 1971; James 1973.
174 S. Toops 1944, S. 271 ff., 1928, S. 457 ff.; Brodgen/Taylor 1950a, S. 134 ff. und Nagle 1953, S. 278 ff. als die prominentesten Vertreter. Die Autoren sehen es als unerlässlich an, bei der Verwendung von mehreren Kriterien, ein Gesamtkriterium zu verwenden.
175 Als Beispiel lassen sich Punktbewertungsverfahren anführen.
176 S. in der angegebenen Reihenfolge Schmidt/Kaplan 1971, S. 425; Toops 1944, S. 276 f.; Thorndike 1949, S. 125; Nagle 1953, S. 279 und Gaylord/Brodgen 1964, S. 529.

um Personalentscheidungen treffen und Leistungsvergleiche durchführen zu können. [177]

Wenn man sich dazu entschlossen hat, ein Gesamtkriterium zu verwenden, so entsteht automatisch das Problem, die verschiedenen, durch Subkriterien repräsentierten Dimensionen zur *Berechnung des Gesamtwertes* zu gewichten. Das Ergebnis einer Beurteilung hängt dann u. a. in hohem Maße davon ab, welches „Gewicht" den einzelnen ausgewählten Beurteilungskriterien bereits vor der eigentlichen Bewertung beigemessen wird. Die Frage der Gewichtung wird im Folgenden anhand verschiedener Methoden skizziert. Es haben sich in der Diskussion mehrere Wege herauskristallisiert, das Set spezifischer Subkriterien in ein Gesamtkriterium zu vereinigen. Diese Wege sind insofern zu thematisieren, als dass sie unmittelbar mit der Beurteilung des Konzepts des Gesamtkriteriums zusammenhängen. [178] Es handelt sich um:

1. Gewichtung der Subkriterien durch Experten. Bei der Gewichtung der Subkriterien durch angenommene Kenner eines Objekts (wie z. B. der Arbeitsplatzleistung) schätzen diese die relative Bedeutung der einzelnen Subkriterien zum Letztkriterium ein. [179] Man spricht insofern von Expertenurteilen. Jedes einzelne Subkriterium wird dann mit dem Gewicht multipliziert, welches ihm die Experten bspw. hinsichtlich der Bedeutung für die Leistung zugewiesen haben. Die Summe stellt das Gesamtkriterium dar. Dieses Verfahren ist aus mehreren Gründen problematisch, wie nachfolgende, unbeantwortete Fragen belegen: Wer ist ein Experte? Lassen sich genügend Experten finden? Wer nimmt die Auswahl vor? Welche Instruktionen erhalten die Experten? Treffen sie unabhängig oder gemeinsam ihre Urteile? Wie werden insbesondere stark abweichende Urteile behandelt? Wie verfährt man mit Subkrite-

---

177 Ein Personenvergleich wird im Falle des kombinierten Kriteriums dadurch möglich, dass aus einer linearen Kombination von Einzelkomponenten ein gewichteter Durchschnitt als Gesamtkriterium errechnet wird.

178 S. zur folgenden Darstellung und Kritik v. a. Nagle 1953, S. 278 ff.; Blum/Naylor 1968, S. 154 ff.; Toops 1928, S. 457 ff.; Sluckin 1956, S. 57 ff.; Neuberger 1976, S. 187 ff.; Ghiselli/Brown 1955, S. 82 ff.; Horst 1936; Edgerton/Kolbe 1936, S. 183 ff.; Srinivasan/Shocker/Weinstein 1973, S. 148 ff.; Thomson 1940, S. 357 ff.; Weinert 1987, S. 208 f. Die Diskussion ist insofern nicht ideal, als dass bei jeder Gewichtungsmethode bereits die jeweiligen Probleme skizziert werden, die Probleme des Gesamtkriteriums bez. des Aussagewertes aber erst nachfolgend diskutiert sind. Es erweist sich als sinnvoller, so vorzugehen, als zu den mehr grundsätzlichen Problemen des Gesamtkriteriums noch – tw. wiederholend - auf die spezifischen Gewichtungsprobleme einzugehen.

179 Bspw. äußern sich erfahrene Manager zur Bedeutung von bestimmten Kriteriumsmaßen für „Erfolg". S. auch z. B. Lawshe/McGinley 1951, S. 320 sowie Smith 1976, S. 747.

rien, die hoch miteinander korrelieren? Werden die Experten selbst nach ihrem Expertentum gewichtet? [180]
2. Gewichtung mit Hilfe des „Dollar-Kriteriums". Die Befürworter des Gesamtkriteriums vertreten i. d. R. die Auffassung, dass das Kriterium ein ökonomisches Konstrukt sein soll. Am deutlichsten wird das beim „Dollar-Kriterium". [181] Annahme ist, dass sich bspw. der jeweilige Wert von Objekten (bspw. von individuellen Leistungen für den Betrieb) in Geldeinheiten ausdrücken lässt und somit auch jede einzelne Kennziffer (also jedes einzelne Subkriterium) genauso bewertet werden muss. Das Gewichtungsproblem wird im Rahmen der Kostenrechnung gelöst. Man versucht zu erfassen, was einzelne Subkriterien „wert" sind (bspw. wie viel eine bestimmte Höhe von Fluktuation, Umsatz, Kundenbeschwerden, Ausschuss u. a. für den Betrieb „wert" ist), und mit diesem Wertfaktor wird jedes Einzelmaß gewichtet. Diese Vorgehensweise setzt ein hochentwickeltes Rechnungswesen voraus, wenn man diese Gewichtungszahlen zuverlässig ermitteln wollte, ganz zu schweigen von der Schwierigkeit, ein Kriterium wie etwa „Zufriedenheit der Mitarbeiter" in Geldeinheiten umzurechnen. [182]
3. Gewichtung entsprechend ihrer Reliabilität. Ziel einer weiteren Methode ist es, dass die Subkriterien mit der höchsten Reliabilität auch höher zu gewichten sind, weil sie als zuverlässigere Maße angesehen werden. Die Reliabilität scheint jedoch nicht von Bedeutung, solange nicht die Validität der Subkriterien zusammen gegeben ist. Die Vorgehensweise erhält daher erst dann eine Rechtfertigung, wenn verschiedene, ungefähr gleich relevante, aber verschieden reliable Merkmale zur Auswahl stehen.
4. Gewichtung entsprechend der Korrelation mit Prädiktoren. Bei einer anderen Methode erfolgt die Gewichtung der Subkriterien so, dass sich eine maximale Korrelation zwischen ihnen und dem Gesamtkriterium ergibt. [183] Diejenigen Prädiktoren, die am höchsten mit dem Gesamtkriterium korrelieren, werden am höchsten gewichtet. Sofern bei dieser Vorgehensweise die Subkriterien zufällig ausgewählt werden, gewichtet man die Einzelmaße mit der höchsten Reliabilität sowie der größten Korrelation mit dem zugrunde liegenden Hauptfaktor am stärksten. Doch sobald die Subkriterien eine geringe Re-

---

180 Vgl. zu diesen Neuberger 1976, S. 187 f.
181 S. Brodgen/Taylor 1950a, S. 133 ff.
182 Im engen Sinne liegt hier aber nur indirekt eine Gewichtungsmethode der Subkriterien vor. Teilweise werden nämlich die Kriterienausprägungen und nicht die Indikatoren selbst bewertet.
183 S. hierzu noch Hotelling 1935; Peel 1947/48.

levanz für das Kriterium aufweisen, bietet eine hohe Korrelation mit den Prädiktoren keinen ausreichenden Grund, sie stark zu gewichten.

5. Gewichtung mittels Faktorenanalyse. Mit Hilfe einer Faktorenanalyse werden die prinzipiell als relevant erachteten Subkriterien auf eine kleinere Anzahl von sog. (Kriterien-)Faktoren reduziert, ohne dabei in der Intention wesentlich an Information zu verlieren. Die Grundannahme ist, dass solche Subkriterien, die miteinander korrelieren, auch partiell das gleiche, also eine grundlegende Leistungsdimension (= Kriterienfaktor) darstellen. Diese Faktoren sind im Gegensatz zu den Subkriterien weitgehend unkorreliert. Die Faktorenanalyse soll - in dem hier diskutierten Zusammenhang - auch Aufschluss über die jeweilige Bedeutung (Ausmaß der Erklärung an der Ausgangsvarianz) der ermittelten Faktoren zur Erklärung der Leistung geben. Entsprechend dieser Bedeutungsmaße werden die Kriterienfaktoren dann gewichtet. Die den Faktoren zugehörigen Subkriterien sind ebenfalls in ihrer Relevanz ermittelt worden und gehen entsprechend gewichtet in einen Faktor ein. Das Problem dieser Methode besteht darin, dass eine Faktorenanalyse zwar die wichtigsten Kriterienfaktoren identifizieren kann, die Ergebnisse aber letztendlich nicht hinreichend genau aussagen können, wie diese zu gewichten sind. Die Gewichtungsproblematik bleibt insofern bestehen.

6. Gleichgewichtung aller Subkriterien. Bei der letzten hier zu skizzierenden Vorgehensweise werden alle Subkriterien gleich gewichtet. Die im Rahmen der Beurteilung bei den Indikatoren sich ergebenden Werte sind dann nur noch zu addieren. Auch eine solche „Gleichgewichtung" stellt jedoch eine Gewichtung dar, liegt ihr doch eine Entscheidung über die gleiche Relevanz der Subkriterien zugrunde. Diese Vorgehensweise ist einfach. I. d. R. ergibt sich ein verzerrtes Urteil über das Objekt. Die Methode ignoriert, dass einige Subkriterien wichtiger als andere sind. Ihr liegt faktisch insofern eine Gewichtung zugrunde, als die verwendeten Kriterien in unterschiedlicher Beziehung zum Objekt (bspw. der Leistung) stehen. Bei dieser Methode werden solche Kriteriumsdimensionen unterbewertet, die prinzipiell in großem Umfang unabhängig von anderen sind. [184]

Das Gesamtkriterium berücksichtigt im Ansatz die Multidimensionalität der Arbeitsleistung, die relative Bedeutung der verschiedenen Komponenten und die Vergleichbarkeit von Beurteilungsobjekten. Die Kombination ist aber ein überaus schwierig zu lösendes *Problem*:

---

184 Vgl. hierzu noch Neuberger 1976, S. 188 f.; und Sluckin 1956, S. 61 f.

- Wenn die verschiedenen Kriterien hoch miteinander in Beziehung zueinander stehen, dann wird die Kombination der Kriterien die Beurteilung nicht sehr verbessern, weil alle Teilkriterien essentiell das Gleiche erfassen. Auf der anderen Seite entsteht ein Problem, wenn die einzelnen Teilkriterien nicht zueinander in Beziehung stehen. Sie erfassen jeweils völlig andere Aspekte.
- Prinzipiell bezweifeln lässt sich die Übertragung von qualitativen Einzelbewertungen in Ziffern ohne wesentlichen Informationsverlust. Bei diesem Vorgang nimmt man aus Vereinfachungsgründen in Kauf, dass qualitative Aspekte nur teilweise, unvollständig oder gar nicht berücksichtigt werden. Ebenfalls grundsätzlich ist zu kritisieren, dass die im ersten Schritt berücksichtigte Multidimensionalität durch die Addition der jeweiligen Ziffern in ein Gesamtmaß wieder verloren geht. Zwei und mehr Dimensionen haben i. d. R. keine zugrunde liegende Basisdimension und sind insofern auch nicht zusammenfassbar. Die angenommene Basisdimension hat zudem noch lediglich einen ökonomischen Charakter. Gerade bei Leistungsbeurteilungen - und vielen anderen Instrumenten in der Wirtschaftspraxis - werden damit andere wesentliche Dimensionen von vornherein ausgeschlossen.
- Manche Subkriterien sind auch so verschieden (Äpfel-Birnen-Problem), dass eine Kombination nicht sinnvoll ist. *CATTEL* sagt - viel zitiert - dazu: „... ten men and two bottles of beer cannot be added to give the same total as two men and ten bottles of beer ... we cannot get much meaning from conglomerates of different units." [185]
- Damit verbunden ist auch folgender, möglicherweise entstehender Effekt: Zwei Beurteilungskriterien (z. B. Qualität und Quantität der Produktherstellung) werden in eine gemeinsame Leistungsziffer kombiniert. Qualitativ hochwertige, quantitativ dagegen mäßige Produktion würde dann die gleiche „Leistung" ergeben (können), wie qualitativ mäßige, quantitativ allerdings herausragende Aufgabenerfüllung. Die sich ergebende Ziffer wäre wenig aussagekräftig.
- Die relevanten Variablen und zu berücksichtigenden Subkriterien wechseln im Zeitablauf ihre Bedeutung. [186]
- Ein weiterer Kritikpunkt betrifft Folgendes: Veränderungen in einem Subkriterium haben kaum bzw. nur einen geringen Effekt auf das Gesamtkriterium und mögen insofern - trotz Gewichtung - relativ zu stark untergehen. [187]

---

185 Cattell 1957, S. 11.
186 S. dazu zur dynamischen Dimensionalität Teil 4 B IV dieser Arbeit.
187 Vgl. Smith 1976, S. 749. *LANDY/TRUMBO* (1976, S. 91) weisen daraufhin, dass ein Grund, warum von vielen der Index bzw. das kombinierte Kriterium nicht akzeptiert

Wird das gleiche Gesamtkriterium (inkl. seiner Zusammensetzung und der Gewichtung der Einzelkomponenten) zwar auf prinzipiell ähnliche Beurteilungsobjekte bezogen, die sich aber in unterschiedlichen Situationen befinden (z. B. Geschäftsbereiche, die auf verschiedenen Märkten tätig sind), ergibt sich eine weitere Verfälschung. Das Gesamtkriterium ist nicht in seiner Konzeption geeignet, die verschiedenen Determinanten in ihrer Bedeutung zu erfassen und zu gewichten. Die Verfolgung des Zieles der Vergleichbarkeit führt dazu, dass systematisch Kriteriendefizienz, aber auch -kontamination herbeigeführt wird.

Die Ansicht, dass letztendlich im Rahmen der Beurteilung nur ein Gesamtkriterium verwendet werden kann, sollte nicht übernommen werden. Die Schwierigkeit, die verschiedenen Kriteriendimensionen - letztendlich quantitativ - auf ein Gesamtkriterium abzuleiten, wird bei diesem Vorgehen verharmlost bzw. übersehen. Sofern man die Zusammenhänge aufhellen will, erweist sich ein Gesamtkriterium als *erkenntnisvernebelnd*.

3 Multiple Kriterien

Zeitlich später traten die Advokaten der multiplen Kriterien an. [188] *Grundannahme* des Konzepts der multiplen Kriterien ist, dass unterschiedliche Facetten eines Objekts auch separat mittels verschiedener Subkriterien zu erfassen und zu beurteilen sind sowie eine Kombination meist unmöglich ist. Bei der Bestimmung von mehreren Kriterien sollte v. a. Folgendes hinsichtlich der Dimensionalität der Beurteilungsobjekte wie z. B. Leistung beachtet werden: Für die meisten Aufgaben gibt es zunächst verschiedene relevante Beurteilungsdimensionen. [189] Außerdem wird es prinzipiell sowohl als möglich angesehen, dass es Alternativen zur Aufgabenerfüllung gibt, als auch Leistungen von Mitarbeitern sich im Zeitablauf verändern und Variationen der Leistungsbeiträge von Mitarbeitern möglich sind. Verschiedene Verhaltensmuster (z. B. Langsamkeit + Genauigkeit bei dem einen bzw. Schnelligkeit + Ungenauigkeit bei dem anderen) würden beim Gesamtkriterium

---

wird, darin liegt, dass dieses häufig überinterpretiert wird. Es ist dann die Verwendung des Indexes der zur Kritik des Gesamtkriteriums führt.

188 Als Vertreter der multiplen Kriterien sind besonders *GHISELLI* (1956), *DUNNETTE* (1963) und *GUION* (1965) hervorzuheben. S. zu anderen noch Smith 1976, S. 748.

189 Ihr Verständnis bezieht sich im Gegensatz zu den Propagandisten des Gesamtkriteriums neben einem ökonomischen auch auf ein verhaltensbezogenes oder psychologisches Konstrukt. S. Guion 1965, S. 90; Schmidt/Kaplan 1971, S. 424; auch Haire 1960.

u. U. die gleiche Ergebniszahl ergeben. Solche Fehler aufgrund der Addition unterschiedlicher Dimensionen sollen mit multiplen Kriterien verhindert werden. [190] Beurteilungen eindeutig verschiedener Subkriterien sind daher nicht zu kombinieren. Bei multiplen Kriterien handelt es sich daher um ein *Set von verschiedenen Kriterien*, wobei die einzelnen Subkriterien nicht in ihren Bewertungsergebnissen zu addieren sind. Sie werden zusammen qualitativ in Beziehung gesetzt.

Bei der Verwendung dieses Konzepts sind also verschiedene, nicht unmittelbar kombinierbare Kriterien zunächst nebeneinander zu bewerten. [191] Dies bedeutet bspw. auch, dass ökonomische Kriterien (wie ROI, Produktanzahl u. Ä.), neben verhaltensorientierten Kriterien (wie z. B. bestimmte Verhaltensweisen bei der Erledigung der Aufgabe, im Umgang mit Kunden u. Ä.), neben mehr psychologischen Aspekten (wie z. B. Betriebsklima, Gruppendruck u. Ä.) sowie neben externen Kriterien (wie z. B. tatsächlicher Schwierigkeitsgrad der Zielerreichung und Aufgabenerfüllung) bewertet werden können. Ein Muss zur Addition besteht nicht. Das qualitative Aufeinanderbeziehen der einzelnen Kriterienmaße ist allerdings schwierig, im Endeffekt aber vielleicht treffender als dass unbedingte Quantifizieren aller Variablen. [192]

Als Vorteil der multiplen Kriterien wird im Übrigen die explizit als notwendig angesehene Interpretation der Kriterien zueinander genannt. Sie ermöglicht ein besseres Verständnis der Zusammenhänge. Erschwerend ist teilweise die Anzahl der verschiedenen bzw. teilweise nur verschieden benannten Kriterien. Sie erfordert nicht nur umfangreiche Erfassungsaktivitäten (mit kriterienspezifischer Erfassungsmethodik), sondern auch gesonderte Bewertungen.

Will man eine Entscheidung treffen, ob nun ein Einzelkriterium, ein Gesamtkriterium oder multiple Kriterien als aktuelles Kriterium zu verwenden ist bzw. sind,

---

190 S. bspw. Guion 1965, S. 113 ff.; Carroll/Schneier 1982, S. 32; Schmidt/Kaplan 1971, S. 420 f.

191 Beispielhaft verdeutlichen kann man dies an einem Leistungsbewertungsverfahren der General Electric Company. Sie klassifiziert die relevanten Kriterien in drei Bereiche: operative Kriterien, strategische Kriterien und sonstige Kriterien (wie bspw. Schwierigkeit der Zielerreichung, Situationsbedingungen). Diese drei Bereiche stehen nebeneinander und werden erst in einem späten Stadium aus Gründen der Berechnung eines variablen Entgeltanteils kombiniert. Bis zu diesem Stadium werden sie jedoch jeweils einzeln erfasst sowie bewertet und nicht kombiniert. S. Becker, F. G., 1992a.

192 S. hierzu die Ausführungen zur Akzeptanz der Subjektivität Teil 4 C II dieser Arbeit.

[193] steht man ggf. vor folgendem *Dilemma*: Auf der einen Seite steht in Betrieben ein Bedarf nach einzelnen Endkriterien (analog etwa des Einzelkriteriums und des Gesamtkriteriums), um damit administrative Entscheidungen leichter treffen zu können. Auf der anderen Seite ergibt sich dagegen die Notwendigkeit, die multidimensionale Struktur der Leistung zu erfassen, um schließlich treffender Schlussfolgerungen ziehen und Folgemaßnahmen initiieren zu können, unabhängig davon, wie kompliziert die multiplen Kriterien zusammenhängen. [194]

Die oben geführte Diskussion hat gezeigt, dass es schwer und wahrscheinlich unmöglich ist, einen Maßstab für ein angemessenes Gesamturteil zu finden; dazu sind einfach zu viele Facetten im Beurteilungsprozess zu berücksichtigen. Praktisch wird sich ein Beurteilungsobjekt wie bspw. die Leistung immer als ein mehrdimensionales Konstrukt erweisen, welches sich aus verschiedenen, nicht unbedingt kompatiblen und additionsfähigen Kriterienaspekten zusammensetzt. [195] Vom inhaltlichen Standpunkt aus ist es daher unabdingbar, auch die entsprechenden Dimensionen mit Hilfe verschiedener Kriterien zu erfassen. Nur *multiple Kriterien* können dazu beitragen, hier einen akzeptablen Ausweg zu finden. Multiple Kriterien, variabel und situationsspezifisch verwendet, verhindern, dass nur einzelne objektrelevante Aspekte berücksichtigt werden.

Mehrfachkriterien erlauben zudem einen *arbeitsplatzspezifischen Zuschnitt*, erschweren aber *Objekt- bzw. Leistungsvergleiche*. Dabei ist allerdings nur oberflächlich von einem alleinigen Nachteil der multiplen Kriterien zu sprechen. Die beiden anderen Alternativen täuschen - durch ihre Quantifizierung - die Vergleichbarkeit nur vor. Da sie aber während ihres Entwicklungsprozesses einen großen Informationsverlust haben (durch Kriteriendefizienz und Quantifizierung) und irrelevante Informationen zu sehr betonen (durch Kriterienkontamination und Ü-

---

193 *SCHMIDT/KAPLAN* erkennen, dass beide Ansätze, speziell die Bildung des Gesamtkriteriums oder auch dessen Ablehnung, legitim sind: „The typical practicing industrial psychologist probably seeks both economic and psychological ends in the validation process. From the point of view of the criterion end of the prediction equation, the implication of this fact is that he should, ideally, weight criterion elements, regardless of their intercorrelations, into a composite representing an economic construct in order to achieve his practical goals, and at the same time, he should analyse the relationships between the predictors and separate criterion elements in order to achieve his psychological goals ..." Schmidt/Kaplan 1971, S. 432.
194 S. ähnlich Landy/Trumbo 1976, S. 91.
195 Z. B.: Cash-flow-Rückfluss + Kostensenkung + Erhaltung des qualifizierten Mitarbeiterstamms.

berschneidungen der Subkriterien) sind ihre jeweiligen Aussagen nicht wirklich vergleichbar.

Alle Entscheidungsträger stehen bei der Gestaltung eines Leistungsbeurteilungssystems insofern vor folgenden *Fragen*, die es zu klären gilt:
- Wird ein Gesamtkriterium oder werden multiple Kriterien zur individuellen Leistungsbeurteilung verwendet?
- Welche und wie viele Subkriterien sind im Rahmen der Beurteilung zu verwenden?
- Welche Eigenschaften soll ein Kriterium (hinsichtlich Relevanz u. Ä.) haben?
- Zu welchen Zeitpunkten und in welchem Intervall sind Kriterien zur Beurteilung von Leistungen - hinsichtlich ihrer Dynamik - zu erheben?
- Was soll eigentlich durch die Kriterien erfasst werden?

VI Problem der Zeitkomponente

Ein Problem im Rahmen der Beurteilung mittels Kriterien besteht darin, die Zeitpunkte zu ermitteln, zu welchen die Beurteilung bzw. die Erfassung der Kriterien die größtmögliche Aussagekraft (für ihren jeweiligen Zweck) gewährleistet. [196] Auch hier ist die mögliche Kriterienrelevanz angesprochen. Es besteht ein Unterschied, ob Kriterien kurz nach einem gezeigten Arbeitsverhalten oder eine längere Zeit später erhoben werden. Die Möglichkeiten, dass sich Wirkungen z. B. aufgrund des Arbeitsverhaltens bereits nach zwölf Monaten hinreichend zeigen, sind je nach Situationskonstellation unterschiedlich. Die Diskussion um die dynamische Dimensionalität hat zudem auf sich im Inhalt und/oder in der Ausprägung verändernde relevante Kriterien hingewiesen. Erstaunlicherweise wird die damit insgesamt verbundene Kriterienproblematik in der Literatur nicht auf Beurteilungen hin diskutiert. Im Folgenden soll sie näher begründet werden. [197]

Die Güte der Beurteilung ist prinzipiell wesentlich von der Zeitkomponente abhängig, oder genauer (1) vom *Zeitintervall* zwischen der Erfassung und der Bewertung des Kriteriums bzw. seiner Ausprägung einerseits und (2) der möglichen Aussagekraft dieses Kriteriums und seiner Ausprägung im *Zeitablauf* andererseits: [198]

---

196 Die Erfassung bspw. der Umsatzgrößen für den Spielzeugwarenverkauf im Urlaubsmonat Juli bzw. im Dezember wird aufgrund externer Kontextfaktoren sehr unterschiedlich sein. Die Bestimmung des Beurteilungszeitpunktes beeinflusst bereits das Ergebnis.
197 S. aber ansatzweise Levine/Weitz 1971, S. 512.
198 Vgl. ähnlich Jacques 1961; Kane/Lawler 1979.

(1) Die endgültigen Bewertungsurteile werden erst am Ende des Beurteilungszeitraums gefällt. [199] Hat man aber als Beurteiler bereits zu Beginn oder in der Mitte der Beurteilungsperiode bspw. als wichtig eingeschätzte Beobachtungen von verhaltensbezogenen Leistungskriterien bez. eines guten oder schlechten Leistungsverhaltens (entweder zeitpunkt- oder zeitraumbezogen) oder unterschiedliche ergebnisbezogene Leistungskriterien bez. sehr hoher Umsätze im 1., sehr niedriger Umsätze im 2. Quartal erfasst, so besteht die Schwierigkeit, sie Monate später treffend zu bewerten und in ein Urteil einfließen zulassen. Das Leistungsverhalten kann sich zu späteren Zeitpunkten und/oder -räumen der gleichen Beurteilungsperiode gewandelt haben, ebenso wie sich die Ergebnisse normalisiert haben können. Man hat dann zwei verschiedene, sich widersprechende Eindrücke bzw. Kriterienausprägungen. Die Aussagekraft ist beeinträchtigt. Die Beurteilung ist dadurch nicht aktuell.

(2) Ein „bestimmter" Zeitraum muss zudem verstreichen, um bspw. die Güte einer Leistung (eines Leistungsergebnisses und/oder -verhaltens) beurteilen zu können. Je näher beides beieinander liegt, also Erfassungszeitpunkt und Zeitpunkt der optimalen Aussagefähigkeit, desto zutreffender kann die nachfolgende Bewertung sein. Exemplifizieren lässt sich dies wie folgt: Ein Geschäftsbereich wird durch eine Strukturinnovation des gesamten Betriebes völlig neu organisiert. Zuständigkeiten, Aufgaben, Berichtswege, Interaktionspartner u. a. wechseln zum Teil. Eine gewisse Zeit kommt es zu nicht unerheblichen Friktionen. Soll nun die „Leistung" der zuständigen und verantwortlichen Organisatoren hinsichtlich der Effizienz der Neuorganisation bewertet werden, so dürfte im Grunde kurzfristig kein Beurteilungskriterium verwendet werden. Es bedarf einiger Zeit bis ergebnis- und verhaltensbezogene Kriterien hier eine Aussagekraft erlangen. Steht eine Leistungsbeurteilung in dieser Zeit aber an, so muss man sich mit dem Problem der mangelnden Aussagekraft der Kriterien auseinander setzen. Man wird sich dann i. Allg. Prädiktoren bedienen, denen eine antizipative Aussagekraft zugesprochen wird. Ähnliche Probleme tauchen in vielen Betrieben auf, z. B.: Innovationsstrategien fordern häufig zu Beginn hohe Investitionen und gehen auch von daher nicht von hoch ausgeprägten operativen Ergebnissen aus. Strategische Erfolgspotenziale lassen sich nur schwer und unvollständig vorab operationalisieren und in ihrer Ausschöpfung prognostizieren. [200] Die Kun-

---

199 Sie basieren insofern auf dem Gedächtnis der Beurteiler. Die Beurteiltenzahl führt neben der o. g. Problematik auch noch sehr leicht zu Verzerrungen, da die individuellen Differenzierungsmöglichkeiten und die Beobachtung vieler Personen zu Vereinfachungen (Reduktion der Komplexität) führen.
200 S. hierzu Becker, F. G., 1987, S. 13 ff.

Kundenpflege „zahlt" sich erst im Zeitablauf aus. Bis ein Beurteilungskriterium seine optimale Aussagekraft (sofern sie überhaupt einigermaßen ermittelbar ist) erhalten hat, sind jedoch die Beurteilungszeitpunkte zumeist schon verstrichen.

Was auf den ersten Blick - so zeigt diese Problemskizze - wie die gleiche Kriterienbeurteilung (wegen der Verwendung der gleichen Kriterienmaße) aussieht, erweist sich aus diesem Grund als sehr unterschiedlich. [201] Es bedarf aus diesen Gründen für die Leistungsbeurteilung jeweils genau spezifizierter Beurteilungszeitpunkte/-räume, die jeweils verhaltens- und kriteriumsspezifisch ausgewählt werden. Das Motto dieser Festlegung lässt sich anhand zweier Fragen formulieren: Nach welchem Zeitraum zeigen sich die Ergebnisse von spezifischen Verhaltensweisen? Wann sind die gewählten Kriterien am aussagekräftigsten?

Es bieten sich für jedes der Probleme Lösungswege an, die jedoch beide gleichzeitig administrative Schwierigkeiten verursachen und zudem inkonsistent zueinander sind. Zum einen werden Beurteilungsintervalle von maximal sechs Monaten für sinnvoll gehalten. Sie vermindern die Inkonsistenz der Ausprägungen der Kriterien während der Beurteilungsperiode. Zum anderen soll das sog. Meilensteinkonzept Anhaltspunkte dafür bieten, immer dann Beurteilungen durchzuführen, wenn - nach Ansicht der Beurteiler - die Aussagekraft von Beurteilungskriterien am größten ist. [202] Zu den jeweils damit verbundenen administrativen Einwänden (z. B. Kostenfaktor, Einheitlichkeit und Vergleichbarkeit) lässt sich einwenden, dass unzutreffende Beurteilungsergebnisse relativ teurer wären. Hinsichtlich der konstatierten Widersprüchlichkeiten beider Lösungswege bietet es sich an, aufgaben- und eventuell auch kriterienspezifisch die jeweiligen Wirkungshorizonte zu ermitteln und sich dementsprechend für das eine oder das andere Konzept zu entscheiden. [203]

VII Schlussfolgerungen aus dem Kriterienproblem

Die Diskussion des Phänomens der „Leistung" hat gezeigt, dass es sich um ein Konstrukt dessen handelt, was die Entscheidungsträger - allein oder gemeinsam -

---

201 Zu erinnern ist an Lernprozesse im Zeitablauf und veränderte Leistungsbedingungen.
202 S. hierzu v. a. Becker, F. G., 1987, S. 341, und die dort angegebene Literatur.
203 Im Regelfall wird auf der Managementebene durch das mit ihr verbundene strategische Aufgabenelement eher das Meilensteinkonzept relevant sein, als auf untergeordneten Ebenen.

darunter verstehen. Insofern wird bei der Leistungsbeurteilung versucht, dieses jeweilige Konstrukt zu erfassen. Diese Aussagen geben ein Dilemma der Leistungsbeurteilung wieder: Nicht *die* Leistung kann direkt, sondern - allenfalls - das Konstrukt der Leistung kann mittelbar durch Beurteilungskriterien beurteilt werden.

Die Diskussion in diesem Kapitel hat verschiedene prinzipielle Kriterienprobleme argumentativ aufgezeigt, die diesen notwendigen Umweg der Leistungsbeurteilung in ihrer Aussagekraft kritisch begleiten. Die jeweiligen Ergebnisse lassen sich im Hinblick auf Leistungsbeurteilungen wie folgt zusammenfassen:

(1) Verwendung eines „Beurteilungsmodells"

Im Rahmen der betrieblichen Leistungsbeurteilung wird nicht die Leistung, sondern eine Modellvorstellung von ihr als Letztkriterium verwendet. [204] Das beurteilerspezifische *Leistungsmodell* stellt bereits eine Vereinfachung dar. Da das Letztkriterium nicht erfassbar ist, ist man auf eine Auswahl relevanter Subkriterien angewiesen, um damit ersatzweise die Leistung feststellen zu können. Die in Frage kommenden Subkriterien weisen dabei eine unterschiedliche Eignung in Bezug auf die jeweilige Zielsetzung auf. Sie ermöglichen eine indirekte Beurteilung des Leistungsmodells. Die Zusammenhänge zwischen dem unbekannten Letztkriterium und dem verwendeten aktuellen Kriterium werden dabei nie eindeutig geklärt sein. Es entsteht im Rahmen des Versuchs, Beurteilungskriterien zu formulieren, ein nicht zu verhindernder *Informationsverlust*.

(2) Anforderungen an Kriterien

Es wäre unsinnig, die testtheoretischen *Gütekriterien* in strengem Ausmaß als Anforderungen an Beurteilungskriterien zu fordern. Ihr Ausmaß ist in Betrieben nicht ermittelbar - weder vom (hohen) Zeitaufwand noch von der (häufigen) Vergleichbarkeit der gleichen Arbeitsbedingungen her. Die Forderungen nach Urteilskonkordanz, Validität und Relevanz bleiben zwar prinzipiell bestehen, dienen aber eher als Orientierungsideale. Andere, stärker arbeitsplatzspezifische Anforderungen (wie z. B. Akzeptanz, Transparenz, Wirtschaftlichkeit) sind ergänzend anzulegen, wobei ihnen allerdings im Vergleich zu den o. g. anderen Anforderungskriterien keine Dominanz zukommen dürfte. Ansonsten wäre die Aussagekraft der ver-

---

204 Diese Idealvorstellung kann letztendlich nur vom Beurteiler selbst vertreten werden.

wendeten Beurteilungskriterien zu stark gefährdet. Dies wird im Folgenden noch weiter ausgeführt.

(3) Relevanzprobleme der Beurteilungskriterien

Es bedarf zunächst der Bereitschaft, mehr Zeit für die Definition der Leistung, d. h. der Operationalisierung des Konstrukts in die es repräsentierende Beurteilungskriterien sowie deren Einordnung in ein betriebliches Zielsystem, zu verwenden, um das Relevanz- und Validitätsproblem zu berücksichtigen. Mit *CAMPBELL* ist zu bemerken: „Performance measures should not be developed by reviewing an existing job situation, or by identifying possible criterion measures, or by subjecting them to tests of relevance, reliability, and bias. People who know the job and have the responsibility of managing it should stipulate what performance should be. That is, the meaning of performance is not something to be 'discovered', it should be imposed." [205] Es reicht dabei allerdings nicht aus, eine jedem angenehme, übliche Liste ausschließlich leicht verfügbarer Beurteilungskriterien oder Subkriterien durch Nutzung „... allzu eilfertige[r] Daumenregeln und 'Lebenserfahrungen' ..." [206] anzuwenden. Problematisch ist dies v. a. in solchen Fällen, wo die Suche nach diesen Subkriterien durch die Verfügbarkeit und Erfassbarkeit verschiedener Faktoren und die Nicht-Verfügbarkeit und Nicht-Erfassbarkeit anderer Faktoren beeinflusst wird. [207] Die Entscheidungsträger müssen mehr über die *Struktur der Leistung* (des Betriebes wie der individuellen Leistung sowie beider Beziehungen) nachdenken. Was sind die relevanten Elemente, in welcher Beziehung stehen sie zueinander, wie sind sie geordnet, wie invariant ist die Struktur über verschiedene Arbeitsplätze usw.? [208] So entstehen spezifische Leistungsmodelle (als Vorstellungen der zuständigen und kompetenten Entscheidungsträger) durch die Kombination von Beurteilungskriterien (und deren jeweiligen Sollausprägungen). Die Diskussion legt nahe, dass die häufig anzutreffende, wenn vielfach auch implizite Vorstellung aufzugeben ist, dass es ein Beurteilungskriterium oder bestimmte Beurteilungskriterien gibt, welche(s) eindeutig am besten in jeder

---

205 Campbell, J. P., 1983, S. 286.
206 Neuberger 1976, S. 218.
207 Man denke einmal an den Betrunkenen, der seinen Schlüssel nachts auf dem Nachhauseweg verliert und ihn an der nächsten Laterne sucht, einfach weil es dort hell ist. Ein weiteres Problem der Verwendung multidimensionaler (Sub-)Kriterien ist der Halo-Effekt, der bei einem Einzelkriterium nicht möglich ist.
208 S. auch Campbell, J. P., 1983, S. 292.

Hinsicht die Leistung eines einzelnen Mitarbeiters, gar für jede Position, oder einer Unternehmung erfasst bzw. erfassen.

Zweck der Kriterienauswahl und -überprüfung ist es, Aussagen über die Eignung von Kriterien bspw. zur Leistungsbewertung zu machen. Hiermit ist ein äußerst wichtiger, aber auch problematischer Bereich angesprochen. Die Kriterienauswahl determiniert zu einem großen Teil die Ergebnisse und Folgerungen von Leistungsbeurteilungen. Nicht alle wesentlichen Merkmale eines Objekts wie der Leistung sind erfassbar oder differenzierbar.

Die Frage, ob ein bestimmtes, wesentliches Kriterium hinreichend genau differenzierbar und (in Subkriterien) erfassbar ist, hat für die gesamte Beurteilung *grundlegende Bedeutung*. Dabei entsteht in einem ungewissen Ausmaß unvermeidlich Kriterienkontamination und -defizienz, nicht nur weil das Modell so schwer umzusetzen ist, sondern auch, weil das Modell selbst eine unvollständige Repräsentation darstellt bzw. darstellen kann. Wird ein Merkmal nicht beurteilt, kann das Ergebnis nur unzulänglich, im schlechtesten Falle falsch sein.

Die Vielzahl und Vielfalt der durch Praktiker und Forscher vorgeschlagenen Leistungskriterien entspricht der Vielfalt der Tätigkeiten, von denen sie - systematisch oder unsystematisch - abgeleitet werden (sollen). Die Auswahl spezifischer Kriterien bestimmt sich nach den Zielsetzungen der Beurteilung, der Erfassbarkeit der Kriterien, ihrer Relevanz für Kriterien höherer Ordnung, ihrer Ökonomie und Akzeptanz [209] sowie ob ein Erfolgskontinuum existiert und (individuelle) Erfolgsunterschiede diskriminiert werden können. [210]

(4) Dimensionalität der Kriterien(-sets)

Die Diskussion „Gesamtkriterium vs. multiple Kriterien" hat die jeweiligen Vor- und Nachteile dieser beiden Alternativen herausgestellt. Es ist insofern die Funktion der Beurteilung, die den jeweiligen Ausschlag für die Wahl gibt. Administrative Vorteile im Hinblick auf Leistungsvergleiche und Entgeltdifferenzierungen stehen eher angemessenen, differenzierten Urteilen gegenüber. Lediglich die Verwendung multipler Kriterien kann eine hinreichende Erfassung der jeweiligen Leistungen er-

---

209 S. ähnlich Schuler 1989, S. 404.
210 Vgl. Bechtoldt 1947, S. 358, zu Problemen der Bildung eines akzeptablen Kriteriums auch S. 362 ff.

reichen. Sie ist daher eine notwendige Bedingung. Die Verdichtung des Urteils auf ein Gesamtkriterium hat zu große, nicht mehr nachvollziehbare Informationsverluste zur Folge.

Jegliche Leistung weist *Dimensionalität* auf verschiedenen Ebenen auf. Prinzipiell sind insofern auch die jeweiligen Beurteilungskriterien hinsichtlich der verschiedenen Aspekte der Dimensionalität dynamisch aufzufassen und zu definieren. Das bedeutet im Einzelnen:

- Es gibt grundsätzlich *alternative Kriteriensets*, um spezifische Leistungen zu erfassen.
- In einem relevanten Beurteilungszeitraum ändern sich Leistungen und Situationsbedingungen (dis-)kontinuierlich. Die Beurteilungskriterien müssen diesen *Veränderungen* (hinsichtlich ihrer Geltung und/oder ihrer erwarteten Ausprägungen) angepasst werden.
- Darüber hinaus ist bei den meisten Arbeitsplätzen zur Erbringung einer Soll-Leistung kein „einziges" Leistungsverhalten notwendig. *Alternative Verhaltensweisen* können zum gleichen Ergebnis (zur gleich guten Leistung) führen. Insofern sind alternative Kriteriensets für die möglichen Verhaltensweisen notwendig.

(5) Definition angemessener Standards

Neben der begründeten Auswahl der einzelnen Kriterien stellt sich das Problem der Feststellung der jeweiligen *Standards* i. S. von erwarteten Sollausprägungen:
- Welcher Ausprägungsgrad eines Kriteriums nun als Leistung aufzufassen ist, setzt *Norm*vorstellungen voraus. Es gibt keinen objektiven Standard, der bspw. angibt, dass eine Rendite in Höhe von 18 % gut oder schlecht ist, oder ein guter Leistungsbeitrag zur Personalentwicklung der Untergebenen dadurch gegeben ist, dass zwei Untergebene in der Leistungsperiode befördert wurden. [211] Insofern muss bei Leistungsbeurteilungen ein Standard gesetzt werden, der den „Wendepunkt" von Leistungen im jeweils angenommenen Sinne darstellt. Dies hat tiefgreifende praktische Konsequenzen. [212]
- Die Problematik hängt sehr eng mit dem gesamten Kriterienproblem zusammen und ergibt sich letztendlich aus ihm: Wenn konstatiert wird, dass es nicht möglich ist, ein 100 %iges aktuelles Kriterium (mit Sicherheit) zu formulie-

---

211 Vielleicht wurden sie weggelobt, weil sie unzufriedene Leistungen erbrachten!
212 S. auch Neuberger 1976, S. 186.

ren, ist es folglich auch nicht möglich, die Standards anzugeben. Ein aktuelles Kriterium besteht in letzter Konsequenz nämlich aus Subkriterien und deren Soll-Ausprägungen.
- Bei der Bestimmung der Standards sollte i. d. R. auf relative Größen zurückgegriffen werden. Relativ heißt in diesem Zusammenhang relativ zur Vergangenheit, zu vergleichbaren Betrieben oder zum Plan. Absolute, vielleicht auch immer wiederkehrende Standards nehmen keine Rücksicht auf unterschiedliche Aufgabensituationen. Problematisch ist allerdings auch diese relative Bestimmung. Es sind insbesondere zwei Aspekte hier anzuführen: Einerseits bezieht man sich bei der Bestimmung der Standards auf eine angenommene Umweltsituation. Diese kann sich während der Leistungsperiode entscheidend ändern, insofern verlieren die Standards faktisch an Bedeutung. Andererseits ist auch ein Vergleichsstandard problematisch, da hier lediglich eine Wettbewerbsperspektive angelegt wird, die zu verfälschten Ergebnissen führen kann. Dies ist jeweils abhängig von der Qualität der Vergleichsgruppe. Je „besser" diese ist, desto schwerer fällt es eine „Leistung" zu erreichen et vice versa.

(6) <u>Berücksichtigung administrativer und zeitlicher Restriktionen</u>

Administrative und zeitliche Restriktionen werden in den seltensten Fällen eine Umsetzung (bspw. der Dimensionalität) und die tatsächliche Anwendung (bspw. vielfältiger multipler Subkriterien in wechselnder Form) erlauben. Dies hat aber automatisch zur Folge, dass sich weitere *Verzerrungen* bei Leistungsbeurteilungen ergeben:
- Hier sind insbesondere die Unzulänglichkeiten der starren Kriteriensets hinsichtlich veränderter Leistungsbedingungen und alternativer Verhaltensweisen zu nennen. Hier werden inadäquate Kriteriensets angewendet. Diese substituierenden Kriterien sollten jedoch nicht rein schematisch in eine Beurteilung einbezogen werden. Die subjektive Gewichtung der einzelnen Kriterien ist einer mechanistischen, inflexiblen vorzuziehen. Nur so lassen sich - zumindest prinzipiell - alle relevanten, nicht immer konsistent zueinander verfügbaren Informationen verwerten. [213] Kompromisse sind notwendig, so-

---

213 Vgl. ähnlich Guion 1965, S. 118. *GUION* führt das Beispiel eines Universitätsprofessors an. Dessen Leistung könnte nach Studentenbeurteilungen, Anzahl an Publikationen, Höhe der erhaltenen Drittmittel, Praxiskontakte u. a. bewertet werden. Jedem dieser Kriterien könnten bestimmte Gewichte zugesprochen werden, so dass sich sehr rasch ein kombiniertes aktuelles Kriterium ermitteln ließe. Nur was sagen diese Kriterien und ihre Gewichte letztendlich über die Qualität der Leistung aus? Der eine Universitätsprofessor schreibt bspw. einige Artikel mit Substanz, ein anderer publiziert fleißig Altbekanntes.

lange man Beurteilungen durchführen möchte. Diese Kompromisse werden sowohl die Unzulänglichkeit jedes aktuellen Kriteriums betreffen, als auch auf subjektiven Wertentscheidungen der Entscheidungsträger beruhen.

- Nicht jedes relevante Beurteilungskriterium lässt sich zu *beliebigen Zeitpunkten* für die Leistungsbeurteilung erfassen. Die Aussagekraft der Ergebnisse ist unterschiedlich: Zum einen zeigen sich die Wirkungen von Handlungen oft nur teilweise im begrenzten Beurteilungszeitraum, so dass sich allenfalls Anzeichen bzw. Indikatoren der Entwicklung oder des Erfolges dieser Handlungen abzeichnen. Zum anderen ergeben sich Probleme dann, wenn zwischen der Erfassung und der Beurteilung der Kriterienmaße ein Zeitabstand besteht. Die Folgerung ist, dass vielfach nur Hinweise über die tatsächlichen Leistungen ermittelt werden können (Endgültige Urteile sind erst am Ende des Wirkungshorizonts möglich.) und möglichst erfassungsnahe Beurteilungen durchzuführen sind, um Entwicklungen der Kriterienmaße nicht zu ignorieren.
- Es ist zwar außerordentlich schwierig, angemessene Kriterien(-sets) zu entwickeln; die Vereinfachung, die vielerorts bei der Wahl der (meist leicht verfügbaren und messbaren) Kriterien vorgenommen wird, erweist sich jedoch als unhaltbare Spekulation. Betriebe haben zwar die Möglichkeit - unter Berücksichtigung der angeführten kritischen Aspekte - bewusster und transparenter die verfügbaren potenziellen Kriterienmaße auszuwählen. Aus theoretischer Sichtweise erscheint ein solches Vorgehen nicht voll befriedigend. Als Schritt hin zu einer praktikablen, angemessenen Kriterien-/Beurteilungstaxonomie ist es jedoch angemessen. Von daher scheint es z. Zt. gerechtfertigt zu sein, eine *pragmatische Strategie* zu akzeptieren, mit der (a) nach hinreichend aussagekräftigen Kriterien gesucht wird sowie (b) einzelne Kriterien(-klassen) nur dann hervorgehoben werden, wenn diese Akzentsetzung theoretisch begründet werden kann. [214]

Je tiefer man sich in die Problematik der Beurteilung einlässt, desto mehr verstärkt sich die Ansicht, dass treffende Leistungsbeurteilungen in der Praxis nicht möglich sind. Doch wenn dies der Eindruck ist, dann wird eine unzweckmäßige Sichtweise angelegt: Gerade die Kenntnis der Unzulänglichkeiten ermöglicht es, sich auf das Machbare zu beschränken und keinen wesentlichen Fehlinterpretationen zu unterliegen. Um die Möglichkeiten der Leistungsbeurteilung zu nutzen, bedarf es jeweils einer arbeitsplatz- und zeitbedingten Festlegung der jeweiligen Leistungs-

---

GUION spricht sich daher dafür aus, im nachherein die Beurteilung und Gewichtung Fachkollegen oder dem Dekan zu überlassen, als im vornherein fixe Gewichtungen festzulegen und die Beurteilung dem Computer zu überlassen.

214 Vgl. Neuberger 1976, S. 219.

ziele und damit der Beurteilungskriterien. Jegliches allgemeine, vieldeutige und letztendlich nichts sagende Kriterium forciert Fehlurteile.

Die beschriebene Problematik der Kriteriumsmaße und -entwicklung, deren Vielzahl und Unübersichtlichkeit erscheint - v. a. für den Wirtschaftspraktiker - zunächst entmutigend. Diese Entmutigung hat aber einen positiven, heilsamen Aspekt, sofern sie nicht entweder - fatalistisch - zu einer Aufgabe aller Beurteilungen oder zu einer Simplifizierung der Beurteilung führt. Sie ist notwendiger Anreiz zur bedachten, nicht voreiligen Konstruktion von Beurteilungssystemen. Sie vermittelt Einsichten in die komplizierten Zusammenhänge und ermöglicht angemessenere Urteile. Voraussetzung ist die Bereitschaft, sich Zeit für Beurteilungen zu nehmen, *subjektive Interpretationsspielräume* zu akzeptieren und eine *Unsicherheitstoleranz* bei Beurteilern wie zu beurteilenden Mitarbeitern. Die Kenntnis der Problembereiche ist hilfreicher, als der Einsatz eines fehlerproduzierenden Verfahrens ohne Kenntnis der Beurteiler. Ihnen fehlt die Möglichkeit zu willkürlichen, aber angemessenen und notwendigen Korrektur. Insofern erscheint es sinnvoll, infolge der diskutierten Probleme nicht zu resignieren, eine totale und/oder innere Abwehrhaltung einzunehmen, sondern sich auf die Probleme einzulassen, sich mit ihnen zu beschäftigen, um schließlich zu Verbesserungen betrieblicher Beurteilungssysteme beizutragen. *Ziel* kann es realistischerweise nicht sein, diese Probleme zu lösen. Ziel kann es aber wohl sein, die hinsichtlich der Treffsicherheit der Beurteilungen abträglichen Auswirkungen zu verringern. Dazu bieten sich mehrere, skizzierte Ansatzpunkte an. Allerdings sollte nicht verschwiegen werden, dass die positionsspezifische Gestaltung - und zwar nicht im Sinne einer simplen Umformulierung oder Ergänzung - der Beurteilungssysteme unbedingte Voraussetzung ist, relevante, valide, angemessene Urteile ermitteln zu können.

C Objektivitätsproblem

Im Zusammenhang mit der Leistungsbeurteilung wird sehr häufig angestrebt, „Objektivität" (i. S. von Vorurteilslosigkeit, exakte Wiedergabe des zu beurteilenden Objekts, Vergleichbarkeit) zu erreichen. Subjektivität gilt dagegen eher als ein Beurteilungsfehler, der zu verhindern ist. Beide Einschätzungen sind nicht realistisch bzw. zweckmäßig: Zum einen lässt sich „Objektivität" nicht erreichen, zumal schon das Begriffsverständnis nicht eindeutig ist. Zum anderen liegt gerade in der Zuwendung zur Subjektivität ein Schlüssel, um mit dem Objektivitätsproblem umgehen zu können. Dies wird im Folgenden näher begründet.

I Objektivitätsverständnis

Der Terminus „Objektivität" wird im Zusammenhang mit Leistungsbeurteilungen sehr unterschiedlich genutzt. Seine Verwendung ist dabei häufig irreführend, inhaltlich unzweckmäßig und uneinheitlich. Im Folgenden wird auf verschiedene, für die Leistungsbeurteilung (oft verwendete) relevante Verständnisse eingegangen:
Objektivität =
(1) Verwendung quantitativer Beurteilungskriterien,
(2) Verwendung expliziter Beurteilungsregeln,
(3) Interessen unabhängige Beurteilung,
(4) Intersubjektivität,
(5) Anforderung an Beurteilungskriterien.
Die Diskussion setzt sich dabei etwas intensiver mit der Quantifizierung auseinander, da sie häufig als Objektivierungsmethode gilt.

Ad (1): Objektivität = Verwendung quantitativer Beurteilungskriterien

Bei „objektiven" Beurteilungen handelt es sich im Verständnis vieler Autoren um im Ergebnis quantifizierbare Messungen, die dabei empirische Indikatoren und operationale Definitionen für das Leistungsverhalten bzw. die erzielten Leistungsergebnisse wiedergeben. [215] Das Attribut „objektiv" liegt in der für jeden erkennbaren Erfassung der Maße begründet. Solche „objektiven" Ergebnisse (d. h. hier also quantitativ erfasst wie Umsatzzahlen, Produktionsindizes, Absentismusquote, Krankheiten u. Ä.) werden als repräsentativer Ausdruck für Leistung (bzw. Erfolg) angesehen. Man geht davon aus, weil die Ziffern im jeweiligen Verständnis - so also die Annahme - die zugrunde liegenden Prozesse und Zusammenhänge der Leistungserbringung verdichtet beinhalten und ausdrücken. [216]

---

215 Der Gegenbegriff ist der der *subjektiven Beurteilung*. Diese bezieht sich auf rein subjektive Urteile bzw. willkürliche Einschätzungen. Andere, sprachlich eher die Inhalte treffend wiedergebende Bezeichnungen für quantitative bzw. „objektive" und qualitative bzw. subjektive Kriterienmaße stammen aus dem englischen Sprachraum: „hard facts" und „soft facts". Sie weisen auf die (vermeintliche) Unumstößlichkeit harter Fakten hin.

216 Mit diesem letzten Aspekt wird daraufhin gewiesen, dass mit „objektiven" Faktoren bzw. mit einer bestimmten Ausprägung dieser Faktoren i. d. R. ein individuelles Verständnis über ihr Zustandekommen verbunden ist. Dieses Verständnis ist mehr implizit und wird weder vor sich selbst noch nach außen offengelegt. Folgerungen aus dem Vorliegen bestimmter Faktor(ausprägung)en richten sich dann nicht nach der Kennziffer (Sie stellt nur ein Abbild dar!), sondern nach den impliziten Annahmen über ihre Einflussgrößen. S. Neuberger 1976, S. 215 und die dort angeführte Literatur.

Die häufige Interpretation in diesem Sinne bedarf zum Verständnis einer näheren Analyse bez. einer Abstufung von vergleichbaren Begriffen: Mit *qualitativen Begriffen* werden Sachverhalte in einander ausschließende Arten eingeteilt. Die *komparativen Begriffe* ermöglichen Vergleichsfeststellungen und damit genauere Beschreibungen. Als präziseste Begriffsform „gelten" die *quantitativen Begriffe*. Mit ihnen werden Objekte nummerisch charakterisiert. [217]

Die zunehmende Verwendung quantitativer Begriffe wird teilweise als Fortschritt in der Betriebswirtschaftslehre bezeichnet. [218] Als *quantitative ökonomische Begriffe* gelten bspw. Kosten, Aufwand, Ertrag, Gewinn. Sie lassen sich alle zahlenmäßig erfassen und beziehen sich auf ökonomisch relevante Betriebsprozesse. [219] Sie sind durch nummerische Werte charakterisiert. Der Terminus „*Quantifizieren*" wird dabei in vielfältigem Sinne verwendet: Messen, Schätzen, Gewichten, Beurteilen, Bestimmung der Maßeinheit, Erfassung von Sachverhalten mittels quantitativer Begriffe, Umwandlung von Qualitäten in Quantitäten u. a. m. [220] In diesem Zusammenhang sind quantitative Begriffe und ihr Zustandekommen auch für Leistungsbeurteilungen von Bedeutung.

Die Verwendung von quantitativen Beurteilungsziffern hat - auch für die Leistungsbeurteilung - *Vorteile*: [221]
- Sie bietet Möglichkeiten an, Objekte zu klassifizieren oder sie in systematischer Weise zu ordnen, bspw. im Hinblick auf ihre Leistung(-sfähigkeit) bez. bestimmter Aufgaben. Eine Person mit einem Leistungsgrad von 95 (von 100 möglichen) Punkten gilt eindeutig als Leistungsfähiger, als eine mit 60 Punkten.

---

217 S. Stegmüller 1960, S. 180 f. Die Wertung, die dieser Klassifizierung beigelegt ist, ist nicht gerechtfertigt. Sie wird im Übrigen auch nicht begründet. Übersehen wird, dass bspw. in dem uns hier interessierenden sozial-/betriebswirtschaftlichen Bereich die nummerischen Werte - als Beurteilungsobjekt - nur möglich sind, wenn andere Informationen - bei der Verdichtung - verlustig gehen. Insofern kann man kaum von Präzision sprechen. Hingegen lassen sich präzisere Aussagen, die über eine reine klassifikatorische Beschreibung hinausgehen, qualitativ treffen.
218 S. v. a. Szyperski 1962, S. 53.
219 S. hierzu genauer Szyperski 1962, S. 51 f. Allerdings hat bspw. das Rechnungswesen trotz seiner „objektiven" Größen überwiegend subjektiven Charakter. Die meisten Größen fußen auf bewerteten, d. h. subjektiv begründeten Einschätzungen.
220 S. Seil 1967, S. 7.
221 Vgl. Ghiselli/Campbell/Zedeck 1981, S. 23.

- Es besteht die Möglichkeit, mit den erarbeiteten Ziffern weiter - mathematisch - umzugehen. Hier ist bspw. die Kombination einzelner Beurteilungsergebnisse mittels Gewichtung zu einem Leistungsgrad angesprochen.
- Vom administrativen Standpunkt aus erweist es sich als einfacher, „solide", „objektive", eindeutig sichtbare Beurteilungsdaten zu haben, wie sie als Ergebnis eines Quantifizierungsprozesses vorliegen. Diese Vereinfachung wäre solange zu begrüßen, wie sie sowohl zu dem „richtigen" Ergebnis führt, als auch - aus psychologischen Akzeptanzgründen heraus - transparent bzw. nachvollziehbar ist.
- Ein weiterer - allerdings nur vordergründiger - Vorteil dieser „objektiven" Beurteilungskriterien ist folgender: Ihnen wird ein höherer motivationaler Einfluss auf das individuelle Leistungsverhalten zugesprochen. [222] Nur vordergründig positiv ist diese mögliche Wirkung aufzufassen, weil es zwiespältig ist, unzutreffende bzw. ungenaue Beurteilungskriterien zu verwenden - auch oder gerade weil sie Verhaltenswirkungen zeigen.

Mittlerweile ist ein *Unbehagen* mit Beurteilungsziffern oder mit der quantitativen Beschreibung von qualitativen Ergebnissen und Verhalten, welches schnell als Quantifizierung von Eigenschaften umgedeutet wird, sowie die Kritik an der Einschätzung, mit einer Ziffer sei Sachlichkeit und Objektivität verbunden auch in der Betriebswirtschaftslehre, weit verbreitet. Die Berechtigung der Kritik wird im Folgenden begründet. Mit quantitativen Beurteilungen sind verschiedene *Probleme* - potenziell - verbunden: [223]
- *Problem der Überpointierung.* Quantitative Begriffe werden im Rahmen der Beurteilung oft in ihrer Bedeutung überschätzt. [224] Sie repräsentieren in den Augen vieler Autoren viel mehr als sie darstellen können bzw. tatsächlich

---

222 S. Wexley 1979, S. 249.
223 Zur generellen Kritik quantitativer Methoden s. Janich 1979. Zum diesbezüglichen Messproblem auch Schuler 1984, S. 168 ff., 1982, S. 85 ff.
224 Drastisch kritisiert *KLOIDT* (1964, S. 287) die Verwendung quantitativer Methoden: Manche Vertreter des Faches Betriebswirtschaftslehre würden unkritisch kausal-quantitative Methoden aus der Physik übernehmen, um die Wissenschaftlichkeit des Faches zu „retten". Sie ordnen die Betriebswirtschaftslehre in den Kreis der exakten Wissenschaften ein, und übersehen, dass ihr Erkenntnisobjekt von ganz anderer Natur als das der Physik ist. *NEUBERGER* (1976, S. 214) formuliert drastisch wie treffend: „Zu den unausrottbaren suggestiv wirksamen Überzeugungen gehört es, dass aus Strichlisten zusammengezählte oder an Zeigern ablesbare Maßzahlen bessere oder wichtigere Erfolgsindikatoren lieferten." *RITSERT/BECKER* (1971, S. 61) sprechen ähnlich von einem „Messfetischismus" in der Soziologie. Dort würde trotz der Reduktionsprobleme und der ungeklärten Relationen vieler Daten an einer „strengsten Quantifizierung" festgehalten.

darstellen und ignorieren dadurch das Zustandekommen der Ergebnisse, ihre Fragwürdigkeit und andere nicht erfassbare Aspekte. Die als objektiv verstandenen quantitativen Kriterien sind darüber hinaus nicht unbedingt die aussagekräftigsten für die Leistungsbeurteilung, u. a. weil sie oft außerhalb des Einflussgebietes der Mitarbeiter liegen sowie die Zeitspanne zwischen den Beurteilungen von verzerrender Bedeutung ist. [225]

- *Problem der Verselbständigung quantitativer Aussagen.* Probleme entstehen bei der Verwendung quantitativer Merkmale in Beurteilungen, weil eine Tendenz zur Verselbständigung besteht. Es werden nicht mehr die Prozesse und Zusammenhänge berücksichtigt, die zum Zustandekommen einer „Ziffer" geführt haben; die „Ziffer" selbst ist bzw. wird wertender, absoluter Ausdruck. [226] Die subjektiven Elemente gehen im Bewusstsein verloren. [227]
- *Quantitative Aussagen suggerieren eine höhere Sicherheit.* Eng damit verbunden ist die zu beobachtende Tatsache, dass quantitativen Aussagen eine höhere Sicherheit bez. des Wahrheitsgehaltes zugesprochen wird. Doch sowohl der Wahrheitsgehalt wie auch die praktische Verwertbarkeit von Aussagen sind unabhängig davon, inwieweit es gelingt, sie zu quantifizieren. [228] Es kommt vielmehr auf eine problem- und situationsgemäße Analyse an.
- *Quantifizierung verengt den Blick für das Wesentliche.* Quantifizierung trägt zu einer raschen und theoretisch ungenügend abgestützten Abstraktion sozialer Gegebenheiten bei. [229] Sofern man sich - in Wirtschaftspraxis wie Wissenschaft - v. a. mit dem beschäftigt, was zähl- und messbar ist, entsteht die Gefahr, dass man die wesentlichen Beschaffenheiten eines Objekts dem

---

225 Sie haben somit keinen motivationalen Einfluss auf das Leistungsverhalten über die Leistungsbeurteilung. Bedeutsam ist in diesem Zusammenhang v. a. die jeweilige individuelle Wahrnehmung, nicht die tatsächlich gegebene Möglichkeit der Beeinflussung.

226 Bei Leistungsbeurteilungen kann dieses Problem in zweierlei Hinsicht auftreten: Zum einen werden quantitative Daten (z. B. ROI, Gewinne, Umsätze) als Beurteilungskriterien verwendet. Zum anderen kann eine endgültige Leistungsbeurteilungsziffer (kombiniertes Beurteilungskriterium) Ergebnis der Leistungsbeurteilung sein. Beide Ziffern sind allein schon dann inadäquat, wenn sie undifferenziert und absolut gelten.

227 Vgl. Fiske 1951, S. 93; Guion 1961, S. 141.

228 Die Quantifizierung und Mathematisierung der Leistungs-„Messung" ist eigentlich, trotz gegensätzlicher Beteuerungen, eine *Einladung zur Manipulation.* Vgl. Hujer/Cremer 1977, S. 1.

229 Vgl. Atteslander 1984, S. 53.

Erkenntnis mäßigen Zugang entzieht. [230] Dabei ist gerade das Nicht-Quantifizierbare zumeist der Kern eines Sachverhaltes.

- *Quantifizierung qualitativer Sachverhalte verursacht ein Scheuklappensyndrom.* Herkömmliche Verfahren der Leistungsbeurteilung münzen häufig alles Qualitative - sofern sie es überhaupt erfassen wollen - in Zählbares um; Verhalten wird quantifiziert. Überlegungen zur qualitativen Beurteilung werden nicht mehr getätigt. [231]
- *Quantifizierung wird zum Selbstzweck.* Die Rigidität der Methode, die Strenge der Prüfungsstrategien/-methoden und schließlich auch oft die Konzentration auf mathematische Regeln birgt die Gefahr, zum Selbstzweck zu werden.
- *Subjektivität quantitativer Daten.* Selbst bei der Verwendung von angeblichen „objektiven" Ziffern fließt eine Vielzahl subjektiver Einflüsse in die Beurteilung ein. [232] Die Daten selbst können verzerrt, gefälscht und/oder uninterpretierbar sein. Solche „objektiven" Daten sind bspw. einfach zählbare Leistungsergebnisse. [233] Es bedarf keiner Interpretation und Beurteilung quantifizierter Beurteilungsergebnissen - so jedenfalls die allgemeine Annahme. Mit dem Adjektiv „objektiv" wird die auch hier vorliegende Interpretationsunsicherheit verschleiert.

Es erscheint notwendig, sich die Grenzen quantitativer Aussagen und Beurteilungen vor Augen zu führen. Auch jedes diagnostische Verfahren verursacht Messfehler und liefert nur *Wahrscheinlichkeitsaussagen*. Außerdem ist es mit Phantasie möglich - fast - alles zu quantifizieren. Diese Fakten gilt es zu akzeptieren und stets

---

230 Die Vertreter einer solchen Auffassung nehmen Nicht-Erkennen in Kauf, um zu vermeiden, die begrenzte Erkenntnisgewinnungsmöglichkeit ihrer Methodik zu offenbaren und/oder sich der subjektiven Beurteilung zu entziehen. Vgl. Kloidt 1964, S. 287.

231 *SCHULER* (1982, S. 91) drückt dies treffend aus, wenn er sagt: „Wenn es das Dilemma, daß oft die objektiv meßbaren Kennwerte die weniger entscheidenden sind, während sich die wirklich wichtigen der exakten Messung entziehen, sogar in der Technik gibt - beim Klangeindruck einer Stereoanlage oder beim Fahrgefühl, das ein Ski vermittelt -, um wieviel mehr muß man sich dann bei der Beurteilung von Personen hüten, das leicht Erfaßbare für das Wichtige oder gar für das Ganze zu nehmen!" Bereits *GOETHE* lässt Mephistopheles in Faust II bez. der angesprochenen Problematik der Quantitäten Folgendes sagen: „Was ihr nicht faßt, das fehlt euch ganz und gar, Was ihr nicht rechnet, glaubt ihr, sei nicht wahr. Was ihr nicht wägt, hat für euch kein Gewicht, Was ihr nicht münzt, das meint ihr, gelte nicht." Zitiert nach der Ausgabe des Insel Verlages: Johann Wolfgang Goethe: Werke, 6. Band: Faust. Frankfurt 1981, S. 185.

232 S. hierzu bspw. Smith 1976, S. 753.

233 Die genannten „objektiven" Kriterien sind nur für wenige Positionen anwendbar. Für einen Fließbandarbeiter mögen Stückzahl, Qualitätsgrad u. Ä. angemessen sein. Für Ingenieure, Manager sind eher subjektive Kriterien von Bedeutung.

bei der Interpretation zu beachten. Weder die affektive Überschätzung, noch die Ablehnung von Ziffern ist eine sachgerechte Anwendung. [234] Es ist die Gleichsetzung von Quantifizierung und Objektivität die *sprachlich irreführend* und daher für die wissenschaftliche Diskussion unzweckmäßig ist.

Ad (2): Objektivität = Verwendung expliziter Beurteilungsregeln

Manchmal wird konstatiert, dass die explizite Formulierung von systematisch erarbeiteten Beurteilungsregeln hilft, das subjektive Moment im Beurteilungsprozess zu objektivieren. [235] Mit dieser Interpretation geht man aber - zumindest sprachlich - fehl. Die Kenntnis der Beurteilungsregeln sorgt lediglich für eine Transparenz, Nachvollziehbarkeit und verbesserte Vergleichbarkeit. Die Regeln selbst und die ihnen zugrunde liegenden Prämissen können im Extremfall sogar allein die Ansichten des Bewerters ausdrücken. In diesem Fall kann man kaum von Objektivierung sprechen. Selbst, wenn es sich um allgemein akzeptierte Ansichten handeln würde, wäre die Behauptung unzutreffend. [236] Die Regeln selbst mögen notwendig und hilfreich sein, sie tragen aber nicht zu einer „Objektivierung" bei.

Ad (3): Objektivität = interessenunabhängige Beurteilung

In einem anderen Verständnis wird „Objektivität" mit einer Interessenunabhängigkeit der Beurteiler am Beurteilungsobjekt in Verbindung gebracht. Doch auch diese Differenzierung („objektiv" im Sinne von unabhängig vom Interesse eines einzelnen Subjekts und „subjektiv" im Sinne von „vom einzelnen Subjekt abhängig") ist *unzweckmäßig*. [237] Sie lässt sich wegen der Nichterreichbarkeit der in-

---

234 Zu der Problematik, die die Verwendung quantitativer Ausdrücke hinsichtlich ihres Aussagewerts tatsächlich haben s. auch Lamprecht 1964, S. 73 ff.
235 S. bspw. Seil 1967, S. 25 f.
236 Wenn zwei Personen das Gleiche tun, so ist es zwar „objektiv" das Gleiche, der Wert (im selben Wertsystem) und auch der Erfolg können sich jedoch unterscheiden (in Anlehnung an Engels 1962, S. 17): Ein in bescheidenen Verhältnissen lebender Student und ein gut verdienender Top-Manager spenden jeweils € 20,- für einen guten Zweck. Beider Ziel mag neben der Hilfe, die Anerkennung ihrer Mitmenschen sein. Beide haben sie dasselbe getan und dem Zweck in gleichem Umfang geholfen. Der Erfolg ihres Vorgehens im Hinblick auf die zweite bzw. die dahinterliegende Zielsetzung ist jedoch wahrscheinlich unterschiedlich. Während der Student sein Ziel vermutlich erreicht, bewirkt der „geizige" Top-Manager möglicherweise sogar den gegenteiligen Erfolg.
237 S. bspw. Szyperski 1962, S. 279.

teresselosen bzw. ziellosen menschlichen Beurteilung nicht aufrechterhalten. Beurteilung bezieht sich immer, auch allein vom Begriff her, auf relative Werte. [238] Die Bedeutung einer Maßzahl lässt sich nicht an ihr selbst ablesen. Sie ergibt sich lediglich aus der betriebsspezifischen Wertehierarchie. Ferner stellen die Kriterien, die bei der Beurteilung verwendet werden, letztendlich Wertsetzungen dar, ebenso wie noch so präzise und „objektive" Messoperationen interessen- und positionsabhängige Wertungen sind. Allein die Aussicht, als Beurteiler einen Sachverhalt zu beobachten und nachfolgend zu bewerten, trägt entscheidend mit zur Gestaltung der Leistungsbeurteilung bei. So fließen denn auch *vielfältige subjektive Urteile* bei der Festlegung „objektiver" Kriterien ein. [239]

Ad (4): Objektivität = Intersubjektivität

„Objektivität" gibt in einer anderen Nuance des Verständnisses das *Ausmaß der Übereinstimmung* von verschiedenen Beurteilern hinsichtlich eines Objekts wie bspw. der Leistung wieder. Sie ist demnach weder „vorhanden" noch „nicht vorhanden", sondern graduell abgestuft immer gegeben. Es ist sowohl unzweckmäßig, von einem solchen Objektivitätsgrad auszugehen als auch intersubjektive (geteilte) Urteile mit „objektiven" gleichzusetzen. [240] Hiermit sind jeweils zwei verschiedene Sachverhalte angesprochen. Treffender erscheint es hier von intersubjektiven Ausdrücken, Werten und Beurteilungen zu sprechen. Zusätzliche, kaum zu klärende Probleme bei der Bestimmung des hinreichenden Übereinstimmungsgrads sowie die Tatsache, dass im Rahmen der betrieblichen Leistungsbeurteilung i. Allg. nicht mehrere, sondern einzelne Urteile verlangt werden, dokumentieren weiterhin die Unmöglichkeit eines solchen „Verobjektivierungs"-Versuches.

Ad (5): Objektivität = Anforderung an Beurteilungskriterien

Oft spricht man von Objektivität (als Genauigkeit oder intersubjektiver Übereinstimmung) als Anforderungsmerkmal von Beurteilungskriterien. [241] Objektivität ist in diesem Fall nur *ein Kriterium für Kriterien*. In diesem spezifischen Erkennt-

---

238 S. hierzu auch Teil 4 A III dieser Arbeit.
239 Vgl. Neuberger 1976, S. 197; Borman 1974, S. 118 ff.; Guion 1961, S. 142 f. Als ein Beispiel für diesen Interpretationsfehler s. Gablenz-Kolakovic u. a. 1981, S. 217 f.
240 *RUF* (1955, S. 97) bspw. hält den Ausdruck „objektivierter Wert" für treffender, akzeptiert aber trotzdem auch „objektiver Wert".
241 S. bspw. Lienert 1969, S. 12 ff.; sowie Teil 4 B II dieser Arbeit.

nisgebiet mag der Begriff treffend verwendet werden. Vorzuziehen sollte jedoch von der sprachlichen Eindeutigkeit her ein anderer wie bspw. der der intersubjektiven Urteilskonkordanz sein.

Resümee dieser Ausführungen über die unterschiedlichen, oft nicht näher erläuterten Verständnisse von Objektivität kann für die Thematik der Leistungsbeurteilung nur sein, diesen Terminus zu meiden. Er suggeriert mehr, als er allein sprachlich einzulösen scheint. Naheliegend wäre es z. B., sämtliche wertenden Äußerungen und Deskriptionsaussagen, die ein Mensch über ein Objekt trifft, als subjektiv zu bezeichnen. Der Mensch als Subjekt wird hier auch sprachlich als Quelle der Darstellung bzw. des „Wertes" angesehen. Schon die reine Referierung bspw. von Leistungsverhaltensweisen erhält durch die unvermeidliche Auswahl und Gruppierung der Fakten bei der Darstellung einen subjektiven Charakter. [242] Auch sollte jeder Versuch, eine möglicherweise doch erzielbare Objektivität zu suggerieren, sei es durch die Verwendung expliziter Regeln oder den Einsatz mehrerer Beurteiler, unterbleiben. Objektivität ist im Zusammenhang mit Leistungsbeurteilung nicht zu erreichen!

II Nutzung der Subjektivität

Mit der hier insgesamt thematisierten Fragestellung der „Objektivität" ist mehr verbunden als im vorangegangenen Abschnitt angesprochen wurde. Das vielfältige Streben in der Wirtschaftspraxis und auch in der Wissenschaft, „objektive" Leistungsbeurteilungen zu ereichen, bedeutet zunächst gleichzeitig eine Abwertung der Subjektivität in diesem Zusammenhang. Üblich ist die Forderung, den „subjektiven Faktor" aus der Leistungsbeurteilung herauszuhalten oder ihn zu eliminieren. Viele Vorschläge haben dies zum Ziel. [243] Gerade in solchen Forderungen ist indirekt eine weitverbreitete Unzufriedenheit mit derzeitigen Leistungsbeurteilungen erkennbar. Dabei werden weitgehend unerreichbare Zielvorstellungen verfolgt: Weder lässt sich „Objektivität" erreichen, hinreichend in der Wirtschaftspraxis die

---

242 Hierin besteht aber auch eine Funktion des Denkens. Es entnimmt selektiv Ausschnitte aus der Realität und bringt sie nach freiem Ermessen in eine bestimmte Anordnung. Das wissenschaftliche Denken versucht eine wenig übersehbare, komplexe Wirklichkeit durch Abstraktion zu vereinfachen. Diese Vereinfachung stellt immer eine subjektive Interpretation dessen dar, was die Wissenschaftler zum einen von der Realität wahrgenommen haben und zum anderen als bedeutend einschätzen. Ähnliches trifft auf den Prozess der betrieblichen Leistungsbeurteilung zu. Auch die Beurteiler gehen so vor.

243 Vgl. hierzu auch Hilgenfeld 1985, S. 126.

intraindividuelle Urteilkonkordanz von Leistungsbeurteilungen prüfen, die Unterschiedlichkeit der jeweiligen Situationsbedingungen/-anforderungen soweit reduzieren, dass tatsächlich vergleichbare Urteile entstehen, noch lassen sich endgültig beruflich relevante Merkmale definieren und umsetzen. [244]

Statt sich mit der Unmöglichkeit der Erreichung dieser genannten Ziele zu beschäftigen, sollte man sich aus Handhabungssicht mit diesem Problem intensiver zur Nutzung der Subjektivität der Beurteiler im Beurteilungsprozess näher auseinander setzen. Sie bietet den Beurteilern vielfältige Möglichkeiten an, im Rahmen der Leistungsbeurteilung ein treffenderes Verständnis der gezeigten bzw. beobachteten Leistungen zu erlangen und insofern diese treffender beurteilen zu können.

Um subjektives Verstehen von Leistung fassbar zu machen, muss zunächst geklärt werden, was der Begriff der Subjektivität meint. Hier kann sich an *NEUBERGER* angelehnt werden. Dieser arbeitet die Begriffe „Objektivität", „Intersubjektivität" und „Subjektivität" heraus und stellt diese unterschiedlichen personalwirtschaftlichen Paradigmen gegenüber. Das „Paradigma der Inter-Subjektivität" sieht als den wesentlichen Inhalt von betrieblichem Personalmanagement die Zusammenarbeit von Personen in verschiedenen Rollen an, verbunden mit einer gegenseitigen Anerkennung der Mitarbeiter als eigenständige Subjekte. Ziel eines solchen Ansatzes ist die Konkretisierung und Verlebendigung der Institutionen des Personalwesens und das Eingehen auf den Einzelfall. Dieses Paradigma der „Inter-Subjektivität" entspricht dem hier vertretenen Verständnis von „Subjektivität". [245]

NEUBERGER hat sich auch konkret vor dem Hintergrund dieser Begrifflichkeiten damit beschäftigt, welche „Verfahrensmöglichkeiten" der Leistungsbeurteilung mit den dargestellten Paradigmen einhergehen. Unter dem interessierenden „Paradigma der Inter-Subjektivität" ist das Beurteilungsziel die Verbesserung der Zusammen-

---

244 Die beiden letztgenannten Aspekte stehen dabei in einer engen Beziehung. Je beruflich und individuell relevanter die Merkmale sind, desto weniger vergleichbar werden die Beurteilungsergebnisse et vice versa.

245 S. Neuberger 1990, S. 21 ff. Unter dem angesprochenen „*Paradigma der Objektivität*" interessiert der Mensch als Objekt; der Einzelne ist nicht wichtig als Mitarbeiter, sondern als Produktionsfaktor. Sein Einbau in den betrieblichen Leistungsprozess steht im Vordergrund. Ziel eines solchen Ansatzes ist ein wirksamer Beitrag des Personalmanagements zum Funktionieren des Gesamtsystems „Unternehmung". Das „*Paradigma der Subjektivität*" (nach *NEUBERGER*) sieht den Menschen als psychophysisches Subjekt; es geht bei diesem Ansatz um die Bewahrung und Entwicklung des Eigenwertes der Mitarbeiter. Ziele dieser Sichtweise sind das Role taking, Role making sowie Selbsterfahrung und Selbstverwirklichung des Mitarbeiters.

arbeit in bestimmten Arbeitseinheiten. Gesprächsrunden, Teamsitzungen sowie Problemlösungsgespräche behandeln Probleme und Verbesserungsmöglichkeiten der Zusammenarbeit. Alle Beteiligten formulieren Erfahrungen, Ansichten und Erwartungen, die in bindende Festlegungen für die kommende Beurteilungsperiode münden. Die Ergebnisse bleiben dabei gruppenintern und werden nicht an eine dritte Stelle weitergeleitet. Sie sind spezifisch und nicht vergleichbar. [246] Beim Subjektivitätsverständnis werden Mitarbeiter demnach letztlich nicht als reine Objekte („Produktionsfaktoren") zur Erfüllung der betrieblichen Ziele, sondern als Menschen, als eigenständige Subjekte verstanden. [247]

Die Begründung speziell für ein subjektives Verstehen und Beurteilen von Leistung kann in Anlehnung an *HILGENFELD* erfolgen. Er betrachtet den betrieblichen Beurteilungsalltag und zieht daraus bestimmte Schlüsse. Die Frage, was Beurteiler tun, wenn sie beurteilen, ist seiner Meinung nach zu beantworten, wenn Beurteilungsvorgänge als Vorgänge praktischen Entscheidens und die Beurteiler eher als praktische Entscheider denn als Registratoren von Beurteilungsmerkmalen begriffen werden. „Passende Beurteilungen" sind dann das Ergebnis der aktiven Leistung und der praktischen Fertigkeiten des beurteilenden Vorgesetzten. Die bei der Beobachtung der Mitarbeiter gesammelten Einzelheiten und die letzten Endes auf diesen aufbauende schriftliche Beurteilung sind das Resultat vielfältiger Bemühungen, „Tatsachen als Tatsachen" und „Beurteilungen als Beurteilungen" hervorzubringen. Beurteilen ist demnach als *„praktische Herstellung"* zu sehen, bei der in bestimmten Situationen gewisse Verhaltensweisen identifiziert und als beurteilungsrelevant erkannt werden. Die Beurteilung ist ein methodischer Vorgang, in den sowohl die Beurteilung der Person als auch die jeweiligen kontextuellen Bedingungen (und damit auch die bestehenden Situationsbedingungen) eingehen. Erst wenn beide zusammenpassen, „stimmt" das Ergebnis. [248] Demnach meint eine passende Beurteilung eine solche, bei der ihre „vermeintliche Objektivität" in Situationsbezogenheit und Subjektivität besteht. [249]

Die Erläuterung und Begründung des subjektiven Beurteilens lässt den Gedanken an Willkür oder Beliebigkeit aufkommen. Ein solcher Eindruck täuscht jedoch: Das Handeln der beurteilenden Vorgesetzten ist nicht automatisch Ausdruck von Beliebigkeit und Willkür, sondern auch Zeichen und Ergebnis des kompetenten

---

246 Vgl. dazu Neuberger 1990, S. 34.
247 Vgl. Maier 1991, S. 73.
248 S. Hilgenfeld 1985, S. 139 f.
249 Vgl. Hilgenfeld 1985, S. 140, Breisig 1998, S. 143 ff.; Markus/Schuler 2001, S. 406 ff.

Umgangs mit formalen Vorschriften, der auch in ihrer Übertretung (zur Zielerreichung) bestehen kann. Die Beurteiler bedienen sich zwar einerseits der offiziell verfahrensmäßig vorgesehenen Methodik, müssen jedoch andererseits diese Bedingungen außer Kraft setzen, umgehen oder nicht beachten, um das zu tun, was sie tun sollen: zutreffende und akzeptable Aussagen über die Leistung ihrer Untergebenen abgeben. [250] Dies erfordert aber eine Vertrauenskultur. Diese ist in einer gewissen Intensität notwendig, um einen solchen Umgang fördern und Beliebigkeit verhindern zu können. [251]

Nachfolgend kann die Bedeutung der Subjektivität noch weiter verdeutlicht und begründet werden durch die Diskussion um die „Fehler" von Beurteilern: Neben den sog. systematischen Beurteilungsfehlern (z. B. Halo-, Hierarchie- oder Kleber-Effekt) und durch Beurteilungstendenzen (z. B. Tendenz zur Milde, zur Mitte und zur Strenge) wird Beurteilern eine ganze Reihe von *„subjektiven" Fehlern* nachgesagt: [252]
- intuitive und gefühlsgeleitete statt systematisch-analytische Vorgehensweisen,
- Verwendung unterschiedlicher Maßstäbe - variierend mit den Mitarbeitern,
- implizite individuelle Gewichtung von Beurteilungsaspekten,
- unkontrollierte Schlussfolgerungen auf nicht beobachtete (oder beobachtbare) Beurteilungsmerkmale,
- Abweichung von Verfahrensvorschriften,
- ungenügende Kenntnis der Kriterien bzw. Verwendung eigener Kriterien,
- Vertrauen in Beurteilungsaussagen anderer Personen,
- mikropolitische Einflüsse (persönliche, mitarbeiter- oder abteilungsspezifische Interessen) in die Beurteilung. [253]

Warum kehrt man nicht einfach die Perspektive um und fragt sich: Wie kann man ausgehend von diesen allenfalls etwas reduzierbaren Beurteilungs-Unzulänglichkeiten doch noch zu einem hilfreichen Beurteilungsprozess bzw. Urteil gelangen? Zunächst wird ein solcher Perspektivenwechsel befremdend er-

---

250 S. Hilgenfeld 1985, S. 141. Regeln sind i. d. R. nicht auf alle Einzelfälle anwendbar.
251 Vgl. Lorson 1996; Becker, F. G./Buchen 2001; Becker, F. G. 2000a.
252 Der Ausdruck „Fehler" bezieht sich unmittelbar auf die fehlende Übereinstimmung der (Teil-)Urteile mit der „tatsächlichen" oder der intersubjektiv gedeuteten Leistung. Er suggeriert mittelbar auch eine vom Individuum zu verantwortende Unzulänglichkeit der Urteilsbildung. Die Diskussion um die zwangsläufig ablaufenden kognitiven Prozesse hat aber bereits verdeutlicht, dass hier eine Verantwortung des Individuums in weiten Teilen nicht vorliegen kann.
253 S. ähnlich Hilgenfeld 1985, S. 127.

scheinen. Mit Hilfe eines simplen Verfremdungstricks, der Umdrehung der Fehlerkataloge, lässt sich jedoch die Relevanz der Frage verdeutlichen: *„Gute Beurteiler"*

- gehen systematisch-analytisch sowie nicht intuitiv und gefühlsmäßig vor,
- beurteilen alle Mitarbeiter mit dem gleichen Maßstab,
- versehen sämtliche Beurteilungsaspekte mit der gleichen Bedeutung und dem gleichen Gewicht,
- urteilen nur über selbst beobachtete Aspekte und enthalten sich weiterer Schlussfolgerungen,
- kennen alle betriebsspezifischen Beurteilungskriterien und -standards und verwenden nur diese,
- beurteilen ohne persönliche, mitarbeiter- oder abteilungsspezifische Interessen,
- äußern weder Sympathie oder Antipathie in den Beurteilungen,
- beachten nicht ihre unbestätigten Vermutungen um Zusammenhänge der Leistungserbringung. [254]

Es wird deutlich, dass ein solchermaßen verstandener *idealer Beurteiler* nicht wünschenswert ist: Gleich einem Roboter würde nur das berücksichtigt, was programmiert wurde, und dieses dann allerdings fehlerfrei umgesetzt - gleich ob es relevant ist oder nicht. Mit solchen, die Subjektivität ausschaltenden Beurteilern könnte die Wirklichkeit nicht erfasst werden. Es ergibt sich ein Paradoxon: Die Betriebe brauchen menschliche Beurteiler mit all ihren Fehlern, um die Chance von treffenden Beurteilungsergebnissen nutzen zu können. [255] Beurteiler, die rein systematisch-analytisch vorgehen würden, vernachlässigen ihre Subjektivität und damit die Chance der treffenden Interpretation. Eine unparteiisch-sachliche Interesselosigkeit der Beurteiler ist weder im Ideal zu erreichen, noch für die Beurteilung in der Wirtschaftspraxis zweckmäßig. [256]

---

254 In Anlehnung an Hilgenfeld 1985, S. 128.

255 Beurteiler verhalten sich oft den betrieblichen Vorschriften entsprechend. Und sie tun dies paradoxerweise oft gerade dadurch, dass sie es nicht tun. Sie orientieren sich an den Intentionen, nicht gemäß der formulierten Vorschriften.

256 Der Vollzug eines vorgegebenen Beurteilungsprogramms führt zu einer verkürzten Perspektive und zu unpersönlichen Qualifizierungen: „Es mag zwar durchaus zutreffen, daß so gebildete Beurteilungen den formalen Richtigkeitskriterien entsprechen könnten, wie sie für Testergebnisse wissenschaftlicher Laborsituationen gefordert werden, daß indessen solche Beurteilungen von Beurteilten, Beurteilern oder der Organisation als richtig im praktischen Sinne eingeschätzt werden könnte, ist angesichts einer weiteren theoretischen Aussparung anzuzweifeln". Hilgenfeld 1985, S. 129.

Subjektives Beurteilen besitzt keine Allgemeingültigkeit. Die in diesem Zusammenhang interessierende Frage, betrifft die Akzeptanz solcher subjektiver Beurteilungen sowohl bei Beurteilern wie zu Beurteilenden. Zuerst gilt es, transparent zu machen, wo die subjektiven Aspekte einfließen. Danach gilt es, gemeinsam zu vereinbaren, ob diese Aspekte für das Ergebnis Relevanz besitzen. Der subjektive Standort bei Beurteilungen ermöglicht es eher den Beurteilern, sich in der Gedankenwelt von anderen und in der Entscheidungssituation zurechtzufinden. [257]

D Erfassungs- und Interpretationsprobleme kognitiver Art

Nachdem bereits die Probleme von Kriterienauswahl und -beurteilung sowie der „Objektivität" in ihren wesentlichen Argumenten diskutiert wurden, steht nun ein anderer grundsätzlicher Problembereich von Leistungsbeurteilungen im Mittelpunkt der Diskussion: Es handelt sich um die prinzipiellen Möglichkeiten, die menschliche Beurteiler im Rahmen der Erfassung von Informationen sowie deren Interpretation, Speicherung und Erinnerung haben. Solche, auch als *Könnens-Probleme* bezeichnete Aspekte sind insofern von prinzipieller Bedeutung für Leistungsbeurteilungen, als dass sie auf charakteristischen Merkmalen menschlicher Informationsverarbeitung und somit auch von Beurteilern beruhen. [258] Diese sind - so wird die Diskussion zeigen - zum großen Teil zu akzeptieren, weil man sie nicht vermeiden und in ihrem Ausmaß kaum verbessern kann. [259]

---

257 Wie diese Subjektivität „kanalisiert" werden bzw. nachprüfbar eingehen kann, zeigen die in Teil 5 D dargestellten Verfahren der aufgabenorientierten und der zielorientierten Beurteilungen.

258 Dieser Aspekt steht nur indirekt mit der oft diskutierten mangelhaften Qualifikation der Beurteiler zur Beurteilung in Zusammenhang. Nicht Beurteilerfehler und -tendenzen sind - bei den Könnens-Problemen - angesprochen, sondern die zugrunde liegenden prinzipiellen Erfassungsmöglichkeiten von Personen. Man hat sich zwar in der Forschung häufig mit Beurteilungsfehlern und -tendenzen beschäftigt, sich dabei aber mehr auf die Feststellung der Verzerrung je nach Beurteilungsformular und auf das Training zur Reduzierung der Verzerrungen konzentriert. Der Prozess des Beurteilens, das faktische Handeln der Beurteiler blieb bis zum Auftreten der kognitiven Beurteilungsforschung weitgehend ausgespart. Dies hat sich mittlerweile geändert. S. bspw. Fried/Wetzel/Baitsch 2000, S. 9 ff.; Kanning 1999.

259 S. zu diesem Komplex auch Lueger 1992, S. 199.

I Kognitive Aspekte des Beurteilungsprozesses

Die „kognitive Idee" der Forschung zur Personal-/Leistungsbeurteilung, die vorrangig von der Forschergruppe um *FELDMAN* und *ILGEN* ausging, hat zu einem zeitweiligen *Perspektivenwechsel* beigetragen, v. a. bei der nordamerikanischen Beurteilungsforschung. [260] Diese Wende hängt auch damit zusammen, dass die psychometrische Forschungsidee weitgehend ausgeschöpft ist, und neue Perspektiven für wesentliche Erkenntnisfortschritte notwendig sind. Die vielfältigen, sich eigentlich ständig wiederholenden Studien zu Beurteilerfehlern und Beurteilertraining sowie zur Entwicklung „neuer" Beurteilungsformulare/-verfahren sind allein schon als Indiz für die derzeitige Fruchtlosigkeit des alten Paradigmas aufzufassen. Der kognitive Forschungsansatz untersucht die Prozesse, die innerhalb der „black box" der Beurteiler bei der Beurteilung vor sich gehen. Die Beurteilung wird dabei als Resultat der Interaktionsprozesse zwischen Beurteilern und Beurteilten und v. a. dem intrapersonalen Prozess der Verarbeitung der beurteilungsrelevanten Informationen während der gesamten Beurteilungsperiode verstanden. Die Orientierung auf kognitive Prozesse liegt auf der Hand: Leistungsbeurteilungen basieren v. a. auf Gedächtnisaktivitäten, d. h. weniger auf direkten Verhaltensbeobachtungen als auf der Erinnerung von Verhalten oder Ereignissen sowie deren vorhergehender Speicherung. Beurteilen ist insofern ein wesentlich kognitiv geprägter Prozess.

Kognitive Komplexität wird als „... the degree to which a person possesses the ability to perceive behavior in a multidimensional manner ..." verstanden. [261] Ein kognitiv komplexer Mensch hat ein relativ differenziertes System von Dimensionen, um Verhalten von anderen Personen wahrzunehmen et vice versa. Die Qualität der Beurteilungsergebnisse hängt nun vom Grad der Übereinstimmung zwi-

---

260 S. v. a. Feldman 1981; Ilgen/Feldman 1983; Cooper 1983; Landy/Farr 1980, 1983; Dunnette/Borman 1979; Kane/Lawler 1979; DeCotiis/Petit 1978; DeNisi/Williams 1988; DeNisi/Cafferty/Meglino 1984 zur Diskussion der kognitiven Aspekte des Leistungsbeurteilungsprozesses. Obwohl erst seit Beginn der 80er Jahre v. a. in der nordamerikanischen Forschung entwickelt, sind die Überlegungen zu den kognitiven Strukturen und Prozessen im Rahmen der Beurteilungsvorgänge nicht neu. In Nordamerika war es *WHERRY* (1983), der bereits in den 50er Jahren darauf aufmerksam machte, ohne allerdings seine Gedanken der breiten Öffentlichkeit bekannt zu machen. Im deutschsprachigen Raum wies zunächst *KAMINISKI* (1963) auf die kognitiven Aspekte, u. a. auch auf das weiter unten thematisierte Kategorisierungsverhalten, im Beurteilungsprozess hin. Beide Überlegungen wurden in der Forschung nicht unmittelbar aufgegriffen. Erst später wurde in der ersten Auflage dieses Buches (1991) und in Lueger 1992 die Thematik wieder aufgegriffen und intensiver diskutiert.

261 Schneier 1977, S. 541.

4. Teil: Möglichkeiten und Grenzen der Leistungsbeurteilung 223

schen den kognitiven Strukturen der Beurteiler, den realen Informationen sowie den Beurteilungsprozeduren und -formularen ab. [262]

FELDMAN/ILGEN weisen auf unterschiedliche Auffassungen hin, wenn sie zwischen stimulusbasierten und gedächtnisbasierten Urteilen differenzieren: [263] Bei den *stimulusbasierten Urteilen* wird davon ausgegangen, dass alle beurteilungsrelevanten Informationen zum Zeitpunkt der Beurteilung durch angemessen gestellte Fragen (= Stimuli) bedacht werden. Die Beurteiler bezweifeln dies vermutlich zu recht. *Gedächtnisbasierte Urteile* beziehen sich auf den komplexen Prozess der Erfassung, Speicherung, Verarbeitung und Erinnerung von Beurteilungsinformationen im Gedächtnis der Beurteiler. Auf diesen Problemkomplex konzentriert sich dann auch ein großer Teil derjenigen Forscher, die die kognitiven Strukturen der Beurteiler im Beurteilungsprozess untersuchen.

Unterschiedliche kognitive Elemente sind im Rahmen des Beurteilungsprozesses relevant. Je nach Phase im gedächtnisbasierten Beurteilungsprozess werden unterschiedliche, die Beurteiler betreffende kognitive Aspekte in der Diskussion hervorgehoben. Die wesentlichen werden im Folgenden thematisiert: (a) Erfassung von Stimuli und Informationen, (b) Kategorisierung sowie (c) Erinnerung bis Urteilsfindung. [264] Eine jeweils wiederkehrende Thematik betrifft dabei automatische und kontrollierte (Erfassungs-, Kategorisierungs- und Erinnerungs-)Prozesse.

---

262 Ein komplexes Beurteilungsformular bspw. fordert viele spezifische Einzelbeurteilungen und sehr genaue Diskriminierungen in der Wahrnehmung eines komplexen und vielfältigen Beurteilungsobjekts. Vgl. Schneier 1977, S. 542. S. hierzu auch Borman 1979; Lahey/Saal 1981; Sauser/Pond 1981; Bernardin/Cardy/Carlyle 1982.

263 S. Ilgen/Feldman 1983, S. 150 f.

264 S. zu den Inhalten der folgenden Diskussion grundsätzlich Landy/Farr 1983, S. 217 ff.; Feldman 1981, S. 127 ff., 1986, S. 49 ff.; Ilgen/Feldman 1983, S. 150 ff.; DeNisi/Cafferty/Meglino 1984, S. 362 ff.; sowie die jeweils angegebene Literatur.

II Kognitive Beurteilungsaspekte bei den Beurteilern
1 Erfassung von Stimuli

Die Stimulierfassung lässt sich in „Beobachtung" und „Erkennen von harten Daten" differenzieren: [265]
- Das Element der *Beobachtung* bezieht sich insbesondere auf die Ausschnitte des Beurteilungsobjekts (bspw. des Leistungsverhaltens von Mitarbeitern), die von Beurteilern direkt selbst gesehen werden können. Problematisch ist hier - selbst wenn es einen „idealen" Beurteiler geben würde -, dass nicht das gesamte relevante Objekt ständig beobachtet werden kann, sondern jeweils nur Ausschnitte. [266] Hinzu kommt, dass nicht nur Verhalten direkt „beobachtet" wird, sondern auch Schlussfolgerungen aus den Ergebnissen (z. B. schriftliche Berichte, Kundenbeschwerden) auf die ihnen zugrundeliegenden, angenommenen Verhaltensweisen gezogen werden. [267]
- Das *Erkennen von harten Daten* bezieht sich auf die quantitative Erfassung des Objekts durch numerisch repräsentierte Beurteilungskriterien. Dieser Vorgang orientiert sich zum einen an den vorab definierten Kriterien und zum anderen an von den Beurteilern oft willkürlich herausgegriffenen und interpretierten anderen Variablen. [268]

Die Beurteiler spielen dabei eine aktive Rolle in dem Sinne, dass sie die Aspekte in vieler Hinsicht selbst bestimmen, die sie beobachten und erfassen (wollen). [269]

Die Aufgabe der Beurteiler besteht v. a. darin, aus einer Vielzahl von variablen und konstanten Elementen - im Wahrnehmungsfeld - diejenigen herauszufinden und in ihrer Bedeutung zu erfassen, die für die Beurteilung eines Objekts wie der arbeits-

---

265 Ein Beurteilungssystem, welches sich dabei strikt nur an einen der beiden nachfolgenden Aspekte hält, ist dabei in den meisten Beurteilungsfällen nicht ausreichend. Vgl. Schuler 1984, S. 173.

266 Bei diesen Ausschnitten handelt es sich auch noch häufig um besondere für das Objekt (bzw. Leistungsverhalten) nicht repräsentative Situationen (bspw. im Rahmen der Vorgesetzten-Mitarbeiter-Interaktionen).

267 S. DeNisi/Cafferty/Meglino 1984, S. 365.

268 Beide Komponenten der Stimuluserfassung werden durch vorab vom Betrieb durchgeführte Aktivitäten gelenkt. Die Beurteilerschulung versucht u. a. die Beobachtung zu professionalisieren, Instruktionen und Hinweise für das nachvollziehbare Vorgehen zu geben, Absprachen der Beurteilungskriterien zu fokussieren, die Aufmerksamkeit auf bestimmte, als relevant angesehene harte Fakten und Verhaltensweisen zu lenken. Nicht, dass damit Beurteilungsverzerrungen ausgeschaltet werden, sie werden allenfalls in ihrem Ausmaß verringert und eher erkennbar.

269 S. Crocker 1981, S. 272 ff.

platzspezifischen Leistung relevant sind. Die Vorgänge, die bei der Beurteilung eine Rolle spielen (Informationssuche, Ausrichtung der Aufmerksamkeit, Erkennen und Wahrnehmen), werden dabei durch unterschiedliche kognitive Prozesse gesteuert: [270] Je nachdem, ob gewöhnliche, erwartete, bekannte bzw. neue, unerwartete, außergewöhnliche Informationen geboten werden, vollzieht sich ein automatischer bzw. ein kontrollierter Erfassungsprozess. Im ersten Fall entwickelt sich ein automatischer Prozess, gestützt auf individuelle, durch Erfahrung (und auch stereotype Vereinfachungen) entstandene kognitive Strukturen. Im zweiten Fall entwickelt sich eine kontrollierte Beobachtung und setzt einen aktiven rationalen Suchprozess nach als (objekt-)relevant erachteten Informationen ein. [271]

Beide Vorgehensweisen der Erfassung von Informationen bzw. Stimuli eröffnen *Verzerrungsmöglichkeiten*. Am problematischsten in Bezug auf die Leistungsbeurteilung sind dabei die automatischen Prozesse, die ein Nachvollziehen eigener wie auch fremder Interpretationen sowie auch eine Korrektur nicht gestatten. Zudem liegt es vielfach in der Eigenmächtigkeit der jeweiligen Beurteiler zu entscheiden, welche der verfügbaren Informationen tatsächlich (wie) berücksichtigt werden bzw. es liegt an ihrer(n) Wahrnehmung(-sfähigkeiten), welche sie bemerken. [272] Die zur Verfügung stehende Zeit zur Beurteilung beeinflusst zudem die Menge an zu suchenden bzw. verwendeten Informationen: Je weniger Zeit - subjektiv - zur Verfügung steht, desto weniger Informationen werden gesucht. [273]

Die Kenntnisnahme der automatischen Erfassungsprozesse hat noch eine weitere Folge für das Verständnis von Leistungsbeurteilungen. So lassen sich die Beurteilerqualifikationen nur in Grenzen durch Training verbessern, da langjährige Erfahrungen den Ablauf dieser Automatisierung geprägt haben. *LANDY/FARR* gehen noch weiter, wenn sie sagen: „These automatic processes also highlight the importance of rater expectations about performance. It may be that an approach to impro-

---

270 S. Feldman 1981, S. 129 ff.; sowie ausführlicher Schneider/Shiffrin 1977, S. 1 ff.; Shiffrin/Schneider 1977, S. 127 ff. S. auch DeNisi/Cafferty/Meglino 1984, S. 367 ff.; Lueger 1996, S. 421 ff.

271 *BROADBENT* (1977), der diese Unterscheidung in Bezug auf Aufmerksamkeitsprozesse vorschlug, spricht auch von „aktiver" und „passiver" Aufmerksamkeit. Damit ist zunächst aber keinerlei Wertung verbunden, da auch die automatische Informationserfassung im Rahmen der menschlichen Informationsverarbeitung ihren Platz hat. S. dazu die späteren Ausführungen die Kategorisierung, Erinnerung u. Ä. betreffend.

272 S. hierzu auch Einhorn/Hogarth 1978, S. 395 ff. S. dazu weiterführend auch die Forschung zur Aufmerksamkeit als Verteilung (begrenzter) kognitiver Ressourcen: Wessels 1994, S. 96 ff.; Kahnemann 1973; Norman/Bobrow 1975, S. 44 ff.

273 Vgl. DeNisi/Cafferty/Meglino 1984, S. 370 f.

ving rater performance lies in altering their expectations to a more common ground based on the nature of the task to be performed." [274]

Diese Ausführungen zeigen bereits, dass es vielfältige, in den kognitiven Strukturen der Beurteiler liegende Restriktionen der Erfassung von beurteilungsrelevanten Stimuli gibt, die zu Verzerrungen der nachfolgenden Prozesse und letztendlich der Urteile führen. Andere kognitiven Vorgänge verschärfen dieses Problem, wie im Folgenden gezeigt wird.

2 Kategorisierung

a) Erläuterung

In dem der Stimuluserfassung nachfolgenden kognitiven Vorgang erfolgt eine Kategorisierung der Stimuli durch die Beurteiler. Sie stellt den *zentralen Aspekt* der kognitiven Strukturen der Beurteiler dar. [275] Infolge der großen Anzahl von verfügbaren relevanten und weniger relevanten Informationen, die ein Beurteilungsobjekt betreffen, bedarf es für jeden Beurteiler einer effizienten Art und Weise, mit diesen Informationen umzugehen. Unter Kategorisierung wird in diesem Sinne der Prozess verstanden, durch den die Stimuli (z. B. Beobachtungen) in gedankliche Cluster gruppiert sowie die Strukturen und die Beziehungen dieser Cluster betrachtet werden. Sie ist grundlegend für die zeitlich nachfolgenden Wahrnehmungen, die Informationsspeicherung und v. a. die Erinnerung und die Organisation dieser Informationen. [276] Das Produkt solcher Kategorisierungen sind sog. „Kognitive Schemata". Dies sind interne Datenstrukturen, in denen Erfahrungen verallgemeinert sind und die typischen Sachverhalte bzw. zu erwartende Zusammenhänge repräsentieren. [277]

Eine Vielzahl verschiedener (Dimensionen) solcher *Kategorien* steht Individuen zur Verfügung. Es kann sich bspw. um Kategorien entlang von globalen Beurtei-

---

274 Landy/Farr 1983, S. 222.
275 Vgl. Feldman 1981, S. 129 ff.; Ilgen/Feldman 1983, S. 155 ff.; DeNisi/Cafferty/Meglino 1984, S. 376 ff.; Mount/Thompson 1987, S. 240 ff.
276 S. auch Wessels 1994, S. 213 ff.
277 Kognitive Schemata sind aktive Wissenseinheiten, die zum einen den Erkenntnisprozess organisieren und zum anderen sich selber im Rahmen dieser Aktivitäten ständig verändern (können). Vgl. Schnotz 1994, S. 61, S. 92; weiterführend Anderson 1989, S. 120 ff. Allerdings erfolgt die Veränderung i. d. R. assimilatorisch, d. h. neu hinzukommende Informationen werden an die Schemata angepasst und nicht umgekehrt.

lungskriterien (in den üblichen Beurteilungsformularen: Arbeitsqualität, Arbeitsquantität, Sozialverhalten u. Ä.), um Kategorien entlang von erfassten Beurteilteneigenschaften (z. B. Geschlecht, Alter, Herkunft) o. a. handeln. Diese Kategorien lassen sich dabei nicht eindeutig bezeichnen, sie sind eher als „fuzzy sets" [278] zu definieren. Dies besagt, dass zum einen nach der Zuordnung eines Objekts bzw. einer Objektinformation zu einer Kategorie, von einer wahrscheinlichen Beziehung zwischen der Kategorienzuordnung (bzw. des Objekts) und den für die Kategorientypen angenommenen Charakteristika auszugehen ist: Einzelne Merkmale führen zu einer bestimmten Kategorisierung. Die jeweilige Kategorie ist aber noch durch andere Merkmale gekennzeichnet. Diese werden dann automatisch dem Objekt zugesprochen - unabhängig davon, ob sie tatsächlich wahrgenommen wurden oder zutreffen. Hinzu kommt zum anderen, dass die verschiedenen Kategorien nicht trennscharf voneinander abgegrenzt sind. Sie überlappen sich in Teilbereichen. Das Ausmaß der Überlappung wird allerdings je geringer ausfallen, um so geringer die individuell unterschiedliche kognitive Differenzierung dies erlaubt.

Da Kategorienschemata sich als resistent gegen Veränderungen erweisen, [279] wird selbst dann, wenn die Widersprüche thematisiert werden, eine „fehlerfreie" Interpretation unmöglich. [280] Ist eine Information erst einmal kategorisiert (z. B.: Die Äußerlichkeiten und manche Aussagen eines Mitarbeiters deuten auf einen „Yuppi" hin.), so ist das Erinnern und Erkennen dieser und anderer nachfolgenden Informationen in Bezug auf die allgemeinen Merkmale dieser Kategorie (also der Yuppi-Kategorie) verzerrt. Damit ist auch das Erkennen von Informationen eingeschlossen, die überhaupt nicht vorliegen (z. B.: Yuppis sind oberflächlich, also ist auch die Leistungserbringung der Mitarbeiter oberflächlich.). Diese Kategorienmerkmale bieten sich für das Raten zusätzlicher Informationen an, wenn spezifische Informationen über das Beurteilungsobjekt nicht ausreichend vorliegen.

Die Kategorisierung von Informationen betrifft die Beurteilung insofern, als dass sie die Informationen über die Beurteilten limitieren und selektiv auswählen, wenn

---

278 S. Feldman 1981, S. 130.

279 Die Resistenz von Kategorisierungen ergibt sich v. a. daraus, dass neue, widersprüchliche Informationen eher an bestehende Kategorien angepasst als existente Kategorien geändert werden. Vgl. Lueger 1992, S. 107 f. Der Prozess der Kategorisierung ist daher auch ähnlich dem der Stereotypisierung von Personen. Nur bei schwerwiegenden Inkonsistenzen setzt ein langsamer Veränderungsprozess ein.

280 Die Rekategorisierung kann zu einer Neuordnung des Gedächtnisses über ein Beurteilungsobjekt führen, so dass mit ihr dann konsistente Erinnerungen verfügbar sind. Vgl. Snyder/Uranowitz 1978, S. 948 f.

gedächtnisbasierte Urteile gemacht werden. Sie vollzieht sich dabei entweder automatisch oder kontrolliert. [281]

b) Automatischer Kategorisierungsprozess

Der automatische Kategorisierungsprozess geht ohne fortlaufende Überprüfung der Informationen durch die Beurteiler vor sich und erfolgt unbewusst. Beurteiler lernen im Sozialisationsprozess bestimmte Merkmale - bspw. von Personen - zu beachten, ohne bewusst diesen Prozess zu bemerken. Die Auswirkung dieses Automatismus ist folgende: Geschlecht, Herkunft, Kleidung, Sprechgewohnheiten, Größe u. a. - um personenbedingte Konstanten herauszugreifen - sind in diesem Sinne als Stimuli aufzufassen, die automatisch - für die Beurteilten positiv oder negativ - in die Beurteilung einfließen. Die Beurteiler bemerken Objektelemente (z. B. Eigenschafts- und/oder Verhaltensaspekte der Beurteilten), die dann dazu führen, diese unbewusst zu kategorisieren. [282] Sobald diese Eindrücke geformt sind und die Kategoriensysteme aktiviert werden, nimmt das Potenzial für Interpretationsfehler zu. [283] Diese Einflüsse erfolgen unabsichtlich, aber mit Konsequenzen für die Interpretation der Objekte (bspw. des Verhaltens bzw. der Leistungen) durch die Beurteiler. [284] Die Kategoriensysteme sind für die Bewertung bedeutsam, als dass sie den individuellen Rahmen für die Interpretation bieten.

---

281 Die Forschungen von *FELDMAN* und *ILGEN* bspw. beziehen sich mehr auf Studien, die allgemein Kognitionen untersuchen und kaum auf solche, die die Beurteilungsprozesse explizit einbeziehen. Vgl. zur Kategorisierung auch Rosch 1973, S. 112 ff., 1978, S. 30 ff.; Cantor/Mischel 1979, S. 5 ff.; Nathan/Lord 1983, S. 102 ff.

282 Z. B.: Wenn Arbeitnehmer bei der Erledigung bestimmter Aufgaben von den Beurteilern beobachtet werden, entscheiden diese, ob das jeweilige Verhalten (oder die Ergebnisse dieser Verhalten) als angemessen oder unangemessen, energisch oder zurückhaltend, bedacht oder unbedacht aufgefasst wird. Im Zeitablauf dieser Beobachtungs- und Kategorisierungsprozesse bildet sich ein allgemeiner Eindruck über die jeweiligen Arbeitnehmer, mit dem Ergebnis, dass diese kategorisiert werden und schließlich diese Kategorien wirksamer im Gedächtnis sind, als die ihnen ursprünglich zugrunde liegenden - eventuell sogar fehlinterpretierten - Informationen. S. DeNisi/Cafferty/Meglino 1984, S. 377. Eigenschaftsorientierten Kategorisierungen wird dabei möglicherweise ein größerer Wert beigelegt, als Verhaltensinformationen. S. Cantor/Mischel 1977, S. 38 ff.

283 S. DeNisi/Cafferty/Meglino 1984, S. 377.

284 Bspw. wird in diesem Sinne die Herkunft der Beurteilten automatisch und unbewusst berücksichtigt, indem implizite Vorstellungen bzw. Persönlichkeitstheorien der Beurteiler ihr Schema der Klassifikation bzw. ihr Modell heranziehen. Dies geschieht zumeist unwissentlich - auch dann, wenn jemand bewusst versucht „neutral" zu sein bzw. versucht solche Effekte bewusst zu berücksichtigen.

4. Teil: Möglichkeiten und Grenzen der Leistungsbeurteilung 229

Die automatischen Prozesse sind möglich und u. U. sogar (i. S. des Individuums) funktional, weil i. d. R. jedes einzelne Verhalten zumindest zweideutig sein kann und insofern mehrere Interpretationsmöglichkeiten gegeben sind. Die unbewusste Auswahl einer möglichen Interpretation lässt die Vielzahl und die Auswahl gar nicht bewusst erscheinen. Sie erleichtert somit durch Komplexitätsreduktion die Verarbeitung der Informationen. [285]

Da *Sozialisationsprozesse* individuell verlaufen, entstehen individuell unterschiedliche Kategoriensysteme. Diese sind nicht nur unterschiedlich differenziert, sondern auch in den jeweiligen Kategorien inhaltlich unterschiedlich strukturiert. [286] Diese Überlegungen führen auch dazu, dass im Rahmen einer Unternehmung die verschiedenen Beurteiler unterschiedliche Kategoriensysteme haben. Allein von daher sind Vergleiche zwischen den Beurteilungsergebnissen verschiedener Beurteiler kaum möglich. [287]

Weiterhin ist es prinzipiell möglich, Personen auf *mehrere Arten* automatisch zu kategorisieren - je nach Dimension der erfassten Eigenschaften und/oder der verfolgten Beurteilungsaspekte. Wird bspw. eine junge extravertierte Mitarbeiterin nun im Beurteilungsprozess vornehmlich als jung, als extravertiert oder als Frau kategorisiert? [288] Die „einzige" Frau, die „jüngste" Mitarbeiterin, der/die „einzige" mit einer bestimmten Eigenschaft wird als - speziell, wenn es als neu empfunden wird - typischer angesehen und gilt als bedeutsamere Kategorie bei der Ursachenzuschreibung, als wenn es sich um übliche Charakteristika handelte. Situationsfaktoren richten die Aufmerksamkeit auf andere Stimuli und heben andere Ka-

---

285 Die Beurteiler speichern im Übrigen nicht die beobachteten Informationen, sondern ihre Interpretation davon. Vgl. DeNisi/Cafferty/Meglino 1984, S. 376 f.

286 Je nach unterschiedlichem Sozialisationshintergrund können Vorgesetzte bspw. die „Freundlichkeit" von Mitarbeitern ihnen gegenüber als Respektlosigkeit auffassen oder aber auch als Sympathie und Offenheit empfinden. Unabhängig davon, wie die Mitarbeiter selbst ihr Verhalten empfinden, führt das gleiche Verhalten zu unterschiedlichen Kategorisierungen und dann schließlich zu verschiedenen Urteilen.

287 Die Differenziertheit der objektbezogenen Kategorien ist auch abhängig vom *Bekanntheitsgrad* der Objekte für die Beurteiler. Je vertrauter die Beurteiler mit Objekten sind, desto differenzierter ist ihr diesbezügliches Kategorienschema. M. a. W.: Je intensiver die Interaktion mit Mitarbeitern, desto differenzierter kann das Vorgesetztenurteil im Rahmen der Leistungsbeurteilung ausfallen. Im Übrigen kann auch eine anfänglich intensive Interaktion zu Kategorisierungen führen, die beibehalten werden, selbst wenn die Interaktionen nachlassen und sich faktisch Objekte verändert haben.

288 Wie im Einzelfall vorgegangen wird, hängt vermutlich von der wahrgenommenen Situation ab. Vgl. bspw. Taylor u. a. 1978, S. 790 ff., zur Kategorisierung und ihrer Determinanten.

tegorien hervor. Die herausragenden Eigenschaften verursachen vermutlich, dass verschiedene Beurteilungsmodelle von Beurteilern herangezogen werden. [289] Für die Zuordnung zu einer Kategorie ist es nicht erforderlich, dass alle charakteristischen Eigenschaften einer Kategorie erfüllt sein müssen, ein genügendes Ausmaß an Übereinstimmung der wahrgenommenen Stimuli mit einer Kategorie reicht aus. Die Differenzierung, d. h. die bewusste Berücksichtigung der tatsächlichen Stimuli, wird zugunsten einer allgemeineren Interpretation aufgegeben. Selbst nicht erkannte Informationen werden dadurch, weil zur Kategorie gehörend, „erkannt" (= Produktion „falscher" Erinnerungen). [290] Nicht beobachtete bzw. nicht beobachtbare Objekte, die für die Beurteiler keinen Anlass für Abweichungen von bisherigen Überlegungen bieten, fassen Individuen automatisch in Kategorienprototypen, von denen sie annehmen, dass sie zu einer Person passen. Nachfolgende Beurteilungen werden z. T. automatisch vorgenommen. Eine wiederkehrende Infragestellung und genaue Prüfung der Aufgabenerfüllung erfolgt nicht. [291] Die Auswirkungen für Leistungsbeurteilungen sind eklatant.

Bedingungen, welche die sofortige Ein-/Zuordnung eines Beurteilten in eine Kategorie erlauben, führen zur automatischen Interpretation und Speicherung. Der automatische Prozess behält solange das Übergewicht bei Beurteilungen, bis problematische Situationen entstehen, die die Aufmerksamkeit der Beurteiler auf sich ziehen und schließlich zu einem kontrollierten Aufmerksamkeits- und Suchprozess führen. [292]

---

289 Beispielhaft zu nennen wäre hier das gleich gute Leistungsverhalten mit gleichartigen Leistungsergebnissen eines Mitarbeiters und einer Mitarbeiterin hinsichtlich einer Aufgabe die vornehmlich von Männern ausgeübt wird. Der Stimulus „Frau" kann hier dazu führen, dass implizite Abwertungen deren Leistung stattfinden, weil - unbewusst angenommen - Frauen auf Karrieren nicht erpicht sind, auf ihr Einkommen nicht angewiesen sind, sie eigentlich gar nicht besser sein können als Männer usw.

290 Vgl. dazu die Literaturhinweise in Feldman 1981, S. 130; s. auch Sanchez/De La Torre 1996, S. 3 ff.

291 Die Bedeutung dieser Prozesse für die Leistungsbeurteilung ist offensichtlich. Wenn ein Objekt in eine Kategorie eingeordnet ist, sind spätere erinnerungsgestützte Urteile über dieses Objekt vom Kategorientyp gefärbt. Dieser Prozess wird v. a. dann eintreten, wenn Vorgesetzte viele Mitarbeiter zu beurteilen haben und/oder wenig Gelegenheiten zur Interaktion und Beobachtung gegeben sind.

292 Vgl. Ilgen/Feldman 1983, S. 156.

c) Kontrollierter Kategorisierungsprozess

Ein kontrollierter Kategorisierungsprozess setzt ein, sobald angemessene Kategorien beim automatischen Prozess nicht vorhanden erscheinen, [293] inkonsistente Stimuli wahrgenommen werden, [294] bewusste oder unbewusste Erwartungen nicht erfüllt werden, [295] bislang konstant wahrgenommene Klassifikationsmerkmale sich in der Aufmerksamkeit der Beurteiler verändern, [296] Beurteilte Beurteilungen kritisieren und/oder für die Beurteiler völlig neuartige Aufgabensituationen vorliegen. [297] Er wird dann notwendig, wenn sich entweder ein Personen-, Verhaltens- oder Situationsmerkmal weit genug von der Erwartung (der ursprünglichen Kategorisierung) der Beurteiler entfernt oder Beurteilte nicht in eine der verfügbaren individuellen Kategorien passen. Dadurch wird ein *individueller Problemlösungsprozess* ausgelöst, den zur Verfügung stehenden Informationen wird größte Aufmerksamkeit zu teil. [298] Entweder erfolgt dann eine Rekategorisierung, oder eine neue Kategorie wird gebildet.

Der *Schwellenwert*, an dem die wahrgenommene Diskrepanz zu kontrollierten Prozessen führt, wird individuell unterschiedlich hoch sein [299] und hängt auch von der individuellen kognitiven Differenzierungsfähigkeit, den Beurteilungszwecken, den Zeitrestriktionen sowie dem Aufwand für einen gewissenhaften kontrollierten Prozess zusammen. Je professioneller die Beurteiler sind, desto eher sind sie (vermutlich aufgrund eines speziellen Trainings und von Selbstreflexion) in der Lage, bewusst einen kontrollierten Kategorisierungsprozess einzuleiten, also auch bei Nichtvorliegen der o. g. üblichen Rekategorisierungsursachen.

---

293 Bspw., wenn ein neuer Mitarbeiter zu beurteilen ist oder völlig neue Aufgaben zu erfüllen sind.
294 Bspw., wenn ein als mittelmäßig eingestufter Mitarbeiter Erfolg in einem anderen Bereich hat, Vorsitzende/r eines bekannten Vereins wird oder sportlich Herausragendes leistet.
295 S. hierzu auch Pyszczynski/Greenberg 1981, S. 36 ff.
296 Z. B. wenn ein als unqualifiziert eingeschätzter Mitarbeiter permanent herausragende Leistungsergebnisse erzielt oder mit seinen Ideen oft die Zustimmung bei Kollegen und Vorgesetzten erreicht.
297 Vgl. Ilgen/Feldman 1983, S. 156 f.; Lueger 1992, S. 85; Kozlowski/Ford 1991, S. 282 ff.
298 S. Feldman 1972, S. 335 ff.; Feldman/Hilterman 1975, S. 1180 ff.
299 S. Feldman 1981, S. 135.

Liegen die Ergebnisse der „Messung" bzw. die erfassten Leistungsergebnisse und -verhalten vor, bedarf es nachfolgend der Interpretation (Beurteilung als Attributionsproblem). Die erhobenen Ergebnisse (selbst Leistungsgrade/Zielerreichungsgrade) sagen an sich noch nichts über die Güte bzw. Qualität der Leistung eines Mitarbeiters aus, erst eine interpretierende Aussage führt dazu. Diese Interpretation wird im Lichte der Erfahrungen, Kenntnisse und Informationen, die die Bewerter über die Leistungssituation haben, durchgeführt. [300] Mit der Zuschreibung der Verantwortung (= Attribution) der festgestellten Ergebnisse ist damit ein weiteres Problem der Beurteilung angesprochen. [301]

Beim kontrollierten Prozess der Beurteilung wird in der Literatur auf *attributionstheoretische Überlegungen* bez. der Ursachenzuschreibung (Kausalattribution) zurückgegriffen. Die Attributionsforschung, [302] wie unterschiedlich sie auch jeweils vorgeht, [303] beschäftigt sich zentral mit der Frage, welche Ursachen Personen für beobachtetes, wahrgenommenes eigenes oder fremdes Verhalten bzw. für Ergebnisse verantwortlich machen, m. a. W. wie Kausalitätsbeschreibungen gemacht werden: [304] „Der Richtigkeit der Ursachenzuschreibungen steht allerdings

---

300 Festzuhalten bleibt an dieser Stelle, dass hiermit schon der zweite Beurteilungsakt angesprochen wird. Der erste betraf die Einstufung des Leistungsverhaltens in die Skalen. Hinzu kommt natürlich, dass Einstufungsskalen für Leistungsergebnisse bereits vorab diese Beurteilung erfordert haben.

301 S. ähnlich Schuler 1984, S. 168 f., 1982, S. 85 ff.

302 S. dazu überblicksartig: Weiner 1970, 1975; Kelley 1967, 1973; Jones/Davis 1965, S. 220 f.; Herkner 1980; Meyer/Försterling 1993, S. 175 ff. Die *Attributionstheorie* beschäftigt sich mit den sozialpsychologischen Vorgängen, welche bei der Wahrnehmung und Beurteilung von Personen vor sich gehen. Im Mittelpunkt stehen Fragen der Erklärung von beobachteten Verhalten und besonders, ob diese Verhalten durch individuelle oder äußere Anlässe zustandekommen. Nach *KELLEY* (1967, 1973) basiert die Kausalattribution auf dem „Kovariationsprinzip": Wenn eine Person sich - unabhängig von anderen Faktoren - in einer bestimmten Weise verhält, werden die Ursachen des Verhaltens den individuellen Charakteristika zugeschrieben. Wird dieses Verhalten nur in bestimmten Situationen gezeigt, gelten die Situationsfaktoren als Ursachen. Zeigt die Person das Verhalten dagegen nur bei einem bestimmten Objekt, wird das jeweilige Verhalten als objektbedingt angesehen. Vgl. weiterführend auch Lueger 1992, S. 113 ff.

303 S. Kelley/Michela 1980, S. 458 ff., die in „Attribution" und „Attributional Theory" unterscheiden, je nachdem, ob die Vorbedingungen oder die Konsequenzen von Kausalattributionen betrachtet werden sollen.

304 Gerade bei der Leistungsbeurteilung werden Schlüsse aus Beobachtungen und erfassten Leistungsergebnissen gezogen - und später auch Konsequenzen abgeleitet. Die Richtigkeit der Interpretation über das Zustandekommen der Verhaltensweisen/-ergebnisse ist insofern von großer Bedeutung - sowohl direkt für die Leistungsbeurteilung, als auch indirekt für die Folgerungen.

oft die Komplexität des Wirkungsgefüges im Wege, das für das Zustandekommen eines Ereignisses verantwortlich ist, sowie die menschlichen Schwächen einseitige Wahrnehmung und Informationsverarbeitung ..." [305]

Die Attributionsforschung differenziert in verschiedene, bei der Verhaltens-/Ergebniserklärung wichtige Aspekte. Mit am bekanntesten ist dabei eine Differenzierung nach WEINER in *personen- und umweltbedingte Ursachen* sowie *stabile und variable Einflussgrößen*. [306] Sie wird von *SCHULER* in ähnlicher Weise auf die Leistungsbeurteilung übertragen. Abbildung 4.5 veranschaulicht die aus der Kombination der Aspekte entstehenden Attributionsmodi für die Beurteilung.

		Person		Umwelt
stabil	I	Physische und psychische *individuelle Merkmale*, z. B. Körpergröße, Farbenblindheit, Intelligenz, mechanisch-technisches Verständnis	II	relativ invariante *Beschaffenheit von Arbeitsplatz* und Umgebungsbedingungen, z. B. Aufgabenschwierigkeit, Reizintensität, Dauerbelastungen, Kollegen
variabel	III	*selbst- und fremdsteuerbares Verhalten*, z. B. Trainingsstand, Anstrengung, Pünktlichkeit; kurz- und mittelfristige Zustände wie Stimmungen, Krankheit	IV	*Randbedingungen* geringer Stabilität, z. B. Lichtverhältnisse, Wetter; Extrem: Zufall (Glück, Pech)

Abb. 4.5: Attributionsmodi.
Quelle: Schuler 1982, S. 92.

Jede Interpretation von Beurteilungsinformationen kann als Attributionsvorgang aufgefasst werden, da in den meisten Fällen für die Beurteiler eine Vielzahl verschiedener Attributionsmöglichkeiten offen steht. Das trifft nicht nur dann zu, wenn es sich um eine nur schwer erfassbare Leistung handelt, wie z. B. Führungsverhalten, sondern selbst dann, wenn exakt messbare Leistungsergebnisse ermittelt werden, wie etwa die Anzahl abgeschlossener Versicherungsverträge, die je Monat erreicht wird. [307] Das Problem bezieht sich auf die Zuschreibung von Verant-

---

305 Schuler 1982, S. 91.
306 S. Weiner u. a. 1971, S. 2 ff.; Weiner 1975.
307 Will man dieses exakt bestimmte Ergebnis beurteilen, so muss neben angemessenen Vergleichsmaßstäben bekannt sein, welchen Schwierigkeitsgrad die Region hat, wie zufrieden die neuen Kunden sind. Man muss die Arbeitskenntnis (i. S. von Übungsstand) der Mitarbeiter kennen, deren jeweiligen anderweitigen Belastungen (Handelt es sich um einen größeren ländlichen Bereich oder ein kleines städtisches Gebiet?). Ferner ist zu berücksichtigen, inwieweit verlangt wurde, bestimmte Versicherungsarten zu erreichen, andere dagegen nicht, die technische Qualität des Informationsmaterials muss bekannt sein, die aktuellen allgemeinen Werbemaßnahmen, etwaige Belästigung durch interne Querelen. Bei einem solchen Attributionsprozess kommt den sozialen Vergleichen eine große Rolle zu. Das gilt im Übrigen nicht nur für die Einschätzung des Verhaltens

wortung bzw. um deren Interpretation. [308] Beispielhaft lässt sich das wie folgt skizzieren:
- Der Ausschuss, den Mitarbeiter A produziert, ist deutlich geringer als bei Mitarbeiter B. Die individuelle Zuschreibung ist hier aber v. a. dann problematisch, wenn Mitarbeiter A eine neue, Mitarbeiter B aber eine veraltete Maschine bedient.
- Verkäufer A erzielt deutlich höhere Umsätze als Verkäufer B. Auch hier wird die individuelle Zuschreibung des „Erfolgs" problematisch, wenn man bedenkt, dass Verkäufer A in einem Gebiet tätig ist, in dem die Bevölkerung eher dazu neigt, die modernen Produkte zu kaufen.

Bezieht man sich auf diese attributionstheoretischen Überlegungen hinsichtlich der Beurteilung, so kann Folgendes festgehalten werden:
- Im kontrollierten Prozess wird in der *ersten Phase* entschieden, ob ein Ergebnis und/oder Verhalten von dem Beurteilten (als personenabhängig bzw. intern) oder der Situation (bzw. einem Aspekt der Situation oder extern) verursacht wurde. Erfüllen Mitarbeiter dauernd die an sie gestellten Aufgaben nicht, so werden sie selbst als Ursache einer unzureichenden Leistung angesehen. Haben alle Mitarbeiter Schwierigkeiten bei der Aufgabenerfüllung, gilt dagegen die Situation als Ursache. [309]
- In der *zweiten Phase* erfolgt ein weiteres Urteil. Es ist zu entscheiden, ob es sich bei den individuellen Ursachen um (stabile) fähigkeits- oder um (instabile) motivationsbezogene Faktoren bzw. ob es sich bei den situativen Ursachen um die (stabile) Aufgabenschwierigkeit oder um (instabile) Zufälle handelt.

Die Urteile werden im Übrigen auch im Hinblick auf die Leistungen vergleichbarer Mitarbeiter, die Leistungen der zu beurteilenden Mitarbeiter bei anderen Aufgaben

---

anderer Personen, sondern auch dann, wenn die Wirkungen eigener Anstrengungen interpretiert werden sollen. Vgl. auch Schuler 1982, S. 92.

308 S. hierzu die Attribuierungsmöglichkeiten in der obigen Abbildung. S. auch Kruger/Möller/Meyer 1983, S. 280 ff., zu den Auswirkungen verschiedener Schwierigkeitsgrade auf die Leistungsbeurteilung.

309 Bei schwächer eingeschätzten Mitarbeitern wird bei einer unzufriedenen Aufgabenerfüllung dann überhaupt nicht mehr die Situation als möglicherweise ausschlaggebender Faktor betrachtet, sondern im Zeitablauf diese immer auf das Versagen des Mitarbeiters selber zurückgeführt.

und der vergangenen Leistungen der zu beurteilenden Mitarbeiter bei der gleichen Aufgabe getroffen. [310]

Das Problem der Kausalattribution thematisiert lediglich die Ursachenzuschreibungen, d. h. die Verantwortlichkeiten für einen Sachverhalt. Diese Sichtweise stellt nur einen Aspekt der kontrollierten Kategorisierung dar. Sie spricht jedoch nicht die prinzipiellen Möglichkeiten von Individuen an, überhaupt Sachverhalte interpretieren zu können. *Mögliche Verzerrungen* im diesbezüglichen kontrollierten, teilweise auch automatischen Kategorisierungsprozess sind:
- Die Bedeutung von Situationsfaktoren wird unterschätzt.
- Beurteiler betonen die Personenabhängigkeit, Beurteilte die Situation als Hauptursache - vermutlich durch unterschiedliche Involviertheit im Handlungsprozess.
- Es werden vornehmlich herausragende Merkmale betrachtet.
- (Fehl-)Leistungen in bedeutendem Ausmaß werden eher personenabhängig betrachtet.
- Verhalten, die zu zusätzlichen Erfolgen führen (bspw. Erhöhung des Gewinns), werden eher personenabhängig attribuiert als solche, die Misserfolge verhindern (bspw. Verhinderung eines Verlustes oder einer Gewinnschmälerung). [311]
- Erfolge werden bei als sympathisch empfundenen Beurteilten eher der Person zugeschrieben, bei als unsympathisch empfundenen Personen dagegen mehr die Misserfolge. [312]
- Erwartete Verhaltensweisen werden eher bemerkt und auch später erinnert als unerwartete. [313]
- Ein Beurteiler, der eine bestimmte Erwartung über das individuelle Verhalten eines Beurteilten hat, könnte dieses in einer gemeinsamen Interaktion auslösen. [314]

---

310 S. Feldman 1981, S. 131 ff.; Ilgen/Feldman 1983, S. 157 f.; DeNisi/Cafferty/Meglino 1984, S. 366 f.
311 S. bis hierhin Ross 1977, S. 184 ff.
312 Vgl. Feldman 1981, S. 133.
313 Vgl. Zadney/Gerard 1974, S. 37 ff.
314 S. Einhorn/Hogarth 1978, S. 395 ff.; Snyder/Cantor 1979, S. 330 ff.; Snyder/Swann 1978, S. 154 ff., 1978a, S. 1202 ff. Einzelne inkonsistente Informationen werden tendenziell eher übergangen. Während man bspw. den Erfolg einer Frau auf einer typischen männlichen Position zunächst eher als Zufall ansieht, werden im Zeitablauf bei wiederkehrenden Erfolgen diese der individuellen Anstrengung der Frau zugeschrieben.

- I. d. R. wird versucht, Hypothesen über einen Beurteilten zu bestätigen und nicht, sie zu widerlegen. [315]
- Keine Person erklärt ein Ereignis, ohne dabei nicht gleichzeitig von ihren eigenen Bedürfnissen und Gefühlen beeinflusst zu werden. Dies wird um so einflussreicher, je betroffener man sich selbst fühlt. [316]
- Auch die Eigenschaften der Beurteiler sind hier von Bedeutung: [317] Implizite Persönlichkeitstheorien, individuelle Stereotypen sowie die Fähigkeit zur - Akzeptanz von - Differenzierung(en) beeinflussen vom wahrnehmenden Beurteiler aus die Beurteilung. Solche individuellen Unterschiede legen die Auswahl des - impliziten - Beurteilungsmodells und den Umgang mit dem Beurteilungsvorgang fest. [318] Zu unterscheiden ist in diesem Zusammenhang noch, ob diese Charakteristika der Beurteiler prinzipiell mit denen der Beurteilten übereinstimmen oder gegensätzlich sind. Bestehen solche gegensätzlichen oder zumindest grundverschiedenen Charakteristika, dann fehlt es oft an gegenseitigem Verständnis von Verhaltensweisen. Dies führt automatisch zu Fehlinterpretationen bei der Beurteilung.

3 Erinnerung bis Urteilsfindung

Die Zuordnung zu einer bestimmten Kategorie beeinflusst nachfolgend auch das Erinnern der Information über ein Objekt bis hin zur Urteilsbildung: „..., the rater does not store the raw information but interprets it, and then stores this interpreted representation." [319]

Nachdem die Informationen individuell gespeichert sind, müssen sie im Rahmen der Bewertung wieder erinnert werden. Durch die vorhergegangenen Kategorisierungen werden später jedoch nicht mehr die realen *Eindrücke* bzw. Geschehnisse hervorgeholt, sondern nur noch solche, die kategorisiert sind: Nicht mehr Leistungen werden beurteilt, sondern Kategorisierungen (und dadurch bestimmte Teilaspekte) kommen zum Tragen. [320] Der Vorgang der Kategorisierung beeinflusst insofern selektiv die Erinnerung, verzerrt diese, verhindert das Wahrnehmen ge-

---

315 Vgl. z. B. Einhorn/Hogarth 1978, S. 396 ff.; DeNisi/Cafferty/Meglino 1984, S. 368 f.
316 Vgl. Schuler 1982, S. 91 f.
317 S. noch Youtz Padgett/Ilgen 1989, S. 232 ff.
318 Vgl. bspw. Lueger 1992, S. 98 ff.
319 DeNisi/Cafferty/Meglino 1984, S. 376; auch DeNisi/Robbins/Cafferty 1989, S. 124 ff.
320 Zu den Auswirkungen auf die Leistungsbeurteilung s. Ilgen/Feldman 1983, S. 163.

gensätzlicher Informationen und löst bestätigende (Such-)Vorgänge aus. [321] Es kann sogar sein, dass Erinnerungen - konsistent zu den Kategorien - neu produziert werden. Als problematisch erweisen sich auch: die Tendenz, Schlussfolgerungen auf Basis einer geringen Anzahl an Ereignissen zu treffen, sich vornehmlich auf konsistente Informationen zu konzentrieren - unabhängig von ihrer Aussagekraft und die Tendenz, sich auf vorhandene, einfache Erklärungen zurückzuziehen sowie alternative Erklärungen zu vernachlässigen. [322]

Auch wenn die Natur der *Gedächtnisstruktur* nicht abschließend geklärt ist, so sind es in dem hier diskutierten Zusammenhang zwei Aspekte, die thematisiert werden können: das Kurzzeit- und das Langzeitgedächtnis. [323] Nicht alle Informationen aus dem *Kurzzeitgedächtnis* erreichen das Langzeitgedächtnis. Zunächst einmal werden Objektinformationen eine kurze Zeit im Kurzzeitgedächtnis gespeichert und bereitgestellt. Während dieser Zeit sind sowohl diese Detailinformationen als auch die Kategorien verfügbar. Nach einer gewissen Zeit bleiben jedoch fast ausschließlich die Kategorien und vielleicht noch die sie stützenden Informationen zurück. [324] Die Erinnerungsleistung der Beurteiler wird dadurch eingeschränkt. Hinzu kommt, dass der Inhalt des Kurzzeitgedächtnisses während des Beurteilungsaktes diesen verzerren kann, sofern die dort gespeicherten Informationen keinen repräsentativen Charakter haben. Die Informationen im *Langzeitgedächtnis* sind - keine physischen Verfallserscheinungen angenommen - dort während des gesamten Lebens gespeichert. Nur die Fähigkeit, sich dieser Informationen zu erinnern ist individuell unterschiedlich. Unterschiedliche Stimuli, Einstellungen, Vorlieben u. a. sorgen dafür, dass manche Informationen besser hervorgeholt werden können. Die gespeicherten Informationen - oft kategorisiert - ergeben dabei, selbst wenn sie treffend sind, kein genaues isomorphes Abbild des tatsächlichen Gesche-

---

321 Empirische Studien konnten bislang noch nicht die Richtung dieser Beeinflussung hinreichend eindeutig belegen. S. dazu Ilgen/Feldman 1983, S. 157.
322 S. Ilgen/Feldman 1983, S. 162.
323 Diese Unterscheidung basiert auf dem populären *Multi-Speicher-Modell* des Gedächtnisses. S. u. a. Atkinson/Shiffrin 1968. Dieses wird jedoch in der neueren Forschung von dem Gedächtnismodell der Verarbeitungsebenen abgelöst, welches die Trennung Kurzzeit- vs. Langzeitgedächtnis aufhebt und die Elaboriertheit der Verarbeitung von Informationen als entscheidend für die Retention ansieht. Die Elaboriertheit der Informationskodierung bezieht sich dabei auf das Ausmaß, in dem die Informationen verbunden oder organisiert werden. Auch hier werden also Kategorien relevant. Vgl. Wessels 1994, S. 152 ff.
324 Vgl. Wyer/Srull 1981, S. 165 ff. Bei jährlichen Beurteilungen der Mitarbeiter wird insofern nicht auf alle Informationen Bezug genommen. Relevant sind nur die Kategorien - auch oft nur solche, die durch spezifische Situationen gerade aktuell sind.

hens. Das erinnerte Modell ist stark reduziert - durch spezifische Wahrnehmungen, Kategorisierungen und Selektionen. [325]

Schließlich erfolgt die Bewertung, d. h. die erinnerten Informationen sind in ihrer Gesamtheit bei der *Urteilsfindung* zur individuellen Leistung zu berücksichtigen. Dies betrifft die Integration der aus dem Gedächtnis hergeholten Informationen in eine spezifische Beurteilung und deren Übertragung in ein Beurteilungsformular. Dies lässt sich auch als i. w. unbewusster, i. d. R. verzerrter Entscheidungsprozess auffassen: Die Erinnerungen an Objekte sind verzerrt in Richtung auf die Kategorie(n), in die die Beurteiler sie eingeordnet haben. Dispositionale Merkmale der Beurteiler und Situationsmerkmale heben manche Kategorien - im Zeitpunkt der Urteilsfindung - mehr als andere hervor und machen dadurch bestimmte Erinnerungen (und auch die durch die Erinnerungen produzierten „falschen" Erinnerungen) verfügbarer als andere. Hinzu kommt, dass die Suche nach zusätzlichen Informationen (und ihre Bewertung) zu diesem Zeitpunkt - im Sinne der Theorie der kognitiven Dissonanz [326] - eher zur selektiven Unterstützung beitragen und widersprüchliche Informationen eher uminterpretiert. Studien zeigen zudem an, dass vermutlich je nach zu erfüllender Funktion der Beurteilung qualitativ unterschiedliche Urteile abgegeben werden. Vornehmlich auf Beratung und Feedback ausgerichtete Beurteilungen führen zu relativ schlechteren Beurteilungen als solche, die administrative, v. a. entgeltbezogene Funktionen zu erfüllen haben. [327]

---

325 Vgl. Feldman 1981, S. 135 ff.; Ilgen/Feldman 1983, S. 164; Landy/Farr 1983, S. 230 f. und die dort angegebene Literatur. Die Wahrscheinlichkeit, sich zu erinnern, ist wechselhaft. Verschiedene Faktoren beeinflussen sie, bspw.: relative Neuigkeit der Information, wahrgenommene Wichtigkeit für die Beurteilung, Konsistenz der Informationen in sich und zu bereits gespeicherten Informationen, die Struktur der Beurteilungsformulare mit ihrem Aufforderungscharakter. Zu erwarten ist, dass Informationen erinnert oder gesucht werden, die Hypothesen bestätigen, und gesuchte Informationen durch eigenes Verhalten bei den zu beurteilenden Personen provoziert werden.

326 Haben Beurteiler Urteile prinzipiell - auch bereits vorab - getroffen, so können sie zumeist nicht verhindern, weitere Leistungsrelevante Stimuli zu erhalten. Wegen dieser sowie der möglicherweise sogar absichtlich gesuchten zusätzlichen Informationen kommt es immer dann zu Problemen, wenn die ursprünglich im Gedächtnis gespeicherten Beurteilungsinformationen, die zu den Urteilen geführt haben, mit den neuen Kognitionen (bzw. den neuen Stimuli) im Widerspruch stehen, also kognitive Dissonanzen hervorrufen. Dies führt automatisch zu Prozessen, die diese Dissonanzen verringern sollen. Die Art und Weise, wie dies geschieht, macht deutlich, dass der Mensch kein rationales, sondern ein *rationalisierendes Wesen* ist. S. hierzu Festinger 1957, S. 260 ff.

327 S. DeNisi/Cafferty/Meglino 1984, S. 369 f., und die angeführte Literatur. Im Übrigen können die jeweiligen Funktionen auch das Informationssuchverhalten beeinflussen.

III Einfluss der Beurteilten auf die kognitiven Prozesse der Beurteiler

Es reicht nicht aus, sich lediglich mit den kognitiven Strukturen und Prozessen der Beurteiler zu beschäftigen. Auch die Beurteilten sind im Rahmen des Beurteilungsprozesses aktiv. Sie *bieten* den Beurteilern v. a. - zumindest anscheinend - objekt- bzw. Leistungsbezogene Informationen an, um letztendlich gut beurteilt zu werden. Um den Leistungsbeurteilungsprozess vollständig verstehen zu können, muss also auch diskutiert werden, wie Beurteilte sich - unabhängig von ihren tatsächlichen Leistungen [328] - den Beurteilern präsentieren. Dies wird im Folgenden beispielhaft angesprochen. Insgesamt liegen bislang nur wenige Forschungsergebnisse vor. [329]

Unterschieden werden soll in dem hier zu diskutierenden Zusammenhang wiederum in automatische sowie kontrollierte Prozesse und zwar der *Selbstpräsentation* der Beurteilten.

- Mit den *automatischen Prozessen* sind gelernte Reaktionen auf übliche Stimuli ohne besonderen Bewusstseinsgrad generiert. Anzusprechen ist bspw. die über eine lange Zeit hin gelernte Art und Weise der Bekleidung - die auch auf die Beurteiler Einfluss ausüben kann. Implizite Persönlichkeitsannahmen und individuelle Erfahrungen können eine direkte, wenn auch vielleicht unbewusste Verbindung zwischen als angemessen empfundener Bekleidung und Leistungstüchtigkeit beinhalten. [330] Mit diesen oft mehr unbewussten und erlernten Verhaltensweisen beeinflussen die zu beurteilenden Mitarbeiter ihre Beurteiler, sofern diese solchen Merkmalen - bewusst oder unbewusst - Leistungsrelevanz zusprechen oder sie als Beurteilungskriterien formuliert bzw. verstanden werden. Nebensächlich ist in diesem Zusammenhang zunächst, wie „gut oder schlecht" die entsprechenden Mitarbeiter tatsächlich geleistet haben. Die von den Mitarbeitern ausgehenden, als Leistungsrelevant angesehenen Signale lenken diesbezügliche Attributionen.

---

328 Hierunter ist die Leistungstüchtigkeit im Sinne *ICHHEISER*s zu verstehen. S. dazu Teil 2 B III.
329 S. Ilgen/Feldman 1983, S. 173 ff.; Schlenker 1980, S. 87 ff.; Goffman 1959, S. 17 ff.; Ilgen u. a. 1981, S. 315 ff. Zur Diskussion des „*Impression managements*" in der Leistungsbeurteilung auch Lueger 1992, S. 179 ff.; allgemein auch Mummendey/Bolten 1993, S. 57 ff.
330 Bspl.: Ein Schalterangestellter in einer Bank, der an den heißen Sommertagen ohne Krawatte arbeitet, kann einfach keine gute Leistung erbringen! Hier wirkt dann ein Halo-Effekt.

- *Kontrollierte Verhaltensmuster* der Beurteilten setzen insbesondere dann ein, sobald eine neue Rolle(nkomponente) gelernt werden muss oder wenn die Aufmerksamkeit auf die eigene Person selbst gelenkt ist. Dieser Prozess wird auch so verstanden, dass ein Mitarbeiter versucht, einen bestimmten Eindruck zu erreichen und auf die Reaktion anderer hinsichtlich der Selbstpräsentationsbemühungen achtet. Im Beurteilungsprozess sind hier die Beurteiler angesprochen. Um dies zielgerichtet tun zu können, versetzen sich die Personen in die Rolle der Beurteiler, um deren Integration des eigenen Verhaltens nachzuvollziehen. Wichtig hinsichtlich der möglichen Beurteilungsbeeinflussung ist, dass sie die tatsächlich wichtigsten beurteilerrelevanten Leistungskriterien erkennen und sie in ihrem Sinne zielgerichtet positiv beeinflussen können. Dabei ist es letztendlich gleichgültig, ob diese Leistungskriterien tatsächlich als offizielle Beurteilungsfaktoren gelten oder nur spezifische Beurteiler sie wertschätzen.

Bei der hier angesprochenen Problematik wird der Versuch der zu Beurteilenden thematisiert, den Beurteilern objekt- bzw. Leistungsirrelevante Informationen oder bestimmte relevante Informationen in einer höheren Bedeutung zu vermitteln. Versuche, sich selbst positiv zu präsentieren, werden vermutlich nur dann gemacht, wenn eine positive Erwartung dafür besteht, dass die Bemühungen erfolgreich sein können (positive Konsequenzerwartung). Je rationaler und kontrollierter der Beurteilungsprozess bei den Beurteilern abläuft, desto eher sind sie in der Lage, die Leistungsirrelevanten Beeinflussungen der Beurteilten zu erkennen. Inwieweit dies gelingt ist einzelfallabhängig. [331]

IV Resümee

Die kognitiven Prozesse bei den Beurteilern (und den Beurteilten) und deren jeweilige individuelle Differenziertheit haben vielfache Auswirkungen auf die Beurteilungsergebnisse, deren Aussagewert und die Gestaltung von Beurteilungssystemen.

Es wurde gezeigt, dass die automatischen wie kontrollierten kognitiven Prozesse, insbesondere aber die Kategorisierung, es Beurteilern ermöglicht, mit einer Vielzahl von Informationen umzugehen. Es wurde aber auch gezeigt, dass die ge-

---

331 Weitere Studien zu dem hier skizzierten Sachverhalt sind empfehlenswert, um genauer sowohl den möglichen Einfluss als auch wirksame Gegenmaßnahmen kennenlernen zu können.

samten Beurteilungsvorgänge durch die verwendeten individuellen Heuristiken vereinfacht werden und dass insbesondere der Kategorisierungsprozess die Speicherung und Erinnerung von Informationen auf vielfältige Weise beeinflusst und letztendlich zu *verzerrten Ergebnissen* führt:

- Automatische, unbewusst ablaufende Prozesse basieren vornehmlich auf individuellen Erfahrungen und berücksichtigen damit inkonsistente Informationen nur dann, wenn die empfundene (nicht die tatsächliche!) Diskrepanz sehr groß ist.

- Automatische Prozesse unterstützen eine „kognitive Ökonomie" [332] zur Reduzierung notwendiger Zeit, Informationssammlung und Energie bei der Beurteilung. Der automatische Prozess stellt geringe Anforderungen an die kognitive Kapazität als der kontrollierte.

- Kontrollierte Prozesse versuchen zwar, mit solchen Diskrepanzen umzugehen, vereinfachen aber die Probleme oft durch schematische Analysen und das Vorliegen von Vorurteilen.

Automatische wie kontrollierte Kategorisierungsprozesse führen prinzipiell zum gleichen Ergebnis: der Einordnung eines Objekts in eine individuell geformte Kategorie auf der Basis prototypischer Zuordnungen. Der *Unterschied* besteht darin, ob die Stimuli, die von dem Objekt ausgehen und wahrgenommen werden, hinreichend mit den erwarteten üblichen Informationen übereinstimmen, um automatisch verarbeitet werden zu können oder ob dies nicht der Fall ist, und ein kontrollierter Prozess notwendig ist, um bewusster zu entscheiden, welche - neuen oder anderen - Kategorien in Frage kommen. Die tatsächliche Kategorisierung ist insofern eine Funktion von (a) den jeweiligen Situationsfaktoren, die bestimmte Kategorien und Stimuli pointieren sowie (b) der individuellen Unterschiede der Beurteiler, die unterschiedliche Kategorien(-inhalte) zur Verfügung haben und die auf Stimuli unterschiedlich reagieren.

Mit solchen Schlussfolgerungen ist das Bild von vornehmlich rationalen Beurteilern, die nur ein treffendes Beurteilungsverfahren/-formular und ein Beurteilertraining benötigen, nicht aufrechtzuerhalten. Eine *voraussetzungslose Beobachtung und Beurteilung* von sozialen Prozessen ist *nicht möglich*. Jede Beobachtung wird durch Erwartungen, Einstellungen und Vorerfahrungen der Beurteiler aktiv beeinflusst. Die Beobachtung wird durch die den Beurteilern verfügbaren kognitiven Schemata mitgeprägt. Insofern ergeben sich die Bilder, welche die Beurteiler sich von den zu Beurteilenden oder von ihren Vorstellungen über diese Personen(-kate-

---

332   S. Ilgen/Feldman 1983, S. 155.

gorien) machen, weder als isomorphe noch als homomorphe Abbildung der jeweils beobachteten Verhaltensweisen. Individuen versuchen, ihre kognitive Informationslast dadurch zu verringern, dass sie (Personen-)Kategorien verwenden, eher Eigenschaften als Verhaltensweisen speichern und solche individuellen Urteilsheuristiken nutzen, die verfügbar sind und für sie repräsentativ erscheinen. Diese Vorgehensweisen werden wohl auch gewählt, weil sie in vielen Fällen effizient funktionieren.

Die Charakteristika der Beurteiler gestalten bzw. verzerren das Bild mit. [333] Die Beurteilung ist den Einflüssen der sozialen Kognition ausgesetzt. Beobachtungen werden aufgrund von Einstellungen interpretiert. Vorurteile steuern die Ursachenzuschreibung. Individuelle Werthaltungen dem Mitarbeiter gegenüber prägen den Gesamteindruck. Die Aufmerksamkeit wird durch das Selbstbild der Beurteiler, dem verfügbaren kognitiven Raum und die implizite Persönlichkeitstheorie gesteuert. Einzelne Beobachtungen gelten als Schlüsselstimuli und begründen Schlussfolgerungen. [334] Im Rahmen einer spezifischen Beurteilerschulung kann aber Einsicht in die individuellen Kognitionsprozesse und in deren Kontrollmöglichkeiten den Beurteilern vermittelt werden. Dies wird aber selbst bei fähigen und motivierten Beurteilern nicht ganz gelingen, dazu sind die diesbezüglichen Anforderungen zu hoch, wenngleich insgesamt sich Verzerrungen zumindest verringern und thematisieren lassen. [335]

Die kognitive Beurteilungsforschung zerstört mit die Illusion, dass die Beurteilungsverfahren „die" verlässlichen und gerechten Instrumente sind, als die sie manche Propagandisten gerne bezeichnen. [336] In Anbetracht der Kritik scheint ein *Perspektivenwechsel* in der Forschung und Praxis der Leistungsbeurteilung auch aus diesen Argumenten her *notwendig* und überfällig. [337] Mit der Diskussion kognitiv orientierter Ansätze hat zumindest ein Teil der Forscher einen Perspektivenwechsel in der mehr psychometrisch orientierten Beurteilungsforschung praktiziert. Insgesamt gesehen - so scheint es - haben die Autoren allerdings nur einen

---

333 Vgl. Schuler 1978, S. 62.
334 Vgl. Schuler 1980, S. 183.
335 Vgl. hierzu Olbrich 1981, S. 272. Im Beurteilertraining müssten die Beurteiler für ihre kognitiven Strategien sensibilisiert werden, damit sie zumindest selbst die Möglichkeit haben, ihre Urteilsprozesse zum großen Teil nachvollziehen zu können.
336 Vgl. Hampp 1985, S. 16 f., der zudem in diesem Zusammenhang die herkömmlichen Verfahren mit einem Lotterieverfahren vergleicht.
337 Eine ähnliche Forderung stellt *HILGENFELD* (1985, S. 119) auf, wenn auch vornehmlich auf diese Problematik bezogen. S. auch Hampp 1985.

Farbtupfer zur Literatur hinzugegeben; in der deutschsprachigen Literatur sogar nur einen blassen, da hier die Forschungsergebnisse kaum rezipiert werden. [338] Dabei bietet die kognitiv orientierte Forschung vielfältige Ideen über die Verzerrung von Beurteilungen und somit indirekt auch über die Reduzierung dieser Beurteilungs-„Fehler". Insgesamt stellt diese Richtung einen Schritt in die richtige Richtung dar, wenn auch (noch) keine oder weniger unmittelbar (und einfach) umsetzbare Ergebnisse vorliegen. [339]

Die kognitiven Studien des Beurteilungsprozesses sind nicht ohne *Kritik* geblieben. Zu nennen ist hier die mangelnde Einbeziehung realer Beurteiler und realer Beurteilungssituationen bei der Erforschung der kognitiven Prozesse, also die Konzentration auf Laborexperimente, der geringe praktische Wert der Empfehlungen bzw. deren Umsetzbarkeit als Resultat aus diesen Studien sowie die unzutreffende Voraussetzung der Studien, nämlich dass Beurteilertraining ineffektiv ist. [340]

Bis auf den letzten Aspekt ist die Kritik zu unterstützen, wenn auch nicht in dem geäußerten Ausmaß. Die bessere Kenntnis der verschiedenen kognitiven Prozesse, sowohl bei den Beurteilern als auch bei den Beurteilten, - und überhaupt die Betonung der prozessualen Komponente über attributionstheoretische Überlegungen hinaus - verhilft zu einem besseren Verständnis des Beurteilungsprozesses und damit zur Einschätzung seiner Ergebnisse. Außerdem werden weitere Gesichtspunkte zur Unsicherheit aller Beurteilungsaspekte deutlich vor Augen geführt. Zudem hat sich die „kognitive Wende" als Impetus für eine Vielzahl an weitergehenden und überprüfenden Studien erwiesen. [341]

Die *begrenzte Rationalität* [342] des Verhaltens aller Mitarbeiter pointiert, dass diese außer Stande sind, sich an einer allumfassenden Rationalität auszurichten. Statt dessen entwickeln sie betriebsspezifische, ihrem Kenntnis- und Bewusstseins-

---

338 Eine hervorzuhebende Ausnahme stellt Lueger 1992 dar.

339 *ILGEN/FELDMAN* (1983) illustrieren z. B. wie der Komplexität des Beurteilungsprozesses entsprochen werden kann. Zum Ersten ist die subjektive Seite zu berücksichtigen. Zum Zweiten sollte sich das Beurteilertraining auf die Berücksichtigung der Prozesskomplexität konzentrieren, anstatt auf die Eliminierung von Fehlern. Drittens sind bessere Beurteilungs-/Beobachtungsbedingungen zu schaffen.

340 S. dazu Lahey/Saal 1981; Bernardin/Cardy/Carlyle 1982; Dipboye 1985; Nathan/Alexander 1985; Lord 1985; Dunnette/Borman 1979.

341 S. dazu bspw. Nathan/Lord 1983; Bernardin/Pence 1980; Cooper 1983; Zammuto/London/Rowland 1982; DeNisi/Cafferty/Meglino 1984; Larson 1985; Heneman/Wexley 1983; Lord 1985a; Hobson/Gibson 1983.

342 S. Simon 1947. S. auch Küpper/Ortmann 1988, S. 90 ff.

stand angemessene Handlungslogiken, die nicht unbedingt alle entscheidenden Elemente enthalten, ihnen aber das „Beurteilen" ermöglichen. Das individuelle Handeln ist insofern abhängig von der jeweiligen Wahrnehmung der Handlungsmöglichkeiten und Gelegenheiten und der jeweiligen Fähigkeit und Motivation, sich dieser zu bedienen und sie zu nutzen - eingeengt durch die Machteinflüsse anderer. Verhalten in Leistungsbeurteilungsprozessen bedeutet daher stets kontingentes Verhalten, also Verhalten, welches gleichzeitig vom temporären organisatorischen Umfeld, den sich abzeichnenden bzw. wahrgenommenen Gelegenheiten und den sich zeigenden Zwängen beeinflusst wird. Hier bieten sich Überlegungen zur Mikropolitik in Betrieben an.

E Mikropolitische Verzerrungen

Neben den diskutierten Könnens-Problemen finden - als *Wollens-Probleme* - faktisch immer wirkende, mehr oder weniger bewusst ablaufende motivationale Verzerrungen im Leistungsbeurteilungsprozess statt. Jeder Entscheidungsprozess ist mit mikropolitischen Aktivitäten der Beteiligten, d. h. mit rein interessengeleiteten Aktivitäten der Mitarbeiter für sich selbst oder andere, durchwoben: Betriebe sind durchwirkt von Politik. Ihre Entscheidungsprozesse sind politische Prozesse, ihre Akteure Mikropolitiker. Nicht, dass alle Mitarbeiter zu jeder Zeit betriebliche Entscheidungen, immer durch eigene Interessen geleitet, im wesentlichen Umfang mikropolitisch determinieren. Je stärker bspw. Machtmotiv und Dominanzstreben der Mitarbeiter verschiedener Hierarchieebenen ausgeprägt sind, desto eher wird dies der Fall sein. Mikropolitik ist dabei nicht durchweg negativ zu sehen. Vom individuellen Standpunkt aus ergeben sich direkte und indirekte Bedürfnisbefriedigungsmöglichkeiten. Von der betrieblichen Perspektive aus werden dadurch Entscheidungsprozesse initiiert und in Gang gehalten, Kommunikationsstrukturen jenseits der formalen Organisation geschaffen, Mitarbeiter besser geführt u. a. m. [343]

Es wäre unrealistisch davon auszugehen, dass die Mitarbeiter „lediglich" aufgabenbezogenes Verhalten zeigen und betriebliche Ziele verfolgen. Fast jeder ist zu Teilen auch Politiker im Eigeninteresse, in der Verfolgung individueller, aber auch gruppenbezogener Zielsetzungen. [344] Das trifft schon auf die Entwicklung und

---

343 S. bspw. Bosetzky 1988, S. 34 ff.; Neuberger 1995.
344 S. allgemein hierzu Küpper/Ortmann 1986, S. 590 ff., 1988; Burns 1961, S. 257 ff.; Bosetzky/Heinrich 1980, S. 154 ff.; auch Pym 1973, S. 231 ff.

4. Teil: Möglichkeiten und Grenzen der Leistungsbeurteilung

Anwendung eines Beurteilungssystems zu und kommt noch stärker im Beurteilungsprozess selbst zum Vorschein (z. B. Bestimmung und Nichtbestimmung von bestimmten Beurteilungskriterien, direkte und indirekte Beeinflussung der Beurteilten durch die Beurteiler wie auch umgekehrt). Solche *permanent vorhandenen Vorgänge* üben selbstverständlich auch verzerrenden Einfluss auf die Beurteilungsergebnisse aus. Bislang ist die skizzierte Fragestellung in der Literatur im Hinblick auf die Leistungsbeurteilung kaum thematisiert worden. Im Folgenden werden daher einige grundsätzliche Überlegungen mit spezifischen Auswirkungen zur Mikropolitik diskutiert.[345]

Der jeweilige Einfluss hängt v. a. vom aktuellen Machtpotenzial der Personen, aber auch von der Geschicklichkeit ab, es auszuüben. Es ist gang und gäbe, dass formal gleichrangige Personen verschiedene Einflusspotenziale haben. Dies macht sich bspw. auch darin bemerkbar, wie viel „Punkte" (bzw. Geldmittel für Leistungszulagen) in einem Bereich vergeben werden dürfen. Darüber hinaus gibt es auch Untergebene, die großen, andauernden oder temporären Einfluss auf ihre Vorgesetzten besitzen und deren Entscheidungen im unterschiedlichem Maße determinieren.[346]

Mikropolitische Prozesse zwischen Beurteilern und Beurteilten im Rahmen der (Leistungs-)Beurteilung ergeben sich allein schon durch die Interdependenz ihrer beiden Aufgabenerfüllungen. Vorgesetzte üben durch die Zielsetzung, die Aufgabenvergaben, die Zurverfügungstellung von Ressourcen, die Möglichkeit Hilfestellung zu geben u. a. einen großen Einfluss auf das Leistungsverhalten, die Leistungsergebnisse und die Leistungsbedingungen aus. Die „Leistung" eines Mitarbeiters enthält daher immer - wenn auch in unterschiedlichem Maße - „Leistungen" der Beurteiler. [347] Dies hat zur Folge, dass im Rahmen der Leistungsbeurteilung die Beurteiler immer auch teilweise über sich selbst urteilen: Zum einen bezieht sich diese Aussage auf den unvermeidlichen eigenen Anteil. Mitarbeiter werden bspw. nicht wegen offensichtlich unzweckmäßiger Vorgesetztenentscheidungen schlechter beurteilt, ohne allerdings dies in der Beurteilung zu vertiefen. Darüber hinaus ist es nicht immer sichergestellt, dass der beurteilerspezifische Einfluss auch

---

345 S. allerdings den interessanten Artikel von Moser/Zempel/Schultz-Amling 2000 sowie die dort angegebene Literatur. Leider wird dort aber ein Text der einschlägigen Literatur ignoriert.

346 S. zu ggf. indirekt gewollten Diskriminierungsinhalten bspw. Fried/Wetzel/Baitsch 2000, S. 45 ff.

347 Es wird im Übrigen kaum möglich sein, die jeweilige Verantwortlichkeit für eine Leistung genau zu trennen.

erfasst wird und dann die Mitarbeiter dessen gute oder weniger guten Wirkungen „auszutragen" haben. Zum anderen bezieht sich daher diese Aussage auf den kaum nachvollziehbaren Einfluss und Anteil der Vorgesetzten, der in diesen „Leistungen" steckt. Des Weiteren fließen in die „Leistung" der vorgesetzten Beurteiler auch immer die Leistungen der Untergebenen ein (sei es in die Leistungsergebnisse oder sei es in das Leistungsverhalten in Bezug auf die Führung der Untergebenen). Mikropolitische Aspekte im Rahmen der Bewertung tragen nun vermutlich dazu bei, dass auch die beurteilenden Vorgesetzten in einem guten Licht stehen, entweder indem der eigene Beitrag hervorgehoben oder auch unterschlagen wird, um insgesamt die Mitarbeiter im eigenen Sinne gut oder schlecht beurteilen zu können.

Bei mikropolitisch beeinflussten Leistungsbeurteilungen sind insofern solche Handlungen zu erwarten, die dazu beitragen, das eigene Gesicht und das von anderen zu wahren, höhere Vorgesetzte nicht herauszufordern, gefährliche Gegner ruhig zu stellen, Verhärtungen durch nicht endgültige Festschreibungen zu verhindern, ungenau zu bleiben, um Fehlurteile zu vermeiden, sich mit anderen abzustimmen, Koalitionen aufzubauen u. a. m. [348]

Anlass zu mikropolitischem Handeln der Beurteiler kann auch darin begründet sein, dass sie sich durch die oft formalen Verhaltensregeln der Leistungsbeurteilung eingeengt sehen und sich Freiraum durch davon abweichende Handlungen schaffen. Damit wird die Funktion der Beurteilung oft untergraben. Ein weiterer Aspekt führt zu mikropolitischem Handeln von Beurteilern. Er ist durch die auch immer begrenzte Legitimität der betrieblichen Ziele begründet. Diese Legitimität wird von den Mitarbeitern (und auch den Beurteilern) zumindest in Grenzen dann in Frage gestellt, wenn eigene Interessen und Wertvorstellungen ihnen entgegenstehen. [349] Inwieweit bspw. der Betrieb etwas von den zeitweise aufgetretenen persönlichen Schwierigkeiten eines Mitarbeiters erfahren soll, obwohl diese die „Leistung" (vom betrieblichen Standort aus) erheblich vermindert haben, ist durchaus strittig und diskutierbar. [350]

Ausgehend von den Annahmen der Forschung zur betrieblichen Mikropolitik kann man nicht davon ausgehen, dass nur die „Herrschenden" (hier die Beurteiler) als Mikropolitiker auftreten. Alle durch die Leistungsbeurteilung betroffenen Akteure

---

348 Vgl. Neuberger 1988, S. 58 ff.
349 Vgl. etwa Friedberg 1988, S. 39.
350 Solche Überlegungen können bis hin zu deswegen absichtlich verzerrten Leistungsbeurteilungen führen, wie sie verschiedentlich diskutiert werden. S. Reichard 1983; Longecker/Sims/Gioia 1987.

sind einzubeziehen. Mikropolitisches Handeln liegt auch bei den *zu Beurteilenden* vor: Zum einen können sie direkt ihren eventuell vorhandenen Einfluss auf die Beurteiler durchsetzen. Dieser Einfluss kann sich insbesondere auf Abhängigkeiten der Beurteiler aufgrund von spezifischen Qualifikationen der Mitarbeiter (Fachautorität) sowie deren Beitrag zur Leistung der Beurteiler beziehen. Zum anderen besteht indirekt die Möglichkeit, Einfluss zu nehmen. Diese indirekte Beeinflussung setzt an der Vortäuschung guter „Leistungen" an. Den Beurteilern wird in als entscheidend angenommenen Momenten (oft kurz vor dem Beurteilungszeitpunkt) die besondere eigene „Leistung" (ob treffend oder nicht) präsentiert. Dieser Zusammenhang ist weiter vorne unter dem Begriff der Präsentationsleistung diskutiert worden: die besondere Schwierigkeit der Arbeitssituation wird verdeutlicht (vorgemacht), der eigene Leistungsbeitrag an Beispielen verdeutlicht, die Arbeitsschwierigkeit anhand reduzierten Verhaltens bei der Arbeitsanalyse und Soll-Leistungsfestlegung verdeutlicht u. a. m.

Die mikropolitischen Prozesse entstehen u. a. wegen der aufgabenbezogenen Multifunktionalität der beurteilenden Mitarbeiter. Beurteiler sind wohl nur in einem „Idealfall" nur Beurteiler. [351] I. d. R. sind sie - zumindest im üblichen Fall der Leistungsbeurteilung durch die Vorgesetzten - darüber hinaus noch Vorgesetzte, Bezugsperson, Coach, Mentor und - nicht zuletzt - selbst Mitarbeiter und Individuum. Beurteiler in Reinform gibt es i. d. R. also nicht. Sie haben mehrere Funktionen im Zusammenhang mit den zu Beurteilenden. Zunächst sind die zu beurteilenden Mitarbeiter und allenfalls erst in zweiter Linie Personen, die es zu beurteilen gilt. Dieser Sachverhalt wird fast gänzlich in der Beurteilungsforschung ignoriert. Hinzu kommt, dass die Beurteiler mit einer Vielzahl verschiedener, zeitintensiver Arbeitsplatzanforderungen konfrontiert sind, die der Beurteilung deutliche Grenzen setzen (können). Zudem determinieren sie durch ihre eigene „Leistung" die Möglichkeiten und die Leistung ihrer Mitarbeiter: Beurteilungen über Mitarbeiter sind immer gleichzeitig auch Beurteilungen über sich selbst (s. o.).

Insofern wird hier die These vertreten, dass Leistungsbeurteilungen in der Wirtschaftspraxis auch und indirekt als *Mittel* der Mikropolitik eingesetzt werden (können), bspw.:

- Beurteilende Vorgesetzte, die die tatsächlich gezeigten und erfassten Leistungen von Untergebenen besser als es angemessen wäre beurteilen, tun dies vielleicht deswegen, weil sie auf deren spezielle Fertigkeiten (fachliche Auto-

---

351 Wobei durchaus fraglich ist, ob eine solche funktionelle Beschränkung tatsächlich ein Ideal darstellt.

rität bzw. Machtbasis) zukünftig angewiesen sind. Die Mitarbeiter „dürfen" nicht verärgert werden. [352]
- Gleichzeitig können mit der Leistungsbeurteilung auch Interessen für die Mitarbeiter verbunden sein (z. B. Förderungswillen, Dankbarkeit).
- Beurteiler urteilen über die Leistungen ihrer Mitarbeiter auch im Hinblick auf eigene Karriereziele und Interessen (z. B. bewusste und unbewusste Unterschätzung von möglichen Konkurrenten) sowie im Hinblick auf Bereichsinteressen (z. B. Wegloben ineffizienter Mitarbeiter, die das Gruppenergebnis verringern).
- Die Beurteiler tragen Verantwortung für die Leistung ihrer Mitarbeiter. Sie sind oft bzw. zu einem gewissen Anteil auch tatsächlich verantwortlich für deren Leistungen (z. B. durch Ressourcenvergabe, Billigung von geplanten Verhaltensweisen, Vorgabe von Zielen). Bei weniger gut angesehenen Leistungen ist es daher verständlich, dass sie diese besser beurteilen, als sie tatsächlich ausgefallen sind. Sie halten sich dadurch selbst aus der Kritik heraus.

Die Manipulationsmöglichkeit setzt allerdings nicht erst bei der Bewertung ein. Bereits bei der Auswahl der arbeitsplatzbezogenen Beurteilungskriterien kann durch die Bestimmung der Kriterien und ihrer erwarteten Ausprägungsgrade der Ausgang der Bewertung politisch positiv wie negativ beeinflusst werden. Analytisch empfiehlt sich (zur Verhinderung bzw. Kanalisierung) zunächst eine *Differenzierung* in die Bestimmung der Beurteilungskriterien, in die Beteiligung bei der Ausgestaltung interner Leistungsbedingungen sowie in die Bewertungsphase.
- <u>Bestimmung der Beurteilungskriterien.</u> Der erstgenannte Aspekt ist insbesondere dann von Bedeutung, wenn arbeitsplatz- und/oder zeitbezogene Leistungsbeurteilungen durchgeführt werden. Diese erfordern jeweils vor Beginn der Beurteilungsperiode erneut die Bestimmung relevanter Beurteilungskriterien und deren Sollausprägungen, um eine bestimmte Form von erwarteter Leistung repräsentieren zu können. [353] Im Rahmen dieser Beurteilungspha-

---

352 „Tauschgeschäfte" zwischen Beurteilern und Beurteilten sind nicht unüblich. Auch wohl deshalb sind vorgesetzte Beurteiler den Beurteilten oft lieber als ein kollektives Beurteilungsgremium. Vgl. Moths/Wulf-Mathies 1973, S. 34. Nur durch ein direktes Verhältnis können sich solche Tauschbeziehungen ergeben. Mit *LUHMANN* (1972, S. 247) könnte man in diesem Zusammenhang von einer „Balkanisierung des Betriebs" sprechen. S. auch Neuberger 1984, S. 293; Lorson 1996; Moser/Zempel/Schutz-Amling 2000, S. 219 ff.

353 Je weniger die Beurteiler Einfluss auf die Bestimmung von Kriterien und Kriterienausprägungen haben, desto geringer fallen die diesbezüglichen mikropolitischen Aktivitäten in dieser Beurteilungsphase aus. In den meisten heutzutage praktizierten Beurteilungs-

se kann entscheidend darauf Einfluss genommen werden, wie einfach oder wie schwer es wahrscheinlich sein wird, die tatsächlich in Kriterien umgesetzte „Leistung" zu erreichen. [354] Entweder sind dazu die Beurteiler allein oder direkt bzw. indirekt im Zusammenwirken mit den Beurteilten in der Lage. Später sieht es dann nach außen hin so aus, dass entweder die erwartete Leistung erreicht, nicht erreicht oder übertroffen wurde. Die manipulierende Wirkung durch die politische Standardsetzung der der „Leistung" zugrunde - liegenden Beurteilungskriterien und deren Standards bleibt im Hintergrund.

- Ausgestaltung interner Leistungsbedingungen. Die Leistungsbeurteilung der Mitarbeiter kann - um auf den zweiten Aspekt zu sprechen zu kommen - während der Beurteilungsperiode selbst noch erleichtert oder erschwert werden. Je nachdem, welche direkte (z. B. finanzielle und zeitliche Ressourcen) oder indirekte (z. B. Freistellung von anderen Aufgaben) Unterstützung die Beurteilten von den Vorgesetzten erhalten oder auch nicht erhalten, fällt es ihnen entsprechend einfacher, den Leistungserwartungen zu genügen oder nicht. [355] Solche Beurteileraktivitäten werden mit den meisten Leistungsbeurteilungsverfahren nicht erfasst und können vielfach verschwiegen werden.
- Bewertungsphase. Zu mikropolitischem Handeln gewährt die Leistungsbeurteilung drittens auch während der Bewertungsphasen genügend Spielräume, z. B.: [356]
    * Nicht alle Ziele, Bedingungen, Handlungsalternativen sind den Beurteilern und/oder Beurteilten bekannt. Jeder der Beteiligten hat zum Teil andere, nicht ausgetauschte Informationen, die bei der Leistungsbeurteilung schon bei der Standardfestlegung, aber v. a. im Rahmen der Bewertung im eigenen Interesse genutzt werden können.
    * Wie bereits an anderer Stelle ausgeführt wurde, [357] sind manche Daten nicht „objektivierbar" und zwar in zweifachem Sinne: Einerseits lassen sie sich nicht eindeutig („objektiv" oder intersubjektiv) bestimmen und andererseits sind sie nicht unstrittig („objektiv") gegebene Daten, sondern interpretationsbedürftige Gegebenheiten. Auch sind nur wenige vorliegende In-

---

verfahren (s. Teil 5 dieser Arbeit) kommt daher diesem Aspekt eine geringe Bedeutung zu, nicht jedoch bei den später noch zu empfehlenden Verfahren.

354 Der verzerrende Einfluss kann auch indirekt durch die fehlende Qualifikation der Beteiligten entstehen. Die Effekte sind die gleichen, die Intentionen nicht.
355 Dies trifft selbstverständlich auch dann zu, wenn bewusst Schwierigkeiten aufgebaut werden, wie z. B. durch verspätete Informationsweitergabe oder eine Überbelastung durch die Vergabe anderer Aufgaben.
356 Vgl. ähnlich Neuberger 1988, S. 56 ff.
357 S. Teil 4 C dieser Arbeit.

formationen so genau, dass sie quantifiziert werden können. Ihre Diagnose ist mit unbekannten Fehlern bzw. nicht offengelegter Subjektivität verbunden. Die in diesen Fällen gegebenen Interpretationsmöglichkeiten und -notwendigkeiten bieten vielfältigen Raum für mikropolitische Aktivitäten.

* Die Leistungsdiagnosen sind selten stimmig und konsistent. (Dasselbe trifft im Übrigen auch auf die zugrunde liegenden Leistungsziele und Handlungen zu.) Die Urteilsformulierung bietet insofern noch eine Gelegenheit, verzerrenden Einfluss auszuüben.
* Manche Leistungsrelevanten Informationen sind nicht mitteilbar, weil sie als vertraulich, vage und/oder kaum treffend beschreibbar gelten.
* Manche Ziele und Regeln des Handelns sind nicht vorab genau festgelegt, sie werden z. T. erst nachträglich formuliert.

Wenn solche Bedingungen vorliegen, kann man kaum von einem formal rationalen, konsistenten zielbezogenen Handeln bei Beurteilungen sprechen.

Schlussfolgerung für die Leistungsbeurteilung ist es nach diesen Ausführungen zunächst, so dass allein die zu erwartende Mikropolitik der Beteiligten keine angemessene Leistungsbeurteilung im Ergebnis wiedergeben wird - und zwar unabhängig von den anderen diskutierten prinzipiellen Problemstellungen. Die Einflussmöglichkeiten im Vorfeld der Entscheidungsfindung sind dabei vielfältig, dass Dritten gegenüber die jeweiligen Verzerrungen weder an sich noch in ihrer Richtung und ihrem Ausmaß auffallen.

Inwieweit nun solche verzerrenden Wirkungen zumindest in ihrem Umfang eingedämmt werden können und sollen, ist eine nur schwierig zu beantwortende Frage: Eine verstärkte technokratische Vorgehensweise im Beurteilungsprozess einschließlich einer steten Fremdkontrolle mag vielleicht manche mikropolitischen Aktivitäten verhindern. I. Allg. lässt aber auch sie (besonders gerne genutzten) Spielraum für nicht erfassbare Möglichkeiten. Darüber hinaus ist es auch notwendig, Spielraum zu lassen und eventuell in bestimmten Phasen zu fördern. Zumindest dann, wenn man auf arbeitsplatzspezifische Beurteilungen sowie das subjektive Verstehen der individuellen Leistungen setzt, hat der Systembetreiber keine andere Möglichkeit. Vertrauen ist dann die Basis der Leistungsbeurteilung. [358]

---

358   S. noch Lorson 1996.

F Schlussfolgerungen für betriebliche Leistungsbeurteilungen

Die einfachste und auch weit verbreitete Vorstellung von Leistungsbeurteilungen in der Literatur ist es, ein geeignetes, *fast narrensicheres Verfahren* zu haben, welches die Einflüsse durch Beurteiler und Beurteilte ausschaltet. Nach der Diskussion und der Kenntnis bislang beschriebener Probleme wäre es ein Fehler, mit einer solch statischen und blauäugigen Auffassung an die Gestaltung von Beurteilungssystemen heranzugehen. In der Literatur wird i. Allg. versucht, durch die Entwicklung genauer analytischer Instrumente zur Bewertung positionsbezogener Aufgabenanforderungen oder durch die Entwicklung relevanter, valider, objektiver und reliabler Verfahren oder durch Beurteilertraining, die jeweilige Sicherheit des Beurteilungsverfahrens zu erhöhen. [359] Die durch solche Maßnahmen nicht zu vermeidenden „Beurteilerfehler" versucht man, in der Forschung noch weiter dadurch zu kontrollieren, dass die in den Beurteilern ablaufenden kognitiven und motivationalen Prozesse auf Fehlerquellen mit dem letztendlichen Ziel ihrer Kontrollierbarkeit studiert werden. [360] Die Beurteilungsforschung orientiert sich damit an entsubjektivierten und/oder wissenschaftlich fundierten Beurteilungsvorstellungen. Man geht davon aus, „richtiges" Beurteilen sei eine Frage der Eliminierung subjektiver Elemente und der Anwendung der richtigen, d. h. sachlichen und fehlerfreien Verfahren. Ausgeblendet werden damit prinzipiell vorhandene Probleme der Leistungsbeurteilung sowie die subjektive Individualität mit ihren darin liegenden Möglichkeiten für die Beurteilung (insbesondere für die Interpretation). Dies scheint eine typische Vorgehensweise zu sein.

Die betriebliche Leistungsbeurteilung steht - um die Ergebnisse der Diskussion hervorzuheben - vor folgenden Problemen:
(1) Leistungen sind jeweils *positions- und zeitspezifisch* zu formulierende Konstrukte bzw. Modelle der ausführenden wie der zuständigen bzw. beurteilenden Mitarbeiter.
(2) Leistungskonstrukte können nur mit Hilfe von substituierenden Kriterien und deren Sollausprägungen *modellhaft* abgebildet werden, wobei Relevanz- und Validitätsprobleme in unbekanntem Ausmaß entstehen.
(3) Leistungen sind *mehrdimensionale* Konstrukte, die unterschiedlich erfasst werden können und die prinzipiell wechselnde Kriterien zu ihrer Beurteilung

---

359 Die Wirtschaftspraxis beschränkt sich sogar i. d. R. nur auf die - vorgebliche - Verbesserung vorhandener Beurteilungsverfahren.
360 In Anlehnung an Hilgenfeld 1985, S. 125.

erfordern. Gleichzeitig steht diesem Erfordernis aber die progressiv steigende Administration der Leistungsbeurteilung erschwerend gegenüber.

(4) Die Beurteilung ist schwierig, weil i. d. R. nicht eine einfache, einzelne Handlung (*Einzelaktion*) vorliegt, sondern eine Reihe verschiedener, miteinander verbundener, hintereinander oder gleichzeitig geordneter Teilhandlungen stattfinden (*komplexe Handlung*). [361]

(5) Es ist schwierig, *ex post* über das Zustandekommen von Leistungsergebnissen und -verhalten zu urteilen: Die im Zeitablauf hinzukommenden Informationen „verwirren" diesen Urteilsprozess. Historische Entscheidungssituationen - gerade anderer Personen - können nur noch begrenzt nachvollzogen werden. Dieses Problem wird dadurch vergrößert, dass es sich eigentlich nicht um eine *Zeitpunktbetrachtung* handelt. Entwicklungszeiträume, sowohl bei der Alternativengenerierung als auch bei der Handlungsumsetzung und der Situationsveränderung, sind zu betrachten. Dies bringt einen erheblichen administrativen Aufwand mit sich und lässt sich bei den vielfältigen Arbeitsplätzen kaum vollständig realisieren.

(6) Beurteilungen sind i. d. R. *keine singulären Erscheinungen*. Für jede Leistungsbeurteilung gibt es eine Vergangenheit wie auch eine Zukunft. Die Vergangenheit ist geprägt durch die Erfahrungen, die die - i. d. R. vorgesetzten - Beurteiler mit den zu Beurteilenden gemacht haben. Diese Erfahrungen beeinflussen jegliche nachfolgende Beurteilung, als dass sie - zumindest in interpretierbaren Zweifelsfällen - hilfsweise zur Interpretation herangezogen werden. Ähnliche - nicht unbedingt Leistungsbezogene - Beeinflussungen gehen von dem zu erwartenden zukünftigen Verhältnis aus. Abhängigkeiten der Beurteiler von den zu Beurteilenden üben einen anderen Einfluss auf die Urteile aus, als wenn sie nicht bestehen.

(7) Die *Entscheidungssituation* setzt sich zusammen aus deren materiellen Leistungsbedingungen (Verfügung über materielle Ressourcen gemäß der geltenden Regeln + externe Umweltzustände und -entwicklungen) sowie den individuellen, sozialen Leistungsbedingungen (individuelle Leistungsvoraussetzungen + soziale Rollenerwartungen + Leistungsvoraussetzungen der beteiligten Mitarbeiter). [362] Die geltende Situation grenzt die Handlungsfreiheit der Individuen insofern ein, als dass diese sich an unveränderbaren Aspekten orientieren müssen. Bei der Zielverfolgung besteht ihre Handlungsfreiheit darin, innerhalb dieser Ziele, ggf. vereinbarter prinzipieller Alternativen und den unveränderbaren Bedingungen, selbst entscheiden zu können. Eine Leistungsbe-

---

361 S. allgemein Koch 1975, S. 52.
362 S. hierzu genauer Teil 5 dieser Arbeit.

urteilung bezüglich der Qualität der individuellen Handlungen/Entscheidungen kann sich nur auf den Handlungsfreiraum beziehen. Doch dieser ist schwer zu erfassen.

(8) In enger Auslegung erscheint es jeweils notwendig, die *individuelle Ursache* einer Handlung zu beachten und zu untersuchen. Ihre Kritik bzw. Beurteilung hinsichtlich der vereinbarten Ziele ist notwendig.

(9) Die in Betrieben vielfach gesehene Notwendigkeit *regelmäßiger Beurteilungsperioden* reduziert die Aussagekraft der Urteile, da Beurteilungszeitpunkte nicht mit den Leistungszyklen übereinstimmen.

(10) Die vielfach als notwendig angesehenen *Quantifizierungen* im Rahmen von Beurteilungen führen zu einem in der Höhe und der Art nicht bestimmbaren Informationsverlust.

(11) *„Objektivität"* wird zwar - in welcher Form auch immer - angestrebt, ist aber nicht erreichbar. Die Akzeptanz der Subjektivität in Beurteilungen gilt aber als schwierig zu erreichen, insbesondere dann, wenn ein Klima des Misstrauens vorherrscht. Gerade dem vielfach diffamiertem Element der *Subjektivität* kommt in der Beurteilung zentrale Bedeutung zu. Es ist allein schon deshalb notwendig, damit die oft vorab nicht festlegbaren „richtigen Wege" der Leistungserbringung auch beurteilt werden können. Anstelle des Versuchs, Beurteilungsverfahren zu entsubjektivieren, sollten sie erheblich mehr Raum für die subjektive Urteilsbildung lassen und diese unterstützen. Nur so lässt sich das Potenzial, welches im Einfühlungsvermögen der Beurteiler liegt, nutzen.

(12) Individuell ausgebildete *kognitive Strukturen* der Beurteiler verhindern die Leistungsadäquate Betrachtung. Auch von daher wäre die Annahme einer isomorphen Abbildung zwischen Beurteilungsergebnis und „Sich-vorgestellter-Leistung" naiv.

(13) *Interessenlose Beurteilungen* sind in Betrieben nicht zu erwarten. Mikropolitische Prozesse werden immer die Beurteilung begleiten und die Ergebnisse verzerren. Alle betroffenen Mitarbeiter wirken hier in kaum bekannter Richtung und in einem schlecht einzuschätzenden Ausmaß mit.

(14) Es ist sinnlos, endlos gegen die eingeschränkte menschliche Wahrnehmungs- und Beurteilungsfähigkeit anzugehen („Forget about training raters!" [363]).

---

363 Vgl. Campbell, J. P., 1983, S. 286. Er bemerkt auch: „Maybe we ought to give up on the whole notion of trying to find new and better ways to train raters. What if we adopted the assumption and strategies of the human-factors modelers and started from the premise that experienced people in an organization who understand the organization's goals and understand the basics of the appraisal task are about as skilled as they are going to get." Campbell, J. P., 1983, S. 294. Seine ablehnende Ansicht über das Beurteilertraining ist jedoch nicht in diesem Umfange zu teilen. Es sind die Ziele und In-

Das Beurteilungssystem sollte jeweils so gestaltet sein, dass auf diese Begrenzungen Rücksicht genommen wird, sie transparent sind und kritisiert werden können. Wegen der Vielzahl der kognitiven und motivationalen Verzerrungsursachen bei den Beurteilern ist es verwunderlich, wenn Leistungsbeurteilungen überhaupt irgendeine (erkennbare) Relevanz und Validität haben.

Was die *Grenzen* betrifft, so lässt sich Folgendes abschließend formulieren: Bevor Beurteiler mit ihren Urteilen anderen im Betrieb Abbildungen der zu beurteilenden Personen bzw. deren Leistungen vorlegen, haben sie diese Personen bereits unter bestimmten, im Einzelfall kaum zu rekonstruierenden situativen Bedingungen beobachtet, unbewusst in der Beobachtung Verhaltensmerkmale, Beurteilungskriterien oder gar Eigenschaften gesucht, auf die es ihnen jeweils persönlich ankommt, die nicht vereinbart waren, die ihnen selbst wichtig sind, die ihren Vorinformationen, ihren ersten Eindrücken oder gar Vorurteilen entsprechen. Sie haben diese Beobachtungen in ihren jeweiligen persönlichem Verständnis - oft völlig unbewusst - interpretiert, die andere Beurteiler ganz anders interpretiert hätten. Sie haben auch anhand von Maßstäben bewertet, die sie mit kaum einem anderem Beurteiler tatsächlich teilen und darüber hinaus Hypothesen aufgestellt über die Ursachen-Wirkungs-Relationen. Die Komplexität des jeweils gegebenen Personen-Situations-Ergebnis-Zusammenhangs haben sie auf eine Deutung reduziert, die ihnen selbst plausibel erscheint, die sie auf andere ihnen ähnlich erscheinende Situationen einfach übertragen. Schließlich formulieren sie die Beurteilung in ihren eigenen Worten, die von anderen Personen mit abweichendem Verständnis gelesen werden und verbinden zudem mit der Beurteilung Absichten für die Beurteilten oder sich selbst, die ebenfalls einer validen Leistungsbeurteilung nur im Wege stehen können. Und am Ende glauben sie noch selbst, was sie verzerrend dargestellt haben. [364]

Die *Möglichkeiten* der Leistungsbeurteilung lassen sich wie folgt formulieren: Das jeweils arbeitsplatz- und periodenbezogene Leistungsverständnis kann von dazu kompetenten Beurteilern mit Hilfe von spezifischen, ausgewählten Beurteilungskriterien modellhaft für die Bewertung ausgedrückt werden. Dieses Modell besteht aus einem Set von für die bestimmte Person-Umwelt-Situation sorgfältig ausgewählten, sich möglicherweise verändernden Subkriterien, die auch in ihren erwarteten Sollausprägungen sich auf das jeweilige Leistungsverständnis (bspw. Wettbe-

---

halte eines solchen Trainings, die hin zu einer Akzeptanz der Subjektivität und des Verständnisses eigener Beurteilungsüberlegungen zu verändern sind.

364 In enger Anlehnung an Schuler 1982, S. 84.

werbs-, Ertrags- oder Aufwandsperspektive) beziehen. Die Beurteilungsinstrumente sind so zu gestalten, dass sie den Beurteilern Hilfen an die Hand geben, weitgehend nachvollziehbar - sowohl bei der Definition der Beurteilungskriterien und -standards als auch bei der Bewertung und Beobachtung - vorzugehen. Spezifisches Beurteilertraining kann mit Unterstützung der Beurteilungsinstrumente helfen, automatisch stattfindende kognitive Prozesse der Beurteiler diesen bewusst werden zu lassen. Das subjektive Verstehen der jeweiligen Leistung (von fachkompetenten Beurteilern) ermöglicht dabei einen verbesserten Zugang zu den Zusammenhängen. Solange die Leistungsbeurteilung nicht auf mögliche Sanktionen im Ergebnis ausgerichtet ist, sondern Leistungsdiagnose für den Betrieb und für die Mitarbeiter zum Ziel hat, sind auch weit weniger mikropolitisch entstandene Verzerrungen zu erwarten.

Die Lektüre der bislang skizzierten Unzulänglichkeiten der Beurteilung mag zwar manches Argument gegen die Leistungsbeurteilung liefern; sie rechtfertigt trotz allem aber nicht die generelle Ablehnung von Leistungsbeurteilungen in Betrieben. Faktisch ist der gesamte menschliche Auffassungs-/Einschätzungsbereich in dem angesprochenen Sinne fehlerbehaftet. [365] Wir sind permanent gezwungen mit solchen uneindeutigen Situationen umzugehen. Ein Verzicht auf Beurteilungen wäre infolgedessen dem Verzicht auf jegliches Tun gleichzusetzen. Beurteilungen sind aber sinnvoll und auch notwendig in Betrieben. Sie ermöglichen, sofern sie unter Berücksichtigung der Probleme durchgeführt werden, Analysen über die bisherige Leistungserbringung und geben dadurch Hinweise über notwendige Veränderungen in der Zukunft.

Die ausführliche Diskussion hier ist nicht geführt worden, um zu demotivieren. Sie soll vielmehr den Eindruck verstärken, dass die menschlichen Qualifikationen und auch prinzipiell sachliche Erkenntnisvorgänge Limitationen ausgesetzt sind. Sie trägt dadurch dazu bei, diese Unzulänglichkeit zu akzeptieren und nicht sinnlos gegen sie anzukämpfen. [366] Inwieweit auf solche Aspekte bei den Leistungsbeurteilungsverfahren eingegangen wird, zeigt der nachfolgende Teil dieser Arbeit. Die generellen Grenzen und Möglichkeiten der Leistungsbeurteilung treffen graduell unterschiedlich auf die in den Betrieben angewendeten Verfahren zu. Darüber hinaus haben diese jedoch auch noch spezifische Grenzen bei der Beurteilung von menschlichen Leistungen.

---

365 Vgl. ähnlich Schuler 1989, S. 426 f.
366 Vgl. Campbell, J. P., 1983, S. 294.

5. Teil: Kritische Diskussion von Leistungsbeurteilungsverfahren

Einen starken Einfluss auf die Aussagefähigkeit von Leistungsbeurteilungen haben neben den im vorhergehenden Teil der Arbeit behandelten Problemen auch die in Betrieben (ganz spezifisch) angewendeten und die durch die Forschung vorgeschlagenen Verfahren. Sie determinieren wiederum eigene Möglichkeiten und Grenzen hinsichtlich ihrer Anwendung. Um diese näher diskutieren zu können, bedarf es nicht nur der Darstellung der verschiedenen Verfahren. Die grundsätzliche Verfahrenskritik beruht zunächst auf den mit den Leistungsbeurteilungen durch die Betriebe als Systembetreiber verbundenen Funktionen. Hinzu kommen die in diesem Teil herzuleitenden Anforderungen, denen die Verfahren genügen sollten, um Leistungen so weit als möglich (und nachvollziehbar) erfassen zu können. Bevor auf diese Fragestellungen eingegangen wird, erfolgt vorab eine Zusammenfassung des Standes der Forschung und Praxis zur Leistungsbeurteilung. Festzuhalten bleibt an dieser Stelle noch, dass die grundsätzlichen Möglichkeiten und Grenzen prinzipiell für alle der hier zu diskutierenden Beurteilungsverfahren gelten. Nur das Ausmaß, in welchem diesen Grenzen gesetzt bzw. Möglichkeiten eröffnet werden, ist unterschiedlich. Dieses Ausmaß wird - unter Hinzuziehung verfahrensbezogener Ausführungen - zu diskutieren sein. [1]

A Forschung und Praxis der Leistungsbeurteilung

Die überwiegende Anzahl der älteren Publikationen zur Personal- bzw. Leistungsbeurteilung ist wenig oder nicht geeignet, den interessierten Lesern Anleitungen zur Überprüfung der eigenen Praxis, Handlungsalternativen, Argumente für die Verwendung bestimmter Instrumente, Vorschläge zur Konstruktion und Einführung eines Systems und/oder einen hinreichenden Überblick über die Vorteilhaftigkeit sowie die Konsequenzen von Verfahren zu bieten. Sie sind i. d. R. inhaltlich wenig aussagekräftig, ignorieren seit langem auch Praktikern bekannte Probleme und bieten nur eine unzutreffende Bestätigung für alle, die ähnlich vorgehen. [2]

---

1   Im Vordergrund der Betrachtung steht nach wie vor die Untergebenenbeurteilung. Andere Beurteilungsrichtungen bleiben entsprechend des Erkenntnisziels dieser Arbeit außer Betracht, wenngleich viele Aussagen auch auf sie zutreffen (mögen).
2   S. Becker, F. G./Fallgatter M. 1998. *GRUNOW* (1976, S. 83 f.) klassifiziert die Literatur zur Problematik der Personalbeurteilung in Quellen die entweder (a) systematische Begleituntersuchungen zur Einführung von Verfahren thematisieren, (b) Handlungsanweisungen und Beurteilerpsychologie beinhalten oder (c) gar prinzipiell ungeeignet sind. Zu letzterem s. beispielhaft Curth/Lang 1991; Schumacher 1985; Kressler 1989.

Viele Quellen sind auch gerade wegen ihres Eklektizismus [3] in ihrer Aussagekraft unbefriedigend. Dieses Problem sehen seit Ende der 70er Jahre manche vorwiegend wissenschaftlich tätige Autoren. Sie versuchen, es v. a. mit Hilfe *heuristischer Modelle* zu korrigieren. [4] Diese Modelle dienen als Basis für eine synoptische Betrachtung der verschiedenen Forschungsrichtungen, -studien und -ergebnisse. Vornehmlich werden dabei fünf Themenblöcke angesprochen: Beurteilungsfunktionen, Beurteilungsverfahren, direkt durch Beurteilungen betroffene Personen, Beurteilungsprozess und organisatorischer Kontext. [5]

Die Literatur zur Personalbeurteilung ist sehr umfangreich. Allein die Anzahl der *nordamerikanischen Quellen* der letzten 60 Jahre hat 1000 Bücher und Artikel schon längst überschritten. Im Vordergrund steht dabei v. a. die Leistungsbeurteilung. [6] Der Großteil der nordamerikanischen Forschung hat sich dabei zum einen mit der Entwicklung von Beurteilungsinstrumenten beschäftigt. Dies ging soweit, dass einige prominente Forscher Anfang der 80er Jahre ein *Moratorium* diesbezüglich vorgeschlagen haben. [7] Zum anderen konzentrierte sie sich auf Beurteilungsfehler (bzw. deren Reduzierung) [8] und vermittelt damit den Eindruck, dass die Krux der Leistungsbeurteilung v. a. dort zu suchen ist. Der überwiegende Teil der nordamerikanischen Publikationen zur Leistungsbeurteilung erweist sich insgesamt gesehen zudem terminologisch und methodisch uneinheitlich, oft fehlt auch der Zusammenhang der speziellen Fragestellungen zwischen den verschiedenen Arbeiten. [9] Hervorzuheben ist abschließend, dass in den letzten Jahrzehnten we-

---

3   Domsch/Gerpott 1987, Sp. 1650.

4   S. z. B. DeCotiis/Petit 1978; Kane/Lawler 1979; Carroll/Schneier 1982; Landy/Farr 1983; Domsch/Gerpott 1987 und schon früher Wherry 1983.

5   S. zu dieser Einteilung Domsch/Gerpott 1987, Sp. 1651 ff. S. zu Literaturübersichten Dworacek 1983; Blasingame/Schneider/Hawk 1981 sowie z. T. das Literaturverzeichnis dieser Arbeit.

6   Abhandlungen zur *Potenzialbeurteilung* liegen kaum vor, wenn auch oft davon ausgegangen wird, dass Leistungsbeurteilungen zur Potenzialanalyse dienen können.

7   S. Landy/Farr 1980; Borman 1986, S. 117.

8   Der weitaus überwiegende Teil der kaum zu übersehenden empirischen Studien zu diesen Fragestellungen beschäftigt sich wiederum mit *winzigen Problemen*, z. B. Dutzende von Studien allein mit dem Halo-Effekt der sog. Verhaltenserwartungsskalen (s. Teil 5 D V 2 a). Ihre Auswertung ist schwierig und nicht sehr ergiebig. S. zu etwas älteren Versuchen z. B. Bernardin/Beatty 1984; Ilgen/Favero 1985, S. 311 ff.

9   Die übliche Forschungspraxis mit ihrer Konzentration auf Einzelprobleme - meist ohne Integration in ein übergeordnetes Konzept und wenn, dann in jeweils verschiedene - sowie die Vorgehensweise bei der empirischen Überprüfung diesbezüglicher Hypothesen (sehr spezielle Hypothesen, kleine Sample) sind im Endeffekt für die Forschung nicht sehr ergiebig.

sentliche Anstöße zur Weiterentwicklung der Forschung von nordamerikanischen Forschern kamen, [10] wenngleich arbeitsplatzspezifische Verfahren letztlich kaum thematisiert wurden.

Bei der Lektüre der vielfältigen Arbeiten fällt weiter auf, dass faktisch zwei Paradigmen der Beurteilungsforschung bestehen: Zum einen sind es vorwiegend *sozialpsychologisch* ausgebildete Autoren, die sich mit Leistungsbeurteilungen der Arbeiter und Angestellten beschäftigen - und dies fast ausschließlich empirisch und an testtheoretischen Gütekriterien orientiert. Zum anderen beziehen sich wenige vorwiegend *betriebswirtschaftlich* ausgebildete Autoren fast ausschließlich auf Konzepte zur Leistungsbeurteilung bei Managern. Erstaunlicherweise besteht oft keinerlei Zusammenhang zwischen den verschiedenen Forschungstraditionen. In dieser Arbeit werden beide Forschungsrichtungen berücksichtigt. Dies ist insofern relativ leicht möglich, als dass beide Traditionen sich als zu eng und überholt erwiesen haben sowie nur eine gemeinsame Diskussion sinnvoll erscheint.

Im *deutschsprachigen Bereich* fällt bei der Literaturanalyse nach wie vor auf, dass:
a) mehr Wert auf praktische Umsetzung bzw. auf die Akzeptanz der Beurteilungsverfahren in der Praxis gelegt wird,
b) die nordamerikanische Literatur seit etwa den 70er Jahren (angefangen von den verhaltensverankerten Beurteilungsverfahren bis hin zu den neueren kognitiven Ansätzen) von der überwiegenden Anzahl der Autoren kaum beachtet wird, [11]
c) viele Autoren auf dem Gebiet der Leistungs-/Personalbeurteilung - zumindest im Hinblick auf die Mindestanforderungen an die Forschung (wie z. B. Systematik, problemangemessene Literaturkenntnis, hinreichende Vollständigkeit) - dilettieren, [12]

---

10 Hinzuweisen ist hier insbesondere auf die später noch darzustellenden Verhaltenserwartungsskalen, die zielorientierten Beurteilungsverfahren sowie - aktueller - die Pointierung kognitiver Prozesse während der Beurteilung und die Konzeption integrativer Konzepte zur Erfassung beurteilungsrelevanter Aspekte.

11 Überraschend ist diese Feststellung insbesondere bei den (eher) wissenschaftlichen Beiträgen. Sie sind in vielen Fällen von einer Ignoranz dieser Forschungen - nicht nur der letzten 15 Jahre - gekennzeichnet. S. bspw. Rübling 1988; Curth/Lang 1991.

12 S. bspw. als anschauliche Beispiele die Monographien: Schumacher 1985; Kressler 1989; aber auch Knebel 1988 und Raschke 1977. Allerdings sind die genannten Autoren auch nicht als Wissenschaftler tätig, so dass die Kritik vielleicht etwas zu scharf formuliert ist.

d) prinzipielle Probleme der Beurteilung sowohl hinsichtlich dessen, was zu beurteilen möglich ist, als auch bezüglich der Interpretationsspielräume nicht bzw. kaum thematisiert und dadurch ignoriert werden,
e) die Differenzierung psychologisch und betriebswirtschaftlich ausgebildeter Autoren hinsichtlich der Orientierung an verschiedenen Hierarchieebenen nicht so stark ausgeprägt ist wie in Nordamerika, vielleicht dadurch bedingt, dass die Beurteilung von Managementleistungen hier kaum systematisch (aber langsam steigend) diskutiert wird,
f) vornehmlich Leistungsbeurteilungen (wenn auch unter Verwendung verschiedener Termini) angesprochen werden, [13]
g) fast ausschließlich sog. merkmalsorientierte Einstufungsverfahren mit ihren - z. T. tarifvertraglich festgelegten - Beurteilungskriterien (z. B. Arbeitsqualität, Arbeitsquantität, Sozialverhalten) diskutiert werden,
h) seit Ende der 80er Jahre gerade solche Verfahren (vehement) kritisiert und alternative Systeme vorgeschlagen werden. [14] Dies betrifft im Übrigen auch Praktiker.

Empirische Studien zu Beurteilungssystemen sind mehrfach für den deutschsprachigen Raum durchgeführt worden, wenngleich nie repräsentativ. Der *Stand der Leistungs-/Personalbeurteilung* in der Praxis lässt sich auf Basis dieser - mittlerweile etwas veralteten - Studien sowie den Erfahrungen des Autors wie folgt zusammenfassen: [15]

(1) Von Betrieben *mit mehr als 1000 Arbeitnehmern* verwenden mehr als die Hälfte formalisierte Personalbeurteilungsverfahren. Je größer die Betriebe, desto eher werden solche Verfahren auch für mittlere und obere Führungskräfte eingesetzt. Die Ausdehnung der Beurteilung auf alle Mitarbeitergruppen ist trendmäßig zu erkennen. [16]

---

13   Doch auch hier wird von den Autoren in den meisten Fällen von einer Aussagekraft bez. des zukünftigen Qualifikationspotenzials ausgegangen.
14   Bereits früh Neuberger 1980; dann Rübling 1988; Breisig 1989; Mungenast 1990; Becker, F. G., 1996; Fallgatter 1996; Reinermann/Unland 1997; Seitz 1997.
15   Nicht in allen Fällen wird explizit auf Leistungsbeurteilungen Bezug genommen. Doch kann davon ausgegangen werden, dass fast ausschließlich Leistungsbeurteilungen erfasst wurden. S. Grunow 1976; Liebel/Walter 1978; Batz/Schindler 1983; Rübling 1988; Gaugler u. a. 1978; Gaugler/Lay/Schilling 1979; Gaugler u. a. 1981; Heinrich/Erndt 1980; Wunderer/Boerger/Löffler 1979; Strametz/Lometsch 1977; Speck 1985, 1986. S. auch Domsch/Gerpott 1987, Sp. 1648 f.; Stöcker 1999; Becker/Stöcker 2000; Griessl/ van Gerven/Vermiert 2000.
16   S. zum Stand der Diskussion im Öffentlichen Dienst Reinermann/Unland 1997.

(2) Überwiegend werden sog. *analytische bzw. merkmalsorientierte Einstufungsverfahren* verwendet (jährliche Beurteilung mit einem vorgegebenen Merkmalskatalog mit durchschnittlich 12-15 Merkmalen und vorgegebenen, durchschnittlich 7-stufigen Skalen). [17] Es besteht eine hohe Standardisierung der Beurteilungsformulare. Ein Trend zu komplizierteren Systemen ist erkennbar.

(3) Üblicherweise werden in Betrieben *Standardmerkmalskataloge* über verschiedene Funktionsbereiche und Hierarchieebenen hinweg verwendet. Eine Differenzierung nach Mitarbeitergruppen/-tätigkeiten findet i. d. R. nicht statt. Oft verwenden Betriebe allerdings zusätzliche Kriterienmerkmale für Führungskräfte (v. a. Führungsverhalten).

(4) Üblich ist eine *(Untergebenen-)Beurteilung* durch die direkten Vorgesetzten. Oft wird noch eine höhere Führungskraft zur Überprüfung einbezogen. Die Beurteilten haben Kommentierungsmöglichkeiten. In wenigen Fällen ist eine Vorgesetztenbeurteilung, eine Kollegenbeurteilung und/bzw. eine 360°-Beurteilung implementiert.[18]

(5) Die Auswahl der verwendeten, insgesamt zumindest sprachlich sehr unterschiedlich formulierten Beurteilungskriterien basiert zumeist auf *Usancen* sowie Plausibilitätsüberlegungen für eine Vielzahl formal als vergleichbar angenommener Arbeitsplätze und nicht auf systematisch-empirischen Studien arbeitsplatzspezifischer Leistungsinhalte. Hilfsweise wird mittlerweile z. T. eine Zielorientierung zusätzlich eingeführt.

(6) Mitarbeiter- bzw. *Beurteilungsgespräche* sind (gezwungenermaßen - so hat man oft den Eindruck) überall Bestandteil der Beurteilungssysteme.

(7) Meist soll ein Beurteilungsinstrument *verschiedene Funktionen* gleichzeitig erfüllen. Für den Bereich der Führungskräfte werden die Beurteilungen vermehrt zur sog. „Leistungsorientierten" Entgeltdifferenzierung und als Diagnoseinstrument für den Verhaltensentwicklungsbedarf verwendet. Insgesamt steht in der heutigen Zeit auch die (Produktivitäts-)Funktion zur Schaffung eines Leistungsorientierten Entgeltsystems generell im Mittelpunkt.

(8) Vornehmlich beziehen sich die Verfahren explizit auf *Leistungsbeurteilungen*, wenn auch implizit immer wieder die Beurteilung der zukünftigen Leistungsfähigkeit betont wird.

(9) Ein Trend zu einer Zielorientierung der Beurteilungsverfahren (wie immer sie auch umgesetzt wird) ist deutlich erkennbar. Dies basiert – so zumindest das Feedback auf Tagungen und in Gesprächen - auf der zunehmenden Erkennt-

---

17   Hierbei handelt es sich um die weiter hinten dargestellten merkmalsorientierten Einstufungsverfahren. S. Teil 5 D V 1 dieser Arbeit.
18   S. dazu die Literaturquellen in Teil 4 A II 2.

nis, dass die merkmalsorientierten Verfahren oft kontraproduktiv und nicht Leistungsstimulierend wirken.

(10) Eine am Lehrstuhl durchgeführte empirische Studie zu Leistungsbeurteilungen im Bankensektor zeigte zudem eine vielfältig vorkommende Falschwahrnehmung des eigenen Beurteilungsverfahrens. Ein sehr großer Anteil der Befragten klassifizierte das eigene Verfahren als zielorientiert ein, die Originalformulare belegten jedoch eine eindeutige Merkmalsorientierung.[19]

Überraschend ist zunächst, dass Studien, die gleichzeitig die Zufriedenheit der Betroffenen (Beurteiler wie Beurteilte) erheben, positive Einschätzungen wiedergeben. Überraschend ist das in Anbetracht der bereits diskutierten generellen und der noch anzuführenden speziellen Probleme der Leistungsbeurteilung. [20]

Sowohl die *Forschungssituation* als auch die Beurteilungspraxis - speziell im deutschsprachigen Raum - ist *kritisch* zu sehen und von wenigen Autoren bisweilen in der Vergangenheit sehr kritisch eingeschätzt worden. [21] Die Kritik bezieht sich dabei v. a. auf die Eigenschaftsorientierung der weitverbreiteten Verfahren, der mangelnden Aussagekraft dieser Verfahren, der angestrebten Multifunktionalität und der fehlenden Bereitschaft zur Veränderung.

Allerdings ist zu beachten, dass die kritischen Stimmen zur Beurteilungsproblematik eine gedämpfte Resonanz auf Seiten der Praktiker gefunden haben. Sie reagieren bisweilen auf die Kritik empfindlich [22] und weisen die gegen die praktizier-

---

19 S. Stöcker 1999, S. 73 f.; Becker/Stöcker 2000.

20 S. Teil 4 A-F und Teil 5 E dieser Arbeit.

   NEUBERGER (1980, S. 40) erklärt sich die Ergebnisse verschiedener empirischer Studien über die überwiegende *Zufriedenheit mit Beurteilungen* durch verschiedene Gründe: (1) Fatalismus ('Man kann ja sowieso nichts dagegen machen'), (2) Abwehrhaltung (oder Erfahrung!): 'Es hat ohnehin keine Konsequenzen', (3) enger Reflexionshorizont ('Es wird schon seinen Sinn haben, wenn der Betrieb das macht'), (4) Vertrauen in den Vorgesetzten ('Ich habe nichts zu befürchten, ich kann mich auf ihn verlassen'), (5) Hoffnung auf mehr Objektivität, Transparenz und Rückkopplung ('Nicht mehr nur hintenherum oder in Andeutungen reden, sondern offen'), (6) Glaube an die Wissenschaftlichkeit ('Das ist so kompliziert, das verstehe ich doch nicht, aber es scheint gut zu sein'). Diese Einschätzung ist heute noch treffend, wenn man später publizierte Studien diesbezüglich betrachtet. Lediglich auf einschlägigen Konferenzen mit Praktikern scheint sich bei der Vielzahl der Teilnehmer mittlerweile eine veränderte Einstellung breit zu machen.

21 S. v. a. Neuberger 1980, 1984; auch Boerger 1980; Hilgenfeld 1983; Rübling 1988; Becker, F. G., 1992a.

22 S. v. a. Schumacher 1985, S. 9 f. *SCHUMACHER* (1985, S. 10) spricht in diesem Zusammenhang von undifferenzierter und überzogener Kritik und meint formulieren zu

5. Teil: Kritische Diskussion von Leistungsbeurteilungsverfahren

ten Systeme vorgebrachten Argumente leichthin ab. Dies wird vermutlich noch so lange weitergehen, bis - hypothetisch gesprochen - ein „besseres" Instrument vorliegt. Es besteht bei den Personalpraktikern auch Zweifel dahingehend „..., inwieweit wissenschaftlich-theoretisch geforderte Verfahrensverbesserungen angesichts der Gegebenheiten organisatorischer oder betrieblicher Praxis überhaupt greifen können, bzw. unter welchen Bedingungen eine 'bessere Praxis der Personalbeurteilung' möglich ist. Zwar werden die angebotenen Modelle von den Beurteilern ... zur Kenntnis genommen, sie tun gleichzeitig aber in ihrer Praxis gut daran, sich ihrer nicht zu sehr zu erinnern, weil sie sonst a) eine nicht enden wollende Fehlerhaftigkeit ihres Tuns einsehen müßten ... oder b) ein andauerndes schlechtes Gewissen wegen der eigenen Unzulänglichkeit entwickeln müßten ..." [23]

Als *Grundtenor der kritischen Stimmen* aus Wirtschaftspraxis und -wissenschaft lässt sich aber festhalten, dass man sich weitgehend darüber einig ist, Leistungsbeurteilungen in Betrieben durchzuführen, dass damit aber gleichzeitig ein weitverbreitetes Unbehagen verbunden ist. Leistungsbeurteilungen (in der derzeitig üblichen Form) werden als notwendiges Übel hingenommen, welches dann aber wenigstens systematisch durchgeführt werden soll, um größere Willkür zu vermeiden. Ziel ist es allerdings, verbesserte Verfahren zu entwickeln und eine der Aussagefähigkeit angepasste Einstellung zu vermitteln.

Eine wesentliche Bedeutung kommt in diesem Zusammenhang den jeweils mit der Leistungsbeurteilung verfolgten Funktionen zu. Ihre jeweilige Angemessenheit determiniert u. a. das Ausmaß, indem die generellen Grenzen der Leistungsbeurteilung greifen. Diese Problemstellung wird nachfolgend zunächst diskutiert.

---

      müssen, „... daß die Kritik ... vielfach von der Sehnsucht nach einer vollkommenen, d. h. heilen Welt mitgetragen ist." Es wäre schade, wenn solche Empfindlichkeiten den Einblick in fundamentale, aber dennoch konstruktive Kritiken verhindern.

23 Hilgenfeld 1983, S. 199. *HILGENFELD* führt die Kritik der Praktiker gegenüber den Ausführungen der Wissenschaftler nicht auf - eine manchmal oberflächlich betrachtet gezeigte - Borniertheit, sondern auf eine auf die Aufrechterhaltung der eigenen Handlungsfähigkeit gerichtete Überlebensstrategie zurück. Hinzugefügt werden sollte - zum Schutz vieler Praktiker - aber noch, dass nicht immer sie, sondern vielfach die Personalvorstände für letztlich lachhafte Systeme verantwortlich sind. Sie erwarten plötzlich, dass innerhalb von etwa neun Monaten ein komplett neues System „funktionsfähig" (i. S. von formuliert, implementiert, im Rahmen von Betriebsvereinbarungen abgesichert und abgeschlossenen Beurteilertrainings) sind. Was liegt daher näher, auf „übliche", leicht kommunizierbare Verfahren zurückzugreifen? Arbeitsplatzspezifische und funktionsbezogene Verfahren erfordern mehr Entwicklungszeit.

B Funktionen betrieblicher Leistungsbeurteilungen

Die betrieblichen Funktionen (vielfach in etwa synonym: Ziele, Zwecke oder Aufgaben), die Leistungsbeurteilungen erfüllen sollen, stehen prinzipiell zu den weiter vorne thematisierten Funktionen des Leistungsprinzips in einer logischen Beziehung. [24] Zunächst einmal verbindet ein funktionaler Zusammenhang Leistungsprinzip und Leistungsbeurteilungen selbst. Sie repräsentieren eine Zweck/Mittel-Beziehung in der Art, dass letztere dazu dienen sollen, ersteres auch in Betrieben zu realisieren. Im Endeffekt haben Leistungsbeurteilungen generell die Funktion, das Leistungsprinzip in Betrieben umzusetzen - so jedenfalls die idealtypische Vorstellung. [25] Daneben überschneiden sich in manchen Bereichen die Funktionen des Leistungsprinzips und der Leistungsbeurteilung, wenn auch wegen der jeweils anderen Ableitungsebene unterschiedliche allgemeine oder konkrete Funktionsformulierungen verwendet werden.

In der Literatur findet sich eine Vielzahl von Quellen, die sich mit den der Leistungsbeurteilung durch die Wirtschaftspraxis und -forschung zugesprochenen Funktionen klassifizierend deskriptiv wie normativ beschäftigt. [26] Die Funktionen beziehen sich auf die betriebliche Zweckerfüllung. Individuelle, d. h. von den Mitarbeitern ausgehende Funktionen werden nicht thematisiert. Die Klassifikationen unterscheiden sich v. a. in der Terminologie, im Inhalt und in den angewendeten Unterscheidungskriterien. Neben einer beschreibenden Aufzählung aller möglichen Funktionen (z. B. Personalplanung und -einsatz, Personalförderung, Entgeltpolitik, Evaluierung personalpolitischer Maßnahmen, Personalführung) [27]

---

24 S. Teil 3 C dieser Arbeit.

25 Diese Einschränkung ist notwendig, da zum einen die Leistungsverständnisse bisweilen stark divergieren, zum Zweiten nur vorgeblich Arbeitsleistung gemeint ist und zum Dritten andere Intentionen mit Leistungsbeurteilungen verbunden sind.

26 S. z. B. Neuberger 1980, S. 28 (Personalplanung und -einsatz, Personalförderung, Entgeltpolitik, Evaluierung personalwirtschaftlicher Maßnahmen, Personalführung); Brandstätter 1970, S. 669 ff. (Kriterium der Lohndifferenzierung, Grundlage personeller Auswahlentscheidungen, Beratung der Mitarbeiter durch Vorgesetzte, Kontrolle personalorganisatorischer Maßnahmen); ähnlich Bartölke 1972a, Sp. 654 f.; Müller, M. M., 1974, S. 25 f. (Koordinationsziele, Personalziele); Knebel 1988, S. 38 (pädagogische, betriebswirtschaftliche, betriebspolitische und berufsstandspolitische Ziele); Lattmann 1975, S. 21 ff.; Gaugler u. a. 1978, S. 25 ff. (Grundlage eines Leistungslohnanteils, Personalführung, Personaleinsatz, Personalführung und innerbetriebliche Kommunikation, Evaluierung personalpolitischer Maßnahmen) und ähnlich Rübling 1988, S. 108 ff.; Speck 1985, S. 42 ff.; Liebel/Walter 1978, S. 158 u. a. m.

27 S. bspw. Neuberger 1980, S. 28; sowie die Quellen in der vorherigen Fußnote.

erfolgt eine Dichotomisierung der Hauptfunktionen. [28] Eine solche wird auch hier (wegen grundsätzlicher Unterschiede) für sinnvoll gehalten und im weiteren Vorgehen differenziert.

Die betrieblichen Funktionen lassen sich zunächst in solche differenzieren, die einer führungspolitischen und einer personalpolitischen Zielsetzung dienen. [29] Darunter ist - folgt man der Literatur - Folgendes zu verstehen: [30]
- Unter (der) *personalpolitischen Zielsetzung*(en) soll(en)
  (a) die Leistungsbeurteilung quasi permanent eine Leistungsinventur der tätigen Mitarbeiter durchführen (*Funktion der organisationsweiten Leistungsinventur*),
  (b) die Personalplanung fundiert erarbeitet werden, z. B. Fundierung von Personalentscheidungen bzw. Einsatz-, Beschaffungs-, Karriere-, Freisetzungs-, Personalentwicklungsplanung (*Allokations- und Funktionalitätsfunktion*),
  (c) die Legitimation von Ungleichheit hinsichtlich Kompetenzen, Status u. Ä. begründet werden (*Legitimations-, Statuszuteilungsfunktion*),
  (d) personalpolitische Maßnahmen bez. Personalbeschaffung, -einsatz, -entwicklung und Arbeitsorganisation evaluiert und Änderungsmöglichkeiten sichtbar gemacht werden (*Evaluierungsfunktion*),
  (e) Entscheidungsgrundlagen für Entgeltdifferenzierungen bez. Zulagen, Prämien und Gehaltsbandbreiten zur Schaffung eines Leistungsgerechten Entgeltsystems und von monetären Anreizen gelegt werden (*Produktivitätsfunktion* bzw. *Funktion der Entgeltdifferenzierung*).

- Der *führungspolitischen Zielsetzung* kann die Leistungsbeurteilung durch den informatorischen und motivationalen Aspekt bei der Festlegung von Leistungszielen und -verhalten, bei der Diskussion der Aufgaben und Urteile, v. a. beim Mitarbeitergespräch, dienen. Zu differenzieren ist in zwei mitarbeiterbezogene und einen betrieblichen Aspekt(e) [31]:

---

28 S. Müller, M. M., 1974, S. 25 ff.; Wunderer 1975, S. 2493 f.; ähnlich Domsch/Gerpott 1987, Sp. 1651 ff.
29 In Anlehnung an Wunderer 1975, S. 2493 f.; Domsch/Gerpott 1987, Sp. 1651 ff. S. auch Teil 3 C dieser Arbeit zu den Funktionen des Leistungsprinzips.
30 Die einzelnen Funktionen sind weder vollständig unabhängig voneinander, noch lassen sie sich eindimensional verstehen. Auch gesellschaftspolitische Aspekte sind mit ihnen indirekt verbunden.
31 S. auch Liebel/Walter 1978, S. 158.

(a) Mit der *Leistungsstimulierungs- und der Befriedigungsfunktion* im Rahmen der Personalführung sind die Anerkennung und Bestätigung gezeigter Leistungen, die Festlegung gemeinsamer Erwartungen, die Stimulierung eines - eventuell geänderten - Leistungsverhaltens sowie Klimaverbesserungen im Vorgesetzten-Mitarbeiterverhältnis angesprochen.

(b) Im Mittelpunkt der *Orientierungsfunktion* steht die individuelle Beratung und Förderung der Mitarbeiter, die Beeinflussung von Motivation sowie die Lernziele für die Aus- und Weiterbildung.

(c) Die *Koordinierungsfunktion* im Rahmen der Unternehmungsführung betrifft die Koordination hinsichtlich der Festlegung der Leistungserwartungen und -ziele, der Verbesserung von Informationen und Koordination, ein Feedback (Informationsfluss von oben nach unten und umgekehrt), der Kontrolle der gestellten Aufgaben, die Sichtbarmachung von Änderungsmöglichkeiten sowie die Diskussion der Leistungsbedingungen. Insgesamt soll die Kommunikation zwischen den Beteiligten verbessert werden. [32]

(d) Mit der *individuellen Leistungsinventur* ist gemeint, dass die Reflexion über das Zustandekommen der vergangenen Leistung unter Einbeziehung der Leistungsziele/-ergebnisse, Leistungsverhalten und Leistungsbedingungen dem einzelnen Mitarbeiter ein Feedback über die Ursachen der wie auch immer bewerteten „Leistung" ermöglicht. Dies trifft eigentlich dann auch für das nähere Arbeitsumfeld inkl. Kollegen, Mitarbeiter, Vorgesetzte zu.

Nicht alle Funktionen werden von jedem Betrieb (gleichzeitig) verfolgt. In der Aufzählung sind nur die am häufigsten genannten und/oder die n. m. D. treffendsten Funktionen wiedergegeben.

Die Funktionen der Leistungsbeurteilung lassen sich nach einem anderen Differenzierungskriterium in manifeste und latente unterscheiden. [33] Als *manifeste Funk-*

---

32 Hinsichtlich der Funktionen gibt es Unterschiede zwischen Leistungsbeurteilungen und Personalbeurteilungen, was allein durch den extensiveren Begriffsumfang der Personalbeurteilung begründet ist. Der Ausführung einer führungspolitischen Funktion werden - mit der üblichen Praxis - dadurch enge Grenzen gesetzt, als dass die hohen Formalisierungs- und Zentralisierungsgrade individuelle Aspekte nicht zum Tragen kommen lassen.

33 Vgl. Merton 1968, S. 73 ff.; Grunow 1976, S. 76 ff. sowie Teil 3 C dieser Arbeit.

tionen gelten solche, die, wie die bislang skizzierten Funktionen, bewusst formuliert und offengelegt werden. [34]

Unter *latenten Funktionen* sind solche zu verstehen, die nicht direkt erkennbar sind, nicht offen ausgesprochen werden oder auch unbewusst bzw. z. T. nicht intendiert sind. Sie haben insbesondere für die Systembetreiber als hintergründiges Steuerungssystem einen Sinn. [35] Konkret lässt sich unter latenten Funktionen Folgendes verstehen: [36]

- Mit standardisierten Leistungsbeurteilungen wird die Aufmerksamkeit der *Beurteiler* auf Merkmale und Verhaltensweisen (via Beurteilungskriterien) gelenkt, denen häufig von diesen keine besondere Bedeutung zugesprochen wird. Die Leistungsbeurteilung hilft insofern auch, das Verhalten der Beurteiler zu steuern, ihre Zukunftserwartungen und Anspruchsniveaus zu beeinflussen, (Selbst-)Kontrolle auszuüben, den Anpassungsdruck zu erhöhen, weil positive wie negative Sanktionen von ihr abhängen, sowie Kommunikationsstrukturen zu stabilisieren (*Steuerung der Mitarbeiterführung*). Darüber hinaus wird auch ihr eigenes Arbeitsverhalten latent hierdurch beeinflusst, als dass (etwas) mehr Transparenz geschaffen wird (*Steuerung des Arbeitsverhaltens*).
- Auch gegenüber den *zu Beurteilenden* werden latente Funktionen verfolgt. Dies zeigt sich u. a. darin, dass Leistungsbeurteilungen zur nachträglichen *Legitimation von Entscheidungen* „missbraucht" oder als *Disziplinierungsinstrument* benutzt werden können. Des Weiteren dienen sie durch ihre systematische Verwendung zur *Stabilisierung* des betrieblichen Sozialisationsprozesses und der Macht- und Kommunikationsstrukturen [37] und die mit ihr i. d. R. einhergehende Abhängigkeit der Nachgeordneten („Zeremoniencharakter").

---

34 Gerade im Hinblick darauf, dass diese Funktionen vielfach nicht erreicht werden (können), verwundert es, dass Personalbeurteilungen immer noch durchgeführt werden. Eine Lösung für dieses Verständnisproblem könnte das Vorhandensein latenter Funktionen bieten. Vgl. bspw. Grunow 1976, S. 76 sowie Teil 5 E dieser Arbeit.

35 Die Aufdeckung der latenten Funktionen macht deutlich, dass die Informationen einer Personalbeurteilung sowohl zu Verzerrungen und Verschleierungen als auch zur Transparenz und Gerechtigkeit beitragen können. Die Art der Nutzung der „neutralen" Informationen ist verantwortlich dafür, was durch eine Leistungsbeurteilung entsteht. Vgl. Olbrich 1981, S. 264. *NEUBERGER* (1984, S. 283) spricht aber zu Recht davon, dass Beurteilungen nicht nur Produzent von Legitimation organisatorischer Entscheidungen sind, sondern zugleich auch Produkt der Organisation, quasi Spiegel von Besonderheiten wie z. B. der Interpretation des organisationsspezifischen Leistungsprinzips.

36 S. auch Grunow 1976, S. 76; Schuler 1978, S. 140 f.; Neuberger 1984, S. 278.

37 Vgl. Grunow 1976, S. 76 ff.; Schettgen 1992, S. 130 f.

Systematische Leistungsbeurteilungen sollen auch die Erwartungshaltungen der Mitarbeiter stabilisieren helfen, unangemessene Anspruchsniveaus nivellieren, um dadurch die Arbeitszufriedenheit zu verbessern.

Siehe zum Überblick noch nachfolgende Abbildung 5.1.

manifeste Funktionen		*latente Funktionen*	
personalpolitische Funktionen	*führungspolitische Funktionen*	*gegenüber Beurteilern*	*gegenüber zu Beurteilenden*
• organisationsweite Leistungsinventur • Legitimation und Allokation von Karrieren, Kompetenzen u. Ä. • Evaluierung von Personalinstrumenten • Entgeltdifferenzierung	• Leistungsstimulierung und Motivbefriedigung • Orientierung im Rahmen der individuellen Personalförderung • Koordination im Rahmen der Kommunikation • individuelle Leistungsinventur	• Steuerungsfunktion zur Mitarbeiterführung • Steuerungsfunktion zum Arbeitsverhalten	• Disziplinierungsinstrument • nachträgliche Legitimation von Entscheidungen • Stabilisierung des Sozialisationsprozesses sowie von Machtstrukturen

Abb. 5.1: Überblick über die i. d. R. verfolgten Funktionen einer Leistungsbeurteilung.

Abschließend ist festzuhalten, dass bei jeder Leistungsbeurteilung die Funktion(en) anzugeben ist bzw. sind, die sie erfüllen soll. Bei der Gestaltung ist darauf Wert zu legen, dass die Funktion(en) auch tatsächlich erfüllt werden kann (können). Vielfach wird hierauf jedoch - unreflektiert - kein Wert gelegt.

C Anforderungen an Leistungsbeurteilungsverfahren
I Zur Notwendigkeit von Anforderungen

Bevor ein Beurteilungsverfahren entwickelt wird, sind Entscheidungen darüber zu treffen, welche spezifischen Funktionen das Verfahren erfüllen soll sowie welchen Auflagen und Beschränkungen es genügen muss. Eine sinnvolle Bewertung von Verfahren (bzw. deren Alternativen) ist nur bei Vorhandensein und Kenntnis dieser Anforderungen möglich. [38] Die Bestimmung von Anforderungen ist gleich-

---

38 S. prinzipiell zum *Begriff der Anforderungen* Becker, W., 1980, S. 5 ff. Anforderungen bilden nicht nur die Voraussetzung einer zielgerichteten, systematischen Verfahrensentwicklung, auch der Erfolg oder Misserfolg (und damit die Effizienz) einer Konzeption kann nur im Hinblick auf die mit der Entwicklung verknüpften Erwartungen sinnvoll bestimmt werden. Zum Dritten können auch die Anforderungen selbst auf ihre Ange-

zeitig mit einer *Prioritätensetzung* durch Auswahl und Gewichtungsvorgänge verbunden, da nicht alle möglichen Forderungen gleichzeitig im gleichen Maße in einem System realisiert und berücksichtigt werden können. [39] Die Anforderungen haben dabei zum einen *Zielcharakter*, was die mit dem System zu erreichenden Ziele betrifft und zum anderen stellen sie *Minimalforderungen* (bzw. Beschränkungen) dar, um mögliche dysfunktionale Wirkungen von vornherein zu vermeiden. In diesem Kapitel wird auf solche Anforderungen Bezug genommen, welche Beurteilungsverfahren vom logischen Verständnis her erfüllen müssten, um angemessene weitgehend akzeptierte Ergebnisse ergeben zu können.

Da sich diese Arbeit vorwiegend mit den grundsätzlichen Möglichkeiten und Grenzen von Leistungsbeurteilungen (bzw. in diesem Teil der Arbeit auch der diesbezüglichen Beurteilungsverfahren) beschäftigt, werden hier nicht alle Anforderungen thematisiert. Der Schwerpunkt der Anforderungsdiskussion liegt auf den Aspekten einer Leistung, die prinzipiell bei der diesbezüglichen Beurteilung - variierend je nach dem Verständnis der Leistung [40] - zu berücksichtigen sind. Es handelt sich hierbei - *als Sollkomponenten einer Leistungsbeurteilung* - um die Leistungsziele und -ergebnisse, das Leistungsverhalten, die Leistungsbedingungen sowie die Leistungsvoraussetzungen. [41] Die Breite der Darstellung wäre dann nicht nötig, wenn unter Leistung immer nur Erfolg verstanden und damit die ertrags- bzw. wettbewerbsbezogene Komponente des Leistungsverständnisses in den Vordergrund gerückt würde. Diese Einengung wird hier nicht vorgenommen. Die in-

---

messenheit (bez. ihrer Härte) hin bewertet werden. Die Phasen der Anforderungsbestimmung und die der Evaluierung der Konzeption stehen daher in einem engen funktionalen Zusammenhang.

39 Ähnlich Becker, W., 1980, S. 9 ff. Nicht alle Anforderungen haben den gleichen Wert: Einerseits ergibt sich bereits logisch die unterschiedliche Wertigkeit. Andererseits - und in Betrieben ausschlaggebend - bestimmen die einflussreichsten beteiligten Organisationsmitglieder die tatsächliche Bedeutung einzelner Anforderungen. Die Phase der Verfahrensentwicklung im Betrieb ist insofern als politischer Prozess zu verstehen: Es liegen schlecht-strukturierte Entscheidungssituationen vor, für die es noch keine verbindlichen Wertprämissen gibt und die von daher in hohem Maße durch die persönlichen Präferenzen derjenigen Personen geprägt werden, die den größten Einfluss in diesem Entscheidungsprozess haben.

40 In einer Arbeit wie der vorliegenden geht es dabei nicht um die Bestimmung der tatsächlichen Leistungsinhalte. Dazu liegen weder aufgabenspezifische Kenntnisse vor, noch soll - ethisch-normativ - ein Leistungsverständnis vorgegeben werden. Hier können lediglich die formalen Komponenten tatsächlicher Leistungsinhalte vorgegeben und diskutiert werden.

41 Diese Komponenten sind theoretisch bereits an anderer Stelle (s. Becker, F. G., 1987, S. 60 ff.) hergeleitet worden. Im Folgenden wird diese Herleitung in ihren wesentlichen Zügen nur noch repliziert.

tensive Diskussion erwiese sich auch dann als überflüssig, wenn sie in dieser Systematik und inhaltlichen Bedeutung bereits an anderer Stelle geführt worden wäre oder gar Gemeingut in der Literatur zur Leistungsbeurteilung wäre. Dem ist aber erstaunlicherweise nicht so.

II Soll-Komponenten einer Leistungsbeurteilung
1 Leistungsziele, Leistungsergebnisse und/oder Leistungsaufgaben

An Arbeitsplätzen sind bestimmte Leistungsergebnisse in Form von Sollvorstellungen (operationale Leistungsziele) zu erbringen. Diese drücken den gewünschten Anteil an der Erbringung der betrieblichen Gesamtleistung aus und sollten zur betrieblichen Zielkonzeption in einem Ableitungsverhältnis stehen. Soll-Ist-Vergleiche („*Zielerreichungsgrad*") mit nachfolgender Abweichungsanalyse sind möglich. Die Leistungsergebnisse bieten sich als möglicher *Ausgangspunkt* für die Leistungsbeurteilung an und zwar durch die Definition des erwarteten Beitrags zur Zielerreichung. Das betrifft Art und Menge der im Zeitverlauf erwarteten Leistung. [42] Die Leistungsergebnisse sind immer nur Ausgangspunkt, da sie selbst keinen Wert in sich tragen. Dieser wird ihnen erst von außen durch Beurteiler (je nach Situation) zugesprochen. [43]

---

42 Der hier zum Tragen kommende *Zielansatz* dient der traditionellen Bestimmung des Betriebserfolges. Betriebswirtschaftliches Handeln ist i. Allg. zielgerichtet. Ziele stellen dabei Aussagen über erwünschte zukünftige Zustände dar, die als Ergebnis von Verhalten eintreten sollen. Die Ziele haben handlungsanleitende, programmatische Funktionen und fordern zur Zielerreichung auf. Sie dienen als Entscheidungs- und Beurteilungskriterien sowie als Führungs- und Kontrollinstrument. Anhand des jeweiligen Zielerreichungsgrades wird die Effizienz einer Organisationseinheit oder der Aufgabenerfüllung eines Organisationsmitgliedes (ergebnisbezogen) bewertet. Vgl. Berthel 1973, S. 1 ff.; Hauschildt 1977, S. 9; Strebel 1981, S. 457 ff. Vornehmlich kommt bei der Gestaltung eines Leistungsbeurteilungssystems der *formale Zielansatz* zum Tragen (s. Yuchtman/ Sheashore 1967, S. 891; Staehle/Grabatin 1979; S. 89 ff.; Grabatin 1981, S. 21 ff.; Etzioni 1960, S. 258 f.; Budäus/Dobler 1977, S. 61 ff.; Gzuk 1975, S. 127 ff.). Mit ihm werden durch die betrieblichen Entscheidungsträger Ziele vorgegeben. Der *funktionale Zielansatz*, mit dem von außen (bspw. durch betriebswirtschaftliche Forscher) Ziele als Normen an das System herangetragen werden, spielt nur eine ergänzende Rolle.

43 Die „Leistung" eines Mitarbeiters zu beurteilen heißt in diesem Verständnis, den *individuellen Beitrag zur Zielerreichung* zu erfassen. Die Zielsetzung hängt sehr eng mit der Zwecksetzung des Betriebs zusammen. Hier kommt es mehr darauf an festzustellen, ob die gesetzten Ziele erreicht bzw. inwieweit sie erreicht werden. Das ist - zumindest vorläufig - als Leistung zu betrachten. Damit sind die Beurteilungskriterien für das Leistungshandeln der Mitarbeiter festgelegt bzw. in ihrer Basis determiniert. Entsprechend der individuellen Beiträge, indem diese zur Zielerreichung führen, kann man dann von hoher oder weniger hoher Leistung sprechen. So jedenfalls die Idealvorstellung. Diese

Jede Beurteilung von Leistungen sollte sich an den inhaltlichen und zeitspezifischen Charakteristika der Aufgabe in der *relevanten Leistungsperiode* orientieren, z. B.: [44] (1) Sachbearbeiter X sollte speziell hinsichtlich der an seinem Arbeitsplatz geltenden Bedingungen auf seine Leistung hin beurteilt werden und nicht per se die gleiche Soll-Leistung erbringen müssen wie Sachbearbeiterin Y, die zwar formal die gleiche Tätigkeit auszuüben hat, inhaltlich aber durchaus unterschiedliches tut oder sehr schwierige Fälle zu bearbeiten hat. (2) Langfristige Entscheidungen sollten auf ihre langfristigen Ergebnisse bewertet werden; kurzfristig wirkende Entscheidungen sind entsprechend früher beurteilbar.

Weder Ziele noch die nachfolgend thematisierten Verhaltensweisen lassen sich - gerade in betrieblichen Entscheidungsprozessen - immer eindeutig, widerspruchsfrei bestimmen, festhalten bzw. aufeinander beziehen und in einen zwingenden Zusammenhang bringen. [45] Im Regelfall ist der handelnde Mensch in Betrieben mit Situationen konfrontiert, in denen die notwendigen Randbedingungen von Entscheidungen nicht voll bekannt sind und zukünftige Entwicklungen nur prognostiziert werden können. Eine unter diesen Voraussetzungen fixierte Zielsetzung kann sich - streng genommen - nur rein zufällig als voll realisierbar erweisen. Im Zeitablauf wächst der Grad der Informiertheit über die Zusammenhänge und damit nimmt auch die Möglichkeit zur Beurteilung der Realisierbarkeit der ursprünglichen Zielsetzung zu. Zielanpassungen sind die Regel. Die mögliche inhaltliche Veränderung der Ziele ergibt ein Problem für die Beurteilung. Das Objekt „Leistung", auf das die Beurteilung letztlich gerichtet ist, bleibt nicht invariant. Dieses Problem wird um so größer, je fundamentaler die Zielsetzung modifiziert bzw. abgeändert wird; d. h. in die Zukunft blickend ausgedrückt: Je weniger Informationen über die Zu-

---

Idealvorstellung setzt voraus, dass eine klare, weitgehend konsistente und transparente Zielhierarchie vorhanden ist. Sie setzt weiter voraus, dass erwartet wird, dass die Mitarbeiter ihr Handeln nur nach den betrieblichen Zielen ausrichten.

44 Positionsinhaber sollten wissen, was von ihnen bei der Erfüllung ihrer Rolle gefordert wird. Dazu bedarf es der Kenntnisse um die zu erfüllenden Aufgaben, die mit der Aufgabenerfüllung verbundenen Ziele und Handlungsbedingungen sowie die jeweilig möglichen, erwarteten und/oder sinnvollen Handlungsweisen. Nur wenn solche Kenntnisse vorhanden sind, ist das Erreichen einer - durch sie im Einzelfall definierten - Leistung gezielt möglich. Von daher sollte ein diesbezügliches Beurteilungsinstrument diese Komponenten explizit aufnehmen, um auch tatsächlich die Zusammenhänge und den Leistungsgrad festhalten zu können.

45 Problematisch anzuwenden wird der Zielansatz gerade dann, wenn die Ziele nicht eindeutig feststellbar sind bzw. nicht konkretisiert werden können, Sektoralziele nicht unbedingt aus einem übergeordneten System abgeleitet werden können und wenn sich Ziele im Zeitablauf ändern. Vgl. Thom 1980, S. 28 f.; Berthel 1973, S. 4 ff., 218 ff.; Heinen 1966, S. 102 ff.; Hauschildt 1977, S. 100 ff.

sammenhänge in einem Zielsetzungsprozess gegeben sind und/oder je eher die Beurteilung im Leistungsprozess vorgesehen ist, desto problematischer wird die Beurteilung sein. Konsequenz einer *Zielveränderung* ist prinzipiell die Änderung der Beurteilungsobjekte/-kriterien und -instrumente. Bei jeder Zielveränderung ist sorgfältig zu prüfen, inwieweit diese Änderung zu anderen Bewertungsobjekten/-kriterien/-indikatoren führt bzw. führen muss. *Vollständige Zielerreichung* bedeutet nicht unbedingt einen effizienten Entscheidungsprozess, genauso wenig wie Zielverfehlungen automatisch Versagen und Zielübererfüllungen höhere Leistungen bedeuten. Die der Beurteilung zugrunde liegenden Ziele können spekulativ, optimistisch, pessimistisch, illusorisch u. Ä. gewesen sein. Daher sind die Hintergründe der Zielformulierung immer zu erfassen.

Alternativ zu den Leistungszielen kann man sich auf die *(Leistungs-)Aufgaben* einer Position und die damit verbundenen Rollenerwartungen beziehen. Speziell dann, wenn konkrete bzw. qualitativ fassbare Ziele wegen der Umweltturbulenzen oder spezifische Ziele auf unteren Hierarchieebenen nicht formuliert werden sollen, bietet sich diese Alternative an. Positions-, d. h. auch aufgaben- und zeitspezifisch, lassen sich auf diese Art Beurteilungskriterien erarbeiten.

Ohne Rückgriff bzw. Vorstellung über das Leistungsverhalten und die -bedingungen sind Bewertungen mit Hilfe von Leistungszielen und -ergebnissen wie auch der Leistungsaufgaben nur unzureichend möglich. Leistungsbeurteilungen können sich nicht ausschließlich auf diese Aspekte beschränken, wenn sie angemessene Aussagen über individuelle Leistungen eruieren sollen. Sie müssen ebenso Verhalten bewerten und die Bedingungen des Leistungsprozesses berücksichtigen. [46]

---

46   Ergänzt werden sollte daher der Zielansatz zum einen durch den *Systemansatz*. In dessen Mittelpunkt stehen v. a. die Bedingungen der Systemerhaltung sowie die wechselseitigen Beziehungen zwischen dem System Betrieb und der Umwelt. Die prozessuale Effizienz hinsichtlich der Nutzung der zur Verfügung stehenden Mittel wird geprüft. Vgl. Gzuk 1975, S. 145 ff.; Grabatin 1981, S. 26 ff.; Etzioni 1960, S. 261 ff.; Yuchtman/Sheasore 1967, S. 898. Zum anderen ist noch der *Leistungspotenzialansatz* hinzuzuziehen. Basis der damit verbundenen situativen Ex post-Analyse sind die Ressourcen, die zur Zielerreichung bzw. Aufgabenerfüllung benötigt werden sowie die durch die verfügbaren Ressourcen erreichbaren Leistungsergebnisse. Vgl. Gzuk 1975, S. 162 ff.

2 Leistungsverhalten

Leistungsverhalten (u. U. ein *verhaltensbezogenes Leistungsziel*) ist prinzipiell der Beobachtung zugänglich. Es wird durch die Leistungsfähigkeit und -motivation der Mitarbeiter im Zusammenspiel mit den verschiedenen Arbeitsbedingungen, d. h. den Aufgabenstellungen, den Interaktionspartnern und den erwarteten Leistungsergebnissen, determiniert. Gut bewertetes Leistungsverhalten muss nicht automatisch zu gewünschten Leistungsergebnissen führen. Eine parallele Beurteilung dieser beiden Leistungskomponenten ist daher - sofern im Arbeitsprozess möglich - für ein umfassendes Beurteilungsverfahren zugrunde zu legen. Ihre jeweilige Gewichtung hat von Fall zu Fall zu erfolgen. [47]

Die Einbeziehung des Verhaltens in die Beurteilung kann auf zwei verschiedene Weisen erfolgen: Zum einen lässt sich das durch die Berücksichtigung der einzuschätzenden Qualität des Leistungsverhaltens bei der Verfolgung gesetzter Ziele bzw. der Erfüllung vorliegender Aufgaben bei der Ex post-Bewertung erreichen. [48] Zum anderen wird durch vorab spezifizierte Verhaltensweisen deutlich angegeben, was die betrieblichen Entscheidungsträger als erfolgskritisches Leistungsverhalten ansehen und was nicht. Doch nicht für jeden Arbeitsplatz ist Arbeitsverhalten vorab bestimmbar. Diese Möglichkeit wird durch den *Grad der Äquifinalität* eines Arbeitsplatzes beschränkt. Dieser drückt die Eigenschaft einer Aufgabe aus, nur einen einzigen Lösungsweg oder mehrere etwa gleich effiziente Lösungswege zu haben. Hat eine Aufgabe keine Äquifinalität, dann gibt es nur ein bestes Arbeitsverhalten, und nur dann sind solche Verfahren durchführbar.

Mit der letztgenannten Problemstellung ist auch Folgendes verbunden: Selbst konkrete Verhaltensbeobachtungen sind mehrdeutig. Es kommt nicht nur darauf an, dass sich eine Beurteilung auf „objektiv" richtige Beobachtungen stützt. Entscheidend ist, welche Schlüsse aus diesen Wahrnehmungen gezogen und wie sie in Zusammenarbeit mit den Beurteilten überprüft werden. Aus konkreten Beobachtungen ziehen Beurteiler bspw. sehr unterschiedliche Schlussfolgerungen auf be-

---

47 S. hierzu Becker, F. G., 1987, S. 316; Lawler 1983, S. 91; Murphy 1991, S. 45 ff.

48 Diese besondere Problemstellung wird in den Mittelpunkt des sog. *Managerial Effectiveness-Ansatzes* gestellt. Das situationsspezifische und zielbezogene Verhalten der Beurteilten (Rollenerfüllung) ist bei der Beurteilung einzubeziehen. Die Art und Weise, wie sie sich im Hinblick auf die Erreichung der vereinbarten Ziele bzw. der Erfüllung der gestellten Aufgaben hin trotz drohender Situationsbedingungen verhalten haben sowie die Angemessenheit des Verhaltens in unterschiedlichen Situationen beeinflussen die Effizienz des betrieblichen Entscheidungsprozesses. S. Gzuk 1975, S. 170 ff. und die dort angegebene Literatur.

stimmte abstrakte Persönlichkeitseigenschaften oder auf das Zustandekommen einer Leistung. Nur solche Beobachtungen bzw. Beobachtungsobjekte sind von Bedeutung, welche sich direkt auf das Ziel bzw. die zu bewertende Arbeit richten.

Leistungsziele/-ergebnisse und Leistungsverhalten thematisieren viele Quellen in der Beurteilungsliteratur, ohne allerdings i. d. R. eine Verbindung zwischen beiden Komponenten zu schaffen. Fast überhaupt nicht eingegangen wird auf eine weitere, für die vollständige Erfassung von individuellen Leistungen unabdingbare Komponente: Nur unter Berücksichtigung der jeweils geltenden Leistungsbedingungen lassen sich Leistungsergebnisse und Leistungsverhalten adäquat bewerten. [49]

3 Leistungsbedingungen

In der Diskussion zur Leistungsbeurteilung werden die jeweils geltenden Leistungsbedingungen [50] zumeist stark vernachlässigt. Dabei determinieren die in einer Leistungsperiode jeweils aktuell gegebenen Situationsbedingungen in entscheidendem Maße nicht nur die Leistungsergebnisse, sondern auch das (notwendige) Leistungsverhalten. Nur vor dem Hintergrund dieser Determinanten lässt sich die Leistungsgüte feststellen. Diese an sich einleuchtende Feststellung wird in der Literatur kaum diskutiert. [51]

---

49   Schließlich sollte auch mit der umfassenden Sichtweise des sog. *Organizational Assessment-Ansatzes* die bereits angesprochenen unterschiedlichen Leistungsaspekte gesamthaft begründet werden. Nach der Definition „der" Leistung und der Bestimmung der Leistungskriterien wird diesbezüglich später die Erreichung unter Berücksichtigung von Leistungsvoraussetzungen und Leistungsbedingungen bewertet. Vgl. van de Ven/ Ferry 1980; van de Ven 1981, S. 245 ff.; Hofmaier 1982, S. 36 ff. Zusätzlich ließen sich auch noch - quasi von außen - gesellschaftspolitische Ziele und Kriterien in die Leistungsbeurteilung aufnehmen. S. hierzu Grabatin 1981, S. 63 ff.; Staehle/Grabatin 1979, S. 92 ff.; Staehle 1984, S. 29 ff.

50   Hiermit sind die tatsächlich während einer Leistungsperiode geltenden und beeinflussenden Bedingungen der Leistungserbringung angesprochen, unabhängig davon, ob sie so vorhergesehen wurden oder unerwartet vorlagen. Besondere Bedeutung haben v. a. diejenigen Faktoren, die nicht der Kontrolle der Beurteilten unterliegen.

51   Teilaspekte der Problemstellung behandelt seit Beginn der 80er Jahre eine Forschergruppe um *PETERS* und *O'CONNOR*. Bei ihnen geht es um situationsbedingte Restriktionen des Leistungsprozesses. Zur Verdeutlichung dieser Problemstellung s. insbesondere: Peters/O'Connor 1980; Peters u. a. 1982; O'Connor u. a. 1984; Peters/Fisher/O' Connor 1982; Eulberg u. a. 1984; Peters/O'Connor/Eulberg 1985; sowie Campbell/Pritchard 1976, S. 65 und Fallgatter 1996. Vernachlässigt werden bei den Forschungen aber positiv wirkende Situationsfaktoren, deren Kontrollierbarkeit sowie viele andere determinierende Faktoren.

Bei den meisten praktizierten Beurteilungsverfahren liegt der Verdacht nahe, dass die Beurteiler weder die Voraussetzungen der Leistungserbringung - systematisch - prüfen, noch fragen (sollen), ob das angelegte Maß angemessen ist. Die Leistungsbedingungen gehen i. d. R. als nicht weiter beachteter, prinzipiell als konstant angenommener Faktor in die Beurteilung mit ein. Allenfalls unsystematisch können solche Faktoren berücksichtigt werden. Die üblichen Beurteilungsverfahren unterstreichen die - fast alleinige - Bedeutung der Positionsinhaber: An ihnen liegt es, ob sie gutes Leistungsverhalten zeigen und/oder gut bewertete Leistungsergebnisse vorlegen. Für ein Scheitern der Bemühungen werden sie verantwortlich gemacht, genauso wie auf sie der „Glanz" herausragend bewerteter Leistungen fällt. Ob hier günstige bzw. ungünstige äußere Bedingungen - gar entscheidend - dazu beigetragen haben, interessiert nur am Rande. [52] Im Bewusstsein der Verantwortung für die zu beurteilenden Mitarbeiter sowie im Hinblick auf treffende Informationen für Mitarbeiter wie Betrieb sollte aber auch die Art und Weise des Zustandekommens ebenso wie das Produkt des Leistens berücksichtigt werden. Die blinde Zurechnung von Erfolgsdaten des Betriebs (sei es Produktivität, ROI, Wachstum, Fluktuation u. a.) auf einen Mitarbeiter verhindert die differenzierte Analyse der tatsächlichen Verantwortungen. [53] Man kommt nicht umhin, schon bei der Planung - und erst recht bei der Bewertung - Hypothesen über das Zusammenwirken verschiedener externer wie interner Determinanten aufzustellen und bei der Zielsetzung bzw. der Bewertung zu berücksichtigen. [54] Je besser die Zusammenhänge

---

52 Die damit verbundene Personalisierung von Erfolg bzw. Misserfolg ist gleichzeitig *Motivationsinstrument* bzw. Anreiz zum stärkeren Einbringen des eigenen Potenzials. *NEUBERGER* (1984, S. 285) spricht in diesem Zusammenhang allerdings von einem „Dauerzustand der Verunsicherung" bei den Beurteilten. Für manche Manager und andere Mitarbeiter mag es zwar eine narzisstische Kränkung sein, wenn der Erfolg ihres Verantwortungsbereiches nicht mehr (nur) auf sie selbst, sondern auf andere, dritte Personen bzw. Größen zurückgeführt wird. Eigentlich wird jedoch nur der Grundsatz umgekehrt, bei Misserfolgen nach „den Schuldigen" zu suchen.

53 Leistungsergebnisse sind die Folge mehrerer Kräfte, Determinanten, von denen bei weitem nicht alle unter der Kontrolle der Mitarbeiter stehen. Es ist oft äußerst schwierig, den tatsächlichen Beitrag eines Mitarbeiters an ihrem Zustandekommen zu erfassen. Sehr Leistungsfähige Mitarbeiter mögen einen durchschnittlichen Vorgesetzten mitschleppen, schwache Konkurrenz mag die eigenen Umsätze steigern. Es kann bspw. dieselbe Leistung entweder das Ergebnis von ernster Anstrengung und großem Fleiß sein. Es kann zufällig oder durch glückliche Umstände, auch mühelos, gleichsam nebenbei zustande kommen, je nachdem in welchem Verhältnis das Geforderte zu der jeweiligen Qualifikation des zu Beurteilenden, also zu seiner Leistungsfähigkeit und -bereitschaft sowie zu den herrschenden Leistungsbedingungen stand.

54 Es mag Leistungen geben, die „besser" zu beurteilen sind. Vielleicht empfiehlt sich daher eine Kategorisierung betrieblicher Leistungen hinsichtlich des Aspektes der Beurteilungsmöglichkeit, z. B.: Leistungen, die aufgrund ihrer strukturellen Beschaffenheit eindeutig wertbar sind (Diktate, Akkordarbeiten am Fließband u. Ä.) oder deren Beschaf-

bekannt sowie je gesicherter die Hypothesen sind, desto treffender werden die Zielniveaus bzw. Bewertungen sein. [55]

Leistung ist v. a. eine Funktion von *Wollen, Können* und *Situation*. Die Situation fördert und hindert die Leistungserbringung, insofern erscheint auch ein situationsangemesseneres Entscheidungsverhalten und eine situationsberücksichtigende Leistungsbeurteilung notwendig. [56] Die Kenntnis der Leistungsbedingungen(-zwänge) und deren Wirkungen auf Leistungsverhalten, -ergebnisse und -träger sind von großer Bedeutung; erlauben sie es doch, adäquate Hypothesen aufzustellen. [57] Wichtig ist, dass die Beurteiler die Leistungsbedingungen kennen und bei der Anwendung von Beurteilungsverfahren berücksichtigen (können) bzw. eventuell negative während der Leistungsperiode beseitigen helfen. Letzteres kann zur Verbesserung von Leistungsergebnissen führen. [58]

Negative Leistungsbedingungen können unterschiedliche *Wirkungen* hinterlassen: [59] Besonders betroffen sind qualifizierte Mitarbeiter. Für sie senkt sich das mögliche, durch individuelle Handlungen prinzipiell erreichbare Leistungslevel. Je mehr negative Leistungsbedingungen existieren, desto geringer wird die potenzielle Diskriminierungsspanne zwischen guten und schlechten Leistungen bzw. Mit-

---

fenheit ein unterschiedliches Bewerten ermöglicht (z. B. Kundenpflege, Berichteschreiben) oder die aufgrund ihrer sehr unterschiedlichen Gehalte unter besonderen Voraussetzungen zu bewerten sind (bspw. Führungsverhalten) oder deren Sinngehalte sich jedem Beurteilungsversuch mehr oder weniger entziehen (bspw. Kulturmanagement).

55 Vgl. Neuberger 1976, S. 193 f.

56 In Anlehnung bspw. an Bühner 1977, S. 51.

57 Ein weiterer Hinweis ergibt sich aus der Berücksichtigung von Leistungsbedingungen. Unterschiedliche psychometrische Ergebnisse in empirischen Studien zu Beurteilungsverfahren lassen sich mit unterschiedlichen, nicht erhobenen Leistungsbedingungen erklären.

58 Was immer man auch unter Leistung, Leistungsfähigkeit und Leistungsbereitschaft versteht, eine direkte *Proportionalität* ist ausgeschlossen. Die Vorstellung geradliniger Verursachungsrichtungen ist zu einfach, um dem komplexen Wirkungszusammenhang zwischen diesen Variablen wie auch anderen intervenierenden Variablen gerecht zu werden. Beurteilungsschwierigkeiten kommen auch dann auf, wenn sich die Leistungsbedingungen unerwartet bspw. positiv geändert haben. Sollte man - generell gesprochen - mit einer nach außen hin guten Leistung zufrieden sein, oder sollte man das Nichtnutzen von Mehrleistungsmöglichkeiten trotz guter Leistungsergebnisse beklagen. Auf jeden Fall hat man sich zu fragen, warum wohl ein Mitarbeiter dieses Potenzial nicht genutzt hat.

59 Entsprechend umgekehrt ließen sich auch positiv wirkende Determinanten formulieren. I. Allg. unterliegt man jedoch der Versuchung, solche Determinanten als Normalfall anzunehmen.

arbeitern. Die oberen Skalenwerte senken sich, die unteren bleiben erhalten. [60] Fallen dagegen negative Leistungsbedingungen weg (oder entstehen positive), dann bedeutet dies nicht eine „vice versa-Situation". Die schlechter Leistenden können ohne zusätzliche Aktionen ein höheres Leistungsergebnis erzielen. Leistungsbedingungen betreffen nur die qualifizierten Mitarbeiter. Man kann davon ausgehen, dass situationsbedingte Zwänge wie bspw. Zeitnot i. d. R. die Leistung negativ beeinflussen. [61]

Ein Aspekt führt dazu, dass - extrem gesprochen - kein Arbeitsplatz in einer Leistungsperiode dem anderen hinsichtlich seiner Anforderungen an ihre Inhaber gleicht. [62] Diese Aussage lässt sich mit den Leistungsbedingungen, also mit den unternehmungsexternen und unternehmungsinternen Bedingungen sowie den sich - auch deshalb - wechselnden Zieländerungen, begründen. Diese Leistungsbedingungen sind Arbeitsplatz(inhaber) spezifisch und zeitlich unterschiedlich. Die Organisationsmitglieder - selbst auf vergleichbaren Arbeitsplätzen oder in verschiedenen Perioden - haben andere Kunden, sind auf anderen Märkten tätig, erhalten unterschiedlich hohe bzw. einsatzbereite und -mögliche finanzielle und personelle Ressourcen, müssen mit Wirkungen konjunktureller Entwicklungen rechnen, sind selbst von ihren eigenen Lebensumständen in ihrer Wirkungsweise beeinflusst u. a. m. Solche Beeinflussungsfaktoren der schließlich erbrachten „Leistungen" in Form von Ergebnissen und gezeigten Verhaltensweisen sind jeweils unterschiedlich und von daher prinzipiell im Rahmen der Beurteilung zu berücksichtigen. Geschieht dies nicht, kaum oder nur einzelfallbezogen, so ist eine Gerechtigkeit bzw. eine Fairness der Beurteilungen untereinander nicht zu erwarten. Betroffen von der Angemessenheit der Urteile sind, bezieht man sich auf die angestrebten manifesten Funktionen, nicht nur die Beurteilten. Auch andere betriebliche Intentionen zielen ins Leere, sofern sie verzerrte Beurteilungsaussagen zur Folge haben.

Werden die Leistungsbedingungen bei der Leistungsbeurteilung nicht berücksichtigt, so hängt das Beurteilungsergebnis u. a. von marktabhängigen *Zufälligkeiten* und Unwägbarkeiten ab, die unabhängig sind von der Qualifikation der zu Beurteilenden. Die Nichtbeachtung der Leistungsbedingungen beeinflusst die Motiva-

---

60 Peters/O'Connor 1980, S. 392 f. Die Decke ist niedriger aufgehängt. Sie könnten höher springen. Gerade für sie, die relativ und absolut am stärksten Betroffenen, kann dies zur Arbeitsunzufriedenheit, Stress und Frustration führen.
61 S. dazu v. a. Peters/O'Connor 1980; Peters/O'Connor/Eulberg 1985, S. 87 ff.; Peters u. a. 1984, S. 293 ff. Die Autoren sprechen auch selbst von (noch) nicht gesicherten Erkenntnissen, da die Feldstudien keine eindeutigen Resultate wiedergeben.
62 Vgl. ähnlich auch Hofmann 1980, S. 82 f.; Gzuk 1975, S. 105 ff.

tion der Mitarbeiter dann negativ, wenn die (ergebnis- und verhaltensorientierten) Leistungsziele nicht erreicht werden (können). [63]

Anschließend an diese Diskussion kann man eine weitere Frage stellen: Soll jede Leistungsbeurteilung eine Art von Förderungsmaßnahme sein? Wenn diese Frage prinzipiell mit ja beantwortet wird, dann darf erst recht nicht das mess- und vergleichbare Produkt oder die Vergleichbarkeit der Ergebnisse im Mittelpunkt der Beurteilung stehen. Es ist insofern unzulänglich, als dass die Bedingungen des Entstehens und die Situationsbindung des Verhaltens zu berücksichtigen sind. Dies ist eine sachliche Notwendigkeit. Wenn auch dadurch die Vergleichbarkeit der Leistungsbeurteilung erschwert wird, so ist sie doch - paradoxerweise - Voraussetzung für eine vergleichbare Beurteilung.

Kompliziert wird es bei der Erfassung der gesamten Leistungssituation oder gar bei der Bildung einer sinnvollen *Taxonomie* für die jeweils Leistungsrelevanten Determinanten (und ihrer möglichen Auswirkungen je nach Ausprägung) eines Arbeitsplatzes; erst recht, weil die Ausprägungen der Taxonomien perioden- und stellenbezogen sich verändern bzw. überprüft werden müssten. [64] Sinnvoll wäre es allerdings, eine solche Taxonomie von möglichen Leistungsbedingungen zu entwickeln, die - quasi als *Checkliste* - die normalerweise wichtigen positiv wie negativ

---

63 Vgl. Peters/O'Connor 1980, S. 392; O'Connor u. a. 1984, S. 663 ff.; Peters u. a. 1982, S. 7 ff.

64 S. zu diesem Problem auch Peters/O'Connor/Eulberg 1985, S. 80 ff. S. zur Taxonomieentwicklung bei Managementpositionen O'Connor u. a. 1984, bei Managementpositionen und Verwaltungspersonal Peters/O'Connor/Rudolf 1980 sowie bei Verwaltungspersonal in der US-Luftwaffe O'Connor u. a. 1984. Die Vorgehensweisen und Ergebnisse generell schildern auch *EULBERG U. A.* (1984). S. zu einer Übersicht über die jeweils sich ergebenen Kategorien dieser und anderer Studien Peters/O'Connor/Eulberg 1985, S. 84 ff. Die Forschergruppe um *PETERS* und *O'CONNOR* hat aufgrund verschiedener eigener und fremder empirischer Studien elf Kategorien von Taxonomien festgestellt. Es handelt sich dabei um: Verfügbarkeit bzw. Weitergabe von arbeitsplatzbezogenen Informationen, adäquate Arbeitsplatzausstattung, Material- und Lieferantengüte, angemessene Finanzbudgets, Unterstützung anderer, Aufgabenvorbereitung durch Bildung und Erfahrung, mögliches Zeitbudget, Arbeitsplatzbedingungen, Zeitplanung/-ablauf, Transportmöglichkeiten und arbeitsplatzbezogene Autorität (insbesondere gegenüber Dritten). Die Kategorien sollen dabei ein weites Feld verschiedener Arbeitsplätze bzw. deren hindernde Leistungsbedingungen erfassen helfen. Auch wenn man weder mit dieser Taxonomie noch mit der im Grunde mangelnden empirischen Unterstützung einverstanden ist, so liegt doch zumindest ein Ansatz zur Berücksichtigung vor. Leider ist die Forschergruppe der Versuchung erlegen, von kleinzahligen und speziellen Studien aus auf allgemeine Aussagen hin zu schließen. Ihre Arbeiten haben insofern „nur" einen Wert, als dass sie v. a. auf eine kaum erforschte Fragestellung hinweisen und diese untersuchen sowie auch Hinweise zum Umgang mit dem Problem geben.

wirkenden Determinanten erfassen hilft. Sie kann dann sowohl bei der Planung für eine bestimmte Leistungsperiode, als auch im Rahmen der Bewertung zur Erfassung nicht vorhergesehener Entwicklungen verwendet werden. Eine allgemein anwendbare Grobtaxonomie wird im Folgenden diskutiert.

Das komplexe Gefüge der relevanten Situation ist zunächst zu differenzieren in sachliche und personelle Leistungsbedingungen:
- *Sachliche Leistungsbedingungen* betreffen die - Entwicklung der - Umsysteme, in deren Rahmen die Mitarbeiter agieren und von deren Ausprägungen der Erfolg des Leistungsverhaltens begünstigt, aber auch benachteiligt werden kann. Sie lassen sich unterscheiden in endogene und exogene.
  * Mit *endogenen Leistungsbedingungen* sind solche gemeint, die im Betrieb selbst vorliegen und von betrieblichen Entscheidungsträgern - wenn auch in unterschiedlichem Ausmaße - direkt beeinflusst werden können (z. B. zur Verfügung stehende sachliche und finanzielle Ressourcen). Sie lassen sich weiter untergliedern in zufällige und planerische. [65] Für eine Leistungsbeurteilung ist graduell mehr Wert auf die bewusst selbst herbeigeführten Potenziale zu legen. Das bedeutet auch, dass es Mechanismen in Verfahren geben sollte, die Zufälligkeiten und deren Auswirkungen erfassen.
  * Die *exogenen Leistungsbedingungen* liegen im außerbetrieblichen Umfeld. Sie beziehen sich bspw. auf konjunkturelle und branchenbezogene Entwicklungen, auf singuläre Ereignisse wie z. B. den Konkurs eines Mitwettbewerbers, die vorgezogene Produkteinführung des Hauptkonkurrenten u. Ä. Sofern sie nahezu unvorhersehbar bzw. in den Strategien nicht berücksichtigt waren, beeinflussen sie sowohl die jeweilig angestrebten Leistungsergebnisse entweder positiv oder negativ, als auch das tatsächliche notwendige Leistungsverhalten. Von daher ist ihr spezifischer Einfluss zu prüfen und zwar unabhängig vom jeweiligen Zielerreichungsgrad, also nicht nur bei negativer Zielabweichung, sondern auch bei Zielüberschreitungen und -erreichungen. Wenn exogene Leistungsbedingungen und deren Entwicklungen (z. B. Umweltsituation) günstig zu den unternehmungsinternen Kapazitäten passen, wird oft - manchmal zu Recht, manchmal zu Unrecht - von Glück und Pech gesprochen.
- Bei den *personellen Leistungsbedingungen* handelt es sich stets um endogene Faktoren. Sie beziehen sich auf das Können und das Wollen der anderen im Kombinationsprozess tätigen Organisationsmitglieder, also ständige oder

---

65   S. Pümpin 1982, S. 31 f.

zeitweise Untergebene, Vorgesetzte, Projektmitglieder u. a. Durch den Knappheitszustand personeller Ressourcen ist eine optimale Unterstützung i. d. R. nicht zu erwarten. Die personellen Leistungsbedingungen sind im Beurteilungsprozess dann zu berücksichtigen, wenn sie a) bei Bedarf nicht von den Beurteilten genutzt wurden, b) einen Engpass bei der Ausführung der Tätigkeit bilden und/oder c) aufgrund einer politischen Entscheidung der Systemgestalter bei der Beurteilung zu berücksichtigen sind. Bei letzterem sind die Wirkungen auf vergleichbare Aufgabenträger zu berücksichtigen, da diese durch unterschiedliche Anspruchsniveaus an die Individualisierung demotiviert werden können.

Für jeden Arbeitsplatz müssten im Rahmen der Leistungsbeurteilung aktuell geltende, konkrete Bedingungen und deren Auswirkungen berücksichtigt werden. Die vorliegenden Leistungsbedingungen bedürfen zumindest einer weiteren Differenzierung auf einer anderen Ebene: Für die Leistungsbeurteilung wichtig ist neben der Feststellung wichtiger Leistungsdeterminanten noch die Differenzierung in durch die Beurteilten *kontrollierbare und nicht-kontrollierbare Determinanten*. Diese Unterscheidung kann man sich auf einem Kontinuum vorstellen, welches von völlig unbeeinflussbaren bis (fast) vollständig beeinflussbaren Determinantenpolen reicht. Konjunkturelle Entwicklungen, Maschinenqualität sowie Marketingaktivitäten sind von einzelnen Beurteilten allenfalls sehr indirekt beeinflussbar, so dass deren Auswirkungen auf die eigene Aufgabenerfüllung bzw. Leistungserbringung nicht zu ihren Gunsten oder Ungunsten berücksichtigt werden dürfte. Anders ist es bei den den Beurteilten zur Verfügung stehenden Etats, möglichen Verhaltensweisen u. a. m. Sie stehen weitgehend in der Verantwortung des Einzelnen.

Ein Beurteilungsverfahren hat Komponenten zu bieten, mit denen die angesprochenen Leistungsbedingungen erfasst und berücksichtigt werden können. Dazu sind wiederum Vorgespräche notwendig, die erwartete Leistungsbedingungen periodenbezogen festhalten und daraufhin Aufgaben bzw. Ziele definieren. Zum anderen bedarf es im Rahmen der Bewertung einer Prüfung, inwieweit diese Erwartungen treffend waren. Dementsprechend sind auch die Urteile zu modifizieren bzw. ist dies bei der Urteilsbildung zu berücksichtigen. Neue Aufgabenstellungen und/oder die vorliegenden bzw. erwarteten Situationskonstellationen erfordern stets neue Überlegungen über das adäquate Leistungsbeurteilungsverfahren (und dessen Details), ohne damit prinzipiell auszuschließen, dass auf bewährte Verfahren zurückgegriffen wird. Folgerung aus diesen Aussagen ist eine Aufteilung des Leistungsbeurteilungsprozesses in zunächst drei prinzipiell zu differenzierende, wenn auch idealtypische Phasen: Leistungsvorperiode, Leistungsperiode und Leistungsnachperiode. In der ersten erfolgen die Vereinbarungen und Vorgespräche über Ziele, Aufgaben und erwartete Bedingungen, in der zweiten die Leistungserbringung und die Beobachtung sowie in der dritten die Bewertung. [66]

Bei den bislang diskutierten Anforderungen an Leistungsbeurteilungsverfahren, also die verfahrensbedingte Berücksichtigung von Leistungszielen/-ergebnissen und/ oder -aufgaben, Leistungsverhalten und Leistungsbedingungen, handelt es sich um Soll-Komponenten der Verfahren. Sie *müssen* berücksichtigt werden, um menschliche Leistung angemessen in Betrieben beurteilen zu können. [67] Bei dem nachfolgend zu besprechenden Aspekt handelt es sich dagegen aus betrieblicher Sicht letztendlich um eine *Kann-Komponente*. Je nach Zielsetzung des Betriebes sprechen Argumente für oder wider die Berücksichtigung von Leistungsvoraussetzungen bzw. angesprochene Funktionen.

4 Leistungsvoraussetzungen

Unter Leistungsvoraussetzungen sind die positionsspezifischen Verhaltensdeterminanten der *Qualifikation* zu verstehen, wie Fähigkeiten, Fertigkeiten, Kenntnisse, Motive, Erwartungen. Die Belastung und Beanspruchung der Mitarbeiter am Arbeitsplatz ergibt sich aus dem Ausmaß der Inanspruchnahme dieser Leistungsvoraussetzungen (*zeitbedingtes Arbeitsvermögen*). [68] Problematisch ist es, ob und inwieweit die persönlichen Leistungsvoraussetzungen der Beurteilten während der Leistungsperiode in der Leistungsbeurteilung zu berücksichtigen sind. Ist es eigentlich „gerecht", bei unterschiedlich zugrunde liegenden persönlichen Leistungsvoraussetzungen die gleiche Norm anzusetzen? Im Endeffekt kann dies für zwei ungleich Qualifizierte, die die gleichen Aufgaben zu erfüllen haben, Folgendes bedeuten: Diejenigen, denen die Leistungserbringung mühelos, quasi nebenbei von der Hand geht, bekommen die Bestätigung für eine gute Leistung. Die Kollegen, die nur mit sehr viel Anstrengung, nicht ganz die gleiche Leistung erbracht haben, eigentlich also mehr „geleistet" (im Sinne von Tätigkeit) haben, erhalten eine nicht

---

66   Bei den nachträglichen Gesprächen über eventuelle Leistungshindernde Determinanten ist die im Rahmen attributionstheoretischer Überlegungen festgestellte Tendenz der betroffenen Beurteilten zu beachten, Misserfolge eher äußeren Faktoren als sich selbst zuzuschreiben. S. zu einer anderen Phaseneinteilung Kap. 2 III dieser Arbeit.

67   Lediglich wenn - wie bereits festgestellt - Leistung unter einer Wettbewerbsperspektive betrachtet wird bzw. mit Erfolg gleichgesetzt wird, können die Anforderungen reduziert werden.

68   Vgl. Berthel/Koch 1985, S. 58 f.; Berthel 2000, S. 116 ff.; Becker, F. G., 2002, S. 330 f. u. S. 470 ff.

ganz so hohe Bestätigung ihrer Leistung. [69] Sollen nun Leistungen aufwandsbezogen [70] oder ertragsbezogen [71] festgestellt werden? Sind zeitbedingte, abträglich wirkende persönliche Probleme (z. B. Mid-life-Crisis, Krankheit oder Tod von Nahestehenden, finanzielle Engpässe u. Ä.) bei der Beurteilung insofern zu berücksichtigen, als dass diese als zeitinstabil angenommene Faktoren die Erwartungen (unter einer Aufwandsperspektive) reduzieren sollen? [72] Wenn ja, dann müssten umgekehrt auch die besonders positiv wirkenden Faktoren berücksichtigt werden.

Es gibt durchaus Argumente, die dafür sprechen, Leistung auch unter Beachtung vorliegender Leistungsvoraussetzungen zu beurteilen. Inwieweit das aber möglich ist, ist eine *diffizile Problematik*. Verwendet man die Leistungsbeurteilung vornehmlich als Funktion zur Förderung des Mitarbeiter-/Vorgesetzten-Verhältnisses oder zur Personalentwicklung, so mögen diese Probleme vernachlässigt werden können. Sobald aber auf Vergleichbarkeit der Ergebnisse oder gar auf Leistungsbezahlung abgestellt ist, wird die Berücksichtigung der jeweiligen individuellen Leistungsfähigkeit kritisch. Schwerwiegende Konflikte mit destruktiven Wirkungen mit den anderen Beurteilten sind absehbar. Wie aber noch zu lesen sein wird, ist die zuletzt genannte Zielsetzung eh nicht erreichbar, so dass die Berücksichtigung der Leistungsvoraussetzungen durchaus sinnvoll sein kann (sofern gewollt).

Die hier diskutierten Soll-Komponenten der Leistungsbeurteilung, die zur umfassenden Erfassung menschlicher Leistungen in Betrieben notwendig sind, stehen indirekt für die Relevanz und Validität einer Beurteilung. Sie haben zur Folge, dass insbesondere folgende drei resp. vier *Anforderungen* an Leistungsbeurteilungsverfahren zu stellen sind:

- *Aufgabenbezogenheit.* Eine Leistungsbeurteilung muss *aufgabenbezogen* sein. Für jeden zu beurteilenden Mitarbeiter sind die wichtigsten Aufgaben (bzw. die entsprechenden positionsspezifischen Leistungsziele) im direkten Ge-

---

69 Ist Anstrengung - zumindest auf der gleichen Hierarchieebene - nicht gleich bedeutsam wie Fähigkeit? Es gibt ja genug Leute, die zwar Fähigkeiten haben, sie aber nur ohne Anstrengung einsetzen.

70 D. h. ein Arbeitnehmer mit geringeren Fähigkeiten erhält auf ansonsten vergleichbaren Arbeitsplätzen geringere Vorgaben und braucht infolge ein niedrigeres Ergebnis zu erreichen, um bspw. den gleichen Akkordlohn zu erhalten wie jemand mit höheren Fähigkeiten.

71 D. h. die Eingangsqualifikationen bzw. Anstrengungen werden wie im o. g. Beispiel überhaupt nicht bzw. kaum berücksichtigt.

72 Diese Überlegung ist v. a. dann wichtig, wenn man bedenkt, dass einzelne, erst recht nummerisch festgehaltene Beurteilungen längerfristige Wirkungen für den Einzelnen haben können.

spräch von Vorgesetzten zu Mitarbeiter i. w. mit den Kriterien zur Bewertung festzulegen oder zu vereinbaren. Vielfach wissen Mitarbeiter weder, was ihre Vorgesetzten von ihnen erwarten, noch woran ihre Leistungen bewertet werden. Dementsprechend verunsichert sind sie bei der Aufgabenerfüllung. Die Aufgaben und Beurteilungsmerkmale differieren dabei je nach Funktionsbereich und Position, teilweise auch bei nach außen gleichen Funktionen.

- *Situations- und Zeitbezogenheit.* Eine Leistungsbeurteilung muss *situations- und zeitbezogen* sein. Die Formulierung der positionsspezifischen Aufgaben hat jährlich neu zu erfolgen. Die Aufgaben und entsprechend die Beurteilungskriterien ändern sich, da im Laufe der Zeit sich auch die Situation der Aufgabenerfüllung und damit die Aufgabenerfüllung selbst ändert. Es werden andere Instrumente (Bilanzanalysen, Informationssysteme u. Ä.), andere Strukturen (Zuständigkeiten, Lean Banking) eingesetzt oder unterschiedliche Projekte bearbeitet. Nur der konkrete Aufgabenbezug mit Angabe der tatsächlichen Beurteilungsmerkmale kann das Leistungsverhalten eines Mitarbeiters steuern helfen und die Beurteilung der erwarteten Leistung hinreichend sicherstellen. Beispiel für einen Filialleiter: Verbesserung des Services für Kunden (als Aufgabe), Reduzierung der Beschwerden und Weggänge von Kunden um 50 % (als Ziel und Beurteilungsmerkmal).

- *Funktionsbezogenheit.* Eine Leistungsbeurteilung hat *funktionsspezifisch* zu sein. Je nach Zielsetzung der Leistungsbeurteilung ist ein spezifisches Beurteilungsinstrument auszuwählen. In manchen Fällen sind verschiedene Funktionen gleichzeitig erreichbar (z. B. Leistungsstimulierung, individuelle wie organisationale Leistungsinventur). Allerdings ist auf die Vereinbarkeit der Funktionen zu achten. V. a. müssen die Anforderungen an die Beurteiler kompatibel sein.

- *Mitarbeiterbezogenheit.* Eine Leistungsbeurteilung kann darüber hinaus *mitarbeiterbezogen* sein. Je nach Qualifikationsstand eines Mitarbeiters kann die Erwartung an die Aufgabenerfüllung, aber auch bereits die Auswahl der Aufgaben modifiziert werden. Ziel einer solchen Vorgehensweise wäre es, die Entwicklung der individuellen Qualifikation durch angemessene Anforderungen zu fördern. Die Personalentwicklung bzw. -förderung stände im Vordergrund. [73]

---

73 Die Berücksichtigung dieser Anforderungen bedeutet eine Abkehr von zentral gestalteten Beurteilungsformularen sowie eine Hinwendung zu einem stärkeren Einbezug von Beurteilern und zu Beurteilenden in die Gestaltung wie in die Bewertung. Die damit verbundenen Kosten (allein was die Zeit der Zuwendung betrifft) sind höher als bei herkömmlichen Instrumenten. Ihnen steht jedoch zumindest ein Nutzen gegenüber!

Nachfolgende Abbildung 5.2 verdeutlicht die Zusammenhänge:

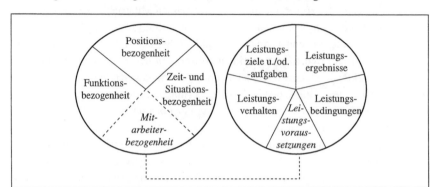

Abb. 5.2: Zusammenhänge zwischen Soll-Komponenten und Haupt-Anforderungen an Leistungsbeurteilungen.

Daneben lassen sich noch weitere Anforderungen an Leistungsbeurteilungsverfahren formulieren. I. Allg. werden folgende genannt: Transparenz, Flexibilität, Vergleichbarkeit, Wirtschaftlichkeit, Praktikabilität u. a. m. [74] Auf sie wird wegen ihres weniger grundsätzlichen Charakters hier nicht näher eingegangen.

D Darstellung von Leistungsbeurteilungsverfahren
I Klassifikation

In allen sozialen Systemen sind Beurteilungen der individuellen Leistung zu jeder Zeit gegenwärtig und unvermeidbar. Betriebe stehen daher nur vor der Entscheidung, ob sie diese Beurteilungen kanalisieren wollen, d. h. ein formales Beurteilungssystem einführen, und wenn ja, mit welchem Verfahren sie dies tun wollen.

Beurteilungsverfahren *sind methodische Hilfsmittel*, mit deren Hilfe die Beobachtungen der Beurteiler in schriftliche und meist auf einem wertenden Kontinuum eingeordnete Aussagen ausgedrückt werden. Sie ermöglichen es dadurch, beobachtete Leistungen strukturiert zu erfassen und einer Auswertung zugänglich zu machen. Bei ihrer Anwendung handelt es sich dabei um einen institutionalisierten Prozess, bei dem planmäßig und formalisiert Informationen über die in einem bestimmten Zeitraum erbrachte Leistung des zu beurteilenden Mitarbeiters gesammelt und ausgewertet werden. Die Beurteilung erfolgt jeweils durch speziell dazu

---

74 S. bspw. Lattmann 1975, S. 56 f.; Hentze 1980, S. 170 f.; Hofsommer 1980, S. 199 f.; Jacobs/Kafry/Zedeck 1980, S. 595 ff.

beauftragte Organisationsmitglieder und wird anhand vorher vereinbarter (Leistungs-)Kriterien durchgeführt. Die Leistungsbeurteilung ist somit der Teil der Personalbeurteilung, der sich auf bereits in der Vergangenheit erbrachte Leistungen bezieht, während die Potenzialbeurteilung sich mit der Einschätzung zukünftig zu erbringender Leistung beschäftigt. [75] Die einzelnen Verfahren zur Leistungsbeurteilung lassen sich in Abhängigkeit der verwendeten Gruppierungskriterien unterschiedlich systematisieren: [76]

- Nach der *Anzahl der Beurteilungskriterien* werden zum einen summarische und analytische Verfahren unterschieden. Summarisch bedeutet hierbei, dass die beobachtete Leistung ganzheitlich beurteilt wird, also ohne auf einzelne Beurteilungsmerkmale bewusst einzugehen. Beim analytischen Vorgehen hingegen wird die Beurteilung anhand vorher festgelegter Einzelkriterien durchgeführt. [77]
- Eine weitere Möglichkeit ist die Klassifizierung nach dem *Standardisierungsgrad*. Wählt man dieses Unterscheidungskriterium, differenziert man freie und gebundene Verfahren. Die Beurteilungsergebnisse können je nach Formulierungsart qualitativ, d. h. als frei formuliertes oder auf Basis von Fragen zusammengesetztes Gesamturteil oder quantitativ in Form von Zahlen, in die die Einschätzungen transformiert wurden, dokumentiert werden. [78]
- Nimmt man insbesondere die unterschiedliche *Darstellungsform der Leistungsurteile* zum Ausgangspunkt einer Systematisierung, so empfiehlt es sich, der in Abbildung 5.3 veranschaulichten Klassifizierung zu folgen. Dieses auf der Basis von *BRANDSTÄTTER* [79] entwickelte Raster ermöglicht es, die einzelnen Verfahren nacheinander abzuarbeiten und auf ihre Eignung zur Leistungsbeurteilung zu prüfen, wobei man berücksichtigen muss, dass die

---

75 S. Teil 4, Kap. II 2.
76 Zur Klassifizierung von Beurteilungsverfahren vgl. z. B. Brandstätter 1970, S. 677 ff.; Domsch/Gerpott 1992, Sp. 1637; Zander 1990, S. 153.
77 Vgl. Domsch/Gerpott 1992, Sp. 1636.
78 Vgl. Domsch/Gerpott 1992, Sp. 1636; Hentze 1980, S. 146 f.
79 Sie beruht auf der am häufigsten wiedergegebenen Gliederung von *BRANDSTÄTTER* (1970, S. 677 ff.); s. auch Schuler 1989, S. 410 ff. Diese musste infolge der Entwicklungen der letzten Jahrzehnte erweitert werden. Ähnlich auch Schettgen 1996, S. 225 f. S. zu anderen Klassifizierungen bspw. Domsch/Gerpott 1987, Sp. 1650 (sozialpsychologische, psychometrische sowie betriebswirtschaftlich-pragmatische Ansätze); Wunderer/ Boerger/Löffler 1979, S. 93; sowie Boerger 1982, S. 277, 1983, S. 151 f. (eigenschafts-, tätigkeits- und ergebnisorientierte Ansätze); Schuler 1989; Kane/Lawler 1979, S. 444 f.; Schwind 1984, S. 185; Berthel/Koch 1985, S. 87 ff.; Wexley/Klimoski 1984, S. 39 f.; Latham/Wexley 1981, S. 37 ff. (eigenschafts-, verhaltens- und zielorientierte Ansätze).

idealtypisch abgegrenzten Verfahren der Leistungsbeurteilung in der Praxis häufig als Mischformen auftreten. [80]

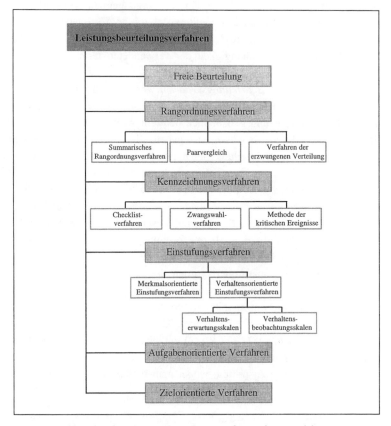

Abb. 5.3: Klassifizierung von Leistungsbeurteilungsverfahren.

Die differenzierte Darstellung erfolgt nun, um die unterschiedlichen Ansätze pointierter auf ihre Eignung zur Leistungsbeurteilung prüfen zu können. [81]

---

80   Vgl. Becker, F. G., 2002, S. 323 f.
81   S. zu überblicksartigen Darstellungen v. a. Brandstätter 1970; Bernardin/Beatty 1984; Landy/Farr 1983; Latham/Wexley 1981; Berk 1986; Carrol/Schneier 1982; Schettgen 1996; Ridder 1999, S. 387 ff.; Oechsler 2000, S. 461 ff. Problematisch an der folgenden Vorgehensweise ist allerdings die Vernachlässigung des Beurteilungsgespräches. S. hierzu z. B. Neuberger 2001.

II Freie Beurteilungen

Die Freie Beurteilung („*essay rating*", „*essay evaluation*") basiert auf der *Idee*, Erfahrungen und Fachwissen von geschulten „Beurteilungsexperten" für die Leistungsbeurteilung nutzbar zu machen. Gerade die gewollte bzw. weitgehende Unstrukturiertheit des Verfahrens soll es ermöglichen, genauer auf Arbeitsplatz- und Mitarbeiterspezifika einzugehen. Zwei Varianten werden diskutiert: In der *1. Variante* beschreiben die Beurteiler ihre Eindrücke über die vergangenen, von den zu beurteilenden Mitarbeitern gezeigten Leistungen in erzählender Form, ohne i. d. R. an eine bestimmte Systematik gebunden zu sein. Sie ist somit ein weitgehend *unstrukturiertes, u. U. summarisches Beurteilungsverfahren*, bei dem die Beurteiler frei über Aufbau und Inhalt der Beurteilung entscheiden. In deren Hand liegt die Entscheidung, welche Beurteilungskriterien, anhand derer ggf. die Leistung beschrieben werden soll, gewählt werden. In einer *2. Variante* ist es jedoch auch möglich, den Beurteilern durch vorab vereinbarte Fragen nach bestimmten Leistungsinhalten, wie beispielsweise Arbeitsquantität, -qualität und Fachwissen und/oder besonderen Stärken/Schwächen, Hilfestellungen bei der Beurteilung zu geben. Dies geschieht meist in Form eines (bez. der Fragen) teilstrukturierten Beurteilungsbogens.

Sowohl das frei formulierte Globalurteil als auch der Einsatz des Beurteilungsbogens kann schriftlich oder mündlich erfolgen und von einer groben Einschätzung des Mitarbeiters bis hin zu einer Persönlichkeitsanalyse reichen. Erfolgt die Freie Beurteilung schriftlich, kann sie je nach Strukturierungsgrad als frei formuliertes Gutachten oder mittels eines teilweise vorstrukturierten Beurteilungsbogens formuliert werden. [82]

Innerhalb der Literatur spielt die Freie Beurteilung nur eine untergeordnete Rolle. Die meisten deutschsprachigen Autoren erwähnen sie bei der Kategorisierung der Beurteilungsverfahren nur flüchtig und wenden sich ohne ausreichende Diskussion der Vor- und Nachteile dieses Verfahrens den standardisierten Formen der Leistungsbeurteilung zu. [83]

---

82 Vgl. Hentze 1991, S. 263; Isele 1991, S. 140; Lattmann 1975, S. 36; Rübling 1988, S. 63; Ganslmeier 1995.

83 Bedauerlicherweise fehlt auch in der Mehrzahl der Fälle eine ausreichende Argumentationslinie, warum die Freie Beurteilung als Beurteilungsverfahren nicht thematisiert werden soll. Vgl. z. B. Bartölke 1972a, S. 650; Beyer 1990, S. 278; Brandstätter 1970, S. 677. In der amerikanischen Standardliteratur sieht die Situation ähnlich aus: *LANDY/ FARR* führen zwar an, dass die gängigen standardisierten Leistungsbeurteilungsverfahren dem Zweck der Leistungsbeurteilung vielfach nicht gerecht werden und Unzufrie-

III Rangordnungsverfahren

Mit Hilfe von Rangordnungsverfahren werden die Beurteilten bzw. ihre Leistungen von Beurteilern entweder hinsichtlich bestimmter (Leistungs-)Kriterien *analytisch* oder *summarisch* anhand eines (Leistungs-)Kriteriums miteinander verglichen und in eine auf- bzw. absteigende Rangfolge eingegliedert. Dadurch ergibt sich die in der Sicht des Beurteilers relative Stellung jedes Beurteilten hinsichtlich der jeweiligen Leistung (bzw. als äquivalent angenommene Bezugsgrößen) auf einer Ordinalskala. In dieser Rangordnung wird dann ersichtlich, welcher von zwei Mitarbeitern ein bestimmtes Merkmal in höherem Maße aufweist. [84] Diese Art der Beurteilung von Mitarbeiterleistungen bietet sich oftmals als recht naheliegende Vorgehensweise an. Das hat v. a. zwei Gründe. Zum einen ist die Aufstellung einer solchen Ordnung relativ einfach und verständlich. Zum anderen werden Vergleiche dieser Art von den Vorgesetzten oftmals sowieso durchgeführt. [85]

I. Allg. werden *drei Arten* des Rangordnungsverfahrens diskutiert:
(a) die unmittelbare *Aufstellung einer Rangordnung* aller Beurteilten,
(b) der *Paarvergleich* der Mitarbeiter und
(c) das *Verfahren der erzwungenen Verteilung*.

---

denheit auf Seiten aller Beteiligten auslösen, leiten daraus jedoch nicht die Notwendigkeit einer „qualitativen Wende" ab, sondern plädieren für eine Verfeinerung der Instrumente. S. Latham/Wexley 1981; Bernardin/Beatty 1984; Carroll/Schneier 1982 und Berk 1986, um nur einige zu nennen, beschränken sich sogar ausschließlich auf die Darstellung und Diskussion standardisierter Verfahren. Ein Grund mag die Verbreitung in der Praxis sein: Über die *Anwendungshäufigkeit* der freien Beurteilung in der Praxis gibt die von *GRUNOW* (1976; 267 Unternehmungen verschiedener Größe in Industrie, Verwaltung und im Dienstleistungssektor) durchgeführte empirische Untersuchung zu Personalbeurteilungssystemen in Verwaltung und Wirtschaft *Hinweise*. Immerhin 23 % der befragten Unternehmungen verwenden die „offene Beschreibung", also ein nicht standardisiertes Beurteilungsverfahren. *GRUNOW* interpretiert diesen hohen Prozentsatz jedoch nicht als eine Tendenz zur vermehrten Verwendung qualitativer Verfahren zur Personalbeurteilung, sondern zieht - wie Hentze 1980, S. 149 f. - eher den Umkehrschluss, indem er sein Ergebnis als noch unzureichenden Stand der Standardisierung interpretiert. In einer von *LAZER/WIKSTROM* (1977; 293 Unternehmungen verschiedener Größen aus Industrie, Handel und Finanzdienstleistungssektor) in den USA durchgeführten Studie wird zwar bei den Firmen, die eine Stellungnahme abgaben, die Freie Beurteilung nach dem Management by Objectives als zweithäufigstes Verfahren genannt, jedoch von den Autoren bei der Interpretation der Daten in ihrer Bedeutung stark abgeschwächt. Die Autoren vermuten sogar, dass nicht die Freie Beurteilung, sondern eher konventionelle Ratingskalen am stärksten verbreitet seien.

84 S. Brandstätter 1970, S. 682; Markus/Schuler 2001, S. 412 ff.
85 Diese beiden Gründe führen v. a. *GHISELLI/BROWN* (1955, S. 96 ff.) zur Wahl von Rangordnungsverfahren als Beurteilungsinstrument an.

Ad (a): Aufstellung einer Rangordnung

Bei der Aufstellung einer Rangordnung sind - entsprechend der schon erwähnten Differenzierung - *zwei* prinzipiell *verschiedene Vorgehensweisen* zu unterscheiden: die summarische und die analytische Methode: [86]

- Die *Aufstellung einer summarischen Rangordnung (,,method of rank order", „Consoursmethode")* zählt zu den ältesten Verfahren. Die zu beurteilenden Personen oder deren Leistungen (bzw. deren als Leistungsrelevant eingeschätzten Eigenschaften) werden in ihrer Gesamtheit bewertet sowie in Folge auf einer Ordinalskala gereiht. Der Beurteiler weist ihnen die Rangplätze „1" bis „n" zu. In einer anderen Vorgehensweise („*peeling off*") sind zunächst die jeweils Leistungsbesten und die Leistungsschlechtesten Mitarbeiter zu erfassen. [87] Von den verbliebenen Mitarbeitern wird dann der Zweitbeste und der Zweitschlechteste ausgewählt. Dieses Vorgehen ist solange fortzusetzen, bis alle Mitarbeiter in eine Rangfolge gesetzt wurden. Hierdurch soll erreicht werden, dass das schwierig zu differenzierende Mittelfeld einfacher zu bewerten ist. Die Beurteilungsaufgabe nimmt in ihrem Schwierigkeitsgrad zu, je näher die Beurteiler der Skalenmitte kommen. Dort sind Unterscheidungen oft kaum möglich. Doppelbesetzungen von Rangplätzen sind daher bei manchen Varianten erlaubt und werden oft verwendet.

- Bei der *Aufstellung einer analytischen Rangordnung* definiert der Systembetreiber für die erwartete Leistung jeweils verschiedene Beurteilungskriterien, für die dann mit der jeweiligen Bewertung durch die Beurteiler eigene Rangreihen aufzustellen sind bzw. Rangplatzzuteilungen erfolgen. Für jedes Kriterium, wie z. B. Leistungsmenge, Leistungsgüte, wird dann jeweils gesondert der Beste, der Zweitbeste usw. bestimmt, bis alle zu beurteilenden Mitarbeiter kriterienspezifisch in eine Rangfolge gebracht sind. Durch die Addition der verschiedenen (eventuell nach der Kriterienbedeutung gewichteten) Rangplätze auf den verschiedenen Kriteriendimensionen ergibt sich schließlich die endgültige Rangreihe der Beurteilten. [88] Ähnlich wie bei der summarischen Methode kann auch hier die modifizierte Vorgehensweise des „*peeling off*" angewendet werden. Je Kriterium werden dabei zunächst die höchste und die niedrigste Ausprägung in Bezug auf die zu beurteilenden Mitarbeiter bestimmt, so dass der erste und der letzte kriterienspezifische Rang zugewiesen werden kann. Anschließend geschieht das Gleiche mit

---

86 HENTZE (1980, S. 151) spricht bei summarischen Vorgehen nach dem Reihungsprinzip von der Rangfolgemethode, bei analytischem Vorgehen von der Rangreihenmethode.
87 S. Guion 1965, S. 100; Lattmann 1975, S. 47.
88 Vgl. bspw. Hentze 1980, S. 151 f.; Bittner/Rundquist 1950, S. 171 ff.

dem zweitbesten und zweitschlechtesten Mitarbeiter bezüglich des Leistungskriteriums, dem drittbesten und drittschlechtesten usw. Die Anzahl der Kriterien und der Mitarbeiter bestimmt dann die stark steigenden Bewertungen.

Ad (b): Paarvergleich der Mitarbeiter

Beim Verfahren des Paarvergleichs („*paired comparison*") vergleichen die Beurteiler jeden Mitarbeiter ihrer Beurteilungsgruppe mit jedem anderen zu beurteilenden Mitarbeiter der gleichen Arbeitsgruppe. Dies kann ebenfalls summarisch (also gesamthaft) oder analytisch (also anhand verschiedener Merkmale) geschehen. Alle Mitarbeiter sind dazu gedanklich wechselweise zu Paaren zu verbinden. Dann sind jeweils Urteile zu fällen, welche der beiden Personen des Paares bzw. der gezeigten Leistungen (ggf. jeweils für jedes Beurteilungskriterium) „besser" ist. Der Beurteilte mit den besten Leistungen bzw. der besten Merkmalseinstufung erhält einen Punkt. Danach wird festgelegt, wie oft jeder Beurteilte im Paarvergleich als „besser" eingeschätzt wurde. Die mit jeder Bevorzugung zugeordneten Punkte werden zu ordinalen Nutzenzahlen (z. B. 4 mal besser = 4 Punkte) addiert. Aus den jeweiligen Endergebnissen ergibt sich wieder eine einzige Rangreihe. Wie der Paarvergleich formularmäßig umgesetzt werden kann zeigt Abbildung 5.4. [89]

	M1	M2	M3	M4	M5
Mitarbeiter 1 (M1)		x			x
Mitarbeiter 2 (M2)			x		x
Mitarbeiter 3 (M3)					
Mitarbeiter 4 (M4)				x	
Mitarbeiter 5 (M5)					

Abb. 5.4: Paarvergleichsmatrix.
(Quelle: Dooher/Marquis 1950, S. 190.)

---

89 Dabei sind folgende Anweisungen für die Beurteiler vorgegeben: „Der Name jedes Mitarbeiters ist sowohl in den Zeilen als auch in den Spalten anzugeben. Fangen Sie mit der Beurteilung bei Mitarbeiter 1 an: Wenn Sie glauben, dass seine Leistung besser ist als diejenige von Mitarbeiter 2, dann machen Sie einen Haken in das Kästchen, in dem sich beide schneiden. Wenn Sie meinen, dass seine Leistung schlechter ist, dann lassen Sie das Kästchen frei. Machen Sie dann genau dieselben Vergleiche von Mitarbeiter 1 mit Mitarbeiter 3 bis n. Anschließend vergleichen Sie Mitarbeiter 2 mit Mitarbeiter 3 bis n. Dies führen Sie solange fort, bis Sie alle Mitarbeiter miteinander verglichen haben." Vgl. Dooher/Marquis 1950, S. 190.

5. Teil: Kritische Diskussion von Leistungsbeurteilungsverfahren 291

Im Grunde handelt es sich also beim Paarvergleich um ein einfaches Rangordnungsverfahren, welches nur mittels einer anderen Vorgehensmethodik durchgeführt wird. [90] Insgesamt sind durch die Anwendung des Paarvergleichs konsistente(re) Urteile zu erwarten. Dies insbesondere auch deshalb, weil die Konsistenz der Antworten wegen der vielen zu beantwortenden Fragen und der direkten Vergleiche besser zu prüfen ist. [91] Mit der Größe der Gruppe wächst jedoch das Anwendungsproblem dieses Verfahrens. [92] Bei zunehmender Gruppengröße nimmt die Zahl der durchzuführenden Paarvergleiche - und damit die Dauer des erforderlichen Zeitaufwands der Beurteiler - progressiv zu. [93]

Ad (c): Verfahren der erzwungenen Verteilung

Im Rahmen des Verfahrens der erzwungenen Verteilung („*forced distribution*") hat der Beurteiler die Aufgabe, die Mitarbeiter bzw. ihre Leistungen in eine vorher festgelegte Verteilung einzuordnen. [94] Eine Zielsetzung des Verfahrens ist es, systematische Beurteilungsfehler wie die Tendenz zur Milde, zur Härte und zur

---

90 Vgl. hierzu Edwards 1957, S. 19 ff.; Brandstätter 1970, S. 683; McCormick/Bachus 1952, S. 123 ff.; McCormick/Roberts 1952, S. 188 ff.

91 Ein Urteil ist inkonsistent, wenn zirkuläre Triaden der Form A>B, B>C, C>A auftreten.

92 Über die optimale Gruppengröße gibt es keine Übereinstimmung. *GUILFORD* (1975, S. 180) bspw. hält 15 Personen als Oberzahl für sinnvoll. *LAWSHE/KEPHART/McCORMICK* (1949) halten auch eine weitaus größere Anzahl an notwendigen Paarvergleichen für machbar. *GUILFORD* (1975, S. 178 ff.) hat eine Prozedur vorgestellt, um den Paarvergleich unter Berücksichtigung einiger problematischer Aspekte durchzuführen. Auch *McCORMICK/BACHUS* (1952, S. 123 ff.) haben Vorgehensweisen zur Problemreduzierung vorgeschlagen. Ein Vorschlag bezieht sich auf die Aufteilung großer Gruppen in mehrere kleine Gruppen sowie der anschließenden Entwicklung von Skalen, um die Subgruppen miteinander vergleichen zu können. Ein anderer Vorschlag geht auf die Entwicklung von Musterbeispielen von Paaren ein. Jeder Mitarbeiter wird dann mit einem repräsentativen Beispiel anderer Mitarbeiter (Schlüsselpersonen) verglichen. Der Beurteiler vergleicht die Leistung des zu beurteilenden Mitarbeiters mit jener eines vorgegebenen oder selbstgewählten Mitarbeiters in einer gleichartigen Stellung. Hier ergibt sich durch die Besser- oder Schlechtereinstufung eine Gesamtordnung, wenn bei allen Vergleichen die gleiche Bezugsperson gewählt wird. S. auch Brandstätter 1970, S. 683.

93 So sind bei n Mitarbeitern „n (n-1) : 2" Vergleiche durchzuführen. Das bedeutet bei 10 Mitarbeitern 45 Paarvergleiche, bei 20 Mitarbeitern 190 und bei 30 Mitarbeitern 435 Paarvergleiche.

94 Die Anwendung der Normalverteilung versucht das Gesetz der großen Zahl auf kleinere Gruppen zu übertragen. S. zum Vorgehen bspw. Justen 1971, S. 25 ff.; Schumacher 1985, S. 122; vorsichtig Raschke 1967, S. 16 ff.

Mitte [95] in ihrem Ausmaß insbesondere bei größeren Beurteilungsgruppen einzuschränken. Die zunächst verteilungsfrei erfolgten Beurteilungen sollen in Rangordnungen ausgedrückt werden. Den Beurteilten sind Leistungsgruppen (Quotenvorgabe) vorgegeben, die vorschreiben, bspw. jeweils 10 % aller Beurteilten als sehr gut bzw. sehr schlecht, jeweils 20 % als gut bzw. schlecht sowie 40 % als zufriedenstellend einzustufen. Den jeweiligen, durchaus unterschiedlichen Stufenvorgaben liegt die Idee zugrunde, dass die Leistungen einer (entsprechend großen) Gruppe zufallsverteilt sind und sich eine Normalverteilung ergibt. [96] Bei dem Verfahren der erzwungenen Verteilung geht man schließlich davon aus, dass es prinzipiell in jeder Arbeitsgruppe bestimmte Prozentsätze an Mitarbeitern gibt, die gute, mittlere oder schlechte Leistungen erbringen. [97]Abbildung 5.5 veranschaulicht die erzwungene Verteilung zunächst generell und dann an einem Beispiel.

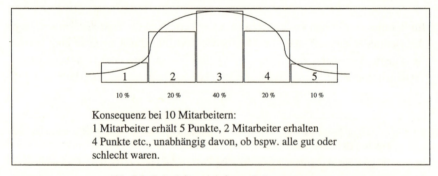

Abb. 5.5: Beispiel vorgegebener Leistungsgruppen.

Das Beispiel (Abb. 5.6) einer erzwungenen Verteilung im Rahmen einer analytischen Vorgehensweise in einem Versicherungsunternehmen soll der Verdeutlichung dienen. Die Beurteiler haben die zu Beurteilenden gemäß entsprechenden Vorgaben einzuordnen. [98]

---

95 Vgl. u. a. Becker, F. G., 2002, S. 125 ff.

96 Normalverteilung bedeutet, dass, wenn Merkmale von größeren Populationen beobachtet werden, sich die Messwerte oftmals im Bereich des Mittelwertes häufen. Sie ist eine unimodale (eingipflige) und symmetrische Verteilung und weist einen annähernd glockenförmigen Verlauf auf. Vgl. z. B. Becker, F. G., 2002, S. 377 ff.

97 So können den Beurteilern z. B. Leistungsgruppen vorgegeben sein, nach denen jeweils 5 % als sehr gut bzw. nicht ausreichend, 25 % als gut bzw. ausreichend und 40 % als befriedigend einzustufen sind. Vgl. u. a. Hentze 1980, S. 152.

98 S. dazu ausführlicher The Bureau of National Affairs 1952, S. 26 f.

5. Teil: Kritische Diskussion von Leistungsbeurteilungsverfahren

> Beurteilen Sie, wie viele Methoden und Verfahren der zu Beurteilende zur Erledigung seiner Arbeit kennt. Beurteilen Sie weiter sein Wissen über die von ihm zu erledigenden Routinetätigkeiten. Beurteilen Sie auch seine Fähigkeit, neue Ideen zu entwickeln und neue Methoden und Techniken zu erlernen.
>
>   2 %   18 %   60 %   18 %   2 %
>
> [] []   [] []   [] [] []   [] []   [] []
>
> ---
>
> sehr gering   etwa so wie die meisten   sehr hoch
>
> Beurteilen Sie seine Fähigkeit, Vertrauen zu gewinnen, kooperatives Verhalten durchzusetzen, die Arbeitsmoral seiner Arbeitsgruppe aufrechtzuerhalten sowie die Gruppe zu einem reibungslos funktionierenden „Teil" der Gesamtorganisation zu machen.
>
>   2 %   18 %   60 %   18 %   2 %
>
> [] []   [] []   [] [] []   [] []   [] []
>
> ---
>
> sehr gering   etwa so wie die meisten   sehr hoch

Abb. 5.6: Erzwungene Verteilung in einem Versicherungsunternehmen.
(Quelle: In Anlehnung an The Bureau of National Affairs 1952, S. 26.)

Die Anzahl der Leistungsstufen kann unterschiedlich sein, somit auch die von den Systembetreibern intendierte Differenzierungsmöglichkeit. Die Beurteiler „diskriminieren" die Mitarbeiter anhand der vorgegebenen Leistungskategorien. In den weiteren Gruppen selbst erfolgt keine weitere Rangdifferenzierung. Im Grunde handelt es sich bei diesem Verfahren um nichts anderes als um ein Rangordnungsverfahren mit erlaubten Platzverteilungen. Im Mittelbereich stehen eine Vielzahl von Mitarbeitern hinsichtlich ihrer Leistungen undifferenziert nebeneinander. Das führt zu „Unschärfen" in diesem Bereich. Lediglich die jeweiligen Extremgruppen ragen entsprechend heraus. [99] Das ursprünglich eigenständige Verfahren wurde im Zeitablauf auch mit anderen kombiniert, bspw. mit den noch dazustellenden merkmalsorientierten Einstufungsverfahren.

IV Kennzeichnungsverfahren

Im Rahmen von Kennzeichnungsverfahren geben die Beurteiler jeweils an, ob bestimmte vorgegebene (Leistungs-, manchmal Eigenschafts-)Kriterien bzw. ob be-

---

99   Vgl. Hentze 1980, S. 152.

stimmte Aussagen auf die Beurteilten zutreffen oder nicht. [100] Diese Merkmalskriterien sind in ihrer Reihenfolge i. d. R. beliebig gemischt oder nach dem Anschein gleicher Erwünschtheit gruppiert. Die mit diesen Verfahren i. d. R. von den Beurteilern geforderten dichotomen Aussagen (ja für „Aussage trifft zu", nein für „Aussage trifft nicht zu"), erlauben eine direkte Auswertung und eine nachfolgende Skalierung der einzelnen Items, ohne allerdings (zunächst) etwas über die Rangordnung oder gar die Differenz zwischen den Beurteilten hinsichtlich eines Merkmals auszusagen. Man kann drei Arten unterscheiden:

- *Checklist-Verfahren,*
- *Zwangswahl-Verfahren* und
- *Verfahren der kritischen Ereignisse.*

1 Checklist-Verfahren

Die Beurteilung mittels Checklist-Verfahren erfolgt auf Basis einer Liste von kurzen Verhaltensbeschreibungen oder auch - in einer anderen Variante - von Eigenschaftsbeschreibungen. [101] Die Beurteiler erhalten ein Beurteilungsformular mit einer beliebig langen Aussagenliste [102], von denen angenommen wird, dass sie der Aufgabenerfüllung am Arbeitsplatz bzw. der positionsbezogenen Leistung

---

100 Sofern die Verfahren sich entsprechend der ursprünglichen Absicht auf Verhaltensaussagen beziehen, könnte man sie auch als verhaltensorientierte Beurteilungsverfahren bezeichnen. Ihr Hauptaugenmerk liegt jedoch woanders.

101 Das Verfahren geht ursprünglich (nach Brandstätter 1970, S. 678; Lattmann 1975, S. 80) auf *HARTSHORNE/MAY* (1929) zurück, die es zur Verhaltens- und Charakterbeschreibung von Kindern entwickelt hatten. *FERGUSON* (1947) verwendet diese Methode erstmals zur Beurteilung von Mitarbeitern, und bereitete so den Weg für eine breitere Anwendung des Verfahrens. *PILLHOFER* (1982, S. 56 ff.) erwähnt allerdings das „Probst Service Rating System", welches vom Format her weitgehend einer Checklist entspricht. Dieses System fand schon 1927 im öffentlichen Dienst Anwendung. Von anderen Autoren wurde das Checklist-Verfahren ebenso zur Beurteilung eingesetzt. S. Knauft 1948, S. 66 f.; Jurgenson 1949, 1955; Siegel 1954. Vgl. auch Brandstätter 1970, S. 678; Lattmann 1975, S. 70; Meyer 1951, S. 46 ff.; Bernardin/Beatty 1984, S. 66 f. In der betrieblichen Praxis haben Checklist-Verfahren - wie im Übrigen alle Kennzeichnungsverfahren - zumindest im deutschsprachigen Raum keine Bedeutung. S. bspw. Liebel/Oechsler 1987, S. 136; Gaugler u. a. 1978. Trotzdem sind sie relativ intensiv diskutiert bzw. dargestellt worden. Dies ist wohl auf den Umstand zurückzuführen, dass sie die Vorläufer der weit verbreiteten Einstufungsverfahren sind und außerdem für andere betriebliche Zwecke, wie z. B. Anforderungsanalysen, z. T. verwendet werden. Vgl. Liebel/Oechsler 1987, S. 136.

102 Bezüglich der Anzahl der in die Liste aufzunehmenden Aussagen gibt es in der Literatur keine verbindlichen Angaben.

prinzipiell entweder förderlich oder hinderlich sind. Den Beurteilern ist dabei *nicht* unbedingt bekannt, [103] welche Items bei der Aufgabenerfüllung förderlich und hinderlich sind (bzw. *wie* förderlich oder hinderlich die einzelnen Items sind). Insofern beschreiben sie die zu Beurteilenden im Grunde genommen nur. Die Auswertung erfolgt durch eine andere Instanz, z. B. die Personalabteilung oder andere Funktionsträger. Durch die skizzierten Maßnahmen und die zufällige Anordnung der Items sollen vor allem Halo- und Leniency-Effekte reduziert sowie die „Tendenz zur Mitte" abgeschwächt werden. In der Beurteilungsphase besteht die Aufgabe der Beurteiler also lediglich darin, diejenigen Aussagen oder Items auszuwählen, die das Verhalten oder die Eigenschaften der zu bewertende Person treffend beschreiben; *wie viele* Items die Beurteiler dabei beantworten, bleibt ihnen, und dies ist ein Spezifikum des Checklist-Formates, z. T. selbst überlassen. [104] Die Aussagen sollen als „Erinnerungsanreize" wirken und so den durch unterbliebenes Festhalten von Ereignissen entstandenen Feststellungsverlust kompensieren. [105] Die Beurteiler, deren Reaktionsspektrum sich auf dichotome Antwortmöglichkeiten „ja/nein" oder „zutreffend/nicht zutreffend" beschränkt, machen in ihrem Urteil keine Angaben über die Rangordnung oder den Abstand der zu bewertenden Personen in Bezug auf eine bestimmte Aussage. Den Bewertungen liegt durch die Vorgabe von Beschreibungen also ein absoluter Maßstab bzw. eine kriteriumsorientierte Bewertung zugrunde. Die Urteilskategorien oder Aussagen sind deswegen entweder in zufälliger, gemischter Reihenfolge oder nach dem Anschein gleicher Erwünschtheit zusammengestellt. So soll verhindert werden, dass die Beurteiler eindeutige Einsicht in die Zusammenhänge erhalten. [106]

Ein Beispiel, wie eine Checkliste bspw. für eine Managementposition aussehen könnte, wird in Abbildung 5.7 wiedergegeben.

---

103 Diese mehr oder weniger zufällige Reihenfolge der Aussagen erfolgt auch dann, wenn im nachherein solche Aussagen, die zu bestimmten Verhaltensaspekten gehören, zusammengefasst werden.

104 Dies unterscheidet das Checklist-Format bspw. vom „Forced-Choice"-Format. Aufgrund der sich daraus ergebenden Problematik bestehen auch Vorschläge hinsichtlich einer festgesetzten Anzahl von anzugebenden Items.

105 S. Cohen 1972, S. 20; *COHEN* meint weiterhin, dass die Auslassung von Verhaltenseinheiten weniger schädlich sei als falsche Beschreibungen, und er glaubt, dass a) keine Erinnerungsverluste eintreten und b) eventuelle Erinnerungsverluste sich gleichmäßig über förderliche und hinderliche Verhaltensformen verteilen. *LATTMANN* (1975, S. 70) stellt dies in Frage.

106 Dies stellt einen Unterschied zu anderen Verfahren dar, wo die Beschreibungen oftmals nach bestimmten Dimensionen und der Intensität oder dem Ausprägungsgrad angeordnet werden. Vgl. bspw. Brandstätter 1970, S. 677; Neuberger 1980, S. 28 ff.

> INSTRUKTIONEN: Nachfolgend finden Sie eine Liste mit verschiedenen Verhaltensbeschreibungen. Lesen Sie bitte jede dieser Beschreibungen und entscheiden Sie, ob diese auf die zu beurteilende Person zutrifft. Wenn Sie der Meinung sind, dass die Beschreibung auf den Beurteilten zutrifft, machen Sie bitte ein Kreuz auf die gestrichelte Linie neben der Beschreibung. Sind Sie der Meinung, dass eine Aussage die zu beurteilende Person nicht beschreibt, lassen Sie die gestrichelte Linie frei.
> 1. Macht oft nur vage oder unrealistische Zielvorgaben. ---
> 2. Beschäftigt sich nur mit aktuellen Problemen und plant nur wenig über den Tag hinaus. ---
> 3. Gestaltet Arbeits- bzw. Einsatzpläne so, dass anstehende Projekte erledigt werden können, vorausgesetzt dass keine schwerwiegenden Probleme auftauchen. ---
> 4. Ist sich der Probleme und Entwicklungen in seinem Verantwortungsbereich bewusst und plant dementsprechend. ---
> 5. Hakt bei Projekten nach, um sicher zu stellen, dass auch weiterreichende Zielvorgaben eingehalten werden. ---
> 6. Sucht neue Märkte und beobachtet potentielle Verlustgeschäfte in bestehenden Märkten. ---
> 7. Antizipiert und plant die Neubesetzung von Schlüsselpositionen für den Fall einer Verlagerung des Unternehmens. ---

Abb. 5.7: Beispiel einer Checkliste (Ausschnitt).
(Quelle: In Anlehnung an Jacobs 1982, S. 93.)

Die Entwicklung der Checkliste geht wie folgt vonstatten:

- Die *Generierung* der Beschreibungen, die später als Items in das Beurteilungsformular einfließen, erfolgt in einem ersten Schritt meist durch eine Befragung von Vorgesetzten, teilweise auch der Gleich- oder Untergeordneten der zu beurteilenden Personen. [107] Im Rahmen dieser Generierungsstudie wird nach den Vorfällen, Eigenschaften oder Verhaltensbeispielen gefragt, bei bzw. mit denen sich Mitarbeiter in der Vergangenheit besonders erfolgreich bzw. nicht erfolgreich gezeigt haben. Es geht also um die Angabe wesentlicher förderlicher und hinderlicher Aspekte bei der Aufgabenerfüllung. Manchmal werden auch nur Beispiele besonders erfolgreichen und besonders unzweckmäßigen Verhaltens generiert. [108] Existiert für die betreffende Po-

---

107 S. zu einem Vorschlag der Vorgehensweise bei dieser oder ähnlichen Aussagengenerierung(en) z. B. Edwards 1957, S. 14. *EDWARDS* stellt Regeln auf: 1. Formuliere nur eine Idee pro Aussage!, 2. Verwende gebräuchliche Ausdrücke!, 3. Verwende keine doppelten Verneinungen!, 4. Drück Dich einfach und klar aus!, 5. Vermeide vage, eigenschaftsorientierte Aussagen!, 6. Vermeide Ausdrücke wie „nur", „gerade", „kaum" und ähnliche! S. auch Barret 1966, S. 76 ff.; Gaugler u. a. 1978, S. 58; Meyer 1951, S. 46 ff.

108 S. Cohen 1972, S. 20. Dies kann jedoch problematisch sein, wenn eine sog. „Weighted checklist" konstruiert werden soll, da hier die Items das gesamte Verhaltensspektrum abdecken sollen.

sition bereits eine Arbeitsanalyse mit Aufgabenbeschreibungen, so können diese direkt als Items übernommen werden. [109]
- Die Listen sind nun um die unwesentlichen Beschreibungen zu reduzieren. Die *Auswahl* der so generierten Items für die Checkliste - auch „Bereinigung" genannt - kann nun auf mehrere Arten erfolgen. Entscheidend für die Wahl der Bereinigungsmethode ist jedoch die Art und Weise, wie man die *Skalierung* und anschließende *Auswertung* vornehmen möchte. Grundsätzlich werden vier Methoden der Auswahl und Skalierung bei der Konstruktion von Checklisten diskutiert:
  * Methode der Einheitsgewichte. Soll die Skalierung und Auswertung der Checkliste nur anhand von sog. „Einheitsgewichten" („unit weights") erfolgen, d. h. soll jedes angekreuzte Item mit dem gleichen Wert (+1 oder -1) in das Endergebnis einfließen, muss bei der Auswahl der Items nur festgelegt werden, ob diese der Aufgabenerfüllung förderlich oder hinderlich sind. Entweder geschieht dies schon bei der Generierung der Items, oder Arbeitsplatzexperten beurteilen die Qualität der jeweiligen Items im nachhinein. Zur Berechnung des Gesamtwertes können dann entweder nur die angekreuzten „förderlichen" Items oder nur die angekreuzten „hinderlichen" Items addiert werden oder es kann die Gesamtzahl der angegebenen „förderlichen" Items gegen die Gesamtzahl der angegebenen „hinderlichen" Items verrechnet werden. [110] Die Endergebnisse können nochmals durch die Anzahl der in die Bewertung eingeflossenen Items dividiert werden. [111]
  * Methode der gleichscheinenden Intervalle. Die zweite, im Zusammenhang mit der Checklisten-Erstellung häufig verwendete Skalierungsmethode ist die „Methode der gleichscheinenden Intervalle" von *THURSTONE*. [112] Anhand dieser Methode gelangt man zu einer gewichteten Checkliste („*weighted checklist*"), bei der die einzelnen Items ihrer Bedeutung nach gewichtet werden. Experten (Personalfachleute, Vorgesetzte, Gleichgestellte und/oder Untergebene) sortieren oder bewerten die generierten Items auf einer Skala. Die Experten werden instruiert, die Beschreibungen so zu sortieren oder zu bewerten, dass die Unterschiede in der Qualität der durch die Items ausgedrückten Aufgabenerfüllung

---

109 S. dazu Edwards 1957, S. 14 ff.
110 Vgl. Brandstätter 1970, S. 678 ff.
111 Ein *Beispiel* eines so gestalteten Beurteilungsformulars findet sich bei Seitz 1994, S. 8.
112 Diese Methode wurde ursprünglich zur Einstellungsforschung entwickelt. S. Thurstone 1929, S. 222 ff.; dazu auch Ghiselli u. a. 1981, S. 409; Lattmann 1975, S. 71.

zwischen den einzelnen Kategorien gleich erscheinen. [113] Haben die Experten diese Zuordnung durchgeführt, werden die Mittelwerte und Standardabweichungen (oder auch sog. Inter-Quartilwerte „Q") der Zuordnungen der Items berechnet. Es werden diejenigen Items für die endgültige Checkliste ausgewählt, die a) die kleinste Standardabweichung haben, d. h. bei deren Zuordnung zu den Werten die Experten sich weitgehend einig waren, und die b) durchgehend an bestimmten Punkten der Skala, also des Beurteilungskontinuums, platziert sind. Für jeden Wert werden ein oder zwei Items in die Checklist aufgenommen. [114] Akzeptiert man die Annahme, dass die Experten die Kategorien und ihre Entfernung zueinander korrekt beurteilen können, gelangt man auf diese Weise zu einer *Intervallskala*, deren Werte dann die Gewichtungen darstellen, nach denen die Items in das Gesamtergebnis einfließen. Das fertige Beurteilungsformular, enthält keine Angaben über die Gewichtung der Items; die Gewichtung ist weiterhin nur der auswertenden Instanz bekannt. Die Auswertung erfolgt entweder dadurch, dass die den angekreuzten Items zugeordneten Werte addiert werden oder durch die Summierung der Abweichungen vom Mittelwert der jeweiligen Skala. [115]

* Skalogramm-Analyse. Eine weitere, wenn auch seltener benutze Möglichkeit der Auswahl und Skalierung von Items ergibt sich aus der Ska-

---

113 Das Item, welches von einem Experten den Wert „2" zugeordnet bekommt, muss von den den Werten „1" und „3" zugeordneten Items also gleich weit entfernt sein, d. h. die gleiche Distanz ausdrücken.

114 Für die Auswahl von in die Checkliste aufzunehmende Items werden auch statistische Verfahren im Rahmen der *Item-Analyse* eingesetzt. *FERGUSON* (1947, S. 306 ff.) bspw. validierte Items, die nach der Methode der „gleichscheinenden Intervalle" zusammengestellt wurden, mit Hilfe von durch andere Methoden der Leistungsbeurteilung gewonnenen Kriteriumswerten. Lediglich Items, die eine hohe Korrelation mit dem Kriteriumswert aufwiesen, wurden in die endgültige Checkliste aufgenommen. Dieser Vorgehensweise liegt die Annahme zugrunde, dass die Kriterien selber valide oder zumindest valider als die Items sind. Die Item-Analyse ist eine reine Auswahl- und *keine* neue Skalierungsmethode; die Validierung der Items wird nur zum Zwecke der Auswahl durchgeführt. Sie ist auch anhand der Methode der Einheitsgewichte durchführbar.

115 Vgl. Landy/Farr 1983, S. 70; auch Bernardin/Beatty 1984, S. 65 ff. Ein *Beispiel* eines so gestalteten Beurteilungsformulars findet sich bei Seitz 1994, S. 10 f. S. Uhrbrock 1950, S. 285 ff., und 1961, S. 375 ff. *UHRBROCK* bspw. skalierte nach dieser Methode über 2700 Items, die als Ausgangspunkt für die Konstruktion von Checklisten für verschiedene Positionen benutzt werden können. In einer Studie, die insbesondere die Methode der Einheitsgewichte mit der der gleichscheinenden Intervalle verglich, wurde eine generell hohe Übereinstimmung der so erzielten Ergebnisse beobachtet. Vgl. Meyer 1951, S. 46 ff. Eine genauere Darstellung der Resultate dieser Studie findet sich zudem bei Seitz 1994, S. 13 f.

logramm-Analyse nach *GUTTMANN*. [116] Entscheidend für die Zusammenstellung von Items ist hierbei deren Homogenität bzw. die Tatsache, dass die Items verschiedene Abstufungen ein und desselben Konstruktes darstellen. [117] Diese Methode führt allerdings dazu, dass die Grenzen hin zu Einstufungsverfahren in vorgegebene Kategorien bzw. Zwangswahlverfahren fließend sind. [118]

* Mehrdimensionale Skalierung durch die Bildung von Untergruppen. Es existieren weiterhin Fälle, in denen Positionen Aufgaben umfassen, die sich nicht eindimensional skalieren lassen. In diesen Fällen müssen *homogene Untergruppen* von Aufgaben gebildet werden, um zu einem aussagefähigen Ergebnis zu kommen. [119] Die Einteilung der Aufgaben in Untergruppen und Bildung von „subscores" ist im Übrigen auch bei den bisher aufgeführten Auswertungsmethoden möglich, wenn dies - nach Ermessen des verantwortlichen Skalenkonstrukteurs - einen Erkenntnisgewinn verspricht.

In der Literatur werden verschiedene Varianten von Checklisten aufgeführt. Der Hauptunterschied zwischen diesen Varianten besteht nicht in der Handhabung, sondern in der skizzierten Entwicklung der Checklisten. [120]

2 Zwangswahlverfahren

Das Zwangswahlverfahren („*forced-choice method*") stellt eine weiterentwickelte Variante der Checkliste dar. [121] Es unterscheidet sich zunächst einmal von an-

---

116 Vgl. Guttman 1947, S. 247 ff.; auch Ghiselli u.a. 1981, S. 414 ff.; Atteslander 1991, S. 270 ff. und Friedrichs 1985, S. 179 ff. Die von *BLANZ* (1965) entwickelte Methode der „Mixed Standard Scale" (s. u.) bedient sich bspw. dieses Verfahrens.
117 S. dazu auch Schultz/Siegel 1961, S. 140 ff.
118 Aus diesem Grunde soll an dieser Stelle auf eine intensive Diskussion verzichtet werden. S. Brandstätter 1970, S. 679.
119 S. dazu Siegel/Schultz 1962, S. 855 ff.; Schultz/Siegel 1961, S. 137 ff.
120 S. u. a. Lazer/Wikstrom 1977, S. 113 ff. Auch der Inhalt und die Zielsetzung bleiben bei den unterschiedlichen Varianten gleich. Die Generierung der Items differiert dabei nur minimal. Unterschiede existieren aber in den unten skizzierten Methoden der Itemauswahl, -skalierung und -auswertung.
121 Das Zwangswahlverfahren wurde als erstes bei der USA Army eingeführt (s. Sisson 1948, S. 366 ff.) - und angeblich auch wieder früh abgeschafft, weil die Offiziere der Militärakademie West Point nicht so gut abschnitten. Vgl. Bernardin/Beatty 1984, S. 97; Richardson 1949, 1949a, 1950; Bartlett 1966, S. 209 ff.; Stangas/McQuitty 1950, S. 413 ff.; Ghiselli 1954, S. 201 ff.; Berkshire 1958, S. 553 ff.; Kay 1959, S. 269 ff.; Isard

deren Verfahren dadurch, dass es den Beurteilern kaum möglich ist, ihr eigenes Urteil so zu steuern, dass bestimmte Personen benachteiligt oder bevorzugt werden. Die Beurteiler müssen aus Paaren beschreibender, anscheinend gleichwertiger Feststellungen (bzw. gruppierten Aussagen von gleicher sozialer Wünschbarkeit, aber trotzdem unterschiedlicher Bedeutung für die Leistung), die für die zu beurteilende Person am ehesten zutreffenden bzw. am wenigsten zutreffenden angeben. Sie sind gezwungen, sich jeweils nur für eine Beschreibung (bzw. für zwei Beschreibungen einer Tetrade) zu entscheiden. Die Beurteiler kennen dabei die Bedeutung der einzelnen Aussagen hinsichtlich ihres positiven bzw. negativen Leistungsbezugs nicht. Siehe zu einem Fragenbeispiel Abbildung 5.8.

Der Mitarbeiter	
☐ arbeitet sehr konzentriert	☐ arbeitet mehr als verlangt
☐ macht Verbesserungsvorschläge	☐ hält Termine ein
☐ hat manchmal Ärger mit dem Vorgesetzten	☐ arbeitet lieber allein
☐ schließt sich schnell einer Meinungsbildung an	☐ handelt gerne nach Richtlinien
☐ zögert Entscheidungen hinaus	☐ äußert Diskussionsbeiträge, die am Thema vorbeigehen
☐ ist hilfsbereit zu Kollegen	☐ nimmt auch unangenehme Arbeiten bereitwillig auf sich
☐ verrechnet sich oft	☐ trägt häufig unordentliche Kleidung

Abb. 5.8: Beispielbogen eines Zwangswahlverfahrens (Ausschnitt).
(Quelle: In enger Anlehnung an Helm/Froitzheim/Riesenkönig 1977, S. 24.)

Die Aussagen werden unter Beteiligung einer Stichprobe von Beurteilern mit Hilfe der *Methode der kritischen Ereignisse* ermittelt. [122] Die beschreibenden Aussagen, obwohl gleichgewichtig klingend, sind vorab daraufhin zu überprüfen, welche der Paaraussagen tatsächlich - unbewusst - eine positive bzw. negative Charakterisierung bedeuten. Nur wenn alle Aussagen eines Paares (bzw. genauer einer Tetra-

---

1956, S. 266 ff.; Prien/Kult 1968, S. 505 ff.; Wherry 1959; Waters/Wherry 1961, 1962, 1962a. In jüngerer Zeit hat sich das Interesse an Zwangswahlverfahren von der Forscherseite erhöht. S. dazu Bartlett 1983, S. 218 ff. (zu einem Vorschlag einer mehr statisch basierten Entwicklung und zu einer empirischen Studie); Bernardin/Morgan/Winne 1980, S. 1 ff. (zu einer empirischen Studie); King/Hunter/Schmidt 1980, S. 507 ff. (zur Entwicklung subjektiver, multidimensionaler Leistungsbeurteilungen und einer empirischen Studie).

122 Vgl. Bernardin/Beatty 1984, S. 99 ff. S. zu *Varianten der Konstruktion* der Beurteilungsformulare von Zwangswahlverfahren Zavala 1965; Bernardin/Carlyle 1979; Sisson 1948; King/Hunter/Schmidt 1980.

de) die gleiche soziale Erwünschtheit haben, ist Schönfärberei durch die Beurteiler weitgehend ausgeschlossen. Gleichgewichtig klingende, aber im Endeffekt - so jedenfalls die Absicht - Leistungsdifferenzierende Aussagen werden dann zu Paaren vereinigt. Die Wertigkeit jeder Frage wird empirisch ermittelt. Mit dem *Präferenzindex* (Bedeutungsindex; englisch: importance, favorability oder social desirability index) erhält man Auskunft über die Attraktivität bzw. soziale Erwünschtheit der Items, d. h. z. B., ob Aussagen für die betroffenen Beurteiler faktisch in etwa einen gleich gewichtigen Klang haben. [123] Der *Diskriminierungsindex* (Gültigkeitsindex; englisch: discriminability index) gibt die ermittelte tatsächliche (Leistungs-) Beurteilungskraft der Items wieder, d. h. inwieweit mit ihnen zwischen guten und weniger guten Mitarbeiterleistungen unterschieden werden kann. Nach der Ermittlung der beiden Indizes werden Beschreibungspaare (= die sog. Tetraden) von Aussagen gebildet, die den gleich hohen Präferenzindex haben, deren Diskriminierungsindex aber bei der einen Aussage hoch, bei der anderen niedrig ist. [124]

Ein dem Zwangswahlverfahren vergleichbares Instrument ist das der *„Mixed Standard Scale"*. [125] Es enthält eine Serie von Leistungsdimensionen, die jeweils durch Verhaltensaussagen je Dimension illustriert werden. Das Beurteilungsverfahren besteht letztendlich aus einem Set von konzeptionell vergleichbaren Aussagen (gewöhnlich drei), die innerhalb einer Dimension (durch Arbeitsplatzexperten geschätzte) hohe, mittlere bzw. niedrige Leistungslevel beschreiben. Im Beurteilungsformular werden sie zufällig angeordnet, die jeweils angesprochene Dimension wird dabei idealerweise nicht offensichtlich. Die Beurteiler sind aufgefordert, zu jeder Aussage zu bemerken, ob sie die Leistungen der beurteilten Mitarbeiter genau beschreibt (0), ob diese Leistungen die Aussagen übertreffen (+) oder unterschreiten (-). Je nachdem, wie viele „+" oder „-" gegeben werden, sind Leistungs-

---

123 Statt des Präferenzwertes kann auch ein *Prestigeindex* (Index für den Grad des Ansehens bzw. der sozialen Erwünschtheit) ermittelt werden, um die Gruppierung der Aussage vornehmen zu können. Vgl. Berkshire/Highland 1953; Morrison/Maher 1958; Bartlett 1960.

124 Über die Anzahl und die Form der Gruppen bzw. Gruppierungen gibt es unterschiedliche Ansichten. *BERKSHINE/HIGHLAND* (1953, S. 355 ff.) bspw. testeten sechs *verschiedene Formate*. Das beste - ihrer Einschätzung nach - soll aus einer Tetrade von vier positiven Aussagen mit gleichem Präferenzindex bestehen, wobei zwei davon signifikant größere Unterscheidungskraft (bzw. Diskriminierungsindex) haben, als die beiden anderen. Der Beurteiler muss dann zwei Aussagen aus dieser Tetrade auswählen, die am besten beschreiben, wie der zu Beurteilende sich verhalten hat.

125 S. Blanz/Ghiselli 1972, S. 185 ff.; Blanz 1965, S. 46 ff.

stufen zwischen 1 (Alle Aussagen sind mit einem „-" angegeben.) und 7 (Alle Aussagen sind mit einem „+" gegeben.) vorgesehen. [126]

3 Verfahren der kritischen Ereignisse

Dem Beurteilungsverfahren der kritischen Ereignisse („*critical incident technique*") liegt die Annahme zugrunde, dass bestimmte Verhaltensweisen für den Erfolg oder Misserfolg einer Aufgabenerfüllung entscheidend sind. Demzufolge steht die Erfassung und Beschreibung von Schlüsselindikatoren für arbeitsplatzbezogene effiziente bzw. ineffiziente *Verhaltensweisen* (Problembewältigung, Entscheidungsprozess, Ressourcenverwendung u. a.) sowie daran anschließend die Leistungsbeurteilung anhand dieser Indikatoren im Vordergrund. [127] Die arbeitsplatzspezifisch festgestellten Verhaltensweisen sollen den Bezug zu tatsächlich

---

126 Neben diesen Einstufungen sind noch logische Fehler in den Beurteilungen erkennbar, z. B. dann, wenn eine Person bei einer Aussage mit gutem Leistungslevel ein „+", bei der mittleren und der schlechten Aussage auf der gleichen Dimension jedoch ein „-" erhält. S. zu Beispielen unlogischer Antworten bspw. Saal 1979, S. 422 f. *SAAL* kritisiert dort auch das Skalierungssystem von *BLANZ/GHISELLI*, weil es die Antworten („besser als" ...) in nummerische Bewertungen umsetzt. Er schlägt ein revidiertes Skalierungssystem vor. S. auch noch Finley u. a. 1977, S. 659 ff.; Saal/Landy 1977, S. 19 ff.; s. auch Landy/Farr 1983, S. 64 ff.; Bernardin/Elliot/Carlyle 1980 (Der Vergleich zu den Verhaltenserwartungsskalen ergab keine eindeutigen Vorteile für eine Systemart.); ebenso Dickinson/Zellinger 1980, S. 147 ff. S. zu verschiedenen Vorgehensweisen der Mixed Standard Scale-Entwicklung bspw. Bernardin/Beatty 1984, S. 88 ff.; Barnes-Farrell/ Weiss 1984, S. 301 ff., sowie Rosinger u. a. 1982, S. 76 ff. (Sie versuchen die oft vorkommenden Eigenschaftsaussagen durch die Verwendung von arbeitsplatzspezifischen Effizienzleveln zu vermeiden.); und Hughes/Prien 1986, S. 839 ff.

127 Die Methode der kritischen Ereignisse basiert auf einer 1941 begonnenen Studie der „United States Air Force" zur Auswahl und Einschätzung von Flugpersonal. Das Ziel war es, die Ursachen für das Scheitern einer großen Zahl von Nachwuchspiloten festzustellen sowie entsprechende Verbesserungen aufzuzeigen. Als Informationsquelle dienten Protokolle der Kommission, die das vorzeitige Ende der Flugausbildung zu beschließen hatte. Eine Analyse der in solchen Verhandlungen genannten Ursachen verdeutlichte das häufige Auftreten von klischeehaften und allgemein gefassten Argumenten. Bspw. wurde der Mangel an „grundsätzlichen Flugfähigkeiten" und „der fehlende Sinn für die notwendige Sorgfalt" festgestellt oder das „unpassende Temperament", das „schlechte Urteilsvermögen" sowie die „ungenügenden Fortschritte" kritisiert. Daraus folgerte insbesondere *FLANAGAN* die Notwendigkeit, ein weitgehend standardisiertes Beurteilungsverfahren zu entwickeln, das solche subjektiven Elemente ausschaltet. Vgl. Flanagan 1954, S. 328, 1949, 1949a, 1952; Flanagan/Burns 1955. S. auch Fivars 1975, S. 210. Das Verfahren wird hier als selbständiges Instrument beschrieben. Bei anderen Leistungsbeurteilungsverfahren nimmt es dagegen nur eine Mittelfunktion ein, indem es hilft, Aussagen für deren Beurteilungsformulare zu generieren. S. auch Oechsler 2000, S. 468 ff.

durchgeführten Tätigkeiten herstellen und zusammen mit einer starken Standardisierung subjektive Einflüsse der Beurteiler weitestgehend vermeiden. Dementsprechend ist für das Beurteilungsverfahren der kritischen Ereignisse die konsequente Anwendung der beiden folgenden Prinzipien charakteristisch: Zum Ersten soll keine Sammlung und Wiedergabe von allgemeinen, undifferenzierten Interpretationen, Eindrücken und Meinungen im Vordergrund stehen, sondern vielmehr aus Fakten abgeleitete Tätigkeiten beobachtet und festgehalten werden. Zum Zweiten sollen nur solche Verhaltensweisen einfließen, die nach Ansicht der Verantwortlichen einen entscheidenden Einfluss auf die Arbeitstätigkeit haben.

Das Beurteilungsmittel stellt ein *Formular* dar, das in verschiedene Rubriken, sog. „kritische Anforderungen", [128] gegliedert ist. Jede dieser Rubriken umfasst wiederum einzeln zu beobachtende „kritische Ereignisse". Als *kritische Ereignisse* bzw. Handlungen („critical incidents") gelten dabei diejenigen beobachtbaren Verhaltensweisen bei der Arbeitsausführung, die ausschlaggebend dafür sind, ob eine Aufgabe effizient oder ineffizient erfüllt wurde. Sie sollten in sich soweit abgeschlossen sein, dass Schlussfolgerungen über die beobachtete Person möglich sind. Um „kritisch" zu sein, sollte sich zudem der Vorfall in einer Situation ereignen, in der die Absicht und der Zweck des Verhaltens gut erfassbar und die jeweiligen Konsequenzen möglichst eindeutig sind.

Mit der *Entwicklung des Beurteilungsformulars* ist im Vergleich zur eigentlichen Beobachtung relativ viel Arbeitsaufwand - u. a. mit systematischen Umfragen bei Beurteilern und nachfolgenden Bewertungen der erhobenen „kritischen Ereignisse" durch Arbeitsplatzexperten - verbunden. Die „Beurteiler" [129] sollen dann, basierend auf ihren tatsächlichen Beobachtungen des Aufgabenvollzugs während der Leistungsperiode, die relevanten Verhaltensweisen aus dem vorgegebenen Klassifikationsschema festhalten. Im Zeitablauf bilden sich Häufigkeitsverteilungen über die kritischen Ereignisse, die als Basis einer umfassenden Leistungsbeurteilung dienen können. Die Bewertung eines Mitarbeiters ergibt sich jeweils aus der Summe der positiven abzüglich der Summe der negativen Eintragungen.

---

128 Die *kritischen Anforderungen* („critical requirements") sind auf die zu beurteilende Person gerichtet und stellen Merkmale (oft Eigenschaften) dar, die ein Beschäftigter bei der Besetzung eines bestimmten Arbeitsplatzes idealerweise erfüllt. Der Basisgedanke ist, dass eine Erfüllung kritischer Anforderungen zu einem geringeren Auftreten von negativen kritischen Ereignissen führt und zugleich positive Ereignisse unterstützt.

129 Von einer eigentlichen Beurteilungs- oder Bewertungsaufgabe kann man hier nicht sprechen, da nur Feststellungen hinsichtlich des Vorliegens oder Nichtvorliegens von Aussagen bzw. Ereignissen zu treffen sind.

In Abbildung 5.9 ist ein Beispiel eines Formulars wiedergegeben. [130]

---

130 *BERNARDIN/BEATTY* (1984, S. 78) schildern die Entwicklung des Formulars bei der Delco Remy Division von *General Motors*. Vorarbeiter wurden (als Arbeitsplatzexperten) beauftragt, die kritischen Ereignisse für die Erstellung des „Employee Performance Record" zu erheben. Insgesamt wurden über 2500 Ereignisse erfasst, welche die Verhaltensweisen von nachgeordneten Mitarbeitern beschrieben. Die Beschreibungen enthielten Angaben über die Umstände, die den Ereignissen vorausgingen, die Situation, in der das Ereignis stattfand, präzise Angaben, was der Mitarbeiter getan hat, was effektiv oder ineffektiv war, die Konsequenzen des kritischen Ereignisses sowie das Ausmaß der Kontrolle bzw. Einflusses des Mitarbeiters auf die Konsequenzen. Anschließend wurden die Ereignisse in 16 verschiedene Arbeitsanforderungsrubriken (als kritische Anforderungen) klassifiziert. Eine generelle Teilung erfolgte in die beiden Hauptgruppen „Physische und geistige Klassifikation" und „Arbeitsgewohnheiten und Einstellungen". Physische und geistige Qualifikationen betreffen z. B. Koordinationsfähigkeit, Verständnis und Urteilsvermögen, Verbesserung von Teilen und Maschinen, während Arbeitsgewohnheiten und geistige Einstellungen z. B. Produktivität, Verantwortungsbewusstsein und Eigeninitiative umfassen. Das Beurteilungsformular wurde entsprechend der verschiedenen kritischen Anforderungen aufgebaut. Jeder dieser Anforderungen wurden kritische Ereignisse zugeordnet, die sich entweder auf effizientes oder ineffizientes Arbeitsverhalten bezogen. Damit ein zügiges Eintragen der kritischen Ereignisse gewährleistet war, wurden die positiven und negativen Vorfälle optisch voneinander getrennt und zusätzlich farblich markiert. Zur Vereinfachung erhielten alle Verhaltensweisen zusätzlich einen Buchstaben als Kennzeichnung. Sobald ein kritischer Vorfall beobachtet wurde, erfolgte ein Vermerk auf der entsprechenden Seite. Zusätzlich wurden die vorgegebenen kritischen Verhaltensweisen durch Einkreisen des jeweiligen Buchstabens bestimmt und mit Angabe der Verhaltensweise und des Datums festgehalten. Da bei einer wöchentlichen Benutzung des Beurteilungsformulars mit einem großen Informationsverlust zu rechnen ist, sollte täglich beobachtet und sollten die Vorfälle auch täglich niedergeschrieben werden. Zudem ist wegen den bereits erfolgten detaillierten Festlegungen und Vorgaben auch bei täglicher Anwendung mit einem geringem Arbeitsaufwand für die Beobachter zu rechnen. Vgl. Flanagan/Burns 1955, S. 96 ff.

5. Teil: Kritische Diskussion von Leistungsbeurteilungsverfahren

PHYSISCHE UND GEISTIGE QUALIFIKATIONEN

1. Physische Verfassung   rot ⇐ ⇒ blau

4	3	2	1 Datum	1 Datum	2	3	4
5			benötigte	hörte Geräusch			5
6			Leiter	im Motor			6

Nicht in der Lage, die Arbeit auszuführen, wegen: a) Mangel an Kraft; b) zu klein, zu groß; c) zu schwer, zu leicht; d) Krankheit; e) Sehschwäche; f) Schwerhörigkeit; g) Behinderung.

In der Lage, die Aufgaben gut auszuführen, wegen: a) großer Körperkraft; b) guter Sehkraft; c) guter Hörfähigkeit.

2. Prüfen und Kontrollieren   rot ⇐ ⇒ blau

4	3	2	1	1 Datum	2 Datum	3	4
5				Bestellfehler	gute Entscheidung		5
6				verhindert	über Befestigung		6

Nicht in der Lage, die Arbeit auszuführen, wegen: a) Übersah defekte, unvollständige, falsch montierte Teile; b) übersah ähnliche, aber nicht identische Teile und Materialien; c) urteilte falsch hinsichtlich der Größe; d) hat Anweisungen bzw. Maße nicht korrekt gelesen.

In der Lage, die Arbeit gut auszuführen, wegen: a) Bemerkte defekte, unvollständige, falsch montierte Teile; b) urteilte besonders gut über Größe; c) war sehr korrekt hinsichtlich Anweisungen und Maßen.

ARBEITSGEWOHNHEITEN UND EINSTELLUNGEN

3. Produktivität   rot ⇐ ⇒ blau

4	3	2	1 Datum	1 Datum	2 Datum	3	4
5				wurde recht-	arbeitete län-		5
6				zeitig fertig	ger als verlangt		6

a) Führte die notwendigen Arbeiten nicht aus; b) benötigte mehr Zeit als notwendig; c) arbeitete in ungleichem Tempo; d) beeinträchtigte den Produktionsprozeß; e) stoppte die Maschinen unnötig.

a) Arbeitete effizient trotz vorhandener Probleme; b) zeigte außerordentliche Leistung in seiner Tätigkeit; c) trotz der Gelegenheit zu pausieren, arbeitete er weiter.

4. Verantwortungsbewußtsein   rot ⇐ ⇒ blau

4	3	2	1 Datum	1 Datum	2 Datum	3	4
5				kontrollierte	früher Hinweis		5
6				Teile	auf Arbeitsende		6

a) Verließ Arbeitsplatz ohne Erlaubnis; b) kam zu spät; c) stoppte die Arbeit zu früh; d) nahm sehr lange Pausen; e) führte private Arbeit aus; f) vernachläßigte die aufgetragene Arbeit.

a) Führte Extraarbeit aus; b) antizipierte und teilte dem Vorarbeiter rechtzeitig mit, daß die Arbeit ausgeht.

HANDSCHRIFTLICHE EINTRAGUNGEN

bspw.:

1b) Benötigt Leiter, um den Schalter zu erreichen; Zeit wird verschwendet, um die Leiter zu holen.

1c) Hörte ein Geräusch im Motor, berichtete es dem Vorarbeiter; ein ernsthafter Schaden wurde verhindert.

2a) Verhinderte durch eine schnelle Nachricht, daß ein falsches Teil bestellt wurde.

2c) Entschied sehr schnell und richtig über die Befestigung eines neuen. Teils.

3d) Versuchte sich beim Aufstehen an einer Maschine abzustützen, dabei stürzten Kisten um, der Inhalt wurde verschüttet.

4a) Führte die Arbeit in kurzer Zeit aus, trotz Unterbrechung durch eine Reparatur.

5b) Informierte den Vorarbeiter, daß die Arbeit in 2 Stunden erledigt ist.

4c) Stoppte die Maschine nicht, während sie repariert wurde.

5a) Kontrollierte Teile während die Maschine repariert wurde; sparte damit Zeit.

Abb. 5.9: Beurteilungsbogen von General Motors nach dem Verfahren der kritischen Ereignisse (Ausschnitt). (Quelle: Flanagan/Burns 1955, S. 99 f.)

V Einstufungsverfahren

In den meisten Betrieben haben sich sog. Einstufungsverfahren durchgesetzt. Bei diesen Verfahren sind in den Beurteilungsformularen i. d. R. nach Ausprägungsgrad geordnete, verbal oder nummerisch bezeichnete Kategorien bzw. Beurteilungskriterien vorgegeben. Verschiedene Ausprägungsgrade (auf Skalen) sollen die Kriterien individuell repräsentieren. Mit ihnen sind bestimmte Vorstellungen hinsichtlich der Güte der zu beurteilenden Objekte bzw. der Leistung verbunden. Diese Vorstellungen sind dabei entweder mit Ziffern, mit einfachen Eigenschaftswörtern oder mit konkreten Verhaltensbeschreibungen mehr oder weniger präzisiert. Die durch die Beurteiler wahrgenommenen Ausprägungen der Kriterien bei bestimmten Personen ist mit den zu den verschiedenen Kategorien vorgestellten Kriterienausprägungen zu vergleichen, die treffendste Kategorie ist zu wählen. Mit den Einstufungsverfahren wird den Beurteilern gerade bezüglich des analytischen Charakters insgesamt eine höhere Differenzierung - als bei den bislang dargestellten Verfahren - hinsichtlich der zu gebenden Antworten abverlangt. [131]

Einstufungsverfahren liegen i. w. in zwei *Varianten* vor:
- Zum Ersten handelt es sich um solche Verfahren, bei denen generelle Arbeitsmerkmale (oft aber Eigenschaftsmerkmale) vorgegeben sind und die Beurteiler i. d. R. mit Hilfe nummerischer Skalen angeben müssen, inwieweit bestimmte, generell vorgegebene (Eigenschafts-)Merkmale vorhanden sind (*merkmalsorientierte Einstufungsverfahren*). [132]
- Zum Zweiten werden mehr oder weniger konkrete, empirisch in aufwendigen Verfahren ermittelte Verhaltensbeispiele im Beurteilungsformular vorgegeben, deren (angenommenes) Vorliegen dann von den Beurteilern anzugeben ist (*verhaltensorientierte Einstufungsverfahren*). [133]

---

131 S. zur Diskussion bspw. Brandstätter 1970, S. 684 ff.; Hentze 1980, S. 158 f.

132 Hin und wieder spricht man in diesem Zusammenhang von *analytischen Einstufungs- bzw. Beurteilungsverfahren*. Diese Bezeichnung lässt sich jedoch nicht aufrechterhalten, weil andere Verfahren ebenfalls analytisch vorgehen. Im Übrigen zeichnen sich die üblichen Verfahren durch eine starke Betonung eigenschaftsorientierter Kriterien aus (s. u.).

133 Je nach Vorgehensweise ließen sich auch aufgabenorientierte Beurteilungsverfahren als Einstufungsverfahren klassifizieren. Da i. d. R. jedoch die jeweiligen Einstufungen nur sekundären Charakter haben, unterbleibt dies hier.

1 Merkmalsorientierte Einstufungsverfahren

Die merkmalsorientierten (bzw. analytischen) Verfahren stellen das *übliche Beurteilungsinstrument* in der betrieblichen Praxis dar. [134] Neben rein formalen Angaben bez. Name, Position, Organisationseinheit u. a. m. sehen die Beurteilungsformulare oft, aber bei weitem nicht immer eine Skizze der Positionsaufgaben vor. I. Allg. können diese Angaben willkürlich erfolgen, allerdings gehen auch vorzufindende Formulierungshinweise nicht sehr weit. Die Beurteilungsmerkmale sind dagegen bereits vorab durch den Systembetreiber fixiert. Im Rahmen der Verfahren werden - so zeigen empirische Studien - zwischen 3 und 40 Merkmale pro Verfahren verwendet. [135] Ziel ist die Vergleichbarkeit der Beurteilungsergebnisse von verschiedenen Mitarbeitern, was ein einheitliches Kriteriensystem voraussetzt. [136]

Üblicherweise wird ein *Standardmerkmalskatalog* verwendet, d. h. dass die verwendeten Beurteilungsmerkmale für alle zu beurteilenden Beschäftigten (zumindest der Tarifangestellten) gleich, allenfalls bei Vorgesetzten noch um Führungsmerkmale ergänzt sind. Modifikationen nach Aufgabenbereichen (z. B. für Firmenkundenbetreuer, Filialleiter, Projektmitarbeiter) finden selten statt. Die Kataloge sind universell gehalten, um wenig Anpassungsbedarf zu haben. Dies bedeutet, dass sowohl über alle Hierarchieebenen hinweg als auch über die jeweils unterschiedlichen Aufgabengebiete hinaus mit den gleichen Beurteilungsmerkmalen gearbeitet wird. [137]

Die Verwendung von Standardmerkmalskatalogen kann dazu führen, dass Merkmale bezüglich bestimmter Positionen zu gewichten sind. Dies begründet sich dadurch, dass letztlich nicht alle Merkmale an allen Arbeitsplätzen die gleiche Bedeutung für die Erbringung der geforderten Leistung haben. Die Frage der *Gewichtung* von Beurteilungsmerkmalen spielt in der Literatur zur Leistungsbeurteilung von

---

134 Siehe hierzu Teil 5 A dieser Arbeit.
135 S. Liebel/Walter 1978, S. 175 (4-40 Merkmale); Strametz/Lometsch 1977, S. 84 (ca. 5-20 Merkmale); Gaugler u. a. 1978, S. 123 (3-33 Merkmale); Grunow 1976, S. 24 (3-32 Merkmale); ähnlich Stöcker/Becker, F. G., 1997.
136 S. auch Breisig 1989, S. 94, 1998, S. 61 ff.
137 S. auch Crisand/Stephan 1994, S. 60. Dies geschieht, obwohl in den meisten Unternehmen komplexe Formen der Arbeitsteilung vollkommen unterschiedliche Tätigkeitsinhalte auf den einzelnen Positionen hervorgebracht haben. Vgl. Breisig 1989, S. 94. Dabei fällt die Tatsache noch stärker ins Gewicht, dass die Merkmale nur vage oder aufgrund der starken Eigenschaftsorientierung überhaupt nicht an den konkreten Aufgabenstellungen einzelner Arbeitsplätze anknüpfen.

daher eine relativ große Rolle. [138] Dabei geht es häufig um das Problem, ob für einen Betrieb *einheitliche oder funktionsgruppenspezifische Gewichtungen* vorgegeben werden sollten. Unterschieden werden kann demnach zwischen einer festgelegten und einer freien Gewichtung [139]:

- Bei einer *festgelegten Gewichtung* werden für Beurteilungskriterien generell oder für einzelne Bereiche verbindliche Gewichtungsfaktoren vorgegeben.
- Bei der *freien Gewichtung* können und sollen die Beurteiler eine Gewichtung einzelner Merkmale wählen, die ihnen aufgrund der Aufgabenstruktur des Arbeitsplatzes am geeignetsten erscheinen. Das kann bspw. auch bedeuten, dass dann ein Merkmal mit Null gewichtet wird. Hiermit soll eine Konzentration auf die spezifischen Belange eines Arbeitsplatzes erreicht werden.

Im Rahmen der merkmalsorientierten Beurteilungsverfahren werden zur Einstufung i. d. R. *Beurteilungsskalen* genutzt. Bei diesen Skalen wird die Leistung durch Einsetzen eines Kreuzes auf einer Geraden eingestuft. Auf dieser Geraden sind Schwellenwerte abgetragen, welche wiederum nummerisch, alphabetisch oder als Prädikate bestimmt werden. Für die verwendeten Skalen spielen folgende Faktoren eine wichtige Rolle: die Bezeichnung der Stufengrade, die Zahl der Stufen sowie das Problem der Stufenverankerung und -definition. [140]

- Die Bezeichnung der *Stufengrade* kann nummerisch sein, also von 1 bis 5, 6, 7 usw. Wird mit 1 die höchste Ausprägung bezeichnet, so entspricht dies der Schulnotengebung. Statt Zahlen finden sich in der Unternehmungspraxis auch Buchstaben, also bspw. A bis E, F, G usw. Die höchste Ausprägung wird dann mit A und die niedrigste mit E bezeichnet. Schließlich kann der jeweilige Ausprägungsgrad auch verbal mithilfe von Prädikaten gekennzeichnet werden. So erfolgt eine mögliche Leistungseinstufung z. B. als „über den Erwartungen", „unter den Erwartungen" sowie „den Erwartungen entsprechend". Gewöhnlich benennen die Systembetreiber die Skalen ohne Partizipation der Mitarbeiter ohne viel Zeitaufwand. [141]

---

138 S. zu dieser Diskussion z. B. Nutzhorn 1965, S. 19; Tenckhoff 1975, S. 348 f.; Raschke 1977, S. 38.

139 Vgl. Rübling 1988, S. 91. *NEUBERGER* (1980, S. 36) sieht in der Verwendung von Gewichtungssystemen ein Eingeständnis der Notwendigkeit, bei der Beurteilung von Mitarbeiterleistungen *arbeitsplatz- und aufgabenspezifisch* vorzugehen. Allerdings führt dieses Eingeständnis dann doch nicht zu entsprechenden Handeln, da ja weiterhin an den vorgegebenen Merkmalen festgehalten wird und eben durch deren Gewichtung versucht wird, diese eher arbeitsplatzspezifische Beurteilung zu erreichen.

140 S. Lattmann 1975, S. 76.

141 Vgl. auch Lattmann 1975, S. 61 ff.

- Die Frage nach der *Zahl der Stufen* besteht zum einen in der Klärung des Problems, ob eine *gerade oder eine ungerade* Zahl von Stufen verwendet werden soll. Bei einer ungeraden Zahl wird vielfach der Nachteil gesehen, dass durch den dadurch bestehenden Mittelwert die Neigung vieler Beurteiler unterstützt wird, im Mittelwert Zuflucht zu suchen, wenn sie sich über die Merkmalsausprägung im unklaren sind. [142] Der Vorteil der geraden Zahl von Stufen liegt demnach darin, dass der Beurteiler gezwungen ist, sich zu entscheiden, ob eine Leistung über oder unter dem Durchschnitt liegt. Zum anderen liegt die Frage in der *Anzahl der Stufen* begründet. Eine hohe Stufenzahl würde der Forderung nach einer hohen Diskriminierungsfähigkeit und damit einer hohen Aussagefähigkeit der Beurteiler gerecht. [143] Bei einer großen Zahl von Stufen besteht aber auch die Gefahr, dass das Differenzierungsvermögen der Beurteiler überfordert wird und lediglich eine Scheingenauigkeit entsteht. [144]
- Die *Stufenverankerung und -definition* betrifft das Problem, dass Einstufungsverfahren Skalenwerte über die Leistung des Mitarbeiters ergeben sollen, welche sowohl inter- und intraindividuelle Vergleiche als auch eine Überprüfung des Beurteilerverhaltens ermöglichen sollen. Je weniger demnach Skalen durch ihre einzelnen Stufen und eindeutigen Beschreibungen verankert sind, desto größer ist der Interpretationsspielraum für die Beurteiler. [145]

Zwei *Grundmodelle* merkmalsorientierter Einstufungsverfahren sind in den Abbildungen 5.11 und 5.12 dargestellt: Im Modell I (Abb. 5.10) sind einzelne Fähigkeiten, Eigenschaften und/oder Verhaltensweisen erläuternd angefügt. Zu bewerten ist jedoch nur das (fett gedruckte) Hauptmerkmal. Im Modell II (Abb. 5.11) sind die Erläuterungen in Sätze gekleidet. Zum Teil wird durch fakultativ anwendbare Gewichtungen den Beurteilern die Möglichkeit gegeben, die Merkmale entsprechend der Bedeutung für den Arbeitsplatz zu gewichten. Inwieweit nun ein Beurteiler das Vorliegen eines Merkmals im Beurteilungszeitraum bei einem Mitarbeiter bewertet, wird auf einer i. d. R. 3er bis 9er-Skala angekreuzt. Modell I veranschaulicht eine vierstufige Skala mit einfachen verbalen Bewertungsattributen an den Polen. Modell II bezieht sprachlich genauer die Stufen auf die - allerdings nicht näher erläuterten - Erwartungen an den Positionsinhaber. Es wird zudem als Instrument zur individuellen *Entgeltdifferenzierung* mittels einer Leistungszulage verwendet. Je nach Einstufung pro Merkmal wird eine bestimmte Punktezahl (0-12) vergeben,

---

142 S. bspw. Brandstätter 1970, S. 687.
143 Vgl. Gaugler u. a. 1978, S. 63.
144 Vgl. Lattmann 1975, S. 66.
145 Vgl. Lattmann 1975, S. 62; Rübling 1988, S. 76.

die akkumuliert als Punktsumme einen bestimmten Prozentsatz des Festgehalts als Zulage ergeben. Den beurteilenden Vorgesetzten wird ein bestimmtes Zulagenbudget zur Verfügung gestellt, dass sie nicht überschreiten dürfen. [146]

LEISTUNGSBEURTEILUNG 200X					
Name: .... Positionsbezeichnung:					
Bereich: .... Beurteiler:					
Aufgaben:					
(fakultativ)					
	(fakultative)	Beurteilungsskala			
Beurteilungsmerkmale	Gewichtung in %	4 sehr gut	3	2	1 mit Mängeln
Arbeitsqualität • Fachkenntnisse • Einhalten von Vorschriften und Anweisungen • Ordnung • Behandlung von Arbeitsmitteln • Verwendbarkeit der Arbeitsergebnisse • Geschicklichkeit • Reklamation					
Arbeitsquantität • Zeitaufwand für einwandfreie Arbeitsergebnisse • Belastbarkeit • Termineinhaltung • Ausdauer • Intensität der Arbeitsausführung					
Leistungsverhalten • Zuverlässigkeit • Kostenbewusstsein • Zusammenarbeit • Initiative • Pünktlichkeit • Selbstständigkeit • Verantwortungsbereitschaft • Beweglichkeit des Denkens					
Führungsverhalten (nur für Vorgesetzte) • Planung, Disposition, Delegation • Kontrolle • Motivation der Mitarbeiter • Durchsetzungsfähigkeit • Mitarbeiterförderung					

Abb. 5.10: Grundmodell I einer merkmalsorientierten Leistungsbeurteilung.

---

146 Damit verbunden ist i. d. R. eine vorgegebene Verteilung der Leistungszulagen gemäß einer *Normalverteilung*. Somit ist die Etatausnutzung sichergestellt.

Beurteilungsmerkmale	Beurteilungsstufen					
	entspricht selten der Erwartung	entspricht im allgemeinen der Erwartung	entspricht voll der Erwartung	liegt über der Erwartung	liegt weit über der Erwartung	
Wirksamkeit des Leistungsverhaltens Es ist zu beurteilen, in welchem Maße der/die Mitarbeiter/in zweckmäßig, terminorientiert und ausdauernd arbeitet. Das quantitative Leistungsergebnis ist zu bewerten.	Arbeitet nicht ausdauernd; Zeitaufwand zu hoch *Punktzahl: 0*	Arbeitet im allgemeinen ausdauernd und zweckmäßig; Termine werden i. d. R. eingehalten *Punktzahl: 3*	Arbeitet zweckmäßig und ausdauernd; Termine werden eingehalten *Punktzahl: 6*	Arbeitet mit großer Ausdauer und Zweckmäßigkeit; Termine werden auch unter erschwerten Bedingungen eingehalten *Punktzahl: 9*	Arbeitet (auch bei sehr starker Arbeitsbelastung) mit gleichbleibender Ausdauer, außergewöhnlich zweckmäßig, unter strikter Einhaltung der Termine *Punktzahl: 12*	
Zuverlässigkeit und Arbeitsqualität Zu beurteilen ist, wie gründlich und zuverlässig (Häufigkeit der Beanstandungen) der/die Mitarbeiter/in die übertragenen Aufgaben ausführt.	Arbeitet nicht sorgfältig; es kommt häufig zu Beanstandungen *Punktzahl: 0*	Arbeitet i. d. R. sorgfältig; zu Beanstandungen kommt es nur gelegentlich *Punktzahl: 3*	Arbeitet gewissenhaft und gründlich *Punktzahl: 6*	Arbeitet bemerkenswert sorgfältig, gewissenhaft und gründlich *Punktzahl: 9*	Arbeitet (auch bei starker/vielseitiger Arbeitsbelastung) stets außerordentlich gründlich und gewissenhaft *Punktzahl: 12*	
Initiative, Selbständigkeit Zu beurteilen ist, inwieweit der/die Mitarbeiter/in aus eigenem Antrieb Arbeitsziele verfolgt, inwieweit er/sie selbständig arbeitet oder Hilfe bedarf. Zu beurteilen ist ferner, in welchem Maße er/sie sich auf veränderte Situationen einstellt.	Bedarf des Anstoßes, der eingehenden Beratung und detaillierten Arbeitsanleitung; auf veränderte Aufgaben und Situationen stellt er/sie sich nur schwer ein *Punktzahl: 0*	Bedarf nur im geringen Umfang einer eingehenden Beratung und detaillierten Arbeitsanleitung; auf veränderte Aufgaben und Situationen stellt er/sie sich ein *Punktzahl: 3*	Entwickelt Anregungen bei der Verfolgung des Arbeitszieles; arbeitet selbständig; eine detaillierte Anleitung ist nicht erforderlich *Punktzahl: 6*	Entwickelt auch eigene Vorstellungen; arbeitet selbständig und dynamisch; erkennt Zusammenhänge, Zielsetzungen und teilweise deren Lösungsmöglichkeiten *Punktzahl: 9*	Entwickelt eigene Vorstellungen; arbeitet selbständig und außerordentlich dynamisch, erkennt Zusammenhänge, Zielsetzungen, Probleme und deren Lösungen *Punktzahl: 12*	
Zusammenarbeit und Führungsverhalten Zu beurteilen ist die Zusammenarbeit und inwieweit Erfahrungen, Informationen und Anregungen an Kollegen, Untergebene und/oder Vorgesetzte weitergegeben werden. Ggf.: Die umfassende Unterweisung, Betreuung und der Einsatz der untergebenen Mitarbeiter, in welchem Maße die richtigen Tätigkeiten zugeordnet, klare Ziele gesetzt und verwirklicht werden.	Zusammenarbeit ist nicht ausreichend; Erfahrungen werden nur selten vermittelt. Ggf.: Unterweisung, Betreuung und Einsatz der Mitarbeiter sind nicht ausreichend; Zielsetzung ist unklar *Punktzahl: 0*	Zusammenarbeit ist ausreichend; Erfahrungen und Anregungen werden vermittelt. Ggf.: I. d. R. sind die Unterweisung, Betreuung und der Einsatz der Mitarbeiter ausreichend; überwiegend werden klare Ziele gesetzt und verfolgt *Punktzahl: 3*	Gute Zusammenarbeit; bereitwillige Vermittlung von Erfahrungen und Anregungen. Ggf.: Unterweisung und Betreuung der Mitarbeiter erfolgt so, dass die Ziele auch erreicht werden *Punktzahl: 6*	Bemüht sich um Verbesserung der Zusammenarbeit, des Informations- und Erfahrungsaustausches. Ggf.: Unterweisung und Betreuung der Mitarbeiter sowie deren Einsatz erfolgt so, dass die Ziele auch erreicht werden *Punktzahl: 9*	Bemüht sich stets um die Förderung der Zusammenarbeit, des Informations- und Erfahrungsaustausches. Ggf.: Unterweisung und Betreuung der Mitarbeiter sowie deren Einsatz wirkt stets leistungsmotivierend; Ziele werden (auch bei sehr starker Arbeitsbelastung) stets erreicht *Punktzahl: 12*	
Zuordnung (Punktsumme/Leistungszulagenprozentsatz)					
Leistungsbeurteilungsergebnis (Punktsumme)	0 - 5	6 - 10	11 - 15	16 - 20	21 - 25	26 - 30	31 - 36	37 - 42	43 - 48
Leistungszulagenstufen (Prozentsatz)	0 %	2 %	4 %	6 %	8 %	10 %	12 %	14 %	16 %

Abb. 5.12: Grundmodell II einer merkmalsorientierten Leistungsbeurteilung

Vielfach ist offen oder versteckt Persönlichkeit bzw. sind als Leistungsrelevant angesehene persönliche Eigenschaften der Mitarbeiter *Objekt* der Leistungsbeurteilung. Hierdurch wird letztendlich das Vorhandensein, das Fehlen bzw. die Ausprägung von Persönlichkeitsmerkmalen versucht zu erfassen. Wenn man einen bewussten Einsatz solcher *eigenschaftsorientierten Kriterien* im Rahmen der Leistungsbeurteilung annimmt - was nicht immer gesagt ist -, so beruht die Verwendung auf einem angenommenen kausalen Zusammenhang zwischen Leistung und Eigenschaften. Ein erfolgreicher bzw. Leistungsstarker Mitarbeitertyp ist dann mit einer bestimmten Konfiguration von Eigenschaften ausgestattet. Eine Vielzahl verschiedener Eigenschaftsmerkmale taucht in den merkmalsorientierten Einstufungsverfahren auf. Bei diesen Merkmalen handelt es sich i. d. R. um offene bzw. mehr oder weniger versteckte Eigenschaftswörter. Nicht immer ist die Eigenschaftsorientierung offensichtlich. Dies ist manchmal beabsichtigt, da die Eigenschaftsorientierung zumindest nach außen und in der wissenschaftlichen Forschung weitgehend verpönt ist und von daher zumindest verbal unverfänglichere Ausdrücke (z. B. Hilfsbereitschaft, Pünktlichkeit, Arbeitsqualität) verwendet werden. [147] Mehrere empirische Studien belegen das hohe Maß an eigenschaftsorientierten Merkmalen in Kombination mit einigen vielleicht eher aufgabenorientierten Kriterien wie z. B. „Arbeitsmenge". [148] Dies verdeutlicht Abbildung 5.12. Dort sind die am häufigsten verwendeten Beurteilungskriterien der Praxis nach ihrem Rangplatz geordnet aufgeführt. [149]

---

147 Mit dem grundsätzlichen Problem der Aufnahme oder aber Nicht-Aufnahme bestimmter Beurteilungskriterien in ein Beurteilungsverfahren beschäftigt sich *NEUBERGER* (1980, S. 34). Für ihn gibt es keine Möglichkeit, diese Verwendung oder Nicht-Verwendung von Eigenschaftsmerkmalen rational zu kritisieren. Dies ist deshalb der Fall, weil die Auswahl bestimmte Konventionen widerspiegelt. So ist sie oftmals Ausdruck einer gewollten *Akzentsetzung*: Vorgesetzte und Mitarbeiter sollen in Richtung auf ganz bestimmte Merkmale sensibilisiert und schließlich auch geformt werden. So sind bspw. bestimmte Normen wie „Anpassungsfähigkeit", „Gehorsam" und „Belastbarkeit" wichtiger als „Zivilcourage" und „Kritikfähigkeit". Diese angestrebten Sozialisationswirkungen (Prägung der Mitarbeiter nach dem Bild der Organisation) hängen eng zusammen mit den Funktionen von betrieblichen Leistungsbeurteilungen, besonders mit den nicht offengelegten latenten Beurteilungszwecken. Vgl. auch Lueger 1992, S. 209 f.; Nerdinger 2001, S. 59 ff.

148 *DOMSCH/GERPOTT* bemerken dazu: „Faktisch entsprechen die formal auf Leistungsverhalten und -ergebnisse bezogenen Merkmale personalen Eigenschaftsmerkmalen ('traits') ... Der eigenschaftsähnliche Charakter dieser Merkmale wird zudem auch dadurch deutlich, dass in der Praxis die Beurteilungsmerkmale ... intuitiv so festgelegt werden, dass sie für die Beurteilung möglichst vieler Mitarbeiter in unterschiedlichen Stellen eingesetzt werden können." Domsch/Gerpott 1985, S. 667; s. ähnlich Becker, F. G./ Seitz/Fallgatter 1995, S. 34.

149 Vgl. ausführlicher die *Studien* von Bernhard 1975; Grunow 1976; Gaugler u. a. 1978; Liebel/Walter 1978. Rangplatz von 1 bis 12 meint die Häufigkeit der Nennung der

Merkmale	Gaugler u. a. Rangplatz	Liebel/Walter Rangplatz	Grunow Rangplatz	Bernhard Rangplatz
1. Zusammenarbeit	1	5	3	6
2. Belastbarkeit	2	9	6	5
3. Initiative	3	3	-	3
4. Arbeitsgüte	4	7	5	15
5. Arbeitstempo	5	15	8	9
6. Auffassungsgabe	6	2	-	1
7. Zuverlässigkeit	7	10	4	2
8. Arbeitseinsatz	8	8	2	10
9. Arbeitsmenge	9	12	-	-
10. Fachkenntnisse	10	4	1	-
11. Selbstständigkeit	11	1	-	8
12. Verantwortungsbereitschaft	12	6	10	7

Abb. 5.12: *Verwendung eigenschaftsorientierter Leistungsbeurteilungsmerkmale in der Praxis.*

2 Verhaltensorientierte Einstufungsverfahren

Im Folgenden wird der Terminus „verhaltensorientierte Einstufungsverfahren" als Oberbegriff für solche Einstufungsverfahren verwendet, welche empirisch-systematisch ermittelte, stellentypische Verhaltensbeschreibungen zur Konkretisierung der vorab zu ermittelnden Leistungsdimensionen und/oder zur Konkretisierung der jeweils zur Beurteilung der dimensionsbezogenen Leistungsniveaus verwendeten Skalenstufen nutzen. Zu differenzieren sind die vorliegenden verhaltensorientierten Beurteilungsskalen insbesondere in: [150]

Merkmale: Merkmale auf Platz 1 wurden am häufigsten genannt; auf Platz 12 sind die Kriterien mit der geringsten Anzahl an Nennungen. In der Abbildung erscheint zweimal Platz 15 als letzter Rangplatz. Das liegt daran, dass einzelne Autoren mehr als 12 Merkmale berücksichtigt haben. Wenn auch die dort aufgeführten Autoren und deren Studien den siebziger Jahren zuzuordnen sind, so spielen die genannten Merkmale dennoch weiterhin eine wichtige Rolle. S. dazu bspw. die Studie von Rübling 1988; Mungenast 1990; auch Batz/Schindler 1983, S. 425; Wagner 1985, S. 110. Vgl. auch die Beurteilungsformulare bei Zander/Knebel 1993, S. 28 ff.

150 Vgl. Domsch/Gerpott 1985, S. 669. In der deutschsprachigen Literatur sind sie relativ selten referiert. S. zu Ausnahmen Brandstätter 1970, S. 685 f.; Pillhofer 1982; Schwind 1984; Weinert 1981, 1981a-c; Schettgen 1996, S. 243 ff., Markus/Schuler 2001, S. 410 ff. Daneben existieren noch eine Anzahl spezieller Varianten. Auf sie wird am Ende dieses Teilkapitels kurz eingegangen.

- Verhaltenserwartungsskalen (VES) und
- Verhaltensbeobachtungsskalen (VBS).

a) Verhaltenserwartungsskalen

Bei den Verhaltenserwartungsskalen („*behavior-anchored rating scales - BARS*", „*behavior expectation scales - BES*") [151] handelt es sich um ein empirisch unter Beteiligung von zukünftigen Beurteilern entwickeltes, auf spezifische Arbeitsplatztypen bezogenes Beurteilungsinstrument, welches sich durch ausschließlich verhaltensorientierte Beschreibungen im Beurteilungsformular auszeichnet. Die Verfahrensart wurde von *SMITH/KENDALL* in die Diskussion eingeführt. [152] Verschiedene Leistungslevel sollen in Beurteilungsskalen durch Verhaltensbeispiele der Positionsinhaber „verankert" werden. Das Beurteilungsformular der VES besteht aus einem *Set verschiedener Beurteilungsskalen*. Sie beruhen auf der stufenweisen Entwicklung und Definition von Arbeitsbereichen (Leistungsdimensionen), die als Beurteilungskriterien dienen sollen, kriterienspezifischen Einstufungsskalen und zwar i. Allg. durch diejenigen Personengruppen bzw. Arbeitsplatzexperten, die diese Verfahren als Beurteiler selbst anwenden sollen. Es werden schließlich eine Reihe in ihrer Güte bez. der erwarteten Leistung gestufter Verhaltensweisen vorgegeben. Die Beurteiler sind dazu aufgerufen, bei der Bewertung aus den vorgegebenen Verhaltensitems eines auszuwählen. Die zu Beurteilenden müssen dieses Verhalten nicht gezeigt haben. Gefragt ist demnach, welche Verhaltensweise je nach Fragestellung bzw. Dimension zu erwarten gewesen wäre. Abgezielt wird mit dem Verfahren auf eine Standardisierung des Beurteilungsprozesses zur Verbesserung der Vergleichbarkeit verschiedener Beurteilungen (durch die Formulierung gemeinsamer Bezugssysteme, Kriterien, Verhaltensaussagen, Leistungsdimensionen), die Reduzierung von Beurteilungsfehlern sowie auf eine Verbesserung von Beurteilungsgesprächen mit Hilfe verhaltensspezifischer Feedbacks für die Beurteilten. Die Beurteiler (wie teilweise die zu Beurteilenden) partizipieren an der Entwicklung der Beurteilungsformulare. Durch die Partizipation einer Vielzahl von Arbeitsplatzexperten erwartet man die Entwicklung stark *positionsbezogener Ska-*

---

151 In der englischsprachigen Literatur sind sie zunächst unter der Bezeichnung „*behavior-anchored rating scales*" (BARS) und später dann als „*behavior expectation scales*" (BES) bekannt geworden. *WEINERT* (1981, S. 307 ff.) nennt sie „Skalen von zu Erwartendem, Beobachtbarem Arbeitsverhalten" (SEBAV-Skalen). Mit der Benennung sind z. T. inhaltliche Änderungen verbunden.

152 S. Smith/Kendall 1963; zur Entstehungsgeschichte Smith 1967, S. 85 f. *BORMAN* (1986, S. 114) bezeichnet dies sogar als „*fundamental breakthrough*" der Beurteilungsforschung.

len. [153] Sie sollen es den Beurteilern v. a. erlauben, Verhalten - und nicht diffuse Eigenschaften oder Zielerreichungen - zu bewerten. [154]

Ursprünglich wurde folgende *Entwicklung der VES-Beurteilungsformulare* vorgeschlagen: [155] Zunächst werden durch Arbeitsplatzexperten jeweils positionstypische, generell unterscheidbare Leistungsdimensionen generiert (*Generierung von Leistungsdimensionen*). Die Dimensionen selbst stellen die Beurteilungskriterien dar. Die Anzahl der Leistungsdimensionen ist abhängig von der Komplexität der zu bewertenden Position(-sleistung), der Breite des verlangten bzw. notwendigen Leistungsverhaltens und des Spezifizierungsgrades der verwendeten Dimensionen. Anschließend sind mittels der Methode der kritischen Ereignisse für jede der Dimensionen sehr kurz, in der Sprache der Beurteilten gefasste Aussagen zu formulieren, die hohe, niedrige und akzeptable Leistungsbeispiele wiedergeben (*Aussagengenerierung*). [156] Die Verhaltensbeispiele der Skalen enthalten bestimmte beschreibende Aussagen über Arbeitsverhalten oder -tätigkeiten. Die benutzten Beispiele repräsentieren nicht unbedingt aktuell beobachtetes bzw. zu beobachtendes Verhalten. Da nicht alle möglichen Verhaltensvarianten je Leistungslevel angegeben werden können, sind die Anker als erwartete Arbeitsverhalten zu formulieren. Die Aussagen sollen dann in Form von Erwartungen an Verhalten formuliert werden (Bsp.: „Man könnte von einem Mitarbeiter erwarten, dass ..."). Die Beurteiler sind gefragt, zu entscheiden, ob ein beobachtetes Verhalten sie zu der Ansicht führt, dass ein beschriebenes Verhalten gezeigt werden könnte. [157] Noch nicht in den Prozess eingebundene Arbeitsplatzexperten haben nachfolgend in Unkenntnis angenommener Zusammenhänge diese Aussagen den Leistungsdimensionen zuzuordnen (*Reallokationsphase*). Nur eindeutig zugeordnete Aussagen

---

153 Vgl. bspw. Borman 1986, S. 111.

154 Vgl. bspw. Domsch/Gerpott 1985, S. 672.

155 Vgl. Smith/Kendall 1963, S. 151 f. Im Folgenden beziehe ich mich auf die Originalquelle. Sekundärquellen zu der ursprünglichen Formularentwicklung geben diese fast ausschließlich in - erst später - modifizierter Form wieder. Es ist schon erstaunlich wie viele nordamerikanische Autoren sich auf *SMITH/KENDALL* bei ihren Ausführungen beziehen, aber offensichtlich diese Originalquelle nie genauer gelesen haben. Sie geben nämlich oft im indirekten Zitat Inhalte an, die erst später, bspw. von *CAMPBELL U. A.* (1973), zu den Verhaltenserwartungsskalen hinzugefügt wurden.

156 Dieser Schritt wurde in anderen Publizierungen später mit dem zweiten vertauscht. Es erwies sich nämlich v. a., dass durch diese Vorgehensweise oft eigenschaftsorientierte Dimensionen benannt wurden. *SMITH/KENDALL* (1963, S. 154) sahen diese Gefahr aber bereits in ihrer ersten Veröffentlichung.

157 Die Beurteiler stehen bei diesem Verfahren nicht vor dem Problem, immer genau mit den Items identische Verhaltensweisen zu beobachten. Auch ähnliche Vorfälle, die erwarten lassen, dass die Verhaltensitems erfüllt werden könnten, können ausreichen.

bleiben in der engeren Wahl für das Beurteilungsformular. Fiktive Beurteilungen bez. sehr guter bzw. nicht zufriedenstellender Leistungen werden mit den verbleibenden Aussagen durchgeführt, um deren Diskriminierungswert hinsichtlich unterschiedlicher Leistungsgüte zu ermitteln (*Feststellung der Aussagenbedeutung*). Die so bewerteten Aussagen werden auf einer vertikalen Skala ihres Wertes entsprechend hierarchisch angeordnet, um nochmals einer Prüfung hinsichtlich ihrer Eindeutigkeit standzuhalten (*Skalierungskontrolle*). Die je Skalenwert eindeutigsten Aussagen sind schließlich auf den dimensionsbezogenen vertikalen Beurteilungsskalen darzustellen. Sie stellen dann die sog. Skalenanker dar, Verhaltensbeispiele für eine Skalenstufe. [158] Diese Leistungsdimensionen sind dann als Beurteilungskriterien jeweils bezogen auf unterschiedliche Leistungsgüte (bzw. Skalengrade) mit den einzelnen Verhaltensaussagen näher beschrieben. [159]

Verschiedene *Modifikationen* der ursprünglichen Vorgehensweise sind von einer Vielzahl von Autoren v. a. an nachfolgend diskutierten Aspekten vorgeschlagen worden: [160]

(1) *Definition des Personenkreises bei der Skalenentwicklung.* Manche Autoren möchten die Akzeptanz der VES nicht nur durch die Einbeziehung der späteren Beurteiler erhöhen. Sie ziehen auch zu beurteilende Mitarbeiter, also unterschiedliche Hierarchieebenen, in den Entwicklungsprozess hinein. [161]

---

158 Alle notwendigen Schritte zur Entwicklung des Beurteilungsformulars werden in Zusammenarbeit mit den zukünftigen Verwendern, den Beurteilern, durchgeführt. Letztendlich bestimmen allerdings die Systembetreiber den Inhalt.

159 Verhaltensbeschreibungen, die die verschiedenen Grade von jeder Dimension beispielhaft wiedergeben, stehen in einer über-/untergeordneten Hierarchie und zwar entsprechend einer Ordnung, die von Arbeitsplatzexperten bestimmt wurde.

160 Nicht immer wird in der Literatur zwischen der ursprünglichen Fassung von *SMITH/ KENDALL* und einer modifizierten Fassung treffend differenziert.

161 S. v. a. Zedeck u. a. 1974, S. 250 f.; Zedeck/Jacobs/Kafry 1976, S. 112 ff.; Ivancevich 1980, S. 139 ff. Die empirischen Studien zur Wirkung der Partizipation unterschiedlich betroffener Personen in den Prozess der Entwicklung der Beurteilungsskalen lassen keinen eindeutigen Schluss zu, welcher Personenkreis am besten in den Prozess einbezogen werden soll. S. Bernardin u. a. 1976; Friedman/Cornelius 1976; Warmke/Billings 1979; Sauser/Pond 1981; Silverman/Wexley 1984. Sie sind zudem mehr auf die Fragestellung „Partizipation oder Nichtpartizipation" und nicht auf die optimale Zusammensetzung des Personenkreises bezogen. Vgl. Domsch/Gerpott 1985, S. 672 f. *DOMSCH/GERPOTT* (1985, S. 673) halten zwar die Einbeziehung einer repräsentativen Gruppe der späteren Beurteiler für den Entwicklungsprozess für erforderlich, die Hinzuziehung von später zu beurteilenden Mitarbeitern aber nur dann, wenn die Skalenentwicklung Teil eines umfassenderen Organisationsentwicklungsprozesses ist. Sie kritisieren speziell deutschsprachige Quellen (Weinert 1981; Beyss 1983; Pillhofer 1982; Schwind 1984), wegen deren unklaren oder nicht zutreffenden Aussagen zum Kreis der bei der Formularkonstruktion beteiligten Mitarbeiter.

(2) *Festlegung der Anzahl und Zusammensetzung der Expertengruppen.* Im ursprünglichen Ansatz erfolgt die Rückübersetzung der Verhaltensbeispiele in die Leistungsdimensionen und auch die Skalierung dieser Verhaltensbeispiele hinsichtlich der durch sie beschriebenen Effizienzgrade durch zwei, aus verschiedenen Personen zusammengesetzten Gruppen. Nachfolgende Studien halten sich zum Teil an diese Stufentrennung [162] oder lassen diese Rückübersetzung von Effizienzskalen von denselben Beurteilern vornehmen. [163]

(3) *Abfolge des Skalenentwicklungsprozesses. CAMPBELL U. A.* griffen mit als die ersten Autoren den Ansatz von *SMITH/KENDALL* auf und modifizieren ihn speziell hinsichtlich des Prozesses der Skalenentwicklung. [164] Sie schlagen folgende Vorgehensweise vor: Zunächst erfolgt eine allgemeine Diskussion über Beurteilungsprobleme und die Vorstellung der Methode der kritischen Ereignisse mit der ersten Expertengruppe (Informationsphase). Danach erfolgt die Aufforderung, mindestens fünf effiziente und fünf ineffiziente kritische Ereignisse zu beschreiben (Generierung kritischer Ereignisse). [165] Die gesammelten Aussagen werden nachfolgend durch die Systemgestalter zu voneinander unabhängigen Dimensionen durch eine qualitative Clusterung verdichtet (Generierung und Strukturierung von Leistungsdimensionen). Die erste Expertengruppe hat dann den Vorschlag zu prüfen, insbesondere auf seine Bedeutung und Sinnhaftigkeit, mögliche inhaltliche Überlappungen und seine Sprache. Modifizierungen sind im Anschluss möglich (Überprüfung der Leistungsdimensionen). Die Experten sollen dann Verhaltensereignisse beschreiben, um die Lücken zu füllen und zwar bez. normalen Leistungsverhaltens (Ergänzung kritischer Ereignisse). Der vierte und fünfte Schritt ist dann mit einer zweiten Expertengruppe zu wiederholen, Modifizierungen sind einzufügen (Überprüfung). Nach der Eliminierung von Redundanzen und der Verkürzung wird dann der Retranslationsschritt unter-

---

162 S. bspw. Weinert 1981; Hom u. a. 1982.

163 S. bspw. Campbell, J. P., u. a. 1973; Bernardin u. a. 1976. Es handelt sich bei dieser unterschiedlichen Vorgehensweise um einen wichtigen Aspekt. *BERNARDIN U. A.* (1976) stellen fest, dass die psychometrischen Skaleneigenschaften signifikant besser waren, wenn Reallokation und Skalierung durch verschiedene Gruppen vorgenommen wurden. Ähnlich Carrol/Schneier 1982, S. 109; Domsch/Gerpott 1985, S. 673.

164 S. Campbell, J. P., u. a. 1973, S. 16 ff. Vgl. auch Schwab/Heneman/DeCotiis 1975, S. 550; oder Latham/Fay/Saari 1979, S. 300f., zu einer Vorgehensweise.

165 Der Unterschied zur Vorgehensweise bei *SMITH/KENDALL* besteht v. a. darin, dass zunächst nicht die Leistungsdimensionen ermittelt wurden. Eine von den Autoren durchgeführte Pilotstudie hatte ergeben, dass dadurch die Gefahr, Eigenschaften zu nennen, verringert wurde. S. auch Fogli/Hulin/Blood 1971.

nommen (Retranslation und Skalierung der Verhaltensanker) [166] und das Beurteilungsinstrument formuliert. Die Ereignisse, die beide Kriterien erfüllen (Retranslation und Standardabweichung) werden als Verhaltensanker (i. d. R. 6 - 7) innerhalb der Leistungsdimension verwendet. [167]

Die Beurteilungsformulare liegen schließlich in Form *graphischer Einstufungsskalen* vor. Im zu verwendenden Beurteilungsformular sind die Leistungsniveaus bzw. Skalenanker (i. d. R. zwischen 4 und 9) für jede Leistungsdimension vertikal angeordnet, wobei die Anker entsprechend ihrer Wünschbarkeit bzw. ihrer Wirksamkeit aufsteigend angeführt sind. Die für die einzelnen Leistungsdimensionen verwendeten Skalen ähneln der *Thurstone-Skala*. [168] Jeder Skalengrad definiert einen Leistungsgrad der jeweiligen Dimension, von ausgezeichnet bis unannehmbar. Die Beurteiler müssen nun jeden dieser Anker bei jeder Dimension lesen und sich jeweils für eine bestimmte (Gruppe von) Verhaltensbeschreibung(en) entscheiden. Zu einem Beispiel siehe Abbildung 5.13.

---

166 Jeder Teilnehmer der beiden Expertengruppen hat zwei Fragen zu beantworten: Zunächst sind die ausgewählten Verhaltensaussagen den Dimensionen zuzuordnen. Danach sind die Aussagen auf einer 9er-Skala daraufhin zu bewerten, inwieweit sie effizientes bzw. ineffizientes Verhalten repräsentieren. Diejenigen Verhaltensaussagen werden beibehalten, die mindestens von 80 % der Teilnehmer in die gleiche Dimension eingeordnet werden und deren Skalenwert eine geringere Standardabweichung als 1.75 hat.

167 Diese *induktive Vorgehensweise* erscheint aus verschiedenen Gründen plausibel: Die Identifizierung der Leistungsdimension erfolgt auf einer systematischeren Basis (Die Experten haben sich bereits gezielt und umfassend mit den spezifischen Positionen beschäftigt.), sie ist weniger eigenschaftsbezogen (So zeigen jedenfalls die einschlägigen Erfahrungen.) und erfolgt nicht allein durch die Arbeitsplatzexperten, sondern mit Unterstützung wissenschaftlicher Methoden und/oder anderer Beurteilungsexperten. Den Äußerungen von bspw. *DECOTTIS* (1978, S. 689) und *DOMSCH/GERPOTT* (1985, S. 673), dass die Auswahl der Vorgehensweise irrelevant sei, kann daher nicht gefolgt werden. Im Rahmen des deduktiven Vorgehens werden zunächst - wie bei *SMITH/KENDALL* - die Leistungsdimensionen identifiziert und dann erst, darauf aufbauend, die kritischen Verhaltensaussagen ermittelt.

168 Die Verhaltensaussagen werden danach eingestuft, wie günstig eine bestimmte Leistungsqualität durch sie jeweils ausgedrückt wird.

5. Teil: Kritische Diskussion von Leistungsbeurteilungsverfahren

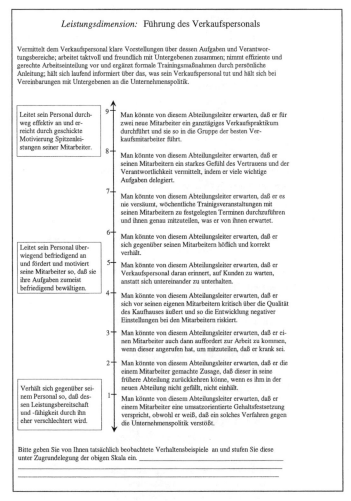

Abb. 5.13: Beispiel einer Verhaltenserwartungsskala.
(Quelle: Domsch/Gerpott 1985, S. 671.)

b) Verhaltensbeobachtungsskalen

Die Verhaltensbeobachtungsskalen („*behavioral observation scales - BOS*") sind v. a. durch *LATHAM/WEXLEY* entwickelt worden. [169] Die VBS unterscheiden sich wie folgt von den VES: Sie basieren auf tatsächlich beobachteten Verhaltens-

---

169 S. Latham/Wexley 1977, S. 255 ff.

weisen und fordern von den Beurteilern nicht, von ihren allgemeinen Eindrücken auf vorgegebene Verhaltensanker zu schließen. Die Beurteiler werden nur aufgefordert anzugeben, wie oft die vorgegebenen Verhalten beobachtet wurden. Als Vorteil gegenüber den VES gilt bei den Propagandisten, dass die Verfahren auf tatsächlich beobachtetes Verhalten abstellen, somit Verallgemeinerungen vermeiden und Beurteilungsgespräche erleichtern. Mit dem VBS-Ansatz sollen Informationen über das tatsächlich erwünschte Verhalten am Arbeitsplatz generiert sowie den Beurteilern beobachtbare Verhaltensaussagen präsentiert werden. Auf einer 5-Punkte-*Likert-Skala* (0-4) müssen sie für jedes im Formular angegebene Verhaltensitem angeben, inwieweit dieses Verhalten von „fast nie" über „selten", „gelegentlich" und „oft" bis „fast immer" gezeigt wurde. [170] Die summierten Skalenwerte gelten als nummerisches Äquivalent für die von den Mitarbeitern in einer arbeitsplatzspezifischen Leistungsdimension gezeigten Leistung. Gesamtleistungsziffern für Mitarbeiter werden durch die Addition dieser Skalenwerte berechnet. [171]

Auch bei dieser Verfahrensart werden mit Hilfe der Methode kritischer Ereignisse durch *Arbeitsplatzexperten* (Beurteiler wie Beurteilte) Leistungsdifferenzierende Verhaltensaussagen generiert. [172] Durch die Partizipation soll sich nicht nur die inhaltliche Qualität, sondern auch das Verständnis und das Commitment mit dem Beurteilungsinstrument verbessern. Ähnliche Aussagen werden in Leistungsdimensionen gruppiert, um VBS- bzw. Beurteilungskriterien zu bilden, die dann selbst beschreibend zu formulieren sind. In einer folgenden Kontrollphase ist die Eindeutigkeit der Bewertung der aufgestellten Verhaltensaussagen und -kriterien zu testen. [173] Arbeitsplatzexperten sind dann zu fragen, wie häufig Leistungsstarke Arbeitsplatzinhaber ein bestimmtes Verhalten zeigen. Die Antwort wird auf der angesprochenen *Likert-Skala* angegeben. Solche Verhaltensaussagen, die sehr

---

170 Die *Skalierungen* stehen für ca.-Zeiten. Damit kann die Häufigkeit des gezeigten Verhaltens angegeben werden (nie = 1, selten = 2, manchmal = 3, im Allgemeinen = 4, immer = 5). Die Beurteiler halten dann - zunächst im Rahmen einer Probebeurteilung und dann auch später - ganz einfach fest, wie häufig sie das Verhalten beobachtet haben (wobei 1 = 0-19 %, 2 = 20-39 %, 3 = 40-59 %, 4 = 60-79 %, 5 = 80-100 %). Die Häufigkeit des erwarteten Verhaltens, indiziert durch nummerisch verankerte Ziffern, kann von Arbeitsplatz zu Arbeitsplatz variieren.

171 Mit dieser Vorgehensweise wird ebenfalls das Vorliegen einer statistischen Normalverteilung der Ausprägungsgrade der Mitarbeiterleistungen unterstellt. Falls sich dies empirisch nicht zeigt, wird - ähnlich wie beim Verfahren der erzwungenen Verteilung - eine Korrektur durch vorgegebene Prozentsätze erzwungen.

172 S. zu Folgendem Latham/Wexley 1977, S. 257 ff., 1981, S. 56 ff. S. auch Latham/Fay/Saari 1979, S. 302; Latham/Wexley 1981, S. 55 ff. Zu alternativen Vorgehensweisen in Teilschritten bspw. Bernardin/Beatty 1977, S. 71 ff.; Domsch/Gerpott 1985a, S. 21 dar.

173 Dieser Schritt ist mit dem Retranslationsschritt von *SMITH/KENDALL* vergleichbar.

oft oder fast nie angegeben werden, sind mit Hilfe von Item- und Faktorenanalysen zu eliminieren. Sie diskriminieren nicht genügend zwischen den Mitarbeitern und sind von nicht zur Leistungsdifferenzierung geeignet. Übrig bleiben sollen für den Erfolg kritische Verhaltensaussagen, die nicht allzu oft (von vielen Mitarbeitern) gezeigt werden, in etwa gleichgewichtig sind und trennscharfe Beurteilungen ergeben. Das endgültige Beurteilungsformular besteht je nach Arbeitsplatz aus 3-10 Leistungsdimensionen mit zumeist etwa 8-12 Verhaltensaussagen je Leistungsdimension. [174] Beurteiler beurteilen diese Verhaltensaussagen hinsichtlich der Häufigkeit ihres tatsächlichen Zutreffens. Siehe zu einem Beispiel Abbildung 5.14:

Beispiel eines BOS-Kriteriums, oder Leistungs-Dimension, für bewertende Führungskräfte

I. Beseitigung von Widerstand gegenüber Veränderungen*

(1) Beschreibt den Untergebenen die Einzelheiten der Veränderung

    Fast nie   1   2   3   4   5   Fast immer

(2) Erklärt, warum die Veränderung notwendig ist

    Fast nie   1   2   3   4   5   Fast immer

(3) Erläutert, wie die Veränderung die Mitarbeiter betreffen wird

    Fast nie   1   2   3   4   5   Fast immer

(4) Hört die Bedenken der Mitarbeiter an

    Fast nie   1   2   3   4   5   Fast immer

(5) Bittet die Mitarbeiter um Mithilfe, die Veränderung zum Laufen zu bringen

    Fast nie   1   2   3   4   5   Fast immer

(6) Setzt, falls erforderlich, einen Termin für eine Nachfolge-Besprechung an, in der auf die Bedenken der Mitarbeiter eingegangen wird

    Fast nie   1   2   3   4   5   Fast immer

Summe = _____

Nicht ausreichend	Ausreichend	Ordentlich	Ausgezeichnet	Hervorragend
6-10	11-15	16-20	21-25	26-30

*Punkte werden durch die Leitungsebene festgelegt

Abb. 5.14: Beispiel einer Verhaltensbeobachtungsskala.
(Quelle: Latham/Wexley 1994, S. 85.)

---

174 Weitere Modifizierungen an diesem Instrument haben *PULAKOS/WEXLEY* (1983, S. 129 ff.) vorgenommen. Sie lassen jede Verhaltensaussage von den Beurteilern zusätzlich noch auf einer 7stufigen Skala hinsichtlich der Leistungswirksamkeit des Verhaltens einstufen. In das Beurteilungsformular werden nur solche Items aufgenommen, die hohe oder niedrige Mittelwerte und geringe Standardabweichungen haben. Dieses Vorgehen soll sicherstellen, dass jedes Verhaltensitem von allen Beurteilern gleichermaßen als besonders gute bzw. als besonders schlechte Leistung empfunden wird.

Ähnliche, auf den beiden Verfahrensarten aufbauende Vorschläge sind die verhaltensbezogenen Diskriminierungsskalen („*behavioral discrimination scales*") [175] und die Beurteilungsverfahren der Leistungsverteilung („*performance distribution assessment-method*"). [176] Diese, wie auch eine weitere Vorgehensweise der verhaltensorientierten Einstufungsskalen, die *Verhaltenssummenskala* („behavioral summary scale" - BSS), stellen jedoch nur Varianten der hier näher diskutierten Beurteilungsverfahren dar. Sie werden daher hier nicht näher erläutert. [177]

---

175 Vgl. Kane/Lawler 1979, S. 443, 466 ff. Sie basieren auf dem Konzept des sog. *Distributional Measurements*. (S. dazu bspw. Kane 1986, S. 238 ff.) Dabei wird unter einer Leistungsverteilung („performance distribution") die Spezifizierung der relativen Anteile der Ergebniserzielung von einem Mitarbeiter während einer Leistungsperiode hinsichtlich jedes möglichen - effizienten bis ineffizienten - Leistungsergebnisses verstanden. Ausgehend von einer Spannbreite an möglicherweise zu zeigendem Leistungsverhalten unterschiedlicher Effizienzstufen wird prinzipiell angenommen, dass jede der verschiedenen Effizienzstufen während einer Leistungsperiode zumindest einmal gezeigt wird bzw. zumindest gezeigt werden könnte. Dies hängt mit den sich immer wiederholenden Aufgaben im Zeitablauf und deren unterschiedlichen Erledigung zusammen. Ausdrücklich wird auf die Leistungsbedingungen eingegangen und den Aspekt, inwieweit Leistungsdeterminanten unter der Kontrolle der zu Beurteilenden standen.

176 Vgl. Kane 1984, S. 326 ff., 1986, S. 259 ff. *KANEs Performance Distribution Assessment-Verfahren* hat das gleiche theoretische Fundament wie die vorgenannten Diskriminierungsskalen. Dieses Verfahren wurde für solche Arbeitsplätze entwickelt, die von weniger als 20 Mitarbeitern besetzt sind.

177 *BORMAN* (1986, 1979) sieht insbesondere bei den VES die zu spezifische Formulierung der Verhaltensanker und die dadurch notwendige zusätzliche Bewertung als Kritikpunkt an. Er glaubt durch die Formulierung allgemeiner bzw. abstrakter Verhaltensanker dieses Problem zu verringern und stellt infolge die *Verhaltenssummenskalen* vor. Um allgemeine Verhaltensaussagen zu entwickeln, sollten die sehr spezifischen Ereignisse (für die verschiedenen Leistungslevel je Kategorie) auf ihre grundsätzlichen Aspekte hin untersucht werden. Eine weite Bandbreite von Arbeitsverhalten umfassende Aussagen je Leistungsgrad sind dann zu schreiben, um repräsentativ die bestimmten Skalenwerte wiederzugeben. Die Verwendung verschiedener Ereignisse, um diesen „breiten" Anker zu formulieren, hat für ihn einen zusätzlichen Vorteil darin, dass eine größere Anzahl an Ereignissen verwendet wird, anstatt jeweils nur eines. Das Vorgehen bei der Entwicklung des Beurteilungsformulars ist dann der Entwicklung der oben dargestellten Verhaltenserwartungsskalen ähnlich, bis einschließlich der Sammlung der Verhaltensaussagen, der Erarbeitung der Leistungskategorien sowie der Zuordnung der beiden. S. zu einer ausführlichen Darstellung Borman/Hough/Dunnette 1976. Dann werden für jede Leistungskategorie alle zugehörigen Beispiele entsprechend der Retranslationphase in vier Level gruppiert: sehr hoch (7-9), hoch (5-6,99), niedrig (2,5-4,99) und sehr niedrig (1-2,49). Anschließend sind drei verhaltensorientierte Aussagen zu formulieren, die den Inhalt der Beispiele je Level pro Kategorie wiedergeben. Diese Aussagen sind relativ allgemein gehalten und beinhalten eine größere Anzahl von möglichen Leistungsverhalten.

VI Aufgabenorientierte Beurteilungsverfahren

Aufgabenorientierte Beurteilungsverfahren stellen die Ausnahme in der Beurteilungspraxis und auch in der Beurteilungsliteratur dar. Hierunter sind solche Verfahren zu verstehen, die, ausgehend von den in einer bestimmten Leistungs- bzw. Beurteilungsperiode von Mitarbeitern zu erfüllenden, positionsspezifischen Aufgaben (z. B. Kontrolle der Mitarbeiteraktivitäten, kurzfristige Personaleinsatzplanung), eine darauf periodenspezifisch zugeschnittene Leistungsbeurteilung durchführen. In der Literatur finden sich kaum Beispiele solcher Verfahren. Lediglich das Konzept der ganzheitlichen Qualifikation (GQM) von *CAPOL* sowie das darauf aufbauende Verfahren des Verfassers lassen sich explizit zu den aufgabenorientierten Verfahren zählen. [178]

Die *GQM* ist von der Konzeption her ein ausgesprochen positions- und mitarbeiterspezifisches Beurteilungsinstrument, welches neben der unmittelbaren interaktionellen Mitarbeiterführung (normativer Aspekt) auch der verstehenden Erfassung der Person des Mitarbeiters (deskriptiver Aspekt) dienen soll. *CAPOL* definiert dabei die GQM „... als ein Führungsmittel, das das individuelle Leistungsverhalten und Leistungsvermögen eines Mitarbeiters und dessen Bezüge im sozialen Kollektiv des Betriebes nicht nur deskriptiv erfassen, sondern durch individuell ausgerichtete Führungsmaßnahmen normativ beeinflussen läßt." [179] Im Einzelnen ergeben sich für ihn folgende Zielsetzungen: [180]
- Aufschluss über die Genese von individueller Leistung in Abhängigkeit von fremd- und eigenbestimmten Einwirkungen,

---

178 In enger Anlehnung an *CAPOL* hat weiterhin *TRAXLER* (1974) ein aufgabenbezogenes Verfahren konzipiert, welches aufgrund seiner Ähnlichkeit mit der GQM hier aber nicht näher beschrieben wird. S. zu einem anderen, relativ aufgabenorientierten, aber wenig detailliert beschriebenen Verfahren Harris/Heise 1964, S. 60 ff. Das von *HELM/ FROITZHEIM/RIESENKÖNIG* (1979, S. 39) skizzierte aufgabenorientierte Einstufungsverfahren stellt eine Mischform merkmalsorientierter und der nun näher zu diskutierenden aufgabenorientierten Verfahren - mit Schwergewicht auf den ersteren - dar. Die von *WUNDERER/BOERGER/LOEFFLER* (1979, S. 94) als *tätigkeitsorientierte Beurteilung* bezeichnete Vorgehensweise ist nur vom Terminus her vergleichbar. Sie bezieht sich mehr auf Fähigkeiten als Beurteilungskriterien. S. auch die Variante bei Seitz 1997. S. auch Breisig 1998, S. 293 ff.; Nerdinger 2001, S. 64 f.

179 Capol 1965, S. 93, Zitat im Original kursiv. *CAPOL* (1965, S. 90) will mit seiner ganzheitlichen Qualifikationsmethode „... neben dem *statischen Sinngehalt* des Begriffs Qualifikation (einen Menschen so darstellen, wie er ist) auch dessen *dynamische Bedeutung* (einen Menschen befähigen, bestimmte Umweltforderungen adäquat zu begegnen) direkt und gleichzeitig erfassen .."

180 Vgl. Capol 1965, S. 89 ff.; auch Liebel/Walter 1978, S. 157 f.

- Aufschluss über die Motivierung individuellen Arbeits- und Sozialverhaltens,
- Aufschluss über die normativen Beeinflussungsmöglichkeiten individuellen Arbeits- und Sozialverhaltens,
- Aufschluss über die lohngerechte Abgeltung individueller Leistungen, [181]
- Aufschluss über das potenzielle Leistungsvermögen eines Mitarbeiters sowie
- Aufschluss über die soziale und technische Struktur der Betriebsorganisation sowie Veränderungen derselben.

Mit der Methode wird auf interindividuelle Vergleichbarkeit verzichtet, da diese als nicht erreichbar identifiziert wird. So wird das *Verstehen* des Zustande- oder Nichtzustandekommens einer individuellen Leistung, also subjektive Beurteilungen - bzw. „die ethische Wertbezogenheit des Verstehens" - zum wesentlichen Prinzip erhoben. Wie sich in den o. g. Zielen des Verfahrens abzeichnet, differenziert *CAPOL* bei der Vorgehensweise zwischen der Beurteilung des Arbeits- und des Sozialverhaltens. Während die Beurteilung des Arbeitsverhaltens auf den von den betreffenden Mitarbeitern zu erfüllenden Aufgaben beruht, steht zur Beobachtung des Sozialverhaltens eine solche detaillierte Auflistung nicht zur Verfügung. [182] Sie soll anhand von Merkpunkten (z. B. Verhalten zu Vorgesetzten, Verhalten zu Mitarbeitern, Einstellung zum Betrieb) vorgenommen werden. [183]

Das *aufgabenorientierte Verfahren* nach *BECKER* ist ebenfalls positions- und mitarbeiterbezogen. Neben der unmittelbaren interaktionellen Mitarbeiterführung dient es v. a. der individuellen wie organisationsweiten Leistungsinventur. Auch hier wird auf interindividuelle Vergleichbarkeit verzichtet. Das Verstehen des Zustande- bzw. Nichtzustandekommens einer individuellen und einer betrieblichen Leistung sowie Maßnahmen zur Verbesserung werden in den Vordergrund gestellt. Die *Vorgehensweise* gestaltet sich wie folgt: [184]

---

181 Die Einstufungen können gleichzeitig als Basis der Berechnung von Lohnzulagen dienen. Die Höhe der *Leistungszulage* bestimmt sich dabei aus der Einstufung, der zu berücksichtigenden Situationsbedingungen und dem abschließenden gemeinsam getragenen Urteil. S. Capol 1965, S. 146 ff. Das Kriterium der Tauglichkeit dieses Verfahrens als Instrument zur Bestimmung des Leistungsanteils der Vergütung liegt dabei in der Ermessensübereinkunft der Beteiligten.
182 Beiden Beurteilungsformularen (des Arbeits- und des Sozialverhaltens) geht ein Deckblatt voraus, welches einen Überblick über die bewertete Qualifikation und den Arbeitsplatz(-inhaber) geben soll.
183 Vgl. Capol 1965, 1974.
184 Vgl. Becker, F. G., 1995, S. 58 ff.; Becker, F. G., 1996, S. 467 ff.; Becker, F. G./Seitz/Fallgatter 1995, S. 36 f.

(1) Es erfolgt vor der Beurteilungsperiode eine konkrete Festlegung bzw. Vereinbarung der während der Periode durch die zu beurteilenden Mitarbeiter in ihren Positionen zu erfüllenden wesentlichen *Aufgaben*. Wenn schon nicht in Form einer gemeinsamen Aufgabenvereinbarung, so ist doch zumindest die Vorgabe durch die Vorgesetzten notwendig, um den Nachgeordneten die wesentlichen Inhalte ihrer individuellen Arbeitsplätze in einer bestimmten Periode zu verdeutlichen. Die Festlegung erfolgt streng positions- und situationsbezogen. Es werden keine Standardkataloge verwendet, sondern solche Aspekte, die begründet zu einer spezifischen Position passen.

(2) Mit der Aufgabenfestlegung ist gleichzeitig die Festlegung der diesbezüglichen *Beurteilungskriterien* quasi als Maßstäbe notwendig. Den Mitarbeitern wird so die Orientierung erleichtert und gleichzeitig allen Beteiligten die Willkürlichkeit einer nachträglichen Interpretation erschwert. Durch eine solche Operationalisierung kann die Erwartung deutlich gemacht werden. [185]

(3) Nach Ablauf der Beurteilungsperiode erfolgt v. a. aufgrund der Verhaltensbeobachtungen die *Einschätzung* der beobachteten bzw. erfassten Aufgabenerfüllung (Leistung) anhand einer Skala jeweils durch Beurteiler und zu Beurteilenden. Die an sich nebensächlichen Skaleneinstufungen (u = unzureichend erfüllt, m = mit Mängeln erfüllt, b = befriedigend (angemessen) erfüllt, g = gut erfüllt, a = ausgezeichnet erfüllt) dienen nicht als Basis für eventuelle Leistungswerte zur Berechnung einer Leistungszulage o. Ä. Sie sollen als methodisches Hilfsmittel eine erste Bewertung der realen Aufgabenerfüllung im Vergleich zur erwarteten ausdrücken und zwar konkret aufgabenbezogen.

(4) Die jeweilige Einstufung ist in der nächsten Spalte anhand von Beispielen und verbalen Ausformulierungen zu begründen. Diese *Begründungen* sind unabdingbar, zur nachvollziehbaren Urteilsfindung einer spezifischen Teilaufgabe. Bei der Bewertung am Ende der Beurteilungsperiode wird explizit auf eine eventuell anders als angenommene Situation und deren positive wie negative Einflüsse auf die Leistung eingegangen. Die realen Leistungsbedingungen und ihre Dokumentation sind zur angemessenen Bewertung der Leistung insofern zu berücksichtigen. [186] Der gesamte Prozess der Urteilsfindung und -begründung ist zusammen (weitgehend gemeinsam zwischen Beurteiler und

---

185 Die Aufgabe und die Beurteilungskriterien dienen - quasi als Checkliste - als Basis für das Beobachten der Mitarbeiter in ihrem Arbeitsverhalten, für die Selbstbeobachtung sowie für die spätere Beurteilung anhand vorab vereinbarter Größen. Problematisch ist, dass beim Aufgabenvollzug zu sehr diese Kriterien im Vordergrund stehen.

186 Hiermit ist die Möglichkeit geschaffen, individuelle Qualifikationen wie auch sachliche Leistungsbedingungen in die Begründung einzubeziehen. Die Beispiele bei *CAPOL* (1965, S. 104 ff.) beschränken sich dagegen v. a. auf motivationale Qualifikationsaspekte sowie deren subjektive Einschätzung der Beurteiler auf Mängel und positive Aspekte.

Beurteilten) durchzuführen. Nach ersten, vorläufigen Einschätzungen durch beide Seiten sind diese offen zu legen und zu kommunizieren.

(5) Je nach Einschätzung der Aufgabenerfüllung können nachfolgend, gemeinsam oder durch den Beurteiler noch *Konsequenzen der Beurteilung* vorgeschlagen werden. Hierunter sind spezifische Vorschläge zu verstehen, wie bspw. bestimmte Personalentwicklungsmaßnahmen, Beförderungsvorschläge, Veränderung der Arbeitsorganisation usw.

Im Laufe der Beurteilungsperiode bestehen Möglichkeiten zu Beratungsgesprächen, eventuell zur Modifizierung der Aufgaben, falls sich wesentliche Leistungsbedingungen unerwartet und ohne Einfluss des Mitarbeiters geändert haben. [187] Siehe Abbildung 5.15 zu einem allgemeinen Beurteilungsformular.

Leistungsbeurteilung 200X									
Name:						Position:			
						Beurteiler:			
Wesentliche **Aufgaben** 200x	**Beurteilungsmerkmal**	Bewertungsstufen*				**Gründe** für die Bewertung		**Konsequenzen** der Bewertung	
		u	m	b	g	a	||	
1.							||	
	Periodische Beschreibung der positionsspezifischen Aufgaben	Stufung nur als Hilfestellung					.		Vorschläge als Konsequenz der Bewertung (PE, OE o.a.) mit Terminierung und Ziel der Maßnahmen	
2.							||	
	Bestimmung aufgabenspezifischer Merkmale						Beurteiler sind angehalten, die Bewertung kurz, tatsachenbezogen und ursächlich zu begründen ||	
..							||	
* u = unzureichend m = mit Mängeln b = befriedigend (angemessen) g = gut a = ausgezeichnet									

Abb. 5.15: *Formular einer aufgabenorientierten Beurteilung.*

---

187 Vgl. Becker, F. G., 1995, S. 61.

5. Teil: Kritische Diskussion von Leistungsbeurteilungsverfahren

In Abbildung 5.16 ist ein vom Beurteiler beispielhaft ausgefülltes Formular für einen Firmenkundenbetreuer eines Kreditinstitutes wiedergegeben: [188]

Leistungsbeurteilung 200X							
Name etc.: AB					Position: Firmenkundenbetreuer Beurteiler: XY		
Wesentliche **Aufgaben** in 200X	Beurteilungs- merkmale	Bewertungs- stufen				Gründe für die Bewertung	Konsequenzen der Bewertung
		u	m	b	g	a		
1. Kundenberatung und -betreuung	• individueller Zuschnitt • treffende Lösungen • hoher Informationsstand				x		AB besitzt hohen Informationsstand, ist aber noch nicht sehr sicher im Entwurf individueller Lösungen	keine; ist Erfahrungssache
2. Pflege bestehender Geschäftsverbindungen	• Kontinuität • Systematik • Engagement • gleichbleibende Anzahl von Kunden und verkauften Dienstleistungen				x		kleine Mängel in der Systematik	verdeutlichen, dass Systematik wichtig ist, da sonst ein späterer Nachfolger es schwerer hat
3. Marktbeobachtung	• Kontinuität • Qualität der Dossiers • treffsichere Prognosen					x	qualitativ hochwertige Dossiers; Prognosen fast immer korrekt, stets auf der Höhe der Zeit	verstärkt in diese Aufgabe einbeziehen
4. Akquisition internationaler Kunden	• Nutzung bestehender Kontakte • Zusammenarbeit mit Abt. Firmenkunden/Ausland		x				zu geringe Nutzung der Auslandsfilialkontakte; ungenügende Zusammenarbeit; Anzahl von Neukunden könnte unter den Bedingungen höher sein	Hilfestellung bei der Nutzung der Kontakte; regelmäßige Treffen; Verkaufstraining
* u = unzureichend m = mit Mängeln b = befriedigend (angemessen) g = gut a = ausgezeichnet								

Abb. 5.16: Beispiel einer aufgabenorientierten Leistungsbeurteilung für einen Firmenkundenbetreuer

VII Zielorientierte Beurteilungsverfahren

Zielorientierte Beurteilungsverfahren gehen von erwarteten Leistungen bzw. von gestellten Zielen (z. B. spezifizierte Umsatz-, Kosten- oder Projektziele) sowie den

---

188 Die aufgabenorientierte Leistungsbeurteilung eignet sich vom Prinzip her für alle Positionen bis etwa zur *Middle Management-Ebene*, sofern den jeweiligen Beurteilern sowohl das Aufgabenfeld der Mitarbeiter geläufig und die Vorgehensweisen der Mitarbeiter zur Aufgabenerfüllung prinzipiell begrenzt als auch zwangsläufig Möglichkeiten zur Beobachtung der Aufgabenerfüllung durch die Beurteiler gegeben sind.

diesbezüglich erreichten Ergebnissen aus. Eine zielorientierte Leistungsbeurteilung verknüpft somit das Element der Beurteilung mit einer Zielkomponente der Unternehmungsführung. Die Leistungsbeurteilung ist in diesem Sinne zugleich Zielerreichungskontrolle im Planungssystem und rückgekoppelt mit der Ziel- und Programmplanung. Beurteilungsobjekte sind v. a. der Zielerreichungsgrad eines Geschäftsbereichs, der Abteilung, einer Gruppe oder auch der einzelnen Mitarbeiter sowie die Ursachen möglicher Zielabweichungen. Zielorientierte Verfahren sind v. a. mit dem *Management by Objectives* verbunden. Darüber hinaus sind v. a. das Verfahren der Leistungsmaßstäbe nach *ROWLAND*, die Profit Center-Konzeption, die Weganalyse nach *MÜLLER* sowie die Konzeption von *FALLGATTER* eigenständige und auf spezifische Besonderheiten gerichtete Verfahren. [189]

Beim *Management by Objectives (MbO)* [190] handelt es sich um ein Führungskonzept, bei dem Vorgesetzte entweder Untergebenen Ziele vorgeben (*Führung durch Zielvorgabe* als autoritäre Variante) oder gemeinsam mit den nachgeordneten Mitarbeitern Ziele erarbeiten (*Führung durch Zielvereinbarung* als kooperative Variante). [191] Jedes zielgerichtete soziale System ist notwendigerweise arbeitsteilig aufgebaut. Mit dieser Arbeitsteilung ist eine Zielteilung verbunden. Neben der Organisations- besteht eine Zielhierarchie bzw. ein Zielsystem, wobei das Zielsystem die Basis für die Ableitung der Aufgaben darstellen sollte. Mit der Formulierung von Leistungszielen ist eine begrenzte Abkehr vom Denken in Aufgaben hin zu Objekten wie Ergebnis, Effizienz, Zielbeitrag verbunden; statt bloße Aufgaben nach bestimmten Methoden zu erfüllen, sind Ziele zu erreichen. An die Stelle der Aufgabenorientierung tritt insofern die der Zielorientierung des Leis-

---

189 Zu einer Diskussion weiterer Verfahren s. Fallgatter 1996, S. 89 ff.; Schettgen 1996, S. 249 f. S. auch Mungenast 1990, S. 169 ff.; Crisand/Stephan 1994, S. 73 ff. auch – wenngleich unkritisch – Fersch 2002, S. 103 ff.

190 Ursprünglich von *DRUCKER* (1954) erstmals zu einem einheitlichen Führungskonzept zusammengefasst. Weiterentwickelt wurde es dann v. a. von Humble 1968, 1969; Mc Gregor 1960; Raia 1965, S. 34 ff.; Odiorne 1965; Carrol/Tosi 1973; Migliore 1983 u. a. Wesentlicher Ausgangspunkt von *DRUCKER* war, dass er nicht davon ausging, dass Manager ihre Positionsziele kennen und diese deshalb explizit eingeführt werden müsste. Ansonsten würde auch zu viel Zeit für unwichtige Aufgaben verwendet werden.

191 Daneben wird noch eine *neutrale Variante* als Management durch Zielorientierung diskutiert. S. zu dieser Einteilung Wunderer/Grunwald 1980, S. 305. Empirische Studien zeigen keine eindeutigen Vorteile für eine der Varianten an. „besserer" Leistungen an. Zur Verbreitung in den USA in den 70er Jahren s. McConkie 1979, S. 29 ff. Auch wenn nur in wenigen Fällen von einer expliziten und umfassenden Implementierung des MbOs in Betrieben gesprochen werden kann, so lässt sich doch feststellen, dass der Grundgedanke der Zielorientierung heutzutage in vielen Betrieben vorhanden ist.

tungsverhaltens. [192] Mit der Zieldefinition wird der jeweilige individuelle Verantwortungsbereich von Mitarbeitern für bestimmte Ergebnisse abgesteckt und die Grundlage zur Führung der jeweiligen Organisationseinheit gelegt. Der Prozess der Zielvereinbarung erfolgt in einem Kaskadenverfahren, bei dem das Gesamtziel der Organisation bis zu spezifischen Sektoralzielen konkretisiert und akzeptiert wird. [193] Die Ziele prägen - so die Annahme - die gesamte Ausrichtung des Leistungsverhaltens der zu Beurteilenden [194] und sollen zugleich als *Basis für die Leistungsbeurteilung* dienen. Diese erfolgt durch den Vergleich der Soll- zu den Ist-Ergebnissen am Ende der jeweiligen Beurteilungsperiode. Dieser zielorientierte Ansatz konzentriert sich somit v. a. auf die (konkrete) Arbeitsleistung, weniger dagegen auf die (allgemeinen) Eigenschaften der zu Beurteilenden. [195] Mit diesem

---

192 Dem liegt auch die Erkenntnis zugrunde, dass menschliches Handeln maßgeblich durch Ziele geleitet wird. Danach ist es v. a. das Verlangen nach Anerkennung individueller Unterschiede, nach Wachstum und Entwicklung des Könnens, Stolz auf die eigene Leistung, Nutzung der persönlichen Fähigkeiten u. a. m., das auf Individuen antreibend wirkt. Weiterhin gehen die Promotoren dieser Konzeption davon aus, dass die Mitarbeiter motivierter sind, wenn die zu erreichenden Ziele bekannt sind, Zwischenergebnisse über den Stand der Zielerreichung eine große Bedeutung haben und nur eine umfassende Beteiligung und Kenntnis der Mitarbeiter die Möglichkeit der Selbstkontrolle eröffnet. *LOCKE U. A.* (1981, S. 125 ff.) analysierten eine Vielzahl von Studien aus dem Zeitraum von 1969-1980 hinsichtlich der Wirkungen der Formulierung von Leistungszielen. Bei etwa 90 % der Studien wurde dies als Leistungsfördernd festgestellt, sofern die Ziele spezifiziert und nicht zu allgemein formuliert wurden. Höhere Leistungsziele führten fast durchgängig zu höheren Leistungsergebnissen, sofern die individuelle Qualifikation vorhanden war. S. auch Latham/Yukl 1975, S. 824 ff.; Steers/Porter 1974, S. 434 ff. Weniger positiv bez. der Leistungssteigerung durch das MbO urteilt *KONDRASUK* (1981) in seiner studienvergleichenden Arbeit. Seltsamerweise scheint die Partizipation nur motivationale Effekte, nicht aber Leistungssteigernde Wirkungen zu haben.

193 S. bspw. Berthel 1973, S. 4 ff.

194 S. zu Quellen mit relativ ausführlichen Aussagen McConkie 1979, S. 33 ff.; Bernardin/ Beatty 1984, S. 116 ff.; Lattmann 1975, S. 85 ff.; Müller, M. M., 1974, S. 56 ff. (s. hier auch eine Differenzierung von Leistungsstandards resp. „Standard of Performance" zu Leistungszielen); Meyer/Kay/French 1965; Carrol/Schneier 1982, S. 139 ff.; Abbott/Schuster 1984, S. 3 ff.; Mungenast 1990; Cahoon/Epstein 1972, S. 35 ff.; Daley 1985, S. 11 ff.; Kane/Freeman 1986, 1987; Patton 1972, S. 262 ff.; Beatty/Schneier 1977, S. 153 ff.; Raia 1974, S. 106 ff.; Odiorne 1965, S. 105 ff. *Eine ausführliche Diskussion und Integration der Leistungsbeurteilung erfolgt jedoch nicht!* Teilweise sind die Aussagen zudem sehr inhaltsleer, besonders: Valentine 1966, S. 163 ff.; Carrol/Tosi 1973, S. 112 ff.; Reddin 1971, S. 99 ff.; Humble 1969, S. 34 ff. S. zu einer Ergebniswiedergabe vieler Studien zur Zufriedenheit mit dem MbO bei der Leistungsbeurteilung Carroll/Schneier 1982, S. 145 f.; Migliore 1983, S. 13 ff.; Invancevich/Donnelly/ Gibson 1975, S. 15 ff.; Wunderer 2001, S. 339 ff.

195 *MCGREGOR* (1957, S. 89 ff.) wies bereits früh darauf hin, dass das MbO die Chance bietet, die Beurteilung von Führungskräften von eigenschaftsorientierten Kriterien abzuschaffen und stattdessen genau erfassbare zielbezogene Kriterien zu setzen.

Konzept verbunden ist also prinzipiell die Möglichkeit, den Beitrag eines Mitarbeiters zur Erreichung der betrieblichen Ziele durch dessen Leistungsergebnisse zu beurteilen (ein Beurteilungssystem als eine Komponente des MbOs). Die Komponente der Beurteilung wird in den MbO-Quellen allerdings nicht näher betrachtet!

Bei der Leistungsbeurteilung aufgrund von *Leistungsmaßstäben* („*Standards of Performance*") nach ROWLAND wird der Aufgabenbereich mittels detaillierter Standards beschrieben. Diese sind definiert, als jene Zustände, die bestehen sollten, sofern eine Aufgabe gut erfüllt wurde. Damit legen Leistungsmaßstäbe für zentrale Aufgaben der einzelnen Mitarbeiter Soll-Leistungen fest und strukturieren im Extremfall den gesamten Aufgabenbereich. [196] Durch Standards of Performance sollen die Mitarbeiter erfahren, wie sie vorgehen sollen und wie gut sie die Aufgabe tatsächlich erledigt haben. [197] Der Aufbau des Beurteilungsverfahrens ist wesentlich aufwendiger als dies auf den ersten Blick erscheint. So wird der Entwicklung von Leistungsmaßstäben eine große Bedeutung beigemessen und es werden vielfältige Zwischenschritte empfohlen. Charakteristisch ist dabei eine kooperative Vorgehensweise zur Eingrenzung relevanter Aufgabenbereiche, der Formulierung von Leistungsmaßstäben und der Überprüfung durch andere Instanzen. [198]

Die *Profit Center-Konzeption* [199] kann ebenfalls als ein Verfahren der zielorientierten Leistungsbeurteilung angesehen werden. Der Grundgedanke ist, dass

---

196 ROWLAND entwickelte sie in den 50er Jahren zur Beurteilung der Detroit Edison Werke. Vgl. Rowland 1958, 1960, 1970; Lattmann 1975, S. 85. Im deutschsprachigen Raum ist das Verfahren insbesondere durch die Anwendung bei der Swiss Air bekannt geworden, s. Segesser 1970.

197 Vgl. Lattmann 1975, S. 86 ff. Inhaltlich ist eine Unterscheidung von quantitativen, qualitativen und auf überprüfbaren Vollzügen basierenden Leistungsmaßstäben sinnvoll: *Quantitative Maßstäbe* sind in Zahlen ausgedrückte Zustände, die vorliegen müssen, wenn quantifizierbare Aufgaben erfolgreich ausgeführt wurden. *Qualitative Leistungsmaßstäbe* beschreiben verbal die jeweils angestrebten Zielzustände und werden als eine Güteforderung an das Leistungsergebnis gefasst. Leistungsmaßstäbe, die auf überprüfbaren Zuständen basieren, können aufgrund des Fehlens oder Vorliegens eindeutiger Nachweise überprüft werden.

198 Vgl. Rowland 1970.

199 *Profit Centern* werden i. Allg. bestimmte Ziele (bspw. Return on Investment, Deckungsbeiträge oder Cash Flows) vorgegeben, die durch unternehmerisches Handeln verwirklicht werden sollen. Diese Vereinbarung und anschließende Kontrolle von Zielen stellt damit eine extreme Form eines MbO dar und weist dessen grundlegende Charakteristika auf. Der eingeräumte Handlungsspielraum kann unterschiedlich weit sein: Bei Profit Centern i. e. S. erfolgen Einschränkungen durch strategische Entscheidungen der Gesamtleitung über Investitionen und Geschäftsfelder. Bei Profit Centern i. w. S. besteht ein Handlungsspielraum auch bei gewissen Investitionsentscheidungen, man spricht

5. Teil: Kritische Diskussion von Leistungsbeurteilungsverfahren

der/die Verantwortliche eine halb autonome organisatorische Einheit wie ein eigenständiger Betrieb führt, daher auch auf die Erreichung eines (i. d. R. ökonomischen) Erfolges (= Leistungsergebnis bzw. Leistung) bedacht ist und somit Gründe für Ineffizienzen einfacher zu lokalisieren sind. [200] Dadurch sollen v. a. Koordinations- sowie Motivationsverbesserungen und die Flexibilitätsvorteile eines kleineren Betriebs erreicht werden. Darüber hinaus sollen Steuerungs- und Planungsprozesse unterstützt und Bereichserfolge als Problemindikator ausgewiesen werden. Zudem ist oft ein Maßstab für die Gewährung von Prämien angestrebt. [201]

Das MbO-Konzept hat durch *MÜLLERs Weganalyse* hinsichtlich der Leistungsbeurteilung eine Erweiterung erfahren. So soll mit der zielorientierten Leistungsbeurteilung nach *MÜLLER* nicht nur der Grad der Aufgabenerfüllung ermittelt, sondern auch Unzulänglichkeiten des MbO angegangen werden. [202] Unbefriedigend mit den herkömmlichen MbO-Bewertungsverfahren lösbar erscheint Folgendes: Zum einen ist die Analyse der Zielabweichungen (Soll-Ist-Differenz) nicht genügend systematisiert. Damit geht die Gefahr einer ungenügenden Ursachenerkennung einher. Zum anderen ist eine tatsächliche Vergleichbarkeit der Ergebnisse solcher Leistungsbeurteilungen aufgrund individueller Stellenaufgaben nicht möglich. Im Rahmen des MbOs wird daher eine Weganalyse der üblichen Bewertung der Leistungsergebnisse (des Ausmaßes der Zielerreichung) die Bewertung des Leistungsverhaltens (des Weges der Zielerreichung) zur Seite gestellt. [203] Der Weg zur Zielerreichung wird durch den jeweiligen Führungsprozess dargestellt.

---

dann auch von einem *Investment-Center*. Vgl. bspw. Matschke 1993, Sp. 2583 f.; Kuhn 1990, S. 181 f.

200 Vgl. Lattmann 1975, S. 104. *Voraussetzungen* für ein funktionierendes Profit Center sind Regelungen hinsichtlich dessen Abgrenzung und Einbindung. Ein eigenständiger Bereich kann am besten entstehen, wenn Profit Center-Leiter unabhängige Entscheidungen treffen können und eine unmittelbare Beziehung zu den betreffenden Märkten haben. Des Weiteren müssen die Kosten und Erträge genau abgrenzbar sein und das Ergebnis ein akzeptiertes Maß für die erfolgte Leistung der Leiter darstellen.

201 Vgl. Frese 1987, S. 289 f.

202 Diese Aufgabenbezogenheit und das analytische Vorgehen werden deutlich bei den - auf dem Konzept des MbOs basierenden - zwei Schritten einer Leistungsbeurteilung: (1) ausdrückliche Zielfestlegung bez. einzelner Aufgaben und (2) Ziel-/Ergebnis-Vergleich.

203 *MÜLLER* selbst hält es für möglich, diese Analyse des Weges der Aufgabenerfüllung nach einheitlichen Kriterien vorzunehmen bzw. die Art der Aufgabenerfüllung zu bewerten. Bspw. bei den spezifischen Aufgaben der Führungskräfte orientiert er sich bei diesen Arten am Führungsprozess mit seinen (Weg-) Phasen. Diese Wegphasen wollen die Funktion von Analyse- und Bewertungsmerkmalen erbringen. Er versucht durch die gedankliche Zerlegung der Aufgaben von Führungskräfte diesem Problem zu entsprechen. Vgl. Müller, M. M., 1974a, S. 228.

Eine Analyse anhand des Führungsprozesses kann durch die weitere Untergliederung in die Phasen „Willensbildung" und „Willensdurchsetzung" erfolgen. [204] Diese Phasen des Weges sind in jedem Führungsprozess enthalten und sollen die Funktion allgemeingültiger, interpersonell vergleichbarer Merkmale übernehmen. [205] Innerhalb der Weganalyse werden die Merkmale genauer spezifiziert. Zudem werden „Indizien" zur Beurteilung der einzelnen Phasen herangezogen. Diese als Fragen formulierten Indizien geben Anhaltspunkte für die Beurteilung der einzelnen Phasen. [206]

Im Anschluss an die Untersuchung des Weges zur Zielerreichung erfolgt eine Einstufung (Stufe 1: „Ziel übertroffen", Stufe 2: „Ziel erreicht", Stufe 3: „Ziel nicht erreicht") i. S. einer gesamthaften Quantifizierung. Die Einordnung in die einzelnen Stufen erfolgt anhand der Erfüllung der einzelnen phasenspezifischen Unterkriterien. Im Gegensatz zur Ergebnisfeststellung innerhalb des MbO, werden hier nicht nur die Zielerfüllung oder -abweichung festgehalten, sondern es können auch die Umstände berücksichtigt werden, unter denen ein Ergebnis zustande kam. [207] Als Beurteilungskriterien dienen also nicht allein Ergebnisziele, sondern auch Verhaltensziele und Verhalten an sich. [208] Beide Zielkategorien können sich je nach erwarteter und tatsächlicher Situation in ihrer Bedeutung ergänzen. [209] Insofern bedarf es der Kombination von ergebnisziel- und verhaltenszielorientierten Verfahrenselementen, um eine möglichst umfassende Beurteilung zu gewährleisten.

---

204 Die Phase *Willensbildung* wird weiter untergliedert in die Komponenten „Planung" und „Entscheidung", die Phase *Willensdurchsetzung* in „Anordnung" und „Kontrolle". Die Aufteilung des Weges zu einem bestimmten Ziel und eine damit verbundene Untersuchung jeder einzelnen Phase soll somit eine detaillierte Analyse der Vorgehensweise bei der Aufgabenerfüllung ermöglichen. Vgl. Müller, M. M., 1974a, S. 229.

205 Vgl. Müller, M. M., 1974a, S. 63 f. Der Begriff „Merkmal" ist nicht glücklich gewählt und hat keinesfalls etwas mit den Bewertungsobjekten der sog. merkmalsorientierten Leistungsbeurteilung gemein.

206 Vgl. Müller, M. M., 1974a, S. 83 ff.

207 Trotz nomineller Zielerreichung ist es möglich, nur die Stufe 3 zuzuordnen. Dies ist angebracht, wenn situative Gegebenheiten eine deutliche Zielübererfüllung erwarten ließen. Vgl. Müller, M. M., 1974a, S. 118.

208 In der Literatur werden dabei vornehmlich Ergebnisziele diskutiert. Prinzipiell ist es aber auch möglich, verhaltensbezogene Ziele - gemeinsam - zu vereinbaren. *LATHAM* (1986, S. 140 ff.) führt die Enttäuschung mit MbO-Systemen auch auf die Vernachlässigung der Verhaltensziele zurück.

209 Manche Autoren empfehlen die Anwendung der VES für das MbO. S. Beatty/Schneier 1977, S. 156; Koontz 1977, S. 11 f.; Kearney 1979, S. 20 ff.; Schneier/Beatty 1979, 1979a, 1979b.

Ein Beispiel für einen Personalleiter verdeutlicht den von *MÜLLER* vorgeschlagenen Ablauf. Verwendung finden zwei Formulare: Das Zielformular beschreibt die Zielsetzungen und legt fest, auf welchen Grundlagen Bewertungen erfolgen sollen. Das Bewertungsformular umfasst das erzielte Ergebnis sowie die auf Basis des Leistungsverhaltens begründete Abweichung von den Zielvorgaben.

\multicolumn{5}{c}{*Zielformular*}				
Ziel-Nr.	Aufgaben gemäß Stellenbeschreibung	Ziele	Mess- bzw. Bewertungsvorschriften	Informationsgrundlagen	Gewicht
	Allgemeine Aufgaben				
1.	Planung	Einhaltung des Budgets bei Durchführung aller geplanten Aktivitäten; bei a. o. Umständen sofort nach Kenntnisnahme Bericht erstatten	Abweichung in % des Budgetbetrages	Budgetberichte	
2.	Personalführung	Einhaltung von Arbeitszeiten und allg. Weisungen durch die unterstellten Mitarbeiter	Korrektheit der Gleitzeitdaten	Gleitzeitabrechnung, Reklamation	
3.	Information und Kommunikation	laufende Information des Stellvertreters, so dass dieser die Aufgaben des Stelleninhabers in dessen Abwesenheit wahrnehmen kann	Führung der Geschäfte bei Abwesenheit des Stelleninhabers	Korrespondenz, Aktennotiz usw.	
	Sachaufgaben				
4.	Personalbeschaffung und -einsatz	Besetzung frei werdender Stellen in minimaler Frist; 50 % innerhalb von 6 Monaten	Schnelligkeit der Besetzung zu den gewünschten Bedingungen	Personalanforderung, Stellenplan	

\multicolumn{3}{c}{*Bewertungsformular*}	
Ziel-Nr.	Ergebnis	Kommentar zur Zielerreichung (Begründung von Abweichungen)
1.	Budget +/- 10 % eingehalten	Personalwerbespesen lagen wesentlich unter geplanten Ausgaben; Begründung: Einsparungen durch Reduktion der Zahl der Werbeträger
2.	am Ende der Bewertungsperiode Einhaltung der Vorschriften durch alle Mitarbeiter	am Anfang der Periode z. T. Nichteinhaltung der Blockzeiten; nach Gespräch gab es keine Abweichungen mehr
3.	kein Stellvertreter vorhanden; Platzhalterschaft gesichert	bei Planung zu optimistisch, dass neuer Mitarbeiter rechtzeitig von der anderen Abteilung freigegeben wird; als Ersatzlösung Platzhalterschaft durch Herrn ...: funktioniert zufriedenstellend
4.	70 % der freiwerdenden Stellen innerhalb von 6 Monaten besetzt, 10 % der Anforderungen aus der letzten Periode noch offen	Ziel angesichts der relativ guten Arbeitsmarktlage eher zu tief gesetzt (ungenügende Grundlagen bei der Zielfestsetzung); Standortänderung einer Abteilung gegenüber der letzten Periode hatte unbesetzte Stellen zur Folge

Abb. 5.17: Beispielformulare einer zielorientierten Leistungsbeurteilung nach MÜLLER.

FALLGATTER erweitert die bislang dargestellten Ansätze und entwickelt einen umfassenden konzeptionellen Rahmen einer zielorientierten Leistungsbeurteilung. Ausgehend von prinzipiellen Problemen, empirischen Ergebnissen und einer daraus abgeleiteten Funktionsfestlegung gelangt er zu grundlegenden, inhaltlich-strukturellen und prozessualen Elementen. Mit Hilfe dieser Systematik werden zum einen jene betrieblichen Maßnahmen, die für einen konkreten Anwendungsfall erforderlich sind und zum anderen unweigerlich vorhandene interdependente Wirkungen ersichtlich. Besonderer Wert wurde auf einer die führungspolitischen Funktionen akzentuierenden Darstellung gelegt. Dazu sollen systematisch Leistungsergebnisse, - verhalten und -bedingungen als Beurteilungsobjekte integriert und auf Basis der vorab festgelegten Unternehmungsziele ermittelt werden. Weitere Merkmale dieser Konzeption sind die umfassende Einbindung in bestehende führungspolitische Festlegungen sowie die Verwendung sowohl von Ergebnis- als auch von Verhaltenszielen [210].

E Grenzen und Möglichkeiten betrieblicher Leistungsbeurteilungsverfahren

Die nachfolgend geführte Diskussion hat das Ziel, die Aussagekraft der Beurteilungsverfahren hinsichtlich der *Repräsentation individueller Leistungen* zu untersuchen. Dabei werden die Grenzen der dargestellten Verfahren als umsetzungsspezifische Probleme bezeichnet und in instrumentelle, personelle und organisatorisch-strukturelle Grenzen differenziert. [211] Diese Grenzen beeinflussen zumindest mittelbar die Aussagekraft der Verfahren, auch wenn sie keinen direkten Bezug zur Leistungsbeurteilung haben. Möglichkeiten, d. h. inwieweit mit den Verfahren tatsächlich Leistungsbeurteilungen machbar sind, ergeben sich - so wird die Kritik zeigen - bei den meisten Beurteilungsverfahren nicht. Von daher ist die Diskussion zunächst eine Mängelinventur. Diese ist speziell bei den merkmalsorientierten Einstufungsverfahren intensiver ausgefallen, weil es notwendig erscheint, diese weit verbreiteten und anscheinend in der Wirtschaftspraxis unausrottbaren Beurteilungsverfahren umfassend zu kritisieren.

---

210 Vgl. Fallgatter 1996, S. 159 ff. S. zu praxeologischen Vorschlägen auch Breisig 1998, S. 292 ff.; Eyer/Haussmann 2001, S. 27 ff.; Becker, M., 2002, S. 323 ff.; Lurse/Stockhausen 2001, S. 29 ff.
211 Vgl. zur Strukturierung ähnlich Boerger 1980, 1982, 1983.

I Instrumentelle Grenzen

Die instrumentellen Grenzen gehen von dem jeweils verwendeten Leistungsbeurteilungsverfahren aus. Sie sind insofern spezifisch zuordbar. Von daher erfolgt nachfolgend eine verfahrens- bzw. instrumentenbezogene Diskussion. Einige anzusprechende Grenzen treffen jedoch fast alle vorliegenden Verfahren, sie sind insofern allgemein. [212] Diese sind vorab anzusprechen.

1 Allgemeine Grenzen

Es gibt instrumentelle Grenzen, die i. w. *alle Beurteilungsverfahren* - wenn auch in unterschiedlichem Maße - betreffen. Es handelt sich insbesondere um folgende:

(1) *Situationsspezifische Leistungsbedingungen* werden durch die dargestellten Beurteilungsverfahren nicht bzw. selten erfasst. Da die Personen *oder* Umstände zusammen immer nur einen Teil der beobachtbaren Verhaltensstreubreite oder Leistungen erklären können und das Zusammenwirken von Personen und Situation als Leistungsdeterminanten weit bedeutsamer ist, sind auch die Situationscharakteristika durch die Leistungsbeurteilungsverfahren zu erfassen. Beurteiler müssen in jedem Einzelfall entscheiden, was den Personen tatsächlich an Verantwortung für eine bestimmte Leistung zuzuschreiben ist. Zu einer angemessenen Beurteilung zählt die Berücksichtigung der Leistungsziele/-ergebnisse bzw. der Leistungsaufgaben sowie der Leistungsverhalten und Leistungsbedingungen. I. Allg. werden zumindest die Leistungsbedingungen nur unsystematisch und in den seltensten Fällen überhaupt berücksichtigt. Es sind lediglich aufgaben- und zielorientierte Beurteilungsverfahren (letztere im Rahmen einer Weganalyse), die hier Ansatzpunkte für eine systematische Berücksichtigung bieten.

(2) Leistungsbeurteilungen tendieren dazu, *Vergangenes* zu betonen; sie sind statisch. Die standardisierten Formulare lassen es nicht zu, alle zukünftigen Leistungsmöglichkeiten zu erfassen. Veränderungen in der Aufgabenstellung und in den Leistungsbedingungen werden so nicht berücksichtigt. Oft gehen die Verfahren von einem für alle Situationen idealtypischen Leistungsverhalten aus. Spezifische Situationen erfordern aber unterschiedliche Verhaltensweisen. Je standardisierter diesbezügliche Items in Formularen formuliert sind, desto weniger können sie die Realität treffen. Je niedriger der Standardisierungsgrad, desto mehr Interpretationsfreiraum bieten sie den Beurteilern.

---

212 Sie unterscheiden sich von prinzipiellen Grenzen dadurch, dass sie korrigierbar sind.

(3) Ein eher generelles Problem der üblichen Beurteilungsverfahren liegt darin, dass die Qualität des Leistungsverhaltens sowie die Einschätzung erzielter Leistungsergebnisse auch durch den *Vergleich* mit Organisationsmitgliedern, von denen angenommen wird, dass sie sich in einer ähnlichen oder gleichen Lage bzw. Position befinden, (mit-)bestimmt wird. [213] Solche Vergleiche sind aber aus verschiedenen, bereits skizzierten Gründen generell nicht möglich und sinnvoll. V. a. unterschiedliche Aufgaben und Situationsbedingungen (aber auch Zwecke) führen zu dieser Schlussfolgerung. Sie wird aber in der Praxis nicht akzeptiert.

(4) Der oft hohe *Standardisierungsgrad* von Beurteilungsvorgaben kann, sofern diese unzulänglich sind, vielfach Fehlurteile fördern; denn die Beurteilung wird zwar mit einem einheitlichen, aber dadurch arbeitsplatzbezogen unangemessenen Instrument durchgeführt. Standardisierte Beurteilungsverfahren tragen so - vordergründig - zur Vergleichbarkeit von Beurteilungen bei. Sie schränken aber gleichzeitig die Freiheit der Beurteiler in der Auswahl und Formulierung individuell treffender und arbeitsplatzbezogener Merkmale ein. [214] Stark operationalisierte Beurteilungsformulare verursachen - bei Kenntnis durch die Beurteilten - die Gefahr der Initiierung eines sog. „Fassadenverhaltens", d. h. es werden nur die (Leistungsrelevanten) Tätigkeiten ausgeführt, die auch vom Beurteilungsformular explizit erfasst werden. [215]

(5) Die Leistungsbeurteilung erfolgt nicht unbeeinflusst vom *Verhalten der Beurteiler*. Manche Ausprägungen von Beurteilungskriterien können durch entsprechende Mitarbeiterführung und Verhaltensänderungen der Mitarbeiter inhaltlich gesteuert werden. [216] Die bislang vorliegenden Beurteilungsverfahren sind nicht in der Lage, solche Einflüsse instrumentell zu erfassen.

(6) Schließlich tragen *rational angelegte Beurteilungsverfahren* dazu bei, dass das Leistungsverhalten versachlicht, d. h. auch um zwischenmenschliche und intraindividuelle Aspekte „bereinigt" wird. Dies reduziert das Verstehen einer Leistungssituation. [217]

---

213 Vgl. zu diesem Problem z. B. Bartölke 1972a, S. 657.
214 Vgl. Reichard 1983, S. 195.
215 Vgl. hierzu auch Boerger 1980, S. 210.
216 S. auch Wunderer 1975, S. 2600.
217 *VOLPERT* (1977, S. 73) geht bei seiner Analyse noch weiter, wenn er vom *Frankensteinschen Monster* als Produkt personalwirtschaftlicher Maßnahmen spricht. Die Mitarbeiter würden mit Hilfe der Personalbeurteilung versachlicht, zerlegt, schließlich isoliert bewertet und stellten nur nutzbares Humanpotenzial dar.

2 Grenzen und Möglichkeiten Freier Beurteilungsverfahren

Die *Hauptprobleme* Freier Beurteilungsverfahren liegen aufgrund fehlender struktureller Vorgaben und definierter Kriterien in den sehr unterschiedlichen Inhalten der Beurteilungen sowie in den Anforderungen an die Beurteiler. Hervorzuheben sind folgende:

- Da die Auswahl der Beurteilungskriterien und deren Gewichtungen i. d. R. dem *willkürlichen Ermessen* der Beurteiler überlassen bleibt (jeweils nach subjektiver Einschätzung und unterschiedlichen Wertsystemen), sind die Beurteilungsvorgänge in Länge und Inhalt unterschiedlich, nur selten nachvollziehbar und beleuchten (absichtlich oder unabsichtlich) mit hoher Wahrscheinlichkeit nicht alle wesentlichen Leistungsaspekte (Unvollständigkeit). Diese Unschärfen machen es quasi unmöglich, Zuverlässigkeit und Validität dieses Beurteilungsinstruments zu prüfen. Sie bringen zudem systemimmanente Beurteilungsfehler mit sich, da neben der subjektiven Erfassung des Ist-Zustandes keine klare Definition des Soll-Zustandes vorliegt.

- Ohne taxonomische Vorgaben und deren arbeitsplatz- und mitarbeiterspezifischen Interpretation kann die Freie Beurteilung zudem leicht zu einer *Persönlichkeitsbewertung* werden, in der sich der Beurteilende dem subjektiven Wahrnehmungsprozess nicht entziehen kann, sein Beurteilungsergebnis jedoch als „objektiv" wahrnimmt. [218] Mit Leistungsbeurteilung hat dies nichts zu tun.

- Ein weiteres Problem der Freien Beurteilung sind die hohen *Anforderungen an die Beurteiler*, die eine Vielzahl von Aufgaben von der grundsätzlichen Strukturierungsentscheidung über die Beurteilung an sich bis hin zur Dokumentation und zum Feedback zu bewältigen haben. Sie stehen unter dem Erwartungsdruck ein anschauliches und differenziertes Bild über die Arbeitsleistung der zu Beurteilenden zu erarbeiten. Dies impliziert die Forderung an die Beurteiler, fähig zu sein, die Leistung (wie auch immer spezifiziert) der Beurteilten einschätzen zu können und die Sprachgewandtheit zu besitzen, diese Gesamteinschätzung in freier Formulierung zu beschreiben, wobei ihnen günstigstenfalls grobe Strukturierungskriterien als Hilfe zur Verfügung stehen. [219]

---

218 S. Curth/Lang 1991, S. 242; Rübling 1988, S. 64; Lattmann 1975, S. 37.

219 Weisen die Beurteiler nur mäßige sprachliche Fähigkeiten auf, sind wenig geübt und können nur unscharf formulieren, kann es passieren, dass statt eines differenzierten Gesamturteils eine von Unschärfen und Leerformeln geprägte Beurteilung entsteht, die mehr durch das Ausdrucksvermögen und den Wortschatz der Beurteiler, als durch die tatsächliche Leistung des Beurteilten bestimmt wird.

- Auch ist die Freie Beurteilung im Vergleich zu strukturierteren Verfahren sehr zeitaufwendig und demzufolge *kostenintensiver*, da sie die Kapazitäten der Beurteiler bindet, die Formulierungs- und Strukturierungsarbeiten nicht delegieren können. [220]

Die Freie Beurteilung bietet aber auch Vorteile:
- Gerade wegen ihres geringen Strukturierungsgrades besteht die Möglichkeit, sehr *differenzierte Aussagen* über die beurteilten Mitarbeiter zu treffen, da sie zeitlich wie inhaltlich einen sehr weiten Beurteilungsspielraum aufspannt. Es besteht die Chance, jedem Mitarbeiter situationsbezogen gerecht zu werden und ihn nicht in ein Schema pressen zu müssen. Die Freie Beurteilung bietet also die Möglichkeit, zu einer individuellen Leistungsbeurteilung ohne einengende formale Strukturierungszwänge zu gelangen, die v. a. auch qualitative Aspekte der Mitarbeiterleistung mit einbezieht. [221]
- Ein weiterer Vorteil der Freien Beurteilung ist darin zu sehen, dass sie durch die Verlagerung der arbeitsintensiven Formulierungs- und/oder Strukturierungsarbeit der Leistungsbeurteilung auf die Beurteiler diese dazu zwingt, Zeit, Mühe und Anstrengung darauf zu verwenden, eine *realistische*, gerechte und differenzierte *Beurteilung* vorzunehmen.
- Auch bleibt die Verantwortung für die Beurteilung in der Hand der Beurteiler und kann nicht auf eine anonyme Stabsstelle Personal abgeschoben werden. Die Freie Beurteilung hilft zudem transparent zu machen, dass die Einschätzung anderer nach expliziten oder impliziten Kriterien, bewusst oder unbewusst wesentlicher Bestandteil jeglicher sozialer Interaktion und unabhängig von der Existenz eines Beurteilungssystems in der Unternehmung vorhanden ist.

Es scheint sinnvoll, z. T. nach *Funktionen* der Leistungsbeurteilung zu differenzieren. [222] Werden eher personalpolitische Funktionen angestrebt, ist die Freie Beurteilung ungeeignet, da sie aus Mangel an klar definierten Kriterien keine inter-

---

220 Vgl. Beyer 1990, S. 279; Gaugler u. a. 1978, S. 55; Lattmann 1975, S. 36 f.; Zander 1990, S. 154. S. zur Kritik bspw. Brandstätter 1970, S. 677.

221 Dieser Aspekt dürfte bei zunehmendem Qualifikationsniveau und größerer Routine der Beurteilten an Bedeutung gewinnen, da sich gerade bei Führungsaufgaben nur in geringem Maße quantitativ abprüfbare Leistungsnachweise zur Beurteilung ergeben. Aus diesem Grund kann sie auch als deutliche kritische Absetzung von messtheoretisch orientierten quantitativen Skalierungsverfahren gesehen werden. Vgl. Schuler 1989, S. 411 f.; Rübling 1988, S. 63.

222 Vgl. z. B. Brandstätter 1970, S. 669 ff.; Lattmann 1975, S. 21 ff.; Rübling 1988, S. 108 ff.

personellen Vergleiche möglich macht. Stehen jedoch führungspolitische Ziele im Vordergrund, also Leistungsstimulierung, individuelle Förderung und Vereinbarung von Leistungserwartungen, *kann* die Freie Beurteilung wichtige Informationen liefern. Ihre individuelle differenzierte Einzeleinschätzung kann im Einzelfall sogar zieladäquater als stärker strukturierte Verfahren sein, da sie den für eine individuelle Förderung nötigen ganzheitlichen Aspekt der zu beurteilenden Person in ihrem Globalurteil am stärksten berücksichtigt. [223]

Allerdings sollte in jedem Fall sichergestellt sein, dass nur gut trainierte und motivierte Beurteiler eingesetzt werden. Denkbar wäre ihr Einsatz als Ergänzung zu stärker formalisierten Instrumenten, um je nach Zielsetzung und Situation einen breiten Kanon von Beurteilungsinstrumenten zu nutzen. [224]

3 Grenzen und Möglichkeiten von Rangordnungsverfahren

Bei den Rangordnungsverfahren bestehen generell *folgende Probleme*:
- Die Beurteilung beruht i. Allg. auf einem Einzelkriterium, einer nicht näher für die Beurteiler definierten Leistungsfähigkeit. Von daher sind einheitliche und/ oder nachvollziehbare Beurteilungskriterien i. d. R. nicht gegeben. Die ganzheitliche Urteilsbildung - gewissermaßen ohne Merkmalsanalyse und -abwägung - führt nicht zu hinreichend genauen Beurteilungen der Leistungen einzelner Mitarbeiter. Sie stellt letztendlich ein beurteilerspezifisches Eigenschaftskonstrukt dar. Auch die teilweise auf analytischen Überlegungen

---

223 Vgl. Gaugler u. a. 1978, S. 55; und Hentze 1980, S. 148 f. Selbst wenn man aus den in der Diskussion genannten Gründen von einem unmittelbaren Einsatz der Freien Beurteilung absehen möchte, liefert sie *wichtige Impulse* für die Diskussion der betrieblichen Leistungsbeurteilung: Zum einen könnte die Freie Beurteilung als eine Art „Vorarbeit" für den Einsatz stärker strukturierter Beurteilungsverfahren gesehen werden. Zum anderen liefert sie als unstandardisiertes Beurteilungsinstrument, das eine ganzheitliche Einschätzung der Beurteilten anstrebt, Anregungen für die Weiterentwicklung von Beurteilungssystemen. Nachdem auch die hochstandardisierten Verfahren der Leistungsbeurteilung sich in der Praxis als wenig funktionsadäquat erwiesen haben, besteht hier gerade im Rahmen des Personalmanagements und vor dem Hintergrund eines partizipativen Führungsstils noch Entwicklungsbedarf.

224 Vgl. Gaugler u. a. 1978, S. 55; Lattmann 1975, S. 268; Schuler 1991, S. 20. Geschulte Beurteiler, die wiederholt freie Beurteilungen zu erstellen haben, tendieren wahrscheinlich dazu, ein eigenes Beurteilungsraster und damit ein kriteriengestütztes Verfahren anzuwenden. Die von außen betrachtet Freie Beurteilung wechselt dann zu einem gebundenen Verfahren.

basierenden Vergleiche sind von daher zu allgemein und inhaltlich unangemessen.
- Die Beurteilungen sind ferner allenfalls gruppenspezifisch gültig; Vergleiche über Gruppen hinweg verbieten sich wegen unterschiedlicher Bezugssysteme der Beurteiler und der Ordinalskalen. [225]
- Da Rangordnungsverfahren eine Ordinalskala zugrunde liegt, kann zudem über den Unterschied, der zwischen zwei Rangplätzen besteht, nichts ausgesagt werden. Dies ist deshalb der Fall, weil eine Ordinalskala die (zwischen zwei in ihr enthaltenen Stellen) bestehenden absoluten Abstände nicht berücksichtigt. So ist zwar an einer Rangordnung zu erkennen, dass A>B ist. Es lässt sich aber nicht ablesen, um *wie viel* A größer als B ist. Weiterhin ist es möglich, dass der Unterschied zwischen dem ersten und dem zweiten Rang viel größer ist als der zwischen dem zweiten und dritten Rang. Allerdings schützen letztlich die Verfahren teilweise vor Beurteilungsfehlern wie z. B. Tendenz zur Milde, da die Beurteiler zu Differenzierungen gezwungen werden. [226]
- Des Weiteren ist der interpersonelle Simulationsvergleich bei größerer Mitarbeiterzahl kaum möglich.
- Durch die verfahrensimmanenten direkten und offenen Vergleiche der Mitarbeiter zueinander können destruktiv wirkende Friktionen in die Mitarbeitergruppen hineingetragen werden. Wegen des mit dem Verfahren verbundenen Null-Summen-Charakters wirken sie dysfunktional für die Mitarbeitermotivation sowie die individuelle Mitarbeiterentwicklung. So zieht i. d. R. eine Verbesserung einer Mitarbeiterleistung eine relative Verschlechterung der Einordnung eines anderen Mitarbeiters nach sich.

Die *Aufstellung einer Rangordnung* ist mit Schwierigkeiten behaftet:
- Bei *summarischen Rangordnungsverfahren* treten Probleme im Mittelbereich einer Rangreihe auf. Hier entstehen Unschärfen, da die Differenzierung gerade bei ähnlich eingeschätzten Leistungen sehr schwierig ist. Abhilfe kann hier eventuell lediglich die erwähnte Methode des „Abschälens" schaffen. Dies gilt auch besonders für eine größere Anzahl zu beurteilender Mitarbeiter. A-

---

225 Das ist auch oftmals innerhalb von Funktionsgruppen der Fall, wenn dort mehrere Beurteiler mit der Erstellung von Rangordnungen beauftragt sind (unterschiedliche Bezugssysteme). Zum anderen liegt es an den bei Rangordnungsverfahren verwendeten Ordinalskalen, die über den Unterschied, der zwischen zwei Rangplätzen besteht, nichts aussagen.

226 S. zur Kritik auch Lattmann 1975, S. 46 ff.; Bartölke 1972a, S. 658 f.; Carroll/Schneier 1982, S. 126.

ber auch bei dieser Vorgehensweise nimmt die Beurteilungsaufgabe in ihrem Schwierigkeitsgrad zu, je näher die Beurteiler der Skalenmitte kommen. Dort sind oftmals Unterscheidungen kaum noch möglich.
- Die *Methode des Paarvergleichs* bleibt oftmals auf kleinere Gruppen beschränkt. Dies ist deshalb der Fall, weil die Zahl der zu beurteilenden Mitarbeiterpaare progressiv anwächst. Außerdem stellt die Durchführung des Paarvergleichs an den Beurteiler sehr hohe Anforderungen. Dieser muss alle Mitarbeiter, die er vergleicht, bezüglich der Beurteilungskriterien sehr genau kennen. [227]
- Besonders problematisch ist die im Rahmen des *Verfahrens der erzwungenen Verteilung*, aber auch bei anderen Verfahren (speziell dem merkmalsorientierten Einstufungsverfahren) verlangte *Normalverteilung* von Beurteilungsergebnissen, d. h. eine gewünschte Verteilung der Beurteilungen. [228] Dieses „Problem" tritt bei allen Verfahren auf, bei denen faktisch eine Rangordnung erfolgt. Den Verfahren liegt die Erwartung einer Normalverteilung der Leistungen und der Urteile zugrunde. Jede Abweichung von dieser als Norm gesetzten Normalverteilung durch Beurteiler gilt als Urteilsfehler, den es - a priori - zu korrigieren gilt. [229] So häufig die Normalverteilung auch gefordert wird, so selten wird in der Literatur versucht, dies argumentativ zu begründen. [230] Die Norm ist für die Beurteilung der menschlichen Leistungen allerdings rational nicht zu begründen:
  (1) Aufgrund der meist geringen Anzahl der zu beurteilenden Mitarbeiter in einer Arbeitsgruppe - zudem noch mit unterschiedlichen Qualifikationen und Aufgaben, also Leistungsbedingungen - trifft das Gesetz für massenstatistische Verteilungen in der betrieblichen Praxis keineswegs zu.

---

227 Vgl. Hentze 1980, S. 153.
228 Vgl. zur Kritik auch Schittek 1970, S. 262 f.; Neuberger 1980, S. 31 ff. Allenfalls bei der Aufstellung von Rangordnungen mag sie zur Differenzierung zwischen Mitarbeitern (als einziges, möglicherweise erreichbares Ziel einer solchen Bewertung) sinnvoll sein.
229 Sind die Urteile einzelner Beurteiler nicht normalverteilt, werden Korrekturverfahren (z. B.: Mittelwert- oder Quotenvorgabe, Verfahrenskombinationen, Korrekturfaktoren) eingesetzt, um die Ergebnisse „vergleichbar" zu machen. Die sehr fragwürdigen Grundannahmen der Anwendung der Normalverteilung auf betriebliche Leistungsbeurteilungen werden durch den pseudowissenschaftlichen Unterbau der Korrekturverfahren verschleiert. Durch sie werden zudem unkalkulierbare Fehler in die Beurteilung hineinkorrigiert.
230 S. Knebel 1988, S. 123 ff.; Zander/Knebel 1982, S. 141 ff.; Justen 1971, S. 27 ff.; Rak 1971, S. 99 ff. Insbesondere *RAK* versucht ausführlich, die Anwendung der Normalverteilung als Orientierungsmarke bei der Personalbeurteilung zu begründen. Seine „Argumente" für die Anwendung der Normalverteilung, insbesondere bei kleinen, positionsheterogenen Gruppen, sind allerdings wenig überzeugend.

(2) Des Weiteren sind nach dem Zufallsprinzip ausgewählte Beurteilungsmassen (= Arbeitsgruppen) nicht gegeben. Dies liegt u. a. auch daran, dass man i. d. R. Bestqualifizierte versucht auszuwählen, was automatisch zu einer schiefen Verteilung - bei einer erfolgreichen Personalauswahl - führt: Die guten Leistungen werden so, nur weil viele davon erbracht werden, relativiert.

(3) Faktisch hat die Bildung einer Rangordnung zur Folge, dass die Beurteilten etwa zur Hälfte als über- bzw. als unterdurchschnittlich eingestuft werden. Eine solche Vorgehensweise hat zumindest potenziell zwei problematische Nachwirkungen. Zunächst werden auch Mitarbeiter, die ihre Position tatsächlich zufriedenstellend ausfüllen, „negativ" (weil unterdurchschnittlich) bewertet, weil die vergleichbaren Kollegen „besser" sind. Auch - um einen zweiten Aspekt anzuführen - besondere motivationale und qualifikationsverbessernde Anstrengungen der Mitarbeiter führen dann nicht zu einer verbesserten Einstufung in der Rangordnung, wenn die Bezugsgruppe - insbesondere die in der Rangordnung weiter vorne eingestuften Kollegen - sich ebenfalls verbessert hat. [231] Die jeweilige Leistung wird dann rein unter einer Wettbewerbsperspektive beurteilt, die die individuelle Veränderung an sich nicht mehr direkt zur Kenntnis nimmt.

Was die Verteilung von *Leistungszulagen* betrifft, ist die Anwendung der Normalverteilung vordergründig verständlich, insbesondere in Bezug auf die in der Praxis beobachtete Tendenz, im Zeitablauf immer höhere Bewertungszahlen zu vergeben. [232] Als Orientierungsmarke mag die Normalverteilung (oder eine leicht verschobene Verteilung) bei hinreichend großen Gruppen mit gleichartigen Arbeitsplätzen hilfreich sein. Mehr darf aber in sie auch

---

231 In diesem Zusammenhang würde auch ein in seinem Leistungsverhalten verbesserter Mitarbeiter indirekt verursachen, dass ein in gleicher Qualität tätiger Kollege „relativ" schlechter eingestuft wird, obwohl er nach wie vor zufriedenstellende Leistungen erbringt. Man kann speziell bei Paarvergleichen von einem Nullsummenspiel sprechen, wenn jedes Mal nur eine bestimmte Anzahl an Leistungspunkten für die Gesamtgruppe vergeben werden darf. Alle skizzierten Situationen sind der Motivation hinderlich und sogar auf Dauer abträglich - sowohl zur weiteren eigentlich guten Leistungserbringung, als auch zur Weiterqualifizierung. Es wird kein Anreiz geboten - jedenfalls nicht durch eine solche Vorgehensweise bei der Leistungsbeurteilung.

232 Je „besser" die Leistungen in einer Arbeitsgruppe, desto höher sind die erforderlichen Leistungszulagen bzw. Kosten für den Betrieb. Die empirisch festgestellte stete Höherbewertung der Mitarbeiter (nach dem Motto: In jedem Jahr hat man etwas gelernt und besser gemacht als vorher, also muss nun eine „bessere" Leistungsbeurteilung folgen!) im Zeitablauf führt dann zu einer permanenten Kostensteigerung.

nicht hineininterpretiert werden. Bei kleineren Arbeitsgruppen, selbst mit gleichartigen Arbeitsplätzen, ist sie unzulänglich. Die Maßgabe der Systembetreiber, entsprechend der Gruppenvorgaben die Beurteilungsergebnisse zu verteilen, ist als systematische Verfälschung der Leistungsbeurteilungen anzusehen. Sie zeigt eindeutig die (mangelnde) Bedeutung der manifesten Funktionen. Die Forderung nach der Anlegung einer Normalverteilung ist daher unter Leistungsbeurteilungsgesichtspunkten *sachlich völlig unverständlich*. Auch Korrekturverfahren zum Ausbügeln der „subjektiven Fehler" und zur Wiederherstellung einer Normalverteilung beheben diese Mängel nicht.

Rangordnungsverfahren sind *nicht geeignet*, die personal- und führungspolitischen Funktionen von Leistungsbeurteilungen zu erfüllen. So können sie z. B. nichts zur Lohn- und Gehaltsdifferenzierung (Entgeltdifferenzierung) in einer Unternehmung beitragen. Weiterhin sind die Rangordnungsverfahren auch als Motivationsinstrument sowie als Instrument zur persönlichen Entwicklung nicht besonders geeignet. Dies hauptsächlich deswegen, weil persönliche Leistungssteigerungen dann nicht besser beurteilt werden, wenn auch bei den anderen Mitarbeitern eine Steigerung der Leistung zu verzeichnen ist. Auch kann es vorkommen, dass Mitarbeiter, die ihre Aufgabe sehr zufriedenstellend erfüllen, trotzdem nur durchschnittlich beurteilt werden, weil eben andere Mitarbeiter besser sind.

4 Grenzen und Möglichkeiten von Kennzeichnungsverfahren

Die Kennzeichnungsverfahren in ihren verschiedenen Varianten eignen sich aus verschiedenen Gründen ebenfalls nicht als Beurteilungsverfahren. An diesem Urteil ändern auch die oft erfreulicherweise wenig eigenschaftsorientierten Fassungen der Beurteilungsformulare sowie die teilweise praktizierte Partizipation der Beurteiler grundsätzlich nichts. [233]

Problematisch ist bei den *Checklist-Verfahren* zum Ersten insbesondere der Aufwand bei der Erstellung der positionsspezifischen Prüflisten. Durch das Verfahren werden nur solche Leistungen erfasst, die durch die Tätigkeitsanalyse ermittelt und im Beurteilungsformular beschrieben werden. Eine vollständige Leistungsinventur gelänge also nur dann, wenn bereits die Generierung der Items die gesamten Tätigkeiten sowie die damit verbundenen Leistungen abdecken würde. Dies ist jedoch eher unwahrscheinlich. Durch die Beschränkung der Antwortmöglichkeiten auf die

---

233 S. hierzu auch Carroll/Schneider 1982, S. 124.

vorgegebenen Items findet aber eine „Fixierung auf das Denkbare" statt; durch die erzwungene Reaktivität enthält die Beurteilung außerdem möglicherweise ungewollte Akzente und zudem können wichtige individuelle Besonderheiten verloren gehen. [234] Zum Zweiten bestehen große Interpretationsschwierigkeiten sowie dadurch mangelnde Möglichkeiten, ein fundiertes Beurteilungsgespräch zwischen Vorgesetzten und Mitarbeiter durchzuführen. Dies wirkt sich insbes. auf führungspolitische Funktionen negativ aus. Die unterschiedlichen subjektiven Interpretationen der Fragen durch die Beurteiler sowie die willentliche bzw. unwillentliche Verzerrung und Beschönigung von Urteilen kann man nicht verhindern. Die Fragen sind einerseits nicht so eindeutig, dass keinerlei Interpretationsspielräume gegeben wären, i. d. R. ist andererseits leicht erkennbar, welche Eigenschaften und Verhaltensweisen erwünscht sind. [235] Daher besteht die Gefahr, dass Ergebnisse, die auf Basis des Checklist-Verfahrens gewonnen werden, eher als Disziplinierungsinstrumente oder zur nachträglichen Legitimation von Entscheidungen herangezogen werden.

Problematisch ist bei den *Zwangswahlverfahren* v. a. die fehlende Möglichkeit zu inhaltlich fundierten und nachvollziehbaren Personalentscheidungen und Beurteilungsgesprächen. Diese Instrumente ergeben aufgrund ihrer nicht weiter hinterfragten Beurteilungsitems keine diagnostischen Hinweise. Auch die Möglichkeit zu einer „echten" Leistungsbeurteilung erscheint nicht gegeben, fehlt doch eine Leistungsbezogene Erfassung und Bewertung. Zu kritisieren ist ferner die mangelnde Differenzierung in Leistungsdimensionen. [236] Probleme ergeben sich durch das den Beurteilern entgegengebrachte Misstrauen, durch die sehr schwierige, wenn nicht unmögliche Kommunizierbarkeit der Ergebnisse zu den Beurteilten und die fehlende Möglichkeit, Aussagen zur Verbesserung oder Erweiterung der Qualifikationen zu machen. Zwangswahlverfahren werden auch vielfach von den Beurteilern aufgrund der ihnen fehlenden Transparenz abgelehnt. Der Entwicklungsaufwand ist relativ hoch. Die angestrebten unverfälschten Ergebnisse sind zwar lobenswert. Sie helfen dem Beurteilungsverfahren jedoch nicht über den

---

234 Vgl. Neuberger 1980, S. 36.
235 S. zu empirischen Studien zu Checklist-Verfahren bspw. Edwards 1957; Kirchner/Dunnette 1957; Seiler/Hough 1970. Zur Kritik auch Bernardin/Beatty 1984, S. 65 ff.
236 *KING/HUNTER/SCHMIDT* (1980, S. 511) schlagen zwar eine Entwicklung des Zwangswahlverfahrens vor, die sich auf verschiedene Leistungsdimensionen bezieht und damit den Beurteilern Hinweise zur Mitarbeiterberatung gibt. Leider machen die Ausführungen der Autoren nicht klar, wie die Leistungskategorien „gefunden" werden und wieso sie den Beurteilern die Beurteilungsgespräche bzw. die Beratung erleichtern.

mangelnden Leistungsbezug und die wenig funktionsadäquate Ausrichtung hinweg. [237]

Das Verfahren der *kritischen Ereignisse* wird in den Originalquellen überaus positiv dargestellt. [238] Dieser Sichtweise stehen jedoch verschiedene und z. T. sehr weitreichende Kritikpunkte entgegen. So erweist sich das Verfahren der kritischen Ereignisse für Betriebe, denen an einer organisationsweiten Beurteilung gelegen ist, als wenig brauchbar. Die erfassten „kritischen Ereignisse" sind nicht generalisierbar, weder von Arbeitsplatz zu Arbeitsplatz, noch von Arbeitssituation zu Arbeitssituation am gleichen Arbeitsplatz. Zudem sind die „kritischen Leistungen" nicht konstant; sie verändern sich, ohne bedeutsam im Ergebnis voneinander abzuweichen. Die Vergleichbarkeit der Leistungsbeurteilung ist zudem nicht gegeben, sowohl wegen der unterschiedlichen Arbeitssituationen als auch wegen der jeweils individuell unterschiedlichen Häufigkeit der Eintragungen. Besonders problematisch ist bei dieser Verfahrensart ferner, dass nur kritische Verhaltensweisen bzw. Ereignisse berücksichtigt werden. Im betrieblichen Alltag finden jedoch weitaus mehr Routinetätigkeiten statt, auf die der Zusatz „kritisch" eigentlich nicht zutrifft.

---

237 Zu den Studien, die sich mit dem Zwangswahlverfahren auseinandergesetzt haben, siehe v. a. die Angaben in Zavala 1965, S. 117; Brandstätter 1970, S. 680 ff.; Bernardin/Beatty 1984, S. 102. S. auch Travers 1951; Baier 1951; Cozan 1959; Richardson 1951.

238 Auch nach der geschilderten praktischen Erprobung bei General Motors werden keine gravierenden Nachteile erwähnt. So würde eine Fundierung des Beurteilungsgespräches erfolgen, da die ermittelten Fakten wegen der extremen Standardisierung wenig Raum für Meinungsverschiedenheiten bieten. Daneben ermögliche die gesteigerte Kenntnis einzelner Arbeitsabläufe Aussagen hinsichtlich einer sinnvollen Gestaltung und Änderung von Arbeitsplätzen und -mitteln. Zusätzlich würde der Kontakt von Beobachtern und Beobachteten erheblich verbessert werden. Vgl. Flanagan 1954, S. 352 ff.; Flanagan/Burns 1955, S. 100. Zudem, so hat die Anwendung bei General Motors gezeigt, wird überwiegend die „blaue" (positive) Seite des Formulars verwendet. Dieses Verfahren diene also nicht dazu, eine bessere Basis für negative Kritik zu haben, vielmehr werden überwiegend motivierende Elemente an die Beobachteten weitergegeben. Während des ersten Jahres nach der Einführung bei General Motors notierten die Vorarbeiter (Beurteiler) über 100.000 incidents. Davon bezogen sich 98.566 incidents auf effizientes Verhalten, während lediglich 7.670 incidents ineffizientes Verhalten umfassten. Daneben verdeutlicht die um 11 % gestiegene Rate betrieblicher Vorschläge die gesteigerte Motivation. Vgl. Flanagan/Burns 1955, S. 100. *FLANAGAN/BURNS* (1955, S. 101 f.) betonen, dass der Nutzen des Verfahrens nicht nur in einem besseren Verhalten seitens der Mitarbeiter zu sehen ist. Auch die übergeordneten Hierarchieebenen würden ein wesentlich besseres Verständnis für den Produktionsprozess und die dabei beteiligten Mitarbeiter erhalten. Das verbesserte Verständnis könne auch durch den Rückgang der Disziplinarverwarnungen um ca. 50 % nach Einführung des Verfahrens dokumentiert werden.

Das Fehlen solcher „unkritischen" Ereignisse im Beurteilungsformular erschwert dadurch die Bewertung insbesondere mittelmäßiger Mitarbeiter. Schließlich ist auch der hohe Arbeitsaufwand bei der Definition der „kritischen Ereignisse" zu berücksichtigen. [239] Insgesamt führt die Abwägung der angesprochenen Möglichkeiten und Kritikpunkte zu einer ablehnenden Haltung gegenüber dem Verfahren der kritischen Ereignisse als Leistungsbeurteilungsverfahren; die Funktionen lassen sich jedenfalls nicht erfüllen.

5 Grenzen und Möglichkeiten von Einstufungsverfahren
a) Grenzen und Möglichkeiten merkmalsorientierter Einstufungsverfahren

Die instrumentellen Grenzen der merkmalsorientierten Einstufungsverfahren sind in den im Folgenden diskutierten Problemaspekten wiedergegeben:
(1) Auswahl der Beurteilungskriterien. Eine wesentliche Aufgabe im Rahmen der Verfahrensentwicklung betrifft die Auswahl der Beurteilungskriterien. Die in den üblichen merkmalsorientierten Einstufungsverfahren wiederkehrenden Kriterien wie Arbeitsquantität, Arbeitsqualität, Sozialverhalten u. Ä. tragen allein schon ausschlaggebend zur mangelnden Validität der Leistungsbeurteilung bei (ohne einen entsprechenden positiven Ausgleich hierfür zu bieten). Sie sind sehr allgemein gehalten und erlauben dadurch keine Trennschärfe durch das Beurteilungsformular. Die generell *organisationsweit* verwendeten Beurteilungsverfahren (*Standardmerkmale*) sehen für alle Mitarbeiter prinzipiell die gleichen Kriterienmerkmale, manchmal ergänzt durch einige zusätzliche Kriterien oder eine Gewichtung vor. Sie sind v. a. aus „ökonomischen" Gründen universell gehalten, um wenig Anpassungsbedarf zu produzieren. Das Ansinnen an die Bewerter, diese Kriterien jeweils arbeitsplatzbezogen zu verwenden, führt darüber hinaus zu sehr individuellen und kaum kommuni-

---

239 Das Verfahren der kritischen Ereignisse soll breit gefächerte Anwendungsmöglichkeiten bieten, so dass eine Beschränkung auf die operative Ebene nicht erforderlich sei. Vgl. Flanagan 1954, S. 343 und S. 355. In diesem Zusammenhang stellt sich die Frage der Praktikabilität. Für die Beurteilung von Führungskräften müssten vorab - nach Aussage von *FLANAGAN* - ca. 2000 - 4000 incidents gesammelt und ausgewertet werden. Die Erstellung eines solch umfangreichen Beurteilungsformulars ist zwar eine einmalige Aufgabe, trotzdem bleibt die große zeitliche Belastung. Es erscheint kaum denkbar und sinnvoll, dass bspw. ein Spartenleiter sich der Mühe unterzieht, die Hauptabteilungsleiter anhand eines Performance Record regelmäßig zu bewerten. Zum einen sind die Aufgabenstellungen von Führungskräften sehr heterogen und oft nur wenig strukturierbar, so dass die Beobachtung von einheitlichen kritischen Verhaltensweisen wenig befriedigend ist. Zusätzlich ist der Kontakt zwischen höheren Ebenen oft nicht intensiv genug, um kritische Ereignisse sinnvoll registrieren zu können.

zierten Kriterieninterpretationen sowie damit zu unterschiedlichen Leistungsverständnissen. [240] Die Kriterien selbst stellen dabei undifferenzierte *mehrdimensionale Konstrukte* dar (z. B. hohe Arbeitsqualität bei der einen Aufgabe, niedrige bei einer anderen), die infolge zu Fehlurteilen (weil „Mittelwerten") führen und durch die Informationen verloren gehen. Sofern die Beurteiler anhand von zehn oder gar mehr solcher *Kriterien* zu beurteilen haben, sind sie überfordert. Die Überforderung wird aber nicht primär durch Qualifikationsdefizite begründet, sondern durch die Vielzahl der wenig trennscharfen, sich zumeist überschneidenden Kriterien.

Es herrscht nahezu Einmütigkeit in der Forschung darüber, dass die oft verwendeten *eigenschaftsorientierten Kriterien* für die Leistungsbeurteilung ungeeignet sind - ganz im Gegensatz zu deren Verbreitung in der Wirtschaftspraxis. [241] Man kann nicht unbedingt davon ausgehen, dass Eigenschafts- bzw. Persönlichkeitsbewertungen in Betrieben auch so benannt werden. [242] Immer dann, wenn Merkmale eingesetzt werden, die sich auf die Persönlichkeit der Mitarbeiter beziehen, liegt eine eigenschaftsorientierte Bewertung vor. Bei diesen Kriterien handelt es sich v. a. um Initiative, Zuverlässigkeit, Flexibilität, Ordnungssinn, Persönlichkeitsreife, Intelligenz, äußere Erscheinung, Pünktlichkeit [243] u. a. m. Dass solche eigenschaftsorientierten und wenig Leistungsbezogenen Beurteilungskriterien immer noch einen hohen Stellenwert in Beurteilungsformularen haben, scheint mehr auf Tradition und

---

240 Hiermit sind nicht nur die üblicherweise in der Leistungsbeurteilung verwendeten Kriterienmerkmale angesprochen, sondern auch solche Leistungsergebnisse bzw. -indikatoren, von denen man annimmt, dass sie etwas über den Erfolg von Handlungen aussagen, ohne die Zusammenhänge offenzulegen.

241 S. bspw. Grunow 1976, S. 8 ff.; Rübling 1988, S. 80 ff.; Gaugler u. a. 1978, S. 97 ff.; Lacho/Stearns/Villere 1979, S. 111 ff.; Locher/Teel 1977, S. 245 ff. Die in den 60er-Jahren in der nordamerikanischen Literatur eigentlich als „gelöst" empfundene Problematik der Eigenschaftsbewertung wurde durch einen Artikel von *KAVANAGH* (1971, 1973) wieder neu thematisiert. Es ergab sich ein teilweise spannender Diskurs zwischen ihm und v. a. *BRUMBACK* (1972).

242 Oft sind sie Teil des Leistungsbeurteilungsverfahrens und kommen neben mehr Leistungsbezogenen Kriterien vor. Erst die Analyse eines realen Beurteilungsverfahrens gibt Auskunft darüber. Es ist die Art der verwendeten Kriterien, die eine Eigenschaftsbeurteilung von anderen Beurteilungsarten unterscheidet und unterscheidbar macht.

243 Das Beurteilungskriterium „Pünktlichkeit" ist in vielen Betrieben allein durch die Einführung flexibler Arbeitszeiten wie z. B. durch die gleitende Arbeitszeit aufgehoben und kann sich allenfalls noch auf innerbetriebliche Besprechungstermine beziehen.

Konfliktscheue zu beruhen. [244] Gegen die Verwendung solcher Kriterien ergibt sich eine Vielzahl von *Argumenten*: [245] Beurteilungsverfahren haben als Voraussetzung u. a. die eindeutige und klare Definition der Beurteilungskriterien und die eindeutige gegenseitige *Abgrenzung* der Kriterien zueinander. Beides ist bei eigenschaftsorientierten Beurteilungen meist nicht gegeben. [246] Beurteilungsbegriffe sind in vielen Fällen - nicht nur, aber besonders bei den üblichen merkmalsorientierten Einstufungsverfahren - ungenau, dehnbar und mehrdeutig. Eigenschaftsbezeichnungen sind insofern immer mit Unsicherheiten bezüglich dessen, was mit ihnen gemeint ist, verbunden. Jeder einzelne Beurteiler verbindet mit den verwendeten Ausdrücken, je nach individuellem oder situationsbezogenem Hintergrund, anderes. [247] Diese Bedeutungsschwankungen erschweren treffendes Beurteilen, insbesondere dann, wenn Vergleiche der Beurteilungsergebnisse vorzunehmen sind. Es sind jedoch nicht allein die Beurteiler, die die Beurteilungs(un)genauigkeit beeinflussen. [248] Die Eigenschaftskriterien werden oft unkritisch von anderen Systemen übernommen. Sie sollen ferner gewollte Akzente mit der Beurteilung setzen (z. B. Formung der Mitarbeiter bez. „Anpassungsfähigkeit" statt „Zivilcourage"). Die Beurteilungsverfahren tendieren dazu, unter guten, Leistungsfähigen Mitarbeitern solche zu verstehen, die fügsam, bequem, bescheiden u. Ä. sind. Auf Eigenschaftskriterien basierende Beurteilungen übersehen

---

244 Vgl. Liebel/Walter 1978, S. 172.

245 Vgl. zur Kritik nachfolgende Quellen: Neuberger 1980, S. 27 ff., 1981, S. 3 ff.; Müller, M. M., 1974, S. 41 ff.; Smith/Brouwer 1977, S. 45; Schettgen 1996, S. 241 ff.; Mungenast 1990, S. 31 ff. Die im deutschsprachigen Bereich wohl schärfste Kritik an merkmalsorientierten Beurteilungsverfahren ist von *NEUBERGER* (1980) vorgelegt worden.

246 Die o. g. Kriterien lassen sich bspw. kaum alle in einer praktikablen, operationalen und voneinander abgegrenzten Form definieren: Was ist Intelligenz? Was ist Zuverlässigkeit? Diese Unbestimmtheit des Verständnisses führt dazu, dass Beurteiler ihr eigenes Verständnis bei der Beurteilung zugrunde legen. Hinzu kommen noch die Doppelbewertungen dadurch, dass die Kriterien - in einem unbestimmten Maße - sich überschneiden. Halo-Effekte sind hier, sowohl durch diese Überschneidung als auch durch die individuellen Bewertungsmodelle, nicht zu vermeiden.

247 Wenn bspw. verschiedene Beurteiler einen aggressiv erscheinenden Mitarbeiter beschreiben sollen, so werden einige ein positives Verhalten, andere ein eher negatives Verhalten beschreiben. S. Latham/Wexley 1981, S. 38.

248 Die unklare Formulierung der Beurteilungskriterien fordert gerade zu einer individuellen Interpretation heraus. Selbst, wenn man im Rahmen einer Beurteilerschulung versucht, die Inhalte dieser Kriterien mitzuteilen, lässt sich zumindest bei den allgemeinen und globalen Ausdrücken wie „Pünktlichkeit", „Initiative", „Kreativität" kein gemeinsames Verständnis erreichen. Dazu sind die Begriffe viel zu sehr im Alltag belegt und infolge für die Beurteilungszwecke ohne Nutzen.

zudem die Bedeutung der Arbeitssituation und ignorieren dadurch den Faktor „Umstände", dass sie alle Verhaltensweisen (Leistungen) auf die Person zurückführen. Leistungsfeedback für die Mitarbeiter verlangt spezifische Angaben, um eventuell Verhalten verbessern zu können. Ohne diese Informationen lassen sich keine Ziele für die Zukunft setzen. Angeblich mangelnde Eigenschaftsausprägungen verhindern ein konstruktives Feedback, da sie zum einen suggerieren, dass Leistungsverbesserungen nur sehr schwer möglich sind und zum anderen keine genauen Hinweise zur Personalentwicklung geben. Die Vorgesetzten/Mitarbeiter-Beziehung wird bei der fruchtlosen Diskussion um Eigenschaften nicht verbessert, sondern belastet. Die Verwendung offener oder versteckter eigenschaftsorientierter Kriterien steht ferner in keinem nachgewiesenen Zusammenhang zur Leistung. [249] Die Eigenschaftskriterien haben - und dies ist das ausschlaggebendste Argument - wenig mit gezeigten Leistungen zu tun. [250] Von daher ist für Eigenschaften *kein Platz* in Leistungsbeurteilungsverfahren.

(2) Auswahl der Skalen. Bei der Gestaltung des Beurteilungsformulars bedarf es u. a. der Bestimmung der *Skalenart*, um die Ausprägungsgrade der Beurteilungskriterien feststellen zu können. Mit dieser Entscheidung werden gleichzeitig die Differenzierungsmöglichkeiten der einzelnen Leistungen wie auch der Leistungen zueinander bereits vorab festgelegt. [251] Von der Skalenart hängt u. a. die Feinheit der Abstufung(smöglichkeit)en für das zu bewertende Objekt „Leistung" und die Aussagefähigkeit der Ergebnisse ab. [252] Welche

---

249 DRUCKER (1974, S. 424 f.) dazu: „An employer has no business with a man's personality. Employment is a specific contract calling for specific performance, and for nothing else. Any attempt of an employer to go beyond this is usurpation. It is immoral as well as illegal intrusion of privacy. It is abuse of power. An employee ... owes performance and nothing else ... Management and manager development should concern themselves with changes in behavior likely to make a man more effective."

250 Bei vielen Routinetätigkeiten werden „Kreativität" und „Initiative" kaum zulassen. Sie gestatten von daher auch keine Beurteilung dieser eigenschaftsorientierten Kriterien.

251 Man kann mit der optischen Gestaltungsart zudem implizite Quotenregelungen einführen, bspw. wenn die Extreme der Skala optisch entzerrt, d. h. weiter auseinander gezogen, schraffiert oder kursiv gedruckt oder als begründungspflichtig angegeben werden. Vgl. auch Neuberger 1980, S. 32.

252 Prinzipiell kann man zwischen sog. quantitativen und qualitativen Skalierungen unterscheiden. Bei *qualitativen Skalierungen* mittels Nominalskalen werden inhaltliche Unterschiede zwischen den erfassten Objekten in Form von Klassifikationen wiedergeben. Dies kann sowohl mit zwei Merkmalsausprägungen - also dichotom - erfolgen als auch mit mehreren. Die Diskriminanzkraft steigt - zumindest zunächst - mit der Anzahl der Merkmalsausprägungen, die Information verbessert sich. Man spricht von einer qualitativen Kennzeichnung einer Leistung dann, wenn mittels beschreibender Begriffe wie z. B. „intensiv", „mühsam", „nachlässig" u. Ä. das Leistungsverhalten bzw. wie

Skala nun welcher Fragestellung am besten entspricht ist ungeklärt, so dass von vornherein keine gut-strukturierte Entscheidungssituation für die Systembetreiber vorliegt. Die Definition von Skalen hat dabei wesentlichen Einfluss auf die nachfolgenden Interpretationsmöglichkeiten der Einstufung. Ob bspw. eine numerische Skala mit einer Abstufung der Urteilsausprägungen von 1-5 oder von 1-8 vorliegt, kann sowohl unterschiedliche Nuancierungsgrade erlauben, als auch zu unterschiedlichen Verständnissen der Beurteiler hinsichtlich der Stufen führen. Fraglich ist prinzipiell, ob die Kontinuen gleichermaßen unterteilt und verankert werden. [253] Die *Anzahl der Skalen*, d. h. die Einstufungsvorgaben bez. des Zutreffens bestimmter Ausprägungsgrade der Kriterien, sind im Rahmen der Verfahren zumeist willkürlich generell festgelegt, dabei müssten sie kriterienspezifisch gestaltet werden. Erfahrungen zeigen zudem, dass sich im Zeitablauf die Einstufungen (bei Einstufungsverfahren) vornehmlich im *Mittelbereich* und im oberen Bereich der Skalen befinden. Dieser Effekt tritt speziell dann auf, wenn ein Instrument einige Jahre praktiziert und durch den mangelnden Zielbezug eine stete Verbesserung der Urteile erwartet wird. Eine Differenzierung der Mitarbeiter ist immer schwerer möglich und führt schließlich zu einer Nivellierung der Leistungszulagen zu Ungunsten derer, die „besser" leisten.

(3) Skalierung der Merkmale. Die Skalierung der Kriterien, also die quantitative oder qualitative Bezeichnung der einzelnen Stufen, beeinflusst die jeweilige Einstufung durch die Beurteiler, man weiß bislang nur nicht wie. Die *Verwendung von Ziffern* im Rahmen einer quantitativen Betrachtung führt im Endeffekt zu deren Eigenleben. Sie sind dann nicht mehr nur numerischer Ausdruck der Bewertung: Sie repräsentieren sie - allerdings ohne Bezug zum Entstehungszusammenhang! Ihre Interpretation durch andere Personen ist Zufälligkeiten überlassen. Das „Schöne" an ihnen ist aber, dass sie beliebig ermittelt, gewichtet, korreliert, korrigiert und addiert werden können sowie

---

„fehlerfrei", „unbrauchbar" das Leistungsergebnis umschrieben wird. Sie erlaubt eine anschauliche, wenn auch keine gut vergleichbare Bestimmung der Leistung. Ein Nachteil liegt in der fehlenden Möglichkeit, eine Aussage über eine Rangfolge zu treffen. Solche Aussagen sind erst bei *quantitativen Skalierungen* mittels Ordinal-, Intervall- und Verhältnisskalen möglich. Die quantitative Betrachtung der Leistung bezieht sich auf deren Einstufung mittels Messung. Als Vorteil dieser Vorgehensweise wird die Möglichkeit (a) zur relativ detaillierten Erfassung eines einzelnen Merkmals und (b) zur Inbeziehungsetzung der anderen quantitativ definierten Variablen gesehen. Nachteilig ist andererseits die Notwendigkeit anzusehen, von den zu messenden Objekten und deren Inhalten zu sehr zu abstrahieren.

253 Das ist schon bei Lehrern, die Schüler für sehr ähnliche „Arbeitsplätze" zu beurteilen haben, schwierig und erfolgt meist personenabhängig. S. Neuberger 1980, S. 32, und die dort angegebene Literatur.

leicht den Weg zu Leistungszulagen weisen. [254] Solchermaßen stark *operationalisierte Bewertungsformulare* führen zu einer Entsubjektivierung von Leistungen. Im Endeffekt stehen selbst die Beurteiler nicht zu ihren Aussagen, weil diese durch die Methode so zerstückelt werden, dass sie ihr eigenes Urteil in der Leistungsziffer nicht wiedererkennen. Differenzierungen zwischen Personen sind oft nicht möglich, werden erzwungen oder sind zu grob auf den Skalen wiedergegeben. Hinzu kommt das Problem, solche Ergebnisse den Mitarbeitern verständlich zu begründen. Wenn die Antwortspielräume für die Beurteiler stark eingeengt sind, kommt es zu Methodenartefakten: Die Aussagen werden eher durch das Verfahren, als durch die Eindrücke bestimmt. Den einzelnen Beurteilern sind ferner individuelle, nicht rein situations- bzw. *arbeitsplatzspezifische Gewichtungs- und Auslassungsmöglichkeiten* gegeben. Kritisch angeführt wird auch noch, dass den Beurteilern oft die subjektive Gewichtung der Einzelurteile zu einem „Wert für die Organisation" überlassen und dieser in einer Ziffer ausgedrückt wird. Solch ein Ergebnis sagt für jeden anderen als die Beurteiler nichts aus.

(4) Verankerung der Beurteilungsskalen. Unterschiedliche individuelle Leistungsnormen und Werte bestimmen trotz hoher Standardisierung und Formalisierung der Beurteilungsformulare bei den merkmalsorientierten Einstufungsskalen das Beurteilungsergebnis mit. Es ergibt sich eine hohe Streuungsbreite der interindividuellen Urteilskonkordanz der Beurteiler. [255] Die Verankerung der Beurteilungsskalen an eine bestimmte, von allen Beurteilern anzuwendende Bezugsbasis ist durch die Beurteilungsverfahren nicht sichergestellt, individuell deutbar und beruht auf subjektiven, nicht empirisch und allgemein feststellbaren Festlegungen. Es verbleibt den Beurteilern individueller Interpretationsspielraum, weil die Beurteilungsmaßstäbe faktisch in ihre Kompetenz gestellt sind. [256] Unterschiedliche Beurteiler haben dabei oft unterschiedliche Vorstellungen über eine angemessene Leistung bzw. über

---

254 Vgl. Teil 4 C dieser Arbeit; s. auch Neuberger 1980, S. 33.

255 S. Boerger 1980, S. 208. Je mehr Personengruppen dabei ein Beurteilungsinstrument erfassen soll, desto allgemeiner werden die Kriterien formuliert. S. auch Grunow 1976, S. 26; sowie Teil 4 B II.

256 Bspw. wird die Bezugsbasis in einer Gruppe hoch Leistungsfähiger Mitarbeiter höher sein, als in einer Gruppe wenig Leistungsfähiger. In der zuerst genannten Gruppe wird eine höhere Leistung verlangt als in der letzteren, um eine bestimmte Leistungszulage erhalten zu können. Häufig beginnt der bewusste Prozess auch erst dann, wenn der Beurteilungsstichtag kurz bevor steht bzw. die Beurteilung angemahnt wird. Die Beurteilung wird dann zu schnell auf einer kleinen Beobachtungsbasis unter Zeitdruck durchgeführt. So lässt sich nur zufällig eine repräsentative Stichprobe der Leistung bzw. des Leistungsverhaltens erfassen.

das Niveau der zu erwartenden Leistung. Solche Niveauunterschiede sind im Hinblick auf die meisten Funktionen einer Leistungsbeurteilung und erst recht bei einer auf mögliche Vergleichbarkeit basierenden Beurteilung nicht akzeptabel. Genauso wie zwischen Beurteilern können aber selbst bei einzelnen Beurteilern von Beurteiltem zu Beurteiltem und/oder von Periode zu Periode unterschiedliche Bezugssysteme zur Verwirrung und Verzerrung beitragen. Bei Zugrundelegung einer Anpassungsnorm stufen die Beurteiler hinsichtlich ihres jeweils individuell erfahrenen Niveaus ein. Bei einer Anforderungsnorm geschieht dies hinsichtlich subjektiver, relativ erfahrungsunabhängiger, i. d. R. vorgegebener Niveauvorstellungen. [257] Die tatsächlich angewendeten Standards bleiben meist im Dunkeln und lassen sich kaum kontrollieren, was nachfolgend die Vergleiche zwischen den Beurteilungsergebnissen (verschiedener Beurteiler wie auch der gleichen Beurteiler in derselben oder verschiedenen Perioden) schon allein entwertet. Das Problem konzentriert sich also in diesem Zusammenhang auf die Herstellung gleicher Bezugssysteme zwischen Beurteilern sowie die Verwendung der kommunizierten Anforderungsnormen. Daneben ergibt sich als weiteres Problem die Herstellung gleicher Bezugssysteme zwischen Beurteilten und Beurteilern. Dazu bieten die merkmalsorientierten Einstufungsverfahren keinerlei Hilfen.

(5) Berücksichtigung der Anforderungen. Die Ausführungen belegen bereits, dass im Endeffekt weder Leistungsziele und -verhalten, noch Leistungsbedingungen und -voraussetzungen explizit in den Beurteilungsverfahren berücksichtigt werden. Ihre Hinzuziehung erfolgt allenfalls willkürlich durch die einzelnen Beurteiler.

b) Grenzen und Möglichkeiten verhaltensorientierter Einstufungsverfahren

Als Nachteile der verhaltensorientierten Einstufungsverfahren sind ebenfalls verschiedene Grenzen, differenziert nach der Verfahrensart, anzuführen.

Für die *Verhaltenserwartungsskalen* gelten insbesondere: [258]

- Eindimensionalität der Beurteilungskriterien. Die weiter vorne thematisierte individuelle Dimensionalität bis zur letzten Konsequenz durchdacht, führt zu einer kritischen Einschätzung von Verhaltenserwartungsskalen. Mit diesem Verfahren wird im Grunde nur jeweils ein bzw. werden manchmal auch zwei

---

257 Vgl. Neuberger 1980, S. 29.
258 S. v. a. Atkin/Conlon 1978, S. 120 ff.; sowie die im Folgenden jeweils zusätzlich angeführte Literatur. Auf die Verhaltensbeobachtungsskalen wird weiter hinten eingegangen.

Verhaltensmuster je Skalenwert erfasst. [259] Mitarbeiter, die anderes Verhalten gezeigt haben, welches ebenso effektiv war, aber eben nicht so häufig gezeigt wurde und vielfach, aus anderen, Leistungsirrelevanten Gründen auch gar nicht so geschätzt, weil ungewöhnlich, ist, können somit kaum bewertet werden. Es bleibt den Beurteilern überlassen, wie sie die beobachteten Verhaltensweisen interpretieren. Die *Konsensmethodik* bei der Formularentwicklung führt zur Eliminierung alternativer Erfolgsverhaltensweisen. [260] Nur wenn zwei Verhaltensmuster gleich oft genannt werden, besteht die Chance, beides zu erfassen. Zuerst bedeutet dies sicherlich Verwirrung bei den Systementwicklern. Sie können jedoch dann versuchen, zwei alternative Beurteilungsformulare zu entwickeln - aber immer nur im Hinblick auf ein sekundäres Kriterium. Die Eindimensionalität wird dadurch teilweise aufgehoben, dass die konkret beobachteten Verhaltensweisen nicht im Beurteilungsformular vorhanden sein müssen. Die Musterbeispiele je Leistungsgrad im Formular stellen ja nur Interpretationsmuster dar; Muster, die allerdings wiederum zu individuellen Deutungen durch die Beurteiler einladen.

- Generierungsprobleme. Mit der Methode der kritischen Ereignisse erlangt man nur ausschnittsweise Aussagen über die Leistungsrelevanten Aspekte. Zum einen ist diese Vorgehensweise durch die verschiedenen Verständnisse der Arbeitsplatzexperten (Beurteiler wie Beurteilte) [261] sowohl hinsichtlich ihres Verständnisses der tatsächlichen Leistung als auch hinsichtlich der repräsentierenden Beurteilungskriterien begrenzt. Zum anderen lassen sich auf diese Weise nicht genügend trennscharfe Kriterien ermitteln, ebenso wenig wie so auf situative Veränderungen eingegangen wird. Dafür bieten die Verfahren aber arbeitsplatzspezifische Beurteilungsmodelle an, die, in der Sprache der Beurteiler verfasst, auch bereits während der Leistungsperiode Hilfestellung bieten (können).

- Relative Häufigkeit der kritischen Ereignisse. Im Idealfall werden durch die kritischen Ereignisse nur die tatsächlich Leistungs- bzw. erfolgskritischen Verhalten ermittelt. Üblicherweise handelt es sich dabei nicht um die öfter vorkommenden Routineverhalten, sondern um besondere, nur manchmal zu zeigende Handlungen. Die Verwendung kritischer Ereignisse, die sich nicht auf Routineverhalten, sondern eher auf solche Aspekte der Arbeitsplatz-

---

259 Manchmal helfen hier mehrere, sich ergänzende Verhaltensmuster je Skalenwert.
260 Ein schwerwiegender Nachteil ist, dass ein Nonkonformist einfach schlecht bewertet wird. Er mag noch so gute Leistungsergebnisse erzielen, noch so beliebt und erfolgreich sein, sein Verhalten ist nicht die Regel und wird insofern nicht in das Beurteilungsformular aufgenommen.
261 S. bspw. Borman 1974, S. 105 ff.

leistung beziehen, die den Unterschied zwischen Erfolg und Misserfolg darstellen, zeigen ein Dilemma auf. [262] Mittelmäßige (oder für den Arbeitsplatz nichtqualifizierte) Mitarbeiter haben i. d. R. aufgrund ihrer Qualifikation kaum die Chance, solche Verhaltensweisen zu zeigen. Dies hat zur Folge, dass im Extremfall alle Verhaltensitems eines Beurteilungsformulars auf solche Mitarbeiter prinzipiell nicht zutreffen können. Auf der anderen Seite führt die Verwendung eher selten vorhandener, aber differenzierender Verhaltensweisen dazu, dass bei den oft wenig gegebenen Beobachtungsgelegenheiten durch die Beurteiler diese allenfalls zufällig zu beobachten sind. Problematisch sind teilweise auch geringe Anforderungen an die Häufigkeit der Nennung bez. der Übereinstimmung. [263]

- <u>Modell der Beurteiler</u>. Verhaltenserwartungsskalen verhindern nicht, dass die Beurteiler schon vorab Bewertungen vornehmen und bei der Skalierung nach einer Aussage suchen, die den „richtigen" Skalengrad angibt. „Alte" Erfahrungen können zu Beginn der neuen Beurteilungsperiode zu vorschnellen Urteilen führen, insbesondere dann, wenn sich die Aufgabeninhalte und damit die Anforderung auch an das Verhalten ändern. Hinzu kommt, dass i. d. R. nur mit ungenügenden Informationen die Bewertung vorgenommen wird. Im Grunde sind es dann Attributionen der Beurteiler, die die Aussagenwahl bestimmen. Die zu beurteilenden Mitarbeiter selbst wissen zudem oft nicht, welches Leistungsverhalten von ihnen tatsächlich erwartet wird. Die Verhaltensmuster geben hierzu aufgrund ihres Beispielcharakters kaum Auskunft. Das Notieren der beobachteten Verhaltensweisen führt weiter zu einer eventuellen Verschlechterung des Arbeitsklimas. Auch die Unzuverlässigkeit der Experten bei der Wiedergabe der Verhaltensaussagen ist zu kritisieren. Im

---

262 Auswahlkriterien für die verwendeten Verhaltensbeispiele sind u. a. die Häufigkeit ihrer Nennung durch Arbeitsplatzexperten und die Möglichkeit diese bzw. durch sie repräsentierende Verhaltensitems im Alltag beobachten zu können. Durch diese Generierungsrestriktionen werden automatisch häufig zu beobachtende, aber nicht zur Differenzierung beitragende Routineverhalten in das Beurteilungsformular aufgenommen. Es ist zweifelhaft, ob ein mittelmäßiges Verhalten kritisch für eine Position ist. S. auch Shapira/Shirom 1980, S. 517 ff.

263 Zu niedrige Anforderungen führen zur fehlenden Unabhängigkeit der Dimensionen. (Während bspw. *CAMPBELL U. A.* (1973) 80 % fordern, begnügen sich *HARAI/ ZEDECK* (1973) mit 60 % und *FOGLI/HULIN/BLOOD* (1971) mit 50 %.) Ähnliches betrifft die Anforderungen über die Standardabweichung. (*FOGLI/HULIN/BLOOD* (1971), *GOODALE/BURKE* (1975), *HARAI/ZEDECK* (1973), *SMITH/KENDALL* (1963) sprechen von einer Standardabweichung von höchstens 1.50 auf einer 7er-Skala, *CAMPBELL U. A.* (1973) von höchstens 1.75 auf einer 9er-Skala. Beides verhindert keineswegs undeutliche bzw. unzutreffende Beschreibungen. (Vgl. Schwab/Heneman/ De Cotiis 1975, S. 558.)

Grunde setzen die Verhaltenserwartungsskalen nämlich auch voraus, dass die Experten ein gemeinsames Verständnis einer Position haben. Dies betrifft sowohl das Verständnis der Leistungsdimensionen, als auch das der Verhaltensaussagen. [264] Probleme können bei den Verfahren auch dadurch entstehen, dass Beurteiler die Verankerungen nicht teilen. Sie sind zwar durch ihre Mitwirkung entstanden, ein Commitment ist jedoch wohl kaum zu erwarten, solange sie nicht spezifisch zugestimmt haben. [265]

- Leistungsdimensionen. Eine zu hohe Anzahl an Leistungsdimensionen kann zu negativen Implikationen für die Konstruktvalidität führen. Im Extrem sind nur noch ganz einfache Ereignisse eindeutig zuzuordnen und daher verwendbar. [266] Es ist schwierig für die Beobachter, beobachtetes Leistungsverhalten einem bestimmten Skalenniveau einer Leistungsdimension zuzuordnen. Manchmal können sie noch nicht einmal die notierten Verhaltensweisen einer bestimmten Leistungsdimension zuordnen. [267]

- Leistungs-/Verhaltensaussagen. Ein Vorteil der Verhaltenserwartungsskalen besteht darin, dass sie sich auf das Leistungsverhalten eines Mitarbeiters konzentrieren, also etwas, was unter Kontrolle des Mitarbeiters steht. Verhaltensorientierte Beispiele spezifizieren in etwa, was ein Mitarbeiter tun muss, um bestimmte Leistungsergebnisse zu erreichen. Einen indirekten Vorteil bieten sie dadurch, dass sie innerhalb der jeweils gewählten Leistungsdimensionen als Diagnoseinstrument dafür verwendet werden können, inwieweit das gezeigte Verhalten eines Mitarbeiters zum Arbeitserfolg führen wird. Diese Möglichkeit besteht also bereits während der Beurteilungsperiode. Bei der Generierung einer großen Anzahl an Verhaltensbeispielen gehen aber - zumindest bei der originären Formularentwicklung - viele Aussagen verloren.

---

264 Für die Leistungsbeurteilung ist bedeutend, dass die Beurteiler über die Dimensionen und die Ereignisse übereinstimmen. Sie müssen mit dem Instrument arbeiten und es deshalb verstehen. Unterschiedliche Auffassungen von - zukünftigen - Beurteilern gehen bei der Formularentwicklung unter, die u. a. auf unterschiedlichen Umwelten bei im Übrigen gleichen Positionen beruhen, weil keine Einigung erzielt wird bzw. sie zu selten angeführt werden. Problematisch wird es erst bei den Beurteilungsgesprächen, falls unterschiedliche Auffassungen zwischen den Beurteilern und den Beurteilten bestehen. *BORMAN* (1974) zeigt dies beispielsweise. Auch bei der Skalenentwicklung kann man die beteiligten Beurteiler leicht frustrieren. Die Rolle eines Versuchskaninchens - im Rahmen der begrenzten Partizipation (als Informationslieferanten) bei der Generierung - wird allzu leicht verstanden werden.

265 Die Stimmigkeitstendenz ist vielleicht einer der Gründe dafür, dass sich die Hoffnungen, die in die Verhaltenserwartungsskalen gesetzt worden waren, nicht erfüllten. S. Schwab/ Henemann/DeCottis 1975; Neuberger 1980, S. 37.

266 Vgl. Schwab/Heneman/DeCotiis 1975, S. 558.

267 S. Borman 1979.

[268] Damit sind viele Verhaltensbeispiele verloren, die u. U. von besonderer Bedeutung sind und als Erinnerungsreiz wirken könnten. Bei den Verhaltenserwartungsskalen wird davon ausgegangen, dass jeder Mitarbeiter die gleiche Chance hat, die im Formular berücksichtigten Verhaltensweisen zu zeigen. Das ist jedoch jeweils situationsspezifisch anders. Auch haben sich die als Verhaltensanker verwendeten Aussagen ursprünglich auf unterschiedliche Umstände bezogen. Dies impliziert die genaue Angabe der Umstände. Die Verhaltensanker werden aber unabhängig davon verwendet. Weiterhin wird die Bedeutung eines Verhaltens im Hinblick auf die wahrscheinliche Häufigkeit der anfordernden Situation nicht gewichtet bzw. berücksichtigt. Eine Anwendungsbedingung ist, dass die Verhaltensweisen häufiger durch die Beurteiler beobachtbar sind. Diese werden allerdings selten ein Leistungsverhalten beobachten, welches genau auf die spezifischen Verhaltensanker zutrifft. Die Verhaltensanker erleichtern zwar die Bewertung, es wird aber eine zusätzliche Bewertung notwendig: Welches Verhalten könnte der Mitarbeiter gezeigt haben? [269] Kritisch zu fragen ist auch, ob die Beurteiler die Items tatsächlich auf Verhalten beziehen. Gefragt wird ja nach dem Verhalten, welches erwartet werden könnte. [270] Problematisch ist auch, dass nur die Aktivitäten und nicht auch die Ergebnisse dieser Aktivitäten bewertet werden. Dies motiviert eher zur Erbringung dieser Aktivitäten, denn zur Erreichung der Leis-

---

268 Bei bspw. sieben Leistungsdimensionen werden i. d. R. nur 49 Verhaltensanker benötigt. Von den 49 wird allerdings angenommen, dass sie das Verhalten repräsentieren, welches die erfolgreichen Mitarbeiter von den weniger erfolgreichen unterscheidet sowie, welches überhaupt das Arbeitsverhalten erfasst. Eine ansehnliche Zahl an generierten Verhaltensaussagen wird einfach abgelegt. Das mag auch mit der Schwierigkeit zusammenhängen, dass sie nur sehr schwer den definierten Dimensionen zugeordnet werden können - trotz ansonsten hoher Aussage- und Diskriminierungskraft. Ähnliches betrifft die Schwierigkeit, eindeutige Aussagen bez. des Effektivitätsgrads zu ermitteln. S. Schwab/Heneman/DeCotiis 1975, S. 558.

269 Ein Weg der Anwendung von Verhaltenserwartungsskalen ist, jedes Blatt mit den einzelnen Dimensionen separat anzusehen und anzumerken, welcher Verhaltensanker bzw. welche Gruppe von Verhaltensankern mit den typischen Verhaltensweisen der Mitarbeiter in etwa übereinstimmt. In der ursprünglichen Version wird danach gefragt, welches skalierte Verhalten aufgrund der Vorgesetztenerfahrungen von Mitarbeitern erwartet werden könnte.

270 Beziehen sich dadurch die Antworten auf gezeigtes Verhalten? Ist das wirklich eine verhaltensorientierte Bewertung oder spielen hier nicht extrem die persönlichen Vorstellungen der Beurteiler und ihre Auffassungen über Eigenschaften eine Rolle? Die konkreten Verhaltensbeispiele werden vermutlich von den Beurteilern, wenn sie nicht tatsächlich exakt in der geschilderten Form unmittelbar und öfter beobachtet worden sind, rückübersetzt in allgemeine Eigenschaftsmerkmale. Vgl. Neuberger 1980, S. 37. S. auch Murphy/Constans 1987, S. 573 ff.

tungsziele. Für ein Feedback sind Beurteilungen mit Verhaltensbeschreibungen allerdings besser als solche mit nummerischen Ergebnissen. Die Beurteilten erhalten direkte Informationen darüber, wie sie von den Beurteilern wahrgenommen werden. Zudem können die Verhaltensaussagen in Verbindung mit ergebnisorientierten Kriterien verwendet werden. Sie erklären dann vielleicht auch, warum ein gewünschtes Ergebnis nicht erreicht wurde. [271]

- Skalierungsprobleme. Verhaltenserwartungsskalen beinhalten die Gefahr mangelnder Differenzierbarkeit zwischen den vorgegebenen Ankern und dementsprechend eine mögliche Konfusion der Beurteiler dann, wenn sie mehrere Verhaltensmuster auf einer Dimension im Rahmen ihrer Interpretation für treffend halten. Fraglich ist zudem, ob die intervallmäßigen Dimensionsskalen tatsächlich mit der Realität übereinstimmen. Die Anker sind hier meist ordinal angeordnet.

- Arbeitssituation. Ein weiteres Problem entsteht durch die Vernachlässigung der Arbeitssituation bzw. der Leistungsbedingungen und -ziele. Selbst wenn die Beurteilungsformulare idealerweise direkt vor jeder Beurteilungsperiode neu erstellt werden, die Aussagen könnten sich jeweils nur aufgrund von Vergangenheitserfahrungen und Erwartungen an die Zukunft ergeben. Sie ignorieren dadurch die Entwicklungen.

- Partizipation. Der Partizipationsgrad der Beurteiler an der Entwicklung von Verhaltenserwartungsskalen ist kritisch zu betrachten. Es ist die Bereitschaft der Mitarbeiter zur Mitwirkung notwendig. Für die Formularentwicklung werden ihre Kenntnisse und Erfahrungen eigentlich nur genutzt: Sie haben Vorstellungen über Wirksamkeitsgrade von bestimmten Leistungsverhalten in bestimmten Situationen. Diese werden a) durch die Aussagengenerierung offen sowie b) durch die Einstufung und c) Retranslation der Aussagen mehr oder weniger für die Beurteiler versteckt verwendet. [272] Die einzelnen Beurteiler sind auf diese Weise zwar beteiligt, ein hoher Partizipationsgrad i. S. von Entscheidungskompetenz besteht allerdings nicht. Anonym wird auf Ba-

---

271 Wenn beide Gesprächspartner mit unterschiedlichen Vorstellungen über die Leistung ins Gespräch gehen, sind Konflikte nicht auszuschließen. Je eher diese Konflikte dabei konkret fassbar sind, desto eher kann man sie zumindest auf der sachlichen Ebene handhaben. Wichtig erscheint in diesem Zusammenhang auch, dass vor einer Leistungsperiode Gespräche über die Aufgabeninhalte, Verantwortlichkeiten und Ziele geführt werden. Dies erleichtert die spätere Beurteilung insofern, als dass Kriterien etabliert wurden.

272 Ziel dieser Einbeziehung der Beurteiler ist es, möglichst treffend formuliert alle wesentlichen Leistungsdimensionen für die Verwender verständlich wiedergegeben zu erhalten. Die einzelnen, entscheidenden Auswahlschritte werden in den - statistischen - Auswertungsverfahren getroffen.

sis der vom Systembetreiber formulierten Entscheidungsregeln die Auswahl- und Verankerungsentscheidung errechnet. [273]
- Entwicklungsaufwand. Für jeden Positionstyp (oft auch gleichbedeutend mit der Anzahl der Positionen) ist mit Hilfe der recht aufwendig anzuwendenden Methode der kritischen Ereignisse sukzessive ein Beurteilungsformular zu entwickeln. Idealerweise sollte dies von Beurteilungsperiode zu Beurteilungsperiode jeweils neu erstellt werden, um Veränderungen zu erfassen. Mit diesem Vorgehen sind vom ökonomischen Standpunkt aus immense Aufwendungen verbunden. Nur durch eine Vereinfachung in der Hinsicht, dass umfangreiche Positionsfamilien definiert werden und Veränderungen nur in größeren Zeitabständen erfasst werden, ließen sich diese reduzieren - allerdings unter Inkaufnahme invalider(er) Beurteilungen.

Kritisch anzumerken ist zu den *Verhaltensbeobachtungsskalen* Folgendes: [274]
- Es gilt als nicht sicher, dass zwischen der Häufigkeit des Auftretens eines Verhaltens und der angenommenen Verhaltenswirksamkeit hinsichtlich der Leistung ein streng linearer Zusammenhang besteht.
- Der Annahme, dass nur beobachtete Verhaltensweisen wiedergegeben werden müssen (streng genommen also keine Bewertung durch die Beurteiler erfolgen muss), ist unter Hinzuziehung der weiter vorne diskutierten kognitiven Kategorisierungsprozesse nicht zu folgen. Demnach werden auch allgemeine Eindrücke von bestimmten Personen in Beobachtungen umgesetzt. [275]
- Die Verhaltensbeobachtungsskalen differenzieren nicht deutlich die relative Häufigkeit, mit der jedes Verhalten gezeigt werden sollte. [276]
- Der Zeitaufwand zur Konstruktion der Skalen ist sehr hoch. [277]

---

273 Lediglich in der Definition der Leistungsdimensionen werden Vorentscheidungen gemeinsam in der Gruppe gefällt. Sie können aber später noch durch die Ergebnisse des Retranslationsverfahrens verändert werden. Die Beeinflussung durch die Systementwickler kann unterschiedlich sein. Durch die Bestimmung der Entscheidungsregeln, ihrer aktiven Teilnahme an der Dimensionsgewinnung und der endgültigen Formulierung der Aussagen kann vom bloßen Moderieren bis hin zum starken Lenken gehen.

274 Vgl. Bernardin/Kane 1980, S. 809 ff.; Kane/Bernardin 1982, S. 635 ff.; Steiner/Rain/Smalley 1993, S. 438 ff. *MURPHY/MARTIN/GARCIA* (1982, S. 562 ff.) weisen daraufhin, dass möglicherweise eher eigenschaftsorientierte Bewertungen gemacht werden, als dass die Beurteiler sich auf einfache Beobachtungen stützen. S. auch Borman 1986, S. 115.

275 S. auch Domsch/Gerpott 1985a, S. 23; Nathan/Alexander 1985, S. 113.

276 Carroll/Schneier 1983, S. 118.

277 *KANE/BERNARDIN* (1982) kritisieren, dass die Skalierungssprache bei den Verhaltensbeobachtungsskalen unterschiedliche Leistungslevel für verschiedene Verhaltenskriterien wiedergibt. Dies hängt mit dem vereinheitlichten „Zeitaufwand" zusammen.

- Die Kritik der Eindimensionalität der Beurteilungsitems trifft dieses Verfahren noch stärker als die Verhaltenserwartungsskalen.
- Durch die Vorgabe einer Checkliste wird die kognitive Last der Beurteiler in der Beurteilungsperiode verringert. Zudem sind die zu bewertenden Verhalten bekannter als bei den Verhaltenserwartungsskalen. Im Gegensatz zu diesen ist das Verfahren vermutlich inhaltsvalider, da es die Verhalten gut und schlecht Leistender beinhaltet. Die Beurteiler werden zu einer durchdachteren Bewertung gedrängt und müssen sich nicht - wie bei den Verhaltenserwartungsskalen - mühsam an selbst auszuwählende Vorfälle erinnern. Die Verhaltensbeobachtungsskalen geben exakt an, was zu beobachten ist.
- Die Thurstone-Skala vermeiden die Verfahrensentwickler, um den Beurteilern keine Manipulationsmöglichkeiten, wie bspw. die Höhereinschätzung einer Dimension, zu ermöglichen. Mit den Verhaltensbeobachtungsskalen kann das so nicht geschehen, weil jedes Item nur hinsichtlich der Häufigkeit des Auftretens angegeben werden muss. [278] Die Subjektivität der Beurteiler wird dadurch in ihrem Einfluss minimiert.
- Bei den Verhaltenserwartungsskalen bedeuten die Skalenmarkierungen oberhalb des neutralen Punktes implizit gutes bzw. besseres Verhalten. Das muss nicht immer zutreffen. Die Verhaltensbeobachtungsskalen vermeiden dieses Problem, da die Beurteiler hinsichtlich jedes Items bewerten müssen. Zweifelhafte Einstufungen, basierend auf nur einer Entscheidung pro Dimension - wie bei den Verhaltenserwartungsskalen - werden verhindert und explizite, spezifischere Feedbacks ermöglicht.
- Manche Formate erschweren zudem durch das Fehlen von Definitionen der Leistungsdimensionen und der Orientierungsbeschreibungen die Zuordnung beobachteter Verhaltensbeispiele zu einer bestimmten Dimension und/oder einem bestimmten Leistungsniveau. [279]

Die *Ergebnisse empirischer Studien*, die Verhaltenserwartungsskalen zur Leistungsbeurteilung zum Gegenstand hatten, sind widersprüchlich. [280] Bezüglich

---

278 Vgl. Latham/Wexley 1977, S. 256 ff., 1981, S. 62 ff.
279 Mit den unterschiedlichen Formaten verbunden ist auch die Schwierigkeit, eine Vorteilhaftigkeit von den Formaten der Verhaltenserwartungsskalen gegenüber anderen festzustellen. S. Bernardin/Smith 1981, S. 462; Kingstrom/Bass 1981, S. 286.
280 S. Borman 1986; Campbell, J. P., u. a. 1973; Keaveny/McGann 1975; Borman/Dunnette 1975 bevorzugen in ihren vergleichenden Studien alle solche verhaltensbezogenen Skalen, wenn auch manchmal nur geringfügige Vorteile gegenüber den Vergleichsverfahren festgestellt wurden. Bernardin 1977; Bernardin/Alvarez/Canny 1976; Borman/Vallon 1974; Burnaska/Hollmann 1974; Kingstrom/Bass 1981, S. 284; DeCotiis 1977, 1978; Arvey/Hoyle 1974, S. 61 ff.; Dickinson/Zellinger 1980, S. 147 ff.; Ze-

der psychometrischen Eigenschaften und der Benutzerakzeptanz hat sich empirisch keine eindeutige Vorteilhaftigkeit der verhaltensorientierten Beurteilungsskalen gezeigt. [281] Aus diesen Ergebnissen kann aber nicht automatisch geschlussfolgert werden, dass diese Verfahrensarten genauso gut oder schlecht sind wie andere, ältere Verfahren. Die Beurteilungsformulare und deren Entwicklung sind nur ein, wenn auch ein gewichtiger Teil von Beurteilungsverfahren. Darüber hinaus sind v. a. die jeweiligen Zwecke der Beurteilung sowie die Charakteristika der Beurteiler und Beurteilten sowie andere Effekte wichtige Determinanten. [282] Vorteilhaft wirkt sich die gesamte Konstruktion der Beurteilungsskalen für den Betrieb hinsichtlich der genaueren Analyse der Aufgabenstellungen aus: Eine isolierte Bewertung nur der Skalen reicht nicht aus. Bei diesen Nebeneffekten [283] handelt es sich um die Durchführung systematischer Arbeitsanalysen, die Gewinnung von Informationen für Personalentwicklungsprogramme, [284] die Gewinnung von Informationen zur Organisationsdiagnose sowie die Formulierung spezifischer Verhaltenserwartungen. [285] Diese Nebeneffekte lassen sich nur bei einer Integration der Leistungsbeurteilung in ein funktionierendes System des Personalmanagements nutzen. Ein Hauptvorteil im Vergleich zu normalen, nummerisch verankerten Skalen, liegt darin, dass Leistungsdimensionen genauer ermittelt werden. [286]

Betrachtet man die skizzierten Funktionen, so lässt sich auf Basis der Kritik festhalten, dass weder personal- noch führungspolitische Funktionen erfüllt werden

---

deck/Kafry/Jacobs 1976 haben bspw. keine Vorteile bezüglich einer psychometrischen Vorziehenswürdigkeit festgestellt. Campbell, J. P., u. a. 1973 stellten einen Vorteil bez. der Tendenz zur Mitte fest. Borman/Vallon 1974 ermittelten das gegenteilige Ergebnis. Die Unabhängigkeit der Dimensionen ist nicht generell festgestellt worden. Ähnliches betrifft die Prüfung der Reliabilität. S. dazu Schwab/Heneman/DeCotiis 1975, S. 553.

281 Vgl. Bernardin/Beatty 1984, S. 219; Kingstrom/Bass 1981, S. 263 ff.; Carrol/Schneier 1982, S. 117.

282 Vgl. dazu v. a. Landy/Farr 1983, S. 93 ff.; Domsch/Gerpott 1985a, S. 26 ff.; auch Kearney 1976, S. 75 ff.; Hom u. a. 1982; Blood 1974.

283 Die Entwicklung der Beurteilungsformulare stellt z. B. schon den ersten Trainingsschritt für Beurteiler dar.

284 Um besser als Personalentwicklungs- und Beratungsinstrument dienen zu können, bedarf es einer Notierung aller beobachteten wesentlichen kritischen Ereignisse.

285 Vgl. Domsch/Gerpott 1985, S. 677; Fogli/Hulin/Blood 1971, S. 3 ff.; Blood 1974, S. 513 ff.; Jacobs/Kafry/Zedeck 1980, S. 595 ff.; Hom u. a. 1982, S. 568 ff.

286 Vgl. Schwab/Heneman/DeCotiis 1975, S. 559. Die Leistungsdimensionen werden nicht nur basierend auf arbeitsplatzbezogenen Aussagen formuliert. Sie werden auch im Retranslationsschritt daraufhin getestet, inwieweit sie treffend und gut formuliert sind. Dies hilft, unabhängige Leistungsdimensionen zu definieren.

können. Zu wenig arbeitsplatz- und mitarbeiterbezogen sind die Beurteilungsformate. Zudem ist der Entwicklungsprozess zu aufwendig.

6 Grenzen und Möglichkeiten von aufgabenorientierten Beurteilungsverfahren

Die Grenzen und Möglichkeiten der aufgabenorientierten Leistungsbeurteilung gestalten sich je nach Verfahren unterschiedlich. [287]

Kritisch bleibt bei der GQM festzuhalten:
- Es sind keine Vorgaben hinsichtlich der *systematischen Berücksichtigung* von spezifischen Leistungen und vorliegenden Leistungsbedingungen gegeben. Es bleibt den Beurteilern überlassen, inwieweit sie bei der Aufgabenbeschreibung sowie bei der Bewertung der Aufgabenerfüllung auf diese beiden Anforderungen der Leistungsbeurteilung Bezug nehmen, gleiches gilt für das Leistungsverhalten. Die Beurteilten haben insoweit die - auch positiv einzuschätzende - Möglichkeit, eigene Wege der Aufgabenerfüllung zu beschreiten. Aber nur dann, wenn die Beurteiler das im nachhinein akzeptieren, wirkt sich dies für sie positiv für ihre Leistungsbeurteilung aus. Hinzu kommt, dass die Beurteilungskriterien durch die Aufgabenbeschreibung nicht deutlich genannt bzw. die Erwartungen der Beurteiler nicht deutlich beschrieben werden. Ferner sind mit der Aufgabendefinition nicht automatisch auch Leistungsnormen festzulegen (bzw. schriftlich niederzulegen), so dass sich große Interpretationsspielräume während wie nach der Leistungsperiode für Beurteiler wie Beurteilte ergeben. Die induktive Vorgehensweise kann ferner prinzipiell eine vollständige und trennscharfe Formulierung von Beurteilungskriterien nicht - oder allenfalls zufällig - ergeben.
- Weiterhin beteiligt die GQM im Konzept *fast ausschließlich die Vorgesetzten* an der Aufgabendefinition. Partizipation ist kein expliziter Bestandteil des Verfahrens. Der Erfolg der Anwendung des Verfahren wird daher i. w. durch die jeweiligen Qualifikation der Beurteiler bestimmt. Sie haben die Verantwortung für die einzelnen notwendigen Arbeitsschritte. Das System bietet auch kaum Kontrollmöglichkeiten, um den Beurteilern nachhaltig und rechtzeitig helfen zu können.
- Bei der Erfassung des *Sozialverhaltens* besteht - so zeigen die beispielhaften Angaben - ferner die Gefahr, dass Eigenschaften bewertet werden sollen.

---

287 S. zur Diskussion der Vor- und Nachteile aller Varianten Seitz 1997.

- Die angesprochene *Entgeltdifferenzierung* erscheint zwar mit dieser Verfahrensart grundsätzlich möglich, aber nur unter Verzicht auf die unmittelbare Vergleichbarkeit mit anderen Mitarbeiterleistungen. Andere Vorteile des Verfahrens (v. a. die Offenheit zur Kommunikation) lassen sich dann aber vermutlich nicht mehr realisieren; zu stark ist bei vielen das Entgeltmotiv.
- Es entsteht ferner ein relativ hoher *Entwicklungsaufwand*, weil die Aufgabenkataloge individuell bzw. arbeitsplatzspezifisch zu erstellen sind.

Aber gerade durch den letztgenannten Aspekt ermöglicht die GQM einen *individuellen, arbeitsplatzspezifischen* Bezug: Subjektives Verstehen der Arbeitsleistung und -situation wird genutzt, für die jeweiligen Einstufungen Begründungen sofort erfragt sowie problembezogene Maßnahmen aufgabenbezogen vorgeschlagen. Die im Vergleich relativ genaue Dokumentation der Leistungsbeurteilung ermöglicht zudem ein Überprüfen und Korrigieren der Urteile. Als *Führungsmittel* ist das Verfahren instrumentell - als bislang einziges - prinzipiell *geeignet*. Auch sind die angesprochenen Kritikpunkte durch Verbesserungen am Verfahrensinstrument zum großen Teil zu beheben.

Einen solchen Verbesserungsvorschlag stellt das *aufgabenorientierte Verfahren* nach *BECKER* dar. Die prinzipiellen Probleme einer Leistungsbeurteilung sind zwar auch mit dieser Verfahrensart nicht behebbar. Die dadurch gesetzten Grenzen werden jedoch durch die Intersubjektivität des Vorgehens beachtet und die Möglichkeiten aufbauend auf den Vorteilen der GQM genutzt. Das Instrument hält zu einer expliziten verbalen Begründung des jeweiligen Urteils an, so dass dieses nachvollziehbar wird. Willkürlichkeit soll so weitgehend kanalisiert bzw. verhindert werden. Zudem wird eine gemeinsame Bewertung gefordert, indem jeder den Beurteilungsbogen für sich ausfüllt sowie ein Gespräch vor der letztendlichen Urteilsfindung des Beurteilers erfolgt. Damit wird die Partizipation innerhalb eines Betriebes gefördert. Weiterhin werden für die Umsetzung jeden Teilschrittes verbindliche Regelungen aufgestellt, so dass Unsicherheiten und Interpretationsschwierigkeiten sowohl auf Seiten der Beurteiler wie auch der Beurteilten minimiert werden. Das Instrument verzichtet zudem auf eine Verbindung mit einer Leistungszulage. Dies ist positiv zu werten, denn sobald Entgeltfragen mit einer Leistungsbeurteilung verbunden sind, ist eine Mitarbeit der zu beurteilenden Mitarbeiter - so zeigen die Erfahrungen - inhaltlich stark eingeschränkt. Der auch bei diesem Verfahren relativ hohe Entwicklungsaufwand der zeitspezifischen und arbeitsplatzbezogenen Formulare scheint damit aufgrund des zu erwartenden hohen Nutzens gerechtfertigt. Kritisch bleibt aber noch die Spezifizierung der Beurteilungskriterien, die eventuelle Überbetonungen der Einstufungen sowie die Abgrenzung der Aufgaben zu Zielen festzuhalten.

7 Grenzen und Möglichkeiten von zielorientierten Beurteilungsverfahren

Die Mängel der zielorientierten Beurteilungsverfahren lassen sich stellvertretend anhand des Management-by-Objectives für andere zielorientierte Verfahren aufzeigen. Folgende *Mängel* sind hervorzuheben: [288]

- Im Rahmen der Zielsetzung wird die Zieloperationalisierung um so problematischer, je höher ein Ziel in der Zielhierarchie des Betriebes angesiedelt ist, je stärker die Interdependenzen zu anderen Zielen sind und je strategischer dessen Charakter ist. Dadurch lassen sich nur recht unscharf die Beurteilungskriterien und deren Sollausprägungen formulieren.
- Bei der Leistungsbeurteilung kommt hinzu, dass die Zurechenbarkeit von Ergebnissen zu Zielen und damit von Verantwortung für Leistungsergebnisse oft schwierig ist.
- Ein lediglich auf dem MbO beruhendes Leistungsbeurteilungssystem vernachlässigt die Unsicherheit der Umwelterwartungen und eventuell notwendige und/oder stattfindende Zielanpassungen während der Leistungs-/Beurteilungsperiode sowie die Individualleistungen in Organisationseinheiten. [289] Alle genannten Aspekte werden durch die vorliegenden Verfahrensarten kaum erfasst und sind teilweise auch kaum erfassbar.
- Die übliche Festlegung auf statische Ziele engt bspw. den Handlungsspielraum für die Beurteiler wie vorab für die Beurteilten ein, insofern ist sie zu vermeiden.
- Hinzu kommt noch eine an vielen Positionen vorzufindende generelle Problematik: Bei ihnen ist nämlich weder das Ziel des Handelns noch der Weg zum Ziel konsistent zu bestimmen. Beides lässt sich nicht von „Störungen" (bspw. durch Leistungsbedingungen) freihalten. Auch lässt sich Handeln selten nur auf ein einziges Ziel beziehen. Einzelne Phasen des Handelns stehen zudem häufig in keinem zwingenden Zusammenhang und/oder zu einer rekonstruier-

---

288 S. zur Kritik allgemein v. a. Odiorne 1965, S. 125; McConkie 1979, S. 29 ff.; Koontz 1971, S. 48 ff., 1977, S. 5 ff.; Wikstrom 1972, S. 303 ff.; Howell 1967, S. 55 ff.; Wunderer/Grunwald 1980, S. 309 f.; Ivancevich u. a. 1978, S. 58 ff.; Fallgatter 1996, S. 61 ff.

289 Rasche Veränderungen bspw. in den Absatzmärkten oder ein explosiver Wandel in der Technologie führen zwangsläufig dazu, dass Ziele immer häufiger kurzfristigen Änderungen unterworfen sind.

baren Handlungsabsicht bzw. Zielsetzung. [290] Von daher lässt sich durch die zielorientierten Beurteilungsverfahren kaum eine Bewertungsregel formulieren. Die Güte des Leistungsverhaltens gerät in den Hintergrund der Beurteilung.

- Problematisch ist, dass andere Determinanten des „Erfolgs" als die individuelle „Leistung" nicht berücksichtigt werden (z. B. tatsächlicher Schwierigkeitsgrad der Zielerreichung). Diese lassen sich nur mit zusätzlichen subjektiven Bewertungen erfassen.
- Gerade die Setzung individueller Leistungsziele und die Zurückführung von Leistungsergebnissen auf das Individuum wird den jeweiligen Abhängigkeiten der Organisationseinheiten untereinander und der gesamten Mitarbeiter in einem Organisationsbereich nicht gerecht. [291] Dieses Problem pflanzt sich bei der Zurechnung der Verantwortung im Rahmen der Beurteilung fort.
- Die Setzung der jeweiligen Standards bei der Zielformulierung ist schwierig. Allgemeine und vergleichbare Standards liegen im Rahmen des Instruments nicht vor. Sie müssten einzelfallspezifisch definiert werden.
- Die Betonung beim MbO liegt zu sehr auf kurzfristigen Zielen. Langfristige Aspekte werden vernachlässigt. Bezieht man dies auf die Leistungsbeurteilung, dann bleiben für das Management wichtige Aufgaben unberücksichtigt.
- Die Konzentration auf Ergebnisziele führt dazu, v. a. quantifizierbare Ziele anzustreben. Qualitative Aspekte bzw. qualitativ formulierte Ziele werden vernachlässigt, da sie sich kaum operationalisieren lassen. [292] Die Quantifizierung vermittelt dabei einen nicht vorhandenen Bezug zur Objektivität der Leistungsbeurteilung. Die Verwendung quantitativer Ziele führt im Zeitablauf zu unternehmensweiten Standards, die nur noch indirekt etwas mit den jeweiligen Leistungsbedingungen einer Organisationseinheit zu tun haben. [293] Bei (ergebnis-)zielorientierten Festlegungen werden zudem die Führungs-/Beratungsaufgaben der Vorgesetzten nicht berücksichtigt.

---

290 Vgl. Neuberger 1984, S. 278.

291 S. zu dieser Problematik bspw. French/Hollmann 1975, S. 13 ff.; allgemein Levinson 1970, 1976.

292 Im einfachsten Fall lassen sich die Ziele und Ergebnisse leicht hinsichtlich von Zahlen, Prozentsätzen, Zeitpunkten quantifizieren. Schwieriger wird dies bereits bei qualitativen Zielen, die nur mittels Indikatoren (Operationalisierung der qualitativen Ziele) möglicherweise erfassbar sind. S. hierzu auch Latham/Wexley 1981, S. 41 f.; Ivancevich/Donnelly/Lyon 1970, S. 139 ff. S. hierzu Teil 4 C I dieser Arbeit.

293 S. teilweise zu diesen Begründungen Koontz 1972, S. 50 ff., 1977, S. 5 ff.; Levinson 1970, S. 126 f.; Raia 1974, S. 117 f.

Speziell das *Verfahren der Leistungsmaßstäbe* verdeutlicht die Grenzen einer stark standardisierten Leistungsbeurteilung und berücksichtigt einige grundsätzliche Anforderungen an ein funktionierendes Leistungsbeurteilungsverfahren. Dazu gehört einerseits die grundsätzliche Möglichkeit einer Anpassung an die Fähigkeiten, Erfahrungen und Motivation des Mitarbeiters. Dies ermöglicht eine Berücksichtigung individueller Unterschiede sowie eine personenbezogene Führung. [294] Andererseits sollte ein ausschließlicher Bezug zu den vollbrachten Tätigkeiten bestehen. Bei den Forderungen wird durch das Verfahren der Leistungsmaßstäbe entsprochen. Diesen Vorteilen steht allerdings eine beschränkte Anwendbarkeit in zweierlei Hinsicht gegenüber: Einerseits ist die Formulierung von Leistungsmaßstäben auf solche Aufgaben begrenzt, die gut strukturierbar, im Zeitablauf sehr ähnlich sind und nur einen geringen Umfang aufweisen. Damit sind die spezifischen Anwendungsmöglichkeiten erheblich eingeschränkt. Andererseits sind Leistungsmaßstäbe nur für solche Mitarbeiter günstig, die nach Sicherheit und detaillierten Festlegungen bei ihrer Aufgabenerfüllung streben. Selbstentfaltungsmöglichkeiten durch fordernde, aber ungewisse Zielsetzungen können bei diesem Verfahren kaum erreicht werden. Die grundsätzlich angestrebte Messbarkeit verhindert die Formulierung von motivierenden Zielsetzungen, bei denen der Mitarbeiter anfangs vor einer gewissen Unsicherheit steht. Weitere Nachteile sind:

- ein sehr hoher Zeitaufwand, durch Gruppensitzungen und Einzelgespräche (Diesem Argument steht jedoch eine längerfristige Gültigkeit, sofern sich keine tiefgehenden Änderungen ergeben, gegenüber.),
- die sehr starke Strukturierung des Aufgabenfeldes (Für einzelne Mitarbeiter müssen bis zu 50 Leistungsmaßstäbe gesetzt werden; die Folge kann eine Orientierungslosigkeit und der fehlende Blick für das Wesentliche sein.),
- das Leistungsverhalten des zu Beurteilenden wird erst im abschließenden Einzelgespräch erörtert und geht nicht in den tagtäglichen Führungsprozess ein,
- die Leistungsbedingungen, z. B. der tatsächliche Schwierigkeitsgrad einer Aufgabe, werden nicht ausreichend beachtet, da der Fokus bei der abschließenden Beurteilung eindeutig auf Ergebniszielen, eben den Leistungsmaßstäben, liegt. [295]

Die Weg-Analyse von *MÜLLER* ist eng an die Grundkonzeption des MbO angelehnt. Entsprechend sind die o. g. Kritikpunkte weitgehend übertragbar. Mit der zusätzlich von *MÜLLER* vorgeschlagenen Fokussierung auf den Weg der Zielerreichung (und damit das Leistungsverhalten) wird ein wesentlicher Aspekt eines

---

294 Vgl. Lattmann 1975, S. 94.
295 Vgl. Lattmann 1975, S. 94 f.

funktionierenden Leistungsbeurteilungsverfahrens angesprochen. *MÜLLER* systematisiert das Leistungsverhalten bezogen auf die vereinbarten Ziele und macht es so einer Bewertung zugänglich. Damit zeigte er bereits früh einen wesentlichen Entwicklungsschritt auf, der jedoch in der nachfolgenden Literatur nur wenig Beachtung gefunden hat.

Zielorientierte Verfahren sind i. d. R. nur für *Führungspositionen* anwendbar, da nur dort explizit mit eigenständigen Ziel- und Verantwortungsbereichen gearbeitet wird. Das MbO stellt allerdings keinen vollständigen Ersatz für Beurteilungsmethoden dar und zwar aus folgenden Gründen: [296] Es sind v. a. noch Formen zu gestalten, die den jeweiligen Zielerreichungsgrad kommunizierbar erfassen, die das Verantwortlichkeitsproblem der ermittelten Leistungsgrade lösen und die die Leistungsbedingungen (speziell im Vergleich) erfassen helfen. Vorteilhaft ist, dass bei dieser zielorientierten Leistungsbeurteilung der Fokus auf der vergangenen Leistung liegt. Explizit wird zudem vorab mit den Mitarbeitern über Leistungserwartungen kommuniziert und damit werden gleichzeitig Beurteilungskriterien verdeutlicht. Die Leistungsbeurteilung ist insofern Teil des Führungsprozesses und nicht mehr allein zusätzliche Führungsaufgabe.

II Personelle Grenzen und Möglichkeiten

Mindestens ebenso bedeutsam wie die bislang angesprochenen Grenzen und Möglichkeiten der Beurteilungsinstrumente sind die *Beurteiler*. Es ist allerdings ein *Irrtum*, unbefriedigende Erfahrungen mit Beurteilungen primär oder nur auf Mängel der Beurteiler zurückzuführen. Die Problematik wird so verkannt. [297]

Personelle Mängel bestehen v. a. aufgrund der begrenzten *diagnostischen Qualifikationen* der Beurteiler und ihrer kognitiven „Unzulänglichkeiten". Der komplexe Prozess der Erfassung, Speicherung und Erinnerung von beurteilungsrelevanten Informationen bietet vielfältige Ansatzpunkte, die das Können der Beurteiler mindern und schließlich zu verzerrten Aussagen über die Leistung führen (= *Könnens-Probleme*). Darüber hinaus bestehen noch *Wollens-Probleme*. [298] Eine vom Interesse der Beurteiler (und der Beurteilten) unabhängige Beurteilung sowie das Erkennen der tatsächlichen Leistung ist prinzipiell nicht möglich. Hinzu kommen

---

296 S. auch Schuler 1978, S. 153.
297 S. auch Schettgen 1996, S. 258 ff.; Salvemini/Reilly/Smither 1993, S. 41 ff.
298 S. Teil 4 D bzw. E dieser Arbeit.

noch personelle Mängel, die direkt mit der Anwendung der Beurteilungsverfahren verbunden sind. (Siehe Abbildung 5.)

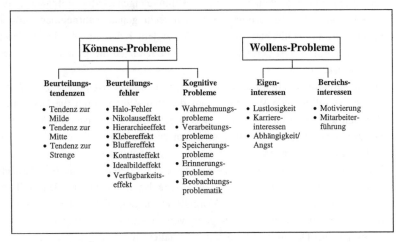

Abb. 5.18: *Überblick über Könnens- und Wollensprobleme von Beurteilern.*

Personelle Grenzen bestehen für die Leistungsbeurteilung bei der Anwendung der Verfahren noch durch folgende Aspekte:
- Das Verhalten der Beurteilten konzentriert sich in Folge der ihnen i. d. R. bekannten Beurteilungskriterien und -formulare oft darauf, einen guten generellen (nicht vornehmlich Leistungsbezogenen) Eindruck bei den Beurteilern zu hinterlassen, ihnen zu gefallen. Kritik und Selbständigkeit werden dadurch - je nach Anspruch der Beurteiler - seitens der Beurteilten reduziert. Das *Verhalten* erscheint *uniformiert*. Solche Wirkungen entstehen, wenn die Beurteilten persönliche Abhängigkeiten empfinden sowie rigide Vorstellungen bei den Beurteilern bestehen.
- Die Beurteiler selbst können vor erhebliche Konflikte gestellt sein: Es entsteht die Notwendigkeit einer Überprüfung, eine Spannung im Verhältnis zu den Beurteilten (bei fehlenden Ressourcen zur Belohnung sowie bei Kritik), Druck auf die Beurteiler (Sie werden selbst beurteilt und an sie werden Forderungen seitens der Beurteilten gestellt.) sowie eine *Entpersonalisierung* des Beurteilten/Beurteiler-Verhältnisses durch die mit den Leistungsbeurteilungsverfahren verbundene Formalisierung und Versachlichung. [299] Sie sind je nach vorgegebenem Standardisierungsgrad der Verfahren eng eingebunden. Hinzu kommt, dass die mangelnde Güte mancher Verfahren die Beurteilerauf-

---

299 Vgl. auch Neuberger 1980, S. 29.

gabe erschwert. Die Vorgaben und Ergebnisse dieser Verfahren sind kaum vermittelbar und verursachen insofern Probleme bei ihrer Kommunikation.

- Jemand mag bei manchen Menschen bestimmte eigenschafts-, aufgaben-, verhaltens- und/oder zielbezogene Kriterien recht genau wahrnehmen, jedoch gleichzeitig ein schlechter Beurteiler für andere Kriterien oder bei anderen Personen sein. Selbst „erfahrene" Beurteiler *schätzen* die gleichen Personen *unterschiedlich* ein.

- Das jeweils im Rahmen der Verfahren anstehende *Beurteilungsgespräch* hat bereits beeinflussende Wirkungen auf die Beurteilung durch die Beurteiler. Die Beurteilungsgespräche selbst sind ungewohnte formalisierte Situationen, die durch Steifheit, Ängste u. a. m. kaum zur Funktionserfüllung der Personalbeurteilung beitragen.

- Die Anwendung *komplizierter Verfahren* setzt für deren angemessene Umsetzung qualifizierte, d. h. v. a. auch geschulte Beurteiler voraus. Das Führen von Zielsetzungsgesprächen, die Vorgabe von periodenbezogenen Aufgabenbeschreibungen, die Berücksichtigung von Leistungsbedingungen, die Beobachtung und Deutung von Leistungsverhalten, die Bewertung an sich und/oder die Entscheidung zur individuellen Berücksichtigung von Leistungsvoraussetzungen begründet jeweils hohe Qualifikationsanforderungen an Beurteiler. Sind diese - auch zeitweise - nicht in den Qualifikationen gegeben, entstehen durch die Wechselbeziehung „Qualifikation-Verfahrensumsetzung" weitere, in Richtung und Ausmaß kaum erfassbare Mängel. Beurteil*ungs*training wird notwendig.

Die Subjektivität der Beurteiler - und hiermit sind insbesondere deren systematische Fehlertendenzen sowie bewusste Manipulationen angesprochen - konnte bislang auch mit methodisch verfeinerten Beurteilungsinstrumenten nicht in treffender Form eingeschränkt werden. Die angewendeten Regeln haben eher zu einer Beurteilungsverzerrung beigetragen. Die Leistungsbeurteilung ist kein Vorgang des objektiven Registrierens von Merkmalen, sondern ein komplizierter Interaktionsprozess, der sowohl von den Beurteilten, als auch von den Beurteilern beeinflusst wird. Generell gilt „*Objektivität*" im Zusammenhang mit der Beurteilung als eines der Hauptprobleme. Der Vorwurf mangelnder Objektivität richtet sich üblicherweise an die Adresse der Beurteiler. Eine Hinterfragung ihrer Realisierbarkeit unterbleibt. [300] Den Beurteilern werden Inkompetenz, Verfolgung eigener Interessen, Gutmütigkeit, Antipathie u. a. unterstellt, so als seien nur Mängel in ihrer Qualifikation für die mangelnde Objektivität verantwortlich. Dadurch wird das Problem

---

300 S. hierzu Teil 4 C I dieser Arbeit.

der Beurteilung personalisiert, man kennt die „Schuldigen" und deren Therapie: *Beurteilertraining*! Das Diagnostizieren einer falschen Ursache bzw. die Überbetonung der durch sie verursachten Wirkungen führt aber zu unzureichenden Problemhandhabungen. [301] Eine Konzentration auf „Beurteilungsfehler" [302] verhindert zum einen den Blick auf andere fehlerverursachende Situationsbedingungen und zum anderen auf die Begrenztheit menschlichen Beurteilungsvermögens. Weder lassen sich treffende Beurteilungen durch die Vermeidung der Beurteilungsfehler erreichen, noch lassen sich die gesamten „Fehler" vermeiden. [303]

Beurteiler selbst betrachten *Beurteilungsverfahren* besonders kritisch und misstrauisch. [304] Gründe hierfür sind die zeitlichen Belastungen, die empfundene mangelnde Kompetenz zur Beurteilung, die Richterrolle, die entstehenden Konflikte, die Unkenntnis dessen, was zu beurteilen ist u. v. a. m. Die Gründe sind allerdings nur teilweise bzw. indirekt als personelle Grenzen zu klassifizieren. Ein Teil von ihnen ist durch die Verfahrenskonzeption zumindest mitverursacht. Dadurch entstehen Vermeidungsangst, Beurteilungsunlust und -unsicherheit, Abwehrtaktiken v. a. im Beurteilungsgespräch. [305] Es erscheint auch von daher fraglich, ob eine Behauptung, wie sie z. B. LIEBEL/WALTER recht eindeutig aufstellen: „Ein Beurteilungssystem steht und fällt mit der Qualifikation der Beurteiler", [306] aufrecht zu erhalten ist. Leistungsbeurteilungen zählen sicherlich zu den anspruchsvollsten Aufgaben von Vorgesetzten. [307] Beurteiler haben i. d. R. weder Zeit noch Gelegenheit, systematisch das Verhalten der Mitarbeiter im Hinblick auf die Notwendigkeiten, die sich durch die meisten Verfahren ergeben, zu erfassen. Ihre Auf-

---

301 Vgl. auch Hager/van der Laan 1979, S. 112 f. Neben dem Beurteilertraining zählt dazu auch das Entwickeln ausgeklügelter, „objektiver" Messinstrumente der Leistung. Die Beurteiler werden überflüssig! S. auch Gerpott 1985.

302 S. zur Darstellung von Beurteilungsfehlern und -tendenzen z. B. Füllgrabe 1980, S. 215 ff.; Becker, F. G., 2002, 125 ff. Die einschlägige Literatur ist kaum noch überschaubar. Vielleicht gibt es auch deshalb kaum systematische und wissenschaftlich fundierte Analysen. Ein weiterer Grund liegt sicherlich auch in den so unterschiedlichen Untersuchungsdesigns und den kaum vergleichbaren Ergebnissen dieser Studien. S. zu zusammenfassenden Studien bspw. Brandstätter 1970, S. 689 ff.; Saal/Downey/Lahey 1980, S. 413 ff.

303 Zur Kritik der Konzentration auf Beurteilerfehler s. auch Hilgenfeld 1983, S. 201 ff.

304 S. bspw. Wunderer/Boerger/Löffler 1979, S. 48 ff.

305 Vgl. Boerger 1980, S. 209.

306 Liebel/Walter 1978, S. 178.

307 Es gibt nicht die idealen Beurteiler, die genau das beobachten und bewerten was wichtig ist und ihre Urteile ohne Fehler und Verzerrungen weitergeben, und selbst wenn, man wüsste nicht wie man sie von den anderen separiert.

merksamkeit ist auch anderweitig gebunden. [308] Hinzu kommen Verhaltenstaktiken der Beurteilten, die auf eine Verzerrung der Beurteilersicht hinsichtlich der im Verfahren betonten Kriterien abzielen. Zudem - und dies ist möglicherweise ausschlaggebend - bieten die angewendeten Verfahren i. d. R. einschränkende Randbedingungen, die selbst kompetente Beurteiler kaum korrigieren können. Erst aufgaben- und zielorientierte Verfahren können hier ausgleichend wirken.

Die durch personenbedingte Gegebenheiten gesetzten Grenzen von Beurteilungsverfahren sind in ihrer Substanz nicht zu korrigieren. Sie müssen daher als *Situationskonstante* Berücksichtigung finden. Es ist unumgänglich, Menschen im Rahmen der Leistungsbeurteilungen einzusetzen. Von daher muss man auch deren Subjektivität und eventuelle Qualifikationsmängel als Problem der Beurteilungs(un)genauigkeit hinnehmen sowie diese in ihren Grenzen - wie bereits gezeigt wurde - zu *nutzen* versuchen. [309] Personelle Grenzen sind nicht *das* Problem von Beurteilungsverfahren, sie tragen aber zur Gesamtproblematik bei.

Beurteiler können aber auch in erheblichem Maße dazu beitragen, die Leistungsbeurteilungsverfahren *funktionsgerecht* umzusetzen. Ihre Qualifikation, d. h. ihr Können und ihr Wollen zur treffenden Beurteilung, bestimmt das Machbare. [310] Die in diesem Abschnitt thematisierte Fragestellung ist - um deren Bedeutung hervorzuheben - umzudrehen: Die personellen Grenzen zeigen nur die eine Seite, die Grenzen bzw. die leere Hälfte des Glases. Die personellen Qualifikationen heben dagegen die volle Hälfte des Glases und damit die Möglichkeiten hervor. Arbeitsplatzspezifische Verfahren tragen dazu in nicht unerheblichem Maße bei. [311]

---

308 Die Informationen über die Mitarbeiterleistungen werden im Regelfall mehr oder weniger zufällig geboten und automatisch erfasst. Der automatische Prozess ist daher der Schlüssel zu genauen Beurteilungen. Beurteilerschulungen haben daher auch hier anzusetzen, indem bspw. treffende Aufgabenschemata bzw. -kategorien thematisiert und vermittelt werden. S. auch Teil 4 D dieser Arbeit. Keine noch so intensive Beurteilerschulung kann aber die Qualifikation der Beurteiler verbessern, wenn diese keine Gelegenheit haben, die zu beurteilenden Mitarbeiter zu beobachten.

309 S. Teil 4 C II dieser Arbeit.

310 Das Wollen und Können der Beurteilten kann dabei auch positiv beeinflusst werden. S. bspw. Blakely 1993, S. 57 ff.

311 Aber auch die stark kritisierten merkmalsorientierten Verfahren könnten hierdurch z. T. „gerettet" werden. Voraussetzung ist, dass die Formate von den Beurteilern lediglich als Vehikel genutzt werden, um strukturierte Beurteilungsgespräche - ohne die einschlägig vorbelasteten Kriterien - zu führen.

III Organisatorisch-strukturelle Grenzen und Möglichkeiten

Neben den bislang diskutierten Möglichkeiten und Grenzen bestehen noch organisatorisch-strukturelle Grenzen. Solche ergeben sich, wenn die *situativen Voraussetzungen*, d. h. die Angemessenheit der Organisationsstruktur, des Führungsmodelles, der Führungsphilosophie, der Unternehmungskultur u. Ä., für die Anwendung der jeweiligen Verfahren nicht gegeben sind. Manche Betriebe haben für die Praktizierung der Beurteilungsverfahren (noch) nicht die *organisatorische Reife*, die für einen effizienten Verfahrenseinsatz (nicht nur aufgaben- und zielorientierter Verfahren) notwendig ist. Die diesbezüglichen Mängel sind v. a. folgende:

- Eine *zentrale Speicherung* und Auswertung von Beurteilungen fördert Abwehrhaltungen. [312] Die Mitarbeiter befürchten deren Missbrauch und erwarten daher in noch stärkerem Maße von ihren Vorgesetzten eine positive Beurteilung. Es entsteht ein Erwartungsdruck auf die Beurteiler, dem diese möglicherweise aufgrund von Ängsten vor dem Beurteilungsgespräch oder mikropolitischen Erwägungen nachgeben - durch unzutreffende Beurteilungen oder mangelnde Urteilsdifferenzierungen.
- Die *Beurteilungszeiträume* (i. d. R. 1 Jahr) sind zu lang. Die Stabilität der Merkmale ist nicht gegeben. Oft liegen zwei oder gar drei gegensätzliche Einschätzungen in Teilperioden vor, die durch den Zwang, ein Urteil abgeben zu müssen, subjektiv gewichtet werden. Selbst Kommentare zu Erläuterung nützen nichts, wenn im Endeffekt nummerische Werte für die Leistung stehen. Zudem werden Urteile erst nach einem längeren Zeitraum gefällt. Sie beruhen daher fast ausschließlich auf Gedächtnisleistungen. [313]
- Ein weiteres Problem besteht in der mangelnden *Übereinstimmung von Leistungszyklus und Beurteilungszeitraum*. Die Beurteilungsperiode ist eindeutig fixiert. Ein Leistungszyklus, also eine Zeitperiode, in der sich die Handlungskonsequenzen eindeutig zeigen, ist davon i. d. R. entfernt. Insofern sind immer nur Ausschnitte zu beurteilen. [314]

---

312 S. bspw. Wunderer/Boerger/Löffler 1979, S. 54 f.

313 *LEVINE/WEITZ* (1971) untersuchten das Verhältnis zwischen der Aufgabenschwierigkeit und dem idealen Beurteilungszeitpunkt. Sie fanden heraus, dass bei einfachen Aufgaben sehr bald Unterschiede zwischen der Leistungsqualifikation festgestellt werden konnten. Bei schwierigeren Aufgaben bedarf es dagegen eines längeren Zeitraums.

314 Besser erscheinen prinzipiell variable Beurteilungsschemata (S. Wexley 1979, S. 244.) Beurteilungen finden immer dann statt, wenn eine signifikante Änderung eintritt oder eine Aufgabe bewertet werden kann. Hilfreich ist hier auch das Konzept „*time span of discretion*" (TSD), ursprünglich eingeführt von *JACQUES* (1961). Der TSD stellt den Zeitraum dar, dessen Betrachtung notwendig ist, um Erfolg überhaupt feststellen zu können. Die TSD variieren somit von Position zu Position. *PORTER/LAWLER/HACK-*

- Es fehlt an *arbeitsstrukturellen Voraussetzungen*, bspw. hinsichtlich der Beobachtbarkeit und Beurteilbarkeit von Leistungsergebnissen wie -verhalten, der Zuordnung von Leistungen zu Personen. Unmittelbare Informationen über das Arbeits-/Leistungsverhalten der Beurteilten sind oft nur fragmentarisch.
  * Manche Vorgesetzte haben aufgrund einer großen Leitungsspanne *zu viele Mitarbeiter* zu beurteilen. Das führt zu Verzerrungen, weil die individuell unterschiedliche kognitive Komplexität und die Beobachtung vieler Mitarbeiter zu Vereinfachungen führen. [315]
  * Beurteiler haben nichtsdestotrotz keine *genügend großen Gruppen* von Personen mit äquivalenten Arbeitsplätzen zu beurteilen, um sich begründet ein Urteil über die Leistungsgüte bilden zu können.
  * Der unmittelbare persönliche Kontakt der Beurteiler mit den Beurteilten ist - je nach Art der Arbeitsaufgabe - u. U. nur selten und/oder auf ganz bestimmte Situationen beschränkt. Mit Leistungsbeurteilungen ist stets die Annahme verbunden, dass die Beurteiler ausreichend *Gelegenheiten* haben, das Verhalten der zu Beurteilenden repräsentativ zu erfassen. In der Realität kann man zumeist weder alle Verhaltensweisen beobachten (Im Extremfall würde jeder Mitarbeiter ständig begleitet werden müssen.), noch sind genügend Kenntnisse vorhanden, um alle Aufgaben auch in ihrem Schwierigkeitsgrad und ihrer Angemessenheit beurteilen zu können. Die verdichteten Urteile der Beurteiler über die zu bewerteten Kriterien basieren insofern oft auf unterschiedlich repräsentativen Verhaltensstichproben der Beurteiler. Die Beobachtungsgelegenheiten sind verschieden zahlreich und verursachen unterschiedliche Unsicherheit sowie oft Begründungsprobleme der Urteile.
- Sofern die Beurteiler für die Leistungsfähigkeit, den Personaleinsatz und die Personalförderung mitverantwortlich sind, ergibt sich eine weitere Problematik der Beurteilung: Wer ist in welchem Ausmaß für die erbrachte *Leistung verantwortlich* - die Beurteiler oder die Beurteilten? Die Leistungen der Beurteilten kommen nicht unabhängig von der Leistung der Beurteiler zustande: Zum einen betrifft das die Steuerungsmöglichkeiten des Mitarbeiterverhaltens durch die Vorgesetzten, d. h. Vorgesetzte sind immer für die Leistungen der Mitarbeiter verantwortlich bzw. beeinflussen diese mit. Zum anderen wird das

---

MAN (1975) haben empfohlen, dass TSD-Konzept als Basis zu benutzen, um die Intervalle zwischen den Beurteilungszeitpunkten zu bestimmen und dies jeweils in Bezug zur jeweiligen Aufgabe. Sie argumentieren u. a. folgendermaßen: Wenn das Intervall kürzer als die TSD ist, so wird die Bewertung als zu frühzeitig angesehen. Sie kann die Qualifikation des Mitarbeiters nicht erfassen. Wenn das Intervall länger ist, wird das Feedback nicht weiter als nützlich angesehen.

315 Vgl. Kapitel 4 D dieser Arbeit.

Mitarbeiterverhalten indirekt durch die Vorgesetzten beeinflusst und umgekehrt. Halten Vorgesetzte Mitarbeiter - fälschlicherweise - für misstrauisch, so verhalten sie sich z. B. abwartend und vorsichtig ihnen gegenüber. [316] Gleichzeitig mit der Leistungsbeurteilung beurteilen die vorgesetzten Beurteiler den Erfolg ihrer eigenen Bemühungen, auf die zu beurteilenden Mitarbeiter Einfluss zu nehmen. Im Grunde urteilen die das Verhalten beurteilenden Personen auch über sich selber und zwar i. d. R. ohne ihre Beiträge von denen der beurteilten Mitarbeiter intersubjektiv nachvollziehbar zu isolieren. [317]

- Probleme bei der Beurteilung können ferner durch *schlecht-definierte Arbeitsplätze* und (empfundene) *Zeitrestriktionen* bei der Beurteilung verursacht werden.

- Sofern Beurteilungsverfahren für viele Funktionen gleichzeitig vorgesehen sind, ergibt sich eine Überforderung. Sie können nicht zur Erreichung dieser diversen Zielsetzungen gleichzeitig dienen. Gerade das gleichzeitige Anstreben verschiedener Zwecke (*Multifunktionalität*) durch überzogene Nutzenerwartungen an ein Beurteilungsinstrument führt zu dessen genereller Unwirksamkeit. [318] Die Leistungsbeurteilung bezieht ihre Legitimation aus dem Anspruch, ihre jeweilige(n) Funktion(en) tatsächlich erfüllen zu können. Die Praxis der Leistungsbeurteilung zeigt jedoch erhebliche Probleme, die diese Legitimation in Zweifel ziehen: Zum einen liegt dies bereits an der angesprochenen und vermeidbaren Mehrfunktionalität der Leistungsbeurteilungsverfahren. Zum Zweiten sind die Voraussetzungen, die zur Umsetzung spezifischer Funktionen vorliegen müssen, oft nicht gegeben. [319] Zum Dritten ergeben sich eine Vielzahl unvermeidbarer und teilweise vermeidbarer Prob-

---

316 Dadurch wird oft deren Verhalten erst - tatsächlich - misstrauisch. Die Beurteiler erhalten so die Bestätigung für die Richtigkeit ihres Urteils, ohne sich über das eigene Zutun im Klaren zu sein. Sie beurteilen dann über ihre Mitarbeiter bspw. bez. Eigenschaften, die sie selbst erst hervorgerufen haben. Vgl. bspw. Hofsommer 1980, S. 203. *INGENKAMP* (1972, S. 24) kommt nach Analyse der Gesamtproblematik zur Objektivität der Leistungsmessung speziell im interindividuellen Vergleich aufgrund einer Vielzahl von empirischen Studien zu dem Ergebnis, dass die Beurteilung der Schulleistungen durch unser Benotungssystem überwiegend von subjektiven Faktoren bedingt werden, die in der Person des Beurteilers (soziale Herkunft, Zensierungsneigung, Halo-Effekt u. a.) und den schulischen Gegebenheiten (soziale Struktur der Schülerschaft, Klassenfrequenz, Leistungsniveau u. a.) liegen.

317 Vgl. Bartölke 1972a, S. 656.

318 Das Problem der Multifunktionalität thematisieren v. a. Haritz 1974, S. 204 f.; Rübling 1988; Neuberger 1980 und McGregor 1957.

319 S. hierzu die Diskussion der Anforderungen an Leistungsbeurteilungen in Teil 5 C dieser Arbeit.

leme der Gestaltung des Beurteilungssystems und der Umsetzung der Beurteilung. [320] Die praxisorientierte, aber auch teilweise die wissenschaftlich-orientierte Literatur gibt sich dabei gerne optimistisch, was die Realisation dieser Funktionen betrifft. Wenn es nach den Ansprüchen geht, die viele hinsichtlich der Funktionsvielfalt stellen, dann kann man von der Leistungsbeurteilung als *„eierlegenden Wollmilchsau"* sprechen. [321]

Die geforderte Multifunktionalität der Verfahren ist es denn auch, die meist zu einer unbefriedigenden Situation der Leistungsbeurteilung in der Praxis geführt hat. Aus vermutlich „ökonomischen Gründen" soll das Instrument einen hohen „Ertrag" abwerfen, also die gesamte Mitarbeiterführung unterstützen. Dabei wird übersehen, dass jede Funktion prinzipiell ein eigenes Leistungsbeurteilungsverfahren erfordert. Kaum ein Verfahren ist in der Lage, mehrere Funktionen gleichzeitig zu erfüllen. Jede angeführte Funktion stellt unterschiedliche Anforderungen an die Vorgehensweise und beinhaltet unterschiedliche theoretische und methodische Probleme. [322] Damit ist nicht generell gesagt, dass für jeden möglichen Zweck ein spezifisch entwickeltes Verfahren erforderlich ist: Verfahren können möglicherweise mehrere Funktionen (v. a. führungspolitische) erfüllen. Die Erfahrungen, die bei der jeweiligen Verfahrensanwendung gewonnen werden, vermögen Hinweise zu liefern, für welche Funktionen oder für welche einzelne Funktion sie relativ

---

320 S. hierzu Teil 5 B dieser Arbeit.

321 S. Neuberger 1980, S. 27. *HAGER/VAN DER LAAN* (1979, S. 104) sprechen ähnlich von einem Vielzweckinstrument. Es soll der Motivation, dem Leistungsfeedback, der Organisationsanalyse, der Leistungsgerechten Entlohnung, der Personalförderung u. v. a. m. dienen!

322 Es werden - aufgrund der verschiedenen Funktionen - unterschiedliche Informationen von Leistungsbeurteilungen erwartet. Zum einen sind es v. a. Quantität und Qualität der Arbeits-/Leistungsergebnisse, die zu messen bzw. zu erfassen sind, um bspw. die entgeltdifferenzierende Funktion erfüllen zu können. Zum anderen gilt es, Informationen über die Qualifikation der Mitarbeiter zu ermitteln, um bspw. Personaleinsatzmaßnahmen angemessen durchführen zu können. Allein diese beiden unterschiedlichen Informationsgruppen erfordern verschiedene Erfassungsmethoden. Während bspw. die Arbeitsqualität und -quantität im gewerblichen Bereich noch direkt beobachtet und/oder gemessen werden kann, sind die Mitarbeiterpotenziale einer direkten Beobachtung nicht zugänglich. Vgl. hierzu auch Olbrich 1981, S. 260 f. Wenn bspw. nur die individuelle Beratung von Mitarbeitern beabsichtigt ist, dann sind die methodischen Ansprüche geringer, als wenn eine Entgeltdifferenzierung vorgesehen ist. Die genaue Erfassung der Leistung erübrigt sich in dem Moment, indem motivationale Aspekte der Personalentwicklung/-förderung im Vordergrund stehen sollen. Die Leistungsbeurteilung wird dann als variables Instrument mit zweckbezogen variierbaren Ergebnissen verstanden, welches seinen Eigenwert verliert.

am besten geeignet sind. [323] In Anbetracht der diskutierten Funktionen ist davon auszugehen, dass kein einziges Beurteilungsverfahren allen Funktionen genügt und damit auch der Realisierung des Leistungsprinzips dienen könnte. Wesentlich ist es, zu den gewählten Funktionen brauchbare Verfahren auszuwählen bzw. zu entwickeln. Dies setzt vielfältige Analysen über die Funktions-/Verfahrens-Beziehungen voraus, um zu verhindern, dass zwischen den Anforderungen an Beurteilungssysteme und deren faktischer Leistungsfähigkeit eine zu große Diskrepanz entsteht. [324] Durch die intendierte Multifunktionalität werden an die Beurteilungsverfahren *widersprüchliche Anforderungen* bzw. konfligierende Erwartungen gestellt, die sich auch als Konflikt bei den Beurteilern bemerkbar machen. [325] Insbesondere die Doppelrolle (hier = *Rollenkonflikt*), die die Beurteiler bei der Verfolgung administrativer und entwicklungsorientierter Zwecke annehmen, wird auch vielfach zu Recht kritisiert. [326] Eine *Inkompatibilität* besteht insbesondere zwischen den *Funktionen der Entgeltdifferenzierung und der Mitarbeiterförderung* bei Leistungsbeurteilungsverfahren:

* Im Rahmen der ersten Funktion befinden sich die Beurteiler in der Rolle eines *Richters*. Bei der zweiten Funktion sollen sie Förderer sein. Mit diesen beiden Rollen ist ein Widerspruch, ein Gegensatz verbunden. Als Richter sollten sie möglichst unabhängig und „objektiv" die Leistung der Beurteilten bewerten. Als Förderer müssen sie mit den Beurteilten kooperieren, Informationen - auch negativer Art - von ihnen über die Leistungserbringung einholen, Förderungsmaßnahmen zur Verbesserung der Qualifikation und der Leistung erarbeiten u. a. m. [327]

---

323 Vgl. Bartölke 1972a, S. 655 f.

324 S. zu vereinzelten Aussagen hierzu Bartölke 1972a, S. 657 f.; Barret 1966, S. 60 ff.; Oberg 1972, S. 66 f.

325 Zu beachten bleibt, dass die Auswirkungen dieser Rollenkonflikte auch von spezifischen Persönlichkeitsvariablen der Beurteiler abhängig sind.

326 S. v. a. McGregor 1957; Meyer/Kay/French 1965, S. 123 ff.; Kay/Mayer/French 1965, S. 311 ff.; Hager/van der Laan 1979, S. 104 ff.; Smith/Brouwer 1977, S. 35; Boerger 1977. Eine andere Ansicht vertreten allerdings - begründet auf kognitionstheoretischen Überlegungen und der Unmittelbarkeit der Informationen - Ilgen/Feldman 1983, S. 178.

327 Letzteres könnte bedeuten, dass die „ungeschminkte Wahrheit" der Leistungsbeurteilung jegliche Motivation der Zusammenarbeit mit den Beurteilern verhindert. Das könnte dazu führen, dass die Beurteilungsergebnisse im Hinblick auf die Reaktion der Mitarbeiter im Förderungsgespräch prophylaktisch festgehalten und kommuniziert werden. Die zeitliche Trennung von Beurteilungs- und Förderungsgespräch (s. Smith/Brouwer 1977, S. 35 ff.) mag zwar destruktiven Konfliktstoff aus der Situation herausnehmen, löst das Problem aber - unter Beurteilungsaspekten - nur unbefriedigend.

* Die Mitarbeiter sollten im Rahmen der Personalführung und Leistungsverbesserung mit den Vorgesetzten *kooperieren*. Die Angabe selbst empfundener und/oder von den Beurteilern nicht erkannten Schwächen ist erforderlich. Wenn eine solche Angabe erfolgt, könnte dies aber gleichzeitig Konsequenzen für die eigene entgeltbezogene Leistungsbeurteilung haben.
* Ein weiteres Konfliktfeld liegt - zumindest bei Anwendung eines Leistungsbeurteilungsverfahrens als Grundlage von zukünftigen Personalentscheidungen - in der Erfassung der *Qualifikation(-spotenziale)* auf der einen und der Aufdeckung von Schwachstellen im *Leistungsverhalten* hinsichtlich der Verbesserung von Qualifikationen, Motivationen und internen Leistungsbedingungen auf der anderen Seite. Karriereorientierte Mitarbeiter sind zu letzterem nicht so leicht bereit, vermuten sie doch wahrscheinlich - und vielfach zu Recht -, dass die Angabe eigener Verhaltensdefizite oder -fehler ihre Karrierechancen mindert. Ihre eigene Selbstentwicklungsfähigkeit mag darunter leiden.

Leistungsbeurteilungen sollen dazu beitragen, die Leistungsbeiträge der Beurteilten zu differenzieren (Verteilungsfunktion hinsichtlich Entgelt und evtl. Positionen) und zu modifizieren (führungspolitische Funktion). Es zeigt sich, dass nur eine Entkoppelung beider Funktionen zu hinreichenden jeweiligen Zweckerfüllungen führen kann. [328]

- Es liegen keine *einheitlichen Bezugssysteme* vor. Die jeweiligen Gütemaßstäbe, die einer Beurteilung zugrunde liegen, sind individuell, betriebsbezogen oder gesellschaftlich verschieden. Sie sind abhängig
    * vom relevanten Sozialsystem (bspw. in Gesellschaft, Betrieb, Abteilung, Arbeitsgruppe, Familie),
    * von den geltenden Handlungsbedingungen (bspw. die Ausstattung mit Ressourcen sowie die externen Umweltzustände),
    * von den praktizierten Usancen der Leistungsnormen (Vergangenheitserfahrungen zu eigenen Handlungsergebnissen als individueller Bezugsnorm, zu anderen Bezugsgruppen als sozialer Bezugsnorm, oder Leistungsnormen/-ziele als fremdgesetzter Bezugsnorm),
    * vom Funktionieren der Handlung in einem größeren Zusammenhang (bspw. ob ein Produkt funktioniert) sowie

---

328 *REICHARD* (1983, S. 196) spricht sich für die ausschließliche Postulierung der Kommunikationsfunktion von Mitarbeiterbeurteilungen aus. Die Selektionsfunktion sollte durch andere Instrumente (der Personalauswahl) erfüllt werden. S. auch Hager/van der Laan 1979.

* von den individuellen Leistungsvoraussetzungen (bspw. Qualifikation, Anstrengung).

Die Berücksichtigung all dieser Faktoren bei der Beurteilung von Handlungen als Leistungen (quasi also der Leistungsbeurteilung) führt zu einem Konflikt. Ein Konflikt der um so größer sein wird, je weniger den einzelnen Faktoren eindeutige Priorität zugewiesen worden ist.

- Ferner ist zu ergänzen, dass *führungsstrukturelle Voraussetzungen*, bspw. hinsichtlich der Größe der Kontrollspannen, Doppelunterstellungen, nicht gegeben sind, sowie *systematisierende Hilfsmittel*, wie z. B. Stellenbeschreibungen und Anforderungsprofile, nur selten verwendet werden. Es fehlt an *Ressourcen innerhalb der Personalabteilung*, z. B. Personalbetreuer, Kompetenz für die Personalbeurteilung. Vielfach liegt keine *angemessene Führungsphilosophie* vor, beispielhaft festgemacht an einer zwangsweisen Einführung von Beurteilungssystemen von oben, Vertrauen bez. des Umgangs mit Beurteilungsinformationen, Vertrauen hinsichtlich qualitativer Bewertungen. [329] Eine Kompatibilität von *Unternehmungskultur* und Leistungsbeurteilung ist dann nicht gegeben, wenn bspw. letztere auf individuelle Leistungen abzielt, gleichzeitig aber Teamgeist hoch geschätzt wird.

Auch bei den in diesem Abschnitt diskutierten organisatorisch-strukturellen Grenzen bei der Anwendung der Verfahren der Leistungsbeurteilung haben sich zugleich die jeweiligen Möglichkeiten und deren Verbesserung gezeigt. Eine Ignoranz der Grenzen bedeutet dabei zugleich ein Nicht-Nutzen des Machbaren.

F Schlussfolgerungen für die Verwendung betrieblicher Leistungsbeurteilungsverfahren

Aus der kritischen Diskussion hinsichtlich der Leistungsbeurteilungsverfahren lassen sich - basierend auch auf den generellen Möglichkeiten und Grenzen sowie dem jeweiligen Leistungsverständnis und den Verfahrensanforderungen - mehrere Schlussfolgerungen ziehen: [330]

(1) Unabdingbare Voraussetzung für zweckmäßige Leistungsbeurteilungsverfahren ist es, das zu erfassen, was sie vorgeben zu erfassen: die jeweils definierte Leistung. Ohne auf die jeweiligen, in der Wirtschaftspraxis unterschiedlichen Leistungsinhalte eingehen zu müssen, lässt sich festhalten, dass die dargestell-

---

329 Vgl. hierzu auch Boerger 1980, S. 210.
330 Die nachfolgenden Ausführungen nehmen auch Bezug zum weiter vorne skizzierten Leistungsverständnis. S. Teil 2 C dieser Arbeit.

ten Verfahren wenig anbieten, um aus dem *theoretischen Konstrukt* Leistung systematisch und valide Beurteilungskriterien bzw. -indikatoren abzuleiten. Die verschiedenen Bestandteile einer Leistung werden unterschiedlich durch die Verfahren erfasst bzw. - besser ausgedrückt - nicht erfasst:

* Die weit verbreiteten *merkmalsorientierten Einstufungsverfahren* fußen auf Beurteilungskriterien, die wenig bzw. in nicht nachvollziehbarem hypothetischen Maße etwas mit Leistung zu tun haben. Darüber hinaus sollen die gleichen Merkmale (vielfach sogar als Eigenschaftsausprägung) auch noch für fast die gesamte Belegschaft aussagekräftig sein. Infolgedessen ist es unzweckmäßig und irreführend, sich auf solche generellen Merkmale zu konzentrieren. Eigenschaftskriterien ebenso wie allgemeine Aufgabenmerkmale geben auch keine operationalen Ziele für die Bewertung vor, so dass allein von daher eine Bewertung im eigentlichen Sinne nicht vorliegen kann. Auch sollte jeglicher Versuch, Eigenschaften zu bewerten, zu interpretieren oder gar zu ändern, im Zusammenhang mit Leistungsbeurteilungen unterbleiben. [331] Solche Verfahren stellen eine „teure sozialtechnische Investition mit fragwürdigem Nutzen" [332] dar.

* Die *verhaltensorientierten Einstufungsverfahren* geben durch ihre Konstruktionsmethodik zwar systematische Hilfen bei der Kriterienentwicklung. Sie sind aber zu sehr an eng begrenzten, zudem vergangenheitsorientierten Vorstellungen über Leistungen gebunden. Mit ihnen lassen sich prinzipiell nur bestimmte vorgegebene und nicht tatsächlich situationsadäquate Verhaltensweisen erfassen. Außerdem ignorieren sie i. d. R. einen wesentlichen Leistungsfaktor bei den Beurteilungskriterien: die Routinetätigkeiten. So geht die Beziehung zum Konstrukt verloren; ebenso wie durch die Bildung zu großer Positionsfamilien [333] bei der Generierung der Beurteilungsformulare.

* Mit den *aufgabenorientierten Beurteilungsverfahren* bestehen ähnliche Vorteile. Sie sind flexibel, da sie sich von Beurteilungsperiode zu Beurteilungsperiode auf die jeweils neu zu formulierenden Aufgaben bezie-

---

331 Im *Förderungsgespräch* sollte v. a. die Verhaltensebene im Vordergrund stehen. Hier geht es um spezifische Verhalten, nicht um Abstraktionen. Eigenschaftsorientierte Beurteilungen machen ein Gespräch äußerst schwierig. Auf was soll sich ein Beurteiler bei der Leistungsbeurteilung beziehen, wenn er v. a. Eigenschaften erfasst? Eine Diskussion dessen, was eventuell an Folgemaßnahmen (Personalentwicklung, Karriereberatung u. a.) notwendig erscheint, wird unmöglich gemacht.
332 Schettgen 1996, S. 261.
333 S. hierzu Pearlman 1980.

hen und - im Prinzip - auch Veränderungen in den Leistungsbedingungen nachträglich berücksichtigen können. Damit sind dynamische Beurteilungskriterien verwendbar. Die verständliche Definition dieser Beurteilungskriterien wird allerdings nicht systematisch verlangt und angeleitet. Sie bedürfen eines partizipativen Elements, um die Expertenkenntnisse der Beurteilten zu nutzen und ihnen ihre Aufgaben zu vermitteln, sowie der Definition situationsadäquater Standards.

* *Zielorientierte Beurteilungsverfahren* - auch in ihrer kooperativen Variante - erweisen sich in ihrer herkömmlichen Form ebenfalls als statisch, allein durch ihre meist quantifizierten Ziele. Zudem sind sie z. T. sehr auf Ergebnisziele fixiert, als dass sie die mit den quantitativen Zielformulierungen unabdingbaren Verluste im Hinblick auf das Letztkriterium anderweitig ausgleichen könnten. Die Literatur gibt zudem kaum Hinweise zur Operationalisierung des jeweiligen Leistungsverständnisses. Trotzdem bieten sie mit einer Korrektur dieser Mängel durch die Variabilität der möglichen Zielsetzungen und Standards sowie die Festlegung durch die direkt Betroffenen bessere Chancen, Beurteilungskriterien zu formulieren, die das Konstrukt Leistung repräsentieren. [334]

Kein Verfahren kann das *Kriterienproblem* in all seinen Facetten hinreichend beheben. [335] Allerdings bestehen mit aufgaben- und zielorientierten Beurteilungsverfahren relativ bessere Chancen, die jeweiligen Leistungsvorstellungen in treffendere Beurteilungskriterien umzusetzen. Die merkmalsorientierten Einstufungsverfahren sind dazu gänzlich ungeeignet. Dazwischen einzuordnen sind die Verhaltenserwartungs- und -beobachtungsskalen. Deren Güte hängt besonders vom Grad der Äquifinalität der Aufgabenstellung ab. Je mehr tatsächlich nur bestimmte bzw. gleichartige Verhaltensweisen zur Aufgabenerfüllung möglich sind, desto eher erscheinen sie anwendbar. Solche eher statischen Leistungsbedingungen werden nur bei wenigen Arbeitsplätzen vorliegen. Im Grunde bleibt aber bei allen Verfahren offen, was unter Leistung jeweils durch die Beurteilungskriterien und später die Beurteiler erfasst wird. Selbst die Berücksichtigung der vorne diskutierten Anforderungen in den Kriteriensets kann immer nur eine Annäherung bewirken. Die Annähe-

---

334 Die bereits erwähnten Erweiterungen hinsichtlich qualitativer Ergebnisziele, Verhaltensziele und Weganalyse mit der Einbeziehung der Leistungsbedingungen verringern das Problem. Einen konzeptionellen Vorschlag unterbreitet Fallgatter 1998, 1998a.

335 Theoretisch völlig unbegründet ist es zudem, wenn mit den nur unvollständig eruierten, unter bestimmten nicht näher nachvollziehbaren Leistungsbedingungen vielleicht geltenden Beurteilungskriterien für die vergangene Leistung auf das zukünftig bestehende Leistungspotenzial geschlussfolgert wird. S. auch Becker, F. G., 1992.

rung ist um so größer, wie arbeitsplatz- und periodenspezifische Kriterien mit durch die Beurteiler formuliert werden. Dann tritt aber das Problem hinzu, welches durch mikropolitische Aktivitäten entstehen kann.

(2) Die *Zeitkomponente* wird überhaupt in keinem der Verfahren ausdrücklich berücksichtigt. Sie lässt sich auch eher mit Veränderungen im gesamten Beurteilungssystem erreichen, bspw. durch die Flexibilisierung der Beurteilungsperioden. Da die Verfahren zudem alle relativ kurzfristig ausgerichtet sind, werden längerfristige Wirkungen bzw. Erfolge nur dann erfasst, wenn man diesbezügliche Handlungen entsprechend ihres langfristigen Charakters nach aktuell angenommenen Kriterien bewertet. Das Problem wird allerdings bei den verhaltensorientierten Einstufungsverfahren umgangen, indem die erwarteten Verhaltensweisen zeitunabhängig verstanden werden. Explizite Berücksichtigung von Etappenschritten zur langfristigen Zielerreichung könnten aufgaben- und zielorientierte Beurteilungsverfahren bieten.

(3) Generelle Probleme bei den üblichen Verfahren sind auf die Unvereinbarkeit der von ihnen zu erfüllenden personalpolitischen wie führungspolitischen *Funktionen* zurückzuführen. Jegliches Beurteilungsverfahren, welches sowohl die Beratungs- als auch die Richterfunktion erfüllen soll, ist von vornherein zum Scheitern bestimmt. Eine weitere Differenzierung der manifesten Funktionen hinsichtlich der eigenschaftsorientierten Beurteilungsverfahren erübrigt sich. Lediglich mit den aufgaben- und zielorientierten Beurteilungsverfahren lassen sich auch die *manifesten Funktionen* vergleichsweise gut umsetzen. Voraussetzung ist ein weitgehend offener und nachvollziehbarer Umgang mit diesen Verfahren. Die *latenten Funktionen* lassen sich mit allen Verfahren vergleichsweise befriedigend erreichen. Die eher auf tatsächlich beobachtbaren Verhaltensweisen, nachvollziehbaren Aufgabenerfüllungen und erfassbaren Zielerreichungen basierenden Verfahren eröffnen aber weitaus weniger Manipulationsspielraum als die anderen Verfahrensarten. Wenig fassbare merkmalsorientierte Einstufungsverfahren sind wegen ihres unklaren Konzepts am besten für die Umsetzung der latenten Funktionen geeignet. Vielleicht ist das der Grund für die häufige Verwendung dieser Verfahren.

(4) Mit einem Leistungsbeurteilungsverfahren muss Bezug genommen werden können auf die vereinbarten *Ziele* bzw. *Aufgaben*, die *Situationsadäquanz* des gezeigten Leistungsverhaltens, die wahrgenommenen bzw. bestehenden *Leistungsbedingungen* (inkl. deren Divergenz) sowie die möglichen Handlungsalternativen während des Beurteilungszeitraums. Die Leistungsbeurteilung soll versuchen, ein intersubjektives Verstehen von Beginn der Verhaltenssequenz (Zielfestlegung, Situationsanalyse) bis hin zu deren Ende (Realisation, Vorlage der Ergebnisse) zu ermöglichen und die Qualität sowohl des vorgesehenen

und durchgeführten Leistungsverhaltens als auch des erzielten Leistungsergebnisses zu bewerten. Das Ergebnis der Leistungsbeurteilung ist eine Aussage über den Leistungsgrad, also die Kennzeichnung der Leistung(-sergebnisse) nach ihrem angenommenen Qualitätsgrad. Betrachtet man die Beurteilung von Leistung unter dem Aspekt der „Objektivität", so wird man keinen allgemeinen Maßstab finden. Geht man *praxeologisch* an diese Frage heran, so bleibt nichts anderes übrig, als einen subjektiven Maßstab zu setzen und ihn bei der Beurteilung heranzuziehen. Nur wenn versucht wird, subjektive Elemente bei der Anwendung von Leistungsbeurteilungsverfahren zu akzeptieren und zu nützen, lässt sich das jeweilige Leistungsverständnis umsetzen. (Lediglich bei der Gleichsetzung von Erfolg mit Leistung trifft dies nicht zu.) Ein rein *technokratisches Verständnis* von Leistungsbeurteilungen ist unzureichend. Subjektives Verstehen wird bislang lediglich von aufgaben- und zielorientierten Verfahren zugelassen und z. T. gefordert. Mit allen anderen Verfahren versucht man, eher das Gegenteil zu erreichen: Reduzierung subjektiver Elemente und Hinwendung zum Quantitativen, zum Messbaren. Die sich dabei vollziehenden subjektiven Prozesse - und folglich auch subjektiven Ergebnisse - werden hinsichtlich ihrer Dominanz ignoriert. *Quantifizierungsprobleme* bestehen immer dann, wenn man versucht, Qualitäten zu quantifizieren und Zählbares zu deuten. Problematisch wird es insbesondere dann, wenn die Quantitäten als Wert sich verselbständigen und dadurch ihre relative Bedeutung verschwindet. Leistungsziffern, wie sie in manchen Verfahren verwendet werden, sind daher zu vermeiden. Bedeutsam ist die korrekte, begründete und nachvollziehbare Vorgehensweise bei den subjektiven Methoden. Es handelt sich dann kaum um eine willkürliche Vorgehensweise.

(5) *Kognitive Interpretationsprobleme* berücksichtigen ansatzweise verhaltensorientierte, zielorientierte und aufgabenorientierte Verfahren - in dieser Reihenfolge zunehmend besser. Sie verlangen explizite und damit eher nachvollziehbare Bewertungsvorgänge. Andere Verfahren bieten überhaupt keine Möglichkeiten, adäquate Steuerungshilfen zu geben. Es ist jedoch notwendig, dass während der gesamten Leistungsbeurteilung die Verfahren jeweils Hinweise bieten, um kontrollierte Kognitionsprozesse zu initiieren und Interpretationsmöglichkeiten anzubieten.

(6) *Mikropolitische Handlungsmöglichkeiten* werden um so mehr verringert bzw. erschwert, wie es auf explizite, nachvollziehbare Bewertungen ankommt. Hier bietet keine Verfahrensart Möglichkeiten, solche Verzerrungen zu verhindern. Ziel- und v. a. aufgabenorientierte Verfahren sowie die Berücksichtigung von Leistungsbedingungen mögen zu einem Erschwernis solcher Verzerrungen beitragen. Beurteilern wie Beurteilten verbleiben jedoch vielfältige Ansatz-

punkte, Beurteilungsergebnisse auch durch etwas anderes als Leistung zu beeinflussen.
(7) Hinsichtlich der Erfassung verschiedener *Leistungsfacetten* lässt sich Folgendes konstatieren:
- Leistungsziele werden explizit nur in zielorientierten Verfahren definiert. Ausreichend möglich ist dies auch noch bei aufgabenorientierten Beurteilungsverfahren und - mit Abstrichen - bei den verhaltensorientierten Einstufungsverfahren. Ansonsten sind konkrete Erwartungen mit Hilfe der Verfahren nicht zu formulieren. Die jeweilige Vorstellung der Leistung bleibt im Dunkeln.
- Ähnliches trifft auf die jeweiligen Bezugssysteme zu. Lediglich mit den gerade angesprochenen Verfahren werden Hinweise gegeben, wer die jeweiligen Normen setzen soll. Sichergestellt ist dies aber keineswegs. *Leistungsnormen* werden zudem kaum von den Systembetreibern wirklich vorgegeben. Sind sie explizit genannt, so ist ihre Verfolgung (wie auch die durch das Leistungsprinzip postulierte Leistungsorientierung) durch die Verfahren nicht sichergestellt. Sie können vielfältig umgangen werden. Jeder Beurteiler hat letztlich versteckten Einfluss auf das, was als Leistung gilt. Exakte Vorgaben durch die Verfahren im Sinne einer Norm sind zwar möglich, die Interpretation im Einzelfall bleibt jedoch notwendigerweise den Beurteilern überlassen, die sie nicht unbedingt kommunizieren können oder müssen und mit anderen teilen wollen.
- Kein Verfahren berücksichtigt explizit dynamische Leistungen. Sie sind alle auf *statische Leistungen* mit a priori-Vorstellungen über die Leistungsaufgaben, -ziele und -bedingungen durchsetzt. Allenfalls mit aufgaben- und veränderten zielorientierten Verfahren lassen sich innovative Verhaltensweisen, unerwartete Leistungsbedingungen, Krisenverhalten u. Ä. bewerten.
- Die Verfahren beziehen sich ausdrücklich auf *individuelle Leistungen*. Sie übersehen durch die Zuschreibung individueller Verantwortlichkeiten für Ergebnisse die betrieblichen Zusammenhänge und Abhängigkeiten im positiven wie im negativen Sinne. In einem arbeitsteiligen Prozess ist die individuelle Zurechenbarkeit von Leistung in vielen Bereichen nahezu unmöglich. Das fängt schon dadurch an schwierig zu werden, dass kaum eine Position sich restlos in wohldefinierte Einzelaufgaben zerlegen lässt. Besonders schwer ist die Problematik zu lösen, wenn die Beurteiler kaum dazu in der Lage sind, selbst zu beurteilen, ob und inwieweit etwas passiert, was letztlich dem gesetzten Leistungsziel

entspricht. Und dies ist die alltägliche, reale Situation in Unternehmungen. [336]

- Die *Aufwandsperspektive* geht allenfalls in die aufgabenorientierten Verfahren ein. Ansonsten gelten insbesondere die Ertrags- und mit Abstrichen auch die *Wettbewerbsperspektive*. Die motivationale Komponente der Verfahren (bzw. die damit verbundene Funktion) ist damit stark beeinträchtigt. Der Erfolg der Handlungen wird betont. Dadurch ergibt sich ein gewisses Abrücken von der Leistungsorientierung, da v. a. der Erfolg, d. h. die Anerkennung durch andere, bestimmt, was „gut" ist und was nicht.

- Die Verfahren sind teils auf *Aktions-* teils auf *Präsentationsleistungen* ausgerichtet. Es bleibt vielfach den Beurteilern überlassen, hier Unterschiede zu treffen. Präsentationsleistungen sind bei allen eigenschaftsorientierten Verfahren stärker berücksichtigt. Auch bei aufgaben- und zielorientierten Verfahren können sie faktisch stärkere Bedeutung erlangen. Lediglich bei gut vorformulierten verhaltensorientierten Verfahren werden fast ausschließlich Aktionsleistungen bewertet.

- *Vergleichbarkeit* lässt sich mit den Verfahren nicht erreichen. Insofern ist auf eine Vergleichbarkeit als Ziel einer Leistungsbeurteilung auch zu verzichten. Es würde zu unbegründeten Verfälschungen der Aussagen führen. Entgeltdifferenzierungen auf Basis einer Leistungsbeurteilung bleiben aber möglich. Sie lassen sich jedoch nicht in vorgegebene, vergleichbare Ordnungen (Stichwort: Normalverteilung) einengen. Ein Vergleich von Leistungen unterschiedlicher Mitarbeiter setzt sowohl einen einheitlichen Leistungsbegriff und -maßstab, als auch einen funktionierenden Mechanismus zur relativen Berücksichtigung unterschiedlicher (Ausprägungen von) Leistungsbedingungen voraus. Diese existieren aber nicht.

Freie Beurteilungen, Rangordnungs- und Kennzeichnungsverfahren - sofern sie noch praktiziert werden - sowie die analytischen merkmalsorientierten Einstufungsverfahren sind - so zeigt die Kritik - völlig ungeeignet zur Leistungsbeurteilung. Diese Verfahren sollten infolgedessen nicht angewendet werden. *NEUBERGER* bezeichnet sie speziell bezogen auf die personalpolitischen Funktionen zu

---

336 Die Diskussion um die *Agency-Theory* zeigt dies mit aller Deutlichkeit. Sie pointiert auch einen nachteiligen Effekt dieser - antizipativen - Kontrolle: die Kontrollkosten. Diese ließen sich verringern, wenn ein moralisches Bewusstsein, eine Arbeitsethik vorhanden wäre, die vereinbarten Ziele, ohne die einseitige Bevorzugung eigener Interessen, zu erreichen.

Recht sogar als „*Unsinn mit Methode*". [337] Verhaltensorientierte Einstufungsverfahren eignen sich nur bedingt für solche Arbeitsplätze, die recht häufig in einem Betrieb vorhanden sind.

Als *empfehlenswert* erscheinen - sofern man die Soll-Komponenten für sinnvoll hält - nur die aufgaben- und die zielorientierten Leistungsbeurteilungsverfahren. Die in der jeweiligen Kritik angeführten Aspekte können dabei bei einem praktischen Erfahren z. T. berücksichtigt werden, so dass sich deren Aussagekraft und Eignung für Leistungsbeurteilungen verbessert. Für beide Verfahrensarten bedeutet das u. a. eine - notwendige - Definition von sinnvollen Verhaltensweisen bei der Aufgabenerfüllung bzw. der Zielerreichung. Hinzu kommt eine explizite Berücksichtigung von gezeigten, situationsadäquaten Leistungsverhalten sowie der prognostizierten und der tatsächlichen Leistungsbedingungen, um diesbezügliche positive wie negative Auswirkungen systematisch berücksichtigen zu können. Hiermit sind die unabdingbaren Soll-Komponenten eines Leistungsbeurteilungsverfahrens zur Funktionserfüllung hinsichtlich der Leistungserfassung angesprochen. Ihre Berücksichtigung ist allenfalls in ziel- und aufgabenorientierten Beurteilungsverfahren möglich. Kritischer sind die Schlussfolgerungen hinsichtlich einer möglichen Anforderung „Leistungsvoraussetzungen". Hier hängt die Antwort von den verfolgten Funktionen der Leistungsbeurteilung ab. Steht die Mitarbeiterförderung und stehen realistische Betrachtungen über Leistungsdefizite und -ursachen - sowohl in positiver wie in negativer Sicht - an, dann ist es unverzichtbar, auch die persönlichen Leistungsvoraussetzungen der Beurteilten zu berücksichtigen, soweit sie bekannt sind. Werden sie nicht berücksichtigt, ergeben sich Lücken in der Interpretation von Verhaltensweisen wie Ergebnissen. In keinem der Beurteilungsverfahren wird jedoch auf solche Aspekte Rücksicht genommen. Sie können diesbezügliche Funktionen - allenfalls zufällig oder einzelfallbezogen - erfüllen.

In Anbetracht der vielfältigen - theoretischen wie praktischen - Probleme verwundert es wenig, dass ehedem hoffnungsvoll eingeführte Beurteilungsverfahren nicht mehr als Führungsmittel dienen, sondern als „*Makulatur oder in Aktenschränken*" enden. [338] Dies sagt im Übrigen nichts darüber aus, dass nicht noch in vielen Betrieben die Leistungsbeurteilungen zur absoluten Selbstverständlichkeit

---

337 S. Neuberger 1980, S. 42. Sofern die Personalbeurteilung aber auf die Zweierbeziehung Vorgesetzte-Mitarbeiter unter der Funktion der Personalführung beschränkt ist, ausschließlich aufgaben-, Leistungs- und zielbezogen erfolgt, der Beratung und Förderung dient sowie nur individuell vorgenommen wird, bejaht er sie.

338 S. hierzu die Studie von Grunow 1976, S. 34 ff.

geworden sind und/oder die Frage nach einer inhaltlich grundlegenden Modifizierung oder gar Abschaffung ein Tabuthema ist. *LIEBEL/OECHSLER* stellten bereits 1987 fest: „Die Wirtschafts- und Verwaltungspraxis hat seit langem Erfahrungen mit der Personalbeurteilung gesammelt. Dabei wurden unterschiedliche Verfahren entwickelt und angewandt - meist mit zweifelhaftem Erfolg. Dennoch scheint die Praxis auf die Personalbeurteilung nicht verzichten zu wollen und zu können." [339] Solange dies so ist, sind auch die prinzipiellen Schwierigkeiten der Beurteilung und der Verfahren insoweit hinzunehmen, als dass man sich funktionsadäquate Verfahren aussucht. Im Hinblick auf die skizzierten Funktionen und die weit verbreiteten merkmalsorientierten Einstufungsverfahren kann man nach der vorliegenden Analyse aber festhalten, dass keine der (manifesten) Funktionen erreicht und auch von den Systembetreibern wohl auch nicht tatsächlich primär angestrebt wird. Zu offensichtlich sind die generierten Verzerrungen. Dabei bieten sich hinsichtlich der manifesten Funktionen angemessenere Beurteilungsverfahren an, wenn sich auch mit ihnen ein höherer Arbeitsaufwand verbindet. Den dadurch verursachten Kosten steht hinsichtlich der tatsächlichen Leistungserfassung ein Nutzen gegenüber, ein Nutzen der bei den merkmalsorientierten Beurteilungsverfahren in dieser Hinsicht überhaupt nicht besteht bzw. bestehen kann.

---

339 Liebel/Oechsler 1987, S. 9.

6. Teil: Zusammenfassung und Ausblick

Die Resultate der vorangegangenen Analyse sind für manche Wissenschaftler und Wirtschaftspraktiker sicherlich - zunächst - desillusionierend. Haben sie doch die Möglichkeit, Leistungen endgültig und treffend beurteilen zu können, eindeutig widerlegt. Erkenntnisziel dieser Arbeit war es jedoch nicht, die Unbrauchbarkeit von Leistungsbeurteilungen insgesamt und den Leistungsbeurteilungsverfahren im besonderen aufzuzeigen. *Grundsätzliches Erkenntnisziel* war es vielmehr, deren Grenzen hervorzuheben und damit gleichzeitig deren Möglichkeiten zu begründen, um schließlich von einer realistischen Basis ausgehend, zukünftig Leistungsbeurteilungsverfahren gestalten und einsetzen zu können. *Nur wenn man die Grenzen der Beurteilung menschlicher Leistungen in Betrieben kennt und diese bzw. das verbleibende Machbare auch bei der Umsetzung von betrieblichen Beurteilungsverfahren berücksichtigt, hat man überhaupt die Chance, tatsächlich Leistungen zu beurteilen.* Hinzu kommt ein weiteres: Es sind dann auch nicht allein die latenten Funktionen, die einzelfallbezogen erreicht werden. Auch die Erfüllung der personalpolitischen und führungspolitischen Funktionen lässt sich viel besser umsetzen. Doch zurück zu den einzelnen Ergebnissen dieser Arbeit.

Es wurde gezeigt, dass über „*Leistung*" sehr unterschiedliche Auffassungen vorliegen. Dies belegt bereits die Mehrdimensionalität dieses Objekts. Die Unterschiedlichkeit bezieht sich nicht allein auf die im betrieblichen Alltag aufgrund verschiedener Sachziele und Leistungsbedingungen selbstverständlich verschiedenen Inhalte, auch die strukturellen Merkmale unterscheiden sich. Damit verbunden ist, dass ein Sachverhalt (wie z. B. ein bestimmtes Ergebnis und/oder Verhalten) erst durch die von den Beurteilern diesen entgegengebrachte Wertschätzung als Leistung charakterisiert wird. Erst das Urteil kreiert die Leistung, was immer dies im Einzelfall sein mag. Dies erschwert die Leistungsbeurteilung insofern, als dass - sofern man sich nicht auf ein eng begrenztes, rigides Leistungsverständnis beschränken will - zum einen die zur Beurteilung verwendeten Verfahren all diese Merkmale erfassen müssten und zum anderen in einer bestimmten Organisation von den Mitgliedern gemeinsam getragene Bezugssysteme hinsichtlich dieses Verständnisses vorliegen müssten. Auf welche Merkmale sich dies i. d. R. beziehen kann, verdeutlichte die Diskussion der Leistungsfacetten auf Basis der verschiedenen Leistungsauffassungen in den wissenschaftlichen Disziplinen.

Erschwert wird die betriebliche Leistungsbeurteilung aber weiter dadurch, dass in Betrieben häufig eine *Leistungsorientierung* nicht durchgängig vorhanden und auch nicht durchgängig realisierbar ist. Gerade das realisierte Leistungsprinzip in der MikroLeistungsgesellschaft Betrieb ist aber eine zwingende Voraussetzung für eine Leistungsbeurteilung. Stattdessen steht eher ein Erfolgsprinzip im Vordergrund. Die Erfolge werden vielfach als Leistungen aufgefasst, wobei diese Orientierung in der Mehrzahl der Fälle automatisch auf quantitative Leistungsergebnisse abzielt. Hinzu kommt allerdings, dass die vollständige Verwirklichung des Leistungsprinzips soziale Kosten verursachen würde, so dass diese Realisierung nicht unbedingt angestrebt werden sollte. Erst ein weitgehend auch in der Unternehmungskultur eines Betriebes mittels materieller und immaterieller Leistungs-/Sanktionsbeziehungen umgesetztes Leistungsprinzip bietet eine hinreichende Voraussetzung für die Anwendung von Leistungsbeurteilungen. Nur so erhält Leistung auch faktisch den postulierten Stellenwert.

Das eigentlich intendierte Objekt der *Beurteilung*, die Leistung, lässt sich - so hat die weitere Diskussion gezeigt - nicht homomorph oder tatsächlich isomorph abbilden. Es kann allenfalls annähernd repräsentiert werden. Über den tatsächlichen Repräsentationsgrad des Letztkriteriums durch die im Vorstellungsmodell der Beurteiler bzw. Systemgestalter sich ergebenden Beurteilungskriterien (bzw. -indikatoren und Standards) besteht Ungewissheit in mehrfacher Hinsicht: Die zu bewertenden Leistungen sind zum Ersten oft zum Zeitpunkt der Beurteilung noch nicht abgeschlossen bzw. in ihrem Ergebnis noch nicht eindeutig beurteilbar. Die Qualität von alternativen Verhaltensweisen hinsichtlich einer optimalen Zielsetzung ist zum Zweiten nicht eindeutig erfassbar. Insofern gibt es keine „beste", allenfalls eine gute Verhaltensweise. Vorab vereinbarte Ziele sind zum Dritten flexibel. Je nach Umweltentwicklungen sind sie änderbar bzw. sollten angepasst werden. Hinzu kommen zum Vierten verschiedene, insbesondere in ihrer Tragfähigkeit unterschiedliche Konzepte zur Annäherung an dieses Letztkriterium. Aufgrund der Mehrdimensionalität der Leistung eignet sich nur ein Konzept, das der multiplen Kriterien. Dieses ist jedoch am schwierigsten umzusetzen. Hinzu kommen Probleme durch die nicht erreichbare Objektivität im Rahmen der Leistungsbeurteilung. Die Leistungsbeurteilung stellt - insgesamt gesehen - ein schlecht-strukturiertes Problem dar. Daher ergibt sich ein Problemlösungsprozess, welcher durch weitgehende Ungewissheit gekennzeichnet ist. Diese Ungewissheit lässt sich dadurch reduzieren, dass explizit arbeitsplatz- und zeitspezifische Leistungsbeurteilungen erfolgen. Jeder Beurteilte hat eine bestimmte Aufgabe bzw. Funktion im betrieblichen Kombinationsprozess zu erfüllen und dabei bestimmte Ziele zu realisieren. Die Leistungsbeurteilung hat sich auf diese Aufgaben und/oder Ziele zu beziehen. Dazu ist es erforderlich, den Arbeitsplatz hinsichtlich seiner Anforderungen während der Beurteilungsperiode zu analysieren. Die Informationen, die dabei gewonnen werden, erlauben es einerseits, diejenigen Konstrukte beurteiltenspezifisch zu definieren, die letztendlich zu Beurteilungskriterien führen und andererseits, angemessener die erreichten Ergebnisse und gezeigten Verhalten beurteilen zu können.

Es wurde weiter aufgezeigt, Beurteilungsprobleme ebenfalls in entscheidendem Maße durch die notwendigerweise mit der Beurteilung betrauten Individuen verursacht werden. Beurteilen ist immer eine subjektive Aufgabe der *Beurteiler*, die diese entsprechend ihrer individuellen Qualifikation bewältigen müssen:

- Zum einen entstehen diese Probleme aufgrund der letztendlich nicht behebbaren, wenn auch im Einzelfall unterschiedlichen und beeinflussbaren kognitiven Begrenztheit von Individuen. Idealerweise müssten alle Beurteiler wissen, wie ihre jeweilige Art Beurteilte wahrzunehmen bzw. ihre eigene Subjektivität beschaffen ist und welche verhaltenssteuernde Wirkung auf die Beurteilten von dieser ausgeht. Doch die Kenntnis dieser Beurteilungsverzerrungen reicht allein nicht aus, die Leistungsbeurteilungen nennenswert zu verbessern. Dazu bedarf es zusätzlich der kritischen und differenzierten Selbstwahrnehmung, als Voraussetzung für eine treffende Fremdwahrnehmung, eines fundierten psychologischen Wissens über menschliches Verhalten und einer intensiven Schulung des Beurteilerverhaltens. Die jeweiligen kognitiven Strukturen der Beurteiler tragen dazu bei, dass von der Erfassung über die Beobachtung bis hin zur Bewertung unterschiedliche, nicht intendierte Verzerrungen das Beurteilungsergebnis verfälschen.
- Zum anderen sind es gewollte Akzente, die die Beurteiler aufgrund verschiedener Gründe bewusst in den Beurteilungsprozess einbringen, um die Ergebnisse in ihrem Sinne zu manipulieren. Wichtig ist demnach v. a. die Einstellung der Beurteiler zur Leistungsbeurteilung. Ist sie negativ, nützt in den seltensten Fällen die technische und soziale Kompetenz der Beurteiler. Ohne die motivationale und einstellungsmäßige Komponente der Kompetenz kann man von Leistungsbeurteilungen keine konstruktiven Ergebnisse bzw. keine Funktionserfüllung erwarten.

Manchmal gewinnt man bei der Lektüre der einschlägigen Literatur den Eindruck, die Beurteiler sollten als eigene handlungsgestaltende Faktoren aus dem Beurteilungssystem entfernt werden. Doch gerade in dem Versuch der Einbeziehung der Beurteiler liegt ein Ausweg aus der Sackgasse, in die herkömmliche Beurteilungssysteme geführt haben. Damit sind nicht die „guten" Beurteiler angesprochen, die die o. a. Fehler vermeiden und systematisch-analytisch vorgehen, alle Mitarbeiter mit den gleichen Maßstäben beurteilen, sich von Sympathie u. Ä. nicht beeinflussen lassen, ihr Vorwissen bei der Beurteilung unberücksichtigt lassen. Solche Beurteilertypen wären emotionslose Menschen, quasi Beurteilungsroboter zur „objektiven" Erfassung der gezeigten Leistungen.

Letztlich zeigt die Diskussion, dass es kein *Beurteilungsverfahren* für Leistungen gibt, welches ohne Bedenken und ohne Verbesserungsmöglichkeiten vorgeschlagen werden könnte. Die üblichen Beurteilungsverfahren wurden sogar aufgrund ihrer unüberwindbaren Mängel hinsichtlich ihrer Aussagekraft über individuelle Leistungen völlig abgelehnt. Lediglich die aufgaben- und die zielorientierten Verfahren haben einen gewissen Sinn zur Erfüllung der manifesten Funktionen, sofern eine Ergänzung um die jeweils angesprochenen Komponenten erfolgt. Die Verfahren bieten in den meisten Fällen keine bzw. zu wenig systematische Hilfen zur Ableitung arbeitsplatz- und periodenspezifischer Beurteilungskriterien. Damit lässt sich nicht hinreichend genug die Leistung erfassen. Darüber hinaus werden kaum Leistungsziele, d. h. auch Leistungsaufgaben und Standards spezifiziert, damit die Beurteilten wissen, was die Beurteiler von ihnen jeweils verlangen. Die Beurteiler sind meist auf sich selbst gestellt, was die Beurteilung „adäquater" Verhaltensweisen betrifft. Sie stehen jeweils vor einem Transformationsproblem, welches sie individuell zu lösen haben. Leistungsbedingungen, als wesentliche Determinanten, werden allenfalls willkürlich im Rahmen der Verfahren berücksichtigt. Dadurch kennen viele Beurteiler weder genau den Anfangszustand, noch den Zielzustand oder gar die Abhängigkeit der individuellen Leistungserbringung von spezifischen Leistungsdeterminanten aus der Umwelt. Hinzu kommen die durch die Verfahrensanforderungen entstehenden personellen Grenzen sowie die oft fehlende organisatorische Reife der Betriebe zur Umsetzung der Verfahren. Insbesondere organisatorisch-strukturelle Grenzen beschränken die Aussagekraft durch verfahrensinkonsistente Gestaltungen dieses funktionalen Führungssystems.

Es gibt *gute Gründe, MitarbeiterLeistungen zu beurteilen*, allerdings dominieren v. a. in der betrieblichen Praxis solche Verfahren, die wissenschaftlich völlig haltlos und zudem - gerade in Bezug auf die manifesten Funktionen - allenfalls zufällig effizient sein können. In diesem Kontext kommt der einschlägigen wissenschaftlichen Literatur die Aufgabe zu, über diese Missstände zu informieren sowie Anregungen bzw. Verfahrensvorschläge zum Umgang mit den unvermeidlichen Problemen zu geben. Diese Schrift soll dazu beitragen.

Aufbauend auf den Ergebnissen der Analyse stellt sich generell die Frage nach den *Ursachen* der genannten Defizite. Eine Systematik von *Neuberger* weist auf überzogene Erwartungen und Denkfehler hin. Er unterscheidet die Perspektiven Objektivität, Intersubjektivität und Subjektivität:

6. Teil: Zusammenfassung und Ausblick 391

- „*Personal als Objekt*". Das Ziel ist die „Vermessung des Produkts Personal" und soll durch einheitliche, standardisierte Verfahren erreicht werden. Charakteristisch ist die quantifizierte Erfassung von intra- wie interpersonellen Stärken und Schwächen, die stark hierarchische Vorgehensweise sowie die zentrale Auswertung zu (Personal-)Planungs-, Kontroll- und Analysezwecken.
- „*Zusammenarbeit von Personen in Rollen*". Das Ziel ist die Verbesserung der Zusammenarbeit in Arbeitseinheiten und soll durch intersubjektivierte Analysen sowie unterschiedliche Gesprächsformen erfolgen. Charakteristisch sind locker strukturierte Vorgehensweisen mit einem Schwergewicht auf dem „Verstehen von Leistung" sowie der Kommunikation der Beurteilungsergebnisse.
- „*Personen als psychophysische Subjekte*". Das Ziel ist, dem Einzelnen zu Selbsterfahrung und -verwirklichung zu verhelfen und soll durch gezielte Hilfestellung u. Ä. erreicht werden. Charakteristisch ist, dass keine systematische Verarbeitung der Beurteilungsergebnisse von Unternehmungsseite aus erfolgt, sondern Konsequenzen allein dem betroffenen Mitarbeiter obliegen.

Diese Triangulierung verortet die Probleme einer Leistungsbeurteilung und macht die Standpunktgebundenheit jedes spezifischen Diagnose- oder Lösungsansatzes sichtbar. Kombinationsmöglichkeiten bestehen keine, da es sich jeweils um eine isolierte Perspektive handelt, die nicht über andere informieren kann. [1]

Anhand dieser Perspektiven lassen sich zum einen die dargestellte Kritik und zum anderen auch weiterführende Konsequenzen veranschaulichen: Bei *wissenschaftlich orientierten Arbeiten* zur Leistungsbeurteilung liegt heutzutage mehrheitlich die geforderte perspektivische Trennung vor und führt überwiegend zur Konzentration auf die interpersonelle Perspektive. [2] Die Betonung der interpersonellen Perspektive macht aber auch ein Forschungsdefizit deutlich. So können aus den existenten Leistungsbeurteilungsverfahren nur schwer Aussagen zu solchen informatorischen Grundlagen folgen, die für weitere personalwirtschaftliche Fragestellungen von Belang sein können und v. a. in quantifizierenden Daten über individuelle MitarbeiterLeistungen zu sehen sind. Betrachtet man allerdings gängige Personallehrbücher, dann ist ersichtlich, dass diese gerade von einer solchen Bereitstellung quantifizierter Daten durch betriebliche Leistungsbeurteilungen ausgehen. Der aktuelle Diskussionsstand scheint auch in Publikationen aus dem wissenschaftlichen Bereich nicht adäquat verarbeitet zu sein. Freilich zeigt die skizzierte per-

---

1   Vgl. Neuberger 1990, S. 34.
2   Dies liegt zum einen an den für die objektive Perspektive festgestellten prinzipiellen Grenzen und zum anderen sicherlich auch an der primär sozialwissenschaftlichen Orientierung jener Forscher, die sich mit betrieblicher Leistungsbeurteilung befassen.

spektivische Trennung auch, dass Möglichkeiten zur Behebung dieses Forschungsdefizits allenfalls begrenzt vorhanden sind. Bei *praxisorientierten Quellen*, die überwiegend nicht durchgängig in führungs- und personalpolitische Funktionen trennen, liegt eine Perspektivenmischung vor. Dies führt dann zur Schwierigkeit, dass eine quantifizierende „Vermessung" der Mitarbeiter erfolgen soll, gleichzeitig jedoch auch interpersonelle Aspekte sowie persönliche Entwicklungen im Vordergrund stehen. Eine Vorgehensweise, die keine Erfolgsaussichten besitzt.

Es wird offensichtlich, dass es den Wissenschaftlern bislang nicht gelungen ist, für die Problematik betrieblicher Leistungsbeurteilungen umfassend zu sensibilisieren. Zudem tragen die beraternahen Autoren zur Zementierung bestehender Schwachstellen bei. Anlass zur Hoffnung gibt allerdings die in der jüngeren Vergangenheit verstärkte Resonanz, die kritische Stimmen der Beurteilungsliteratur in Wissenschaft und Praxis erfahren.

Literaturverzeichnis

AMR	-	Academy of Management Review
DBW	-	Die Betriebswirtschaft
EPM	-	Educational and Psychological Measurement
HBR	-	Harvard Business Review
HWB	-	Handwörterbuch der Betriebswirtschaft
HWP	-	Handwörterbuch des Personalwesens
HWR	-	Handwörterbuch des Rechnungswesens
JAP	-	Journal of Applied Psychology
Jrnl	-	Journal
OBHP	-	Organizational Behavior and Human Performance
OBHDP	-	Organizational Behavior and Human Decision Processes
PersPsych	-	Personnel Psychology
PsychBull	-	Psychological Bulletin
PsychRev	-	Psychological Review
ZfB	-	Zeitschrift für Betriebswirtschaft
ZfbF	-	Zeitschrift für betriebswirtschaftliche Forschung
ZfhF	-	Zeitschrift für handelswirtschaftliche Forschung (später: ZfbF)

Abbott, J. R./F. S. Schuster (1984): History and theory of performance appraisal. In: Handbook of wage and salary administration. Hrsg. von M. Rock, New York u. a. 1984, Kap. 21, S. 3-26.

Adam, A. (1959): Messen und Regeln in der Betriebswirtschaft. Einführung in die informationswissenschaftlichen Grundsätze der industriellen Unternehmensforschung. Würzburg 1959.

Adam, K. (1972): Nichtakademische Betrachtungen zu einer Philosophie der Leistung. In: Leistungssport, 2 (1972) 1, S. 62-67.

Adam, K. (1978): Leistungssport als Denkmodell. Schriften aus dem Nachlaß, hrsg. von Hans Lenk. München 1978.

Adrian, G./I. Albert/E. Riedel (1994): Die Mitarbeiterbeurteilung: Hinweise und Hilfen für Beurteiler. Stuttgart/München 1994.

Allgaier, E. (1990): Gaußsche Normalverteilung und dienstliche Beurteilung. In: Der öffentliche Dienst, o. Jg. (1990) 1/2, S. 27-31.

Amery, C. (1978): Leistung - das Gütezeichen mit dem Wurm drin. In: Süddeutsche Zeitung, Nr. 70 v. 25./26./27.3.1978, S. 125.

Ammon, A. (1911): Objekt und Grundbegriffe der theoretischen Nationalökonomie. In: Wiener Staatswissenschaftliche Studien, Bd. 10. Hrsg. v. E. Bernatzik/E. v. Philippovich, Heft I, Wien/Leipzig 1911, S. 1- 442.

Anderson, J. R. (1996): Kognitive Psychologie: Eine Einführung. 2. Aufl., Heidelberg 1996.

Arbeitskreis zur Bewertung von Eignung und Leistung (1973) (mit Beiträgen von E. Olbrich u. R. Schmitz): Bericht zur Einführung von Systemen zur Verwendungs- und Leistungsbeurteilung im öffentlichen Dienst. In: Studienkommission für die Reform des öffentlichen Dienstrechts, Bd. 10, Baden-Baden 1973, S. 241-380.

Arvey, R. D./J. C. Hoyle (1974): A fullman approach to the development of behaviorally based rating scales for the system analysis and programmer/ analysts. In: JAP, 59 (1974) 1, S. 61-68.

Assländer, F. (1982): Verhältnis des soziologischen und des wirtschaftswissenschaftlichen zum anthropologischen Leistungsbegriff. Diss. Würzburg 1982.

Astin, A. W. (1964): Criterion-centered research. In: EPM, 23 (1964) 4, S. 807- 822.

Atkin, R. S./E. J. Conlon (1978): Behaviorally anchored rating scales: Some theoretical issues. In: AMR, 3 (1978), S. 119-128.

Atkinson, R. C./Shiffrin, R. M. (1968): Human memory. A proposed system and ist control processes. In: The psychology of learning and motivation. Hrsg. v. K. W. Spence/J. T. Spence, Vol. 2, New York 1968, S. 89-195.

Atteslander, P. (1984/1991): Methoden der empirischen Sozialforschung. 5. (7.), völlig neu bearb. u. erw. Aufl., Berlin/New York 1984/1991.

Austeda, F. (1979): Lexikon der Philosophie. Wien 1979.

Austin, J. T./L. G. Humphreys/C.L. Hulin (1989): Another view on dynamic criteria: A critical reanalysis of Barrett, Cadwell and Alexander. In: Pers Psych, 42 (1989) 3, S. 583-596.

Avenarius, H. (1985): Kleines Rechtswörterbuch. Freiburg i. Br./Basel/Wien 1985.

Bahrt, H. P. (1984): Schlüsselbegriffe der Soziologie. Eine Einführung mit Lehrbeispielen. München 1984.

Baier, D. E. (1951): Reply to Travers' „A critical review of the validity and rational of the forced-choice technique". In: PsychBull, 48 (1951), S. 421-434.

Bamberg, U. (1979): Argumente zum Leistungsprinzip. In: Leistungsprinzip und Leistungsverhalten im öffentlichen Dienst. Hrsg. v. H.-W. Hoefert/ Ch. Reichard, Stuttgart u. a. 1979, S. 26-40.

Barley, D. (1970): Menschlichkeit und Leistungsgesellschaft. In: Die Mitarbeit, 19 (1970) 1, S. 15-24.

Barnes-Farrell, J. L./H. M. Weiss (1984): Effects of standard extremity on mixed standard scale performance ratings. In: PersPsych, 37 (1984) 2, S. 301-316.

Barret, R. S. (1966): Performance rating. Chicago 1966.

Barrett, G. V./M. S. Caldwell/P. A. Alexander (1985): The concept of the dynamic criteria. In: PersPsych, 38 (1985), S. 41-56.

Bartlett, C. J. (1960): Factors affecting forced-choice response. In: PersPsych, 13 (1960), S. 399-406.

Bartlett, C. J. (1966): The use of an internal discrimination index in forced-choice scale construction. In: PersPsych, 19 (1966), S. 209-213.

Bartlett, C. J. (1983): What's the difference between valid and invalid halo? Forced-choice measurement without forcing a choice. In: JAP, 68 (1983) 2, S. 218-226.

Bartölke, K. (1972): Probleme und offene Fragen der Leistungsbeurteilung. In: ZfB, 42 (1972) 9, S. 629-648.

Bartölke, K. (1972a): Anmerkungen zu den Methoden und Zwecken der Leistungsbeurteilung. In: ZfbF, 24 (1972), S. 650-665.

Bass, B. M. (1952): Ultimate criteria of organizational worth. In: PersPsych, 5 (1952) 3, S. 157-173.

Bass, B. M. (1962): Further evidence on the dynamic of criteria. In: PersPsych, 15 (1962) 1, S. 93-98.

Batz, M./U. Schindler (1983): Personalbeurteilungssysteme auf dem Prüfstand. Methodenprobleme begrenzen ihren Einsatz als Führungsinstrument. Ergebnisse einer empirischen Untersuchung. In: Zeitschrift für Organisation (ZfO), 52 (1983) 8, S. 424-432.

Beatty, R. W./C. E. Schneier (1977): Personnel administration: An experimental/ skill-building approach. Reading (Mass.) 1977.

Bechtoldt, H. P. (1947): Problems in establishing criterion measures. In: Personnel research and test development in the Bureau of Naval Personnel. Hrsg. v. D. B. Stuit, Princeton (N.J.) 1947, S. 357-379.

Beck, R. (1987): Der Fleiß hat seinen Preis. In: Freibeuter, Nr. 32 (Thema „Leistung"), 1987, S. 57-63.

Becker, F. G. (1987): Anreizsysteme für Führungskräfte im strategischen Management. 2., erw. u. verb. Aufl., Bergisch Gladbach/Köln 1987.

Becker, F. G. (1992): Potentialbeurteilung. In: HWP, 2., völlig neu bearb. Aufl., hrsg. v. E. Gaugler/W. Weber, Stuttgart 1992, Sp. 1921-1929.

Becker, F. G. (1992a): Die Leistungsbewertung als Instrument der leistungsgerechten Entgeltdifferenzierung. In: Handbuch Personal-Management. IV. Schwerpunkt, 5.3 Leistungsbewertung. Hrsg. v. J. Berthel/H. Groenewald, Landsberg am Lech: moderne Industrie, 1992, 9. Nachlieferung 2/1993, S. 1-23.

Becker, F. G. (1995): Mitarbeiterbeurteilung in der Diskussion. In: Das Personal Jahrbuch '95: Ihr Partner für erfolgreiches Personalmanagement. Hrsg. v. K. Maess/T. Maess, Neuwied/Kriftel, Ts./Berlin 1995, S. 51-63.

Becker, F. G. (1996): Aufgabenorientierte Leistungsbeurteilung. In: Personal, 48 (1996) 9, S. 466-471.

Becker, F. G. (2000): Mikroleistungsgesellschaft „Betrieb": Leistung, Leistungsprinzip und -gesellschaft als Grundlage betrieblicher Maßnahmen? In: Personalführung und Organisation. Hrsg. v. A. Clermont/W. Schmeisser/D. Krimphove, München 2000, S. 321-352.

Becker, F.G. (2000a): Mitarbeiterbeurteilung: Inwieweit lässt sich Leistung durch Beurteilung erfassen? In: SchulVerwaltung - Zeitschrift für Schul-Leitung, SchulAufsicht und SchulKultur, Sonderausgabe 2/2000: Personalentwicklung: Perspektiven - Positionen - Praxis, S. 31-35.

Becker, F. G. (2002): Lexikon des Personalmanagements. 2., akt. u. erw. Aufl., München 2002.

Becker, F. G./H. Buchen (2001): Objektivität von Leistungsbeurteilungen: Plädoyer für die bewusste Verzerrung von Leistungsbeurteilungen von Lehrern und Schulleitern!?! In: Schulleitung und Schulentwicklung: Erfahrungen, Konzepte, Strategien (Loseblattsammlung). Hrsg. v. H. Buchen/L. Horste/H.-G. Rolff, Berlin, Lfg 07/2001, C 5.4, S. 1-23.

Becker, F.G./M. Fallgatter (1998): Betriebliche Leistungsbeurteilung: Lohnt sich die Lektüre der Fachbücher? (Sammelrezension). In: Die Betriebswirtschaft (DBW), 58 (1998) 2, S. 225-241.

Becker, F. G./S. D. Seitz/M. J. Fallgatter (1995): Aufgabenorientierte Leistungsbeurteilung im Kreditgewerbe. In: Die Sparkasse 112 (1995) 1, S. 34-39.

Becker, F. G./H. Stöcker (2000): Leistungsbeurteilung in deutschen Banken - eine empirische Untersuchung über Art und Ausgestaltung von Leistungsbeurteilungsverfahren in den 100 größten deutschen Banken. In: Die Sparkasse, 116 (2000) 9, S. 401-407.

Becker, H. (1930): Fehlleistungen im Betriebe. (Unter besonderer Berücksichtigung der Fabrikbetriebe). Diss. Köln 1930.

Becker, O. (1951): Der Leistungsbegriff in der Betriebswirtschaftslehre. Diss. Heidelberg o. J. [1951].

Becker, M. (2002): Personalentwicklung: Bildung, Förderung und Organisationsentwicklung in Theorie und Praxis. 3., überarb. u. erw. Aufl., Stuttgart 2002.

Becker, W. (1980): Anforderungen an Planungssysteme, dargestellt am Beispiel der staatlichen Planung. München 1980.

Bendixen, P. (1966): Die Leistungserstellung der Güterverkehrsbetriebe. Diss. Hamburg 1966.

Berekoven, L. (1966): Der Begriff „Dienstleistung" und seine Bedeutung für eine Analyse der Dienstleistungsbetriebe. In: Jahrbuch der Absatz- und Verbrauchsforschung, 12. Jg., Nürnberg 1966, S. 314-326.

Berk, R. A. (Hrsg.) (1986): Performance assessment. Methods & applications. Baltimore/London 1986.

Berkshire, J. R. (1958): Comparisons of five forced-choice indices. In: EPM, 18 (1958), S. 553-561.

Berkshire, J. R./R. W. Highland (1953): Forced-choice performance rating: A methodological study. In: PersPsych, 6 (1953), S. 355-378.

Bernardin, H. J. (1977): Behavioral expectation scales versus summated scales: A fairer comparison. In: JAP, 62 (1977), S. 422-427.

Bernardin, H. J. u. a. (1976): Behavioral expectation scales. Effects of developmental procedures and formats. In: JAP, 61 (1976), S. 75-79.

Bernardin, H. J./B. B. Morgan/P. S. Winne (1980): The design of a personnel evaluation system for police officers. In: JSAS Catalog of Selected Documents in Psychology, 10 (1980), S. 1-280.

Bernardin, H. J./E. C. Pence (1980): Effects of rater training. Creating new response sets and decreasing accuracy. In: JAP, 65 (1980), S. 60-66.

Bernardin, H. J./J. J. Carlyle (1979): The effects of forced choice methodology on psychometric characteristics of resultant scales. Paper presented at the Annual Meeting of the Southern Society of Philosophy and Psychology, 1979.

Bernardin, H. J./J. S. Kane (1980): A closer look at behavioral observation scales. In: PersPsych, 33 (1980), S. 809-814.

Bernardin, H. J./K. M. Alvarez/C. J. Cranny (1976): A recomparison of BES to summated scales. In: JAP, 61 (1976), S. 564-570.

Bernardin, H. J./L. Elliot/J. J. Carlyle (1980): A critical assessment of mixed standard rating scales. Paper presented at the Annual Meeting of the Academy of Management, Detroit (Mich.), August 1980.

Bernardin, H. J./P. C. Smith (1981): A clarification of some issues regarding the development and use of behaviorally-anchored rating scales (BARS). In: JAP, 66 (1981), S. 458-463.

Bernardin, H. J./R. L. Cardy/J. J. Carlyle (1982): Cognitive complextity and appraisal effectiveness: Back to the drawing board? In: JAP, 67 (1982) 2, S. 151-160.

Bernardin, H. J./R. W. Beatty (Hrsg.) (1984): Performance appraisal: Assessing human behavior at work. Boston 1984.

Bernhard, U. (1975): Wie wird der Mitarbeiter beurteilt? In: Personal - Mensch und Arbeit, 27 (1975) 2, S. 60 - 62.

Bernsdorf, W. (1969): Wörterbuch der Soziologie. 2., neubearb. u. erw. Aufl., Stuttgart 1969.

Berthel, J. (1973): Zielorientierte Unternehmungssteuerung. Die Formulierung operationaler Zielsysteme. Stuttgart 1973.

Berthel, J. (2000): Personal-Management: Grundzüge für Konzeptionen betrieblicher Personalarbeit. 6., überarb. u. erw. Aufl., Stuttgart 2000.

Berthel, J./H. E. Koch (1985): Karriereplanung und Mitarbeiterförderung. Sindelfingen/Stuttgart 1985.

Beste, Th. (1944): Was ist Leistung in der Betriebswirtschaftslehre. In: Zfhf, 38 (1944), S. 1-18.

Beuck, H. (1976): Begriff und Arten der betrieblichen Leistung. Diss. Mainz 1976.

Beyer, H.-Th. (1990): Personallexikon. München/Wien 1990.

Beyss, B. (1983): Akzeptanz neuer Personalbeurteilungssysteme. Einflußfaktoren der Akzeptanz bei der Komplementierung neuer Personalbeurteilungssysteme - Versuch einer Wirkungsanalyse. Mannheim 1983.

Bieding, F. (1979): Stellenbewertung und Personalbeurteilung. Bad Harzburg 1979.

Bieding, F. u. a. (1971): Leistungsbewertung und Leistungsentlohnung für Angestellte. Köln 1971.

Bierfelder, W. (1975): Mitarbeiterbeurteilung. In: HWB, 4., völlig neu gestalt. Aufl., hrsg. v. E. Grochla/W. Wittmann, Stuttgart 1975, Sp. 2678-2681.

Bierfelder, W. (1976): Mitarbeiterbeurteilung. In: Handwörterbuch des Öffentlichen Dienstes (HÖD), hrsg. v. W. Bierfelder, Berlin 1976, Sp. 997-1005.

Bittner, R. H./E. A. Rundquist (1950): The rank-comparison rating method. In: JAP, 34 (1950), S. 171-177.

Blakely, G. L. (1993): The Effects of Performance Rating Discrepancies on Supervisors and Subordinates. In: OBHDP, 54 (1993), S. 57-80.

Blanz, F. (1965): Mixed standard scale: A new merit rating method. Its development and use in industries. Diss. Helsinki 1965 (publiziert in: Finland's Institute of Technology, Scientific Research, No. 20).

Blanz, F./E. E. Ghiselli (1972): The mixed standard scale. A new rating system. In: PersPsych, 25 (1972) 2, S. 185-199.

Blasingame, M. C./K. R. Schneider/D. L. Hawk (1981): Performance appraisal bibliography of recent publications, 1981. Greenboro (N.C.): Center for Creative Leadership, 1981.

Blecher, E. (1988): Zahlungsbilanz. In: Wirtschaftslexikon, hrsg. v. A. Woll, 3., vollständig überarb. u. erw. Aufl., München/Wien 1988, S. 790-792.

Bloch, W. (1975): Leistungsbewertung. In: HWP, hrsg. v. E. Gaugler, Stuttgart 1975, Sp. 1164-1175.

Blood, M. R. (1974): Spin-offs from behavioral expectation scale procedures. In: JAP, 59 (1974) 4, S. 513-515.

Blum, M. L./J. C. Naylor (1968): Industrial psychology. A theoretical and social foundations. 3rd, rev. ed., New York 1968.

Blumenfeld, W. (1931): Urteil und Beurteilung. Leipzig 1931.

Boerger, M. (1977): Rollenanalytische Aspekte bei der Konzipierung von Mitarbeiterbeurteilungssystemen. In: Zeitschrift für Arbeitswissenschaft (ZfA), 31 (1977) 2, S. 87-90.

Boerger, M. (1980): Bürokratische Mitarbeiterbeurteilung und Beurteilungseffizienz. In: Zeitschrift für Organisation (ZfO), 49 (1980) 4, S. 207-211.

Boerger, M. (1982): Mitarbeiterbeurteilung. In: Handwörterbuch der Verwaltung und Organisation, hrsg. v. H. Streutz, Köln 1982, S. 275-284.

Boerger, M. (1983): Mitarbeiterbeurteilungssysteme als Instrumente der Organisationsführung. Modelle, Anforderungen, Voraussetzungen. In: Personalwesen als Managementaufgabe. Handbuch für die Personalpraxis. Hrsg. v. U. Spie, Stuttgart 1983, S. 149-159.

Bohle, M. (1977): Leistung, Erfolg und Leistungskonflikt in bürokratischen Organisationen. Ein empirischer Vergleich zwischen Beamten und Angestellten der Privatwirtschaft in der BRAD. Meisenheim 1977.

Böhm, W. (1988): Wörterbuch der Pädagogik. Begründet von W. Hehlmann, 13., überarb. Aufl., Stuttgart 1988.

Böhm-Bawerk, E. v. (1928): Wert. In: Handwörterbuch der Staatswissenschaften, 4., gänzlich umgearb. Aufl., hrsg. v. L. Elster/A. Weber/F. Wieser, Jena 1928, S. 988-1007 (mit einem Nachtrag von F. X. Weifs, S. 1007-1017).

Böhrs, H. (1961): Die menschliche Arbeitsleistung und die Möglichkeiten ihrer Messung. Zugleich ein Versuch zur Abgrenzung zwischen Betriebswirtschaftslehre und Arbeitswissenschaften. In: ZfB, 31 (1961) 11, S. 641-654.

Böhrs, H. (1976): Der Begriff der Leistung aus der Sicht der betrieblichen Arbeitswissenschaft. In: Handbuch der Sozialmedizin, Bd. III: Sozialmedizin in der Praxis. Hrsg. v. M. Blohnke u. a., Stuttgart 1976, S. 77-87.

Bolle, W. (1930): Leistungsbegriff und Leistungshöhe auf den höheren Schulen. In: Deutsches Philologenblatt, 38 (1930) 8, S. 113-117.

Bolte, K. M. (1979): Leistung und Leistungsprinzip. Zur Konzeption, Wirklichkeit und Möglichkeit eines gesellschaftlichen Gestaltungsprinzips. Opladen 1979.

Bonß, W./H. Dubiel (1987): Zwischen Feudalismus und Post-Industrialismus. Metamorphosen der Leistungsgesellschaft. In: Freibeuter, Nr. 32 („Thema: Leistung"), 1987, S. 45-56.

Borman, W. C. (1974): The rating of individuals in organizations. An alternate approach. In: OBHP, 12 (1974), S. 105-124.

Borman, W. C. (1979): Format and training effects on rating accuracy and rater errors. In: JAP, 64 (1979), S. 410-421.

Borman, W. C. (1986): Behavior-based rating scales. In: Performance assessment: Methods & applications. Hrsg. v. R. A. Berk, Baltimore/London 1986, S. 100-120.

Borman, W. C./L. M. Hough/M. D. Dunnette (1976): Development of behaviorally based rating scales for evaluating performance of U.S. Navy recruites. Technical Report TR-76-31, San Diego 1976.

Borman, W. C./M. D. Dunnette (1975): Behavior-based vs. trait-oriented performance rating. An empirical study. In: JAP, 60 (1975) 5, S. 561-565.

Borman, W. C./W. R. Vallon (1974): A view of what can happen when behavioral expectation scales are developed in one setting and used in another. In: JAP, 59 (1974) 2, S. 197-201.

Bosetzky, H. (1988): Mikropolitik. Machiavellismus und Machtkumulation. In: Mikropolitik. Rationalität, Macht und Sprache in Organisationen. Hrsg. v. W. Küpper/G. Ortmann, Opladen 1988, S. 27-37.

Bosetzky, H./P. Heinrich (1980): Mensch und Organisation. Aspekte bürokratischer Sozialisation. Eine praxisorientierte Einführung in die Soziologie und Sozialpsychologie der Verwaltung. Köln u. a. 1980.

Bouffier, W. (1950): Betriebswirtschaftslehre als Leistungslehre. Wien 1950.

Bouffier, W. (1956): Betriebswirtschaftslehre als Funktionen- und Leistungslehre. In: Funktionen- und Leistungsdenken in der Betriebswirtschaft. Hrsg. v. W. Bouffier, Wien 1956, S. 22-39.

Bouffier, W. (1967): Bewertung, Grundprinzipien der ... In: HWB, 3., völlig neubearb. Aufl., hrsg. v. H. Seischab/K. Schwantag, Stuttgart 1967, Sp. 1068-1072.

Bracht, J. (1977): Arbeitswissenschaft. Bielefeld/Köln 1977.

Brandstätter, H. (1970): Die Beurteilung von Mitarbeitern. In: Handbuch der Psychologie, Bd. 9: Betriebspsychologie. Hrsg. v. A. Mayer/B. Herwig, Stuttgart 1970, S. 668-734.

Bratschitsch, R. (1965): Das betriebswirtschaftliche Funktionen- und Leistungsdenken im Stufenbau der Wirtschaft. Wien 1965.

Braun, H. (1977): Leistung und Leistungsprinzip in der Industriegesellschaft. Soziale Normen im Wandel. Freiburg/München 1977.

Breisig, T. (1989): Personalbeurteilung als Führungsinstrument. Eine betriebliche Sozialtechnik: wie sie funktioniert - und wie man sie pariert. Berlin 1989.

Breisig, T. (1998): Personalbeurteilung - Mitarbeitergespräch - Zielvereinbarungen: Grundlagen, Gestaltungsmöglichkeiten und Umsetzung in Betriebs- und Dienstvereinbarungen. Frankfurt/M. 1998.

Brinkmann, G. (1984): Ökonomik der Arbeit, Bd. 3: Die Entlohnung der Arbeit. Stuttgart 1984.

Broadbent, D. E. (1977): The hidden preattentive processes. In: American Psychologist 32 (1977), S. 109-118.

Brodgen, H. E./E. K. Taylor (1950): The theory and classification of criterion bias. In: EPM, 10 (1950) 2, S. 159-186.

Brogden, H. E./E. K. Taylor (1950a): The Dollar criterion: Applying the cost accounting concept to criterion construction. In: PersPsych, 3 (1950), S. 133-154.

Brown, F. G. (1983): Principles of educational and psychological testing. 3. Aufl., New York u. a. 1983.

Brumback, G. B. (1972): A reply to Kanvanagh`s „The content issue in performance issue: A review". In: PersPsych, 25 (1972), S. 567-572.

Budäus, D./C. Dobler (1977): Theoretische Konzepte und Kriterien zur Beurteilung der Effektivität von Organisationen. In: Management International Review (MIR), 17 (1977) 3, S. 61-75.

Bühner, R. (1977): Messung des Erfolges von Organisationen unter Berücksichtigung situativer Einflußfaktoren. In: MIR, 17 (1977) 3, S. 51-59.

Burns, T. (1961): Micropolitics: Mechanismen of institutional change. In: Administrative Science Quaterly (ASQ), 6 (1961) 3, S. 257-281.

Burnsaka, R. F./T. D. Hollmann (1974): An empirical comparison of the relative effects of ratio response biases on three rating scale formates. In: JAP, 59 (1974) 3, S. 307-312.

Cahoon, A. R./M. J. Epstein (1972). Performance appraisal in management by objectives. In: Studies in Personnel Psychology, 4 (1972) 2, S. 35-44.

Campbell, J. P. (1983): Some possible implications of „modeling" for the conceptualization of measurement. In: Performance measurement and theory. Hrsg. v. F. Landy/S. Zedeck/J. Cleveland, Hillsdale (N.Y.)/ London 1983, S. 277-298.

Campbell, J. P./R. Pritchard (1976): Motivation theory in industrial and organizational psychology. In: Handbook of industrial and organizational psychology, hrsg. v. M. D. Dunnette, Chicago 1976, S. 63-130.

Campbell, J. P u. a. (1970): Managerial behavior, performance, and effectiveness. New York 1970.

Campbell, J. P. u. a. (1973): The development and evaluation of behaviorally based rating scales. In: JAP, 57 (1973) 1, S. 15-22.

Campbell, N. R. u. a. (1940): Final Report. In: Advancement of Science, o.Jg. (1940) 2, S. 331-349.

Cantor, N./W. Mischel (1977): Traits as prototypes: Effect on recognition memory. In: Jrnl of Personality and Social Psychology, 35 (1977) 1, S. 38-48.

Cantor, N./W. Mischel (1979): Prototypes in person perception. In: Advances in experimental social psychology, Vol. 12. Hrsg. v. L. Berkowitz, New York 1979, S. 3-52.

Capol, M. (1965): Die Qualifikation der Mitarbeiter als ganzheitliches Führungsmittel im industriellen Betrieb. Bern/Stuttgart 1965.

Carell, E. (1951): Allgemeine Volkswirtschaftslehre. 5., verb. u. erw. Aufl., München 1951.

Carnap, R. (1926): Physikalische Begriffsbildung. Karlsruhe 1926 (in der Fassung des unveränderten Nachdrucks von 1960).

Carroll, S. J./C. E. Schneier (1982): Performance appraisal and review systems. Measurement, and development of performance organizations. Glenview (Ill.)/London 1982.

Carroll, S. J./H. L. Tosi (1973): Management by objectives: Applications and research. New York 1973.

Cattell, R. B. (1957): Personality and motivation. Structure and measurement. New York 1957.

Caws, P. (1959): Definition and measurement in Physics. In: Measurement: Definitions and theories. Hrsg. v. C. W. Churchman/P. Ratoosh, New York/London 1959, S. 3-17.

Churchman, C. W./P. Ratoosh (Hrsg.) (1959): Measurement: Definitions and theories. New York/London 1959.

Churchman, C. W./R. L. Ackoff (1954): An approximate measure of value. In: Operations Research, Bd. 2 (1954), S. 172-187.

Cohen, B. M. (1972): A new look at performance appraisal: The specimen checklist. In: Management of Personnel Quarterly, (1972) Spring, S. 18-22.

Cooper, W. H. (1983): Internal homogeneity, descriptiveness and halo: Resurrecting some answers and questions about the structure of job performance rating categories. In: PersPsych, 36 (1983) 3, S. 489-502.

Cozan, L. W. (1959): Forced choice: Better than other methods? In: Personnel, 36 (1959) 3, S. 80-83.

Crisand, E./P. Stephan (1994): Personalbeurteilungssysteme. Ziele, Instrumente, Gestaltung. Heidelberg 1994.

Crocker, J. (1981): Judgment of covariation by social perceivers. In: PsychBull, 90 (1981) 2, S. 272-292.

Cronbach, L. J. (1971): Test validation. In: Educational measurement. Hrsg. v. R. L. Thorndike. 2. Aufl., Washington 1971, S. 443-507.

Curth, M. A./B. Lang (1991): Management der Personalbeurteilung. 2. Aufl., München 1991.

Daley, D. (1985): An examination of the MbO/Performance standards approach to employee evaluation: Attributes toward performance appraisal in Iowa. In: Review of Public Personnel Administration, 6 (1985) 1, S. 11-28.

DeCotiis, T. A. (1977): An analysis of the external validity and applied relevance of three rating formats. In: OBHP, 19 (1977), 2, S. 247-266.

DeCotiis, T. A. (1978): A critique and suggested revision of behaviorally anchored rating scales developmental procedures. In: EPM, 38 (1978) 3, S. 681-690.

DeCotiis, T. A./A. Petit (1978): The performance appraisal process: A model and some testable propositions. In: AMR, 3 (1978), S. 635-645.

DeNisi, A. S./K. J. Williams (1988): Cognitive approaches to performance appraisal. In: Research in personnel and human resources management: A research annual. Hrsg. v. G. R. Ferris/K. M. Rowland, Vol. 6, Greenwich (Conn.)/London 1988, S. 109-155.

DeNisi, A. S./T. Robbins/T. P. Cafferty (1989): Organization on information used for performance appraisals: Role of diary-keeping. In: JAP, 74 (1989) 1, S. 124-129.

DeNisi, A. S./T. P. Cafferty/B. M. Meglino (1984): A cognitive view of the performance appraisal process: A model and some research propositions. In: OBHP, 33 (1984) 3, S. 360-396.

Dickinson, T. L./P. M. Zellinger (1980): A comparison of the behaviorally anchored rating and mixed standard scale formats. In: JAP, 65 (1980), S. 147-154.

Diederich, H. (1966): Zur Theorie des Verkehrsbetriebes. In: ZfB, 36 II (1966), 1. Ergänzungsheft, S. 37-52.

DIN 2330 (1979): DIN-Normblatt 2330: Begriffe und Benennungen. Allgemeine Grundsätze. Berlin/Köln, März 1979.

Dipboye, R. L. (1985): Some neglected variables in research on discrimination in appraisals. In: AMR, 10 (1985) 1, S. 116-127.

Dirks, H. (1975): Mitarbeiterbeurteilung. In: HWP, hrsg. v. E. Gaugler, Stuttgart 1975, Sp. 1347-1355.

Domsch, M./T. J. Gerpott (1985): Verhaltensorientierte Beurteilungsskalen. Eine Analyse von Varianten eines Ansatzes zur Verbesserung der Methodik der Leistungsbeurteilung von Mitarbeitern. In: DBW, 45 (1985) 6, S. 666-680.

Domsch, M./T. J. Gerpott (1985a): Personalauswahl und Personalbeurteilung als Instrumente des Personal-Managements in industriellen Forschung & Entwicklung (F+E). Konzeptionelle Grundlagen, empirische Bestandsaufnahme zum Vorgehen der Praxis und Möglichkeiten der Weiterentwicklung. In: RKW-Handbuch „Forschung, Entwicklung, Konstruktion (F&E)", hrsg. v. H. Moll/H. J. Warnecke, Berlin, 15. Lfg. II/1985, Nr. 5200, S. 3-42.

Domsch, M./T. J. Gerpott (1987): Personalbeurteilung von Führungskräften. In: Handwörterbuch der Führung (HWFü), hrsg. v. A. Kieser/G. Reber/R. Wunderer, Stuttgart 1987, Sp. 1647-1656.

Domsch, M./T. J. Gerpott (1992): Personalbeurteilung. In: HWP. Hrsg. v. E. Gaugler/W. Weber, 2., vollst. überarb. Aufl., Stuttgart 1992, Sp. 1631-1641.

Domsch, M./T. J. Gerpott/E. Jochum (1983): Personalbeurteilung durch Gleichgestellte in industrieller Forschung und Entwicklung (F&E). In: Psychologie und Praxis, 27 (1983) 4, S. 173-182.

Donat, M. (1991): Selbstbeurteilung. In: Beurteilung und Förderung beruflicher Leistung. Hrsg. v. H. Schuler, Göttingen 1991, S. 135-145.

Dooher, M. J./V. Marquis (Hrsg.) (1950): Rating Employee and Supervisory Performance: A Manual of Merit Rating Techniques. New York 1950.

Dreitzel, H. P. (1975): Soziologische Reflexionen über das Elend des Leistungsprinzips. In: Sinn und Unsinn des Leistungsprinzips. Ein Symposion. Mit Beiträgen von A. Geldern u. a. 3., unveränd. Aufl., München 1975, S. 31-53.

Drucker, P. F. (1954): The practice of management. New York/Evanston 1954.

Drucker, P. F. (1974): Management: tasks, responsibilities, practices. New York 1974.

Drumm, H. J. (1989/2000): Personalwirtschaftslehre. 1. Aufl., Berlin u. a. 1989, 4., überarb. u. erw. Aufl., Berlin u. a. 2000.

Duden (1989): „leisten" und „Leisten". Aus: Duden. Etymologie. Herkunftswörterbuch der deutschen Sprache. 2., völlig neu bearb. u. erw. Aufl. von G. Droschowski, Mannheim/Wien/Zürich 1989, S. 415.

Dunnette, M. D. (1963): A note on the criterion. In: JAP, 47 (1963) 4, S. 251-254.

Dunnette, M. D./W. C. Borman (1979): Personnel selection and classification systems. In: Annual Review of Psychology, 30 (1979), S. 477-525.

Dworaczek, M. (1983): Performance appraisal: A bibliography. Monticello (Ill.) 1983.

Ebner, H./G. Krell (1991): Vorgesetztenbeurteilung. Eine Analyse individueller und organisatorischer Bedingungen. Oldenburg 1991.

Edgerton, H. A./L. E. Kolbe (1936): The method of minimum variation for the combination of criteria. In: Psychometrika, 1 (1936), S. 183-187.

Edwards, A. L. (1957): Techniques of attribute scale construction. New York 1957.

Ehrt, R. (1967): Die Zurechenbarkeit von Kosten auf Leistungen auf der Grundlage kausaler und finaler Beziehungen. Stuttgart u. a. 1967.

Einhorn, H. J./R. M. Hogarth (1978): Confidence in judgement. Persistence of the illusion of validity. In: PsychRev, 85 (1978) 5, S. 395-416.

Endruweit, J./G. Trommsdorff (1989): Wörterbuch der Soziologie. Stuttgart 1989.

Engelhardt, W. (1966): Grundprobleme der Leistungslehre, dargestellt am Beispiel der Warenhandelsbetriebe. In: ZfbF, 18 (1966), S. 158-178.

Engelmayer, O. (1970): Leistung. In: Pädagogisches Lexikon, Bd. 2, hrsg. v. W. Horney/J.P. Ruppert/W. Schultze, Gütersloh 1970, Sp. 272-275.

Engels, W. (1962): Betriebswirtschaftliche Bewertungslehre im Licht der Entscheidungstheorie. Köln/Opladen 1962.

Etzioni, A. (1960): Two approaches to organizational analysis. A critique and a suggestion. In: Administrative Science Quaterly (ASQ), 5 (1960), S. 257-278.

Eulberg, J. R. u. a. (1984): Performance constraints: A selective review of relevant literature (AFHRL-TP-83-48. Brookes AFB (Texas), Manpower Personnel Division, Air Force Human Resources Laboratory, 1984.

Eyer, E./Th. Haussmann (2001): Zielvereinbarung und variable Vergütung: ein praktischer Leitfaden - nicht nur für Führungskräfte. Wiesbaden 2001.

Fallgatter, M. J. (1996): Beurteilung von Lower Management-Leistung: Konzeptualisierung eines zielorientierten Verfahrens. Lohmar/Köln 1996.

Fallgatter, M. J. (1998): Konzept einer zielorientierten Leistungsbeurteilung: wieder nur leere Versprechungen in einer „never ending story"? In: Zeitschrift Führung und Organisation (ZFO), 67 (1998) 2, S. 79-84.

Fallgatter, M. J. (1998a): Beurteilung von Lower Management-Leistung. Ein zielorientiertes Verfahren. In: Personal - Zeitschrift für Human Resource Management, 50 (1998) 2, S. 80-86.

Feldman, J. M. (1972): Stimulus characteristics and subject prejudice as determinants of stereotype attribution. In: Jrnl of Personality and Social Psychology, 21 (1972) 3, S. 333-340.

Feldman, J. M. (1981): Beyond attribution theory: Cognitive processes in performance appraisal. In: JAP, 66 (1981) 2, S. 127-148.

Feldman, J. M. (1986): Instrumentation and training for performance appraisal: A conceptual-cognitive viewpoint. In: Research in personnel and human resource management. A research annual, Vol. 4. Hrsg. v. K. M. Rowland/G. R. Ferris, Greenwich/London 1986, S. 45-99.

Feldman, J. M./R. J. Hilterman (1975): Stereotype attribution revisted. The role of stimulus characteristics, racial attitude, and cognitive differentiation. In: Jrnl of Personality and Social Psychology, 31 (1975) 6, S. 1177-1188.

Fersch, J. M. (2002): Leistungsbeurteilung und Zielvereinbarungen in Unternehmen: Praxiserprobte Instrumente zur systemorientierten Mitarbeiterführung. Wiesbaden 2002.

Ferguson, L. W. (1947): The development of a method of appraisal for assistent managers. In: JAP, 31 (1947), S. 306-311.

Festinger, L. (1957): A theory of cognitive dissonance. Standford 1957.

Finley, D. M. u. a. (1977): Behaviorally based rating scales: Effects of specific anchors and disguised scale continua. In: PersPsych, 30 (1977) 4, S. 659-669.

Fischer, G. (1944): Betriebswirtschaftslehre. Eine Einführung. 3. Aufl., Leipzig 1944.

Fischer, G. (1964): Allgemeine Betriebswirtschaftslehre, Bd. 1: Die Betriebsführung. 10., unveränd. Aufl., Heidelberg 1964.

Fischer, R. (1975): Gefahren bei der Personalbeurteilung. In: Personal - Mensch und Arbeit, 27 (1975) 1, S. 8-11.

Fiske, D. W. (1951): Values, theory an the criterion problem. In: PersPsych, 4 (1951), S. 93-98.

Fivars, G. (1975): The critical incident technique: A bibliograhy. In: JSAS Catalog of Selected Documents in Psychology, 5 (1975), S. 210.

Flanagan, J. C. (1949): Critical requirements: A new approach to employee evaluation. In: PersPsych, 2 (1949), S. 419-425.

Flanagan, J. C. (1949a): A new approach to evaluating personnel. In: Personnel, 26 (1949), S. 35-42.

Flanagan, J. C. (1952): Principles and procedures in evaluating performance. In: Personnel, 28 (1952), S. 373-386.

Flanagan, J. C. (1954): The critical incident technique. In: PsychBull, 51 (1954) 4, S. 327-358.

Flanagan, J. C./R. K. Burns (1955): The employee performance record: A new appraisal and development tool. In: HBR, 33 (1955) 5, S. 95-102.

Fogli, L./C. L. Hulin/M. R. Blood (1971): Development of first-level behavioral job criteria. In: JAP, 55 (1971), S. 3-8.

French, W. L./R. W. Hollmann (1975): Management by objectives: The team approach. In: California Management Review, 17 (1975) 3, S. 13-22.

Frese, E. (1987) (unter Mitarbeit von H. Mensching und A. v. Werder): Unternehmensführung. Landsberg a. L. 1987.

Friderichs, H. (1974): Leistungsprinzip und Marktwirtschaft. In: Das Leistungsprinzip in unserer Zeit. Hrsg. v. REFA, Berlin/Köln/Frankfurt 1974, S. 31-34.

Fried, A./R. Wetzel/Ch. Baitsch (2000): Wenn zwei das Gleiche tun... Diskriminierungsfreie Personalbeurteilung. Zürich 2000.

Friedberg, E. (1988): Zur Politologie von Organisationen. In: Mikropolitik, Rationalität, Macht - die Sprache in Organisationen. Hrsg. W. Küpper/G. Ortmann, Opladen 1988, S. 39-52.

Friedman, B. A./E. T. Cornelius (1976): Effects of rater participation in scale construction on the psychometric characteristics of two rating scales formates. In: JAP, 61 (1976) 2, S. 210-216.

Friedrich, O. A. (1974): Das Leistungsprinzip in einer freiheitlichen Wirtschaftsordnung. In: Das Leistungsprinzip in unserer Zeit. Hrsg. v. REFA, Berlin/Köln/Frankfurt 1974, S. 9-18.

Friedrichs, J. (1985): Methoden der empirischen Sozialforschung. 13. Aufl., Opladen 1985.

Füllgrabe, U. (1980): Beurteilungsfehler und Beurteilungstraining. In: Handbuch der angewandten Psychologie, Bd. 1: Arbeit und Organisation. Hrsg. v. R. Neubauer/L. v. Rosenstiel, München 1980, S. 215-233.

Furck, C.-L. (1972): Das pädagogische Problem der Leistung in der Schule. 4., unveränd. Aufl., Weinheim u. a. 1972 (1. Aufl. 1961).

Fürstenberg, F. (1974): Das Leistungsprinzip im Brennpunkt gesellschaftspolitischer Auseinandersetzungen. In: Das Leistungsprinzip in unserer Zeit. Hrsg. v. REFA, Berlin/Köln/Frankfurt 1974, S. 75-87.

Fürstenberg, F. (1977): Einführung in die Arbeitssoziologie. Darmstadt 1977.

Gablenz-Kolakovic, S. u. a. (1981): Subjektive oder objektive Arbeitsanalyse. In: Zeitschrift für Arbeitswissenschaft (ZfA), 35 (7NF) (1981) 4, S. 217-220.

Gabler Wirtschaftslexikon (1988): Bd. 2. 12., vollst. neubearb u. erw. Aufl., Wiesbaden 1988, S. 98.

Gäfgen, G. (1972): Leistungsprinzip und Bedarfsprinzip in Wirtschaft und Gesellschaft. In: Leistungsgesellschaft und Mitmenschlichkeit. Hrsg. v. G. Gäfgen, Limburg 1972, S. 9-35.

Ganslmeier, H. (1995): Die freie Beurteilung. Forschungsbericht Nr. 2 des Jenenser Instituts für Personal- und Organisationsforschung (JIPO) an der Friedrich-Schiller-Universität Jena e.V. Jena 1995.

Gaugler, E. u. a. (1978): Leistungsbeurteilung in der Wirtschaft. Verfahren und Anwendung in der Praxis. Baden-Baden 1978.

Gaugler, E. u. a. (1981): Erprobung neuer Beurteilungsverfahren. Baden-Baden 1981.

Gaugler, E./G. Lay/W. Schilling (1979): Einführung und Auswertung von Leistungsbeurteilungssystemen. Betriebliche Ansätze und Erfahrungen. Baden-Baden 1979.

Gaylord, R. H./H. E. Brodgen (1964): Optimal weighting of unreliable criterion elements. In: EPM, 23 (1964), S. 529-533.

Gebauer, G. (1972): Leistung als Aktion und Präsentation. In: Sportwissenschaft, 2 (1972) 2, S. 182-203.

Gebauer, G./S. Braun (2000): Die Besten und die Tüchtigen: Nationale Repräsentation durch Sporteliten in Deutschland und Frankreich. In: An die

Spitze: Deutsche Eliten im sozialen Wandel. Hrsg. v. B. Krais, Konstanz 2000, S. 63-111.

Gehlen, A. (1975): Arbeiten - Ausrüsten - Ausnützen, Wesensmerkmale des Menschen. In: Sinn und Unsinn des Leistungsprinzips. Ein Symposion. Mit Beiträgen von A. Gehlen u. a., 3., unveränd. Aufl., München 1975, S. 7-19.

Geldmacher, E. (1927): Betriebswirtschaftslehre. Grundzüge des Rechnungswesens und des Aufbaues schaffenswirtschaftlicher Betriebe. Bd. 2, H. 4: „Wirtschaftskunde", 2. Aufl., Leipzig/Berlin 1927 (1. Aufl. 1924).

Geldmacher, E. (1929): Grundbegriffe und systematischer Grundriß des betrieblichen Rechnungswesens. In ZfbF, 23 (1929) 1, S. 1-27.

Georg, W./L. Kißler/U. Sattel (Hrsg.) (1985): Arbeit und Wissenschaft: Arbeitswissenschaft? Eine Einführung. Bonn 1985.

Gerpott, T. (1985): Training von Beurteilern zur Verbesserung von Leistungsbeurteilungsprozessen in Organisationen. Eine Bestandsaufnahme der empirischen Forschung. In: Psychologie und Praxis - Zeitschrift für Arbeits- und Organisationspsychologie, 29 (1985), S. 116-127.

Gerpott, T. (2000): 360-Grad-Feedback-Verfahren als spezielle Variante der Mitarbeiterbefragung. In: Handbuch Mitarbeiterbefragung. Hrsg. v. M. Domsch/D. Ladwig, Heidelberg 2000, S. 195-220.

Ghiselli, E. E. (1954): The forced-choice technique in self description. In: PersPsych, 7 (1954) 2, S. 201-208.

Ghiselli, E. E. (1956): Dimensional problems of criteria. In: JAP, 40 (1956) 1, S. 1-4.

Ghiselli, E. E./C. W. Brown (1955): Personnel and industrial psychology. 2. ed., New York/Toronto/London 1955.

Ghiselli E. E./M. Haire (1960): The valuation of selection tests in the light of the dynamic character of criteria. In: PersPsych, 13 (1960), S. 225-232.

Ghiselli E. E./J. P. Campbell/S. Zedeck (1981): Measurement theory for the behavior sciences. San Francisco 1981.

Glastetter, W. (1978): Zahlungsbilanz. In: Handwörterbuch der Volkswirtschaft, hrsg. v. W. Glastetter u. a., Wiesbaden 1978, Sp. 1723-1727.

Glöckner, P.-H. (1963): Das Finden von Begriffen. Einen erkenntnis-logische Untersuchung unter besonderer Berücksichtigung der Wirtschaftswissenschaften. Stuttgart 1963.

Goffman, E. (1959): The presentation of self in everyday. Gordon City (N.Y.) 1959.

Gold, E.-A. (1950): Die Überwachung der betrieblichen Leistung und ihre Bedeutung für eine zielbewußte Leistungsführung und zuverlässige Leistungsplanung. In: ZfbF, 2 (1950) 12, S. 583-591.

Goodale, J. G./R. J. Burke (1975): Behaviorally based rating scales need not be job specific. In: JAP, 60 (1975) 3, S. 389-391.

Gorer, G. (1964): Der Amerikaner. Eine Völkerpsychologische Studie. 6. Abdruck, Reinbeck 1964 (Original: The American. A study in national characters. London 1948).

Grabatin, G. (1981): Effizienz von Organisationen. Berlin 1981.

Greif, S. (1973): Messung als Interaktion zwischen Person und Meßinstrument. In: Kognitive Strukturiertheit. Theorie, Analyse, Befunde. Hrsg. v. T. B. Seiter, Stuttgart 1973, S. 63-69.

Griessl, A./H. van Gerven/J. Vermiert (2000): Grundlagen der Mitarbeiterbeurteilung: Qualifikationsprofile, Verfahrensweisen, Umgangsstrategien. Stuttgart 2000.

Grochla, E./M. K. Welge (1978): Zur Problematik der Effizienzbestimmung von Organisationsstrukturen. In: Elemente der organisatorischen Gestaltung. Hrsg. v. E. Grochla, Reinbek 1978, S. 191-210.

Grunow, D. (1976): Personalbeurteilung. Empirische Untersuchung von Personalbeurteilungssystemen in Wirtschaft und Verwaltung. Stuttgart 1976.

Guilford, J. P. (1975): Psychometric methods. 2. Aufl. (1971), repr. New York 1975 (ursprünglich 1954).

Guion, R. M. (1961): Criterion measurement and personnel judgements. In: PersPsych, 14 (1961) 1, S. 141-149.

Guion, R. M. (1965): Personnel testing. New York u. a. 1965

Gunneweg, A. H. J./W. Schmithals (1978): Leistung. Stuttgart u. a. 1978.

Gutenberg, E. (1926): Die Struktur der Bilanzwerte. In: ZfB, o. Jg. (1926), S. 497-511 und S. 598-614.

Gutenberg, E. (1983): Grundlagen der Betriebswirtschaftslehre, Bd. I: Die Produktion. 24., unveränd. Aufl., Berlin/Heidelberg/New York 1983.

Guttman, L. (1947): The Cornell technique for scale and intensity analysis. In: Educational and Psychological Measurement, 7 (1947), S. 247-249.

Gzuk, R. (1975): Messung der Effizienz von Entscheidungen. Tübingen 1975.

Haase, G. (1965): Persönliche Leistungsbewertung: Prinzip und Möglichkeiten ihrer Anwendung, insbesondere zur Bestimmung von Leistungszulagen. In: Betriebswirtschaftliche Forschung und Praxis (BFuP), 17 (1965) 4, S. 251-264.

Haberstock, L. (1975): Grundzüge der Kosten- und Erfolgsrechnung. München 1975.

Hack, L. (1966): Was heißt schon Leistungsgesellschaft? In: neue Kritik, 7 (1966), S. 23-32.

Hacker, W. (1986): Arbeitspsychologie: Psychische Regulation von Arbeitstätigkeiten. Bern/Stuttgart/Toronto 1986.

Hackstein, R. (1977): Arbeitswissenschaft im Umriß, Bd. 1: Gegenstand und Rechtsverhältnisse. Essen 1977.

Hager, J./K. Laan, van der (1979): Perspektiven der Leistungsbewertung im öffentlichen Dienst. In: Leistungsprinzip und Leistungsverhalten im öffentlichen Dienst. Hrsg. v. H. W. Hoefert/C. Reichard, Stuttgart 1979, S. 103-118.

Haire, M. (1960): Business is too important to be studied only by economists. In: American Psychologist, 15 (1960), S. 271-272.

Haller, H. (1972/73): Zur Diskussion über das Leistungsfähigkeitsprinzip. In: Finanzarchiv, (N.F.) Bd. 31 (1972/73), S. 461-494.

Hampp, R. (1985): Perspektivenwechsel in der Personalbeurteilungsforschung. In: Beurteilungspersonal. Perspektivenwechsel in der Personalbeurteilung. Mit Beiträgen v. R. Hampp u. a., Grosshesselohe 1985, S. 7-21.

Händel, W. (1969): Die wirtschaftliche Leistung als Bestimmungsfaktor der Marktstellung von Betrieben. Köln/Opladen 1969.

Harai, O./S. Zedeck (1973): Development of behaviorally anchored scales for the evaluation of faculty teaching. In: JAP, 58 (1973) 2, S. 261-265.

Hardenacke, H./W. Peetz/G. Wichardt (1985): Arbeitswissenschaft. München/ Wien 1985.

Haritz, J. (1974): Personalbeurteilung: Ist sie überfordert? Bemerkungen zum Problem der Funktionsüberlastung der Personalbeurteilung. In: Arbeit und Leistung, 28 (1974) 8, S. 204-206.

Harris, C. R./R. C. Heise, (1964): Tasks, not traits. The key to better performance review. In: Personnel, 41 (1964) 3, S. 60-64.

Hartfiel, G. (1976): Wörterbuch der Soziologie. 2., überarb. u. erg. Aufl., Stuttgart 1976.

Hartfiel, G. (Hrsg.) (1977): Das Leistungsprinzip. Merkmale - Bedingungen - Probleme. Opladen 1977.

Hartfiel, G. (1982): Wörterbuch der Soziologie. 3., überarb. u. erg. Aufl., Stuttgart 1982.

Hartmann, W. (1968): Leistung als pädagogisches Problem. Münsterische Beiträge zu pädagogischen Zeitfragen, hrsg. v. J. Speck, Heft 9, Münster 1968.

Hartshorne, H./M. A May, (1929): Studies in the nature of character. New York 1929.

Hatheyer, E. (1933): Der Leistungsbegriff in der Betriebswirtschaftslehre. In: Betriebswirtschaftliche Blätter, 4 (1933) 8, S. 281-292.

Hauschildt, J. (1977): Entscheidungsziele, Zielbildung in innovativen Entscheidungsprozessen. Tübingen 1977.

Hauser, E. (1967): Ergebnisbewertung im Personalwesen. Winterthur 1967.

Heckhausen, H. (1965): Leistungsmotivation. In: Handbuch der Psychologie, Bd. II. Hrsg. v. H. Thomae, Göttingen 1965, S. 603-702.

Heckhausen, H. (1974): Leistung und Chancengleichheit. Göttingen 1974.

Heckhausen, H. (1989): Motivation und Handeln. 2., völlig neu überarb. u. erg. Aufl., Berlin 1989.

Hehlmann, W. (1967): „Stichwort: Leistung". In: Hehlmanns Wörterbuch der Pädagogik. 8., neubearb. Aufl., Stuttgart 1967, S. 340-341.

Heid, H. (1973): Das Leistungsprinzip - strategischer Faktor gesellschafts- und bildungspolitischer Kontroversen. In: Die Deutsche Berufs- und Fachschule, 69 (1973) 12, S. 890-912.

Heinemann, K. (1972): Soziale Kosten in der Leistungsgesellschaft. In: Leistungsgesellschaft und Mitmenschlichkeit. hrsg. v. G. Gäfgen, Limburg 1972, S. 63-87.

Heinen, E. (1965): Der Kapitaleinsatz als Gegenstand der produktionstheoretischen Analyse. In: Jahrbücher für Nationalökonomie und Statistik, Bd. 178. Hrsg. v. F. Lütge/E. Preiser, Stuttgart 1965, S. 219-232.

Heinen, E. (1966): Das Zielsystem der Unternehmung. Wiesbaden 1966.

Heinen, E. (1969): Handelsbilanzen. 5. Aufl., Wiesbaden 1969.

Heinen, E. (1970): Betriebswirtschaftliche Kostenlehre. Kostentheorie und Kostenentscheidungen. 3., verb. Aufl., Wiesbaden 1970.

Heinrich, M./H. Erndt (1980): Zur Qualität betrieblicher Leistungsbeurteilungssysteme. Ergebnisse einer empirischen Untersuchung eines typischen Personalbeurteilungsverfahrens. Stuttgart 1980.

Heipcke, K. (1974): Leistungsmessung und Evaluation im Unterricht. In: Didaktik offener Curricula. Hrsg. v. A. Garlichs u. a., Weinheim/Basel 1974, S. 84-94.

Heipcke, K. (1975): Leistung und Aufgabe. Zur Kritik des Leistungsbegriffs in der Schule. In: Schulpädagogik. Hrsg. v. W. Potthoff, Freiburg/Basel/Wien 1975, S. 138-142.

Helfert, M. (1974): Zur Kritik des Leistungsprinzips. Leistungen der abhängig Beschäftigten und Leistungen des Kapitals. In: WSI-Mitteilungen, 27 (1974) 1, S. 2-16.

Helm, J./J. Froitzheim/H. Riesenkönig (1979): Beurteilen im Betrieb. Verfahren - Fehlerquelle - Perspektiven. Stuttgart 1979.

Heneman, R. L./K. W. Wexley (1983): The effects of time delay in rating and amount of information observed on performance rating accuracy. In: Academy of Management Journal (AMJ), 26 (1983) 4, S. 677-686.

Hentig, H. v. (1968): Systemzwang und Selbstbestimmung. Über die Bedingungen der Gesamtschule in der Industriegesellschaft. Stuttgart 1968.

Hentze, J. (1980): Arbeitsbewertung und Personalbeurteilung. Stuttgart 1980.

Hentze, J. unter Mitarbeit von Metzner, J. (1991): Personalwirtschaftslehre 1, 5., überarb. Auflage, Bern/Stuttgart 1991.

Henzel, F. (1942) Leistungsmessung und Leistungsvergleiche. In: ZfB, 19 (1942), S. 133-146.

Henzel, F. (1942a): Leistung und Gewinn. In: Leistungswirtschaft. Festschrift für Fritz Schmidt zum 60. Geburtstag. Hrsg. v. F. Henzel, Berlin/Wien 1942, S. 185-206.

Henzel, F. (1967): Kosten und Leistung. 4., neubearb. u. erw. Aufl., Essen 1967.

Henzler, R. (1942): Leistung und Lohn. In: Leistungswirtschaft. Festschrift für Fritz Schmidt. Hrsg. v. F. Henzel, Berlin/Wien 1942, S. 88-100.

Henzler, R. (1959): Die Ware als handelsbetrieblicher Leistungsfaktor. In: Handelsbetrieb und Marktforschung. Festschrift für C. Ruberg. Wiesbaden 1959, S. 141-147.

Henzler, R. (1959a): „Betriebswirtschaft". Bemerkungen zu den Grundbegriffen der Betriebswirtschaftslehre. In: ZfB, 29 (1959), S. 536-541.

Henzler, R. (1965): Versuch einer Analyse der Gesamtleistung von Handelsbetrieben. In: Beiträge zur Berufsbildung und Methode der Betriebswirtschaftslehre. Festschrift für Willy Bouffier. Hrsg. v. R. Bratschitsch/K. Vodrazka, Wien 1965, S. 33-37.

Herkner, W. (Hrsg.) (1980): Attribution - Psychologie der Kausalität. Bern/Stuttgart/Wien 1980.

Hilb, M. (1992): Ein Konzept zur Motivation und Entwicklung des Mitarbeiters: Die 360°-Leistungsbeurteilung. In: Die Förderung der Leistungsbereitschaft des Mitarbeiters als Aufgabe der Unternehmensführung. Hrsg. v. C. Lattmann/G. J. B. Probst/F. Tapernoux, Heidelberg 1992, S. 285-301.

Hilf, H. H. (1976): Einführung in die Arbeitswissenschaft. 2., erw. Aufl., Berlin/New York 1976.

Hilgenfeld, Ch. (1983): Wann sind Personalbeurteilungen „richtig"? In: Subjektorientierte Arbeits- und Berufssoziologie. Hrsg. v. K. M. Bolte/E. Treutner, Frankfurt/M. 1983, S. 198-224.

Hilgenfeld, Ch. (1985): Kontrolle ist gut - Vertrauen ist besser. das Ende der traditionellen Personalbeurteilungsforschung. In: Beurteilungspersonal. Perspektivenwechsel in der Personalbeurteilung. Mit Beiträgen v. R. Hampp u. a., Großhesselohe 1985, S. 119-152.

Hirt, H. (1968): „leisten". Aus: Etymologie der neuhochdeutschen Sprache. Darstellung des deutschen Wortschatzes in seiner geschichtlichen Entwicklung. Unveränd. Nachdruck der 1921 erschienenen 2., verb. u. vermehrten Aufl., München 1968, S. 250.

Hobson, C. J./F. W. Gibson (1983): Policy capturing as an approach to understanding and improving performance appraisal: A review of the literature. In: AMR, 8 (1983) 4, S. 640-649.

Hoefert, H.-W. (1979): Die Diskussion um das Leistungsprinzip - ein Prinzipienstreit. In: Leistungsprinzip und Leistungsverhalten im öffentlichen Dienst. Hrsg. v. H.-W. Hoefert/C. Reichard, Stuttgart u. a. 1979, S. 14-25.

Hofmaier, R. G. (1982): Personalwirtschaftliche Erfordernisse und Möglichkeiten effizienter Organisationsgestaltung. Struktur- und personenbezogene Gestaltungsimplikationen und Gestaltungsmaßnahmen als Voraussetzung effizienten Leistungsverhaltens. Diss. HBW München 1982.

Hofmann, F. (1980) (unter Mitarbeit von R. Bühner u. a.): Führungsorganisation, Bd. I: Ergebnisse der Forschung und Konzeption. Tübingen 1980.

Hofsommer, W. (1980): Personalbeurteilung als Kommunikationsproblem. In: Handbuch der angewandten Psychologie, Bd. 1. Arbeit und Organisation, hrsg. v. R. Neubauer/L. v. Rosenstiel, München 1980, S. 192-214.

Hom P. W. u. a. (1982): Effectiveness of performance feedback from behaviorally anchored rating scales. In: JAP, 67 (1982) 5, S. 568-576.

Hondrich, K. O. (1972): Demokratisierung und Leistungsgesellschaft. Macht- und Herrschaftswechsel als sozio-ökonomischer Prozeß. Stuttgart u. a. 1972.

Horst, P. (1936): Obtaining a composite measure from a number of different measures of the same attribute. In: Psychometrika, 1 (1936), S. 53-60.

Hotelling, H. (1935): The most predictable criterion. In: Jrnl of Educational Psychology, 26 (1935), S. 139-142.

Howell, R. A. (1967): A fresh look at Management by Objectives. In: Business Horizons, 10 (1967) 3, S. 51-58.

Hughes, G. L./E. P. Prien (1986): An evaluation of alternate scoring methods of the Mixed Standard Scale. In: PersPsych, 39 (1986) 4, S. 839-847.

Hujer, R./R. Cremer (1977): Grundlagen und Probleme einer Theorie der sozio-ökonomischen Messung. In: Wirtschaftliche Meßprobleme. Hrsg. v. H.-C. Pfohl/B. Rürup, Köln 1977, S. 1-22.

Humble, J. W. (1968): Improving business results. Maidenhead 1968.

Humble, J. W. (1969): Improving management performance: A dynamic approach to management by objectives. New rev. and enl. ed., London 1969.

Hummel, S./W. Männel (1978): Kostenrechnung I: Grundlagen, Aufbau und Anwendung. Wiesbaden 1978.

Hundt, D. (1965): Die Arbeitsplatz- und persönliche Bewertung als Kriterium zur Bestimmung des Leistungslohnes. Ergebnisse und Auswertungen einer Untersuchung in der chemischen Industrie. Bern/Stuttgart 1965.

Hunt, E. K./H. J. Sherman (1974): Ökonomie - Aus traditioneller und radikaler Sicht, Bd. 2. Frankfurt/M. 1974.

Ichheiser, G. (1930): Kritik des Erfolges. Eine soziologische Untersuchung. Leipzig 1930.

Ilgen, D. R. u. a. (1981): Supervisors and subordinate reactions to performance appraisal sessions. In: OBHP, 28 (1981) 3, S. 311-330.

Ilgen, D. R./J. L. Favero (1985): Limits in generalizing from psychological research to performance appraisal processes. In: AMR, 10 (1985) 2, S. 311-321.

Ilgen, D. R./J. M. Feldman (1983): Performance appraisal: A process focus. In: Research in organizational behavior. An annual series of analytical essays and critical reviews, Vol. 5. Hrsg. v. B. Staw/L. Cummings, Greenwich/London 1983, S. 141-197.

Ingenkamp, K.-H. (1964): Psychologische Tests für die Hand des Lehrers. 2./3., durchges. Aufl., Weinheim 1964.

Ingenkamp, K.-H. (Hrsg). (1972): Die Fragwürdigkeit der Zensurengebung. Texte und Untersuchungsberichte. 3., unveränd. Aufl., Weinheim 1972

Inn, A./C. L. Hulin/L. Tucker (1972): Three sources of criterion variance: Static dimensionality, dynamic dimensionality, and individual dimensionality. In: OBHP 8 (1972) 1, S. 58-83.

Isard, E. S. (1956): The relationship between item ambiguity and discriminating power in a forced-choice scale. In: JAP, 40 (1956) 4, S. 266-268.

Isele, S. (1991): Managerleistung: messen - beurteilen - honorieren. Zürich 1991.

Ivancevich, J. M. (1980): A longitudinal study of behavioral expectation scales: Attitudes and performance. In: JAP, 65 (1980) 2, S. 139-146.

Ivancevich, J. M. u. a. (1978): Goal setting: The Tenneco approach to personnel development and management effectiveness. In: Organizational Dynamics, 6 (1978) 3, S. 58-80.

Ivancevich, J. M./J. H. Donnelly/H. L. Lyon (1970): A study of the impact of management by objectives on perceived need satisfaction. In: Pers Psych, 23 (1970), S. 139-151.

Ivancevich, J. M./J. H. Donnelly/J. L. Gibson (1975): Evaluating MBO: The challenges ahead. In: Management by Objectives, 4 (1975) 3, S. 15-24.

Jäckel, P. (1986): Messung und Interpretation hyperordinaler Strukturen in einer Dimension. Überlegungen zu den Grundproblemen des Messens im Bereich zwischen ordinalem und quantifizierendem Niveau. München 1986.

Jacobs, R./D. Kafry/S. Zedeck (1980): Expectations of behaviorally anchored rating scales. In: PersPsych, 33 (1980) 3, S. 595-640.

Jaeger-Weise, C. (1987): Lumpazis Gruselkabinett. Über Muße und Leistung. In: Freibeuter, Nr 32 („Thema: Leistung"), 1987, S. 64-68.

James, L. R. (1973): Criterion models and construct validity for criteria. In: Psych Bull, 80 (1973) 1, S. 75-83.

Janich, P. (1979): Möglichkeiten und Grenzen quantitativer Methoden. In: Methodenprobleme der Wissenschaft vom gesellschaftlichen Handeln. Hrsg. v. J. Mittelstraß, Frankfurt/M. 1979, S. 370-383.

Jaques, E. (1961): Equitable payment. A general theory of work, differential payment and individual progress. London/Melbourne/Toronto 1961.

Jaworski, B. M./A. A. Detlaf (1972): Physik griffbereit. Definitionen, Gesetze, Theorien. Braunschweig 1972.

Jenkis, H. W. (1980): Leistung - ein inhumaner Anspruch? Zum Ursprung und zur Kritik des Leistungsprinzips. Frankfurt/M. 1980.

Jochum, E. (1987): Gleichgestelltenbeurteilung. Führungsinstrument in der industriellen Forschung und Entwicklung. Stuttgart 1987.

Jones, E. E./K. E. Davis (1965): From acts to dispositions: The attribution process in person perception. In: Advances in experimental social psychology, Vol. 2. Hrsg. v. L. Berkowitz, New York/London 1965, S. 219-266.

Jouvenel, B. de (1972): Jenseits der Leistungsgesellschaft. Elemente sozialer Vorausschau und Planung. 2., unveränd. Aufl., Freiburg 1972.

Jurgenson, C. E. (1949): A fallacy in the use of median scale values in employee check-lists. In: JAP, 33 (1949) 1, S. 56-58.

Jurgenson, C. E. (1955): Item weights in employee rating scales. In: JAP, 39 (1955) 5, S. 305-307.

Justen, R. (1971): Mitarbeiterbeurteilung. Objektive Beurteilung nach analytischer Methode. Stuttgart 1971.

Kahnemann, D. (1973): Attention and effort. New York 1973.

Kalbfuss, H. (1973): Lebenskonflikte in der Leistungsgesellschaft. Freiburg 1973.

Kallmann, A. (1979): Skalierung in der empirischen Forschung. München 1979.

Kaminski, G. (1963): Die Beurteilung unserer Mitmenschen als Prozeß. In: Bericht über den 23. Kongress der Deutschen Gesellschaft für Psychologie in Würzburg 1962, hrsg. v. G. Lienert, Göttingen 1963, S. 51-67

Kane, J. S. (1984): Performance distribution assessment: A new breed of appraisal methodology. In: Performance appraisal: Assessing human behavior an work. Hrsg. v. H. J. Bernardin/R. W. Beatty, Boston 1984, S. 325-341.

Kane, J. S. (1986): Performance distribution Assessment. In: Performance assessments: Methods & applications. Hrsg. v. R. A. Berk, Baltimore/ London 1986, S. 237-273.

Kane, J. S./E. E. Lawler (1979): Performance appraisal effectiveness: It's assessment and determinants. In: Research in organizational behavior, Vol. 1. Hrsg. v. B. M. Staw, Greenwich 1979, S. 425-478.

Kane, J. S./H. J. Bernardin (1982): Behavioral observation scales and the evaluation of performance appraisal effectiveness. In: PersPsych, 35 (1982) 3, S. 635-642.

Kane, J. S./K. A. Freeman (1986): MBO and performance appraisal: A mixture that's not a solution, Part 1. In: Personnel, 63 (1986) 12, S. 26-36.

Kane, J. S./K. A. Freeman (1987): MBO and performance appraisal: A mixture that's not a solution, Part 2. In: Personnel, 64 (1987) 2, S. 26-32.

Kanning, U. P. (1999): Die Psychologie der Personenbeurteilung. Göttingen 1999.

Kavanagh, M. J. (1971): The content issue in performance appraisal: A review. In: PersPsych, 24 (1971), S. 653-668.

Kavanagh, M. J. (1973): Rejoinder to Brumback: „The context issue in performance appraisal". In: PersPsych, 26 (1973), S. 163-166.

Kay, B. R. (1959): The use of critical-incidents in a forced-choice scale, In: JAP, 43 (1959), S. 269-270.

Kay, E./H. H. Meyer/J. R. P. French (1965): Effects of threal in a performance appraisal interview. In: JAP, 49 (1965), S. 311-317.

Kearney, W. J. (1976): The value of behaviorally-based performance appraisals. In: Business Horizons, 19 (1976) 3, S. 75-83.

Kearney, W.J. (1979): Behaviorally anchored rating scales: MBO's missing ingredient. In: Personnel Journal, 58 (1979) 1, S. 20-25.

Keaveny, I. J./A. F. McGrann (1975): A comparison of behavioral expectation scales and graphic rating scales. In: JAP, 60 (1975) 6, S. 695-703.

Kelley, H. H. (1967): Attribution theory in social psychology. In: Nebraska Symposion on motivation, Vol. 15. Hrsg. v. D. Levine, Lincoln 1967, S. 192-238.

Kelley, H. H. (1973): The process of casual attribution. In: American Psychologist, 28 (1973), S. 107-128.

Kelley, H. H./J. L. Michela (1980): Attribution and research. In: Annual Review of Psychology, 31 (1980), S. 457-501.

Kern, W. (1962): Die Messung industrieller Fertigungskapazitäten und ihre Ausnutzung. Grundlagen und Verfahren. Köln/Opladen 1962.

Kilger, W. (1958): Produktions- und Kostentheorie, Wiesbaden 1958.

King, L. M./J. E. Hunter/F. L. Schmidt (1980): Halo in a multidimensional forced-choice performance evaluation scale. In: JAP, 65 (1980) 5, S. 507-516.

Kingstrom, P. O./A. R. Bass (1981): A critical analysis of studies comparing behaviorally anchored rating scales (BARS) and other rating formats. In: PersPsych, 34 (1981) 2, S. 263-289.

Kirchner, W./M. D. Dunnette (1957): Identifiying the critical factors in successful salesmanship. In: Personnel, 34 (1957) 2, S. 54-59.

Klafki, W. (1964): Das pädagogische Problem der Leistung und Leibeserziehung. In: Pädagogische Rundschau, 18 (1964), S. 829-846.

Klimecki, R. G./M. Gmür (2001): Personalmanagement: Strategien - Erfolgsbeiträge - Entwicklungsperspektiven. 2., neubearb. u. erw. Aufl., Stuttgart 2001.

Kloidt, H. (1964): Grundsätzliches zum Messen und Bewerten in der Betriebswirtschaft. In: Organisation und Rechnungswesen. Festschrift für E. Kosiol. Hrsg. v. E. Grochla, Berlin 1964, S. 283-303.

Kloock, J. (1989): Leistungsverrechnung, innerbetriebliche. In: Lexikon der Betriebswirtschaft, hrsg. v. W. Lück, 3. Aufl., Landsberg a.L., S. 692-693.

Kloock, J./G. Sieben/Th. Schildbach (1976): Kosten- und Leistungsrechnung. Tübingen/Düsseldorf 1976.

Kluge, F. (1967): „Leist(en)" und „leisten". Aus: Etymologisches Wörterbuch der deutschen Sprache. 20. Aufl., bearb. von W. Mitzka, Berlin 1967, S. 435.

Kluth, H. (1965): Amtsgedanke und Pflichtethos in der Industriegesellschaft. In: Hamburger Jahrbuch für Wirtschafts- und Gesellschaftspolitik. Hrsg. v. H.-D. Ortlieb/B. Moliter, Tübingen, 10 (1965), S. 11-22.

Knauft, E. B. (1948): Construction and use of weighted checklist rating scales for two industrial situations. In: JAP, 32 (1948), S. 63-70.

Knebel, H. (1974): Leistungsbewertung in der Bewährung. In: Personal - Mensch und Arbeit, 26 (1974) 6, S. 243-246.

Knebel, H. (1988/1999): Taschenbuch für Personalbeurteilung. Mit Beurteilungsbogen aus der Praxis. 7., neub. u. erw. Aufl. Heidelberg 1988 (ebenso 10, überarb. Aufl. 1999).

Koch, H. (1975): Die Betriebswirtschaftslehre als Wissenschaft vom Handel. Die Handlungstheoretische Konzeption der mikroökonomischen Analyse. Tübingen 1975.

Kolbinger, J. (1960): Leistungsidee, Geschichte der... In: HWB, 3., völlig neu bearb. Aufl., Hrsg. v. H. Seischab/K. Schwantag, Stuttgart 1960, Sp. 3777-3788.

Kondrasuk, J. N. (1981): Studies in MBO effectiveness. In: AMR, 6 (1981) 3, S. 419-430.

Koontz, H. (1971): Appraising managers as managers. New York 1971.

Koontz, H. (1972): Making managerial appraisal effective. In: California Management Review, 15 (1972) 2, S. 46-55.

Koontz, H. (1977): Making MBO effective. In: California Management Review, 20 (1977) 1, S. 5-13.

Kosiol, E. (1958): Kritische Analyse der Wesensmerkmale des Kostenbegriffs. In: Betriebsökonomisierung durch Kostenanalyse, Absatzrationalisierung und Nachwuchserziehung. Festschrift für R. Seyffert. Hrsg. v. E. Kosiol/F. Schlieper, Köln/Opladen 1958, S. 7-37.

Kosiol, E. (1964): Kostenrechnung. Wiesbaden 1964.

Kosiol, E. (1976): Pagatorische Bilanz. Die Bewegungsbilanz als Grundlage einer integrativ verbundenen Erfolgs-, Bestands- und Finanzrechnung. Berlin 1976.

Kosiol, E. (1979): Kosten- und Leistungsrechnung: Grundlagen, Verfahren, Anwendungen. Berlin/New York 1979.

Kozlowski, S. W. J./Ford, J. K. (1991): Rater Information Acquisition Processes: Tracing the Effects of Prior Knowledge, Performance Level, Search Constraint, and Memory Demand. In: OBHDP, 49 (1991), S. 282-301.

Kressler, H. (1989): Leistungsbeurteilung von Managern. Voraussetzungen, Ziele, Systeme, Training, Kommunikation, Fallbeispiele. Wien 1989.

Kressler, H. (2001): Leistungsbeurteilung und Anreizsysteme: Motivation, Vergütung, Incentives. Frankfurt/Wien 2001.

Kruger, J./H. Möller/W.-U. Meyer (1983): Das Zuweisen von Aufgaben verschiedener Schwierigkeit: Auswirkungen auf Leistungsbeurteilung und Affekt. In: Zeitschrift für Entwicklungspsychologie und Pädagogische Psychologie, 15 (1983) 4, S. 280-291.

Kuhn, A. (1990): Unternehmensführung. München 1990.

Kupke, E. (1943): Vom Schätzen des Leistungsgrades. Ein Beitrag zur systematischen Ausbildung von Zeitstudienmännern im Industriebetrieb. Charlottenburg 1943.

Küpper, W./G. Ortmann (1986): Mikropolitik in Organisationen. In: DBW, 46 (1986), S. 590-602.

Küpper, W./G. Ortmann (Hrsg.) (1988): Mikropolitik. Rationalität, Macht und Sprache in Organisationen. Opladen 1986.

Lacho, K. J./G. K. Stearns/M. F. Villere (1979): A study of employee appraisal systems of mayor cities in the United States. In: Public Personnel Management, 8 (1979)2, S. 111-125.

Lahey, M. A./F. E. Saal (1981): Evidence incompatible with a cognitive compability theory of rating behavior. In: JAP, 66 (1981) 6, S. 706-715

Lamprecht, H. (1964): Erfolg und Gesellschaft. Kritik des quantitativen Denkens. München 1964.

Landy, F. J./D. A. Trumbo (1976): Psychology of work behavior. Homewood (Ill.)/Georgetown 1976.

Landy, F. J./J. L. Farr (1980): Performance rating. In: PsychBull, 87 (1980), S. 72-107.

Landy, F. J./J. L. Farr (1983): The measurement of work performance: Methods, theory and applications. New York u. a. 1983.

Langen, H. (1954): Zum betriebswirtschaftlichen Wertebegriff. In: ZfbF, 6 (1954), S. 538-542.

Larson, J. P. (1985): Role memory in the performance-evaluation process: With special reference to diary keeping. In: Psychological Reports, 57 (1985) 3, Pt. 1, S. 775-782.

Latham, G. P. (1986): Job performance and appraisal. In: international review of industrial and organizational psychology. Hrsg. v. C. Cooper/I. Robertson, Chichester 1986, S. 117-155.

Latham, G. P./C. H. Fay/L. M. Saari (1979): The development of behavioral observation scales for appraising the performance of foreman. In: PersPsych, 32 (1979), S. 299-311.

Latham, G. P./G. A. Yukl (1975): A review of research on the application of goal setting in organizations. In: Academy of Management Journal (AMJ), 18 (1975), S. 824-845.

Latham, G. P./K. N. Wexley (1977): Behavioral observation scales for performance appraisal purposes. In: PersPsych, 30 (1977), S. 255-268.

Latham, G. P./K. N. Wexley (1981): Increasing productivity trough performance appraisal. Reading (Mass.) 1981.

Lattmann, C. (1975): Leistungsbeurteilung als Führungsmittel. Zwecke und Aufgaben von Qualifikationssystemen. Bern/Stuttgart 1975.

Lawler, E. E. (1983): Pay and organization development. 2nd ed., repr. with corrections, Reading (Mass.) 1983.

Lawshe, C. H./A. D. McGinley (1951): Job performance criteria studies: I. The job performance of proofreaders. In: JAP, 35 (1951), S. 316-320.

Lawshe, C. H./N. C. Kephart/E. J. McCormick (1949): Paired comparison technique for rating performance of industrial employees. In: JAP, 33 (1949) 1, S. 69-77.

Lazer, R. I./W. S. Wikstrom (1977): Appraising managerial performance: Current practices and future direction. New York Conference Board 1977.

Lehmann, M. R. (1937): Planvolles Rechnen in Betrieb und Gruppe. Ein Beitrag zur Wertschöpfungs- und Wirtschaftlichkeitsrechnung. Berlin 1937.

Lehmann, M. R. (1939): Der Leistungsgedanke in der Marktordnung. Ein Beitrag zur Frage der gerechten Preisbemessung zwischen hintereinandergeschalteten Wirtschaftszweigen. In: ZfbF, 33 (1939) 2, S. 57-64.

Lehmann, M. R. (1942): Die betriebliche Leistung und ihre Beurteilung. In: Leistungswirtschaft. Festschrift für Fritz Schmidt. Hrsg. v. F. Henzel, Berlin/Wien 1942, S. 7-25.

Lehmann, M. R. (1954): Leistungsmessung durch Wertschöpfungsrechnung. Essen 1954.

Lenk, H. (1971): Notizen zur Rolle des Sportes und der Leistungsmotivation in einer künftigen Gesellschaft. In: Leibeserziehung, 20 (1971), 3, S. 82-87.

Lenk, H. (1976): Sozialphilosophie des Leistungshandelns: Das humanisierte Leistungsprinzip in Produktion und Sport. Stuttgart 1976.

Lessmann, K. G. (1980): Personalbeurteilung als Instrument der Führungskräfteentwicklung. Diss. Essen 1980.

Levine, E. L./J. Weitz (1971): Relationship between task difficulty and the criterion: Should we measure early or late? In: JAP, 55 (1971), S. 512-520.

Levinson, H. (1970): Management by whose objectives? In: HBR, 48 (1970) 4, S. 125-134.

Levinson, H. (1976): Appraisal of what performance? In: HBR: 54 (1976) 4, S. 30-46, S. 160.

Lexer, M. (1964): Stichwort „leisten". Aus: Mittelhochdeutsches Taschenwörterbuch. 31. Aufl. mit Nachtrag, Leipzig 1964, S. 124.

Lichtenstein-Rother, J. (1964): Das Problem der Leistung in der Schule. In: Die Deutsche Schule, 56 (1964) 9, S. 469-485.

Lichtenstein-Rother, J. (1968): Das Problem der Leistung in der Schule. In: Theorie der Schule. Versuch einer Grundlegung. Hrsg. v. H. Böhrs, Frankfurt/M. 1968, S. 75-94.

Lichtenstein-Rother, J./F. Denig (1970): Leistung, Leistungsbeurteilung in der Schule. In: Lexikon der Pädagogik, Bd. 3. Hrsg. Willmann-Institut, München/Wien, Neue Ausgabe, Freiburg i. Br. 1970, S. 85-87.

Liebel, H. J./R. Walter (1978): Personalbeurteilung als Führungsmittel. Eine Umfrage in Wirtschaft und öffentlicher Verwaltung. In: Führungspsychologie. Theoretische und empirische Beiträge. Hrsg. v. H. Liebel, Göttingen 1978, S. 155-188.

Liebel, H. J./W. A. Oechsler (Hrsg.) (1987): Personalbeurteilung. Neue Wege der Leistungs- und Verhaltensbewertung. Bamberg 1987.

Lienert, G. A. (1969): Testaufbau und Testanalyse. 3., erg. Aufl., Weinheim/Berlin/ Basel 1969.

Littek, W./W. Rammert/G. Wachtler (Hrsg.) (1982): Einführung in die Arbeits- und Industriesoziologie. Frankfurt/New York 1982.

Locher, A. H./K. S. Teel (1977): Performance appraisal: A survey of current practices. In: Personnel Journal, 56 (1977) 5, S. 245-247, 254.

Locke, E. A. u. a. (1981): Goal setting and task performance: 1969-1980. In: Psych Bull, 90 (1981), S. 125-152.

Löffelholz, J. (1955): Der Wert als Problem der Betriebwirtschaft. In: Gegenwartsprobleme der Betriebswirtschaft. Festschrift zum 70. Geburtstag von W. le Coutre. Hrsg. v. F. Henzel, 1955, S. 25-39.

Lohaus, D. (1998): Kontexteffekte bei der Leistungsbeurteilung. Hamburg 1998.

Lohmann, M. (1943): Rezension von: „Henzel, F., Leistungswirtschaft - Festschrift für Fritz Schmitz, Berlin/Wien 1942". In: ZfbF, 37 (1943), S. 71-76.

Lohmann, M. (1964): Einführung in die Betriebswirtschaftslehre. 4., neubearb. Aufl., Tübingen 1964.

Loitlsberger, E. (1956): Der Zusammenhang zwischen Leistungsdenken und Wirtschaftlichkeitsdenken im Betriebe. In: Österreichischer Betriebswirt, 6 (1956) 4, S. 165-193.

London, M./R. W. Neatty (1993): 360-degree feedback as a competitive advantage. In: Human Resource Management, 32 (1993) special issue, S. 353-372.

Longenecker, C. O./H. P. Sims/D. A. Gioia (1987): Behind the mask: The politics of employee appraisal. In: Academy of Management Executive, 1 (1987) 3, S. 183-193.

Lopez, F. M. (1968): Evaluating employee performance. Chicago 1968.

Lord, R. G. (1985): Accuracy in behavioral measurment: An alternative definition based on raters' cognitive scheme and signal detection theory. In: JAP, 70 (1985) 1, S. 66-71.

Lord, R. G. (1985a): An information processing approach to social perceptions, leadership and behavioral measurement in organisations. In: Research in organizational behavior: A research annual. Hrsg. v. B. M. Staw/L. L. Cummings, Vol. 7, Greenwich (Conn.)/London 1985, S. 87-128.

Lorentz, S. (1932): Der betriebswirtschaftliche Leistungsbegriff. In: ZfB, 9 (1932), S. 372-378.

Lorson, H. N. (1996): Mikropolitik und Leistungsbeurteilung: Diskussion mikropolitischer Aspekte am Beispiel merkmalsorientierter Einstufungsverfahren. Lohmar/Köln 1996.

Lücke, W. (1965): Probleme der quantitativen Kapazität in der industriellen Erzeugung. In: ZfB, 35 (1965), S. 354-369.

Lücke, W. (1973): Produktions- und Kostentheorie. 3., unveränd. Aufl., Würzburg/Wien 1973.

Lueger, G. (1992): Die Bedeutung der Wahrnehmung bei der Personalbeurteilung. Zur psychischen Konstruktion von Urteilen über Mitarbeiter. München/Mering 1992.

Lueger, G. (1996): Personalarbeit und Wahrnehmung oder: Der Mythos vom objektiven Beurteiler. In: Personalmanagement – Führung - Organisation. Hrsg. v. H. Kasper/W. Mayrhofer, 2. Aufl., Wien 1996, S. 421-449.

Luhmann, N. (1972): Funktion und Folgen formaler Organisation. 2. Aufl., Berlin 1972.

Lurse, K./A. Stockhausen (2001): Manager und Mitarbeiter brauchen Ziele. Führen mit Zielvereinbarungen und variable Vergütung. Neuwied 2001.

Lutz, B. (1977): Krise des Lohnanreizes. In: Das Leistungsprinzip. Merkmale - Bedingungen - Probleme. Hrsg. von G. Hartfiel, Opladen 1977, S. 226-243. (Auszug aus: B. Lutz: Krise des Lernanreizes. Ein empirisch historischer Beitrag zum Wandel der Formen betrieblicher Herrschaft am Beispiel der deutschen Stahlindustrie. Köln/Frankfurt 1974.)

Mackensen, L. (1985): „Leisten" und „leisten". Aus: Ursprung der Wörter. Etymologisches Wörterbuch der deutschen Sprache. München 1985, S. 239.

MacKinney, A. C. (1967): The assessment of performance change: An inductive example. In: OBHP, 13 (1967) 2, S. 56-72.

Maier, W. (1991): Kontrolle und Subjektivität in Unternehmen. Eine organisationspsychologische Untersuchung. Opladen 1991.

Markus, B./H. Schuler (2001): Leistungsbeurteilung. In: Lehrbuch der Personalpsychologie, hrsg. v. H. Schuler, Göttingen 2001, S. 397 – 431.

Marr, R./G. Schultes-Jaskolla (1984): Mitarbeiterbeurteilung. In: Management-Enzyklopädie. Das Managementwissen unserer Zeit, Bd. 6. 2. Aufl., Landsberg a. L. 1984, S. 922-943.

Matschke, M. J. (1993): Lenkungspreise. In: HWB, hrsg. v. W. Wittmann u. a., 5., völlig neu gest. Aufl., Stuttgart 1993, Sp. 2581-2594.

Mattessich, R. (1959): Messung, Vorausberechnung und Buchhaltungsmodelle. In: ZfhF, 11 (1959), S. 179-194.

Mattessich, R. (1962): Zum Problem der Messung und statistischen Fehlerschätzung im betrieblichen Rechnungswesen. In: Management International Review (MIR), 2 (1962) 2, S. 45-53.

Mattessich, R. (1970): Messung und Bewertung. In: HWR, hrsg. von E. Kosiol, Stuttgart 1970, Sp. 1105-1110.

McClelland, D. C. (1966): Die Leistungsgesellschaft. Psychologische Analyse der Voraussetzungen wirtschaftlicher Entwicklung. Stuttgart 1966.

McConkie, M. L. (1979): A clarification of the goal-setting and appraisal processes in MBO. In: AMR, 4 (1979), S. 29-40.

McCormick, E. J./W. K. Roberts (1952): Paired comparison ratings, 2: The reliability of ratings based on partial pairings. In: JAP, 36 (1952), S. 188-192.

McCormick, E. J./J. A. Bachus (1952): Paired Comparision Ratings, 1: The effect of ratings of reductions in the number of pairs. In: JAP, 36 (1952), S. 123-127.

McGregor, D. (1960): The human side of enterprise. New York 1960.

McGregor, D. (1957): An uneasy look of performance appraisal. In: HBR, 35 (1957) 3, S. 89-94.

Mellerowicz, K. (1944): Allgemeine Betriebswirtschaftslehre, Berlin o.J. [1944].

Mellerowicz, K. (1952): Wert und Leistung im Betrieb. Essen 1952.

Mellerowicz, K. (1960): Leistung. In: HWB, 3., völlig neu bearb. Aufl., hrsg. von H. Seischab/K. Schwantag, Stuttgart 1960, Sp. 3774-3776.

Mellerowicz, K. (1973): Kosten und Kostenrechnung. Berlin/New York 1973.

Menrad, S. (1975): Kosten und Leistung. In: HWB, 4., völlig neu gestalt. Aufl., hrsg. von E. Grochla/W. Wittmann, Stuttgart 1975, Sp. 2280-2290.

Merton, R. U. (1968): Social theory and social structure. Enl. ed., New York/London 1968.

Meyer, H. H. (1951): Methods for scoring a check-list type rating scale. In: JAP, 35 (1951), S. 46-49.

Meyer, H. H./E. Kay/J. French (1965): Split roles in performance appraisal. In: HBR, 43 (1965) 1, S. 123-129.

Meyer, W.-V./F. Försterling (1993): Die Attributionstheorie. In: Theorien der Sozialpsychologie. Bd. 1: Kognitive Theorien. Hrsg. v. D. Frey/M. Ivle, 2., vollst. überarb. u. erw. Aufl., Bern u .a. 1993, S. 175-216.

Migliore, R. H. (1983): An MBO approach to long-range planning. Englewood Cliffs (N.Y.) 1983.

Mikl-Horke, G. (1988): Einführung in die Arbeitspsychologie. 2., erg. Aufl., München/Wien 1988.

Mitscherlich, A. (1973): Vom Protest zum Leistungsverfall. In: Merkur, H. 214, 1973, S. 365-380.

Moews, D. (1981): Kosten und Leistung. In: HWR, 2., völlig neu gestalt. Aufl., hrsg. von E. Kosiol/Kl. Chmielewicz/M. Schweitzer, Stuttgart 1981, Sp. 1114-1126.

Momburg, M. (1939): Leistungsmessung im Betriebe. Möglichkeiten und Grenzen. Berlin 1939.

Morrison, R. F./H. Maher (1958): Matching indeces for use in forced-choice scale construction. In: JAP, 42 (1958), S. 399-403.

Moser, H. (1972): Leistungsprinzip. Ökonomische Kategorie und soziale Norm. In: Die Deutsche Schule, 64 (1972) 4, S. 202-212.

Moser, K./J. Zempel/D. Schultz-Amling (2000): Strategische Elemente in Leistungsbeurteilungen. In: Zeitschrift Führung + Organisation (ZFO), 69 (2000) 4, S. 218-225.

Moths, E./M. Wulf-Mathies (1973): Des Bürgers teure Diener. Bürokratie ohne Leistungszwang. Eine empirische Untersuchung über die Voraussetzungen für eine Reform von Regierung und Verwaltung. Karlsruhe 1973.

Mount, M. K./Thompson, D. E. (1987): Cognitive categorization and quality of performance ratings. In: JAP, 72 (1987) 2, S. 240-246.

Muckler, F. A. (1982): Evaluating productivity. In: Human performance and productivity: Human capability assessment. Hrsg. v. M. D. Dunnette/ E. A. Fleishman, Hillsdale (N.J.) 1982, S. 13-47.

Müller, M. M. (1974): Leistungsbewertung von Führungskräften. Entwicklung und Anwendung eines neuen Modells. Bern/Stuttgart 1974.

Müller, M. M. (1974a): Leistungsbewertung von Führungskräften. Darstellung eines Modells. In: Management Zeitschrift - Industrielle Organisation, 43 (1974) 5, S. 227-230.

Müller, M. M. (1975): Leistungsbewertung ja - Persönlichkeitsbewertung - nein! In: Management Zeitschrift - Industrielle Organisation, 44 (1975) 10, S. 475-478.

Müller, S. (1981): Tests und andere Prüfverfahren. In: Handwörterbuch der Betriebspsychologie. Hrsg. v. D. G. v. Beckerath/P. Sauermann/G. Wiswede, Stuttgart 1981, S. 350-354.

Mummendey, H. D./Bolten, H.-G. (1993): Die impression-management-Theorie. In: Theorien der Sozialpsychologie. Bd. 3: Motivations- und Informationsverarbeitungstheorien. Hrsg. v. D. Frey/M. Ivle, 2., vollst. überarb. u. erw. Aufl., Bern u. a. 1993, S. 57-78.

Mungenast, M. (1990): Grenzen merkmalsorientierter Einstufungsverfahren und ihre mögliche Überwindung durch zielorientierte Verfahren. München 1990.

Murphy, K. R. (1991): Criterion Issues in Performance Appraisal Research: Behavioral Accuracy versus Classification Accuracy. In: OBHDP, 50. (1991), S. 45-50.

Murphy, K. R./J. I. Constans (1987): Behavioral anchors as a source of bias in rating. In: JAP, 72 (1987) 4, S. 573-577.

Murphy, K. R./C. Martin/M. Garcia (1982): Do behavioral observation scales measure observation? In: JAP, 67 (1982), S. 562-567.

Musgrave, R. A./P. B. Musgrave (1980): Public finance in theory and practice. 3. Aufl., Tokyo 1980.

Nagle, B. F. (1953): Criterion development. In: PersPsych, 6 (1953) 3, S. 271-288.

Nathan, B./R. A. Alexander (1985): The role of inferential accuracy in performance rating. In: AMR, 10 (1985) 1, S. 109-115.

Nathan, B. R./R. G. Lord (1983): Cognitive categorization and dimensional schemata: A process approach to the study of halo in performance ratings. In: JAP; 68 (1983) 1, S. 102-114.

Nawroth, E. (1968): Die Sozial- und Wirtschaftphilosophie des Neoliberalismus. Tübingen 1968.

Neckel, S. (1987): Das neue Leistungsprinzip: Bluffen, Täuschen und Verstellen. In: Freibeuter, Nr. 32 (Thema: "Leistung"), 1987, S. 81-88.

Neckel, S. (2001): Leistung und Erfolg: Die symbolische Ordnung der Marktgesellschaft. In: Gesellschaftsbilder im Umbruch: Soziologische Perspektiven in Deutschland. Hrsg. v. E. Barlösius/H. P. Müller/S. Sigmund, Opladen 2001, S. 245-265.

Nell-Breuning, O. v. (1932): Wert. In: Staatslexikon, Bd. 5. Hrsg. v. H. Sader, Freiburg i. Br. 1932, Sp. 1214-1224.

Nerdinger, F. W. (2001): Formen der Beurteilung in Unternehmen: Anforderungen, Verfahren, Anwendungen. Weinheim/Basel 2001.

Neuberger, O. (1976): Führungsverhalten und Führungserfolg. Berlin 1976.

Neuberger, O. (1980): Rituelle (Selbst-) Täuschung. Kritik der irrationalen Praxis der Personalbeurteilung. In: DBW, 40 (1980) 1, S. 27-43.

Neuberger, O. (1981): Was haben Beurteilungssysteme bis heute gebracht? Eine kritische Bestandsaufnahme. In: Elemente der Personalentwicklung in der Diskussion. Bestandsaufnahme und Trends für die 80er Jahre. Hrsg. v. U. Schäkel/J. D. Thiele. Düsseldorf 1981, S. 3-40.

Neuberger, O. (1984): Organisationspsychologie: Personalbeurteilung. In: Psychologische Begutachtung: Problemfelder und Praxisberichte. Hrsg. v. H. A. Hartmann/R. Haubl, München 1984, S. 277-305.

Neuberger, O. (1988): Sprache in Organisationen, Organisationen als Sprache. In: Mikropolitik. Rationalität, Macht und Sprache in Organisationen. Hrsg. v. W. Küpper/G. Ortmann, Opladen 1988, S. 53-86.

Neuberger, O. (1990): Personalpraxis im Spannungsfeld von Objektivität, Intersubjektivität und Subjektivität. In: Zeitschrift für Personalforschung, 4 (1990) 1, S. 21 - 36.

Neuberger, O. (1995): Mikropolitik. Der alltägliche Aufbau und Einsatz von Macht in Organisationen. Stuttgart 1995.

Neuberger, O. (2000): Das 360°-Feedback: Alle fragen? Alles sehen? Alles sagen? München/Mering 2000.

Neuberger, O. (2001): Das Mitarbeitergespräch: Praktische Grundlagen für erfolreiche Personalarbeit. 5., durchges. Aufl., Leonberg 2001.

Neuhaus, E. (1973): Zum pädagogischen Leistungsbegriff. In: Schulleistung und Leistungsschule. Hrsg. von J. Lichtenstein-Rother, 2., durchgeseh. Aufl., Bad Heilbrunn 1973, S. 7-11.

Nicklisch, H. (1939): Leistung. In: HWB, 2. [veränd.] Aufl., hrsg. von H. Nicklisch, Stuttgart 1939, Sp. 867-874.

Nienhüser, W. (1989): Die praktische Nutzung theoretischer Erkenntnisse in der Betriebswirtschaftslehre. Probleme der Entwicklung und Prüfung theoretischer Aussagen. Stuttgart 1989.

Nieschlag, R./E. Dichtl/H. Hörschgen (1971): Marketing. Ein entscheidungstheoretischer Ansatz. 4., neubearb. und erw. Aufl., Berlin 1971.

Norman, D. A./Bobrow, D. G. (1975): On data-limited and resource-limited processes. In: Cognitive Psychology 7 (1975), S. 44-64.

Nutzhorn, H. (1965): Leitfaden der Personalbeurteilung. Berlin 1965.

O'Connor u. a. (1984): Situational constraint effects on performance, affective reactions and turnover: A field replication and extension. In: JAP, 69 (1984), S. 663-672.

Oberg, W. (1972): Make performance appraisal relevant. In: HBR, 50 (1972) 1, S. 61-67.

Oberparleiter, K. (1955): Funktionen und Risiken des Warenhandels, 2. Aufl., Wien 1955.

Odiorne, G. S. (1965): Management by objectives: A system of managerial leadership. New York/Toronto/London 1965.

Oechsler, W. A. (1987): Personalführung durch tätigkeitsbezogene Leistungsbewertung. In: Personalbeurteilung. Neue Wege der Leistungs- und Verhaltensbewertung. Hrsg. von H. Liebel u. W. A. Oechsler, Bamberg 1987, S. 11-88.

Oechsler, W. A. (2000): Personal und Arbeit: Grundlagen des Human Resource Managements und der Arbeitgeber-Arbeitnehmer-Beziehungen. 7., grundlegend überarb. und erw. Auflage, München/Wien 2000.

Oetting, G. (1951): Beitrag zur Klärung des betriebswirtschaftlichen Kapazitätsbegriffs und zu den Möglichkeiten der Kapazitätsmessung. Diss. Mannheim 1951.

Offe, C. (1977): Leistungsprinzip und industrielle Arbeit. Mechanismen der Statusverteilung in Arbeitsorganisationen der industriellen „Leistungsgesellschaft". 5. Aufl., Frankfurt/Köln 1977 (1. Aufl. 1970).

Offe, C. (1977a): Leistungsprinzip und industrielle Arbeit. In: Das Leistungsprinzip. Merkmale - Bedingungen - Probleme. Hrsg. von G. Hartfiel, Opladen 1977, S. 102-118.

Olbrich, E. (1981): Die Beurteilung von Mitarbeitern. In: Die Psychologie des 20. Jahrhunderts, Bd. XIII: Anwendung im Berufsleben - Arbeits- Wirtschafts- und Verkehrpsychologie, hrsg. von Fr. Stoll, Zürich 1981, S. 258-283.

Orth, B. (1974): Einführung in die Theorie des Messens. Stuttgart u. a. 1974.

Patton, A. (1972): Bewertung der Leistung von Führungskräften. In: Rationalisierung, 23 (1972) 10, S. 262-267.

Paulsen, A. (1969): Allgemeine Volkswirtschaftslehre, Bd. III: Produktionsfaktoren. 6., erg. Aufl., Berlin 1969.

Paulsen, A. (1970): Allgemeine Volkswirtschaftslehre, Bd. I: Grundlegung, Wirtschaftskreislauf. 9. Aufl., Berlin 1970.

Pausenberger, E. (1962): Wert und Bewertung. Stuttgart 1962.

Pearlman, K. (1980): Job families: A review and discussion of their implications for personnel selection. In: PersPsych, 87 (1980), S. 1-28.

Peel, E. A. (1947/48): Prediction of a complex criterion and battery reliability. In: British Jrnl of Psychology, Statistical Section, 1 (1947/48), S. 84-94.

Peters, L. H. u. a. (1982): The joint influence of situational constraints and goal setting on performance and affective outcomes. In: Journal of Management, 31 (1982), S. 7-20.

Peters, L. H. u. a. (1984): The relationship between time pressure and performance: A field test of Parkinson's Law. In: Jrnl of Occupational Behavior, 5 (1984) 4, S. 293-299.

Peters, L. H./C. D. Fisher/E. J. O'Connor (1982): The moderating effect of situational control of performance variance on the relationship between individual differences and performance. In: PersPsych, 35 (1982), S. 609-621.

Peters, L. H./E. J. O'Connor/J. R. Eulberg (1985): Situational constraints: Sources, consequences, and future considerations. In: Research in personnel and human resources management, Vol. 3. Hrsg. von K. Rowland/ G. Ferris, 1985, S. 79-113.

Peters, L. H./E. J. O'Connor (1980): Situational constraints and work outcomes: The influence of a frequently overlooked construct. In: AMR, 5 (1980) 3, S. 391-397.

Pillhofer, G. (1982): Leistungsbeurteilung in den USA. Die Evolution eines personalwirtschaftlichen Instruments. Krefeld 1982.

Porter, L. W./E. E. Lawler/J. R. Hackman (1975): Behavior in Organizations. New York u. a. 1975.

Preißler, P. R. (1988): Controlling: Lehrbuch und Intensivkurs. 2., unwesentl. veränd. Aufl., München u. a. 1988.

Prien, E. P./M. Kult (1968): Analysis of performance criteria and comparison of a priori and empirically derived keys for a forced-choice scoring. In: PersPsych, 21 (1968), S. 505-513.

Prion, W. (1936): Die Lehre vom Wirtschaftsbetrieb (Allgemeine Betriebswirtschaftslehre), 3. Buch: Der Wirtschaftsbetrieb als Betrieb (Arbeit), Berlin 1936.

Pulakos, E. D./K. N. Wexley (1983): The ratings in manager subordinate dyads. In: Academy of Management Journal (AMJ), 26 (1983), S. 129-139.

Pümpin, C. (1982): Management strategischer Erfolgspositionen. Das SEP-Konzept als Grundlage wirkungsvoller Unternehmungsführung. Bern/Stuttgart 1982.

Pym, D. (1973): The politics and ritual of appraisals. In: Jrnl of Occupational Psychology, 47 (1973), S. 231-235.

Pyszczynski, T. A./J. Greenberg (1981): The role of disconfirmed expectations in the instigation of attributional processing. In: Jrnl of Personality and Social Psychology, 40 (1981) 1, S. 31-38.

Raia, A. P. (1965): Goal setting and self-control. An empirical study. In: The Journal of Management Studies, 2 (1965) 1, S. 34-53.

Raia, A. P. (1974): Managing by objectives. Evanston(Ill.)/Brighton 1974.

Rak, D. (1971): Einige Grundprobleme des betrieblichen Beurteilungswesens. In: Psychologische Beiträge, 13 (1971), S. 89-115.

Raschke, H. (1967): Normalverteilung und betriebstypische Häufigkeitsverteilung. In: Mensch und Arbeit, 19 (1967) 1, S. 16-18.

Raschke, H. (1977): Taschenbuch für Personalbeurteilung. Mit Beurteilungsbogen und Lexikon der Beurteilungsbegriffe. 5., durchges. Aufl., Heidelberg 1977.

Reddin, W. J. (1971): Effective management by objectives: The 3-D method of MBO. New York u. a. 1971.

Redel, W. (1982): Kollegienmanagement. Effizienzaussagen über Einsatz und interne Gestaltung betrieblicher Kollegien. Bern/Stuttgart 1982.

REFA(-Verband für Arbeitsstudien und Betriebsorganisation e.V.) (1978): Methodenlehre des Arbeitsstudiums, Teil 2: Datenermittlung. 6. Aufl., München 1978.

Reichard, C. (1979): Personalentwicklung. In: Leistungsprinzip und Leistungsverhalten im öffentlichen Dienst. Hrsg. v. H. W. Hoefert/C. Reichard, Stuttgart 1979, S. 174-199.

Reichard, C. (1983): Plädoyer für den Verzicht auf formale Personalbeurteilungen. In: Verwaltungsführung-Organisation-Personalwesen, 5 (1983) 4, S. 195-199.

Reichwald, R. (1977): Arbeit als Produktionsfaktor. Ein kritischer Grundlagenbeitrag zur betriebswirtschaftlichen Produktionstheorie. München/Basel 1977.

Reimann, H. (1974): Pro und Contra zum Leistungsprinzip. In: Das Leistungsprinzip in unserer Zeit. Hrsg. v. REFA, Berlin/Köln/Frankfurt 1974, S. 89-99.

Reinecke, P. (1983): Vorgesetztenbeurteilung. Ein Instrument partizipativer Führung und Organisationsentwicklung. Köln u. a. 1983.

Reinermann, H./H. Unland (Hrsg.) (1997): Die Beurteilung. Vom Ritual zum Personalmanagement. Baden Baden 1997.

Richardson, M. W. (1949): An empirial study of the forced-choice performance report. In: American Psychologist, 4 (1949), S. 278-279.

Richardson, M. W. (1949a): Forced-choice performance reports: A modern merit-rating method. In: Personnel, 26 (1949) 3, S. 205-212.

Richardson, M. W. (1950): Forced-choise performance reports. In: Rating employee and supervisory performance. A manual of merit-rating techniques. Hrsg. v. M. J. Dooher/V. Marquis, New York 1950.

Richardson, M. W. (1951): Note on Travers'critical review of the forced-choice technique. In: PsychBull, 48 (1951), S. 435-438.

Ridder, H. G. (1999): Personalwirtschaftslehre. Stuttgart 1999.

Riebel, P. (1979): Zum Konzept einer zweckneutralen Grundrechnung. In: ZfbF, 31 (1979), S. 785-798.

Rieger, W. (1964): Einführung in die Privatwirtschaftslehre. 3., unveränd. Aufl., Erlangen 1964 (1. Aufl. 1928).

Riehle, D. (1996): Personalbeurteilung vor dem Hintergrund sozialer Kategorisierungsprozesse. Lengerich u. a. 1996.

Rischin, M. (Hrsg.) (1965): The American gospel of success. Chicago 1965.

Ritsert, J./E. Becker (1971): Grundzüge sozialwissenschaftlich-statistischer Argumentation. Eine Einführung in statistische Methoden. Opladen 1971.

Rohmert, W. (1973): Arbeitswissenschaft I (Umdruck zur Vorlesung), TH Darmstadt 1973.

Rosch, E. (1973): On the internal structure of perceptual and semantic categories. In: Cognitive elements and the acquisation of language. Hrsg. v. T. E. Moore, New York 1973, S. 111-144.

Rosch, E. (1978): Principles of categorization. In: Cognition and categorization. Hrsg. v. E. Rosch/B. B. Lloyd, Hillsdale (N.J.) 1978, S. 27-48.

Rosenstiel, L. v. (1975): Die motivationalen Grundlagen des Verhaltens in Organisationen - Leistung und Zufriedenheit. Berlin 1975.

Rosinger, G. u. a. (1982): Development of a behaviorally-based performance appraisal system. In: PersPsych, 35 (1982) 1, S. 75-88.

Ross, L. (1977): The intuitive psychologist and his shortcommings: Distortions in the attribution process. In: Advances in experimental social psychology, Vol. 10. Hrsg. v. L. Berkowitz, New York 1977, S. 173-220.

Rowland, V. K. (1958): Improving managerial performance. New York 1958.

Rowland, V. K. (1960): Setting Standards of performance for first-line management. In: Personell 28 (1960) 9/10, S. 27 - 37.

Rowland, V. K. (1970): Evaluating and improving managerial performance. New York u. a. 1970.

Ruberg, C. (1939): Absatzförderung im Einzelhandel. Leistungssteigerung in Klein- und Mittelbetrieben. Wiesbaden 1939.

Rübling, G. (1988): Verfahren und Funktionen der Leistungsbeurteilung in Unternehmen. Konstanz 1988.

Ruf, W. (1955): Die Grundlagen eines betriebswirtschaftlichen Wertbegriffs. Bern 1955.

Rummel, K. (1941): Der Leistungsbegriff im Zeitstudienwesen. In: Archiv für das Eisenhüttenwesen, 15 (1941) 6, S. 295-299.

Rutenfranz, J. (1985): Arbeitsphysiologie. In: Arbeitsmedizin, Bd. 1: Arbeitsphysiologie und Arbeitshygiene. Grundlage für Prävention und Begutachtung. Mit Beiträgen von H. Valentin u. a., 3. neubearb. u. erw. Aufl., Stuttgart/New York 1985, S. 22-144.

Saal, F. E. (1979): Mixed standard scales: A consistent system for numerically coaching unconsistent response combinations. In: JAP, 64 (1979), S. 422-428.

Saal, F. E./F. J. Landy (1977): The mixed standard rating scale: An evaluation. In: OBHP, 18 (1977) 1, S. 19-35.

Saal, F. E./R. G. Downey/M. A. Lahey (1980): Rating the ratings: Assessing the psychometric quality of rating data. In: PsychBull, 88 (1980) 2, S. 413-428.

Sanchez, J. J./P. De La Torre (1996): A Second Look at the Relationship Between Rating and Behavioral Accuracy in Performance Appraisal. In: JAP, 81 (1996) 1, S. 3-10.

Sauser, W. I./S. B. Pond (1981): Effects of rater training and participation on cognitive complexity: An exploration of Schneier's cognitive reinterpretation. In: PersPsych, 34 (1981) 3, S. 563-577.

Schäfer, E. (1963): Produktionswirtschaft und Absatzwirtschaft. In: ZfbF, 15 (1963), S. 537-548.

Schäfer, H./P. Novak (1976): Begriffe der Leistung und ihre Bedeutung für die Medizin. In: Handbuch der Sozialmedizin, Bd. III: Sozialmedizin in der Praxis. Hrsg. v. M. Blohnke u. a., Stuttgart 1976, S. 66-77.

Schettgen, P. (1992): Über den Hinter-Sinn der Mitarbeiterbeurteilung: Eine Kritik aus unternehmenskultureller Perspektive. In: Handbuch Mitarbeiterbeurteilung. Hrsg. v. R. Selbach/K.-H. Pullig, Wiesbaden 1992, S. 107-141.

Schettgen, P. (1996): Arbeit, Leistung, Lohn. Analyse- und Bewertungsmethoden. Stuttgart 1996.

Schiefele, H./A. Krapp (1981): Handlexikon der Pädagogischen Psychologie. München 1981.

Schittek, W. (1970): Verschiedene Maßstäbe zur Beurteilung von Personal. In: Mensch und Arbeit, 22 (1970) 3, S. 261-264.

Schlaffke, W. (1974): Die Kritik an der Leistungsgesellschaft. In: Das Leistungsprinzip in der Industriegesellschaft. Hrsg. von H. Heckhausen/C. Graf v. Krockow/W. Schlaffke, Köln 1974, S. 61-108.

Schlenker, B. R. (1980): Impression management. The self-concept, social identity and interpersonal relations. Monterey (Calif.) 1980.

Schmale, H. (1983): Psychologie der Arbeit. Stuttgart 1983.

Schmalenbach, E. (1925): Grundlagen dynamischer Bilanzlehre. 3. Aufl., Leipzig 1925 (Reprint 1974).

Schmalenbach, E. (1926): Dynamische Bilanz. 4. Aufl., Leipzig 1926.

Schmalenbach, E. (1934): Selbstkostenrechnung und Preispolitik. 6., erw. Aufl., Leipzig 1934.

Schmalenbach, E. (1948): Dynamische Bilanz. 10., durchges. Aufl., Bielefeld u. a. 1948.

Schmalenbach, E. (1963): Kostenrechnung und Preispolitik. 8., erw. u. verb. Aufl., bearb. v. R. Bauer, Köln/Opladen 1963.

Schmaltz, K. (1927): Leistung und Leistungswert. In: HWB, hrsg. v. H. Nicklisch, Stuttgart 1927, Sp. 1156-1158.

Schmidt, F. (1935): Der Leistungslohn. In: ZfB, 12 (1935), S. 15-33.

Schmidt, F. L./L. B. Kaplan (1971): Composite vs. multiple criteria: A review and resolution of the controversy. In: PersPsych, 24 (1971) 3, S. 419-434.

Schmidtke, H. (1981): Der Leistungsbegriff in der Ergonomie. In: Lehrbuch der Ergonomie. Hrsg. v. H. Schmidtke, 2., bearb. u. erg. Aufl., München/Wien 1981, S. 105-111.

Schmölders, G. (1975): Leistungsprinzip und „Qualität des Lebens". In: Sinn des Unsinn des Leistungsprinzips. Ein Symposion. Mit Beiträgen von A. Gehlen u. a., 3., unveränd. Aufl., München 1975, S. 20-30.

Schnauber, H. (1979): Arbeitswissenschaft. Braunschweig/Wiesbaden 1979.

Schneider, D. (1987): Allgemeine Betriebswirtschaftslehre. 3., neu bearb. u. erw. Aufl., München/Wien 1987

Schneider, E. (1969): Industrielles Rechnungswesen - Grundlagen und Grundfragen. 5. Aufl., unveränd. Nachd. der 2., völlig neu bearb. Aufl., Tübingen 1969.

Schneider, W./R. M. Shiffrin (1977): Controlled and automatic human information, I: Detection, search, and attention. In: PsychRev, 84 (1977) 1, S. 1-66.

Schneier, C. E. (1977): Operational utility and psychometric characteristics of behavioral expectations scales: A cognitive reinterpretation. In: Journal of Applied Psychology, 62 (1977), S. 541-548.

Schneier, C. E./R. W. Beatty (1979): Integrating behaviorally-based and effectiveness-based methods, Part I: Appraisal, objectives, problems and formats. In: Personnel Administrator, 24 (1979) 7, S. 65-78.

Schneier, C. E./R. W. Beatty (1979a): Integrating behaviorally-based and effectiveness-based methods, Part II: Developing behaviorally anchored rating scales (BARS). In: Personnel Administrator, 24 (1979) 8, S. 59-70.

Schneier, C. E./R. W. Beatty (1979b): Combining BARS and MBO: Using an appraisal system to diagnose performance problems. In: Personnel Administrator, 24 (1979) 9, S. 51-62.

Schnotz, W. (1994): Aufbau von Wissensstrukturen. Untersuchungen zur Kohärenzbildung beim Wissenserwerb mit Texten. Weinheim 1994.

Schoeck, H. (1971): Ist Leistung unanständig? Osnabrück 1971.

Schoeck, H. (1977): Ist Leistung unanständig? In: Das Leistungsprinzip. Merkmale - Bedingungen - Probleme. Hrsg. v. G. Hartfiel, Opladen 1977, S. 166-177.

Schoeck, H. (1988): Ist Leistung unanständig? Nun auch noch: „Das Recht auf Faulheit". Asendorf 1988.

Schott, G. (1951): Betriebswirtschaftliche Kennzahlen. In: ZfbF, 3 (1951) 12, S. 563-573.

Schuler, H. (1978): Leistungsbeurteilung in Organisationen. In: Organisationspsychologie. Hrsg. v. A. Mayer, Stuttgart 1978, S. 137-169.

Schuler, H. (1980): Mitarbeiterbeurteilung und Leistungsbewertung. In: Grundbegriffe der Wirtschaftspsychologie. Gesamtwirtschaft - Markt - Organisation - Arbeit. Hrsg. v. C. Graf Hoyos u. a., München 1980, S. 177-187.

Schuler, H. (1982) Beurteilen als Messen und Interpretieren. In: Psychologie in Wirtschaft und Verwaltung. Praktische Erfahrungen mit organisationspsychologischen Konzepten. Hrsg. v. H. Schuler/W. Stehle, Stuttgart 1982, S. 83-100.

Schuler, H. (1984): Geurteilung und Auswahl von Wissenschaftlern und Ingenieuren in der industriellen Forschung und Entwicklung. In: Personal-Management in der industriellen Forschung und Entwicklung (F&E). Hrsg. v. M. Domsch/E. Jochum, Köln u. a. 1984, S. 165-181.

Schuler, H. (1989): Leistungsbeurteilung. In: Organisationspsychologie. Enzyklopädie der Psychologie D/III/3, hrsg. v. E. Roth, Göttingen 1989, S. 393-430.

Schuler, H. (1991): Leistungsbeurteilung - Funktionen, Formen und Wirkungen. In: Beiträge zur Organisationspsychologie, Bd. 4: Beurteilung und

Förderung beruflicher Leistung. Hrsg. v. H. Schuler, Stuttgart 1991, S. 11-38.

Schultz, D. G./A. I. Siegel (1961): Generalized Thurstone and Gutman scales for measuring technical skills in job performance. In: JAP, 45 (1961), S. 137-142.

Schulze, H.-H. (1966): Zum Problem der Messung des wirtschaftlichen Handelns mit Hilfe der Bilanz. Berlin 1966.

Schumacher, B. (1985). Führen durch Beurteilen. München 1985.

Schumpeter, J. (1952): Aufsätze zur ökonomischen Theorie. Tübingen 1952.

Schwab, D. P./H. G. Heneman/T. DeCotiis (1975): Behaviorally anchored rating scales: A review of the literature. In: PersPsych, 28 (1975) 4, S. 549-562.

Schwantag, K. (1942): Das Leistungsprinzip. In: Leistungswirtschaft. Festschrift für Fritz Schneider. Hrsg. v. F. Hensel, Berlin/Wien 1942, S. 159-170.

Schweitzer, M./G. O. Hettich/H.-U. Küpper (1979): Systeme der Kostenrechnung. 2., überarb. u. erw. Aufl., München 1979.

Schweitzer, M./H.-U. Küpper (1986): Systeme der Kostenrechnung. 4., über. u. erw. Aufl. Landsberg a. L. 1986.

Schwind, H. F. (1984): Erfahrungen mit Verhaltensweisen in der Leistungsbeurteilung für wissenschaftliches und technisches Personal. In: Personalmanagement in der industriellen Forschung und Entwicklung (F&E). Hrsg. v. M. Domsch/E. Jochum, Köln u. a. 1984, S. 182-207.

Seeli, P. (1961): Die persönliche Bewertung. Probleme und Kriterien der Beurteilung von Arbeitern zur Bestimmung des persönlichen Anteils ihres Leistungslohnes. Bern/Stuttgart 1961.

Segesser, W. (1970): Leistungsstandards für Führungskräfte. 2., überarb. Aufl., Bern 1970.

Seibel, H. D. (1973): Gesellschaft im Leistungskonflikt. Düsseldorf 1973.

Seil, H. J. (1967): Die Quantifizierung betriebswirtschaftlicher Sachverhalte. Der Quantifizierungsbegriff, die Quantifizierungsmöglichkeiten sowie ihre Auswirkungen in betriebswirtschaftlicher Sicht. Diss. Braunschweig 1967.

Seiler, L. H./R. L. Hough (1970): Empirical comparisons of the Thurstone and Likert techniques. In: Attitude measurement. Hrsg. v. G. F. Summers, Chicago 1970, S. 86-97.

Seitz, S. D. (1994): Kennzeichnungsverfahren - Das Checklist-Verfahren: Inhalt, Methode und Kritik. Forschungsbericht Nr. 4 des Jenenser Instituts für Personal- und Organisationsforschung (JIPO) an der Friedrich-Schiller-Universität Jena e.V. Jena 1994.

Seitz, S. D. (1997): Aufgabenorientierte Leistungsbeurteilung und Organisationsentwicklung - Ein Beitrag zur lernenden Organisation. Diss. Universität Jena 1997

Seyfahrth, C. (1969): Zur Logik der Leistungsgesellschaft. Grundlagen der Kritik der gesellschaftlichen Gestaltung von Leistung. Diss. LM München 1969.

Seyffert, R. (1922): Der Mensch als Betriebsfaktor. Eine Kleinhandelsstudie. Stuttgart 1922.

Shapira, Z./A. Shirom (1980): New issues in the use of behaviorally anchored rating scales: Level of analysis, the effects of incident frequency, and external validation. In: JAP, 65 (1980) 5, S. 517-523.

Shiffrin, R. M./W. Schneider (1977): Contolled and automatic human information processing II: Perceptual learning, automatic attending, and general theory. In: PsychRev, 84 (1977) 2, S. 127-190.

Sieben, G./G. Löcherbach/M. J. Matschke (1974): Bewertungstheorie. In: HWB, 4., völlig neugest. Aufl., hrsg. v. E. Grochla/W. Wittmann, Stuttgart 1974, Sp. 839-851.

Siegel, A. I. (1954): The check list as a criterion of proficiency. In: JAP, 38 (1954), S. 93-95.

Siegel, A. I./D. G. Schultz (1962): Thurstone and Gutman scaling of job related technical skills. In: Psychology Rep., 10 (1962), S. 885-861.

Silverman, S. B./K. N. Wexley (1984): Reactions of employees to performance appraisal interviews as a function of their participation in rating scale development. In: PersPsych, 37 (1984) 4, S. 703-710.

Simon, H. A. (1947): Administrative behavior. A study of decision-making process in administrative organization. New York 1947.

Sisson, E. D. (1948): Forced choice: The new army rating. In: PersPsych, 1 (1948), S. 365-381 (abgedruckt in: Performance appraisal. Hrsg. v. T. K. Whisler/S. F. Harper, New York 1962, S. 223-234).

Sluckin, W. (1956): Combining criteria of occupational success, Part 1. In: Occupational Psychology, 30 (1956) H. 1, S. 20-26 u. H. 2, S. 57-68.

Smith, H. P./P. J. Brouwer (1977): Performance appraisal and human development: A practical guide to effective managing. Reading (Mass.) 1977.

Smith, P. C. (1967): Criteria for evaluating executive effectiveness. In: Measuring executive effectiveness. Hrsg. v. F. R. Wickert/D. E. McFarland, New York 1967, S. 73-92.

Smith, P. C. (1976): Behavior, results, and organisational effectiveness: The problem of criteria. In: Handbook of industrial and organizational psychology. Hrsg. v. M. D. Dunnette, Chicago 1976, S. 745-775.

Smith, P. C./L. M. Kendall (1963): Retranslation of expectations: An approach to the construction of unambiguos anchors for rating scales. In: JAP, 47 (1963) 2, S. 149-155.

Smither, J. W. (1993): The Influence of Rater Motivation on Assimilation Effects and Accuracy in Performance Ratings. In: OBHDP, 55 (1993), S. 41-40.

Snyder, M./N. Cantor (1979): Testing hypothesis about people: The use of historical knowledge. In: Jrnl of Experimental Social Psychology, 15 (1979), S. 330-342.

Snyder, M./S. W. Uranowitz (1978): Reconstructing the past: Some cognitive consequences of person perception. In: Jrnl of Personality and Social Psychology, 36 (1978) 9, S. 941-950.

Snyder, M./W. B. Swann (1978): Behavioral confirmation in social interaction. From social perception to social reality. In: Jrnl of Experimental Social Psychology, 14 (1978), S. 148-162.

Snyder, M./W. B. Swann (1978a): Hypothesis-testing process in social interaction. In: Jrnl of Personality and Social Psychology, 36 (1978), S. 1202-1212.

Sontheimer, K. (1976): Leistungsdruck - Leistungsglück. In: FAZ, Nr 274 v. 04.12.1976, S. 15.

Sontheimer, K. (1978): Zwischen Leistungsglück und Leistungsdruck. Über das Unbehagen an der Leistungsgesellschaft. In: IBM-Nachrichten, 28 (1978), H. 240, S. 83-90.

Speck, P. (1985): Einführung eines Personalbeurteilungssystems - dargestellt am empirischen Beispiel eines Mittelbetriebes. Krefeld 1985.

Speck, P. (1986): Einführung eines Personalbeurteilungssystems in einem Mittelbetrieb. Auswirkungen auf Vorgesetzte und Mitarbeiter. Ergebnisse einer empirischen Untersuchung. In: Personalführung, 19 (1986) 8-9, S. 358-362.

Srinivasan, V./A. D. Shocker/A. G. Weinstein (1973): Measurement of a composite criterion of management success. In: Organizational Psychology and Human Performance (OPHP), 9 (1973), S. 147-167.

Staehle, W. H. (1984): Die motivationstheoretische Erfassung der Unternehmungseffizienz. In: Probleme der Unternehmungseffizienz im Systemvergleich. Hrsg. v. G. Dlugos/M. Napierala, Bad Honnef 1984, S. 29-40.

Staehle, W. H./G. Grabatin (1979): Effizienz von Organisationen. In: DBW, 39 (1979) 1b, S. 89-102.

Stangas, L./L. L. McQuitty (1950): A new application of forced choice ratings. In: PersPsych, 3 (1950), S. 413-424.

Steers, R. M./L. W. Porter (1974): The role of task-goal attributes in employee performance. In: PsychBull, 81 (1974), S. 434-451.

Stegmüller, W. (1960): Das Problem der Kausalität. In: Probleme der Wissenschaftstheorie. Festschrift für Victor Kraft. Hrsg. v. E. Topitsch, Wien 1960, S. 171-190.

Steiner, D. D./J. S. Rain/M. M. Smalley (1993): Distributional Ratings of Performance: Further Examination of a New Rating Format. In: JAP, 78. (1993) 3, S. 438-442.

Steinthal, W. (1924): Intensitätsmessung in der Industrie. Berlin 1924.

Stevens, S. S. (1951): Mathematics, measurement and psycho-physics. In: Handbook of Experimental Psychology. Hrsg. v. S. S. Stevens, New York u. a. 1951, S. 1-49.

Stirn, H. (1980): Arbeitwissenschaft. Grundlage, Abgrenzungen, Probleme. Opladen 1980.

Stöcker, H. (1999): Leistungsbeurteilungsverfahren in deutschen Banken. Eine empirische Untersuchung. Lohmar/Köln 1999.

Stotzka, H. (1972): Psychische Gesundheit in der Leistungsgesellschaft. In: Aufgabe Zukunft: Qualität des Lebens, Bd. 5: Gesundheit. Frankfurt/ M. 1972, S. 47-66.

Strametz, D./A. Lometsch (1977): Leistungsbeurteilung in deutschen Unternehmen. Ein Wegweiser für Beurteiler und Beurteilte. Mit einem Trainingsprogramm für Führungskräfte. Königstein/Ts. 1977

Strebel, H. (1981): Zielsysteme und Zielforschung. In: DBW, 41 (1981) 3, S. 457-475.

Stüdemann, K. (1988): Allgemeine Betriebswirtschaftslehre. München/Wien 1988.

Széplábi, M. (1974): Leistungsgesellschaft in der Diskussion. In: Zeitschrift für Soziologie, 3 (1974) 3, S. 295-311.

Szyperski, N. (1962): Zur Problematik der quantitativen Terminologie in der Betriebswirtschaftslehre. Berlin 1962.

Szyperski, N./U. Richter (1981): Messung und Bewertung. In: HWR, 2., völlig neugest. Aufl., hrsg. v. E. Kosiol/K. Chmielewicz/M. Schweitzer, Stuttgart 1981, Sp. 1206-1214.

Taylor, S. E. u. a. (1978): Categorical and contextual bases of person memory and stereotyping. In: Jrnl of Personality and Social Psychology, 36 (1978), S. 778-793.

Tenckhoff, P. (1975): Analytische Stellenbewertung und Leistungsbeurteilung. Zum Problem der Auswahl und Gewichtung der Kriterien in einem Gesamtsystem. In: Zeitschrift für Organisation, 44 (1975) 6, S. 343-350.

Teschner, W. P. (1969): Studie zum Leistungsbegriff in der Pädagogik. In: Neue Sammlung, 9 (1969) 5, S. 427-443.

The Bureau of National Affairs (Hrsg.) (1952): Supervisory Merit-Rating. Personnel Policies Forum Survey No. 14, Washington, D.C., 1952.

Thom, N. (1980): Grundlagen des betrieblichen Investitionsmanagements. 2., völlig neubearb. Aufl., Königstein/Ts. 1980.

Thoms, W. (1934): Betriebsverwaltung. Die Verwaltung als Leistung des Betriebs. Stuttgart 1934.

Thoms, W. (1940): Rentabilität und Leistung. Die Notwendigkeit des Neubaus der Wirtschaftsrechnung des Betriebs. Stuttgart 1940.

Thomsen, G. H. (1940): Weighting for battery reliability and prediction. In: The British Jrnl Psychology, 30 (1940), S. 357-366 (reprinted 1966).

Thorndike, R. L. (1949): Personnel selection. Test and measurement techniques. New York/London/Sydney 1949.

Thurstone, L. L. (1929): Theory of attribute measurement. In: Psychological Bulletin, 36 (1929), S. 222-241.

Toops, H. A. (1928): Selection of graduate assistents. In: Personnel Journal, 6 (1928), S. 457-472.

Toops, H. A. (1944): The criterion. In: EPM, 4 (1944) 4, S. 271-297.

Travers, R. M. W. (1951): A critical review of the forced-choice technique. In: PsychBull, 48 (1951), S. 62-70.

Traxler, R. (1974): Arbeitsumschreibung und Leistungsbeurteilung als methodische Mittel für die Führung von Angestellten: Einführung und Erfahrungen, dargestellt am Beispiel einer chemischen Großunternehmung. Diss., Hochschule St. Gallen 1974.

Tschirner, K. (1986): Arbeitsmedizin. Eine Einführung. München 1986.

Uhrbrock, R. S. (1950): Standardization of 724 rating scale statements. In: Pers Psych, 3 (1950), S. 285-316.

Uhrbrock, R. S. (1961): 2000 scaled items. In: PersPsych, 14 (1961), S. 375-420.

Valentine, R. F. (1966): Performance objectives for managers. New York 1966.

van de Ven, A. H. (1981): The organization assessment perspective. In: Perspective on organization design and behavior. Hrsg. v. A. H. van de Ven/W. F. Joyce, New York u. a. 1981, S. 249-298.

van de Ven, A. H./D. L. Ferry (1980): Measuring and assessing organizations. New York 1980.

Vetter, H.O. (1974): Das Leistungsprinzip aus der Sicht der Gewerkschaften. In: Das Leistungsprinzip in unserer Zeit. Hrsg. von REFA, Berlin/Köln/Frankfurt 1974, S. 19-29.

Vilmar, F./L. Kißler (1982): Arbeitswelt: Grundriß einer kritischen Soziologie der Arbeit. Opladen 1982.

Vonessen, F. (1975): Die Leistung der Danaiden. Prinzipien und Probleme der sogenannten Leistungsgesellschaft. In: Sinn und Unsinn des Leistungsprinzips. Ein Symposion. Mit Beiträgen von A. Gehlen u. a., 3., unveränd. Aufl., München 1975, S. 54-72.

Vontobel, J. (1970): Leistungsbedürfnis und soziale. Umwelt. Zur sozio-kulturellen Determination der Leistungsmotivation. Bonn/Stuttgart/ Wien 1970.

Vroom, E. (1964): Work and motivation. New York/London/Sydney 1964.

Wagner, H. (1975): Leistung und Leistungsdeterminanten. In: HWP, hrsg. von E. Gaugler, Stuttgart 1975, Sp. 1181-1190.

Walb, E. (1923): Zur Theorie der Erfolgsrechnung. In: Zfbf, 17 (1923), S. 416-443.

Walb, E. (1926): Die Erfolgsrechnung privater und öffentlicher Betriebe. Eine Grundlegung. Berlin/Wien 1926.

Walter, P. (1983): Meß- und testtheoretische Grundlagen psychologischen Testens. In: Testtheorie-Testpraxis. Voraussetzungen, Verfahren, Formen und Anwendungsmöglichkeiten psychologischer Tests im kritischen Überblick. Hrsg. v. S. Grubitzsch/G. Rexilius, Reinbach 1983, S. 52-74.

Warmke, D./R. S. Billings (1979): Comparison of methods for improving the psychometric quality of experimental and administrative performance ratings. In: JAP, 64 (1979), S. 124-131.

Waters, L. K./R. J. Wherry (1961): Evaluation of two forced-choice response formats. In: PersPsych, 14 (1961), S. 285-289.

Waters, L. K./R. J. Wherry (1962): A note on alternative methods of scoring a forced-choice form. In: PersPsych, 15 (1962), S. 315-317.

Waters, L. K./R. J. Wherry (1962a): The effect of intent to bias on forced-choice indices. In: PersPsych, 15 (1962), S. 207-214.

Wayne, S. J./K. M. Kacmar (1991): The Effects of Impression Management on the Performance Appraisal Process. In: OBHDP, 48. (1991), S. 70-88.

Weber, M. (1934): Die protestantische Ethik und der Geist des Kapitalismus. Tübingen 1934.

Weiner, B. (1970): New conceptions in the study of achievement motivation. In: Progress in experimental personality research. Hrsg. v. B. Maher, 5 (1970), S. 67-109.

Weiner, B. (1975): Die Wirkung von Erfolg und Mißerfolg auf die Leistung. Bern 1975.

Weiner, B., u. a. (1971): Perceiving the causes of success and failure. New York 1971.

Weinert, A. B. (1981): Leistungsbewertung in Organisationen: Methodische Beiträge zur Diskussion der Probleme und Lösungsmöglichkeiten. In: Zeitschrift für Organisation (zfo), 50 (1981) 6, S. 303-312.

Weinert, A. B. (1981a): Zur Bewertung der Arbeitsleistung und -güte von Personal im Krankenhaus-Organisationen, Teil I: Methodische Probleme im Prozeß der Bewertung und empirische Entwicklung eines neuen Konzepts. In: Die Schwester/Der Pfleger, 20 (1981) 1, S. 50-55.

Weinert, A. B. (1981b): Über die Entwicklung einer neuen Bewertungssystematik zur Einstufung der Güte und Qualität der Arbeitsleistung von Beschäftigten im Krankenpflegebereich. Teil II: Entwicklungsprozeß und Ergebnisse. In: Die Schwester/Der Pfleger, 20 (1981) 2, S. 119-124.

Weinert, A. B. (1981c): Methodische Beiträge zum Prozeß der Personalbewertung in Krankenhausorganisationen. Teil III: Beurteilung neuer Möglichkeiten und Stellungnahme zu bestehenden Kontroversen. In: Die Schwester/Der Pfleger, 20 (1981) 3, S. 197-203.

Weinert, A. B. (1987): Lehrbuch der Organisationspsychologie. Menschliches Verhalten in Organisationen. 2., erw. Aufl., München/Weinheim 1987.

Weitz, J. (1961): Criteria for criteria. In: American Psycologist, 16 (1961) 5, S. 228-231.

Weizsäcker, A. (1942): Der ursprüngliche Sinn der Leistung (Zur Neubelebung der deutschen Arbeitsbegriffe, I. Teil). In: Arbeit und Betrieb, 13 (1942) 2, S. 45-55.

Wessels, M. G. (1994): Kognitive Psychologie. München/Basel 1994.

Wexley, K. N. (1979): Performance appraisal and feedback. In: Organizational behavior. Hrsg. v. S. Kerr, Columbus 1979, S. 241-259.

Wexley, K. N./R. Klimoski (1984): Performance appraisal: An update. In: Research in personnel and human resources management. A research annual, Vol. 2. Hrsg. v. K. M. Rowland/G. R. Ferris, Greenwich/London 1984, S. 35-79.

Wherry, R. J. (1959): An evalutive and diagnostic forced-choice rating scale for serviceman. In: PersPsych, 12 (1959), S. 227-236.

Wherry, R. J. (1983): Wherry's theory of rating. In: Measurement of work performance. Methods, theory and applications. Hrsg. v. F. J. Landy/J. L. Farr, Orlando u. a. 1983, S. 283-303.

Wibbe, J. (1965): Die Gewichtung der Merkmale bei der Arbeitsbewertung. In: Arbeit und Leistung, 19 (1965) 12, S. 219-226.

Wibbe, J. (1966): Arbeitsbewertung. Entwicklung, Verfahren und Probleme. 3., erw. und völlig neu bearb. Aufl., München 1966.

Wibbe, J. (1974): Leistungsbeurteilung und Lohnfindung. München/Wien 1974.

Wikstrom, W. S. (1972): Management by objectives or appraisal by results. In: A practical approach to organization development trough MBO: Selected readings. Hrsg. v. A. C. Beck/E. D. Hillmar, Reading (Mass.) u. a. 1972, S. 303-313.

Willecke, F.-U. (1963): Leistungsbewertung und Leistungsprinzip. In: Der Betrieb in der Unternehmung. Festschrift für Wilhelm Rieger zu seinem 85. Geburtstag. Hrsg. von J. Festel/H. Linhardt, Stuttgart 1963, S. 158-174.

Williams, R. M. (1953): Die amerikanische Gesellschaft. Soziologie einer Nation. Stuttgart 1953 (Original: American Society, New York 1951).

Wiswede, G. (1981): Leistung. In: Handwörterbuch der Betriebspsychologie und Betriebspsychologie, hrsg. von P. G. v. Beckerath, P. Sauermann, G. Wiswede, Stuttgart 1981, S. 236-240.

Wiswede, G. (1985): Soziologie. Ein Lehrbuch für den wirtschafts- und sozialwissenschaftlichen Bereich. Landsberg am Lech 1985.

Wittmann, W. (1956): Der Wertbegriff in der Betriebswirtschaftslehre. Köln/Opladen 1956.

Wöhe, G. (1975): Einführung in die Allgemeine Betriebswirtschaftslehre. Unveränd. Nachdruck der 11., neubearb. und erw. Aufl., München 1975.

Wöhe, G. (1987): Bilanzierung und Bilanzpolitik. Betriebswirtschaftlich - Handelsrechtlich - Steuerrechtlich. Mit einer Einführung in die verrechnungstechnischen Grundlagen. 7., völlig neubearb. und erw. Aufl., München 1987.

Wohlrapp, H. R. (1979): Handlungsforschung. In: Methodenprobleme der Wissenschaften von gesellschaftlichen Handeln. Hrsg. von. J. Mittelstraß, Frankfurt 1979, S. 122-214.

Woll, A. (1987): Allgemeine Wirtschaftspolitik. 9., überarb. und erg. Aufl., München 1987.

Wunderer, R. (1975): Personalbeurteilung (PB). In: Management Enzyklopädie. Das Managementwissen unserer Zeit, Bd. 7, München 1975, S. 2594-2600.

Wunderer, R. (1978): Personalverwendungsbeurteilung (PVB). In: Personalenzyklopädie. Das Wissen über Menschen und Menschenführung in modernen Organisationen. Bd. III, München 1978, S. 192-199.

Wunderer, R. (2001): Führung und Zusammenarbeit. Eine unternehmerische Führungslehre. 4., vollst. überarb. Aufl. Neuwied/Kriftel 2001.

Wunderer, R./M. Boerger/H. Löffler (1979): Zur Beurteilung wissenschaftlichtechnischer Leistungen. Eine empirische Studie zur Personalbeurteilung in Forschungsorganisationen des Bundes. Baden-Baden 1979.

Wunderer, R./W. Grunwald (1980): Führungslehre, Bd I: Grundlagen der Führung. Berlin/New York 1980.

Wurm, F. F. (1978): Leistung und Gesellschaft. Motivation im Wandel. Opladen 1978.

Wyer, R. S./T. K. Scrull (1981): Category accessibility: Some theoretical and empirical issues concerning the processing of social stimulus information. In: Social cognition. Hrsg. v. E. T Higgins/C. P. Herman/ M. P. Zanna, Hillsdale (N.J.) 1981, S. 161-197.

Young, M. (1961): Es lebe die Ungleichheit. Auf dem Wege zur Meritokratie. Düsseldorf 1961 (original: The rise of the meritocracy, 1958).

Youtz Padgett, M./D. R. Ilgen (1989): The impact of ratee performance characteristics on rater cognitive processes and alternative measures of rater accuracy. In: OHBH, 44 (1989) 2, S. 232-260.

Yuchtman, E./S. E. Seashore (1967): A system resource approach to organisational effectiveness. In: Administrative Science Quaterly (ASQ), 32 (1967), S. 891-903.

Zadney, J./H. B. Gerard (1974): Attributed intentions and unformational selectivity. In: Journal of Experimental Social Psychology, 10 (1974), S. 34-52.

Zalesny, M. D./S. Highhouse (1992): Accuracy in Performance Evaluations. In: OBHDP, 51 (1992), S. 22-50.

Zammuto, R. F./M. London/K. M. Rowland (1982): Organization and rater differences in performance appraisals. In: PersPsych, 35 (1982) 3, S. 643-658.

Zander, E. (1990): Handbuch der Gehaltsfestsetzung. 5., vollst. neubearb. Auflage, München 1990.

Zander, E./H. Knebel (1982): Taschenbuch für Leistungsbeurteilung und Leistungszulagen. 2., überarb. u. erw. Aufl., Heidelberg 1982.

Zander, E./H. Knebel (1993): Praxis der Leistungsbeurteilung: Leistung - wieder gefragt. 3., neubearb. u. erw. Aufl., Heidelberg 1993.

Zavala, A. (1965): Development of the forced-choice rating scale technique. In PsychBull, 63 (1965) 2, S. 117-124.

Zedeck, S. u. a. (1974): Development of behaviorally anchored rating scales as a function of organizational level. In: JAP, 59 (1974) 2, S. 249-252.

Zedeck, S./D. Kafry/R. Jacobs (1976): Formal scoring variations in behavioral expectation evaluations. In: OBHP, 17 (1976), S. 171-184.

Zedeck, S./R. Jacobs/D. Kafry (1976): Behavioral expectations: Development of parallel forms and analysis of scale assumption. In: JAP, 61 (1976) 1, S. 112-115.

Zimmermann, H./K.-D. Henke (1987): Finanzwissenschaft. Eine Einführung in die Lehre von der öffentlichen Finanzwirtschaft. 5., überarb. u. erg. Aufl., München 1987.